Brunner

Geschichte der deutschen Literatur des Mittelalters und der Frühen Neuzeit im Überblick

Horst Brunner

Geschichte der deutschen Literatur des Mittelalters und der Frühen Neuzeit im Überblick

Philipp Reclam jun. Stuttgart

Mit 31 Abbildungen und 7 Melodien

Erweiterte und bibliographisch ergänzte Neufassung
der 1997 in Reclams Universal-Bibliothek erschienenen
Geschichte der deutschen Literatur des Mittelalters im Überblick

Umschlagabbildung:
Konrad von Würzburg diktiert einem Schreiber.
›Große Heidelberger (Manessische) Liederhandschrift‹
(Zürich, um 1300/30)

RECLAMS UNIVERSAL-BIBLIOTHEK Nr. 17680

Erweiterte und bibliographisch ergänzte Ausgabe 2010
Notensatz: Peter Wondra, Musik-Produktion, Köngen und
Medien Kontor Hamburg
Gesamtherstellung: Reclam, Ditzingen. Printed in Germany 2010

ISBN 978-3-15-017680-1

www.reclam.de

Inhalt

B.

Die Epoche der mittelhochdeutschen (höfischen) Literatur

(um 1150 – um 1350)

C.
Die ältere Epoche der frühneuhochdeutschen Literatur
(um 1350 – um 1500)

D.
Die jüngere Epoche der frühneuhochdeutschen Literatur
(um 1500 – um 1620)

Übersichten

Melodien

Abbildungen

Vorwort

Die vorliegende Neufassung der ›Geschichte der deutschen Literatur des Mittelalters im Überblick‹ ist durch eine Darstellung der Literaturgeschichte des 16. und frühen 17. Jh.s erweitert; den Buchtitel habe ich entsprechend geändert. Der Wunsch, ich möge die von der alt- wie der neugermanistischen Forschung bis in die jüngste Zeit oft eher stiefmütterlich behandelte Literatur der Frühen Neuzeit ebenfalls berücksichtigen, wurde mehrfach an mich herangetragen, er entsprach auch eigenen, bereits länger bestehenden Absichten, die ich nunmehr endlich realisieren konnte. Außerdem habe ich den Text erneut durchgesehen, an einigen wenigen Stellen habe ich ihn durch neue Abschnitte ergänzt, ferner wurden die bibliographischen Angaben wiederum aktualisiert. Die ›Allgemeine Auswahlbibliographie‹ wurde an das Ende versetzt. Hinweisen möchte ich auf meinen Band ›Annäherungen. Studien zur deutschen Literatur des Mittelalters und der Frühen Neuzeit‹, 2008 (PhStQu); die darin abgedruckten Aufsätze können zur Vertiefung einzelner Abschnitte der Literaturgeschichte von Nutzen sein.

Absicht des Buches ist es, einen konzentrierten und übersichtlichen Überblick über die Geschichte der deutschen Literatur von den Anfängen der schriftlichen Überlieferung um die Mitte des 8. Jahrhunderts bis zur Zeit um 1620 zu geben: über die wesentlichen Autoren, die wichtigsten Gattungen und Texte, die entscheidenden Entwicklungen. Da ich keinen bloßen, die Autoren und Texte mehr oder weniger unterschiedslos reihenden Katalog bieten wollte, entschloß ich mich, Schwerpunkte zu setzen. Zum einen stelle ich von etwa 1150 an die Geschichte der verschiedenen Typen des Liedes und der Großepik als den bedeutsamsten literarischen Erscheinungen entschieden in den Mittelpunkt; die übrigen literarischen Gattungen behandle ich daneben lediglich kursorisch. Zum anderen würdige ich die herausragenden Autoren und Werke – über die bei den Fachleuten weitgehend Einigkeit besteht – so ausführlich wie im Rahmen eines solchen Bandes möglich, während andere Autoren und Texte vielfach lediglich genannt werden. Schließlich rücke ich die Epoche von etwa 1150 bis etwa 1350, zweifellos die Glanzzeit der älteren deutschen Literaturgeschichte, ins Zentrum. Vollständigkeit konnte nicht das Ziel einer derartigen Überblicksdarstellung sein, doch hoffe ich, daß der Leser nichts wirklich Wichtiges vermissen wird.

Die beigegebenen Übersichten haben vorwiegend die Aufgabe, Teilbereiche der Darstellung prägnant zusammenzufassen. Die Abbildungen sollen, wie durch ein Fenster, den Blick auf die Überlieferung lenken und die Überlieferungsbedingungen bewußt halten. Die für eine Literaturgeschichte sicher ungewöhnliche Beigabe einiger Melodien in moderner Umschrift versteht sich als Hinweis darauf, daß man sich Lieder und manche epischen und didaktischen Dichtungen als gesungene Texte vorzustellen hat.

Die Literaturhinweise können in jedem Fall nur eine erste – teilweise subjektive – Andeutung des tatsächlichen Umfangs der Forschungsliteratur liefern, zumal auf einzelne wissenschaftliche Aufsätze und auf Rezensionen ganz verzichtet werden mußte. Detaillierte Hinweise auf die grundlegenden Nachschlagewerke und Literaturgeschichten, die in der ›Allgemeinen Auswahlbibliographie‹ am Ende des Bandes zusammengestellt sind, mußten aus Platzgründen ebenfalls unterbleiben. Selbst die Ausgaben konnten nicht in jedem Fall vollständig verzeichnet werden. Statt dessen habe ich außer auf die maßgeblichen wissenschaftlichen Editionen dort, wo es mir sinnvoll schien, auch auf zweisprachige Ausgaben verwiesen, allerdings nur auf solche mit neuhochdeutscher Übersetzung; die vielfach vorhandenen Übersetzungen in andere Sprachen (vor allem ins

Englische, Französische und Japanische) konnten nicht erwähnt werden. Abkürzungen habe ich sehr sparsam verwendet: Jh. = Jahrhundert, Hs./Hss. = Handschrift/Handschriften, Ahd./ahd. = Althochdeutsch/althochdeutsch, Mhd./mhd. = Mittelhochdeutsch/mittelhochdeutsch, Nhd./nhd. = Neuhochdeutsch/neuhochdeutsch, Afrz./afrz. = Altfranzösisch/altfranzösisch.

Für Verbesserungsvorschläge und Anregungen bin ich Wolfgang Beck, Mathias Herweg, Johannes Janota, Dorothea Klein, Elisabeth Lienert, Johannes Rettelbach und Anton Schwob dankbar verbunden. Den zahlreichen Fachkollegen, die mir ihre Arbeiten zukommen lassen, danke ich für vielfältige Belehrung, auch im gelegentlichen Widerspruch.

H. B.

Grundbedingungen und Grundprobleme der deutschen Literatur des Mittelalters und der Frühen Neuzeit

A. Mittelalter

Die Textüberlieferung

Im Gegensatz zur Literaturgeschichte der Neuzeit kann sich die des Mittelalters – wie die anderer älterer Epochen – keineswegs auf alle bzw. so gut wie alle Texte stützen, die in der Epoche entstanden sind. Das vorhandene Textkorpus ist vielmehr, bedingt durch die Überlieferungsverhältnisse, sehr lückenhaft. Dafür gibt es in der Hauptsache zwei Gründe.

1. Anders als in der Neuzeit wurden mittelalterliche Texte bis in die zweite Hälfte des 15. Jh.s ausschließlich handschriftlich überliefert. Der Buchdruck wurde erst um 1450 durch Johannes Gutenberg in Mainz erfunden (die lat. ›42zeilige Bibel‹ wurde 1455 vollendet). Auch neben den sogenannten Inkunabeln (Wiegendrucke, d.h. alle Drucke bis 1500) und den Frühdrucken (ab 1501) spielte die handschriftliche Überlieferung literarischer Texte noch lange eine wichtige Rolle. Als Beschreibstoff diente bis in die zweite Hälfte des 14. Jh.s ausschließlich Pergament (intensiv behandelte, jedoch ungegerbte feine Kalbs-, Schaf-, Ziegenhäute); seither zunächst daneben, dann in immer größerem Umfang das wesentlich billigere Papier (hergestellt aus einem Brei von Textilfasern und Wasser; erste deutsche Papiermühle 1390 in Nürnberg). Das gebundene Buch, der Codex, hatte in der Spätantike die bis dahin übliche Papyrosrolle weitgehend verdrängt, allerdings gab es auch im Mittelalter, wenngleich selten, noch Bücher in Rollenform (lat. *rotula*, *rotulus* »Rolle, Rodel«). Die Herstellung von Büchern war ein aufwendiger und kostspieliger Vorgang. Er

erfolgte lange Zeit ausschließlich in den Skriptorien der Klöster, in denen Spezialisten zusammenwirkten. Seit dem 12. Jh. wurden literarische deutsche Texte auch außerhalb der Klöster von Klerikern, Notaren, Gerichtsschreibern usw. im Dienst des Adels abgeschrieben. Erst seit dem 13. Jh. kann man auch mit städtischen Schreibern rechnen; größere Werkstätten sind erst im 15. Jh. nachweisbar. Bekanntestes Beispiel ist die zwischen 1427 und 1467 in Hagenau (Elsaß) belegte Werkstatt des Diebold Lauber, in der Handschriften auch auf Vorrat (also nicht nur auf Bestellung) produziert wurden. Individuell geschriebene Privathandschriften mit meist geringem Ausstattungsniveau sind in größerem Umfang erst seit dem 15. Jh. greifbar.

Handschriften sind in jedem Fall Einzelstücke. Bücher waren im Mittelalter keine Massenware, die Zahl der Überlieferungsträger mittelalterlicher deutscher Literatur ist – verglichen mit neuzeitlichen Verhältnissen – sehr gering. Selbst von einem berühmten und weitverbreiteten, bis um 1500 immer wieder abgeschriebenen Roman wie dem ›Parzival‹ Wolframs von Eschenbach (entstanden 1200/10) kennen wir heute nur 15 vollständige Handschriften, dazu eine Inkunabel von 1477 sowie Fragmente weiterer 70 Handschriften, insgesamt also aus fast 300 Jahren nicht mehr als 86 Textzeugen. Zahlreiche Texte sind nur aus ganz wenigen Überlieferungsträgern oder gar nur aus einem einzigen bekannt, viele sind nur in fragmentarischer Form überkommen. Nicht selten sind Texte auch ohne Autorennamen, also anonym, überliefert, was die literarhistorische Einordnung sehr erschwert, auch gibt es Dichter ohne Werk, d. h., von manchen mittelalterlichen Autoren kennen wir zwar den Namen, jedoch keine Texte. Viele Überlieferungsträger sind spurlos verlorengegangen, von manchen haben wir – etwa in alten Bibliothekskatalogen – Nachrichten, nicht wenige sind – bis weit herauf in die Neuzeit – aus Desinteresse zerstört worden; oft fanden Reste alter Handschriften als Buchbindematerial Verwendung.

Autographe, d. h. von den Autoren selbst geschriebene Handschriften ihrer Werke, gibt es (mit einer halben Ausnahme, vgl. S. 61) erst seit dem 15. Jh. Im allgemeinen basiert die Textüberlieferung im Mittelalter auf der Tätigkeit von Schreibern. Dies ist nicht unproblematisch: jeder Abschreiber macht Fehler, die vorhandenen Texte konnten aus unterschiedlichen Gründen auch bewußt geändert werden. Die ursprüngliche Textfassung des jeweiligen Autors – und manchmal stellte schon der Autor unterschiedliche Fassungen her – ist keineswegs ohne weiteres zu ermitteln. Die moderne Textkritik, die in der ersten Hälfte des 19. Jh.s insbesondere von Karl Lachmann (1793–1851) begründet wurde, bemüht sich, vielfach auf der Basis des Vergleichs der einzelnen Überlieferungen, die ursprünglichen Fassungen zu rekonstruieren; oft gelangt sie jedoch über die Wiedergabe von sogenannten Gebrauchsfassungen nicht hinaus. In den letzten Jahrzehnten spielt im editorischen Bereich die schwarzweiße oder farbige fotografische Wiedergabe von Handschriften oder alten Drucken, die sogenannte Faksimileausgabe, eine beträchtliche Rolle, in jüngster Zeit finden sich Abbildungen von Handschriften und alten Drucken vielfach auch im Internet. Wird der überlieferte Text zwar mit modernen Drucktypen, sonst aber völlig unverändert wiedergegeben, spricht man von diplomatischem Abdruck. Greift der Bearbeiter in den überlieferten Text ein, indem er die unterschiedlichen Schreibungen vereinheitlicht, handelt es sich um einen normalisierten Handschriftenabdruck. Für die Edition im engeren Sinn haben sich zwei grundsätzliche Modelle herausgebildet: zum einen die sogenannte kritische Ausgabe, d. h., der Editor sucht aus der vorhandenen Überlieferung in methodischer Weise den ursprünglichen Text zu rekonstruieren; zum andern der bereinigte Handschriftenabdruck, d. h., der Herausgeber druckt unter weitgehendem Verzicht auf die Ermittlung der Autorintention die beste (oft die älteste) Handschrift meist in normalisierter Form ab und sucht nur die offensichtlichen Fehler durch Herbeiziehung anderer Handschriften oder aufgrund eigener Kompetenz zu verbessern.

2. Verlorengegangen ist mittelalterliche Dichtung aber nicht nur, weil einstmals vorhandene Handschriften zerstört wurden, sondern auch deshalb, weil sie zum Teil niemals den Weg auf das Pergament oder Papier fand. In einer Epoche, in der die überwiegende Mehrzahl der Bevölkerung – keineswegs nur die Angehörigen der Unterschicht – nicht lesen und schreiben konnte, hatte die Tradition der mündlichen Dichtung (*oral poetry*) einen bedeutsamen Stellenwert. Noch im 20. Jh. fand sich mündlich tradierte Epik in weitgehend analphabeten Kulturen, etwa in abgelegenen Gebieten des früheren Jugoslawien. Epenerzähler gab es mit Sicherheit auch im mittelalterlichen Deutschland. Ohne die Annahme mündlicher Dichtung könnte man sich kaum vorstellen, wie die Stoffe der Heldenepik die Jahrhunderte, in denen es kein schriftliches Zeugnis ihrer Existenz gibt, überstanden haben sollten: das älteste Zeugnis germanischer Heldensage in deutscher Sprache ist das zu Beginn des 9. Jh.s niedergeschriebene ›Hildebrandslied‹, das nächste das ›Nibelungenlied‹, das um 1200 aufgezeichnet wurde. Epenerzähler mögen bedeutende Kunstwerke zustande gebracht und an Adelshöfen, in Städten und womöglich auch auf Dörfern vorgetragen haben – erhalten hat sich nichts davon, nur ein »Abglanz« in verschriftlichten Texten wie den genannten Heldendichtungen. Nur mündlich existiert haben außerdem zahlreiche Lieder, wie man sie in allen Schichten sang – auch hiervon enthält die schriftliche Überlieferung nicht mehr als gelegentliche Spuren.

Entstehungsbedingungen: Autoren, Auftraggeber, Publikum

1. Der Untergang des Römischen Reichs in der Zeit der Völkerwanderung (4.–6. Jh.) brachte in Westeuropa auch das weitgehende Ende der antiken Bildung und damit der

literarischen Kultur. Orte, an denen weiterhin Lesen und Schreiben gepflegt wurden, waren im Frühmittelalter ausschließlich die Klöster. Die Kenntnis des Lateinischen blieb die Grundlage aller Bildung. Die Welt der Laien war im wesentlichen auf die Volkssprachen beschränkt, sie war eine weitgehend schriftlose Welt, deren »literarische« Bedürfnisse durch mündliche Dichtung befriedigt wurden. Volkssprachliche Mündlichkeit der Laien, der *illiterati*, einerseits – lateinische Schriftlichkeit des Klerus, der *literati*, andererseits: das blieb ein das ganze Mittelalter hindurch wesentlicher Gegensatz. Die überwältigende Fülle dessen, was schriftlich niedergelegt wurde, war bis in das 16. Jh. hinein in lateinischer Sprache abgefaßt. Latein war die Sprache der Bibel und der Liturgie, die Sprache, die man in den Schulen lernte – bis in das Spätmittelalter hatte die Kirche das Schulmonopol, befanden sich Schulen in den Klöstern oder waren sie, in den Städten, den Kirchen angeschlossen – und die an den seit dem 12. Jh. aufkommenden Universitäten ausschließlich verwendet wurde. Durch die Kenntnis des Lateinischen blieb ein Teil der antiken römischen Dichtung und Wissensliteratur lebendig (und konnte Quelle und Vorbild neuer, auch volkssprachlicher Texte werden). Latein war die Sprache der Wissenschaften, lange Zeit die der Urkunden und eines großen Teils der im Mittelalter entstehenden Dichtung. Wenn Kleriker sich der Volkssprache bedienten, dann fast ausschließlich, um den Laien die notwendige religiöse Unterweisung zu geben. Vaterunser, Beichte, Stücke aus der Bibel, Heiligenlegenden in Prosa und in Versen – derartige Textarten bestimmen bis etwa zur Mitte des 12. Jh.s fast ausschließlich das Bild der uns erhaltenen Literatur in deutscher Sprache. Geistliche als Autoren, Übersetzer, Schreiber sind hier ganz selbstverständlich.

2. Seit dem ausgehenden 11. Jh. entstand im westlichen Europa – zunächst in Südfrankreich in provenzalischer Sprache, dann im nördlichen Frankreich auf altfranzösisch und, seit etwa 1150, in Deutschland auf mittelhochdeutsch –

anspruchsvolle, vorwiegend weltliche »höfische« Literatur in den Volkssprachen. Die Volkssprachen wurden nunmehr in den Rang von Literatursprachen erhoben, die in gewisser Hinsicht mit dem Lateinischen konkurrieren konnten, wenn auch nicht im kirchlichen und wissenschaftlichen Bereich. Freilich stellten nicht die Laien im allgemeinen das Publikum dieser volkssprachlichen Literatur dar. Diese wurde vielmehr allein von der weltlichen Oberschicht, der Aristokratie, getragen. Nur diese Schicht konnte sich derart aufwendig herzustellende Literatur leisten. Grundlage hierfür war der demographische und ökonomische Aufschwung Westeuropas seit dem 11. Jh. Er hatte beträchtliche soziale und politische Folgen – unter anderem sind die Kreuzzüge zu nennen – und ermöglichte erstmals die Einrichtung größerer Adels- und Fürstenhöfe, an denen »höfisches« Leben gepflegt wurde. Die Aristokratie, ihrem Selbstverständnis nach die Kriegerkaste, die *bellatores*, die sich von den *oratores*, d.h. der Geistlichkeit, und den *laboratores*, der breiten, Handarbeit treibenden Masse der Bevölkerung unterschieden, suchte sich in Festen und Turnieren, in Musik und Tanz und in bestimmten Formen nunmehr geschriebener Dichtung, in erster Linie im Liebeslied, im Roman und in der Heldenepik, selbst darzustellen. In der neuen volkssprachlichen Dichtung wurde ein Bild des adligen Menschen entworfen, das nicht mehr vorwiegend durch kirchliche Kriterien bestimmt war, das seine kriegerischen Handlungen und seinen Umgang mit Frauen nicht mehr unter heilsgeschichtlichen Gesichtspunkten verdammte, sondern das sein Dasein mit positivem Sinn zu erfüllen trachtete. Die höfische Literatur ist deshalb nicht einfach Weiterdichten der lateinischen Literatur in den Volkssprachen, sie beruht vielmehr auf neuen Bedingungen. Sie entfaltet ein vorwiegend säkulares Menschenbild, in dem nicht mehr Gottes Gnade den einzigen relevanten Wert darstellt, auf den hin alles zu orientieren ist. Vielmehr zählt in ihr auch die weltliche Ehre, der vorbildliche Umgang mit Standesgenossen, ob Freund oder Feind, und mit den Frauen wird thematisiert, der höfischen Freude kommt hoher Rang zu.

Die neu entstehende Literatur war nicht für die Privatlektüre, für stilles Lesen, gedacht. Vortragsort war vielmehr der Hof, sie war Teil der kollektiven Unterhaltung. Lyrik wurde mit Singstimme vor der Hofgesellschaft vorgetragen, auch die scheinbar so intime Liebeslyrik; die großepischen Texte wurden vorgelesen oder (soweit sie in Strophen abgefaßt sind) gleichfalls vorgesungen. Nicht zuletzt aus diesem Grund waren die Heldenepen und die Romane weitgehend in Strophen bzw. Versen gedichtet; erst seit dem ausgehenden 14. Jh. setzte sich in Deutschland auf dem Gebiet des Romans nach und nach die Prosa durch. Die Notwendigkeit zum Vortrag ergab sich nicht zuletzt schon daraus, daß die Mehrzahl der Zuhörer weiterhin nicht in der Lage war, selbst zu lesen. Jahrhundertelang wurde Analphabetismus in der weltlichen Oberschicht keineswegs als Makel betrachtet.

Die neue höfische Literatur war auf Auftraggeber und Gönner angewiesen. Unter den im Mittelalter herrschenden Bedingungen konnte sich ein Buchmarkt vor der Erfindung des Buchdrucks nicht herausbilden. Der einzelne Autor schrieb nicht für ein mehr oder weniger anonymes, möglichst zahlreiches Publikum. Um größere, einigen Aufwand nicht zuletzt an kostspieligem Beschreibmaterial erfordernde Texte verfassen zu können, brauchte er in aller Regel einen Mäzen. Dessen literarische Wünsche waren meist zu berücksichtigen, er war Adressat und primärer Rezipient des Werkes. Wirtschaftlichen Nutzen brachte derartiges Mäzenatentum nicht, wohl aber Prestigegewinn: das Werk, dem der Gönner ans Licht half und in dem sein Name oft genug an meist prominenter Stelle (im Prolog oder im Epilog) genannt wurde, mehrte seinen Ruhm, insbesondere bei seinen Standesgenossen. Es versteht sich, daß die angedeuteten Bedingungen auch ein Verhältnis des Autors zu seinem Werk zur Folge hatten, das neuzeitlichen Anschauungen nicht entspricht. Seit dem 18. Jh. wird der Rang eines Kunstwerkes nach dem Grad beurteilt, in dem sich darin die Subjektivität des Autors ausdrückt. Im Mittelalter dagegen hatten sich die Texte hinsichtlich ihrer Gattung und der inhaltlichen und sprachlichen Ausgestaltung weit mehr am Verständnis- und Erwartungshorizont des Auftraggebers und des Publikums zu orientieren. Das schloß individuelle Ausgestaltung keineswegs aus – es gibt im Mittelalter starke Autorindividualitäten –, diese blieb aber doch fast stets auf gewisse eingebürgerte Konventionen bezogen.

Als Autoren betätigten sich zum Teil Kleriker, Leute mit lateinischer Bildung, die an Adels- oder Fürstenhöfen tätig waren; ferner weltliche Hofbedienstete, Ministerialen, die über die entsprechenden Fähigkeiten verfügten. Liebeslyrik, Minnesang, dichteten großenteils die Adligen selbst, nicht nur Freiherren, sondern auch Grafen, Markgrafen, Herzöge und Könige. Mehr und mehr scheint es ferner schon im ausgehenden 12. Jh. Berufsdichter gegeben zu haben, Leute, die vom Ertrag ihres Dichtens und Vortragens lebten, die sich entweder für einige Zeit an einem bestimmten Hof fest etablieren konnten oder die von Burg zu Burg, von Hoffest zu Hoffest zogen. Die ständische Herkunft dieser Leute ist oft unklar. Es kann sich um Angehörige des niederen Adels oder der Ministerialität, um Kleriker oder auch um Stadtbürger handeln.

3. Die Aristokratie erscheint bis weit in das 14. Jh. als hauptsächlicher Träger der deutschen Literatur. Die Texte sind überwiegend geprägt von ihren Vorstellungen und Bedürfnissen; das »Volk«, die *laboratores*, die zahlenmäßig weit überwiegenden Bauern und die Stadtbewohner, begegnet darin allenfalls am Rande. Auch im 15. Jh. bleiben Adlige, bleiben vor allem die Fürstenhöfe wichtige Literaturträger. Nur der Adel verfügt in nennenswertem Umfang über Bibliotheken, in denen deutsche Texte eine bedeutsame Rolle spielen – als Beispiele genannt seien etwa die berühmte Bibliothek der Pfalzgrafen bei Rhein in Heidelberg,

die Palatina, oder die Bibliothek der Grafen von Manderscheid auf Blankenheim in der Eifel. Für Adlige werden zahlreiche Werke des 12./13. Jh.s immer wieder neu abgeschrieben und entstehen auch neue Texte. Adlige betätigen sich auch weiterhin als Autoren, ebenso Hofbedienstete.

Nicht zu übersehen ist freilich ein deutlicher literarhistorischer Einschnitt um 1350. Einige Gattungen kommen ganz außer Gebrauch. Der Minnesang, wie er seit dem 12. Jh. üblich war und wie er in der ersten Hälfte des 14. Jh.s noch in großen, repräsentativen Handschriften gesammelt wurde, verschwindet; die Liebeslieder, die seit der zweiten Hälfte des Jh.s gedichtet werden, folgen in konzeptioneller, formaler und sprachlicher Hinsicht anderen Regeln. Obwohl viele höfische Versromane weiterhin abgeschrieben und gelesen werden, endet die produktive Tradition dieses literarischen Typs ebenfalls. Als nach längerer Pause seit dem Ende des 14. Jh.s wieder Romane verfaßt werden – nunmehr meist in Prosa –, knüpfen sie allenfalls und nur teilweise stofflich, nicht aber im formalen und rhetorischen Anspruch an die alten Muster an. Andere dichterische Gattungen ändern sich, etwa die Sangspruchdichtung. In dieser seit dem ausgehenden 12. Jh. belegten Gattung wird das alte Prinzip der Einstrophigkeit zugunsten mehrstrophiger Spruchlieder aufgegeben, außerdem nennen sich die Autoren nunmehr oftmals in einer Autorsignatur am Schluß des Textes; auch wurde der alte Grundsatz, man dürfe nur in selbsterfundenen Strophenformen (Tönen) dichten, schon im 14. Jh. nicht mehr streng eingehalten. Wieder andere Gattungen treten nunmehr weit stärker hervor als vorher, etwa die in Reimpaaren oder in Strophen abgefaßten Lehrgedichte über die Minne, die Minnereden, oder die ebenfalls paargereimten Spruchgedichte der sogenannten Reimsprecher, die eine bequeme und anspruchslose kürzere Form für die unterschiedlichsten Inhalte und Themen darstellen. Genauere Begründungen für diese Veränderungen können nicht angegeben werden, man kann darüber nur spekulieren.

Seit dem 14. Jh. wird neben dem Adel auch das Stadtbürgertum literarisch aktiv. Städtische Ratsherren und Beamte verfassen Chroniken und Prosaromane, Handwerker begegnen als Autoren von Fastnachtspielen, von paargereimten Spruchgedichten unterschiedlichster Inhalte und von Liedern der verschiedensten Arten. Der größte Teil der nunmehr in bedeutendem Umfang entstehenden geistlichen und weltlichen Sachliteratur – Predigten, Gebete, Legenden, mystische Texte, erbauliche Texte, Rechtstexte, medizinische, landwirtschaftliche Texte usw. – muß freilich als ständeübergreifend angesehen werden: derartige Texte wurden im Kloster, am Hof und in der Stadt verfaßt, benutzt und gesammelt.

Mit dem Aufkommen gedruckter Bücher nach 1450 beginnt dann mehr und mehr das Zeitalter des Buchmarktes, in dem Bücher für ein nicht mehr oder nicht mehr ohne weiteres deutlich umrissenes Publikum, oft ohne einen Auftraggeber verfaßt und in der Hoffnung auf materiellen Gewinn veröffentlicht werden.

Probleme der Datierung und Lokalisierung

Außer mit einer lückenhaften Textüberlieferung hat die mediävistische Literaturforschung auch noch mit anderen Schwierigkeiten zu kämpfen. Bei einem neuzeitlichen Autor weiß man in aller Regel, wann und wo er gelebt hat, wann seine Werke verfaßt wurden und wo und wann sie erschienen sind, man kennt meist seinen Lebensumkreis, oft private Lebenszeugnisse, Briefwechsel, Zeugnisse literarischer Kritik, die sich mit ihm befassen. Im Mittelalter fehlen derartige Angaben weitgehend. Selten sind Lebensdaten einzelner Autoren urkundlich bezeugt (außer es handelt sich um Angehörige des Hochadels). Man weiß meist nichts über das Leben der Dichter, oft kennt man ihren Herkunftsort nicht, weiß nicht, in welche Schule sie gingen, an welchen Höfen oder in welchen Städten sie wirkten, weiß nichts über ihren Lebensumkreis und kennt auch die Entstehungsdaten ihrer Werke nicht. Bei vielen Texten kennt man nicht einmal die Namen der Autoren, sie sind anonym überliefert. Ansätze zu literarischer Kritik – innerhalb literarischer Werke selbst – gibt es nur in bescheidenem Umfang. Erst ab dem 15. Jh. ändert sich der Sachverhalt vielfach, erst von dieser Zeit an sind zahlreiche Autoren urkundlich belegt, lassen sich oft präzise Daten zu ihrem Leben und ihren Werken ermitteln.

Für die Zeit davor treten an die Stelle gesicherter Daten unter diesen Umständen in der Regel approximative Datierungen und oftmals hypothetische Lokalisierungen. Die Überlieferungsträger, die Handschriften, werden anhand der Schrift, d. h. anhand paläographisch bestimmbarer Merkmale, Papierhandschriften auch aufgrund der Wasserzeichen datiert; die Wasserzeichen geben auch Hinweise für die Lokalisierung, für die man sonst überwiegend auf schreibsprachliche (dialektale) Merkmale angewiesen ist. Die Datierung und Lokalisierung der Autoren und Werke erfolgt meist anhand der Kombination aller Merkmale und Informationen, deren man habhaft werden kann. Wichtig sind persönliche Mitteilungen des Autors in seinem Werk, Angaben über ihn an anderer Stelle (etwa in anderen literarischen Werken oder in Urkunden), Anspielungen auf zeitgenössische Persönlichkeiten, Orte, Ereignisse, ferner sichere oder mutmaßliche Beziehungen des Textes zu anderen literarischen Werken, stilistische Besonderheiten, Dialektmerkmale in der Sprache (am besten bewahrt blieben solche Merkmale in den Reimen) usw. Zahlreiche Schlüsse, die auf diese Weise gezogen wurden und noch werden, sind umstritten; ihre Diskussion macht einen Großteil mediävistischer Forschungsarbeit aus (deshalb können Datierungen und Lokalisierungen einzelner Werke in unterschiedlichen Darstellungen auch durchaus schwanken). In neuerer Zeit ist man gegenüber früher oft weitreichenden Kombinationen vielfach eher zurückhaltend geworden.

Zum Literaturbegriff

Während literaturgeschichtliche Darstellungen im Bereich der Neuzeit sich so gut wie immer auf die drei zentralen Dichtungsgattungen Lyrik, Epik, Drama beschränken und die »Sachliteratur« fast ganz beiseite lassen, gilt in der mittelalterlichen Literaturgeschichte im allgemeinen der sogenannte erweiterte Literaturbegriff. Dies bedeutet, daß mit Ausnahme von Urkunden, soweit diese sich auf die bloße Fixierung von Rechtsgeschäften beschränken, sämtliche überlieferten Texte einbezogen werden, also neben den verschiedenen Gattungen der Dichtung auch Sachtexte jeder Art: geistliche Literatur vom Vaterunser bis hin zu Werken der Mystik, historiographische Literatur, Rechtsliteratur, Medizinliteratur, sogar Glossensammlungen und Vokabulare, d.h. Wörterbücher. Man geht dabei von der These aus, im Mittelalter sei »die Trennung von Ästhetik und Lebenspraxis noch nicht vollzogen« gewesen. Die volkssprachliche Literatur verhelfe dem Laien »zum Verständnis seiner selbst, seines Standes, seiner Pflichten. Dazu gehört religiöses Schrifttum … ebenso wie das Wissen um die Krankheit und die Techniken …, was in der sog. ›Fachliteratur‹ angeboten wird, oder das Verständnis von Minne in all ihren Formen …, Berufspflichten und Berufsideale … usw. Diese Literatur hat ihre Einheit im Leben selbst« (K. Ruh). Der derzeit vollständigste »Katalog« deutscher mittelalterlicher Literatur auf der Basis dieses erweiterten Literaturbegriffs ist das 1978–2008 in 2. Auflage erschienene ›Verfasserlexikon‹ (VL). Angesichts des im Lauf des Mittelalters immer mehr zunehmenden Umfangs der Sachliteratur, auch ihrer vielfach noch ungenügenden Erforschung, versteht es sich allerdings fast von selbst, daß eine auch nur annähernd vollständige Aufzählung in einer Überblicksdarstellung wie der vorliegenden nicht einmal angestrebt werden kann. Im Mittelpunkt dieses Bandes stehen die Dichtungsgattungen; der Hinweis auf die Sachtexte darf allerdings nicht fehlen.

B. Frühe Neuzeit

In der Geschichtswissenschaft wird unter »Frühe Neuzeit« die Epoche vom 16. Jh. bis zum Ende des 18. Jh.s verstanden. Im vorliegenden literarhistorischen Zusammenhang dient der Terminus hingegen lediglich zur Bezeichnung der Zeit von etwa 1500 bis zum Beginn des Barockzeitalters um 1620. Für die an die Barockzeit anschließenden literaturgeschichtlichen Zeitabschnitte stehen die Begriffe »Aufklärung«, »Empfindsamkeit«, »Sturm und Drang«, »Weimarer Klassik«, »Romantik« zur Verfügung, der Terminus »Frühe Neuzeit« ist als literarhistorische Epochenbezeichnung ab dem Barock mithin entbehrlich. Die für das 16. und frühe 17. Jh. sonst üblichen Begriffe »Humanismus«, »Reformationsliteratur«, »Literatur der Gegenreformation« betreffen lediglich Teilaspekte; der gelegentlich gebrauchte Begriff »Renaissanceliteratur« erscheint für Deutschland kaum sinnvoll. »Frühe Neuzeit« wird – da ein signifikanter, griffiger Terminus fehlt – demnach hier als inhaltlich weitgehend offener Hilfsbegriff gebraucht. Alternativ verwendet wird die auf den sprachgeschichtlichen Zusammenhang verweisende Formulierung »jüngere Epoche der frühneuhochdeutschen Literatur«.

Die literarische Situation der Epoche, in der der Medienwechsel von der Handschrift zu gedruckten Texten weitgehend, wenn auch nicht restlos, vollzogen ist, erscheint komplex. Es gibt eine kaum mehr übersehbare Fülle von Texten. Außer auf Deutsch wurde weiterhin in großem Umfang lateinisch geschrieben, nun nicht mehr mittellateinisch, sondern in dem an antik-klassischen Vorbildern, vor allem Cicero, orientierten Humanistenlatein. Die deutschen Humanisten waren Teil der europäischen Gelehrtenwelt, sie betätigten sich auf vielen Feldern der Wissenschaft, nicht wenige von ihnen waren auch Autoren anspruchsvoller neulateinischer Dichtung, die das volkssprachliche Publikum freilich nur zu einem kleinen Teil erreichte. Andererseits brachte die Reformation – ein Ereignis von welthistorischer Bedeutung – eine kaum überschaubare Zahl lateinischer, überwiegend jedoch in deutscher Sprache abgefaßter, meist gedruckter Texte unterschiedlicher literarischer Typen hervor – neben der deutschen Bibel als dem bei weitem wichtigsten Buch der Epoche stehen Texte zur religiösen Unterweisung, der neue Typ des Kirchenliedes, Vers- und Prosasatiren, Dramen, die sich vor allem auch in zahlreichen Flugschriften niederschlagende Kontroversliteratur und anderes. Deutsche Texte und literarische Inhalte der unterschiedlichsten Art erreichten in dieser Zeit so gut wie alle Bevölkerungsschichten – Zielpublikum war nun vielfach der »gemeine Mann«, d. h. jedermann. Als Autoren volkssprachlicher Texte begegnen humanistisch gebildete Gelehrte, altgläubige Kleriker, protestantische Geistliche, Hofangehörige, städtische Patrizier, Stadtschreiber, Juristen, Lehrer, Handwerker. Der »gemeine Mann« – der oft nur halb-literat oder illiterat war, Analphabetismus war nach wie vor weit verbreitet – wurde freilich häufig nicht durch ihm kaum oder gar nicht zugängliche Originaltexte erreicht, sondern durch »Vermittlungstexte«, die auf seine restringierte Bildungssituation Rücksicht nahmen: Predigten, kurze, auf Flugblätter gedruckte Texte in Versen oder in Prosa, die vorgelesen werden konnten und die meist von einem den Inhalt verbildlichenden einprägsamen Holzschnitt begleitet waren, Flugschriften, gesungene Meisterlieder, Theaterstücke. Angesichts des großen, ja brennenden Interesses breitester Bevölkerungskreise an Bibelkenntnis, religiösem Wissen und geistlicher Orientierung – im Zeitalter der Reformation oft auch mit Fragen der Sozialordnung verbunden – erlebten derartige Texttypen damals eine Blütezeit. Sie wurden freilich auch zur Vermittlung aller möglichen Arten literarischer und wissenschaftlicher Kenntnisse, zu politischer Beeinflussung, zur Information über zeitaktuelle Begebenheiten (es gab noch keine Zeitungen) sowie zur Unterhaltung genutzt. Kennzeichnend für die

Epoche sind ferner zahlreiche Übersetzungen, die dem volkssprachlichen Publikum lateinische, griechische, französische, italienische, spanische und niederländische Texte unterschiedlicher Art aus Antike, Mittelalter und Gegenwart erschlossen. Auch sie erreichten das breitere Publikum vielfach auf dem Weg über Vermittlungstexte.

Mit Verlusten wesentlicher Texte muß man – anders als im Mittelalter – unter den Bedingungen des florierenden Buchmarktes nicht mehr rechnen, die Abfassungs- und Erscheinungsdaten der Texte und die Lebensdaten und Lebensverhältnisse der namentlich bekannten Autoren sind in der Regel ohne Schwierigkeiten zu ermitteln. Die Aristokratie bediente sich wie andere am Buchmarkt, sie hatte ihre Rolle als maßgebliche Trägerschicht der Literatur nun nahezu ganz eingebüßt. Hauptträger des öffentlichen literarischen Lebens waren jetzt die in erster Linie am Geschäftserfolg orientierten Drucker und Verleger. Für Berufsautoren gab es – anders als im Hoch- und Spätmittelalter – nur selten Existenzmöglichkeiten.

C. Zur Periodisierung

Die bei den Historikern übliche Einteilung in Früh-, Hoch- und Spätmittelalter, in der das Hochmittelalter meist die Spanne vom Beginn des 10. bis zur Mitte des 13. Jh.s umfaßt, ist für die Literaturgeschichte nicht brauchbar. Zwar werden die genannten Epochenbezeichnungen oft auch auf die Literaturgeschichte bezogen, doch begrenzt man sie hier meist anders: das literarische Frühmittelalter reicht meist bis in das 11. oder sogar bis in die erste Hälfte des 12. Jh.s, das Spätmittelalter läßt man meist später beginnen als um 1250 (ein genauer Zeitpunkt läßt sich nicht angeben, die Literaturgeschichten differieren). Aufgrund der im Abschnitt über die Entstehungsbedingungen dargestellten Sachverhalte, auch aufgrund sprachgeschichtlicher Merkmale, bietet es sich an, die mittelalterliche deutsche Literaturgeschichte folgendermaßen zu periodisieren:

A. Von den Anfängen im 8. Jh. bis um 1150 (althochdeutsche und frühmittelhochdeutsche Literatur, die letztere beginnt um 1050).
B. Von etwa 1150 bis um 1350 (mittelhochdeutsche, »höfische« Literatur).
C. Von etwa 1350 bis um 1500 (ältere Epoche der frühneuhochdeutschen Literatur).

Dazu tritt im vorliegenden Band als weiterer, frühneuzeitlicher Zeitabschnitt:

D. Die Zeit von etwa 1500 bis etwa 1620 (jüngere Epoche der frühneuhochdeutschen Literatur).

Zu den sprachgeschichtlichen Merkmalen der einzelnen Perioden können hier nur wenige Hinweise gegeben werden.

1. Den unter dem Begriff des Althochdeutschen zusammengefaßten hochdeutschen Dialekten des Bairischen, Alemannischen und Fränkischen (Mittelfränkisch, Rheinfränkisch, Südrheinfränkisch, Ostfränkisch) ist gegenüber anderen germanischen Sprachen gemeinsam die regelhafte »Verschiebung« der Fortes p, t, k nach Vokal zu f(f), ʒ(ʒ), χ (z.B. in ahd. *offan*, *grīfan*; *eʒʒan*, *bīʒan*, *waʒ*; *mahhon*, *ih*); im Anlaut, nach Konsonanten und in der Gemination zu pf (geschrieben meist ph; im Bairischen, Alemannischen, Ostfränkischen – im Rheinfränkischen nur teilweise), z, kχ (nur im alemannischen und bairischen Alpenbereich) (z. B. in ahd. *phlegan*, *helphan*, *scephen*; *zunga*, *herza*, *sezzen*; *chorn*, *werch*, *we[c]chen*). Weitere Verschiebungen, die allerdings nicht in allen Dialekten anzutreffen sind, betrafen die Lenes b, d, g, die teilweise zu p, t, k verändert wurden. Durch diese Veränderungen im Konsonantensystem, die sogenannte Zweite Lautverschiebung, gliederten sich die genannten Dialekte (dazu das in Oberitalien gesprochene, fast ganz verlorene Langobardische), aus dem (Süd-)Germani-

schen aus; durch sie unterschieden sie sich auch von der in Niederdeutschland (nördlich der sogenannten Benrather Linie) gesprochenen altniederdeutschen Sprache, dem Altsächsischen (die in altsächsischer Sprache abgefaßte Literatur wird im vorliegenden Buch mit einbezogen, ebenso die Literatur des 13. bis 16. Jh.s in mittelniederdeutscher Sprache). Weiter ist den ahd. Dialekten der sogenannte Primärumlaut gemeinsam, d.h. der Umlaut von a vor i, ī, j der Folgesilbe zu geschlossenem kurzen ẹ (z.B. ahd. *faran* »fahren« – *fẹris* »du fährst«).

2. Das Mittelhochdeutsche unterscheidet sich vom Althochdeutschen durch die Abschwächung der vollen Endsilbenvokale zu e (vgl. ahd. *mahhōn* : mhd. *machen*, *taga* : *tage*), die dadurch bedingte Vereinfachung der Flexionsendungen (vgl. ahd. Dat. Sing. *gebu/gebo* : mhd. *gebe* »der Gabe«, Dat. Pl. *gebōm/gebōn/gebon* : *geben* »den Gaben«) und damit den allmählichen Übergang zu einem mehr analytischen Sprachbau (ahd. Gen. Pl. *gebōno* : mhd. *der geben* »der Gaben«); ferner durch die Verschriftlichung des sogenannten Sekundärumlauts, d. h. vor i, ī, j der Folgesilbe erscheinen a (dort, wo es nicht bereits ahd. zu ẹ geworden war), o, u, â, ô, û, ou, uo nunmehr als ä, ö, ü, ae, oe, iu (gesprochen ǖ), öu, üe (vgl. ahd. *mahtīg* : mhd. *mähtec*, *kunni*: *künne*, *loufit* : *löufet* usw.); schließlich durch die sogenannte Auslautverhärtung: b, d, g im Wortauslaut erscheinen mhd. als p, t, k(c) (ahd. *līb* : mhd. *lîp*, *nīd* : *nît*, *tag*: *tac*). Im lexikalischen Bereich ist ein durch die höfische Literatur vermittelter erheblicher Einfluß des Altfranzösischen festzustellen; ihm werden zahlreiche Lehnwörter entnommen wie etwa *amîs* »Geliebter«, *aventiure* »Abenteuer«, *buhurt* »reiterliches Kampfspiel«, *tjost* »ritterlicher Zweikampf zu Pferd« usw.

3. Als bekannteste Differenzen zwischen Mittelhochdeutsch und Frühneuhochdeutsch kann man die Monophthongierung mhd. Diphthonge (*liebe* – gesprochen li-ebe – *guote brüeder* : liebe – gesprochen lībe – gute Brüder), die

Diphthongierung mhd. Monophthonge (*mîn niuweȝ hûs* : mein neues Haus) und die Dehnung kurzer offener Silben (mhd. *legen* : nhd. lēgen, mhd. Dat. Sing. *tage* : nhd. Tāge usw.) vermerken; ferner wird die Auslautverhärtung graphisch rückgängig gemacht. Der Einfluß des Französischen auf die Lexik ist weitgehend verschwunden, von großem Einfluß – vor allem auch im Bereich der Syntax – ist nun wiederum, wie schon im Althochdeutschen, das Lateinische.

Unterschiede zwischen den Sprachstufen verdeutlichen können ahd., mhd. und frühnhd. Fassungen des Apostolischen Glaubensbekenntnisses. In der 1. Zeile angegeben ist der lat. Text, es folgt die ahd. Fassung nach dem ›Weißenburger Katechismus‹ (Ende 8. Jh.), die mhd. Fassung nach dem ›Millstätter Psalter‹ (12. Jh.), die frühnhd. Fassung nach Martin Luthers ›Kleinem Katechismus‹ (1531).

Lat.	Credo	in deum patrem	omnipotentem
Ahd.	Gilaubiu	in got fater	almahtigon
Mhd.	Ich geloube	an got vater	almechtigen
Frühnhd.	Ich gleube	an Gott den Vater	almechtigen

creatorem	caeli	et	terrae.	Et	in Jesum
scepphion	himiles	enti	erda.	Endi	in heilenton
schephaer	himels	unde	der erde.	Unde	an Jesum
SCHEPFER	himels	und	der erden.	Und	an Jhesum

Christum,	filium	eius	unicum,	dominum nostrum.
Christ	suno	sinan	einagon	truhtin unseran.
Christ	sun	sinen	einigen	herren unseren.
Christum,	seinen einigen		Son,	unsern HERRN;

Qui	conceptus	est	de	spiritu sancto,
Ther	infangener	ist	fona	heiligemo geiste
Der	enphangen	wart	von dem	heiligen geiste
der	empfangen	ist	vom	heiligen geist,

natus ex Maria virgine,
giboran fona Mariun magadi
geboren von sante Marien der meide
geboren von der jungfrawen Maria,

passus sub Pontio Pilato. Crucifixus,
giwizzinot bi pontisgen Pilate. In cruci bislagan
gemartert unter dem rihtare Pylato. Gechruciget
gelitten unter Pontio Pilato, gecreutziget,

mortuus et sepultus descendit ad inferna,
toot endi bigraban. Nidhar steig ci helliu,
tot unde begraben. Er fur ze helle,
gestorben und begraben, Nidder gefaren zur Hellen,

tertia die resurrexit a mortuis.
in thritten dage arstuat fona tootem.
des dritten tages erstunt er von dem tode.
am dritten tage auff erstanden von den todten,

Ascendit ad caelos, sedet ad dexteram
Uf steig ci himilom gisaaz ci zeswun
Er fur uf ze himile er sicet ze der zeswen
auffgefaren gen himel, Sitzend zur rechten

dei patris omnipotentis. Inde venturus
gotes fateres almahtiges thanan quemendi
gotes vaters almaehtiges dannen chumftich
Gottes, des Almechtigen Vaters, von dannen er komen wird

iudicare vivos et mortuos. Credo
ci ardeilenne quecchem endi doodem. Gilaubiu
zerteilen lebentige unde tode. Ich geloube
zu richten die lebendigen und die todten. Ich gleube

in spiritum sanctum, sanctam ecclesiam catholicam,
in atum wihan wiha ladhunga allicha
an den heiligen geist heilige christenheit alliche
an den Heiligen geist, ein heilige Christliche kirche,

sanctorum communionem,	remissionem peccatorum,
Heiligero gimeinidha	ablaz sundeono
der heiligen gemeine	antlaz der sunte
die gemeine der heiligen,	vergebung der sunden,
carnis resurrectionem,	(et) vitam aeternam.
fleisges arstantnissi	liib ewigan.
des fleiskes urstende	unde daz ewige leben.
aufferstehung des fleisches	und ein ewiges leben,

Amen.
Amen.
Daz werde war.
AMEN.

A.
Die Epoche der althochdeutschen und frühmittelhochdeutschen Literatur
(8. Jh. – um 1150)

Historischer Überblick

751–911	*Herrschaft der Karolinger im Frankenreich.*
751–768	König Pippin.
754	Tod des Bonifatius (seit 722 Mission in Germanien).
768–814	Kaiser Karl (I.) der Große (Sohn Pippins).
772–804	Sachsenkriege; Christianisierung der Sachsen.
773/774	Eroberung des Langobardenreichs.
788	Absetzung Herzog Tassilos von Bayern.
795	Errichtung der Spanischen Mark.
800	Kaiserkrönung.
814–840	Kaiser Ludwig der Fromme (Sohn Karls des Großen).
830–833	Empörung der Söhne Pippin, Ludwig und Lothar.
843	Vertrag von Verdun; Teilung in ein Mittel-, Ost- und Westreich:
843–855	Kaiser Lothar I. (Sohn Ludwigs des Frommen) herrscht im Mittelreich (besteht bis 875);
843–876	König Ludwig II. der Deutsche (Sohn Ludwigs des Frommen) herrscht im Ostfrankenreich;
843–877	Kaiser Karl II. der Kahle (Sohn Ludwigs des Frommen) herrscht im Westfrankenreich.

876–882	König Ludwig III. der Jüngere von Ostfranken (Sohn Ludwigs des Deutschen).
877–879	König Ludwig II. der Stammler von Westfranken (Sohn Karls des Kahlen).
879–882	König Ludwig III. von Westfranken (Sohn Ludwigs des Stammlers).
879–884	König Karlmann von Westfranken (Bruder Ludwigs III.).
881–887	Kaiser Karl III. der Dicke (Sohn Ludwigs des Deutschen);
885–887	letzte Vereinigung des Gesamtreichs; Karl III. 887 abgesetzt.
887–899	Kaiser Arnulf von Kärnten (Enkel Ludwigs des Deutschen), Herrscher im Ostreich.
900–911	König Ludwig IV. das Kind von Ostfranken (Sohn Arnulfs), letzter Karolinger in Ostfranken.
um 900	Bildung von Stammesherzogtümern (Bayern, Sachsen, Franken, Schwaben, Thüringen, Lothringen).

*

ab 840	Plünderungszüge der Normannen im Frankenreich.
845	Plünderung von Paris, Zerstörung Hamburgs.
um 860	Entdeckung Islands.
891	Arnulf von Kärnten besiegt die Normannen; Ende der Normannengefahr im Ostfränkischen Reich.
ab 899	Einfälle der Ungarn in Mitteleuropa.

*

911–918	König Konrad I. von Franken, König des Ostfränkischen Reichs (die Bezeichnung *Regnum Teutonicum* erst seit dem 11. Jh.).

918–1024	*Herrschaft der Ottonen.*
918–936	König Heinrich I. der Vogler.
936–973	Kaiser Otto I. der Große (Sohn Heinrichs I.).
951–952	Eroberung Italiens.
955	Schlacht auf dem Lechfeld; Sieg über die Ungarn.

962	Kaiserkrönung in Rom.
973–983	Kaiser Otto II. (Sohn Ottos I.).
983–1002	Kaiser Otto III. (Sohn Ottos II.).
1002–24	Kaiser Heinrich II. der Heilige (Urenkel Heinrichs I.).

*

976–1025	Kaiser Basileios II. von Byzanz; größte Entfaltung der byzantinischen Macht.
987–996	Hugo Capet, König von Frankreich.

*

1024–1125	*Herrschaft der Salier.*
1024–39	Kaiser Konrad II.
1039–56	Kaiser Heinrich III. (Sohn Konrads II.).
1056–1106	Kaiser Heinrich IV. (Sohn Heinrichs III.).
ab 1074	Investiturstreit.
1077	Canossa; 1077–80 Gegenkönig Rudolf von Rheinfelden.
1106–25	Kaiser Heinrich V. (Sohn Heinrichs IV.).
1122	Wormser Konkordat; Ende des Investiturstreits.

*

1054	Schisma zwischen der römischen und der griechischen Kirche.
1066	Schlacht bei Hastings; Eroberung Englands durch die Normannen.
1073–85	Papst Gregor VII.
1096–99	1. Kreuzzug; Eroberung Jerusalems, Gottfried von Bouillon erster König von Jerusalem.
1098	Gründung des Zisterzienserordens.

*

1125–37	Kaiser Lothar von Supplinburg.
1137–1254	*Herrschaft der Staufer.*
1137–52	König Konrad III.
1147–49	2. Kreuzzug unter Führung Konrads III. und König Ludwigs VII. von Frankreich.

*

1115–53	Bernhard Abt von Clairvaux.

I.
Althochdeutsche Literatur
(8. Jh. – um 1050)

Die schriftliche Überlieferung der ahd. Literatur beginnt in der 2. Hälfte des 8. Jh.s. Zahlreiche ahd. Texte haben subsidiären Charakter, d. h., ihre Aufgabe war es, lateinische Texte, nahezu ausnahmslos solche religiöser Art, verständlich zu machen bzw. das Verständnis solcher Texte zu erleichtern. Einem derartigen Zweck diente schon das älteste in einer germanischen Sprache abgefaßte Werk, das sich erhalten hat – es gehört selbstverständlich nicht in den Zusammenhang der deutschen Literaturgeschichte –, die Bibelübersetzung des westgotischen Bischofs **Wulfila** (um 311–382/383). Der überwiegende Teil der ahd. Literatur hängt mit dem klösterlichen Schulunterricht zusammen. Kulturelle, nicht zuletzt literarische Zentren des Frühmittelalters waren (wie S. 21 schon erwähnt) fast ausschließlich die Benediktinerklöster. In ihnen gab es Bibliotheken, Skriptorien, lateinischen Schulunterricht, ohne sie wäre die Überlieferung der antiken und frühchristlichen Literatur in lateinischer Sprache abgebrochen. So etwas wie eine eigenständige deutsche Literaturtradition wird in der Überlieferung nur an zwei Stellen sichtbar: zum einen faßt man einige wenige Reflexe der volkssprachlichen mündlichen Dichtung, vor allem in den Zaubersprüchen und in den Zeugnissen der Heldenepik; zum andern scheint sich eine eigenständige ahd. Dichtungstradition, Texte in Endreimversen, für kurze Zeit im Zusammenhang mit dem ›Evangelienbuch‹ (abgeschlossen wohl 867/868) Otfrids von Weißenburg gebildet zu haben. Mit dem 9. Jh. endet, soweit die Überlieferung eine Aussage zuläßt, für nahezu ein

Jahrhundert die Produktion deutscher Texte fast vollständig. Erst um die Jahrtausendwende gab es wieder einen deutschen Sprachschöpfer von Rang, den St. Galler Übersetzer Notker III. Sein Schaffen blieb freilich isoliert und ohne Nachwirkung.

1. Prosa

Glossen, Vokabulare, Interlinearversionen

Ahd. Glossen sind in über 1000 Hss. überliefert. Das mittellateinische Wort *glossa*, *glosa* (mit langem -o-!) bedeutet »Erklärung«. Man versteht darunter deutsche Übersetzungen einzelner Wörter oder Sätze. Sie stehen entweder am Rand des lateinischen Textes (Marginalglossen), zwischen den Zeilen (Interlinearglossen) oder unmittelbar nach dem zu erläuternden Wort (Kontext- oder Textglossen). Zweck ist das Verstehen der lateinischen Texte oder das Erlernen lateinischer Wörter und Wendungen. Glossiert wurden vorwiegend die Bibel, die Canones, d. h. Sammlungen von Konzilsbeschlüssen, die Schriften Gregors des Großen (um 540–604, ab 590 Papst) und anderer kirchlicher Autoritäten, aber auch antike und frühchristliche Autoren wie Vergil (70–19 v. Chr.), Terenz (um 195/190–159 v. Chr.), Prudentius (348–um 405), Boethius (um 480–524) usw. Enthält eine Sammlung ausschließlich lateinische Wörter, die mit anderen lateinischen und/oder ahd. Wörtern interpretiert werden, spricht man von einem Glossar oder Vokabular.

Das älteste deutsche Buch überhaupt ist ein Glossar, der nach dem ersten lateinischen Wort genannte ›Abrogans‹ (*abrogans* »bescheiden«). Es handelt sich um ein aus spätantiken und frühmittelalterlichen Glossaren zusammengestelltes, alphabetisch geordnetes Verzeichnis seltener Wörter, die zunächst durch andere, geläufigere lateinische Wörter erläutert wurden; Absicht war, zu einem besseren Verständnis des Bibeltextes zu führen. Um die Mitte des 8. Jh.s wurde der ›Abrogans‹ im oberdeutschen Sprachgebiet (Freising? Salzburg?) deutsch glossiert (ca. 3670 volkssprachliche Wörter) – »ein schier aussichtsloses Unterfangen, da die deutsche Sprache zur Wiedergabe der ihr vielfach fremden Begriffe und Vorstellungen … alles andere als vorbereitet war« (D. Kartschoke). Um 790 wurde das Buch in Regensburg gekürzt und bearbeitet, wobei nunmehr auch die lateinischen Interpretamente alphabetisch eingeordnet wurden. Diese Fassung, die ›Samanunga worto‹, d. h. »Sammlung von Wörtern«, konnte vor allem als lateinisch-ahd. Wörterbuch verwendet werden.

Neben den alphabetisch geordneten Glossaren gibt es auch Sachglossare, d. h. Verzeichnisse von Wörtern zu bestimmten Themenbereichen, etwa zu Pflanzen, Tieren, Körperteilen. Das älteste derartige Verzeichnis findet sich im ›Vocabularius Sancti Galli‹ (um 775, aus Fulda?), dem Notizbuch eines Schreibers in angelsächsischer Tradition – Hintergrund ist die angelsächsische Mission des Bonifatius und seiner Mitarbeiter im 8. Jh. –, das übrigens auch altenglische Glossen enthält. Vgl. daraus etwa:

> *stomahus* mago. *umpiculo* nabulo. *tronus* stool. *celus* himil. *sol* sunna. *luna* mano. *stellas* sterron. *archus* pogo. *gugernabes* uuolcan [d. h. Wolken]. *uulgor* uunst [d. h. Blitz]. *uentus* uuint …

Zur Förderung des Textverständnisses dienten auch Interlinearversionen, d. h. Wort-für-Wort-Übersetzungen zwischen den Zeilen des lateinischen Textes. Nur Fragmente erhalten haben sich von altalemannischen, altniederfränkischen und altsächsischen Psalmenübersetzungen dieser Art (9. Jh.) sowie von einer rheinfränkischen Übersetzung der Cantica canticorum, des Hohenlieds Salomonis (10. oder 11. Jh.). Zu Beginn des 9. Jh.s entstand, wahrscheinlich in

St. Gallen, die ›Althochdeutsche Benediktinerregel‹, die unvollständige Interlinearversion der Mönchsregel des Benedikt von Nursia (um 480 – um 550), des »Grundbuches« des frühen Mönchtums (vgl. Abb. 1). Im nicht weit entfernten Kloster Reichenau im Bodensee wurden im 1. Viertel des 9. Jh.s 27 lateinische Hymnen – liturgische Gesänge, deren Entstehung auf den heiligen Ambrosius (um 340–397) zurückgeführt wird – mit einer interlinearen Übersetzung versehen, die (nach dem Aufbewahrungsort der Hs. benannten) ›Murbacher Hymnen‹. Ebenfalls auf die 1. Hälfte des 9. Jh.s zurück geht das ›Carmen ad deum‹, die manchmal fehlerhafte (bairische?) Übersetzung des lateinischen Reimgebetes ›Sancte sator suffragator‹ (8. Jh.), eines Textes wahrscheinlich irischer Herkunft in oft schwerverständlicher Sprache.

Religiöse Gebrauchstexte

Die Kapitularien, d. h. Reichsgesetze, Karls des Großen – am wichtigsten ist in diesem Zusammenhang die ›Admonitio generalis‹ von 789 – verlangten unter anderem von den Priestern regelmäßige Predigt und die Kenntnis und Verkündigung der Heilstatsachen. Von Laien wurde die Beherrschung des Glaubensbekenntnisses und des Vaterunsers gefordert. Wie die Aufforderung an das Christenvolk, Credo und Paternoster zu erlernen, aussehen konnte, zeigt in musterhafter Weise ein Predigttext, die ›Exhortatio ad plebem christianam‹ (»Aufforderung an das Christenvolk«; Anfang 9. Jh., bairisch); lateinische Fassung und deutsche Übersetzung stehen in beiden Hss. nebeneinander. Im Zusammenhang dieser Bemühungen wurden die für die Katechese, d. h. den Unterricht, maßgeblichen Texte mehrfach auf ahd. vorgelegt: Vaterunser, Glaubensbekenntnis, das Taufgelöbnis bei der Erwachsenentaufe, Beichtformeln für die Ohrenbeichte und Gebete. Besonders interessant ist das

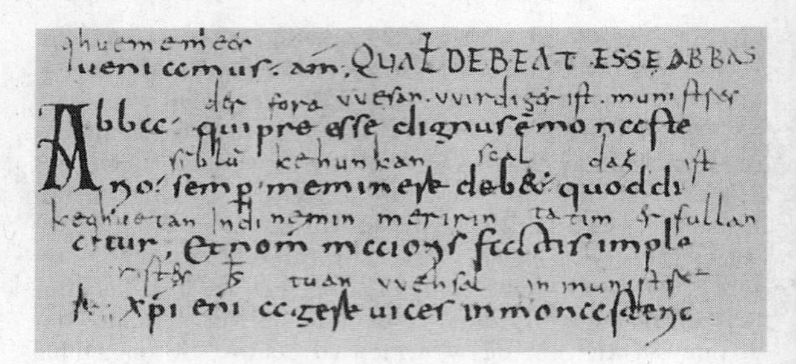

Abb. 1 Ausschnitt aus der Interlinearversion der ›Benediktinerregel‹. St. Gallen, Stiftsbibl., Cod. 916 (Anfang 9. Jh.)

›Sächsische Taufgelöbnis‹ (spätes 8. Jh.), das »die Situation der Bekehrungszeit« (A. Masser) der von Karl besiegten Sachsen spiegelt: der Täufling wird genötigt, den *unholdun*, d. h. Teufeln, Donar, Wodan und Saxnot, seinen bisherigen Göttern, ausdrücklich abzuschwören. Wohl für den Priester bestimmt war der ›Weißenburger Katechismus‹ (Ende 8. Jh., Hs. aus Weißenburg im Elsaß oder aus Worms); er umfaßt das Vaterunser samt Kommentar, ein lateinisch-deutsches Beichtschema mit der Aufzählung von zwanzig Sünden, das Apostolische und das Athanasianische Glaubensbekenntnis sowie das Gloria in excelsis. Beichtformeln, teilweise verbunden mit dem Credo, finden sich ausgesprochen häufig; als Beispiele genannt seien die ›Altbairische Beichte‹ sowie das ›Altbairische (St. Emmeramer) Gebet‹, die ›Lorscher Beichte‹ und die ›Würzburger Beichte‹, alle aus dem 9. Jh.

Bibel und theologische Texte

Einhard (um 770–840), der Autor der ›Vita Caroli Magni‹ (um 833), bezeugt das Interesse Karls des Großen am *sermo patrius*, an seiner fränkischen Muttersprache; unter anderem habe der Kaiser den Monaten und den Winden deutsche Namen gegeben. Mit Karls Bemühungen um die Pflege der Muttersprache in Verbindung gebracht wird auch ein nur fragmentarisch, zusammen mit den lateinischen Vorlagen, in zwei Hss. in Paris und Wien bzw. Hannover erhaltenes Korpus von Übersetzungen, der ›Althochdeutsche Isidor‹ und die ›Mon(d)see-Wiener Fragmente‹. Es handelt sich um die teilweise erhaltene Übersetzung einer Schrift des spanischen Kirchenvaters Isidor von Sevilla (570–636) ›De fide catholica contra Iudaeos‹, in der ausgeführt wird, daß die alttestamentlichen Messiasprophetien auf Christus zuträfen, ferner, daß nicht die Juden, sondern die Heiden das Volk Gottes seien; außerdem um eine fragmentarische Übersetzung des Matthäusevangeliums, um eine nur hier überlieferte Predigt ›De vocatione gentium‹ und um weitere Predigtbruchstücke. Die Übersetzungen entstanden Ende des 8. Jh.s wahrscheinlich in Lothringen (Metz?); angenommen wird, daß alle auf einen einzigen Bearbeiter zurückgehen. Die Orthographie ist konsequent geregelt, die Übersetzungen sind von außerordentlicher Qualität, die sonst üblichen Wort-für-Wort-Übersetzungen werden weit übertroffen. Vieles spricht dafür, daß der Übersetzer für den bzw. am Hof Karls des Großen tätig war.

Der Syrer **Tatian** stellte um das Jahr 170 aus den vier Evangelien und weiterem Material sein ›Diatesseron‹, d. h. »durch die vier (Evangelisten)«, zusammen, eine ›Evangelienharmonie‹, in der das Leben Christi zusammenhängend erzählt wird. Der ursprünglich syrische oder griechische Text ist nur in lateinischer Bearbeitung erhalten: die älteste und wichtigste Hs. hinterließ der heilige Bonifatius (672/675–754) dem Kloster Fulda. Im 2. Viertel des 9. Jh.s, zur Zeit des berühmten Abtes Hrabanus Maurus (780–856, seit 822 Abt von Fulda, seit 847 Erzbischof von Mainz), wurde die ›Evangelienharmonie‹ dort von mehreren Übersetzern auf deutsch bearbeitet – wahrscheinlich handelte es sich um eine Auftragsarbeit des Klosters St. Gallen. In der Hs. des

›Althochdeutschen Tatian‹ ist die deutsche Übersetzung der lateinischen Vorlage gegenübergestellt. »Für den Lateinkundigen diente das Original zur Kontrolle der Übersetzung, für den des Lateinischen wenig oder gar nicht Kundigen diente die Übersetzung dem elementaren oder besseren Verständnis des Originals« (E. Hellgardt). Entsprechend diesem Zweck handelt es sich nicht um eine relativ freie, sondern um eine Wort-für-Wort-Übersetzung, die teilweise die Vorlage sklavisch nachahmt.

Rechtstexte

Rechtstexte haben sich nur in geringem Umfang erhalten. Dazu gehört das Bruchstück einer ahd. Übersetzung (entstanden wohl bald nach 800) der ›Lex Salica‹, des im 6. Jh. aufgezeichneten Stammesrechtes der Salfranken, d.h. der im späteren Belgien und in Nordfrankreich siedelnden Franken; überliefert ist unter anderem der Abschnitt über den Diebstahl von Schweinen. Das fragmentarisch erhaltene ›Trierer Kapitulare‹ stellt die deutsche Interlinearversion eines Gesetzes Kaiser Ludwigs des Frommen von 818/819 dar, das bestimmte, daß jeder Freie über sein Vermögen nach Belieben verfügen dürfe. Aufschlußreich durch die Fülle deutscher Ortsnamen sind die Markbeschreibungen, Urkunden, in denen die Grenzen einer Gemarkung festgelegt sind. Es gibt drei solche Beschreibungen, eine für Hammelburg an der Fränkischen Saale, datiert auf 777, zwei für Würzburg, die erste datiert auf 779, die zweite ist undatiert. Zwei der Beschreibungen sind lateinisch abgefaßt, die Orts- und Zeugennamen sind deutsch; die ›Zweite Würzburger Markbeschreibung‹ ist durchgehend deutsch. Schließlich haben sich einige Eidesformeln erhalten. Am bedeutendsten sind die ›Straßburger Eide‹. Am 14. Februar 842 erneuerten die Söhne Ludwigs des Frommen, Karl der Kahle und Ludwig der Deutsche, zu Straßburg vor ihren Heeren ihr Bündnis gegen ihren Bruder Kaiser Lothar. Ludwig schwor in der romanischen, Karl in der germanischen Volkssprache, um vom Heer des Bruders verstanden zu werden; anschließend schworen die jeweiligen Gefolgschaften, jede in ihrer Sprache. Bei den Eiden Ludwigs und der Gefolgschaft Karls handelt es sich übrigens um die ältesten Aufzeichnungen afrz. Texte.

Gesprächstexte

Überraschenden Einblick in das alltägliche Leben und in die Alltagssprache gewähren die ›Kasseler Glossen‹ (geschrieben im 1. Viertel des 9. Jh.s in Bayern) und die ›Altdeutschen (Pariser) Gespräche‹ (Hs. Anfang 10. Jh.). Die ›Kasseler Glossen‹ umfassen ein Sachglossar, in dem auch bereits einfache Sätze stehen, sowie ein Gesprächsbüchlein mit Sätzen, wie sie einem Romanen nützlich sein konnten: etwa (aus dem Glossar:) *skir min fahs*, »Schere mein Haupthaar«; *Sage mir uueo namun habêt desêr man*, »Sage mir, wie dieser Mann heißt«; (aus dem Gesprächsbüchlein:) *Tole sint Ualhâ spâhe sint Peigira*, »Dumm sind die Welschen, klug sind die Baiern« – sonst wird in mittelalterlichen Quellen von den Baiern meist das Gegenteil behauptet! Die ›Altdeutschen Gespräche‹ sind wesentlich umfangreicher. »Es handelt sich um ein zweckgebundenes Reisehandbüchlein, das Wortschatz und Satzmuster für Körperteile, Kleidung, Dienstleistungen in der Herberge, Bekanntschaft und Konversation mit Fremden, Verkehr mit Dienstboten, Reiten und Waffentragen vermittelt« (St. Sonderegger). Die Orthographie ist stark romanisch geprägt. Vgl. zum Beispiel: *Gueliche lande cumen ger? (de qua patria?)*, »Aus welchem Land kommt Ihr?« – *E guas mer in gene Francia (in francia fui)*, »Ich war (mir) in jenem Franzien«; *Guaz guildo? (quid uis tu?)*, »Was willst du?«; *Erro, e guille trenchen (ego uolo bibere)*, »Herr, ich will trinken«; *Hiih atz heuto brot*, »Ich aß heute Brot.«

2. Dichtung

Heldendichtung

Zu den kostbarsten und eindrucksvollsten Zeugnissen ahd. Dichtung gehört das von zwei Schreibern um 830/840 in eine Hs. aus dem Kloster Fulda eingetragene ›Hildebrandslied‹. Es handelt sich um 68 Verse, der Schluß fehlt. Man nimmt an, daß der Text, der in einem eigenartigen Mischdialekt aus hochdeutschen und altsächsischen Formen abgefaßt ist, in der 2. Hälfte des 8. Jh.s entstand. Einleitend stellt der Erzähler mit wenigen Worten die Situation dar:

> Ik gihorta đat seggen,
> đat sich urhettun aenon muotin,
> Hiltibrant enti Hađubrant untar heriun tuem.
> sunufatarungo iro saro rihtun … (V. 1–4)
>
> Ich hörte das erzählen, daß sich Krieger einzeln trafen, Hildebrand und Hadubrand zwischen zwei Heeren. Sohn und Vater rückten ihre Rüstung zurecht …

Das weitere Geschehen ergibt sich hauptsächlich aus den dramatischen Reden und Gegenreden der beiden Protagonisten. Die dem Ereignis zugrundeliegende Grundkonstellation wird nur angedeutet, man muß davon ausgehen, daß sie den Hörern weitgehend vertraut war. Der ältere der beiden Heerführer, Hildebrand, fragt den Kontrahenten zunächst nach seinem Namen. Er heiße Hadubrand, Sohn Hildebrands, der einst vor Odoakers Haß mit Dietrich nach Osten geflohen sei. Doch das sei lange her, der Vater sei nicht mehr am Leben. Hildebrand versucht, sich dem Sohn zu erkennen zu geben, doch der weist dies als hunnische List zurück. So ist – nach einer bewegenden Klage Hildebrands über seine *wewurt* (V. 49), sein »Wehe-Geschick, Unglück« – der Ernstkampf nicht zu vermeiden. Mitten in dessen Schilderung bricht das Gedicht ab. Man muß davon ausgehen, daß es – anders als im ›Jüngeren Hildebrandslied‹ (überliefert seit dem 15. Jh.), vgl. S. 251 – mit dem Tod des Sohnes endete.

Mit dem ›Hildebrandslied‹, das lediglich eine einzelne Episode schildert, nicht Teil eines Großepos war, wird erstmals in der deutschen Literaturgeschichte die über Jahrhunderte hin fast ausschließlich mündlich überlieferte germanische Heldendichtung greifbar, vgl. dazu S. 20 und 130 f. Es handelt sich um Dichtungen von Taten außerordentlicher, durch Mut und Kampfkraft ausgezeichneter Menschen, vorgetragen von Epenerzählern. Die im eigentlichen Sinn literarische, d.h. aus schriftlichen Zeugnissen bestehende Tradition der Heldendichtung ist auf deutsch sonst erst seit dem um 1200 aufgezeichneten ›Nibelungenlied‹ zu fassen, vgl. S. 130 und 197 ff. Indes begegnen Gestalten, die im übrigen erst dort und in noch späteren Heldendichtungen vorkommen, bereits im ›Hildebrandslied‹, ebenso die Grundkonstellation: mit Dietrich ist der Ostgotenkönig Theoderich der Große (gest. 526) gemeint, der nach der Eroberung Italiens 493 den Söldnerführer Odoaker tötete – in der Heldendichtung gilt Dietrich von Bern (d.h. Verona) als König, der aus seinem Reich vertrieben wurde und versucht, es zurückzuerobern; *Huneo truhtin* (V. 35), der »Herr der Hunnen«, ist zweifellos der Hunnenkönig Attila/Etzel, zu dem Dietrich auch im ›Nibelungenlied‹ geflohen ist; Hildebrand erscheint darin als Dietrichs Waffenmeister.

Abgefaßt ist das ›Hildebrandslied‹, das man sich mit Singstimme vorgetragen vorstellen muß, in Stabreimversen. Diese Versart ist nicht nur für die ahd., sondern auch für die altenglische, altsächsische und altnordische Dichtung charakteristisch; im ahd. Bereich wurde sie wohl schon im Lauf des 9. Jh.s durch endgereimte Verse abgelöst. Stabreimgedichte sind aus Langzeilen zusammengesetzt, die sich in jeweils zwei durch eine Zäsur getrennte Hälften, den An- und den Abvers, gliedern. Unter Stabreim (auch: Alliteration) wird der Gleichklang der Anlaute von Hebungssilben verstanden. Alliterieren können jeweils gleiche Konsonanten oder beliebige Vokale. Jeder der beiden Halbverse einer Zeile hat zwei Haupthebungen (Ikten), so daß es maximal vier Stabreime (Stäbe) pro Zeile geben kann; in der Regel sind freilich nur drei vorhanden (im Abvers immer auf der ersten Hebung), die Mindestzahl sind zwei Stäbe, in jeder Vershälfte einer. Die Zahl der Silben zwischen den Haupthebungen ist variabel, es herrscht weitgehende Füllungsfreiheit.

In den folgenden Beispielen aus dem ›Hildebrandslied‹ sind die Stäbe unterstrichen, die Ikten durch Akzent hervorgehoben; V. 40 ist ein Beispiel für gekreuzten doppelpaarigen Stabreim (sp/w sp/w):

Híltibrant enti Háđubrant untar hériun túem (V. 3)
fórn her óstar giweit, floh her Otachres níd (V. 18)
spénis mih mit dinem wórtun, wili mih dinu spéru wérpan (V. 40)

Noch ein zweiter germanischer Heldensagenstoff begegnet im frühen Mittelalter in verschriftlichter Form auf deutschem Boden: die Erzählung von Walther von Aquitanien. Der Stoff, der in Fragmenten des altenglischen Heldenepos ›Waldere‹ (wohl 9. Jh.) bezeugt, dessen mhd. Fassung ›Walther und Hildegund‹ (13. Jh.) bis auf wenige Reste verloren ist (vgl. S. 250), wurde in einem lateinischen Hexameterepos, dem ›Waltharius‹, bearbeitet. Entstehungszeit (9. oder 10. Jh.?), Entstehungsort (St. Gallen?) und Autor (der Mönch **Ekkehard I. von St. Gallen**, gest. 973?) des relativ breit überlieferten Werks (12 vollständige oder fragmentarische Hss.) sind umstritten. Stilistisch und in seiner epischen Haltung orientiert sich das einzigartige Gedicht an der lateinischen Epik, insbesondere an Vergil, Statius (um 50–96 n. Chr.) und Prudentius, die auch eifrig zitiert werden. Vielleicht wollte der Autor seinen klösterlichen Mitbrüdern zeigen, wie man einen derartigen Stoff »richtig« gestaltet.

Inhalt: Am Hof des Hunnenkönigs Attila leben drei vornehme junge Leute als Geiseln ihrer westlichen Heimatländer: der Franke Hagen, die Prinzessin Hildegund von Burgund und der Königssohn Walther von Aquitanien. Hagen entflieht in seine Heimat nach Worms zu König Gunther. Nach einem hunnischen Siegesfest gelingt es auch Walther, mit Hildegund und einem mit Schätzen beladenen Pferd zu fliehen. Nach vierzig Tagen gelangen sie bei Worms über den Rhein. Gunther will dem Helden seine Schätze und das Mädchen abjagen und verfolgt beide. Im Wasgenwald kommt es zum Kampf. Elf Streiter Gunthers werden von Walther getötet. Hagen, im Konflikt zwischen Freundestreue und Vasallitätspflicht, hält sich zunächst fern. Erst anderntags überfällt er zusammen mit Gunther den weiterziehenden Freund. Im Kampf verliert Gunther ein Bein, Hagen ein Auge, Walther eine Hand. Die Verstümmelten versöhnen sich unter rauhen Scherzen und lassen sich von Hildegund pflegen. Danach reitet Walther in seine Heimat, feiert Hochzeit mit Hildegund und regiert nach dem Tod seines Vaters dreißig Jahre lang.

Die Konstellation mit dem Hunnenhof Attilas auf der einen, dem Reich des charakterschwachen Königs Gunther, der der Hilfe seines Vasallen Hagen bedarf, auf der anderen Seite entspricht der des ›Nibelungenliedes‹; an der Stelle des Burgundenreichs steht im ›Waltharius‹ allerdings das Frankenreich.

Sprüche zur Beschwörung

Unter dem Begriff »Sprüche zur Beschwörung« sind hier die heidnisch-germanischen Zaubersprüche und die – wie man »rücksichtsvoll« (M. Wehrli) sagt – christlichen Segen zusammengefaßt. Bevor Medizin und Chemie in neuerer Zeit wirksame Heilmittel zur Verfügung stellen konnten, spielten Beschwörungen der für die Krankheiten meist verantwortlich gemachten dämonisierten Mächte eine erhebliche Rolle; aufgrund der von den Wortformeln ausgehenden suggestiven Wirkung auf die Kranken waren sie keineswegs stets erfolglos. Auch in anderen Bereichen waren (und sind) Beschwörungen von Bedeutung; erhalten bis zu einem gewissen Grad hat sich etwa das ritualisierte Vertrauen auf magische Formeln bei Einsegnungen, beispielsweise öffentlicher Gebäude.

Die ältesten Zaubersprüche und Segen in deutscher Sprache sind seit dem Beginn des 10. Jh.s überliefert; die Texte sind jedoch vielfach weit älter, da derartige Sprüche gewöhnlich von einer Generation zur nächsten weitergegeben wurden. Formal lassen sich zwei Typen unterscheiden. Beim einen Typ sucht man die Wirkung aus einem vorausliegenden anerkannten Vorgang durch Analogie zu gewinnen (Analogiezauber) – dieser Typ verfügt daher über eine Art »epische« Einleitung, auf die erst der eigentliche Zauberspruch folgt. Der andere Typ, vielleicht eine reduzierte Form des ersten, verzichtet auf die Einleitung und beschränkt sich auf den Zauberspruch. Abgefaßt sind die erhaltenen Sprüche in Stabreimen, in Reimpaarversen – manchmal erscheinen auch beide Verstypen gemischt – oder in Prosa.

Die ältesten erhaltenen Texte deutscher Sprache überhaupt sind die ›Merseburger Zaubersprüche‹, zwei in Stabreimen abgefaßte kurze Texte, die in der 1. Hälfte des 10. Jh.s in eine aus Fulda stammende Hs. eingetragen wurden. Angesichts ihres germanisch-heidnischen Gepräges dürften sie mindestens auf die 1. Hälfte des 8. Jh.s zurückgehen, in die Zeit oder sogar vor die Zeit der Mission des Bonifatius. Der 1. Spruch beginnt mit der Schilderung, wie *idisi*, zauberkundige Frauen, Fesseln heften, Heere aufhalten, Fesseln aufknüpfen; in der abschließenden Zeile wird die Befreiung von Gefangenen beschworen: *insprinc haptbandun, invar vigandun*, »Entspringe den Fesseln, entweiche den Feinden«. Der 2. Spruch nennt germanische Götter und Göttinnen: Phol (identisch mit Balder?), Wuodan, Balder, Sinthgunt, Sunna, Frija, Volla. Berichtet wird von der Fußverrenkung eines Götterpferdes; die Beschwörungen der Göttinnen bleiben offenbar wirkungslos, nur Wuodan kennt die richtige, auch im je konkreten Fall noch anwendbare Formel:

sose benrenki, sose bluotrenki, sose lidirenki:
ben zi bena, bluot zi bluoda,
lid zi geliden, sose gelimida sin!

Wie Knochenverrenkung, so Blutverrenkung, so Gliederverrenkung: Knochen zu Knochen, Blut zu Blut, Glied zu Gliedern, sollen sie geleimt sein!

Die Kriegsthematik des 1. Spruchs ist unter den erhaltenen ahd. Sprüchen singulär. Mit der Heilung von Pferden wie der 2. Spruch befassen sich auch andere, nun schon christlich getönte Texte: ›Pro nessia‹ (gegen die Wurmkrankheit; erhalten in bairischer und altsächsischer Fassung), ›Ad equum errehet‹, ›De hoc quod spurihalz dicunt‹, ›Trierer Pferdesegen‹ (gegen die Rähe). Der Behütung der Hunde gilt der ›Wiener Hundesegen‹, der der Bienen der ›Lorscher Bienensegen‹. Der Stillung des Blutes gewidmet ist der ›Straßburger Blutsegen‹, gegen den Bluthusten anzuwenden ist ein weiterer Spruch aus Trier (›Ad catarrum dic‹), gegen die Fallsucht der Spruch ›Contra caducum morbum‹, in dem vielleicht der heidnische Gott Doner (Donar) vorkommt. Beispiel für einen Spruch ohne epische Einleitung ist die ›Zürcher Hausbesegnung‹ ›Ad signandum domum contra diabolum‹ (»Um das Haus gegen den Teufel zu versiegeln«; 10. Jh.); hier wird dem Dämon klargemacht, daß er völlig unbedeutend, ein Wicht, sei und daß man sogar seinen Namen Knosp kenne – man kann diesen sogar im Diminutiv aussprechen, ohne Schaden davonzutragen. Wie Rumpelstilzchen in den ›Kinder- und Hausmärchen‹ der Brüder Grimm ist der Dämon mit der Namensnennung offenbar vernichtet:

Wola, wiht, taz du weist, taz tu wiht heizist,
Taz tu neweist noch nechanst cheden, chnospinci!

Gut, Wicht, daß du weißt, daß du Wicht heißt, daß du weder weißt noch kannst Zauber sprechen, du Knösperich!
(Übersetzung von W. Haubrichs)

Religiöse Dichtung in Stabreimversen

Stabreimverse fanden auch Verwendung für christliche Gedichte. Zu nennen sind zunächst zwei kürzere Texte. Das ›Wessobrunner Schöpfungsgedicht und Gebet‹ (überlieferte Abschrift um 814 in der Diözese Augsburg entstanden, benannt nach dem früheren Aufbewahrungsort der Hs.) besteht aus zwei Teilen. Zunächst wird in einem Gedicht in 9 Stabreimversen die Situation der Welt vor der Schöpfung ausgemalt. Vor der Nichtexistenz von Erde, Himmel, Baum, Berg, Sternen, Sonne, Mond, Meer, Anfang und Ende hebt sich die ewige Existenz des allmächtigen Gottes und seiner erhabenen Geister, d. h. der Engel, ab. Für die Art der Schilderung hat man auf eine Parallele in der altnordischen ›Völuspá‹ (Str. 3) hingewiesen; näher liegt indes der Psalmvers 89,3 (nach Luthers Zählung 90,3): *Ehe denn die Berge worden / vnd die Erde / vnd die Welt geschaffen wurden / Bistu Gott von ewigkeit in ewigkeit* (Luther). Hier findet sich der Gedanke, den das ›Schöpfungsgedicht‹ ausführlich gestaltet. Im anschließenden, in rhythmisierter Prosa abgefaßten Gebet wird um Stärke im Glauben gebetet, um dem Teufel widerstehen zu können. Das in bairischer Sprache abgefaßte ›Schöpfungsgedicht und Gebet‹ erscheint archaisch stilisiert, es enthält altertümliche Formeln; meist nimmt man seine Entstehung noch im 8. Jh. an. Fraglich ist die Bedeutung der Überschrift ›De poeta‹. Möglicherweise ist mit dem *poeta* Gott gemeint, dann müßte man übersetzen »Über den Schöpfer«.

Das ›Muspilli‹ wurde in der 2. Hälfte des 9. Jh.s in eine Hs. im Besitz König Ludwigs des Deutschen eingetragen. Anfang und Schluß gingen später verloren, erhalten haben sich 103–105 Verse, je nach philologischer Textherstellung. Benannt wurde das Gedicht 1832 von seinem ersten Herausgeber Johann Andreas Schmeller nach dem hinsichtlich Etymologie und Bedeutung umstrittenen Wort in V. 57: *dar ni mac denne mak andremo helfan vora demo muspille*, »da kann kein Verwandter dem anderen helfen vor dem *muspilli*«. Ob mit dem auch anderwärts belegten Wort *muspilli* der Weltenrichter, das Weltgericht oder der Weltuntergang gemeint ist, kann man nicht feststellen. Das in bairischer Schreibsprache mit südrheinfränkischen Elementen verfaßte Gedicht gliedert sich in drei Abschnitte: 1. Schilderung des Kampfes von Engeln und Teufeln um die Seele des Menschen, die Freuden des Paradieses, die Qualen der Hölle (V. 1–30); 2. der Kampf zwischen dem Propheten Elias und dem Antichrist, dem vor dem Weltende auftretenden Feind Christi, und der Weltuntergang (V. 31–72); 3. das Jüngste Gericht, Christus als Weltenrichter und Erlöser (V. 73 bis zum Schluß). Als Quellen dienten die Bibel und vorwiegend eschatologisch ausgerichtete biblische Apokryphen, d.h. nicht in den Kanon der Bibel aufgenommene, ihr jedoch nahestehende spätantike Texte. Das insgesamt ein wenig uneinheitlich wirkende Gedicht enthält überaus anschauliche, gelegentlich geradezu suggestiv wirkende Schilderungen; die Stabreimverse sind frei gestaltet, bisweilen sind Verse mit Endreim eingefügt. Das Publikum dürfte nicht nur Interesse an religiösen, sondern auch an rechtlichen Fragen gehabt haben: irdische Richter werden ausführlich und ausdrücklich ermahnt, gerecht zu sein und ihr Amt nicht zu mißbrauchen. Man stellt sich adlige Hörer vor, in deren Händen zur damaligen Zeit ja das Rechtswesen lag.

Altsächsische Bibeldichtung

Buchformat erreichten Dichtungen in Stabreimversen in Deutschland, soweit die Überlieferung ein Urteil zuläßt, allein in zwei in altsächsischer Sprache abgefaßten Werken, der ›Altsächsischen Genesis‹ und dem ›Heliand‹. Es handelt sich um die beiden einzigen Dichtungen in niederdeutscher Sprache, die aus dem frühen Mittelalter erhalten sind. Wichtig vor allem für die Datierung ist die lediglich durch einen Abdruck von 1562 erhaltene ›Praefatio in librum antiquum lingua Saxonica conscriptum‹ (»Vorwort zu einem alten, in sächsischer Sprache geschriebenen Buch«). Danach gab *Ludouuicus piissimus Augustus* einem Sachsen, der bei den Seinen als ein nicht unbekannter (oder als ein adliger?) Dichter galt, den Auftrag, das Alte und das Neue Testament auf poetische Weise (*poetice*) in die germanische Volkssprache zu übertragen. Identifiziert wird der König entweder, wahrscheinlicher, mit Kaiser Ludwig dem Frommen oder, weniger wahrscheinlich, mit seinem Sohn König Ludwig dem Deutschen. Der Auftrag wäre im ersten Fall in die Jahre vor 840, im anderen nach 840 zu setzen, wobei als Terminus für die Fertigstellung die Zeit vor 850 vermutet wird.

Von der in der ›Praefatio‹ erwähnten Bearbeitung des Alten Testaments haben sich nur drei Bruchstücke einer ›Altsächsischen Genesis‹ erhalten; wie umfangreich der Text ursprünglich war, ist unsicher. Die insgesamt 337 Stabreimverse enthalten Stücke aus der Erzählung des Sündenfalls, aus der Geschichte Kains samt der Aufzählung weiterer Nachkommen Adams und Evas sowie aus dem Untergang Sodoms. Da sich die in einer Oxforder Hs. erhaltene ›Altenglische Genesis‹ (um 900) teilweise (›Genesis B‹, V. 235 bis 851) als eine ziemlich getreue Übersetzung des altsächsischen Textes herausgestellt hat, lassen sich weitere Stücke der altsächsischen Dichtung erschließen: Adam und Eva im Paradies (V. 235–245), Engelsturz (V. 246–441), Sündenfall (V. 442–851; von den Versen 790–817 ist auch die altsächsische Vorlage erhalten). Der altsächsische Dichter gestaltete den Bibeltext unter Einbeziehung apokrypher biblischer Texte relativ selbständig.

Die ›Praefatio‹ ist offenbar erst einige Zeit nach Abschluß der altsächsischen Dichtungen verfaßt worden; daraus erklärt sich, daß man nicht alle ihre Angaben (soweit sie nicht ohnehin, wie der nachgeschobene Schlußteil, fabulös sind) ohne weiteres für bare Münze nehmen darf. Denn der Autor der altsächsischen Bearbeitung des Alten Testaments kann mit dem gleichfalls unbekannten Bearbeiter des Neuen nicht gleichgesetzt werden. Dessen altsächsische Fassung, das 1830 vom ersten Herausgeber Schmeller so genannte Epos ›Heliand‹, d. h. »Heiland«, ist in zwei Hss. und drei Fragmenten (Hs. C aus der 2. Hälfte des 10. Jh.s, die übrigen aus der 2. Hälfte des 9. Jh.s) fast vollständig erhalten (5983 Stabreimverse), lediglich der Schluß fehlt. Dargestellt wird in 71 Fitten, d.h. Abschnitten, nach einer kurzen Einleitung die Lebensgeschichte Christi von der Geburt Johannes' des Täufers und Jesu bis zur Himmelfahrt; Hauptquelle war die ›Evangelienharmonie‹ Tatians (vgl. S. 45 f.); außerdem verwendete der Dichter apokryphe Evangelien sowie vermutlich Bibelkommentare des Beda Venerabilis (672/673–735, angelsächsischer Theologe und Schriftsteller), Alkuins (um 730–804, gebürtiger Angelsachse, Leiter der Hofschule Karls des Großen) und des Hrabanus Maurus (vgl. S. 45). Der altsächsische Dichter hielt sich weitgehend an die schlichte *historia* des Lebens Christi. Die einzige aus der Bibelexegetik aufgenommene größere Allegorese findet sich in Fitte 44, in der die Blindenheilung von Jericho mit der Erlösung der Menschheit durch Christi Menschwerdung gleichgesetzt wird:

… that ni mahte êr werđen gumono barnun
thiu blindia gibôtid, that sie that berhte lioht,
gisâhin sinscôni, êr than he selƀo hêr
an thesaru middilgard menniski antfeng,
flêsk endi lîchamon. Thô wurđun thes firiho barn

giuuar an thesaru uueroldi, the hêr an uuîtie êr,
sâtun an sundiun gisiunies lôse,
tholodun an thiustrie, – sie afsôƀun that uuas thesaru thiod kuman
hêleand te helpu fan heƀenrîkie … (V. 3635–3643).

… nicht konnte eher geheilt werden den Menschenkindern die Blindheit, daß sie das glänzende Licht, die ewige Schönheit sahen, bevor er selbst auf dieser Erde Menschennatur annahm, Fleisch und Leib. Da wurden die Menschenkinder gewahr in dieser Welt, die bisher in Pein, in Sünden wohnten augenlos, ausharrten in Finsternis – sie nahmen wahr, daß diesem Volk der Heiland vom Himmelreich zu Hilfe gekommen war …

Seit jeher fiel auf, daß der Dichter die biblische Geschichte in die ihm und seinen Hörern vertraute Umgebung verpflanzt hat. Maria und Joseph werden als Edelleute dargestellt, Christus erscheint als Herrscher, die Jünger sind seine Gefolgsleute; das Gastmahl des Herodes und die Hochzeit zu Kana werden als Gelage in der germanischen Halle geschildert usw. Von »Germanisierung« in dem Sinn zu sprechen, als hätte man es mit einer lediglich christlich übermalten, in Wahrheit jedoch heidnisch-germanischen Darstellung der Verhältnisse und Ereignisse zu tun, ist indes unzulässig. Es handelt sich um die in der christlichen Kirche seit jeher übliche »Akkommodation« des Unvertrauten an das Vertraute.

Im Stabreimvers des ›Heliand‹ herrscht große Füllungsfreiheit, die Senkungssilben zwischen den Hebungen sind vielfach stark vermehrt (Schwellverse; vgl. im Abvers von V. 3635: die beiden Hebungen liegen erst auf *gúmono bárnun*!). Charakteristisch ist auch die häufig gebrauchte Variation, d.h., das Gesagte wird mit einem neuen Ausdruck unmittelbar anschließend wiederholt. Schließlich ist noch auf die zahlreichen Enjambements hinzuweisen, die Weiterführung des Satzes über die Zeilengrenzen hinaus, die als besonders kennzeichnend für die altenglischen und altsächsischen Bibelepen gilt (Hakenstil; im ›Hildebrandslied‹ und in der altnordischen Stabreimdichtung herrscht hingegen der Zeilenstil vor). Vortrag des ›Heliand‹ mit Singstimme ist durch die in Hs. M überlieferte musikalische Notation ausdrücklich bezeugt; es handelt sich um linienlose Neumen, die im frühen Mittelalter einzig mögliche Art der Melodieaufzeichnung: der Melodieverlauf ist nur angedeutet, er kann für den, der die Melodie nicht schon kennt, nicht eindeutig nachvollzogen werden (vgl. Abb. 2). Es spricht vieles dafür, daß der ›Heliand‹ vor vielfach illiteraten, wahrscheinlich adligen Hörern gleichsam in Konkurrenz zur mündlichen weltlichen Heldendichtung vorgetragen werden sollte.

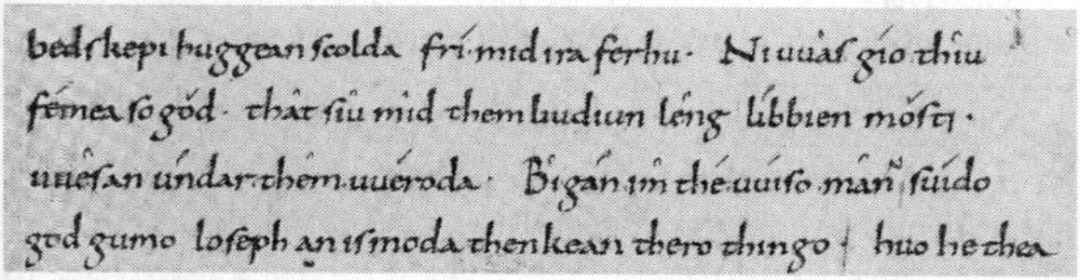
bedskepi huggean scolda fri·mid ira ferhu· Ni uuas gio thiu
femea so gód· thât siu mid them ludiun léng libbien mósti·
uuesan undar thém uuerode· Bigán im the uuiso mán sûido
gód gumo Ioseph an is moda thenkean thero thingo huo he thea

Abb. 2 Die Neumen in der Hs. M des ›Heliand‹ (V. 310–313). München, Bayer. Staatsbibl., Cgm 25 (um 850)

Otfrid von Weißenburg

Althochdeutsches Gegenstück zum ›Heliand‹ ist der ›Liber Evangeliorum‹, das ›Evangelienbuch‹ Otfrids von Weißenburg, des ersten deutschen Autors, dessen Name überliefert ist. Otfrid war Mönch in dem auf südrheinfränkischem Sprachgebiet liegenden, zur Diözese Speyer gehörenden, später elsässischen Kloster Weißenburg. Er dürfte um 800 geboren sein. Um 830 wurde er zum Priester geweiht, danach hielt er sich zu Studienzwecken eine Zeitlang in Fulda auf – als seinen Lehrer nennt er Hrabanus Maurus –, anschließend war er vielleicht am Hof Ludwigs des Deutschen, des ostfränkischen Königs, tätig. Seit etwa 845 lebte er wieder in Weißenburg, wo er als Bibliothekar, Lehrer,

Schreiber und Bibelkommentator wirkte. Von ihm stammt eine Reihe von lateinischen Bibelkommentaren, die, wie üblich, aus vorhandenen Kommentaren kompiliert wurden, außerdem entstanden im Zusammenhang mit dem Schulbetrieb deutsche Glossen zu lateinischen Autoren. Das ›Evangelienbuch‹, dessen Entstehung sich über längere Zeit hingezogen haben dürfte, wurde zwischen 863 und 871 abgeschlossen, wahrscheinlich 867/868. Um 870 dürfte Otfrid verstorben sein.

Wie der ›Heliand‹ – ob Otfrid ihn kannte, ist ungewiß – ist auch das ›Evangelienbuch‹ eine Evangelienharmonie, in der das Leben Christi nach den vier Evangelisten dargestellt wird; außerdem griff der Weißenburger Mönch auf Bibelkommentare zurück. Das Werk, das insgesamt (zusammen mit den ahd. Widmungsgedichten) 7418 Langzeilen umfaßt, ist in fünf Bücher eingeteilt – der Dichter führt dazu aus, er habe durch die Fünfzahl der Bücher, die der Fünfzahl der menschlichen Sinne entspreche, die Unterlegenheit seines Werks gegenüber der heiligen Geradheit der vier Evangelisten auszudrücken gesucht. Der Stoff ist folgendermaßen verteilt: Christi Leben von der Geburt bis zur Taufe (Buch I), die Berufung der Jünger und Christi Lehrtätigkeit (II), die Wunder und Gleichnisse (III), die Passion (IV), Auferstehung und Jüngstes Gericht (V). Jedes Buch ist mit Einleitungs- und Schlußabschnitten versehen, die einzelnen Bücher sind in (insgesamt 140) numerierte und mit lateinischen Überschriften versehene Kapitel unterteilt. Gerahmt wird das ›Evangelienbuch‹ durch hierarchisch angeordnete, kunstvolle Widmungen: an König Ludwig den Deutschen, von dessen Hof der Auftrag ausgegangen sein könnte, an Erzbischof Liutbert von Mainz (lateinische Prosa; Liutbert war seit 863 Erzbischof, vorher Mönch und Lehrer auf der Reichenau), an Bischof Salomon I. von Konstanz (839–871); am Schluß findet sich eine Widmung an zwei bedeutende St. Galler Mitbrüder, Hartmut – den Lehrer des berühmten Dichters und Historiographen Notker Balbulus (um 840 bis 912) – und Werinbert, den Leiter des Skriptoriums, Abt von 872 bis 883. Otfrids Werk ist besser überliefert als die meisten anderen Texte des deutschen Mittelalters. Erhalten haben sich vier Hss. des 9. und 10. Jh.s (eine davon nur in Bruchstücken), die Wiener Hs. V wurde von Otfrid selbst durchkorrigiert.

In den Widmungen, vor allem in dem Schreiben an den Mainzer Erzbischof, und im 1. Kapitel von Buch I ›Cur scriptor hunc librum theotisce dictaverit‹ (»Weshalb der Verfasser dieses Buch in der germanischen Volkssprache geschrieben hat«) äußert Otfrid sich ausführlich über sein Vorhaben. Demnach will er das Lob Gottes *in frenkisga zungun*, »in fränkischer Sprache«, besingen, um den *cantus obsceni*, den »schmutzigen Liedern« der Laien, etwas Nützliches entgegenzustellen, ferner um die Heilsbotschaft in ansprechender Form zu verbreiten und um durch eine Dichtung in fränkischer Sprache zu zeigen, daß die hochgerühmten Franken den anderen Völkern auch in dieser Hinsicht nicht nachzustehen brauchen:

Ziu sculun Fránkon, so ih quád, zi thiu éinen wesan úngimah,
thie líut es wiht ni duáltun, thia wir hiar óba zaltun?
Sie sint so sáma chuani, sélb so thie Románi;
ni thárf man thaz ouh rédinon, thaz Kríachi in thes giwídaron.
Sie éigun in zi núzzi so sámalicho wízzi,
in félde joh in wálde so sint sie sáma balde … (I,1,57–62)

Weshalb sollen die Franken, so sage ich, dies allein nicht können, wenn die Völker darin nicht zögerten, die ich erwähnt habe? Sie sind doch ebenso tapfer wie selbst die Römer: noch darf man außerdem behaupten, daß die Griechen ihnen in dieser Hinsicht gewachsen seien. Ihnen stehen die gleichen Geistesgaben zu Gebote. In Feld und Wald sind sie ebenso kühn …

Angemerkt sei, daß Otfrid das Wort *theotiscus* (abgeleitet von ahd. *theod*, *thiot* »Volk«, mhd. *diet*) »deutsch« nur in seinem lateinischen Text verwendet, während er auf ahd. stets von »fränkisch« spricht. Das den Gegensatz zwischen der germanischen und der romanischen Volkssprache im Frankenreich bezeichnende Wort *theotiscus* war zu Otfrids Zeit noch auf das gelehrte Latein beschränkt, ein die Gemeinsamkeit der germanischen Volkssprachen bezeichnendes volkssprachliches Wort fehlte; dazu wird *diutsch* erst nach der Jahrtausendwende.

Die Lebensgeschichte Christi stellte Otfrid selbständig aus der Bibel zusammen. Anders als der ›Heliand‹-Dichter ist er nicht nur an der *historia* interessiert. Er legt vielmehr großen Wert darauf, das Geschehen fortlaufend theologisch zu interpretieren. Dies geschieht vorwiegend in den Abschnitten, die mit *Spiritaliter*, *Mystice* oder *Moraliter* überschrieben sind. Als Erzähler gilt Otfrid dem Autor des ›Heliand‹ unterlegen; man schreibt ihm eher Talent für lyrische Gestaltung zu. Berühmt sind etwa die mit Alliterationen gestalteten hymnenartigen Verse, die den Flug des Engels Gabriel zu Maria darstellen (die reimlose 1. Zeile ist ein Stabreimvers!):

Floug er súnnun pad, stérrono stráza,
wega wólkono zi theru ítis frono ... (I,5,5 f.)

Er flog den Sonnenpfad, die Straße der Sterne, die
Wege der Wolken zu dieser edlen Frau ...

Als Publikum des ›Evangelienbuchs‹, das ebenso wie der ›Heliand‹ für den Vortrag mit Singstimme gedacht war (eine Neumenaufzeichnung findet sich in der Heidelberger Hs. P, vgl. Abb. 3), stellt man sich ebenfalls die weitgehend illiterate weltliche Oberschicht der Zeit vor. In formaler Hinsicht vollzog Otfrid einen entschiedenen Bruch mit der traditionellen Stabreimdichtung. Durch ihn wird der Reimpaarvers in die deutsche Literatur eingeführt – er blieb bis in die Frühe Neuzeit, in manchen Gattungen noch über das 16. Jh. hinaus, das wichtigste metrische Darstellungsprinzip

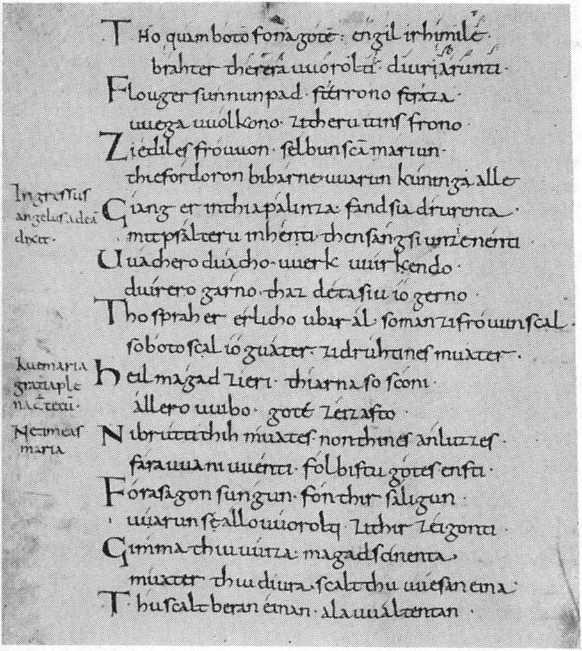
Ingressus angelus ad ei dixit.

Tho quam boto fona gote: engil ir himile.
brahta er thera uuorolti diuri arunti.
Floug er sunnun pad. sterrono straza.
uuega uuolkono. zi theru itis frono.
Ziediles frouuon. selbun sca mariun.
thie fordoron bi barne uuarun kuninga alle.
Giang er in thia palinza. fand sia drurenta.
mit salteru in henti. then sang si unz enti.
Uuahero ducho. uuerk uuirkendo.
diurero garno. thaz deta siu io gerno.
Tho sprah er erlicho ubar al. so man zi frouuun scal.
so boto scal io guater. zi druhtines muater.

Ave maria gratia plena dominus tecum.

Heil magad zieri. thiarna so sconi.
allero uuibo. gote zeizasto.

Ne timeas maria

Ni bruttit thih muates. noh thines anluzzes.
farauua ni uuentit. fol bist gotes ensti.
Fora sagon sungun. fon thir saligun.
uuarun se allo uuorolti zi thir zeigonti.
Gimma thiu uuiza. magad scinenta.
muater thu diura. scalt thu uuesan einna.
Thu scalt beran einan alauualtentan.

Abb. 3 Die Neumen in der Hs. P von Otfrids ›Evangelienbuch‹ (I,5,3 f.). Heidelberg, UB, Cpl 52 (spätes 9. Jh.)

außerhalb der Lieddichtung. Ob Otfrid als »Erfinder« des Reimpaarverses gelten kann, ist umstritten, möglicherweise gab es ältere Ansätze. Als Vorbild angesehen wird in erster Linie der Vers der lateinischen Hymnenpoesie, vor allem in seiner irischen und altenglischen Ausprägung. Otfrid dichtete in vierhebigen Kurzversen. Je zwei Verse sind durch

Reim verbunden und in den Hss. in Form einer Langzeile angeordnet; je zwei derartige Langzeilen bilden eine Strophe (Otfridstrophe). Im Versinneren herrscht relativ große Füllungsfreiheit; die Reime müssen nicht – entsprechend späteren Vorstellungen – »rein« sein, es genügt bereits der Gleichklang des auslautenden Vokals (Assonanz). Als Beispiel für eine Otfridstrophe vgl. die folgende Metrisierung von V. 57 f. im Zitat aus I,1; zu den metrischen Zeichen und den Versausgängen (Kadenzen) vgl. S. 111 f.:

Ziu sculun Fránkon, so ih quád, zi thiu éinen wesan úngimah,
x / x́ x / x́ x / x́ x / x́ : ◡ ◡ / x́ x / x́ x / x́ x / x́ ∧ /
thie líut es wiht ni duáltun, thia wir hiar óba zaltun?
x / x́ x / x́ x / –́ / x̀ : x / x́ x / x́ x / –́ / x̀ ∧ /.

Der Reim des ersten Zeilenpaares ist lediglich assonierend; im zweiten Paar findet sich ein Vollreim.

Kleinere religiöse Gedichte in Reimpaarversen

In der 2. Hälfte des 9. Jh.s entstanden weitere, kleinere Gedichte in Reimpaarversen. Inwieweit sie von Otfrids ›Evangelienbuch‹ beeinflußt sind, ist im einzelnen umstritten. Direkt vergleichbar mit einer Passage bei Otfrid (II,14) ist das Gedicht ›Christus und die Samariterin‹ (Hs. 10. Jh., alemannisch mit rheinfränkischen Spuren), in dem Christi Begegnung mit einer samaritanischen Frau an einem Brunnen (Joh. 4,6 ff.) nach einer kurzen epischen Einleitung hauptsächlich dialogisch, balladenhaft, gestaltet wird. Die Darstellung ist knapper als in der Bibel, vor allem aber erheblich gedrängter als bei Otfrid: den 31 Langzeilen des Gedichts (dessen Schluß nicht überliefert ist) entsprechen bei Otfrid nicht weniger als 60 Zeilen. Eine weitere Bibelbearbeitung bietet der ›138. Psalm‹ (Hs. 10. Jh., bairisch; nach

Luthers Zählung Ps. 139), in dem Davids Hinwendung zu Gott in einem Gebet beispielhaft dargestellt wird.

Das älteste überlieferte geistliche Lied in deutscher Sprache ist das ›Petruslied‹ (Hs. um 900, Freising), drei neumierte Strophen aus je zwei Langzeilen und dem Refrain *Kyrie eleyson, Christe eleyson*. Man nennt Lieder dieser Art des Refrains wegen Leisen. Verwendung fand das ›Petruslied‹ als Prozessions- oder Wallfahrtslied, vorgetragen wurde es wahrscheinlich im Wechsel zwischen einem Vorsänger und der Gemeinde, die den Refrain sang. Inhaltlich geht es um eine Bitte an St. Petrus; die 3. Strophe (deren 2. Zeile sich wortwörtlich bei Otfrid I,7,28 findet) lautet:

Pittemês den gotes trût alla samant uparlût,
daz er uns firtânên giuuerdo ginâden.
Kirie eleyson, Criste eleison.

Wir bitten den Freund Gottes alle gemeinsam mit lauter Stimme, daß er uns Sündern gnädig sei. Herr, erbarme dich, Christus, erbarme dich.

Zu den wichtigsten mittelalterlichen Literaturgattungen, sowohl auf lateinisch wie in den Volkssprachen, gehört die Heiligenlegende. Man versteht darunter die Lebensgeschichte eines Heiligen der Kirche von der Geburt bis zum Tod, ja darüber hinaus: zum Heiligen gehören auch die Wunder, die er als wesentliche Zeichen seiner Heiligkeit nach seinem Tod vollbringt. Der Begriff Legende (lat. *legenda* »das zu Lesende«) bezeichnet Texte, die an den jeweiligen Heiligenfesten im Rahmen des Gottesdienstes oder bei der Tischlesung im Kloster oder im Konvent vorgetragen werden mußten. Erst in der Neuzeit erhielt das Wort eine negative Bedeutung als Bezeichnung für alle Arten von unglaubwürdigen Erzählungen – Wunder, wie sie zur Heiligenlegende nun einmal gehören, waren nun nicht mehr selbstverständlich, sondern unglaubwürdig. Im Mittelalter wurde das Wort Legende im übrigen relativ selten und erst spät verwendet. In der Regel sprach man von den *Gesta Sanctorum*, den »Taten der Heiligen«, wobei man die *Passiones* derjenigen Heiligen, die den Märtyrertod erlitten hatten, von den *Vitae confessorum*, den Lebensgeschichten der »Bekenner«, unterschied, jener Heiligen, die auf besondere Weise für den Glauben eingetreten waren, ohne den Märtyrertod zu erleiden. Vgl. zu den Legenden auch S. 93 f., 158 ff., 288 f., 362.

Die älteste erhaltene deutsche Legende ist das wohl erst im 11. Jh. in vertrackter Orthographie in die Heidelberger Otfrid-Hs. P unvollständig eingetragene ›Georgslied‹, die *Passio* eines im Mittelalter ungemein populären Heiligen (hier noch ohne den Drachenkampf). Entstehung des durch Refrainzeilen in Strophen ungleicher Länge gegliederten Textes noch im 9. Jh. wird allgemein angenommen, der Entstehungsort (Reichenau? St. Gallen? Weißenburg? Prüm in der Eifel?) ist umstritten. Eine zweite Heiligenlegende, das ›Galluslied‹, die Vita des irischen Mönchs Gallus (gest. um 650), ursprünglich verfaßt in deutscher Sprache von dem St. Galler Mönch, Lehrer, Dichter und Historiographen **Ratpert** (um 840/850 – um 900), ist nur in lateinischer Umarbeitung durch Ekkehard IV. (gest. um 1057) erhalten; der Bearbeiter wollte durch seinen lateinischen Text erreichen, daß die schöne Melodie nicht in Vergessenheit geriet.

Politische Gedichte

Am 3. August 881 errang der 19jährige König Ludwig III. von Westfranken, Ururenkel Karls des Großen, bei Saucourt, südlich der Mündung der Somme, einen glänzenden Sieg über die Normannen, deren Überfälle zu den schlimmsten Plagen der Zeit gehörten. Ludwigs Sieg veranlaßte noch im selben Jahr ein Lobgedicht auf den König, das ›Ludwigslied‹, das älteste bekannte politische Gedicht in deutscher Sprache; die erhaltene Aufzeichnung erfolgte noch im 9. Jh., jedoch bereits nach dem Tod des Königs am 5. August 882. Ältere frühmittelalterliche Texte verwandter Art gibt es sonst nur in lateinischer Sprache (Gedicht auf den Avarensieg Pippins, eines Sohnes Karls des Großen, 796; Klage eines sonst unbekannten Angilbert über die Schlacht der Söhne Ludwigs des Frommen bei Fontanetum 841; Lied über die Gefangenschaft Ludwigs II. von Italien zu Benevent 871). Das 59 Reimpaarzeilen umfassende ›Ludwigslied‹ beschränkt sich nicht auf die Darstellung der Schlacht, sondern schickt dieser die Lebensgeschichte des Königs voraus. Die aus historischen Quellen bekannten Ereignisse werden auf eigenartige Weise stilisiert: Gott selbst ist der Erzieher (*magaczogo*) Ludwigs, er setzt ihn als König ein, schickt ihm eine Prüfung und dem Volk Strafe, er erbarmt sich »seines« Volks, spricht mit dem König und erteilt ihm den Befehl, gegen die heidnischen Normannen zu ziehen. Vorbild dieser Darstellung ist das Verhältnis Gottes zum Volk Israel und zu seinen Königen im Alten Testament. Die lateinischen Fürstenspiegel aus der Karolingerzeit zeigen, daß das damalige Herrscherbild sich in erster Linie am Alten Testament, vor allem an David und Salomo, orientierte. Absicht des ›Ludwigsliedes‹, eines der interessantesten Texte der Zeit, war freilich kein zweckfreies Herrscherlob. Vielmehr sollte der überraschende, aufsehenerregende Sieg publizistisch für den König genutzt werden. Mit ihm sollten die positiven Eigenschaften des durchaus nicht unumstrittenen Königs, seine Leistung, seine Glückhaftigkeit und sein Gottesgnadentum eindrücklich und bildhaft vor Augen gestellt werden. Adressat war der damals noch zweisprachige Adel des westfränkischen Reichsteils; angesichts des Mangels der Söhne Ludwigs des Deutschen an ehelichen männlichen Nachkommen ist auch nicht auszuschließen, daß Ludwig und seine Umgebung für die Zukunft an die Wiederherstellung des Gesamtreichs dachten – das Lied könnte sich demnach auch an den ostfränkischen Adel gerichtet haben. Der Schreiber des ›Ludwigsliedes‹ –

dies verdient vermerkt zu werden – zeichnete in der gleichen Hs. auch die älteste erhaltene Dichtung in afrz. Sprache auf, die ›Eulaliasequenz‹.

Vermutlich über hundert Jahre nach dem ›Ludwigslied‹, gegen Ende des 10. Jh.s, entstand das deutsch-lateinische Mischgedicht ›De Heinrico‹, ein Lobgedicht auf einen schon verstorbenen Herzog Heinrich von Bayern (überliefert in einer Hs. des 11. Jh.s). Das Gedicht besteht aus acht Strophen mit je drei oder vier Reimpaarzeilen, insgesamt umfaßt es 27 Reimpaarzeilen. Der jeweilige erste Vers ist lateinisch, der zweite deutsch. Berichtet wird, daß Kaiser Otto den Herzog feierlich empfängt. Nach gemeinsamem Kirchgang folgt ein erneuter Empfang; danach wird Heinrich oberster Ratgeber:

quicquid Otdo fecit, als geried iz Heinrîh:
quicquid ac omisit, ouch geried iz Heinrîhc. (V. 23 f.)

Alles, was Otto tat, zu allem hatte Heinrich geraten: und alles, was er unterließ, auch das hatte Heinrich geraten.

Die Zuweisung an bestimmte historische Personen ist in der Forschung strittig. In Frage kommt die Versöhnung zwischen Kaiser Otto I. dem Großen und seinem aufrührerischen Bruder Heinrich I. von Bayern 941. Wahrscheinlicher ist jedoch dessen Sohn Heinrich II. der Zänker gemeint. Er hatte jahrelang gegen Ottos I. Enkel Otto III. rebelliert, unterwarf sich jedoch 985. Es erscheint denkbar, daß Heinrichs II. Sohn Heinrich IV. – seit 1002 als Heinrich II. deutscher König und Kaiser – mit dem Gedicht, das sich an lateinkundige höfische Kreise gerichtet haben dürfte, die *memoria*, das Gedenken an seinen Vater, beeinflussen wollte. Nicht als Aufrührer, sondern als entscheidender Ratgeber sollte der »Zänker« in Erinnerung bleiben.

3. Notker III. von St. Gallen

Im 10. Jh., der Zeit der Kaiser aus dem sächsischen Haus, entstanden, soweit die Überlieferung ein Urteil zuläßt, kaum Texte in deutscher Sprache; ›De Heinrico‹ ist geradezu eine Ausnahme. Das bedeutendste literarische Œuvre der Epoche in Deutschland wurde auf lateinisch abgefaßt: die Verslegenden, Lesedramen und historischen Werke der **Hrotsvit von Gandersheim** (um 935 – nach 973; Kanonisse im Stift Gandersheim), einer Verwandten des Kaiserhauses. Übrigens war Hrotsvit nicht die erste mittelalterliche Autorin auf deutschem Boden: bereits fast 200 Jahre zuvor, um 780, hatte die angelsächsische Nonne **Hugeburc** im Kloster Heidenheim im Hahnenkamm (bei Gunzenhausen) interessante lateinische Biographien Bischof Willibalds von Eichstätt (gest. 787) und seines Bruders, des Abtes Wynnebald von Heidenheim (gest. 761), geschrieben.

Literarische Bedeutung gewinnt das Ahd. erst wieder um die Jahrtausendwende im vielfältigen Übersetzungswerk des St. Galler Mönchs und Leiters der Klosterschule Notker III., genannt Labeo, »der mit der breiten Unterlippe«, oder – im Hinblick auf seine Übersetzungen – Teutonicus, »der Deutsche« (um 950–1022). In einem lateinischen Brief gab Notker in seinen letzten Lebensjahren in Kürze Rechenschaft über seine Bemühungen. Er stellt fest, daß vor allem die kirchlichen Bücher in der Schule gelesen werden müssen; andere Bücher seien hierfür nötige Hilfsmittel. Aus Liebe zu den Schülern habe er zu einer unüblichen Methode gegriffen, um den Zugang zu erleichtern: er habe lateinische Schriften in die Muttersprache übersetzt und sie erläutert. Mit Hilfe der Muttersprache könne man etwas erfassen, was man sonst kaum oder nicht völlig begreife.

Notkers umfangreiches lateinisches und deutsches Œuvre, das – mit Ausnahme der Psalmenübersetzungen – über St. Gallen und das 11. Jh. hinaus kaum gewirkt hat, umfaßt –

teilweise nicht erhaltene – Schriften zur Grammatik und Rhetorik, zur Dialektik und Philosophie – darunter die (erhaltene) Übersetzung der ›Consolatio philosophiae‹ (›Trost der Philosophie‹) des Boethius –, zur Arithmetik, Musik und Astronomie. Ferner übersetzte Notker einen Teil der Enzyklopädie der *septem artes liberales*, der Sieben freien Künste, des Martianus Capella (5. Jh. n. Chr.), die berühmte ›Hochzeit Merkurs und der Philologie‹, außerdem den gesamten Psalter, ›Cantica‹, d. h. im monastischen Gebrauch übliche biblische Gesänge, sowie katechetische Stücke. Verloren sind die Übersetzungen einiger poetischer Schulautoren sowie Notkers letztes Werk, die Bearbeitung der ›Moralia in Iob‹ Gregors des Großen, eines ausführlichen Kommentars zum Buch Hiob.

Notkers kommentierte Übersetzungen sind darauf gerichtet, den lateinischen Text verständlich zu machen. Gleichwohl kam es ihm – und darin liegt die Qualität seiner Übersetzungen begründet – darauf an, den angemessenen deutschen Ausdruck zu finden. Man hat etwa festgestellt, daß Notker für das lateinische *causa* (»Grund, Ursache«) je nach genauer Bedeutung nicht weniger als elf deutsche Entsprechungen verwendet. Außerdem bemühte er sich um eine möglichst präzise phonetische Schreibweise: betonte kurze Silben erhalten einen Akzent (´), lange Silben einen Zirkumflex (ˆ); b, d, g stehen dann am Wortanfang, wenn das vorhergehende Wort mit einem stimmhaften Laut endet, nach stimmlosem Laut und am Satzanfang stehen p, t, k (Notkers Anlautgesetz).

Als Beispiel für Notkers Vorgehensweise vgl. den folgenden Anfang von Psalm 22 (nach Luthers Zählung 23). Voran steht jeweils der lateinische Satz; es folgt die Übersetzung und – sofern nötig – eine Erläuterung, in der auch lateinische Wörter erscheinen können:

(1) DOMINVS REGIT ME ET NIHIL MIHI DEERIT. Truhten selbo rihtet mih. chît ecclesia de Christo. unde nîehtes ne-brístet mir. (2) *In loco pascue ibi me collocauit.* In déro

stéte dar uuêida ist. hábet er mih ke-sezzet. Er habet mir in lege et prophetis [darüber ahd. Glossierung: an eo unde an uuízzegon] kêis‹t›lícha fuôra ke-gében. *Super aquam refectionis educauit me.* Er hábet mih ke-zógen bi démo uuazzere déro labo. Daz ist baptismum [Glosse: tôuffi]. mit démo diu sêla gelábot uuírdet.

(1) Der Herr selbst leitet mich – das sagt die Kirche von Christus – und nichts fehlt mir. (2) In die Stätte, an der die Weide ist, hat er mich gesetzt. Er hat mir im Gesetz und den Propheten [gemeint ist damit das Alte Testament] geistliche Speise gegeben. Er hat mich erzogen am Wasser der Erquickung. Das ist die Taufe, mit der die Seele erquickt wird.

Literaturhinweise

Ausgaben: W. Braune / E. A. Ebbinghaus (Hrsg.), Ahd. Lesebuch, ^{17}1994. – H. Fischer (Hrsg.), Schrifttafeln zum Ahd. Lesebuch, 1966. – MSD: K. Müllenhoff / W. Scherer (Hrsg.), Denkmäler dt. Poesie u. Prosa aus dem 8. bis 12. Jh., 2 Bde., ^{3}1892. – E. v. Steinmeyer (Hrsg.), Die kleineren ahd. Sprachdenkmäler, 1916. – H. D. Schlosser, Ahd. Literatur. Eine Textauswahl mit Übertragungen, 1998. – W. Haug / B. K. Vollmann (Hrsg.), Frühe dt. Literatur u. lat. Literatur in Deutschland 800–1150, 1991 (zweisprachig; Bibliothek des MAs). – St. Müller (Hrsg.), Ahd. Literatur (zweisprachig; RUB). – Ahd. Glossen: E. v. Steinmeyer / E. Sievers, 5 Bde., 1879–1922. – ›Ahd. Benediktinerregel‹: U. Daab, 1959 (ATB); A. Masser, 1997. – ›Ahd. Isidor‹: H. Eggers, 1964 (ATB). – ›Mon(d)seer Fragmente‹: G. A. Hench, 1890. – Tatian: A. Masser, 1994. – ›Heliand‹ u. ›Genesis‹: O. Behaghel / B. Taeger, ^{10}1995 (ATB). – Otfrid: O. Erdmann / L. Wolff, ^{6}1973 (ATB); W. Kleiber, 2 Bde., 2004 (Hs. V); G. Vollmann-Profe, 1987 (zweisprachige Auswahl; RUB); H. Hartmann, 2005 (Übersetzung der Widmungen und von Buch I). – Notker: P. Piper, 3 Bde., 1882–83; J. C. King / P. W. Tax, Bd. 1 ff., 1972 ff. (ATB).

Forschungsliteratur: W. Beck, Die Merseburger Zaubersprüche, 2003 (Imagines). – J. Belkin / J. Meier, Bibliographie zu Otfrid v. Weißenburg u. zur altsächs. Bibeldichtung, 1975. – R. Bergmann, Verzeichnis der ahd. u. altsächs. Glossenhss., 1973. – C. Edwards, The Beginnings of German Literature, 2002. – S. Glauch, Die Martianus-Capella-Bearbeitung Notkers des Deutschen, 2 Bde., 2000 (MTU). – U. Ernst / P.-E. Neuser (Hrsg.), Die Genese d. europ. Endreimdichtung, 1977 (WdF). –

K. Hauck (Hrsg.), Zur german.-dt. Heldensage, 1961 (WdF). – J. S. Groseclose / B. O. Murdoch, Die ahd. poetischen Denkmäler, 1976 (SM). – Ch. Hehle, Boethius in St. Gallen, 2002 (MTU). – E. Hellgardt, Zum Problem symbolbestimmter u. formal-ästhetischer Zahlenkomposition in mittelalterl. Lit., 1973 (MTU). – E. Hellgardt, Die exegetischen Quellen v. Otfrids Evangelienbuch, 1981 (Hermaea). – M. Herweg, ›Ludwigslied‹, ›De Heinrico‹, ›Annolied‹. Die dt. Zeitdichtungen des frühen MAs im Spiegel ihrer wissenschaftlichen Rezeption u. Erforschung, 2002 (Imagines). – D. Kartschoke, Bibeldichtung, 1975. – D. Kartschoke, Altdt. Bibeldichtung, 1975 (SM). – W. Kleiber (Hrsg.), Otfrid v. Weißenburg, 1978 (WdF). – K. Langosch, Waltharius. Die Dichtung u. die Forschung, 1973. – A. Masser, Bibel- u. Legendenepik des dt. MAs, 1976 (GG). – M. Schulz, Beschwörungen im MA. Einführung u. Überblick, 2003. – K. von See, German. Heldensage, [2]1981. – St. Sonderegger, Ahd. Sprache u. Literatur, [3]2003. – H. Uecker, German. Heldensage, 1972 (SM).

II.
Frühmittelhochdeutsche Literatur
(um 1050 – um 1150)

Nach rund 150jähriger Pause – sieht man von dem für sich stehenden Werk Notkers III. von St. Gallen ab – konstatiert man seit etwa 1050 den Wiederbeginn deutscher Literatur. Gegenüber der ahd. Literatur – mit der sie keine Verbindung hat – und der nach 1150 beginnenden höfischen Literatur zeigt die sich über ungefähr 100 Jahre erstreckende frühmhd. Literatur sowohl in thematischer als auch in formaler Hinsicht ein durchaus eigenes Gesicht. Es handelt sich so gut wie ausnahmslos um geistliche Texte. Die namentlich meist unbekannten Autoren sahen ihre Aufgabe darin, Heilsgeschichte, dogmatisches Wissen, Mahnungen zur Buße, das Lob Marias und der Heiligen usw. sowohl in Prosa als auch – vor allem – in Versen zu vermitteln. Als Publikum in Frage kommen Klosterinsassen, nicht zuletzt Frauen und ungelehrte Brüder, ferner Konversen, d.h. Laien, die sich – oft im Alter – geistlichen Regeln unterworfen hatten, aber auch im Weltleben stehende Laien, nicht zuletzt solche adligen Standes. Ein Großteil der Texte, deren Datierung oft nur ungefähr möglich, deren Lokalisierung häufig unmöglich ist, dürfte von Klöstern und Stiften ausgegangen sein. In diesem Zusammenhang ist daran zu erinnern, daß die Zeit seit der Jahrtausendwende nicht nur durch einen großen gesellschaftlichen und ökonomischen Aufschwung (Aufkommen der Dreifelderwirtschaft, Landesausbau, Bevölkerungszunahme, zunehmende Bedeutung von Städten usw.), sondern auch durch religiösen Aufbruch (Klosterreformen, ausgehend vom lothringischen Gorze, vom burgundischen Cluny, von Hirsau im Schwarzwald; Reformorden: Kartäuser, Zisterzienser, Prämonstratenser;

Mystik; Investiturstreit; Kreuzzüge usw.) charakterisiert wird. Ansätze zu weltlicher Dichtung sind in Deutschland zu dieser Zeit nur in lateinischer Sprache zu fassen: in der 2. Hälfte des 11. Jh.s entstand (im Kloster Tegernsee?) der erste mittelalterliche Versroman, der ›Ruodlieb‹ – er bleibt eine vereinzelte, folgenlose Erscheinung. Erst die um 1150 verfaßte ›Kaiserchronik‹ räumt der Profangeschichte breiten Raum ein.

1. Prosa

Erschließung der Bibel

Die Zeugnisse frühmhd. Prosa sind vor allem auf die Erschließung der Bibel gerichtet. Eine umfangreichere Bibelübersetzung ist durch Reste aller vier Evangelien in den ›Wien-Münchener Evangelienfragmenten‹ (12. Jh.) belegt. Der Text ist »durchweg verständlich und am deutschen Sprachgebrauch orientiert« (D. Kartschoke); besonders bemerkenswert ist die Neumierung über dem Evangelium zum Palmsonntag, die Vortrag mit Singstimme belegt. Gleichfalls ins 12. Jh. gehört eine Gruppe von Psalmübersetzungen, die »Windberger Gruppe«, zu der der ›Millstätter‹, der ›Windberger‹, der ›Wolfenbütteler‹ und der ›Trierer Psalter‹ gerechnet werden; es handelt sich durchweg um Interlinearversionen, »Schul- und Lehrtexte« (K. Kirchert).

Die weitaus bedeutendsten Prosatexte der frühmhd. Zeit sind zwei Werke, die das Hohelied Salomonis (Cantica canticorum) erschließen. Es handelt sich bei diesem Buch des Alten Testaments um eine Sammlung bilderreicher Liebeslieder, in der zwei Liebende einander preisen, beschwören, sich suchen, finden, voreinander fliehen und sich vereinigen; die Szenerie ist die freie Natur, doch gibt es auch eine nächtliche Stadtszene. Für die erhaltene Fassung nimmt man Entstehung um 300 v. Chr. in Jerusalem an. Die Aufnahme in den Kanon des Alten Testaments verdankt die Sammlung der Zuschreibung an König Salomo. Dem wörtlichen Verständnis begegneten schon die jüdischen Theologen dadurch, daß sie den Text allegorisch deuteten. Im Christentum setzte sich dies fort. Die Blütezeit christlicher Hoheliedexegese war im 11./12. Jh. Dies ist im Zusammenhang mit der neuen Frömmigkeitsbewegung zu sehen, nicht zuletzt von Bedeutung war die Mystik.

Williram von Ebersberg (um 1000–85), von 1048 bis zu seinem Tod Abt des bayerischen Klosters Ebersberg, widmete im Jahr 1069 Kaiser Heinrich IV. seine ›Expositio in Cantica canticorum‹. Bereits der Blick auf das Layout der Hss., die den ursprünglichen Textzustand überliefern, zeigt, daß es sich um ein komplexes Werk handelt (vgl. Abb. 4). Es finden sich drei Säulen: in der Mitte bietet eine schmale Kolumne den lateinischen Text des Bibelbuches, links steht eine poetische Paraphrase in lateinischen Hexametern, rechts eine deutsche Übersetzung mit einem Kommentar in deutsch-lateinischer Mischprosa, wobei vor allem die theologischen Zentralbegriffe unübersetzt blieben. Willirams Hoheliedparaphrase gehört somit in die seit der Spätantike bezeugte Tradition des *opus geminatum*, des »Zwillingswerkes«, d. h., der Autor gestaltete sein Werk zweimal mit je verschiedenen künstlerischen Mitteln. Aus dem von ihm benutzten Psalmenkommentar des Haimo von Auxerre (9. Jh.) übernahm Williram das ekklesiologische Deutungsmodell: der Bräutigam steht für Christus, die Braut für die Kirche. Aufgabe des sehr erfolgreichen Werkes (über 40 Hss., 3 Drucke) war es, den Theologen die Vermittlung der Glaubensinhalte an die Laien zu erleichtern.

Etwa 80 Jahre später, in den vierziger Jahren des 12. Jh.s, entstand ein weiterer Kommentar zum Hohenlied, das nach einem früheren Aufbewahrungsort der ältesten Hs. benannte ›St. Trudperter Hohelied‹. Der Autor ist unbekannt,

Exemplo caprę mihi
te tamen hinnuleiq·
Montibus e celsis mons
trans· et aromate fetis.
Preceptis ut verbū divul
gem sponsę receptum.
Per q· sonos suaves mea vox
tibi mulceat aures;
Pareo montis. sed cum
tu victor abibis.
Liberius sacri comple
bo munia verbi.
Exemplum caprę si
tu tamen hinnuleiq·
Quę nunc cernuntur. sed
mox in opaca feruntur
Gesseris erga me. prę
sens ut tu deitate
Sępius ostendas. quia non
me sponse relinquas.
Per q· tuos scōs quos
vita pbabilis altos
Sic facit. ut merita sint
culmine montib· equi.
Quos et aromaticis virtus
contemperat herbis.
In quibus ipse habitas.
sponsam dilecte revisas.

dilecte
mi. et
assimi
lare
caprę
hinnu
loque
cervo
rum.
super
mon
tes
aro-
ma
tum.

unte demo hintkalbe. in den
bergon der stankuvurzo.
Gugebutest mir o sponse.
daz ih din euglin kunde
allen den ih mage. darzuo
nemag ich mich gemuoze
gan. quamdiu tu sponsus
nobiscum es. So du p ascen
sione uvirdist receptus ad
paternū consessū. so mag
ich danne liberius uber al
kundan din euglin. Vone
dannan skeide von mir
p assumptā humanitatē.
unte skeine mir iemitton
dine helfa p divinitatē.
tuo daz instar caprę et
hinnuli. die man sumstunt
sihet. sumstunt nene sihet.
unte laz daz uuerdan in
montib· aromatū. scilicet
an dinen heiligon. quorū
conversatio in cęlis ē. alse
an den hohen bergon. unte
die den odorem et famam
virtutum de se spargunt.
alse die tiuren stank
uvurze.

EXPLICIT EXPOSITIO WILLIRAMMI ABBATIS
SUPER CANTICA CANTICORUM.

Abb. 4 Williram von Ebersberg,
Schluß der ›Expositio in Cantica canticorum‹.
München, Bayer. Staatsbibl., Cgm 10
(2. Hälfte 11. Jh.)

über den Entstehungsort ist sich die Forschung uneinig (St. Georgen im Schwarzwald? Admont in der Steiermark?). In neuerer Zeit stellt man das Werk in den Zusammenhang der von Kloster Hirsau im Schwarzwald unter seinem Abt Wilhelm (Abt 1069–91) ausgehenden Reform, die mehr als 120 Klöster erfaßte. Das ›St. Trudperter Hohelied‹ übernimmt die Übersetzung Willirams von Ebersberg; neu ist der hinzugefügte Kommentar. Die Interpretation ist völlig anders als bei Williram. Der Autor, der über großes rhetorisches Können verfügt und eine fast durchgängig rhythmisierte Kunstprosa schreibt, bietet die »moderne« Deutung des 12. Jh.s, die freilich letztlich auf den Kirchenvater Origenes (gest. 253/254) zurückgeht; dabei stützt der Anonymus sich auf Rupert von Deutz (um 1070–1129/30; Mönch und Lehrer in Lüttich, dann Abt in Deutz), Hugo von St. Viktor (um 1096–1141; Pariser Theologe), Bernhard von Clairvaux (1090–1153; seit 1115 Abt von Clairvaux) und andere führende Theologen. Unter dem Bräutigam wird der trinitarische Gott, oft auch der Heilige Geist, unter der Braut Maria bzw. die Einzelseele verstanden. Die Gottessehnsucht erfüllt sich in der *unio mystica*, der mystischen Vereinigung mit Gott. Das ›St. Trudperter Hohelied‹ ist der erste bedeutende mystische Text in deutscher Sprache (vgl. S. 290 ff.). Verfaßt ist der Kommentar für geistliche Menschen, vor allem für Mitglieder von Frauenkonventen, denen umfassende Unterweisung geboten wird – nicht zuletzt sollen sie zu vertieftem Gemeinschaftsleben angeleitet werden.

Gebete

Aus der Gebetsliteratur kann hier nur das deutsche Gebet **Otlohs von St. Emmeram** (um 1010 – um 1070; Leiter der Schule von St. Emmeram in Regensburg) hervorgehoben werden, eines der fruchtbarsten lateinischen Schriftsteller seiner Zeit. Otlohs Text ist die von ihm selbst erstellte deutsche Fassung eines Gebets, das im übrigen in mehreren lateinischen Fassungen vorliegt. Im 1. Teil finden sich sieben Bitten des Beters, im 2. werden Fürbitter aufgerufen – Maria, der Erzengel Michael, Heilige und andere –, der 3. Teil besteht aus einem Bittgebet für die Allgemeinheit. Datieren läßt sich die deutsche Fassung auf 1062.

Predigten

»Die Predigt geht mit ihren Inhalten quer durch alle theologischen Disziplinen hindurch. Sie verkündigt Glaubensinhalte, gibt Belehrung und Ermahnung, fordert Buße und Umkehr, wettert gegen Gottesferne, Aberglauben und Laster, spendet Trost« (K. Ruh). Unter die Predigten einreihen kann man ein eindrucksvolles, rhetorisch kunstvolles Prosastück, ›Himmel und Hölle‹ (letztes Drittel 11. Jh.), in dem auf knappem Raum antithetisch die Freuden des Himmlischen Jerusalem und die Schrecken der Hölle ausgemalt werden; der Text wird mit der Hirsauer Reform des Klosterlebens in Zusammenhang gebracht. Die ersten deutschen Predigtsammlungen sind aus dem 12. Jh. erhalten. 70 Fest- und Heiligenpredigten finden sich in der Benediktbeurer Hs. (um 1170) des ›Speculum ecclesiae deutsch‹, das als Handreichung für den Prediger gedacht ist. Unter dem Titel ›Wessobrunner Predigten‹ (›Ahd. Predigtsammlungen A–C‹) bekannt sind Bruchstücke von 14 Predigten, die neuerdings ins 12. anstatt wie früher ins 11. Jh. datiert werden. Der Predigtvorbereitung diente das ›Predigtbuch‹ des **Priesters Konrad**, eines Südtiroler Geistlichen (gest. entweder 1180 oder um 1196).

Geistliche Naturdeutung

Eines der im Mittelalter am meisten verbreiteten Bücher war der ›Physiologus‹, d. h. »Naturforscher«. Die unterschiedlichen lateinischen Fassungen basieren auf einem frühchristlichen griechischen Original (2.–4. Jh.), in dessen 48 kurzen Kapiteln, die ohne erkennbare Ordnung gereiht sind, Pflanzen, Steine und Tiere beschrieben und auf das christliche Heilsgeschehen hin gedeutet werden. Die älteste deutsche Fassung, der ›Ältere Physiologus‹, der mitten im 12. Kapitel abbricht, entstand im 11. Jh. (wohl um 1070) im alemannischen Raum (Hirsau?). Auf einer anderen lateinischen Vorlage fußt der ›Jüngere (Wiener) Physiologus‹ (um 1120) mit 27 Kapiteln; er wurde später in eine Fassung in Reimpaarversen, den ›Millstätter Physiologus‹, umgearbeitet. Vgl. als Beispiel das 6. Kapitel des ›Älteren Physiologus‹ DE HYAENA:

> Ein tîer heizzit ígena un íst uuílon uuíb, uuîlon mân, unde durih daz ist ez vile unreine: solihe uuarin di der erist Crist petiton, un after diu abgot beginen. Daz bézêichenet di der neuuedir noh ungeloubige noh rehtegeloubige nesint. Von diu chat Salomon: ›Dídir zuivaltic sint in irro herzin, dîe sint ôuh zuivaltic in iro uuerchin.‹

> Ein Tier heißt Hyäne und ist bisweilen Frau, bisweilen Mann, und deshalb ist es sehr unrein: so beschaffen waren die, die zuerst Christus anbeteten und danach die Götzen verehrten. Damit gemeint sind die, die weder mehr Ungläubige noch Rechtgläubige sind. Darüber spricht Salomon: ›Diejenigen, die zwiefältig sind in ihren Herzen, die sind auch zwiefältig in ihren Werken.‹

→

Abb. 5 Eine Seite aus der ›Millstätter Hs.‹: Vertreibung Adams und Evas aus dem Paradies. Klagenfurt, Geschichtsverein für Kärnten, Cod. 6/19 (Ende 12. Jh.)

ander getan warn. ſi dahten mit den han
den. ir beider ſchande. Si ilten zeinem
fichbŏme. nach des bŏmes lŏbe. zeſamene ſiz
bedwungen. ſo ſi beſte chunden. die ſcham ſi
uerburgen mit uil grozzen ſorgen. Do ge
rŏ ſi al zeſpate. ir miſſetate. do ſahen ir ŏgen
allerſlahte tŏgen. der ſi ungewizzen waren. die wile ſiz obiz uerbaren. Wir
nach der nonzit got. ~~umbe daz~~ umb daz
ubiruertigit gebot. reſſit adamen. und Eua.
ſine gemahelen.

Do ez chom ubir mittin tach. unſir herre got
gie und ſach hin unde dar. indem paradiſe daz
iſt war. Alſo in do uernam der uil ſchuldige
man. Adam und Eua. ſi purgen ſich ſa. uor
der gotes geſihte. des dwanch ſi des leides geſchih-
te. Do ſi danches mite wolden chomen alſo ſi
ſolden. daz was im uil leit. got bedahte ir bei-

2. Dichtung

Aus frühmhd. Zeit sind – vielfach nur in Bruchstücken – etwa 70 Dichtungen überliefert; fünf davon gehören in das 11., die übrigen in das 12. Jh., vorwiegend in dessen erste Hälfte. Von zentraler Bedeutung für die Überlieferung sind fünf Sammelhss.: die ›Millstätter Hs.‹ (Ende 12. Jh., vgl. Abb. 5), die ›Vorauer Hs.‹ (2. Hälfte 12. Jh.), die ›Wiener Hs. Cod. 2721‹ (2. Hälfte 12. Jh.), die ›Straßburg-Molsheimer Hs.‹ (um 1187; 1870 verbrannt) und die ›Wiener Hs. Cod. 2696‹ (14. Jh.). Das umfassendste »Programm« bietet die Hs. aus dem Augustiner-Chorherrenstift Vorau in der Steiermark. Hier werden ein alttestamentlicher und ein neutestamentlicher Teil von drei historiographischen Texten gerahmt. Eröffnet wird die Hs. von der ›Kaiserchronik‹, der Geschichte des (nach zeitgenössischem Verständnis noch andauernden) Römischen Reichs. Es folgen Dichtungen auf der Basis des Alten Testaments: ›Vorauer Bücher Mosis‹, ›Die Wahrheit‹, ›Summa Theologiae‹, ›Lob Salomons‹, ›Ältere‹ und ›Jüngere Judith‹. Die Verbindung zwischen Altem und Neuem Testament stellt die Vorauer Fassung des ›Alexanderromans‹ des Pfaffen Lambrecht her (vgl. dazu S. 143 ff.). Aus dem Bereich des Neuen Testaments folgen: die Dichtungen Frau Avas (›Leben Jesu‹, ›Antichrist‹, ›Jüngstes Gericht‹), die ›Vorauer Sündenklage‹, das ›Ezzolied‹, das Gedicht ›Von der Siebenzahl‹ des Priesters Arnolt, das ›Himmlische Jerusalem‹ und das ›Gebet einer Frau‹ (unvollständig, danach ging mindestens eine Lage der Hs. verloren). Abgeschlossen wird der Codex von den lat. ›Gesta Friderici I. imperatoris‹, der »Geschichte der Taten Kaiser Friedrichs I. (Barbarossa)« (1158) des bedeutendsten Geschichtsschreibers des 12. Jh.s **Otto von Freising** (1111 oder 1114/16 bis 1158; seit 1138 Bischof von Freising), der auch eine umfangreiche lateinische Weltchronik ›Chronica de duabus civitatibus‹ (1143/46) verfaßt hat. Unübersehbar ist in der Vorauer Hs. das Interesse an einer umfassenden Darstellung der Welt- und Heilsgeschichte bis in die Gegenwart.

Die frühmhd. Dichtungen präsentieren sich in der Regel in paargereimten Zeilen. Meist nimmt man an, daß ein direkter Zusammenhang mit den Reimpaarversen Otfrids von Weißenburg und der kleineren ahd. Gedichte nicht besteht, sondern daß es sich um einen Neubeginn handelt. Die Versfüllung wird in den frühmhd. Versen im Vergleich mit den ahd. Reimpaarversen, aber auch mit den Reimpaarversen der mhd. Zeit seit etwa 1170/80 sehr frei gehandhabt. Man ist in neuerer Zeit von der Vorstellung, es handle sich trotz aller Füllungsfreiheit doch um viertaktige Verse, abgegangen und konzediert neben viertaktigen auch zwei- und dreitaktige sowie fünf- und mehrtaktige Verse. Auch im Bereich der Reime herrscht weitgehende Freiheit. Außer Vollreimen (etwa: *huldi* : *sculdi*) verwendeten die frühmhd. Autoren auch Endsilbenreime (etwa: *wizzigir* : *andir*) oder Assonanzen (etwa: *erchande* : *wandel*). Erst seit Heinrich von Veldeke (vgl. S. 148) setzen sich ab 1170/80 in der mhd. Dichtung reine Reime und regelmäßige viertaktige Verse durch.

Kontrovers war in der Forschung lange, ob die durch Paarreim gebundenen Verse nicht mindestens in einem Teil der Dichtungen als Langzeilen mit Binnenreim zu interpretieren sind. Die nach wie vor umfassendste wissenschaftliche Ausgabe der Dichtungen von Friedrich Maurer (erschienen 1964–70) wurde nicht zuletzt unternommen, um dieses Prinzip durchzusetzen. Mittlerweile scheint der Streit indes weitgehend zugunsten des Prinzips der Anordnung in Einzelversen entschieden.

›Ezzolied‹

Die Geschichte der frühmhd. Dichtung beginnt mit dem ›Ezzolied‹. Es ist benannt nach dem Dichter, dem Bamberger Kleriker **Ezzo**; als Komponist (der nicht erhaltenen Melodie) ist in Versen, die der Fassung der Vorauer Hs. (V) vorangestellt sind, Wille (1082–85 Abt von Kloster Michelsberg in Bamberg) bezeugt, als Auftraggeber der hochadlige Gunther, 1057–65 Bischof von Bamberg, bekannt auch als Liebhaber der Heldendichtung. Entstanden sein dürfte das Lied um 1060. Einer chronikalischen Nachricht nach wurde es als volkssprachliche *Cantilena de miraculis Christi*, »Lied über die Wunder Christi«, bei Bischof Gunthers Pilgerreise ins Heilige Land 1064/65 gesungen. Erhalten haben sich zwei Fassungen, die ältere (S) ist unvollständig (7 Abschnitte, 76 Verse), die jüngere (V) stellt wahrscheinlich eine erweiterte Bearbeitung dar (34 Abschnitte, 420 Verse). Es handelt sich beim ›Ezzolied‹ um ein »kühnes, großgeschautes Konzentrat der Heilsgeschichte« (M.Wehrli). Nach einem Prolog, der das Thema benennt, wird zunächst die Schöpfung dargestellt und der Schöpfergott gepriesen, es folgen der Sündenfall und die Finsternis der Sünde, die nur von den Sternen, d.h. den Patriarchen und König David, schwach erhellt wird. Dann erscheint als der *urone uorbote*, der »Vorbote des Herrn«, Johannes der Täufer, der Morgenstern. Im sechsten Weltalter seit der Schöpfung schließlich kommt Christus, die Sonne. Es folgt Christi Leben: Geburt, irdisches Wirken, Passion, Auferstehung, Erlösungstat. Die erneute Verknüpfung mit dem Alten Testament erfolgt über eine Reihe von Typologien, d.h. alttestamentliche Ereignisse (Abel, Abraham, Moses), die auf Christi Erlösungstat verweisen. Mit Gebeten an Christus, das Kreuz und die Trinität klingt das in einfacher Sprache verfaßte, gleichwohl mitreißend wirkende Gedicht aus.

›Altdeutsche (Wiener) Genesis‹

Interesse an der Heilsgeschichte veranlaßte auch die um 1060/80 vielleicht in Kärnten von einem unbekannten Autor verfaßte ›Altdeutsche Genesis‹, nach der Hs. Wien Cod. 2721, die den ältesten und besten Text überliefert, auch ›Wiener Genesis‹ genannt. Der älteste epische Text der frühmhd. Literatur (6062 Verse) stellt mit zwar anspruchsloser Reimkunst, doch anschaulich erzählt, auf der Basis der alttestamentlichen Genesis (1. Buch Mose) die biblische Geschichte von der Erschaffung der Engel und dem Sturz Luzifers über die Weltschöpfung und die Erschaffung Adams und Evas, den Sündenfall, Kain und Abel, Noah und die Sintflut, Abraham, Jakob und seine Söhne bis zu Joseph in Ägypten dar. Zusätzlich zog der Dichter gelegentlich Bibelkommentare, die frühchristlichen Autoren Lactanz (um 300 n. Chr.) und Avitus (um 500 n. Chr.) sowie, für die Paradiesesschilderung, Isidor von Sevilla (vgl. S. 45) heran. Das biblische Geschehen wird der Vorstellungswelt des Publikums angepaßt, in eingeschobenen moralischen Deutungen äußert sich Interesse an Sünde, Reue, Beichte und Buße. Auf allegorische Ausdeutungen ist weitgehend verzichtet, nur am Schluß findet sich eine ausführliche Allegorese; darin wird Jakobs Segen über seine Söhne auf Christi Erlösungstat, auf den Antichrist, Christi Sieg und die Berufung der Gerechten zu Gott bezogen.

›Merigarto‹

Anschließen lassen sich zwei kurze, zusammengehörige Fragmente, die von Wundern der Schöpfung, vor allem von Quellen, Flüssen und Meeren, handeln; ob sie zu einer umfassenderen Weltbeschreibung oder nur zu einer Beschreibung der Gewässer gehörten, läßt sich nicht ermitteln. Die Fragmente erhielten vom Entdecker Heinrich Hoffmann von Fallersleben 1834 den nicht recht zutreffenden Titel

›Merigarto‹, d.h. »vom Meer umgebenes Land«. Der unbekannte Verfasser des möglicherweise um 1070 vielleicht in Regensburg entstandenen Textes geht zunächst auf die Trennung von Wasser und Land bei der Schöpfung ein. Dabei entstanden Quellen, Meere und Flüsse; doch werden auch die Berge erwähnt. Anschließend werden kurz das Rote Meer und das Lebermeer, das die Schiffe festhält, behandelt. Als Gewährsmann des nächsten Abschnitts wird ein Bischof Reginpreht (Abt Reginbert von Echternach?) genannt, den der Verfasser in Utrecht kennenlernte; er berichtete ihm über Island, unter anderem, daß dort großer Holzmangel herrsche und Holz teuer bezahlt werde – eine durchaus zutreffende Auskunft. Im zweiten Fragment werden, teilweise nach Isidor von Sevilla, wunderbare Quellen, Flüsse und Seen im Mittelmeerraum aufgezählt.

›Annolied‹

Heilsgeschichte, Weltgeschichte und Reichsgeschichte in Verbindung mit der Biographie eines der politischen Großen des 11. Jh.s bietet das ›Annolied‹. Der vollständig nur in einem 1639 von dem Barockdichter Martin Opitz (1597 bis 1639) veranlaßten Abdruck erhaltene Text entstand am wahrscheinlichsten um 1080, vermutlich in Köln oder im Kloster Siegburg. Gedacht war das Gedicht, dessen unbekannter Autor offenbar mitteldeutscher Herkunft war (Ostfranken/Osthessen/Thüringen), für einen »überregionalen Adressatenkreis« (Th. Klein) – es sollte Propaganda machen für den 1075 verstorbenen, auch nach seinem Tod noch heftig umstrittenen Erzbischof Anno II. von Köln. Der um 1010 geborene, in Bamberg ausgebildete schwäbische Adlige hatte unter Kaiser Heinrich III. Karriere gemacht. Der Kaiser hatte ihn 1056 als Erzbischof eingesetzt, 1062/64 führte er nach einer Art Staatsstreich die Reichsgeschäfte und betätigte sich als Erzieher des jungen Heinrich IV. Neben anderen Klöstern gründete er 1064 auch

Kloster Siegburg; einen Aufstand der Kölner Bürger ließ er 1074 brutal niederschlagen. Beigesetzt wurde Anno in Siegburg, von dort ging seit etwa 1080 auch seine Hagiographie aus; heiliggesprochen wurde er jedoch erst 1183.

Das in 49 Initialenabschnitte unterschiedlicher Länge gegliederte Gedicht, insgesamt 878 Verse, beginnt mit einem Prolog, in dem als Gegenbild an die mündliche Heldendichtung erinnert wird:

VVir hôrten ie dikke singen
von alten dingen:
wî snelle helide vuhten,
wî si veste burge brêchen,
wî sich liebin vuiniscefte schieden,
wî rîche kunige al zegiengen.
nû ist cît, daz wir dencken,
wî wir selve sulin enden ... (V. 1–8)

Wir hörten stets und oft von Ereignissen aus früherer Zeit singen: wie kühne Helden kämpften, wie sie feste Burgen brachen, wie herzliche Freundschaften auseinandergingen, wie mächtige Könige völlig zugrunde gingen – nun ist Zeit, daß wir daran denken, wie wir selbst enden werden ...

Der folgende 1. Teil (Abschnitte 2–7) bringt eine kurze Darstellung der Heilsgeschichte. Gott teilte die Schöpfung in die irdische und die geistige Welt, nur der Mensch hat an beiden Welten teil, er ist *corpus unte geist* (V. 10), »Körper und Geist«, und damit eine dritte Welt – ein Gedanke des Iren Johannes Scotus Eriugena (um 810–877; Leiter der Hofschule Kaiser Karls des Kahlen). Mit dem Sündenfall begannen *diu leit* (V. 22), »die Leiden«. Die Menschen von fünf Weltaltern wurden in die Hölle gesandt – die Einteilung in sechs Weltalter von der Schöpfung bis zum Römischen Reich war im Mittelalter überaus verbreitet, vgl. S. 268 f. Dann erschien Christus. Die *troiânischen Vranken* (V. 97), »die aus Troja abstammenden Franken«, sollen Gott für die vielen Heiligen in Köln danken – der im 7. Abschnitt gerühmte heilige Anno ist der 7. Kölner Heilige. Der 2. Teil (Abschnitte 8–33) bringt einen Gang durch die Profangeschichte. Ausgehend vom alttestamentlichen Danieltraum (Dan. 7) wird sie in vier Weltreiche – Babylon, Persien, Griechenland, Rom – gegliedert. Caesar schloß mit den deutschen Stämmen – Schwaben, Bayern, Sachsen und den wie die Römer aus Troja abstammenden Franken – einen Vertrag; so ging die Herrschaft schließlich gleichsam reibungslos auf sie über. St. Peter schickte von Rom aus Maternus, der die Franken bekehrte. Er war der erste Bischof von Köln, Anno – so steht es im 33. Abschnitt – der 33. Erst der 3. Teil (34–49) bringt dann die Vita Annos, in der seine Tatkraft und Macht, seine Frömmigkeit und Hilfsbereitschaft gerühmt werden. Geschlossen wird mit Wundern, die sich nach seinem Tod ereignen. Unübersehbar kulminieren Heils-, Welt- und Reichsgeschichte in dem gefeierten Bischof, dessen Heiligkeit als gewissermaßen selbstverständlich dargestellt wird.

Noker: ›Memento mori‹

Auf das späte 11. Jh. datiert wird das ›Memento mori‹, eine Art gereimte Bußpredigt (152 Verse). Hinter dem Autor Noker, der sich am Schluß nennt, vermutet man den in Hirsau ausgebildeten Abt Notker von Zwiefalten (gest. 1095). Das Gedicht mahnt *wîb unde man*, »Frauen und Männer«, an ihr Lebensende zu denken. Wer das Recht verkauft, wird zur Hölle fahren; die Reichen sollen ihren Besitz den Armen überlassen. Zum Schluß wird der *vil ubele mundus*, die »überaus böse Welt«, heftig gescholten und Gott um Erbarmen gebeten.

Dichtungen des 12. Jh.s

Aus der großen Zahl frühmhd. Dichtungen des 12. Jh.s können hier nur die wichtigsten hervorgehoben werden.

Bibeldichtungen

Eine Fortsetzung der ›Altdeutschen Genesis‹ stellt die ›Altdeutsche Exodus‹ dar (1. Hälfte 12. Jh.). Es handelt sich um eine wohl für ein adliges Publikum bestimmte, auf theologische Deutungen verzichtende schlichte Nachdichtung der Exodus, des 2. Buches Mose; erzählt wird von der Knechtschaft des Volkes Israel in Ägypten bis zum Danklied nach dem Zug durch das Rote Meer. Geistliche Ausdeutungen enthalten hingegen die ›Vorauer Bücher Mosis‹, ein etwa 1130/40 aus vorhandenen Dichtungen, darunter der ›Altdeutschen Genesis‹, kompilierter Text; dargestellt wird die biblische Geschichte von der Schöpfung bis Joseph, Mose und Josua, angeschlossen ist außer einem Marienlob die Geschichte Bileams (4. Mose 22). Das kurze ›Lob Salomons‹ (258 Verse; um 1150), das von Salomons Weisheit, dem Tempelbau, dem Besuch der Königin von Saba erzählt – letzterer wird geistlich gedeutet – und zum Schluß den Sohn König Davids rühmt, scheint in seiner poetischen Technik von mündlicher Heldenepik-Tradition geprägt. Gleiches gilt nach Ansicht der Forschung von der ›Älteren Judith‹ (128 Verse; 1. Drittel 12. Jh.), in der die Tötung des Belagerers Holofernes durch Judith ohne geistliche Deutung gleichsam balladenhaft dargestellt wird. Dagegen erzählt die ›Jüngere Judith‹ (1820 Verse; um 1140), deren Autor seine Heldin als vorbildliche Heilige darstellt, das apokryphe alttestamentliche Buch relativ getreu nach. Reste eines biblischen Großepos stellen die Fragmente der ›Mittelfränkischen Reimbibel‹ dar (etwa 1400 Verse überliefert; um 1100); erhalten haben sich Teile des Alten und des Neuen Testaments sowie Heiligengeschichten. Stoff für die Dichtungen der ersten bekannten Autorin deutscher Sprache lieferte vor allem das Neue Testament: **Ava**, die von sich berichtet, Mutter zweier Söhne zu sein, ist wahrscheinlich identisch mit einer Inkluse, deren Tod, wohl in oder bei Melk, für 1127 vermerkt ist. (Avas berühmte Zeitgenossin **Hildegard von Bingen**, 1098–1179, verfaßte hingegen ihr umfangreiches Werk ausschließlich in lateinischer Sprache.) Ava schuf einen Zyklus von vier Gedichten: ›Johannes (der Täufer)‹, ›Leben Jesu‹, ›Antichrist‹, ›Jüngstes Gericht‹. »Der Stil ist der denkbar einfachste, ohne jeglichen rhetorischen Schmuck, schlicht werden die Dinge erzählt oder die Gedanken entwickelt. An manchen Stellen aber spricht sich die innere Teilnahme der Dichterin in bewegteren Worten aus« (G. Ehrismann).

Glaubensdichtungen, Gebete, Sündenklagen

Mehrere Dichtungen des 12. Jh.s sind der Darlegung von Glaubenstatsachen gewidmet. Bereits auf etwa 1100 datiert wird das Gedicht ›Summa Theologiae‹ (auch: ›De sancta Trinitate‹), das – vergleichbar dem ›Ezzolied‹ – in 32 Initialenabschnitten (322 Verse) einen gedrängten Gang durch die Heilsgeschichte von der Erschaffung der Engel bis zum Jüngsten Gericht bietet; dabei ist das Kreuz in den Mittelpunkt gestellt. In dem viel späteren (letztes Viertel 12. Jh.) und viel längeren (3242 Verse) Lehrgedicht ›Anegenge‹, d. h. »Anfang (aller Dinge)«, sind an die teilweise nacherzählte Erlösungsgeschichte des Alten und des Neuen Testaments dogmatische Erläuterungen angeknüpft, wobei besonders die argumentative Auseinandersetzung mit Einwänden oder Irrtümern auffällt. Als Autor des Lehrgedichts ›Rede vom Glauben‹ (etwa 3800 Verse; vor 1150) nennt sich ein sonst unbekannter **Armer Hartmann**; der Autor zitiert abschnittweise das Nicänische Glaubensbekenntnis auf lateinisch, anschließend übersetzt und kommentiert er, wobei er vielfach in der Rolle eines Bußpredigers spricht.

Einige Dichtungen behandeln eschatologische Themen. ›Das Himmlische Jerusalem‹ (470 Verse; um 1140) gibt eine Beschreibung und eine allegorische Ausdeutung der Himmelsstadt in der Apokalypse, der Offenbarung des Johannes; vor allem findet sich eine ausführliche Ausdeutung der Edelsteine. Im Hauptteil des Gedichts ›Vom Himmelreich‹ (356 Langzeilen; um 1160) wird eine aus Negationen bestehende Schilderung des Lebens im Himmel gegeben, die einen Blick ins Alltagsleben gewährt (V. 246–303), vgl. z. B. V. 270: *durh trinchen haberen noch gersten ze biere mulzen* – »Um zu trinken [braucht man dort] weder Hafer noch Gerste für das Bier zu mälzen.« Für sich steht die metrische Form: das Gedicht ist in Langzeilen abgefaßt, wie sie etwa gleichzeitig beim ältesten bekannten Minnesänger, dem Kürenberger, und etwas später im ›Nibelungenlied‹ erscheinen (vgl. S. 109 f.). Themen des Gedichts ›Der Linzer Entecrist‹ (um 1170) sind Christi Gegenspieler, der Antichrist, sowie die Endzeit der Menschheit, am Schluß werden Himmel und Hölle behandelt. Außer der Bibel, vor allem der Apokalypse, benutzte der Dichter den verbreiteten ›Liber de Antichristo‹ des Adso von Montier-en-Der (gest. 992).

Aus der Gebetsliteratur kann hier nur die ›Litanei‹ (um 1160) eines nicht weiter bekannten **Heinrich** genannt werden, die deutsche Bearbeitung der liturgischen Allerheiligenlitanei, eines Gebetes an die Trinität, die Heiligen und Christus. Schließlich sind die Sündenklagen zu erwähnen, Beichtgebete, die aus einer Anrufung, dem Sündenbekenntnis und der Versicherung der Reue bestehen. Hervorzuheben sind die ›Millstätter Sündenklage‹ (1. Drittel 12. Jh.) und die ›Vorauer Sündenklage‹ (2. Hälfte 12. Jh.).

Moraldidaktische und ständekritische Gedichte

Einige Gedichte haben die rechte christliche Lebensführung zum Thema; verbunden damit sind oft moral- und ständekritische Äußerungen. In dem Gedicht ›Vom Recht‹ (Mitte

12. Jh., Kärnten?), einer Art Reimpredigt, geht es um das *reht*, um die Rechte und Pflichten, ohne deren Einhaltung die gottgesetzte Weltordnung nicht existieren kann. Hervorgehoben werden besonders Treue, Gerechtigkeit und Wahrhaftigkeit. Adressaten sind Herr und Knecht, Herrin und Magd, Mann und Frau und die Priester. Komplexer strukturiert ist ›Die Hochzeit‹ (Mitte 12. Jh., Kärnten?). Das wenig systematische, mit zahlreichen Abschweifungen versehene Gedicht geht von einer eingangs erzählten Hochzeit aus – gemeint ist die aus den Cantica canticorum aufgenommene Hochzeit zwischen Gott und Maria bzw. der Seele (vgl. S. 75 und 77) –, die dann allegorisch ausgelegt wird. Die Absicht ist, »die Zuhörer zum christlichen Leben zu führen: sie sollen das *reht* lieben und *unreht* vermeiden« (P. Ganz). Gegen ein bestimmtes Laster, die Habsucht, wendet sich das predigthafte Gedicht ›Van der girheit‹ eines Dichters, der sich als **Der wilde Mann** bezeichnet, vielleicht ein Kleriker; er stammt aus dem mittelfränkischen Sprachgebiet, datiert wird er auf 1170/80. Außer dem genannten Gedicht stammt von ihm die kurze Dichtung ›Christliche Lehre‹, ferner verfaßte er zwei zusammengehörige legendenhafte Erzählungen ›Veronica‹ und ›Vespasian‹. Als Publikum des Gedichts gegen die Habsucht, das auch zeitkritische Züge aufweist, kann man sich städtische Zuhörer, etwa in Köln, vorstellen.

Literarisch weit bedeutender als die erwähnten Texte sind zwei ständekritische Gedichte ›Vom Priesterleben‹ und ›Erinnerung an den Tod‹, entstanden wohl in der 2. Hälfte des 12. Jh.s. Als Dichter der ›Erinnerung‹ nennt sich ein gewisser Heinrich, den man früher glaubte, mit einem Insassen des Klosters Melk identifizieren zu können und deshalb als Heinrich von Melk bezeichnete; auch schrieb man ihm das fragmentarisch und ohne Autornamen überlieferte ›Priesterleben‹ zu. Ob die Gedichte wirklich etwas mit Melk zu tun haben, ist mittlerweile eher zweifelhaft, so daß man besser vom »sogenannten **Heinrich von Melk**« spricht. Dafür, daß beide Texte vom gleichen Autor stammen – auch das wurde neuerdings bezweifelt –, spricht indes vieles, nicht zuletzt die in beiden Gedichten anzutreffende »deftige Bildlichkeit« (E. Hellgardt). ›Vom Priesterleben‹ ist eine radikale Strafpredigt gegen pflichtvergessene Kleriker, denen – mit dem Ziel, Umkehr zu bewirken – Völlerei, Unzucht, Eitelkeit und Simonie vorgehalten werden. Die ›Erinnerung an den Tod‹ enthält eine an Laien wie an Geistliche gleichermaßen gerichtete Ständekritik, verbunden mit einem eindringlichen Memento mori. Beispielsweise wird den Rittern ihre Überheblichkeit vorgeworfen (V. 342 ff.). Kommen sie zusammen, so prahlen sie herum, wie viele Frauen sie zu Huren gemacht hätten: *ir ruom ist niwan von den wîben* (V. 358), »ihr Ruhm beruht nur auf Weibergeschichten«, außerdem prahlten sie damit, wie viele Gegner sie totgeschlagen hätten. Im Memento-mori-Teil wird die schöne Frau aufgefordert, den verstorbenen geliebten Mann anzuschauen: nichts mehr von Schönheit, Frohsinn, Freundlichkeit, nichts mehr von *troutliet* (V. 612), »Liebesliedern« – nur noch eine abstoßende, stinkende Leiche (V. 597 ff.).

Mariendichtung, Legenden

Das 12. Jh. war eine Blütezeit der Marienverehrung, die nunmehr persönlich-emotionale Züge annahm. In diesem Jh. beginnt auch die eigenständige Mariendichtung in deutscher Sprache. Wahrscheinlich in die 1. Hälfte des Jh.s gehört das ›Vorauer Marienlob‹, Bestandteil der ›Vorauer Bücher Mosis‹ (vgl. S. 88), in dem die Prophezeiung des Jesaja auf Christus (Jes. 11,1) erklärt und mit einem Marienlob verbunden wird. Im frühesten deutschen Marienlied, dem ›Melker Marienlied‹ (1. Drittel 12. Jh.) – 14 Strophen aus je drei Reimpaaren mit dem Refrain *Santa Maria* –, wird Marias Rolle für die Heilsgeschichte hervorgehoben, nicht ihre Bedeutung als Fürbitterin. Von der berühmten Mariensequenz ›Ave praeclara maris stella‹ des **Hermann von Rei-**

chenau (Hermannus Contractus; 1013–54) gehen zwei deutsche Sequenzen aus, die nur fragmentarisch erhaltene ›Mariensequenz aus Seckau‹ (Mitte 12. Jh.) und die ›Mariensequenz aus Muri‹ (um 1180), die metrische Form und Melodie des Vorbilds übernimmt, den Inhalt jedoch frei gestaltet – Thema ist Maria als reine Jungfrau, Mutter und Fürbitterin bei Gott. Unter einer Sequenz, einer musikalisch-textlichen Neuschöpfung der Karolingerzeit, versteht man einen kirchlichen Gesang, bei dem musikalisch paarweise wiederholte Melodieteile unterschiedlicher Länge aneinandergereiht werden (AA BB CC…), wobei der Text jedoch weiterläuft; verwandt ist der deutsche Leich, vgl. S. 236 ff.

1172 entstand, wahrscheinlich in Augsburg, das erste epische Mariengedicht: ›Driu liet von der maget‹, »Drei Gedichte von der Jungfrau«, des **Priesters Wernher**. Das mit der ältesten höfischen Epik etwa gleichzeitige, nur in Bearbeitungen erhaltene Werk stellt kein vollständiges Marienleben dar, sondern schildert lediglich die drei frühesten Stationen im Leben Marias: 1. Die Eltern Marias und ihre Geburt; 2. die Geschichte ihrer Heirat mit Joseph bis zur Verkündigung und dem Besuch bei Elisabeth, der Mutter Johannes' des Täufers; 3. Geburt Jesu – mit der Rückkehr der Heiligen Familie aus Ägypten endet das Gedicht. Quelle war das im Mittelalter sehr beliebte apokryphe Evangelium des Pseudo-Matthäus, eine vor der Mitte des 9. Jh.s angelegte Sammlung volkstümlicher Erzählungen mit Maria als Hauptfigur.

Legenden der Heiligen Andreas, Veit, Albanus und Alexius (›Alexius I‹), alle wohl aus der 2. Hälfte des 12. Jh.s, sind nur in kleineren Fragmenten überliefert; ebenso die »Biographie« des Pilatus (um 1170/80). Vollständig oder annähernd vollständig erhalten sind der ›Trierer Silvester‹ (um 1150), die ›Juliane‹ des **Priesters Arnolt** (um 1150), der ›Trierer Aegidius‹ (um 1160) und die schon erwähnten Legendentexte des Wilden Mannes (vgl. S. 91). Nicht erhalten, doch aufgrund zweier aus dem 14. Jh. tradierter Versfassungen wenigstens in Umrissen für die Zeit um 1150 erschließbar ist eine deutsche Fassung der Legende des irischen Abtes Brandan (Brendan), in der seine Reise zum Irdischen Paradies geschildert wird – ein in ganz Europa auf lateinisch und in den Volkssprachen verbreiteter Text, der teilweise bis in das 18. Jh. als Tatsachenbericht galt. Anschließen läßt sich die Erzählung von dem Ritter Tnugdalus (Tundalus), der in einer Vision Hölle und Himmel bereist. Das lateinische Prosa-Original dieses gleichfalls weit verbreiteten Textes hatte um 1149 in Regensburg der irische Schottenmönch **Bruder Marcus** verfaßt; gereimte deutsche Bearbeitungen liegen in den Fragmenten des ›Niederrheinischen Tundalus‹ (um 1180/90) und in dem von **Alber** im Kloster Windberg verfaßten ›Tundalus‹ (um 1190) vor.

›Kaiserchronik‹

Das bedeutendste, umfangreichste und erfolgreichste Werk der frühmhd. Literatur ist die ›Kaiserchronik‹. Die ursprüngliche Fassung ist in 15 Textzeugen erhalten, dazu treten zwei jüngere Redaktionen mit 22 Hss., ferner Prosaauflösungen und die separate Überlieferung einzelner Episoden. Bekannt blieb das Werk bis in das 16. Jh. Als Entstehungsort gilt Regensburg, Verfasser war ein Geistlicher, der vielleicht weitere Mitarbeiter beschäftigte; beendet wurde die Arbeit frühestens im Frühjahr 1147, vielleicht später. Der Auftraggeber läßt sich nicht ermitteln.

Die ›Kaiserchronik‹ behandelt einen Ausschnitt aus der Weltgeschichte: anders als die lateinischen und – seit der Mitte des 13. Jh.s – die deutschen Weltchroniken (vgl. S. 268 ff.) beschränkt sie sich auf die Geschichte des Römischen Reichs von der Gründung Roms bis zu König Konrad III. Erzählgerüst ist die Abfolge von 36 römischen Kaisern (von Caesar bis Konstantin) und 19 deutschen Kaisern (von Karl dem Großen bis Konrad III.). Zwischen dem letzten römischen und dem ersten deutschen Kaiser bestand nach Auskunft der Chronik ein Interregnum, während dem die Kaiserkrone auf dem Altar von St. Peter in Rom lag; das Oströmische Reich wird schlichtweg ignoriert. Die *translatio imperii*, der Übergang von den Römern zu den Deutschen, verläuft im übrigen problemlos, da schon Caesar – wie dies in dem von der ›Kaiserchronik‹ als Quelle benutzten ›Annolied‹ dargestellt wurde (vgl. S. 87) – den Deutschen zu einer führenden Stellung im Römischen Reich verholfen hatte. Der Schwerpunkt liegt deutlich auf den römischen Kaisern – deren Reihenfolge wird im übrigen nicht korrekt wiedergegeben, auch finden sich Auslassungen und Einfügungen unhistorischer Herrscher; für die deutschen Kaiser stehen nur etwa 3000 der insgesamt 17 283 Verse zur Verfügung, wovon rund 800 auf Karl den Großen verwendet werden. Als vordringliche Aufgabe des Herrschers wird die Wahrung des Rechts gesehen. Päpste spielen mit wenigen Ausnahmen keine große Rolle, doch besteht die Vorstellung vom harmonischen Zusammenwirken von Kaiser und Papst.

Absicht der ›Kaiserchronik‹ ist, dem kurzen Prolog zufolge, von guten und bösen Päpsten und Königen bis zum heutigen Tag zu künden – der Autor wendet sich in diesem Zusammenhang gegen die *scophelichen wort* (V. 31), die Lügen der Spielleute. Es geht demnach ausdrücklich nicht um Unterhaltung, sondern um religiöse und moralische Belehrung. Verfolgt wird dieses Ziel vor allem dadurch, daß den meisten Herrschern eine exemplarische Erzählung zugeordnet wird. Diese Erzählungen, großenteils der lateinischen Legenden- und Sagenliteratur (vor allem den um 1140 zusammengestellten ›Mirabilia Romae‹, den »Wundern Roms«), im Fall der ›Crescentia‹ der frühmhd. Dichtung entnommen, haben auch im Umfang großes Gewicht und verselbständigen sich manchmal. So stellt die im Zusammenhang mit dem unhistorischen Kaiser Faustinian erzählte Faustinianuslegende (ca. 2800 Verse) eine Art Roman dar: Kaiser und Kaiserin werden getrennt und erst nach vielen Jahren miteinander und mit ihren Kindern wieder vereint – das Schema, das einem christlichen Legendenroman des 4. Jh.s entstammt, wurde seit dem späteren 12. Jh. mehrfach Grundlage von Romanhandlungen (vgl. S. 267 und 335). Die ›Crescentia‹ (ca. 1400 Verse) verarbeitet das gleichfalls später öfter begegnende Erzählmodell von der unschuldig verfolgten Königin (vgl. S. 268 und 335). Ein dritter großer Komplex ist die Silvesterlegende (ca. 2800 Verse), die Geschichte der Auseinandersetzungen zwischen Kaiser Konstantin und Papst Silvester, die schließlich zu gedeihlichem Zusammenwirken finden (der schon erwähnte ›Trierer Silvester‹ stellt eine Bearbeitung dieses Abschnitts der ›Kaiserchronik‹ dar). Eingegangen wird auch auf Gestalten der deutschen Heldensage (Dietrich von Bern, Etzel). Am Schluß findet sich die damals höchst aktuelle Kreuzzugsthematik: Gottfried von Bouillon und der 1. Kreuzzug sowie die Kreuznahme König Konrads III. an Weihnachten 1146:

daz entstuont niht lange wîle,
unze der abbât Pernhart
den vursten geliebte die vart.
er chom ze dem chunige Chuonrâte,
er manet in harte
mit sîner suozen lêre.
er sprach, daz selbe unser hêrre
in dar zuo erwelte.
der chunich niht langer netwelte. (V. 17275–283)

Das dauerte nicht lange, bis der Abt Bernhard [von Clairvaux] den Fürsten [d. h. König Konrad III. und König Ludwig VII. von Frankreich] die Kreuzfahrt [d. h. den 2. Kreuzzug] angenehm machte. Er kam zu König Konrad und ermahnte ihn inständig mit seiner heiligen Belehrung. Er sagte, daß unser Herr selbst ihn dazu erwählt hätte. Der König wartete nicht länger.

Literaturhinweise

Ausgaben: W. Braune / E. A. Ebbinghaus (Hrsg.), Ahd. Lesebuch, [17]1994. – W. Haug / B. K. Vollmann, Frühe dt. Literatur u. lat. Literatur in Deutschland 800–1150, 1991 (zweisprachig; Bibliothek des MAs). – F. Maurer (Hrsg.), Die religiösen Dichtungen des 11. u. 12. Jh.s, 3 Bde., 1964–70. – A. Waag / W. Schröder (Hrsg.), Kleinere dt. Gedichte des 11. und 12. Jh.s, 2 Bde., 1972 (ATB). – E. Henschel / U. Pretzel (Hrsg.), Die kleineren Denkmäler der Vorauer Hs., 1963. – G. Vollmann-Profe, Frühmhd. Literatur, 1996 (zweisprachig; RUB). – ›Windberger Psalter‹: K. Kirchert, 2 Bde., 1979 (MTU). – Williram: E. H. Bartelmez, 1967; W. Sanders, 1971; R. Schützeichel / B. Meineke, 2001. – ›St. Trudperter Hohes Lied‹: H. Menhardt, 2 Bde., 1934; F. Ohly, 1998 (zweisprachig; Bibliothek des MAs). – ›Millstätter Physiologus‹: Ch. Schröder 2005 (zweisprachig). – ›Altdt. Genesis‹: V. Dollmayr, 1932 (ATB). – ›Annolied‹: E. Nellmann, 1975 [u. ö.] (zweisprachig; RUB). – ›Altdt. Exodus‹: E. Papp, 1969. – ›Anegenge‹: D. Neuschäfer, 1969. – Heinrich von Melk, ›Von des todes gehugde‹: Th. Bein / T. Ehlert [u. a.], 1994 (zweisprachig; RUB). – Priester Wernher, ›Maria‹: C. Wesle / H. Fromm, [2]1969 (ATB). – ›Kaiserchronik‹: E. Schröder, 1892.

Forschungsliteratur: H. Freytag, Die Theorie d. allegor. Schriftdeutung u. die Allegorie in dt. Texten besonders des 11. und 12. Jh.s, 1982. – F. G. Gentry, Bibliographie zur frühmhd. geistlichen Dichtung, 1992. – U. Goerlitz, Literarische Konstruktion (vor-)nationaler Identität seit dem ›Annolied‹, 2007 (QuF). – N. Henkel, Studien zum Physiologus im MA, 1976 (Hermaea). – M. Herweg, ›Ludwigslied‹, ›De Heinrico‹, ›Annolied‹. Die dt. Zeitdichtungen des frühen MAs im Spiegel ihrer wissenschaftlichen Rezeption u. Erforschung, 2002 (Imagines). – L. P. Johnson [u. a.] (Hrsg.), Studien zur frühmhd. Lit., 1973. – U. Küsters, Der verschlossene Garten. Volkssprachl. Hohelied-Auslegung u. monast. Lebensform im 12. Jh., 1985. – A. Masser, Bibel- und Legendenepik des dt. MAs, 1976 (GG). – G. Meißburger, Grundlagen zum Verständnis der dt. Mönchsdichtung im 11. u. 12. Jh., 1970. – N. R. Miedema, Die ›Mirabilia Romae‹, 1996 (MTU). – B. Naumann, Dichter u. Publikum in dt. u. lat. Bibelepik des frühen 12. Jh.s, 1968. – N. F. Palmer, Visio Tnugdali. The German and Dutch Translations and their Circulation in the Later Middle Ages, 1982 (MTU). – R. D. Schiewer, Die dt. Predigt um 1200. Ein Handbuch, 2008. – V. Schupp, Studien zu Williram v. Ebersberg, 1978. – C. Soeteman, Dt. geistliche Dichtung des 11. und 12. Jh.s, [2]1971 (SM).

B.
Die Epoche der mittelhochdeutschen (höfischen) Literatur
(um 1150 – um 1350)

Historischer Überblick

1137–1254	*Herrschaft der Staufer.*
1152–90	Kaiser Friedrich I. Barbarossa (Neffe Konrads III.).
1156	Österreich wird als besonderes Herzogtum unter dem Babenberger Heinrich Jasomirgott von Bayern abgetrennt.
1159–77	Abendländisches Schisma: Papst Alexander III. im Bündnis mit Frankreich, England, Sizilien und der Lombardei gegen den Führungsanspruch des Kaisers.
1165	Heiligsprechung Karls des Großen.
1176–81	Auseinandersetzung mit dem Welfen Heinrich dem Löwen, Herzog von Bayern und Sachsen.
1180	Bayern an die Wittelsbacher.
1184	Mainzer Hoftag: glanzvoller Höhepunkt der Machtentfaltung Barbarossas.
1189–92	3. Kreuzzug; Barbarossa stirbt 1190 in Anatolien.

*

1137–80	Ludwig VII. König von Frankreich.
1154–89	Heinrich II. Plantagenet König von England (seit 1152 verheiratet mit Eleonore von Aquitanien [Poitou], in 1. Ehe zuvor Gemahlin König Ludwigs VII. von Frankreich).

1171–93	Saladin Sultan von Ägypten.
1180–1223	Philipp II. August König von Frankreich.
	*
1190–97	Kaiser Heinrich VI. (Sohn Barbarossas).
1192–94	Gefangenschaft von König Richard Löwenherz von England in Deutschland.
1194	Heinrich VI. zugleich König von Sizilien.
1198–1208	König Philipp von Schwaben (Sohn Barbarossas); Gegenkönig ist der Welfe Otto IV. (von Poitou), Sohn Heinrichs des Löwen.
1208	König Otto IV. wird nach Philipps Ermordung allgemein anerkannt und 1209 von Papst Innozenz III. zum Kaiser gekrönt.
	*
1198–1216	Papst Innozenz III.
1202–04	4. Kreuzzug (Eroberung Konstantinopels, Errichtung des lateinischen Kaisertums).
1209/10	Päpstliche Approbation der Büßergemeinschaft des Franz von Assisi (Franziskaner).
	*
1212–50	Kaiser Friedrich II. (Sohn Heinrichs VI.).
1214	Schlacht bei Bouvines: Philipp II. August von Frankreich, der mit den Staufern verbündet ist, besiegt das englisch-welfische Heer; Otto IV. fortan ohne politische Bedeutung (gest. 1218).
1220	Kaiserkrönung Friedrichs II., der sich nunmehr hauptsächlich in seinem Königreich Sizilien aufhält. In Deutschland vertritt ihn sein Sohn König Heinrich (VII.), der jedoch 1235 abgesetzt wird.
1228/29	5. Kreuzzug: Friedrich II., obwohl gebannt, wird König von Jerusalem.
1231	›Statutum in favorem principum‹: die den geistlichen Fürsten 1220 zugestandenen Privilegien werden auf die weltlichen Fürsten ausgedehnt (Übertragung königlicher Rechte). Sanktionierung der Rechte der Landesherren. Zunehmende Bedeutung der Städte.

1245	Friedrich II. von Papst Innozenz IV. für abgesetzt erklärt; 1246/47 wird Heinrich Raspe, Landgraf von Thüringen, Gegenkönig; 1247 Wahl Graf Wilhelms von Holland zum Gegenkönig.

*

1215	4. Laterankonzil.
1216	Päpstliche Bestätigung des Predigerordens (Dominikaner).
um 1224–74	Thomas von Aquin.
1226–70	König Ludwig IX. der Heilige von Frankreich.
1227–41	Papst Gregor IX.
1248–54	6. Kreuzzug: Ludwig IX. von Frankreich versucht, Ägypten zu erobern.

*

1250–54	König Konrad IV. (Sohn Friedrichs II.); Konrads IV. Sohn Konradin, der letzte Staufer, wird 1268 in Neapel hingerichtet.
1254	Rheinischer Städtebund.
1254–56	König Wilhelm von Holland.

1256–73	*Interregnum.*
1257–72	König Richard von Cornwall (Bruder des englischen Königs Heinrich III.), der sich mehrfach, doch nur kurzzeitig im Reich aufhält. Der Gegenkönig Alfons X. der Weise von Kastilien, ebenfalls 1257 gewählt, betritt nie deutschen Boden.
1257	Ausbildung des Kurfürstenkollegiums (die Erzbischöfe von Köln, Mainz, Trier, der König von Böhmen, der Herzog von Bayern, der Markgraf von Brandenburg, der Herzog von Sachsen).

*

1266–85	Karl von Anjou König von Sizilien.
1270	7. Kreuzzug unter Ludwig IX. von Frankreich.

*

1273–1346	*Zeit des Wahlkönigtums.*
1273–91	König Rudolf von Habsburg.

1278	Schlacht auf dem Marchfeld: Sieg über König Ottokar II. von Böhmen; 1282 belehnt Rudolf seine Söhne mit Österreich und der Steiermark (Begründung der habsburgischen Hausmacht).
1291	Gründung der Eidgenossenschaft.
1291–98	König Adolf von Nassau.
1298–1308	König Albrecht I. (Sohn Rudolfs von Habsburg).
1308–13	Kaiser Heinrich VII. von Luxemburg.

*

1291	Akkon wird als letztes christliches Bollwerk im Heiligen Land von den Mamelucken erobert; Ende der Kreuzzüge.
1309	König Philipp der Schöne von Frankreich erzwingt die Verlegung des Papstsitzes nach Avignon (bis 1377).

*

1314–47	Kaiser Ludwig IV. der Bayer (Wittelsbacher).
1322	Schlacht bei Mühldorf: Ludwig besiegt den habsburgischen Gegenkönig Friedrich den Schönen (Mitregent bis 1330).
1323	Beginn der Auseinandersetzungen mit dem Papsttum.
1338	Kurverein zu Rhense: der gewählte deutsche König bedarf nicht der päpstlichen Bestätigung.
1346	Karl IV. von Luxemburg, König von Böhmen, wird Gegenkönig.
1346–78	Kaiser Karl IV.
1348	Gründung der ersten deutschen Universität in Prag.
1348/49	Große Pest; etwa 30% der Gesamtbevölkerung Europas dürften der Pest zum Opfer gefallen sein.
1356	Goldene Bulle: der durch Mehrheitsbeschluß in Frankfurt gewählte und in Aachen gekrönte König ist zugleich erwählter römischer Kaiser; die päpstliche Bestätigung ist nicht mehr nötig.

*

1337–1453	Hundertjähriger Krieg zwischen Frankreich und England.

Wie in der Charakterisierung der Epoche (S. 21 ff.) angedeutet, stehen im Zentrum der höfischen Literatur die verschiedenen Typen des Liedes – vor allem Minnelied, Sangspruch und Leich – und der Großepik – Heldenepik und Roman mit ihren Untertypen. Andere literarische Bereiche – kleinere Gedichte in Reimpaaren, größere didaktische Gedichte, die verschiedenen Typen wissensvermittelnder und religiöser Literatur – treten demgegenüber zurück. Die Epoche erscheint dreigeteilt. Im ersten Zeitabschnitt, um 1150 – um 1190, bildeten sich die verschiedenen literarischen Typen, meist in Anlehnung an romanische (afrz. bzw. provenzalische) Vorbilder oder durch deren direkte Übernahme, vielfältig aus. Im zweiten Zeitabschnitt, um 1190 bis um 1220/30, waren romanische Texte zwar noch immer von Bedeutung, doch gewannen eigene Traditionen der deutschen Dichtung mehr und mehr an Gewicht; durch eine Reihe unverwechselbarer, bedeutender Autoren und Werke stellt dieser Zeitabschnitt die »Blütezeit«, die »klassische« Epoche der deutschen Literatur des Mittelalters dar. Im anschließenden dritten Zeitabschnitt, um 1220/30 – um 1350, spielten romanische Einflüsse nur noch eine geringe Rolle. Im wesentlichen setzten die Autoren sich mit deutschen Vorbildern und Traditionen auseinander. Erweiterungen im Themen- und Typenspektrum erfolgten im Kernbereich Lied/Großepik nur in verhältnismäßig geringem Umfang; jedoch wurden manche Untertypen, etwa der Artusroman, bald aufgegeben. Zunehmend bedeutsam wurden wissensvermittelnde Texte.

I.
Frühe höfische Literatur
(um 1150 – um 1190)

1. Lieddichtung

Zur mittelalterlichen Lyrik zählt man kürzere, in Strophen abgefaßte Texttypen vorwiegend nichterzählenden Charakters. Sie wurden prinzipiell mit Singstimme vorgetragen; allerdings sind die Melodien in vielen Fällen verlorengegangen. Der musikalische Vortrag erfolgte einstimmig, mehrstimmige deutsche Lieder gibt es daneben erst seit dem Ausgang des 14. Jh.s. In neuerer Zeit hat sich auch der Terminus Sangverslyrik eingebürgert, häufig – so auch in der vorliegenden Darstellung – verwendet man den Begriff Lied. Dieser Terminus ist mittelalterlich: mhd. *daz liet* bezeichnet die einzelne gesungene Strophe; im Plural wurde das Wort zur Benennung mehrstrophiger Gebilde verwendet: *driu liet* etwa meint ein dreistrophiges Gedicht. Die in der Neuzeit übliche Verwendung des Singulars für singbare Texte mit mehreren Strophen ist seit dem 15. Jh. belegt. Nicht unter den Begriff des Liedes in diesem Sinn fallen bestimmte Arten epischer Dichtung, in erster Linie Heldenepen, ferner einige Lehrgedichte und religiöse Dichtungen (obwohl sie gleichfalls in Strophen abgefaßt sein konnten und damit singbar waren), auch wenn man im Mittelalter hierfür ebenfalls den Begriff *liet* gebrauchte (vgl. *der Nibelunge liet*, d.h. das »Nibelungenlied«).

Die Lieddichtung zwischen etwa 1150 und etwa 1350 läßt sich in drei Haupttypen aufgliedern: Minnesang, Sangspruchdichtung und Leich.

Thema des Minnesangs ist die Liebe zwischen Mann und

Frau, jedoch nicht in allgemein-lehrhafter Sprechweise, sondern als persönliches Erlebnis, meist als Sprechen eines Ich über sein Verhältnis zu einem Gegenüber anderen Geschlechts, über seine Empfindungen und seine Erfahrungen. Das mhd. Wort *minne*, das im späten Mittelalter außer Gebrauch kam und durch *Liebe* ersetzt wurde, hängt etymologisch mit *meinen* (lat. *mens*, *memini*, *moneo*, griech. *mimnésko*) zusammen; Grundbedeutung ist »das Denken an etwas, das Gedenken«. Von daher kann das Wort allgemein »Gedenken«, »Erinnerung«, auch »Gedächtnistrunk« (*minne trinken*) bedeuten, dann aber vor allem »liebendes Gedenken«, »Liebe« (zu Gott, zu einem Freund, überhaupt zu einem anderen, zu einer Frau). (Als Ergebnis von Zuneigung und Wohlwollen heißt *minne* auch »gütliche Einigung«.)

Die unter dem (modernen) Begriff der Sangspruchdichtung zusammengefaßten Strophen (Sangsprüche) enthalten religiöse oder moralische Unterweisung, Lob oder Schelte adliger Herren oder von Dichterkollegen, Stellungnahmen zu politischen Ereignissen der Zeit, Bitten der Dichter um Unterstützung, die Ausbreitung von Wissensstoff und ähnliches. Die Darstellung ist überwiegend lehrhaft.

Der Leich stellt die Prunk- und Großform der mhd. Lieddichter dar. Das mhd. Wort geht zurück auf germ. **laikaz* »Spiel, Tanz, Bewegung«. Es handelt sich um umfangreiche Dichtungen, deren strophenartige Abschnitte (Versikel) jeweils eigene Melodien haben, die also durchkomponiert sind. Die Leichs haben geistliche oder weltliche Themen (Lob der Trinität, Christus, Maria – Lob der Minne, der Frauen im allgemeinen oder einer einzelnen Frau).

Überliefert ist die mhd. Lieddichtung vorwiegend in einigen gegen Ende des 13. bzw. in der ersten Hälfte des 14. Jh.s entstandenen Sammelhandschriften, in denen die Textkorpora zahlreicher Minnelied-, Sangspruch- und Leichdichter jeweils unter deren Namen gesammelt wurden. Dazu treten einige wenige Autorhandschriften, deren Intentionen auf die möglichst vollständige Sammlung der Texte eines einzelnen Autors gerichtet sind. Als weiterer Überlieferungstyp kommt die Streuüberlieferung hinzu: dabei handelt es sich um vereinzelte, manchmal zufällige Aufzeichnungen von Liedern in Handschriften mit andersartigen Texttypen. Zitiert werden Handschriften im allgemeinen nach ihrem heutigen Aufbewahrungsort und nach der Signatur innerhalb der betreffenden Handschriftensammlung (z. B. Heidelberg, Universitätsbibliothek, Cpg 848), ferner nach der Sigle, d. h. einem Kennbuchstaben, den die betreffende Handschrift von der Forschung innerhalb eines bestimmten Überlieferungszusammenhangs erhalten hat (die erwähnte Heidelberger Handschrift führt in der Liedüberlieferung die Sigle C). Zu beachten ist demnach, daß innerhalb des Zusammenhangs der Liedüberlieferung die Siglen A, B, C völlig andere Handschriften bezeichnen als etwa im Bereich der Überlieferung des ›Nibelungenliedes‹ (hier ist mit C die Handschrift Karlsruhe, Landesbibliothek, Cod. Donaueschingen 63 gemeint). Meist werden die (älteren) Pergamenthandschriften mit großen, die (jüngeren) Papierhandschriften mit kleinen lateinischen Buchstaben bezeichnet. Schließlich muß noch erwähnt werden, daß darüber hinaus viele Handschriften einen Beinamen haben, mit dem (meist) auf den jetzigen oder einen früheren Aufbewahrungsort verwiesen wird (die Liederhandschrift C hat den Beinamen ›Große Heidelberger [Manessische] Liederhandschrift‹, vor dem Erwerb durch die UB Heidelberg im Jahr 1888 hieß sie ›Pariser Liederhandschrift‹). Vgl. zur Liedüberlieferung im einzelnen Übersicht a.

Übersicht a

Die wichtigsten Überlieferungsträger der mhd. Lieddichtung

Sammelhandschriften

A Heidelberg, UB, Cpg 357, Pergament, 45 Blätter, Format 18,5 × 13,5 cm, ›Kleine Heidelberger Liederhandschrift‹. Ende 13. Jh., Elsaß (Straßburg?). 34 namentlich genannte Dichter; keine Bilder und Melodien.

B Stuttgart, Württ. Landesbibliothek, HB XIII 1, Pergament, 158 Blätter, Format 15 × 11,5 cm, ›Weingartner (Stuttgarter) Liederhandschrift‹. Anfang 14. Jh., Konstanz. 25 namentlich genannte Dichter; 25 teils ganz-, teils halbseitige Autorenbilder; keine Melodien.

C Heidelberg, UB, Cpg 848, Pergament, 426 Blätter, Format 35,5 × 25 cm, ›Große Heidelberger (Manessische) Liederhandschrift‹. 1. Hälfte 14. Jh., Zürich. 140 namentlich genannte Dichter; 138 ganzseitige Autorenbilder; keine Melodien.

J Jena, UB, El.fol.101, Pergament, 133 Blätter, Format 56 × 41 cm, ›Jenaer Liederhandschrift‹. 1. Hälfte 14. Jh., Wittenberg (?). 28 namentlich genannte Dichter; Melodien.

Autorhandschriften

D Heidelberg, UB, Cpg 350, Pergament, 69 Blätter, Format 24 × 15,5 cm. Ende 13. / Anfang 14. Jh., südrheinfränkisch. Geschlossene Sammlung von Sangsprüchen Reinmars von Zweter (die Handschrift ist von alters her mit den beiden kleinen Sammelhandschriften H und R zusammengebunden, beide aus dem 14. Jh.); keine Bilder und Melodien.

E München, UB, 2° cod.ms. 731, Pergament, Format 34,5 × 26,5 cm, ›Würzburger Liederhandschrift‹. Die Sammlung umfaßt 23 Blätter, sie ist Bestandteil des ›Hausbuchs des Michael de Leone‹, um 1350, Würzburg. Kapitel XXIV des Hausbuchs enthält eine Sammlung von Liedern Walthers von der Vogelweide, XXV eine solche von Liedern Reinmars des Alten; keine Bilder und Melodien.

Neidhart-R Berlin, Staatsbibliothek, Mgf 1062, Pergament, 15 Blätter, Format 33 × 23,5 cm, ›Riedegger Handschrift‹. Ende 13. Jh., Niederösterreich. Wichtigste und älteste Sammlung der Lieder Neidharts (die Handschrift enthält auch epische Texte); keine Bilder und Melodien.

Neidhart-c Berlin, Staatsbibliothek, Mgf 779, Papier, 140 Blätter, Format 30,8 × 21 cm. 1461/66, Nürnberg. Umfassende Sammlung von Liedern Neidharts (die Handschrift enthält noch weitere Texte); Melodien.

Streuüberlieferung

M München, Bayerische Staatsbibliothek, Clm 4660, Pergament, 112 Blätter, Format 25 × 17 cm, ›Carmina burana‹. Um 1230, Südtirol (Neustift bei Brixen?). Die bedeutendste Sammlung weltlicher lat. Lieddichtung des Mittelalters enthält verstreut auch deutsche Strophen.

Minnesang

Erste Phase: Donauländischer Minnesang (um 1150 – um 1180)

Minnesang findet sich zuerst bei den provenzalischen Trobadors; als ältester Trobador gilt Wilhelm IX., Graf von Poitiers und Herzog von Aquitanien (1071–1127). Der nordfranzösische Minnesang beginnt um 1160/70; frühester Trouvère ist der große Epiker Chrétien (Chrestien) de Troyes (vgl. S. 190). Der älteste deutsche Minnesang ist formal und inhaltlich von der romanischen Minnedichtung kaum beeinflußt.

Die frühesten deutschen Minnesänger waren – mit Ausnahme Kaiser Heinrichs – an der Donau zwischen Ulm und Linz/Melk beheimatet. Daher bezeichnet man diese Phase als Donauländischen Minnesang. Möglicherweise war die Mehrzahl der Autoren zeitweise am Wiener Hof des Babenbergers Herzog Heinrich Jasomirgott versammelt.

Der von Kürenberg (1150/70; aus der Gegend von Linz oder Melk?): 15 Strophen in zwei Strophenformen (Tönen). Ton II (13 Strophen) besteht aus vier je paargereimten Langzeilen; bei Ton I (2 Strophen) ist zwischen die Langzeilenpaare ein Vierheber eingeschoben. Aufgrund der gleichbleibenden Strophenform des Tons II ist nicht immer hinreichend klar, welche Strophen zu einem Lied zusammengehören bzw. bei welchen es sich um Einzelstrophen handelt. Unumstritten ist die Zusammengehörigkeit allerdings bei II,6 und 7: diese Strophen bilden das ›Falkenlied‹, den berühmtesten Text des Kürenbergers, wahrscheinlich die Klage einer adligen Frau um ihren verlorenen Geliebten (der Falke ist ein verbreitetes Bild für den Geliebten):

II,6
›Ich zôch mir einen valken mêre danne ein jâr.
dô ich in gezamete, als ich in wolte hân,
und ich im sîn gevidere mit golde wol bewant,
er huop sich ûf vil hôhe und vlouc in anderiu lant.

II,7
Sît sach ich den valken schône vliegen,
er vuorte an sînem vuoze sîdîne riemen,
und was im sîn gevidere alrôt guldîn.
got sende sî zesamene, die gelieb wellen gerne sîn!‹

›Länger als ein Jahr richtete ich mir einen Falken ab. Als ich ihn gezähmt hatte, wie ich ihn haben wollte, und ich ihm sein Gefieder mit goldenen Bändern umwand, da schwang er sich in die Höhe und flog in andere Länder.

Seither sah ich den Falken herrlich fliegen, er führte an seinem Fuß seidene Fesseln, und sein Gefieder war ihm ganz und gar mit rotem Gold durchflochten. Gott führe die zusammen, die einander lieben wollen!‹

Die Strophenform läßt sich folgendermaßen schematisieren (vgl. dazu Übersicht b):

x / x́ x / x́ x / x́ x // x́ x / x́ x / x́ ∧ /	3– / 3 a
/ x́ x / x́ x / ◡́ ◡ x // x / x́ x / x́ x / x́ ∧ /	3– / 3 a
x / x́ x / x́ x / ◡́ ◡ x // x / x́ x / x́ x / x́ ∧ /	3– / 3 b
x / x́ x / x́ x / x́ x // x / x́ x / –́ / x̀ x / x́ ∧ /	3– / 4 b

Der hier skizzierte Ton II des Kürenbergers ist identisch mit der Strophenform des ›Nibelungenliedes‹, vgl. S. 200 f.; ob der Kürenberger sie aus mündlichen Vorstufen des Epos entlehnt hat oder ob im ›Nibelungenlied‹ sein Ton II aufgegriffen wurde, ist nicht zu klären. Die Besonderheit der Strophenform besteht darin, daß der Strophenschluß durch Verlängerung des Abverses der letzten Zeile besonders betont ist. Da die Melodie nicht überliefert ist (vgl. jedoch S. 201), kann man zur Gliederung der Strophenform nur Mutmaßungen anstellen; vermutlich handelt es sich um eine zweiteilige Form: Teil 1 umfaßt entweder Z. 1+2 oder 1–3, Teil 2 Z. 3+4 oder nur Z. 4.

Kennzeichnend für den Kürenberger wie für die Mehrzahl der Texte des Donauländischen Minnesangs überhaupt ist, daß nicht – wie im späteren Minnesang – ein männliches lyrisches Ich im Zentrum steht, das (meist klagend) über seine Liebesverhältnisse spricht, sondern daß hier Mann *und* Frau in Sprecherrollen (in denen natürlich der Sänger auftritt) erscheinen. Außer der monologischen Liebesklage (wie etwa im ›Falkenlied‹) gibt es den Dialog, ferner die besonders kennzeichnende Form des Wechsels: Mann und Frau sprechen abwechselnd über ihre Liebe, aber nicht zueinander, sondern in Form getrennter, freilich aufeinander bezogener Monologe. (Vgl. zu den Liedtypen des Minnesangs besonders S. 231 f.)

Übersicht b

Grundbegriffe der mhd. Metrik

Entscheidend für den mhd. Vers ist das Gewicht, die Zeitdauer, die eine Silbe jeweils beansprucht. Statt einer normallangen Silbe können nach Belieben auch zwei kurze Silben, statt zweier normallanger Silben kann auch eine überlange Silbe stehen. (Kurze offene Tonsilben, etwa tă-ge, nĕ-men, lĭ-gen, sind im Mhd. häufig, im Nhd. wurden sie durch Dehnung in offener Silbe beseitigt.) Daher kann man mhd. Verse nach der Zahl der Takte beschreiben, die der jeweilige Vers umfaßt. Dieses Verfahren lehnt sich an die neuere Musik an; wie die mhd. Dichter selbst ihre Verse gemessen haben, entzieht sich unserer Kenntnis. In der Regel läßt sich der musikalische 2/4-Takt zugrunde legen. Im Normalfall besteht er aus einer betonten ersten und einer unbetonten zweiten Viertelnote:

2/4 | ♩́ ♩ |

Den meisten mhd. Versen liegt dieser regelmäßige Wechsel betonter und unbetonter Silben, von Hebung und Senkung, zugrunde; ihn bezeichnet man als Alternation. Statt des Regelfalles können auch die folgenden Varianten stehen:

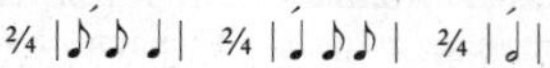

2/4 | ♪́ ♪ ♩ | 2/4 | ♩́ ♪ ♪ | 2/4 | 𝅗𝅥́ |

Bei der letzten Variante ist zu beachten, daß die folgende Note etwas weniger stark betont wird; man spricht von einem Nebenton:

2/4 | 𝅗𝅥́ | ♩̀ 𝄽 |

Folgende metrische Zeichen werden verwendet:
– für die »normale« Hebung oder Senkung x,
– für die überlange (»beschwerte«) Hebung –,
– für die kurze (»gespaltene«) Hebung oder Senkung ◡◡.

- Die Hebung wird durch einen Akzent von der Senkung unterschieden x́, ◡́ ◡, –́; als Kennzeichen der Nebenhebung verwendet man x̀.
- Als Pausenzeichen dient ∧.

Außer auf die Verslänge kommt es besonders auf den Anfang des Verses und auf den Ausgang, die Kadenz, an. Verse können mit Hebung beginnen oder mit Senkung, im letzteren Fall spricht man von Auftakt. In der Lieddichtung gibt es auftaktlose Verse sowie Verse mit regelmäßigem oder mit fakultativem Auftakt (d. h., der Auftakt kann stehen oder auch nicht); ferner kann auch die Auftaktsenkung in zwei kurze Silben aufgespalten sein. Bei der Angabe der Taktzahl des Verses werden Auftakte nicht mitgezählt:

Kaiser Heinrich
I,1 gemáchet léides vrî́ — Vers mit Auftakt
I,2 únde hábent des ház — auftaktloser Vers

Enden kann der Vers mit Hebung oder mit Senkung. Im ersten Fall spricht man von männlicher, im zweiten von weiblicher Kadenz. Die männliche Kadenz wird nicht eigens bezeichnet, die weibliche markiert man am einfachsten mit einem waagrechten Strich:

Dietmar von Eist
V Sô wól dir, súmerwúnne — 3– weibl. Kadenz
sô réhte mínneclî́ch getấn — 4 männl. Kadenz

In der männlichen Kadenz kann gelegentlich Spaltung der Hebung vorkommen:

Dietmar von Eist
XIV,1 Úrloup hât des súmers brĕ́hĕn — 4 männl. Kadenz

Mhd. Verse sind in der Regel gereimt. Aufeinander reimende Verszeilen werden im Schema durch den gleichen Reimbuchstaben (a b c …) kenntlich gemacht. Reimlose Zeilen bezeichnet man als Waisen; sie werden mit dem Buchstaben x markiert. Reime, die erst in einer Folgestrophe ihre Entsprechung finden, heißen Körner (K). Die in der mhd. Lieddichtung verhältnismäßig seltenen Refrains erhalten den Buchstaben R.

Längere Verse (mindestens sechs Takte) mit regelmäßiger Zäsur nach der dritten Hebung bzw. nach der darauffolgenden Senkung bezeichnet man als Langzeilen. Die erste Hälfte solcher Zeilen nennt man Anvers, die zweite Abvers:

Kürenberger
II,12 Aller wîbe wünne   diu gêt noch megetîn

/x́ x / x́ x / x́ x // x / x́ x / x́ x / x́ ∧ / 3– / 3

Steht die Zäsur an anderer Stelle oder schwankt ihre Position, spricht man von Langen Zeilen.

Es handelt sich um aristokratische Dichtung. Der Liebhaber ist ein Ritter, die Dame wird *vrouwe*, »Herrin«, genannt, sie verfügt in einer Strophe des Kürenbergers über die Gebärde der Landesherrin. Der Mann erscheint eher als derjenige, der bestimmt, die Frau mehr in der Rolle der Leidenden, Wartenden, Hoffenden, derjenigen, die um ihre Ehre fürchtet, denn die Liebe des Paares ist fortwährend von der Gesellschaft, ihren Aufpassern (den *merkern*, der *huote*), bedroht. Die Darstellung erfolgt in einfachen Sätzen, sie ist bildhaft und mit Erzählelementen durchsetzt, kaum reflektierend; jedoch bedient sie sich des Sprichworts, z.B. *Wîp unde vederspil diu werdent lîhte zam*, »Frauen und Jagdvögel, die kann man leicht zähmen«. Die Reime sind vielfach noch unrein: *zinne* : *singen*, *hemede* : *edele* usw.

Meinloh von Sevelingen (um 1160/70; Söflingen ist heute ein Stadtteil von Ulm): 12 Strophen in drei Tönen, überwiegend aus Langzeilen.

Der Burggraf von Regensburg (Heinrich III. von Steffling, urkundlich 1143/77?, sein Sohn Friedrich, urk. 1150/1181?): vier Strophen in zwei vorwiegend aus Langzeilen gebauten Tönen (Ton I: zwei Frauenstrophen, Ton II vermutlich ein Wechsel).

Der Burggraf von Rietenburg (einer der Söhne Heinrichs III. von Steffling: Heinrich IV., urk. 1176/85 oder Otto III., gest. nach 1185?, möglich ist auch, daß es sich bei den Burggrafen von Regensburg und Rietenburg um *eine* Person handelt): sieben Strophen in fünf Tönen (Fassung Bu = ›Budapester Fragment‹, Ende 13. Jh.) bzw. in drei Tönen (in der modernisierenden Bearbeitung C). Inhaltlich zeigen sich die Strophen von der Hohen Minne des romanischen Minnesangs beeinflußt (vgl. dazu S. 117 f.): der Sänger hofft auf Erhörung durch eine Dame, er bietet ihr beständigen Dienst. In Ton V der ursprünglicheren Fassung BBu erscheint in einem dreistrophigen Lied erstmals die dreiteilige romanische Kanzonenform (in C sind alle Töne in Kanzonen umgearbeitet):

V,1

Sît sich hât verwandelt diu zît,	4a	1. Stollen	Aufgesang
des vil manig herzẹ ist vrô,	4b	(Melodie A)	
tet ich selbe niht alsô,	4b	2. Stollen	
sô wurdẹ ervêret mir der lîp,	4a	(Melodie A)	
der betwungen stât.	3c	(Melodie B)	Abgesang
noch ist mîn rât,	3c		
das ich niuwe mînen sang.	4d		
es ist laider alzelang,	4d		
das die bluomen rôt	3e		
begunden lîden nôt.	3e		

Da die Jahreszeit sich verändert hat – worüber viele sich freuen –, würde ich selbst mich da nicht verändern, so würde ich betrogen, ich, der ich voll Kummer bin. Meine Überlegung geht dahin, meinen Gesang zu erneuern. Leider ist es allzulange her, daß die roten Blumen anfingen, Not zu leiden.

Der am romanischen Minnesang orientierte Burggraf verwendet für jedes Lied bzw. jede Einzelstrophe einen eigenen Ton – im späteren Minnesang ist dies die Regel.

Dietmar von Eist (um 1160; Oberösterreich): 42 Strophen in 16 Tönen. Langzeilen haben nur die Töne I–III, XI; die Kanzonenform findet sich in VI–X, XII (?), XIV bis XVI. Ob alle Strophen bzw. Lieder vom selben Dichter stammen, ist umstritten. In Ton III findet sich erstmals der im späteren Minnesang sehr beliebte Natureingang: ein kleines Naturbild, in dem entweder der Frühlingsbeginn freudig begrüßt oder der Winteranfang beklagt wird, bietet dem Rittersänger Gelegenheit, sein Liebesschicksal in paralleler oder kontrastierender Weise mit der Jahreszeit in Beziehung zu setzen:

III,1
Ahî, nu kumt uns diu zît, der kleinen vogellîne sanc.
ez grüenet wol diu linde breit. zergangen ist der winter lanc.
nu siht man bluomen wol getân an der heide üebent sî ir schîn.
des wirt vil manic herze vrô, des selben troestet sich daz mîn.

Hei, nun kommt der Frühling, der Gesang der kleinen Vöglein. Die breite Linde steht schön im Laub, der lange Winter ist vergangen. Jetzt sieht man schöne Blumen, auf der Heide zeigen sie ihr Leuchten. Darüber freuen sich die Herzen vieler, auch das meine gewinnt Zuversicht.

Unter dem Namen Dietmars von Eist ist auch das erste Tagelied deutscher Sprache überliefert. Es handelt sich um einen später überaus beliebten Liedtyp, in dem das morgendliche Erwachen eines Liebespaares und der Abschied des Mannes thematisiert werden (vgl. S. 173 f.). Mit den provenzalischen Beispielen dieser im romanischen Bereich Alba (»Morgenröte«) genannten Liedart zeigt Dietmars Text kaum Berührungen:

XIII

1 ›Slâfest du, vriedel ziere?
wan wecket uns leider schiere;
ein vogellîn sô wol getân
daz ist der linden an daz zwî gegân.‹

2 »Ich was vil sanfte entslâfen,
nu rüefestû, kint, wâfen.
liep âne leit mac niht sîn.
swaz dû gebiutest, daz leiste ich, vriundîn mîn.«

3 Diu vrouwe begunde weinen:
›du rîtest hinnen und lâst mich eine.
wenne wilt du wider her zuo mir?
owê, du vüerest mîne vröide sant dir!‹

1 ›Schläfst du, schöner Geliebter? Man weckt uns leider rasch. Ein schönes Vöglein ist in den Zweig der Linde geflogen.‹

2 »Ich war so sanft eingeschlafen, nun schlägst du, Liebe, Alarm. Freude ohne Leid kann es nicht geben. Was immer du willst, das tue ich für dich, meine Geliebte.«

3 Die Dame fing an zu weinen: ›Du reitest weg und läßt mich allein. Wann willst du wiederkommen? O weh, du nimmst meine Freude mit dir!‹

Kaiser Heinrich (Kaiser Heinrich VI., 1165–97): acht Strophen in drei Tönen. Langzeilen haben die Töne I (Wechsel) und II (Frauenlied oder Dialog), die auch sonst im Stil altertümlich wirken; das vierstrophige Lied III, in dem der Autor mit seiner Stellung als Sohn eines Kaisers und künftiger Herrscher kokettiert, weist dagegen die »moderne« Kanzonenform auf.

Zweite Phase: Die Rezeption romanischer Vorbilder (um 1170 – um 1190)

In der zweiten Phase der Geschichte des Minnesangs – die sich zeitlich teilweise mit dem Donauländischen Minnesang überschneidet – rezipierten die (überwiegend vom Oberrhein stammenden) deutschen Dichter romanische Vorbilder, vor allem provenzalischen, daneben auch afrz. Minnesang. Begegnungsmöglichkeiten zwischen deutschen und romanischen Autoren gab es immer wieder, ein berühmtes Beispiel ist etwa Barbarossas Mainzer Hoffest von 1184, bei dem Dichter aus beiden Sprachbereichen zugegen waren. Die Deutschen übernahmen Strophenformen und Melodien. Die dreiteilige Kanzonenform aus zwei metrisch-musikalisch identischen Teilen (Aufgesang) und einem abweichenden dritten Teil (Abgesang), vgl. S. 114, wurde jetzt zur vorherrschenden Form; jedes Minnelied hatte von nun an in aller Regel einen eigenen Ton (Strophenform und Melodie), ferner waren die Lieder nunmehr normalerweise mehrstrophig, die Bedeutung der Langzeilen trat völlig zurück, kürzere Zeilen wurden bevorzugt; weiterhin wurden Darstellungsverfahren romanischer Lieder aufgegriffen, in manchen Fällen wurden die Vorbilder sogar übersetzt oder wenigstens bearbeitet. Die Übernahme fremder Töne für neue Lieder, wobei auch inhaltliche und stilistische Merkmale aufgenommen sein können, bezeichnet man heute mit dem Terminus Kontrafaktur; das im Mittelalter weithin übliche Verfahren wird schon von dem Minnesänger Ulrich von Lichtenstein (1200/10–75; vgl. S. 233) in seinem ›Frauendienst‹ (um 1250) ausführlich beschrieben (V. 112, 31 ff.), es ist auch noch aus neuerer Zeit geläufig (bekanntlich hat etwa Heinrich Hoffmann von Fallersleben sein ›Lied der Deutschen‹ 1841 auf die Melodie von Joseph Haydns ›Kaiserhymne‹ geschrieben). Da zum altromanischen Minnesang zahlreiche Melodien erhalten sind – anders als zum deutschen, dessen Musik so gut wie vollständig verloren ist –, konnte man in manchen Fällen bei nachgewiesenen Kontrafakturen für die deutschen Lieder aus dem romanischen Repertoire Melodien zurückgewinnen.

Entscheidend ist vor allem, daß jetzt aus der Romania das Ideal der Hohen Minne (provenzalisch *fin'amors*, afrz. *amour courtois*) übernommen wird. Anders als im Donauländischen Minnesang stellt Minne sich nun in Analogie zum Lehensdienst, den der Lehensmann dem Lehensherrn schuldet, als Minnedienst dar. Der liebende Mann nimmt alle Mühsal vergeblichen Dienstes auf sich, er hofft stets auf auch sexuelle Erfüllung (er dient *ûf wân*, d. h. »in Hoffnung«), erreicht sie jedoch niemals. Die Frau kommt im Lied nurmehr selten zu Wort. Sie ist als hoch über dem Mann stehend dargestellt. Anstelle eines Verhältnisses von gleich zu gleich, wie im Donauländischen Minnesang, findet sich nun eines der Unterordnung. Aus der vergeblichen Hoffnung auf Erfüllung ergibt sich für den Mann fortwährendes Leid (*leit*). Doch liegt ein Gewinn des Minnedienstes im Genuß des schönen Gefühls des Trauerns und Leidens. Leid steigert die Sensibilität, es verschafft ein erhöhtes Daseinsgefühl. Ergebnis des Minnedienstes ist in erster Linie der Minnesang selbst, sind die Lieder, deren Erschaffung das Ansehen, die *êre*, ihres Schöpfers steigert. Denn die sich im Minnesang äußernde Liebe – von der wir nicht wissen, inwieweit sie jeweils eine faktische Grundlage hat oder rein fiktiv ist – spielt sich nicht in Heimlichkeit ab, vielmehr wird der Minnesang vor höfischem Publikum aufgeführt. Die Hörer können und sollen sich mit den zum Ausdruck gebrachten Empfindungen und Ansichten identifizieren. Die Minne des Sängers ist somit kein isolierter Einzelfall, sondern sie ist paradigmatisch: einer spricht für alle, zumindest für viele. Wer zur weltlichen Oberschicht gehört, kann durch den Minnesang ein neues Bild der Frau, zugleich einen Reichtum an Empfindungsmöglichkeiten gewinnen, wie dies vor der zweiten Hälfte des 12. Jh.s nicht möglich war.

Die hauptsächliche Darstellungsform ist nunmehr die monologische Liebesklage des Sänger-Ichs über die Nichterhörung durch seine Dame. Der Sänger fleht die Dame – deren Name niemals genannt wird – an, er lobt und rühmt sie, er weist auf die lange Dauer seiner Bemühungen hin und stellt sein Leid heraus. Ein wichtiges Motiv, das bei einigen Autoren eingeführt wird, ist das der vorübergehenden, durch äußere Umstände bedingten Trennung von Liebhaber und Dame, vor allem dadurch, daß der Ritter genötigt ist, auf Kreuzzug zu gehen. Dialoge und Wechsel sind selten, überhaupt kommen, wie schon erwähnt, die Frauen wenig zu Wort. Zu weiteren Liedtypen vgl. S. 231 f. Die Sprache ist mehr als bei den früheren Autoren von Gewähltheit geprägt, der Wortschatz ist verhältnismäßig uniform, erzählende Elemente treten ganz zurück.

Heinrich von Veldeke (um 1170/90; aus der Nähe von Maastricht, wirkte auch in Thüringen, 1184 auf dem Mainzer Hoffest; zu seiner epischen Dichtung vgl. S. 146 ff. und 158): 34 Liedtexte (einige in ihrer Echtheit angezweifelt), teilweise Minnelieder im eigentlichen Sinn (Ich-Rolle des Sängers, Bezug auf eine bestimmte Frau), teilweise Strophen, in denen eher allgemein, lehrhaft über die Minne gesprochen wird (Grund für die geringere Leidenschaftlichkeit von Veldekes Liedern könnte sein Status als Berufsdichter gewesen sein). Deutlicher romanischer Einfluß: Konzept der Hohen Minne, Kanzonenform, Aufnahme romanischer Strophenformen aus Versen gleicher Länge mit durchgehenden Reimen (in Lied I etwa a a b / a a b // b a b), in vier Fällen ist die Benutzung romanischer Töne wahrscheinlich; insgesamt ist die direkte Aufnahme romanischer Einflüsse jedoch geringer als bei den oberrheinischen Dichtern. Im übrigen kennt Veldeke auch die alte Form des Wechsels (bei unterschiedlichen Strophenformen in I und II, außerdem in VI und in XXX); ferner sind viele seiner Lieder einstrophig, wie es weitgehend der Tradition des Donauländischen Minnesanges entsprach. Ungeklärt ist das sogenannte Veldeke-Problem: die Lieder enthalten zahlreiche Einsprengsel aus seiner niederrheinisch-maasländischen Heimatsprache, vgl. in Lied I,4 die Reime *verwâten* : *verlâten* : *mâten* : *kartâten* : *strâten* (entspricht mhd. *verwâzen* : *verlâzen* : *mâzen* : – : *strâzen*; *kartâten*, von lat. *caritas*, würde mhd. genauso lauten, mithin nicht reimen) oder in II,5 *te* statt *ze*, *he* statt *er*. Veldeke hat diese Formen und Wörter entweder aus Spielerei (kaum aus Unfähigkeit) aus seinem Heimatidiom aufgenommen (Flämisch galt als vornehm), oder er hat die Lieder ursprünglich ganz in dieser Sprache verfaßt – er selbst oder auch andere hätten sie dann in nicht konsequenter Weise ins Mhd. umgearbeitet.

Rudolf von Fenis (urk. 1158–92; Graf von Neuenburg [Neuchâtel] im Schweizer Jura): acht Minneklagen. Rudolf ist der erste wirklich große Sänger der Hohen Minne in deutscher Sprache. Fünf seiner Lieder teilen die Strophenform mit romanischen Liedern (I mit einem Lied des Folquet de Marseille, II, III, V mit Liedern des Gace Brulé, VIII mit einem Lied des Peire Vidal; auch inhaltliche Parallelen gibt es). Da Rudolfs Grafschaft auch romanische Gebiete umfaßte, ist nicht undenkbar, daß sein Liedschaffen von provenzalischen Trobadors benutzt wurde. Auch in der Versgestaltung zeigt er enge Verbindungen zur Romania, vor allem durch die Aufnahme romanischer Zehnsilbler, die als sogenannte deutsche Daktylen wiedergegeben werden:

II,1
Minne gebiutet mir, daz ich singe
| –́ ¦ x̀ x | –́ ¦ x̀ ∧ | x́ ∧ ¦ x̀ x | –́ ¦ x̀ ∧ |

Friedrich von Hausen (urk. seit 1171, gest. 6. 5. 1190 auf dem 3. Kreuzzug in Kleinasien; Reichsministeriale und Vertrauter Barbarossas, Stammsitz Rheinhausen bei Mannheim): 18 Lieder in 17 Tönen (Ton I umfaßt zwei Lieder). Hausen ist der bedeutendste Dichter der Gruppe. Zu mehreren seiner Lieder gibt es als unterschiedlich sicher angesehene Parallelen in romanischen Texten. Hausens Liedschaffen läßt sich in drei Gruppen gliedern. Zum einen enthält es relativ kleine Liedchen mit reicher Minnesangsthematik, im Inhalt unproblematisch, in der Darstellungsform interessant. Hierher gehört etwa Lied IX, in dem der Autor vermutlich eine Strophenform des Trobadors Bernart de Ventadorn aufgreift, das er inhaltlich jedoch als einen Wechsel gestaltet – eine Darstellungsform, die den romanischen Autoren fremd war; oder das Lied von der Traumliebe VIII, eine Einzelstrophe, in der das Sänger-Ich berichtet, es habe im Traum eine wunderschöne Frau gesehen – als er aufwachte, sei sie verschwunden gewesen; oder XI, dessen beide Strophen mit einem (im deutschen Minnesang ziemlich seltenen) Refrain schließen, ein Preislied auf die Schönheit der Geliebten, dessen 2. Str. das Motiv der Kindheitsminne, d.h. der Liebe von Kindheit an, sowie die Personifikation des Herzens des Liebenden als des Dieners der Geliebten enthält.

Eine zweite, gewichtigere Gruppe stellen die großen Minneklagen dar. Hierher gehören etwa die beiden Lieder des Tones I. Das erste geht von einem weltliterarisch berühmten Liebespaar aus, von Dido und Äneas. Die Geliebte lehnt sie als Vorbild für die eigene Beziehung ab, der Liebhaber ist tief in Gedanken an die Geliebte versunken, er lernt Trauer und Sorge kennen; mit wahrer Beständigkeit hofft er, zum Ziel zu kommen. Das zweite Lied formuliert die Erfahrung der äußeren Trennung von der Geliebten, ein Motiv, das bei Hausen mehrfach bedeutsam ist; die Trennung potenziert den Liebesschmerz. Auch in Lied IV, das eine Strophenform Blondels de Nesle aufgreift, sehnt der Sänger sich aus der Ferne nach der Geliebten: die frühere Trauer darüber, nicht erhört zu werden, war ein Kinderspiel gegenüber der jetzigen äußeren Entfremdung. Womöglich wird Autobiographisches sichtbar: die Lebensform des Kriegers, den der Kriegszug (in Italien) zur Abwesenheit zwingt. Ob das Lied freilich auf der Kriegsfahrt (vor Männerpublikum?) vorgetragen wurde oder nach der Rückkehr in die Heimat, ist unbekannt.

Die dritte Gruppe umfaßt Kreuzlieder, in denen die Frauenminne angesichts des als Dienst für Gott gesehenen Kreuzzuges als problematisch dargestellt ist. Lied V greift eine Strophenform des Folquet de Marseille auf. Es weist nicht die Kanzonenform auf, sondern eine durchkomponierte Strophenform ohne klare Binnengliederung (4a 4a 5b 2b 4c 5c 2d 4d 5e 5e). Diese sogenannte Oda continua ist neben der Kanzone eine zweite romanische Form, die bei den Minnesängern der zweiten Phase eine Rolle spielt; in späterer Zeit verschwand sie aus dem deutschen Formenrepertoire. In Lied V wird die Struktur der Hohen Minne durchbrochen: nicht mehr die Dame nimmt die oberste Stelle ein, über ihr steht Gott:

V,3
von wîsheit kêrte ich mînen muot;
daz was diu minne, diu noch manigem tuot
die selben klage.
nu wil ich mich an got gehaben,
der kan den liuten helfen ûz der nôt.
nieman weiz, wie nâhe im ist der tôt. (V. 5–10)

Von der Weisheit wandte ich mich ab. Es war die Minne, die noch viele dazu bringt, über das gleiche zu klagen. Jetzt will ich mich an Gott halten. Der versteht es, die Menschen aus ihrer Bedrängnis zu bringen. Keiner weiß, wie nahe ihm der Tod ist.

Lied VII warnt die Dame, einen zu lieben, der zu feige ist, um auf den Kreuzzug zu gehen; anschließen kann man die Einzelstrophe XVI, eine sangspruchartige Schelte jener, die den Kreuzzug zwar gelobt haben, dann aber doch nicht aufbrechen. Lied VI schließlich spielt den Konflikt zwischen Minnedienst und Kreuzzug ausführlich durch. Herz und Körper des Sängers, die lange Zeit miteinander gelebt haben, wollen sich trennen; der Körper will gegen die Heiden kämpfen, das Herz aber bei der geliebten Frau bleiben. Als das Ich das Kreuz nahm, glaubte es, von seinem Kummer befreit zu sein, doch das Herz mißgönnte ihm die Freiheit. Schließlich wird die Minnesangsituation durchbrochen und eine eindeutige Absage an die hartherzige Geliebte formuliert.

Bligger von Steinach (urk. 1152–98; Stammburg Nekkarsteinach am unteren Neckar; epische Dichtung Bliggers ist bezeugt, jedoch nicht erhalten): zwei Minneklagen (zur zweiten sind mehrere im Strophenbau übereinstimmende romanische Parallelen vorhanden); eine Spruchstrophe (Echtheit zweifelhaft).

Bernger von Horheim (urk. 1196 in Italien, aus welchem Horheim er stammt, ist ungeklärt): sechs Minneklagen. II ist ein Lügenlied: der Liebhaber spielt erfolgreiche Werbung vor; die Abschiedsklage IV spricht von der bevorstehenden Heerfahrt nach Apulien. Für vier Lieder sind romanische Vorbilder wahrscheinlich oder möglich.

Ulrich von Gutenburg (urk. vermutlich 1172 und 1186 in Italien, aus einem elsässischen oder einem pfälzischen Geschlecht): eine Minneklage (Kontrafaktur zu einem Lied Blondels de Nesle); ein Minneleich.

Heinrich von Rugge (urk. 1175/78, wohl aus einem Ministerialengeschlecht der Pfalzgrafen von Tübingen): zwölf Minnelieder (Werbungslieder, Preislieder, Minneklagen, Dienstversicherungen, einiges ist spruchartig; da zahlreiche Strophen auch unter anderen Dichternamen überliefert sind, ist die Echtheit vielfach umstritten); ein Kreuzleich.

Hartwic von Rute (12. Jh., urk. nicht nachgewiesen, in der Regel als bayerischer Autor angesehen): ein mehrstrophiges Lied (Ritterklage aus der Ferne mit Liebesversicherung an die Dame; am Schluß Verse mit Absage an den Kriegsdienst); drei Einzelstrophen mit Minnethematik.

Sangspruchdichtung

Neben Minneliedern und Leichs enthalten die Liederhss. auch zahlreiche Strophen, die der religiösen oder moralischen Belehrung dienen, in denen adlige Herren oder Dichterkollegen gelobt oder getadelt werden, in denen die Dichter zu politischen Sachverhalten Stellung nehmen oder in denen sie von ihren eigenen, meist unerfreulichen Verhältnissen sprechen. Mit einem zuerst 1833 von Karl Simrock (1802–76) eingeführten Terminus bezeichnet man derartige Texte als (Sang-)Sprüche, ihre Autoren als (Sang-)Spruchdichter. Trotz der lange Zeit vorhandenen Überlieferungsgemeinschaft mit den Minnesängern wußte man im Mittelalter zwischen Minnesang und Spruchsang genau zu unterscheiden (vgl. dazu auch S. 178 und 239 ff.).

Früheste, anonym überlieferte Muster des Texttyps sind in ›Des Minnesangs Frühling‹ unter den ›Namenlosen Liedern‹ als ›Weisheits- und Zeitlyrik‹ gesammelt (aus Hss. des 12. und frühen 13. Jh.s); eine Strophe ist mit linienlosen Neumen aufgezeichnet, d. h. mit der Andeutung einer Melodie, vgl. S. 59 – dies zeigt, daß man sich auch derart kurze Strophen gesungen vorstellen muß. Formal sind die Strophen sehr einfach gebaut; I, II und IV bestehen aus je vier paargereimten vierhebigen Zeilen (mit teilweise unreinen Reimen), in III ist das Schema durch ein drittes Reimpaar erweitert, ebenso in V – hier ist allerdings die letzte Zeile zur Betonung des Strophenschlusses auf fünf Hebungen erweitert. Inhaltlich stehen die Strophen dem Sprichwort nahe, das eine allgemeine Einsicht möglichst plausibel zu formulieren sucht. Thema von Str. I etwa ist die Erkenntnis, daß ein blauer Montag einem die ganze Woche nachhängt. Komplizierter ist lediglich Str. V, in der eine Personifikation des *Übermuot*, der Superbia, und ihres Gefolges (Gewalt, Untreue, Habsucht), geboten wird; es handelt sich um eine Warnung vor der Verderbtheit der Welt.

Weitaus entwickelter ist die älteste Sangspruchdichtung, die in den Liederhss. A, C und J unter dem Autornamen Spervogel, »Sperling«, überliefert ist. Wahrscheinlich stammen die Strophen von drei verschiedenen Autoren jeweils unterschiedlicher Lebenszeit. Die Forschung unterscheidet sie als Spervogel I, II, III.

Spervogel I (Herger; um 1170): der in der Forschung umstrittene Autorname Herger findet sich anscheinend in Str. II,2. 28 Strophen, alle im gleichen Ton: 4a 4a 4(3–)b 4(3–)b 3–c 4x 5–c. Bauelemente sind paargereimte Zeilen, der Strophenschluß ist durch den Einschub einer reimlosen Zeile (Waise) und durch die Verlängerung der letzten Zeile markiert; die Reime sind vielfach unrein. Der Autor hat jeweils mehrere Einzelstrophen zu größeren, thematisch einigermaßen einheitlichen Verbänden zusammengeschlossen (I bis V sind Pentaden, d.h., es sind je fünf Strophen aneinandergereiht, VI ist eine Triade, hier sind drei Strophen zusammengefaßt). Die Datierung ergibt sich aus Pentade I, die dem Lob verschiedener verstorbener adliger Herren gewidmet ist; abschließend werden die Grafen von Oettingen indirekt aufgefordert, dem armen Dichter gegenüber ihre Freigebigkeit zu erweisen. II klagt über Armut und Unbehaustheit und ist vielleicht autobiographisch zu verstehen:

II,5
Swie daz weter tuo,
der gast sol wesen vruo.
der wirt hât truckenen vuoz
vil dicke, sô der gast muoz
Die herberge rûmen.
swer in dem alter welle wesen
wirt, der sol sich in der jugent niht sûmen.

Wie immer das Wetter auch ist: der Fremde muß früh auf sein. Der Hausherr hat sehr oft trockene Füße, wenn der Fremde die Herberge räumen muß. Wer im Alter Hausherr sein will, der soll sich in der Jugend nicht säumen.

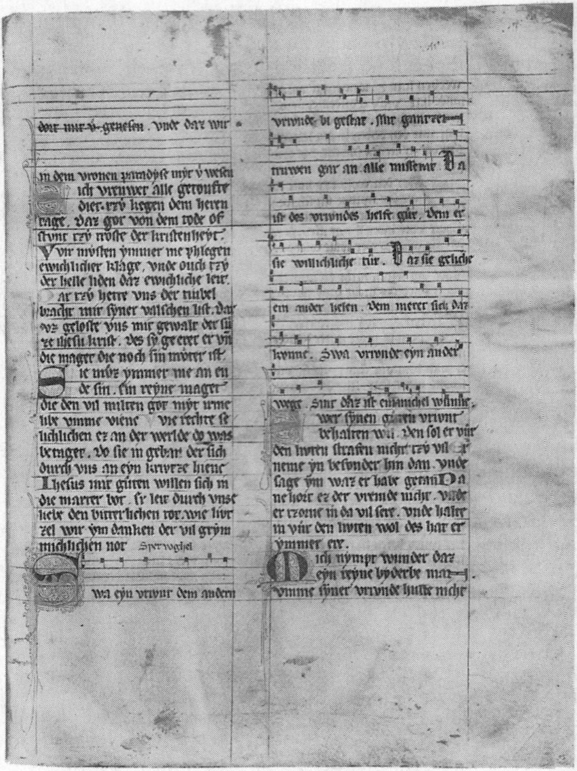

Abb. 6 Der Spervogel-Ton (Spervogel II) in der ›Jenaer Liederhs.‹. Jena, UB, El.fol. 101 (um 1340)

III bedient sich der Tierfabel, um moralische Weisheiten einprägsam auszudrücken; IV konfrontiert die Schrecknisse der Hölle mit der Herrlichkeit des Himmels; in V stehen unterschiedliche Lebensregeln. VI ist wieder von geistlicher Thematik bestimmt.

Spervogel II (nach 1170?) ist der mittlere der drei Autoren. Aufgrund der Reimreinheit in seinen Sprüchen hält man ihn für jünger als Spervogel I. Überliefert sind 23 Strophen, alle im gleichen Ton, dessen Schema strukturell dem Ton von Spervogel I verwandt ist, das jedoch aufgrund der längeren Zeilen mehr Raum bietet: 6a 6a 4b 4b 4x/3–c 4x/3–c. Dazu ist in J auch die Melodie überliefert. Sie zeigt, daß der Ton als zweiteilig aufzufassen ist (vgl. Abb. 6). Der erste Melodiebogen umfaßt die Zeilen 1–4, der zweite, in dem Melodiematerial des ersten wieder aufgegriffen wird, die Zeilen 5 und 6 (vgl. Melodie I).

Der Bezug der Strophen von Spervogel II untereinander ist locker, die meisten stehen für sich allein. In dieser Hinsicht ist der Dichter exemplarisch für die spätere Spruchdichtung, die prinzipiell zur Einzelstrophe neigt (ohne größeren Verbänden aus dem Weg zu gehen). Die Strophen von Spervogel II sind unpersönlicher formuliert als die von Spervogel I. Überwiegend liefert er allgemeine Lebenslehren, vielfach für ein adliges Publikum. Thematisch gibt es Berührungen zwischen beiden Dichtern.

Spervogel III (Junger Spervogel; um 1200 oder später): der Name ›Junger Spervogel‹ findet sich nur in A, in Hs. C stehen auch seine Strophen unter Spervogel. Es handelt sich um vier Strophen gleichen Tones und um drei Einzelstrophen. Ton I, zu dem in einer Hs. des 15. Jh.s unter dem Namen Junger Stolle auch die Melodie überliefert ist, zeigt sich dem Ton von Spervogel II nahe verwandt, doch ist dieser hier in die moderne Kanzonenform umgearbeitet (anstelle der beiden Sechsheber zu Beginn erscheinen zwei Stollen der Bauform 4a 3b 3c//4a 3b 3c, der Rest ist metrisch identisch). Auch thematisch und stilistisch zeigen die Texte eine gewisse Nähe.

Melodie I Spervogel II, Str. MF 22,9. Melodie nach der Hs. Jena, UB, El.fol. 101 (›Jenaer Liederhs.‹, um 1340). Die unterpungierten Vokale sind beim Vortrag zu elidieren. Übersetzung: »Weh dir, Armut! Du raubst dem Mann Witz und Verstand, so daß er sich auf nichts versteht. Die Freunde sind schnell mit ihm fertig, wenn er nichts hat. Sie wenden ihm den Rücken zu und grüßen ihn hübsch träge. Solange er in Saus und Braus lebt, hat er Verwandte, die ihm gewogen sind.«

Literaturhinweise

Ausgaben: MF: Des Minnesangs Frühling, bearb. v. H. Moser / H. Tervooren, [38]1988. – W. Höver / E. Kiepe, Gedichte von den Anfängen bis 1300, 1978 (zweisprachig; dtv). – G. Schweikle, Mhd. Minnelyrik, Bd. 1, 1993 (zweisprachig). – H. Brunner, Früheste dt. Lieddichtung, 2005 (zweisprachig; RUB). – U. Müller / G. Weiss, Dt. Gedichte des MAs, [2]2009 (zweisprachig; RUB). – G. Schweikle, Friedrich v. Hausen: Lieder, 1984 (zweisprachig; RUB). – I. Kasten, Frauenlieder des MAs, 1990 (zweisprachig; RUB). – I. Kasten / M. Kuhn, Dt. Lyrik des frühen u. hohen MAs, 1995 (zweisprachig; Bibliothek d. MAs). – U. Aarburg (Hrsg.), Singweisen zur Liebeslyrik der dt. Frühe, 1956. – B. K. Vollmann, Carmina burana, 1987 (zweisprachig; Bibliothek des MAs). – D. Rieger, Mittelalterliche Lyrik Frankreichs, 2 Bde., 1980–83 (zweisprachig; RUB).

Forschungsliteratur: H. Tervooren, Bibliographie zum Minnesang, 1969. – H. Moser / H. Tervooren, Des Minnesangs Frühling, Bd. 2: Editionsprinzipien, Melodien, Hss., Erläuterungen, [36]1977; Bd. 3,1: Untersuchungen v. C. v. Kraus, 1981; Bd. 3,2: Anmerkungen v. K. Lachmann [u. a.], 1981. – H. Bergner (Hrsg.), Lyrik des MAs, 2 Bde., 1983 (RUB). – K. Boll, *Alsô redete ein vrowe schoene*. Untersuchungen zu Konstitution u. Funktion der Frauenrede im Minnesang des 12. Jh.s, 2007. – C. Brinker / D. Flühler-Kreis (Hrsg.), *Edele frouwen – schoene man*. Die Manessische Liederhs. in Zürich, 1991. – P. Dronke, Die Lyrik des MAs, 1973. – H. Fromm (Hrsg.), Der dt. Minnesang, 2 Bde., 1961–85 (WdF). – F.-J. Holznagel, Wege in die Schriftlichkeit, 1995. – F.-J. Holznagel [u. a.] (Hrsg.), Geschichte der dt. Lyrik, 2004 (RUB). – E. Mittler / W. Werner (Hrsg.), Codex Manesse, 1988. – H. Moser (Hrsg.), Mhd. Spruchdichtung, 1972 (WdF). – H.-H. S. Räkel, Der dt. Minnesang, 1986. – RSM: H. Brunner / B. Wachinger (Hrsg.), Repertorium der Sangsprüche u. Meisterlieder des 12. bis 18. Jh.s, 16 Bde., 1986–2009. – O. Sayce, The Medieval German Lyric 1150–1300, 1982. – G. Schweikle, Minnesang, 1989 (SM). – H. Tervooren (Hrsg.), Gedichte u. Interpretationen: MA, 1993 (RUB). – H. Tervooren, Sangspruchdichtung, 1995 (SM). – A. H. Touber, Dt. Strophenformen des MAs, 1975. – N. Zotz, Intégration courtoise, Zur Rezeption okzitan. u. frz. Lyrik im klassischen dt. Minnesang, 2005.

2. Großepik

Zur mittelalterlichen Großepik rechnet man zwei literarische Typen: die verschriftlichte Heldenepik und den Roman. Die mittelalterliche Geschichte der literarisierten Heldenepik beginnt um 1100. Seit dieser Zeit wird die auf ursprünglich historischen Stoffen und Persönlichkeiten basierende mündliche Epik in Frankreich verschriftlicht, entsteht aus den mit Singstimme vorgetragenen, unter Zuhilfenahme sprachlicher Formeln und traditioneller Handlungs- und Beschreibungsschemata improvisierten Darbietungen von Epenerzählern (vgl. S. 20) niedergeschriebene, stilistisch indes noch stark der mündlichen Vortragsweise verpflichtete literarische Epik. Die sogenannten Chansons de geste, »Lieder von Taten«, sind in vieler Hinsicht mit der früher oder auch später belegten heroischen Epik anderer Völker und Kulturkreise vergleichbar, etwa dem babylonischen ›Gilgamesch‹-Epos (2. Jahrtausend v. Chr.), den altgriechischen, Homer zugeschriebenen Epen ›Ilias‹ und ›Odyssee‹ (etwa 800 v. Chr.), dem altindischen ›Mahâbhârata‹ (4. Jh. v. Chr. bis 4. Jh. n. Chr.), dem altspanischen ›Cantar de mio Cid‹ (um 1140) oder auch dem mhd. ›Nibelungenlied‹ (um 1200). Erzählt wird in all diesen Texten von den außerordentlichen Handlungen besonderer, durch Stärke und Kampfesmut ausgezeichneter Menschen, deren Taten, bei denen sie den eigenen Untergang nicht scheuen und häufig auch finden, von historischer Bedeutung für eine Stammes- oder Volksgemeinschaft sind. Demgemäß geht es häufig um Krieg und um die Existenz der betreffenden Gemeinschaft, nicht oder nur am Rande um »private«, »persönliche« Belange. Kampf ist in aller Regel Ernstkampf bis zum Tod, zentraler Wert ist in dieser archaischen Welt die Ehre des Kriegers. Zu den Charakteristika der Gattung gehört, daß sich alle oder wenigstens die meisten Heldenepen eines Volkes oder Kulturkreises auf ein bestimmtes heroisch verstandenes Zeitalter, *heroic age*, beziehen, das in geschichtlicher Vergangenheit liegt. Für die Griechen war dieses Zeitalter die Epoche des Kriegs gegen Troja; *heroic age* der afrz. Chansons de geste ist vorwiegend die Zeit Karls des Großen und Ludwigs des Frommen um und nach 800 mit ihren Heidenkämpfen, daneben die Epoche des 1. Kreuzzugs um 1100; den germanisch-deutschen Heldenepen liegt die Völkerwanderungszeit des 4. bis 6. Jh.s n. Chr. zugrunde.

Wenngleich die Stoffe der Heldenepen vielfach auf historischen Personen und Ereignissen beruhen, handelt es sich doch nicht um Geschichtsliteratur, aus der man ohne weiteres auf reale historische Verhältnisse schließen könnte. Den Epenerzählern, die die Stoffe formten und jahrhundertelang mündlich tradierten, kam es nicht darauf an, ihr Publikum im neuzeitlichen Sinn »historisch« zu belehren. Vielmehr wollten sie es unterhalten, bisweilen auch beeinflussen. Daher legten sie den Gestalten und Ereignissen vorhandene eingängige Erzählschemata zugrunde. Ferner schmückten sie die Geschehnisse aus und spannen sie fort, zogen Figuren, die zu verschiedenen Zeiten gelebt hatten, zusammen, erfanden zusätzliche Protagonisten und Ereignisse und fügten immer wieder neue Handlungsmotive ein. Schließlich: Heldenepik neigt zur Zyklusbildung. Das einzelne Epos ist meist nur Teil einer umfassenden epischen Welt mit einer Reihe wiederkehrender Hauptfiguren. An der Erschaffung des jeweiligen Zyklus sind oft Generationen von Dichtern beteiligt. So entstand in Frankreich um die Zentralfigur Karls des Großen herum eine Reihe von Epen, die die Biographie des Kaisers und seine Taten ausführlich darstellen (Karlsgesten, Königszyklus; hierzu gehört etwa die ›Chanson de Roland‹); ein zweiter Zyklus umfaßt die sogenannten Empörergesten (ein Held lehnt sich gegen den Kaiser auf, es kommt zu Kämpfen, schließlich zur Versöhnung); ein dritter bildete sich um die Genealogie, die Lebensgeschichte und die Taten Guillaumes d'Orange (Wilhelmsgesten, vgl. S. 216).

Durch ihre Verschriftlichung im 12. Jh. trat die Heldenepik neben die andere großepische Gattung, den Roman. Die Ausgestaltung der ursprünglich mündlich überlieferten Stoffe durch die in der Heldenepik fast immer anonym bleibenden Autoren wurde nun vielfach vorwiegend durch den Roman beeinflußt. Auch entstanden bisweilen Epen, für die eine mündliche Grundlage eher zweifelhaft ist oder sicher nicht vorhanden war, die also genau genommen Texte »in der Art von Heldenepen« sind.

Im Unterschied zur Heldenepik basiert der Roman – der Gattungsname ist abgeleitet von afrz. *romanz*, d. h. »Gedicht in der (romanischen) Volkssprache« – vielfach auf schriftlichen Quellen. Den »Durchbruch« erfuhr die neue literarische Gattung – wie der Minnesang eine genuine Schöpfung des Mittelalters, wenn auch mit antiken Wurzeln – am Hof Heinrichs II. Plantagenet, seit 1154 König von England, und seiner Gemahlin Eleonore von Aquitanien, der hervorragendsten Literaturmäzenin des 12. Jh.s. Hier entstand zwischen etwa 1150 und 1165 die berühmte Trias der afrz. Antikenromane, in denen antike Quellen in neuartiger Weise bearbeitet wurden: im ›Thebenroman‹ die ›Thebais‹ des Statius (um 45 – 96 n. Chr.), im ›Eneasroman‹ die ›Aeneis‹ des Vergil (70 – 19 v. Chr.), im ›Trojaroman‹ des Benoît de Sainte-Maure das angebliche Kriegstagebuch des Dares Phrygius (5. Jh. n. Chr.). Ferner wurde Königin Eleonore der ›Roman de Brut‹ (1155) des Wace gewidmet, in dem die fabulöse ›Historia regum Britanniae‹ (um 1138) des Geoffrey of Monmouth, ein chronikalisches Werk (vgl. S. 190), in einen französischen Versroman umgestaltet ist – eine Dichtung, die dann erheblichen Einfluß auf die Erschaffung des Artusromans durch Chrétien de Troyes ausübte. Schließlich entstanden am englischen Königshof der Tristanroman des Thomas von Bretagne (um 1170), der den älteren französischen Tristanroman (›Estoire‹), den ersten höfischen Liebesroman, aufgriff und höfisch verfeinerte, sowie vielleicht der erste Artusroman, Chrétiens de Troyes ›Erec et Enide‹ (um 1170) (vgl. zum Artusroman S. 190 ff.).

Die neue Gattung des Romans unterscheidet sich in vieler Hinsicht von den verschriftlichten Heldenepen. Die Dichter, die – meist in Prologen oder Epilogen – in aller Regel ihren Namen, oft auch den ihrer Auftraggeber nennen, griffen Stoffe auf, die sie in antiken oder mittellateinischen Quellen fanden; teilweise war freilich auch die mündliche keltische Volksüberlieferung von Einfluß, vieles war freie Erfindung. Ihre Werke wurden mit allen Mitteln hochentwickelter rhetorischer Kunst, wie man sie in den Schulen im Umgang mit der antiken Literatur und der auf ihren Spuren wandelnden lateinischen Dichtung des Mittelalters kennengelernt hatte, in der Volkssprache gestaltet. Im Zentrum stehen – abgesehen von den Antikenromanen – in aller Regel nicht Ereignisse von historischer Bedeutung. Vielmehr spielen die Texte ganz oder teilweise in Phantasieländern und in unbestimmten Zeiten. Thematisch geht es in erster Linie um die Frage nach dem richtigen Verhalten der weltlichen Oberschicht, der *chevaliers*, »Ritter«, im Kampf, in der Liebe, als Herrscher; bisweilen ist ein Teil des Interesses auch auf die genealogische Herkunft fürstlicher Häuser gerichtet, etwa im anonymen ›Partonopeus de Blois‹ (nach 1159), in dem das Haus Blois-Champagne verherrlicht wird. Anders als in den Heldenepen werden nicht vorwiegend kriegerische Ereignisse dargestellt, gezeigt wird vielmehr die Bewährung einzelner Ritter in gefährlichen *avantures*, »Abenteuern«, ferner werden Fragen der richtigen, wahren Liebe zwischen adligem Herrn und adliger Dame diskutiert. Demnach steht nicht das Schicksal eines Volkes zur Debatte, vielmehr geht es um die Lebensführung einzelner Protagonisten, die exemplarisch, mit der Absicht, das adlige Publikum zu belehren und zu unterhalten, thematisiert wird.

Deutsche Chansons de geste

Pfaffe Konrad: ›Rolandslied‹

Um 1170 bearbeitete ein Kleriker namens Konrad, von dem sonst nichts bekannt ist, in Regensburg (oder Braunschweig?) die afrz. ›Chanson de Roland‹ (Entstehungszeit der überlieferten Fassung umstritten, wahrscheinlich nach 1120) auf deutsch. Als Auftraggeber rühmt er in einem ausführlichen Epilog (V. 9017–94) – so werden seine Angaben allgemein verstanden – den königsgleichen Welfen Heinrich den Löwen (1129/30–95), Herzog von Bayern und Sachsen, und seine Gemahlin Mathilde, Tochter König Heinrichs II. von England und der Eleonore von Aquitanien, verheiratet mit Heinrich dem Löwen seit 1168:

Nu wünschen wir alle gelîche
dem herzogen Hainrîche,
daz im got lône.
diu matteria, diu ist scoene,
diu süeze wir von im haben.
daz buoch hiez er vor tragen,
gescribene ze den Karlingen.
des gerte diu edele herzoginne,
aines rîchen küniges barn. (V. 9017–25)

Nun wünschen wir alle zusammen dem Herzog Heinrich Gottes Lohn. Die Erzählung [der Stoff] ist schön, die wir auf freundliche Weise von ihm haben. Er befahl, das Buch [d. h. die Vorlage] herbeizuschaffen, das bei den Franzosen geschrieben wurde. Das hatte sich die edle Herzogin gewünscht, das Kind eines mächtigen Königs.

Inhalt: Karl der Große hat ganz Spanien erobert. Nur in Saragossa hält sich noch der Heidenkönig Marsilie. Er schmiedet ein Komplott gegen Karl, um ihn zum Abzug zu bewegen. Dabei konspiriert er mit Karls Vasall Herzog Genelun, dem Stiefvater des Paladins Roland. Beim Abzug übernehmen Roland und die anderen Paladine Karls, dar-

er rief uil gezit. wir haben hi an sconez uolc
wic. der wize man wart rot. prutan gelac da
tot. unt sin herre amirafel. unt ander manic
helt snel. Di cristen durch drungen si.
si riefen ander stunt monsoy monsoy. da uie
len di haidenisken man. daz iz ni nieman
gesagen kan. si uielen dicke unt dicke. wic
unt gewicke. was allez perunnet. di christen
heten da gefrumt. manigen helm prunen.
blanch unt uerhouwen. manige sele zu der
helle. der poricke geuelle. was harte egeslich.
da uiel der gotes gerich. uber di wut grim
men. uz den gotes kinden. geuielen ahtzec unt
sibene. di irouwent sich iemir da ze himele.

Abb. 7 Eine Seite aus Hs. P des ›Rolandslieds‹ des Pfaffen Konrad: Reiterkampf zwischen Christen und Heiden. Heidelberg, UB, Cpg 112 (Ende 12. Jh.)

unter Olivier und Bischof Turpin, mit einem kleinen Heer die Nachhut. Im Tal Runzeval in den Pyrenäen werden sie von den Heiden überfallen (vgl. Abb. 7). Nach heroischen Taten, durch die sie den Heiden gewaltige Verluste zufügen, werden alle Christen getötet, zuletzt auch Roland, der mit einem – zuvor verweigerten – mächtigen Hornstoß den Kaiser alarmieren kann. Im zweiten Teil nimmt Karl Rache. Er besiegt Marsilie und den mit einem riesigen Heer herbeigeeilten heidnischen Großkönig Paligan. Über Genelun wird Gericht gehalten: er wird von Pferden zerrissen.

Historischer Kern ist die Vernichtung einer Nachhut von Karls Heer beim Feldzug in Spanien 778 durch die verräterischen Basken, bei der unter anderem Hruodland, der Präfekt der bretonischen Mark, fiel. Verglichen mit der ›Chanson de Roland‹ erscheint der deutsche Text in erheblichem Ausmaß geistlich umgestaltet. Er enthält einen Gebetsprolog (die Chanson ist prologlos) und zahlreiche lange, predigthafte Reden, die gespickt sind mit Bibelzitaten. Die Figuren werden ausschließlich aus geistlicher Perspektive gestaltet, die in der Chanson danebenstehende weltliche Seite ihrer Existenz wird weitestgehend ausgeblendet (in der Chanson geht es den christlichen Helden zwar auch um den Dienst für Gott, aber doch auch um Ehre und Lehenstreue und um die Liebe zur Heimat, zur *France dulce*, dem »holden Frankreich«). Die Welt erscheint im ›Rolandslied‹ als Kampffeld Gottes und des Teufels um die menschlichen Seelen. Aufgabe des christlichen Kämpfers ist es, die heidnische Teufelsbrut entweder gnadenlos zu vernichten oder durch die Taufe für das Reich Gottes zu gewinnen. Wer im Dienst für Gott fällt, gelangt als Märtyrer unmittelbar ins Paradies. Letztlich stellt das Werk des Pfaffen Konrad das Bild des Ritters zur Diskussion: nur im Kampf für Gott auf dem Kreuzzug ist christliche Ritterschaft berechtigt.

Das ›Rolandslied‹, das im 12. Jh. offenbar relativ verbreitet war (zwei vollständige, vier fragmentarisch erhaltene Hss.), wurde um 1220 durch den **Stricker** (vgl. S. 258) in modernisierender Weise bearbeitet, wobei auch die altertümliche Metrik und die vielfach nur assonierenden Reime beseitigt wurden. Der ›Karl‹ des Stricker gehörte zu den im späteren Mittelalter am meisten verbreiteten deutschen Epen (24 vollständige, 23 fragmentarisch erhaltene Hss.).

›Graf Rudolf‹

Eine völlig andere Weltsicht als im ›Rolandslied‹ findet sich in den Fragmenten (ca. 1400 Verse) des ›Grafen Rudolf‹, einer Dichtung, die wahrscheinlich auf eine verlorene romanhafte afrz. Chanson de geste zurückgeht. Als *heroic age* dieser Chanson erscheint die Zeit der Kreuzzüge: Der junge Graf Rudolf von Arras kämpft im Heiligen Land zunächst auf der Seite des grausamen und arroganten Christenkönigs Gilot, dann auf heidnischer Seite. Er gewinnt die Tochter des Heidenkönigs Halap, die bei ihrer späteren Taufe den Namen Irmengart erhält, und flieht mit ihr; am Schluß stehen Abenteuer in Konstantinopel. Nüchtern und ohne religiöse Ideologie erweist der wahrscheinlich auf 1170/80 zu datierende, vielleicht am Niederrhein oder in Thüringen entstandene Text den Heiden immer wieder seine Sympathie. Graf Rudolf ist kein *miles christianus* wie Roland, sondern ein edler, von innerweltlichen Tugenden und Fähigkeiten geprägter höfischer Ritter, der in einer bemerkenswert unideologisch gesehenen zeitgenössisch realen Welt agiert.

Angeschlossen werden hier zwei Epen, ›König Rother‹ und ›Herzog Ernst‹, deren Stoffe auf mündlicher Tradition beruhen dürften. Zwar basieren sie nicht auf französischen Vorlagen, ihre Verschriftlichung ist indes ohne das Vorbild der Chansons de geste kaum denkbar. In älteren Literaturgeschichten werden beide Werke – zusammen mit den Legendenromanen ›Salman und Morolf‹, ›St. Oswald‹ und ›Orendel‹ (dazu siehe S. 159 ff.) – unter dem Verlegenheitsbegriff »Spielmannsepen« oder »sogenannte Spielmannsepen« gebucht. Es scheint jedoch wenig sinnvoll, bei der Gattungsbestimmung auf den als Spielmann bezeichneten Träger der mündlichen Tradition des Stoffs zu rekurrieren. Entscheidend ist der Vorgang der Verschriftlichung, der eben nicht durch den Spielmann, sondern nur durch schrift- und literaturkundige, wenn auch anonym bleibende Autoren erfolgt sein kann.

›König Rother‹

Das Brautwerbungsepos, überliefert in einer vollständigen Hs. des 12. Jh.s, Teile in Fragmenten dreier weiterer Hss. (eine davon aus dem 14. Jh.), entstand um 1160/70 wahrscheinlich im Auftrag des bayerischen Grafengeschlechts der Tengelinger, das damals eine bedeutende Machtstellung im Gebiet der Salzach und Niederösterreichs einnahm. Vorfahren dieser Dynastie nehmen am Hof des Helden, des in Bari residierenden römischen Königs (Kaisers) Rother, eine glänzende Stellung ein. Über Wolfrat, den Sohn des Reichsverwesers Amelger, heißt es:

> Er was uon Tengelingen,
> der duresten diete,
> riche an ouermude,
> mit wisdumis sine.
> Der liz ouch sime kunne,
> daz iz imer uorsten namen hat
> di wile daz dise werelt stat. (V. 4337–44)

> Er war ein Tengelinger, ein Sproß der vornehmsten Familie, hochgemut, voller Klugheit. Er hinterließ seinem Geschlecht, daß es fürstlichen Rang einnimmt, solange diese Welt besteht.

Inhalt: König Rother wird von seinen Vasallen bedrängt zu heiraten. Die Wahl fällt auf die Tochter des Königs (nicht Kaisers!) Konstantin von Konstantinopel, der bisher allerdings sämtliche Bewerber umgebracht hat. Rothers Boten werden beraubt und eingekerkert. Nun fährt der König selbst nach Konstantinopel. Er behauptet, ein mächtiger Herzog zu sein, der vor dem noch mächtigeren Rother geflohen sei. Der Königstochter, deren Liebe er gewinnt, gibt er sich zu erkennen. Nachdem er Konstantins Feind, den Heidenkönig Ymelot von Babilon, besiegt hat, flieht er mit der Prinzessin und seinen Boten. Im zweiten Teil läßt Konstantin seine mittlerweile schwangere Tochter durch List zurückrauben. Rother bricht mit Heeresmacht auf. Schließlich besiegt er Konstantin und die Heiden, die Konstantinopel inzwischen erobert haben. Rothers (namenlose) Frau gebiert nach der Rückkehr den Erben Pippin, den Vater Karls des Großen. Als Pippin erwachsen ist, entsagt das Königspaar dem Thron.

Historisches Vorbild der Hauptfigur ist der Langobardenkönig Rothari (636–652), der als Gesetzgeber und Eroberer in hohem Ansehen stand; mit seinem Namen verbunden wurde wahrscheinlich die Brautwerbungsgeschichte des Langobardenkönigs Authari (584–590). Die Verdopplung der strukturbestimmenden schwierigen Brautwerbung erfolgte vermutlich erst, als die mündliche Erzählung in ein Buchepos umgearbeitet wurde. Dafür spricht die Fassung des Stoffs in der altnordischen ›Thidrekssaga‹ (entstanden in der Regierungszeit des norwegischen Königs Hákon Hákonarson 1217–63 in Bergen), die auf Erzählungen deutscher Kaufleute beruht; sie kennt nur den ersten Teil der Geschichte. Der Autor des ›König Rother‹ stellte das Geschehen in den zeitgenössischen Zusammenhang: die Rangstreitigkeiten der Staufer mit den Kaisern von Byzanz, die Begegnung mit der (materiell überlegenen) Kultur des Orients durch die Kreuzzüge, die Problematisierung des Verhältnisses zwischen Herrscher und Vasallen, das im ›König Rother‹ letztlich in vorbildlicher Harmonie erscheint, schließlich die Anbindung an die Genealogie Karls des Großen – Barbarossa reklamierte Karl durch dessen Heiligsprechung 1165 für das Reich. Durch die genealogische Anbindung stellt sich der ›König Rother‹ in die Reihe der Chansons de geste um Karl den Großen, die Karlsgesten. Auch das (negative) Heidenbild entspricht dem der Chansons de geste, wie dort geht es schließlich in den kriegerischen Handlungen um die Behauptung des Christentums gegenüber dem Islam.

›Herzog Ernst‹

Der Stoff des ›Herzog Ernst‹ wurde vom 12. bis 16. Jh. nicht weniger als zehnmal in deutscher und lateinischer Sprache bearbeitet (vgl. Übersicht c). Die älteste, auf etwa 1170/80 zu datierende Fassung A, um die es hier geht, ist vollständig nur aus B erschließbar; doch scheinen beide Fassungen inhaltlich weitgehend identisch zu sein. Als Auftraggeber sind bayerische Adlige denkbar, die angesichts des Konflikts zwischen Barbarossa und Herzog Heinrich dem Löwen das Bild des letztendlichen Einvernehmens zwischen Kaiser Otto und Herzog Ernst beschworen haben könnten.

Inhalt: Kaiser Otto heiratet die verwitwete Mutter Adelheid des vorbildlich erzogenen Herzogs Ernst von Bayern. Die Verleumdung des Pfalzgrafen Heinrich zerstört das gute Einvernehmen zwischen Kaiser und Stiefsohn. Es kommt zum Krieg. Als Ernst zusammen mit seinem Freund Graf Wetzel den Pfalzgrafen ermordet, wird er geächtet. Nach sechs Jahren muß Ernst ins Exil gehen; durch die Teilnahme am Kreuzzug hofft er die Gunst des Kaisers wiederzugewinnen. Im zweiten Teil zieht Ernst nach Konstantinopel. Er schifft sich ein, nach einem Seesturm gelangt er in die Wunderwelt des Orients. Zunächst kommt er in die von Kranichmenschen bewohnte prachtvolle Stadt Grippia; dann scheitert das Schiff am Magnetberg; Ernst und andere Überlebende lassen sich, in Häute eingenäht, von Greifen forttragen. Sie durchfahren einen unterirdischen Fluß, dann werden sie im Land Arimaspi aufgenommen, dessen Bewohner nur ein Auge auf der Stirn haben.

Übersicht c

Die deutschen und lateinischen Fassungen des Herzog-Ernst-Stoffs

Deutsche Fassungen

A Älteste Fassung, etwa 1170/80; Fragmente von drei Hss., insgesamt nur 459 Verse.

B Älteste vollständige Fassung, um 1210. Stilistisch glättende, Reinheit der Reime einführende Bearbeitung von A.

D Neubearbeitung des Stoffs, stilistisch in der Nachfolge Wolframs von Eschenbach, 2. Hälfte 13. Jh.

Kl Fragment einer weiteren Versfassung, nur 92 Verse, 13. oder 14. Jh.

F Prosaroman des 15. Jh.s, deutsche Bearbeitung der lateinischen Prosa C (Hss. und Drucke).

Volksbuch Gekürzte Druck-Bearbeitung von F, Mitte 16. Jh.

G Liedfassung des 14. Jh.s im Herzog-Ernst-Ton; fast ausschließlich die Abenteuer des Orientteils.

Lateinische Fassungen

E Der ›Ernestus‹ des Odo von Magdeburg, entstanden 1212/18 für den Magdeburger Erzbischof Albrecht II. von Kefernburg. Lateinisches Hexameterepos, stilistisch orientiert an der ›Alexandreis‹ Walthers von Châtillon (um 1184), politische Tendenz gegen Kaiser Otto IV.

Erf Lateinische Prosa, 1. Hälfte 13. Jh.

C Lateinische Prosa, 2. Hälfte 13. Jh., stilisiert nach dem Vorbild antiker Kunstprosa.

Sie kämpfen gegen Platthufe, Langohren und Riesen und verteidigen Pygmäen gegen Kraniche. Auf der Rückreise kämpft Ernst zuerst gegen den heidnischen König von Babilonje (Kairo), dann nimmt er an den Kämpfen im Heiligen Land teil. Schließlich gelingt es der Kaiserin und den Fürsten, bei einem weihnachtlichen Hoftag in Bamberg den Kaiser wieder mit seinem Stiefsohn zu versöhnen.

Der Inhalt des 1. Teils und der Schluß des 2. Teils basieren auf Ereignissen der Reichsgeschichte, dort finden sich auch die Namen der Hauptfiguren. Im Bild Kaiser Ottos sind Züge Ottos I. des Großen und Ottos II. vermengt, auf die Schlußszene eingewirkt hat offenbar die Versöhnung Kaiser Ottos I., der in zweiter Ehe mit Adelheid, Witwe König Lothars II. von Italien, verheiratet war, mit seinem aufständischen Sohn Herzog Liudolf von Schwaben. Herzog Ernst von Schwaben unternahm 1026/27 einen Aufstand gegen den mit seiner Mutter verheirateten Kaiser Konrad II. Er verfiel der Reichsacht, als er sich weigerte, seinen Freund Graf Wernher (Wetzel) von Gyburg auszuliefern; beide fanden 1030 den Tod. Man muß davon ausgehen, daß mündliche Erzählungen, wahrscheinlich Epen, die Vermischung der Personen und Ereignisse vornahmen – die Auseinandersetzung zwischen dem Kaiser und seinem führenden Vasall war ein damals stets aktuelles Thema. Die Orientabenteuer dürften Herzog Ernst erst zugeschrieben worden sein, als aus der mündlichen Erzählung ein Buchepos wurde. Sie beruhen auf dem Bild des Orients, wie es sich in der Wissensliteratur der Zeit, etwa im ›Lucidarius‹ (vgl. S. 163 f.), findet, ferner auf orientalischen Märchen des Typs ›Sindbad der Seefahrer‹ (in ›Tausendundeiner Nacht‹). Entscheidend für die Gestaltung des Epos dürfte die Bekanntschaft des unbekannten Autors mit französischen Empörergesten gewesen sein; eine stofflich nahe verwandte, allerdings erst aus dem 13. Jh. überlieferte Chanson de geste ist die ›Chanson d'Esclarmonde‹. An die Stelle Karls des Großen in den französischen Chansons trat im ›Herzog Ernst‹ der auch in späteren Erzähltexten –

Rudolfs von Ems ›Gutem Gerhard‹ (vgl. S. 267) und Konrads von Würzburg ›Heinrich von Kempten‹ (vgl. S. 258 f.) – auftretende Kaiser Otto, an der Stelle des Frankenreichs findet sich das mittelalterliche Römische Reich.

Antikenromane

Pfaffe Lambrecht: ›Alexanderroman‹

Alexander der Große, der von 336 bis 323 v. Chr. regierte, Sohn König Philipps II. von Makedonien, erzogen von Aristoteles, sicherte sich zunächst die Vormachtstellung in Griechenland und führte dann 334–330 Krieg gegen die Perser, deren König Darius III. er besiegte. Nach der Eroberung des Perserreichs zog er nach Indien. Die Absicht, die Welteroberung durch die Unterwerfung des Westens zu vollenden, wurde durch den Tod des noch nicht 33jährigen in Babylon verhindert. Sein Reich zerfiel in die Diadochenstaaten. Das Leben dieses zu vielerlei Phantastereien Anlaß gebenden Herrschers wurde bereits in der Antike in einer ganzen Reihe von Darstellungen gewürdigt. Ihm galt auch der älteste in einer romanischen Sprache abgefaßte Roman des Mittelalters, der ›Roman d'Alexandre‹ des **Alberic von Bisinzo**, ein Vorläufer der afrz. Antikenromane. Von dem um 1120/40 entstandenen, auf lateinischen Quellen (Curtius Rufus, der lateinischen Übersetzung des Pseudo-Kallisthenes von Julius Valerius, der mittelalterlichen ›Historia de preliis‹) basierenden, in franko-provenzalischer Sprache abgefaßten Roman hat sich nur der Anfang erhalten (105 Verse), doch gibt es jüngere Bearbeitungen. Auch die von dem wohl aus Trier stammenden Pfaffen Lambrecht – von ihm ist sonst das Fragment einer deutschen Bearbeitung des apokryphen biblischen Tobias-Buchs bekannt – etwa 1155/1160 hergestellte deutsche Fassung hat sich nicht im Origi-

Übersicht d

Die deutschen Vers- und Prosafassungen des Alexanderstoffs

Versfassungen

1. ›Vorauer Alexander‹, wohl um 1160/70 entstandene Bearbeitung von Lambrechts ›Alexander‹.
2. ›Straßburger Alexander‹, vor 1187 über mehrere Zwischenstufen fertiggestellte Bearbeitung von Lambrechts ›Alexander‹.
3. ›Basler Alexander‹, wohl Ende des 13. Jh.s fertiggestellte Bearbeitung von Lambrechts ›Alexander‹ (unbekannte Zahl von Zwischenstufen).
4. Rudolf von Ems: ›Alexander‹, um 1235/40 begonnen, Fragment. Quellen: ›Historia de preliis‹ (Fassung J^2), vor allem aber Curtius Rufus. – Zwei von Rudolf bezeugte Alexanderromane des 13. Jh.s von Berthold von Herbolzheim und Biterolf sind nicht erhalten.
5. Ulrich von Etzenbach: ›Alexander‹, fertiggestellt wohl noch vor 1290. Hauptquelle war die ›Alexandreis‹ des Walther von Châtillon (um 1184).
6. Seifrit: ›Alexander‹, vollendet 1352. Quelle: ›Historia de preliis‹ (Fassung J^2).
7. ›Großer (Wernigeroder) Alexander‹, vollendet vor 1397. Quelle: ›Alexandreis‹ des Quilichinus von Spoleto (1236/38).

Prosafassungen

8. Die Alexandererzählung im ›Großen Seelentrost‹, einem geistlichen Lehr- und Exempelwerk aus der 2. Hälfte des 14. Jh.s.

9. Meister Wichwolt (Babiloth): ›Alexander‹, um 1400. Hauptquelle: ›Historia de preliis‹ (Fassungen J^2 und J^3).
10. Johannes Hartlieb: ›Alexander‹, um 1450. Hauptquelle: die Bayerische Rezension der Bearbeitung des Pseudo-Kallisthenes durch den Archipresbyter Leo (um 968/969).

nal erhalten. Vorhanden sind drei unterschiedliche Bearbeitungen, deren Verhältnis zum Ausgangstext sich nicht zweifelsfrei klären läßt: der dem Original wohl am nächsten stehende ›Vorauer Alexander‹ (zur ›Vorauer Hs.‹ vgl. S. 81), der ›Straßburger Alexander‹ und der ›Basler Alexander‹ (die Herkunftsangaben beruhen auf den Aufbewahrungsorten der Hss.). Keiner dieser Fassungen war größerer Erfolg beschieden. Dies ergibt sich nicht nur aus der schmalen Überlieferung (jeweils nur eine Hs.), sondern auch daraus, daß Alexanders Leben vom 13. bis 15. Jh. in einer ganzen Reihe weiterer Vers- und Prosaromane behandelt wurde, vgl. Übersicht d. Der ›Straßburger Alexander‹ (vor 1187), auf den hier kurz eingegangen wird, ist durch wenigstens drei Bearbeitungsstufen von Lambrechts Original getrennt; einbezogen wurden zusätzliche Quellen, Sprache und Metrik wurden modernisiert.

Inhalt: Im 1. Teil werden Alexanders Herkunft, seine Erziehung und seine Kriegszüge berichtet. Im Mittelpunkt stehen dabei die Kämpfe gegen die Perser und gegen den Inderkönig Porus. Am Ende ist Alexander Herr der Welt. Der 2. Teil berichtet von seinen Reisen im Fernen Osten. Er kommt zunächst zu den Weisen in Occidratis, die völlig bedürfnislos leben, dann berichtet er selbst in einem Brief über die Wunder Indiens, unter anderem über die Blumen- oder Waldschattenmädchen, die im Sommer Blumenkelchen entspringen, bei Herbstbeginn aber sterben; über die Königin Candacis am Weltende, mit der ihn ein Liebesverhältnis verbindet; über die Amazonen. Es schließt sich der Zug zum Paradies an, durch den Alexander zur inneren Umkehr bewegt wird. Er hütet sich fortan vor Hoffart und Habgier, ehrt jedermann und herrscht vorbildlich und als gerechter Richter. Nach zwölf Jahren stirbt er durch Gift. Der Tod macht ihn dem ärmsten Mann gleich.

Der Alexanderstoff bot den Lesern Weltgeschichte, die auch biblisch (im 1. Makkabäerbuch) verbürgt war, dazu ein Bild der Geographie des Nahen und Fernen Ostens mit ihren Wundern. Der König erscheint im ›Straßburger Alexander‹ bald als großmütig, bald als listig, er erweist sich mehrfach als Produkt guter Erziehung – somit als Vorbild adliger Söhne –, aber auch als wilder Draufgänger, dessen *übermuot* (Hybris) gerügt wird. Sein ruhmloses Ende, vor dem er sich freilich als Musterbild eines Herrschers erweist, gab Anlaß, über die Dürftigkeit innerweltlichen Lebens nachzudenken.

Heinrich von Veldeke: ›Eneasroman‹ (›Eneit‹)

Der afrz. ›Roman d'Eneas‹ (um 1160) eines unbekannten Autors ist eine ziemlich freie Bearbeitung der ›Aeneis‹ (um 31 bis 19 v. Chr.) des römischen Dichters Publius Vergilius Maro. Die ersten sechs Bücher der Vorlage sind stark verkürzt, die zweite Sechsergruppe ist dagegen erweitert.

Inhalt: Der trojanische Fürst Eneas entkommt mit seinem Vater Anchises, seinem Sohn Ascanius und einer Anzahl von Gefährten dem Untergang Trojas. Die Götter haben ihm befohlen, in der »Lombardei« ein neues Troja zu gründen; dieses werde einst die Weltherrschaft erringen. Nach siebenjähriger Schiffsreise gelangt Eneas nach Karthago, dessen Königin Dido sich leidenschaftlich in ihn verliebt. Als er sie auf Geheiß der Götter verläßt, begeht Dido Selbstmord. Vor der Ankunft in Latium steigt Eneas in die Unterwelt, wo ihm die künftige Größe Roms gezeigt wird (bis hierher entspricht der Handlungsverlauf den Büchern 1 bis 6 von Vergils Epos). In Latium verspricht der alte König Latinus dem Trojaner die Hand seiner Tochter Lavinia, die er zuvor dem Rutulerkönig Turnus verlobt hatte. Großer Krieg zwischen Eneas und Turnus mit vielen Heldentaten auf beiden Seiten. Lavinia erblickt Eneas von einem Turm aus und verliebt sich heftig in ihn. Briefwechsel zwischen ihr und dem gleichfalls verliebten Eneas. Schließlich wird Turnus von Eneas getötet. Er erhält Lavinia und die Herrschaft und gründet das Geschlecht, aus dem die Gründer Roms, Romulus und Remus, hervorgehen (entspricht den Büchern 7 bis 12 der ›Aeneis‹).

Der französische Autor hat nicht nur die Rolle der antiken Götter reduziert, er hat auch Vergils Darstellungsstruktur erheblich vereinfacht. An die Stelle einer komplizierten Darstellungsweise, bei der Vergangenheit (der Untergang Trojas), Erzählgegenwart und Zukunft (künftige Größe Roms) im Bewußtsein der Hörer und Leser immer gleichzeitig präsent gehalten werden, tritt eine schlicht reihende Struktur. Zugleich ist an die Stelle des Vergilschen Pathos ein eleganter, bisweilen geradezu plaudernder Erzählton getreten. Die beiden Liebesgeschichten sind stark hervorgehoben, die Laviniageschichte findet sich bei Vergil gar nicht. Beide Erzählungen schildern die Liebe zwischen Mann und Frau als alles überwältigende Raserei (*rage d'amour*); Gewährsmann dieser Art von Liebesdarstellung ist der römische Dichter Ovid, der in Westeuropa im 12. Jh. am meisten gelesene und bewunderte antike Klassiker.

Der ›Roman d'Eneas‹ wurde von Heinrich von Veldeke auf deutsch bearbeitet. Veldeke, dessen Minnelieder schon erwähnt wurden (S. 119 f.), stammte wahrscheinlich aus einer Ministerialenfamilie der Grafen von Loon im Limburgischen bei Maastricht; zu seiner Legendendichtung ›Servatius‹ vgl. S. 158. Dem Epilog zufolge war der ›Eneasroman‹ etwa 1174 bereits weit gediehen (bis V. 10935). Indes wurde das Manuskript dem Autor gestohlen; erst neun Jahre später konnte er es in Thüringen unter der Gönnerschaft des späteren Landgrafen Hermann I. vollenden. Der im ›Eneasroman‹ Veldekes enthaltene ausführliche Hinweis auf das Mainzer Hoffest Kaiser Friedrichs I. Barbarossa von 1184 (V. 13221–252) erlaubt den Schluß, daß der Roman erst 1184 oder 1185 vollendet wurde.

Veldekes Roman stimmt mit der Vorlage in Inhalt und Konzeption weitgehend überein; allerdings sind viele Beschreibungen ausführlicher gehalten. Mit Veldekes Roman, den schon die nachfolgende Dichtergeneration (Gottfried von Straßburg, Wolfram von Eschenbach) als das erste »klassische« Werk der deutschen Literatur beurteilte, bekam man in Deutschland erstmals eine genaue Vorstellung vom höfischen Roman. Der ›Eneasroman‹ stellt so etwas wie ein rhetorisches Musterbuch dar mit vorbildlichen Beschreibungen von Personen, Tieren, Waffen, Grabmälern, Zweikämpfen, Festveranstaltungen, mit Totenklagen, Dialogen – hier sind auffällig die Stichomythien, d. h. der schlagartige Wechsel in den Reden von Vers zu Vers oder sogar innerhalb der Verse (vgl. S. 157) –, Briefen, Liebesszenen, feudalen Beratungsszenen und Heldenkatalogen. Dies alles konnten nachfolgende Autoren hier lernen, dazu eine bewegliche Darstellungsweise, metrisch regelmäßige Verse und reine Reime.

Mit diesem Roman war dem adligen Publikum überdies eine moderne Orientierung in feinem Benehmen, in vornehmer Kleidung, in edler Sprache gegeben – und das alles in einem Zusammenhang, der für die Bewohner des mittelalterlichen Imperium Romanum von großer historischer Wichtigkeit war: wird doch die Vorgeschichte des Römischen Reiches erzählt, in dem man nach eigener Ansicht noch immer lebte. Die im Vergleich zum französischsprachigen Publikum größere Relevanz des historisch-politischen Aspekts zeigt sich daran, daß Veldeke am Ende einen ausführlichen historischen Ausblick auf die Geschichte Roms bis zu Kaiser Augustus und zu Christi Geburt hinzufügte, sowie aus der Zugabe zweier Passagen, der »Stauferpartien«, in denen Kaiser Friedrich Barbarossa erscheint (V. 8374–8408; 13221–252):

daz geschach sint in den stunden,
daz der keiser Friderîch
der lobebâre vorste rîch
ze Rôme gewîhet wart
nâch sîner êrsten hervart,
die er fûr uber berge
mit manger halsberge
ze Lankparten in daz lant. (V. 8376–83)

Das geschah seither zu dem Zeitpunkt, an dem Kaiser Friedrich, der ruhmwürdige mächtige Fürst, in Rom gekrönt wurde nach seiner ersten Heerfahrt über das Gebirge, die er mit vielen Rittern in das Land Lombardei unternahm.

Anders als beim Alexander- und beim Trojastoff gab es nach Veldekes Fassung keine weitere deutsche Bearbeitung des Eneasstoffs mehr. Bis zum Ende des Mittelalters blieb dieser Roman als ältestes episches Großwerk im gültigen Kanon der mhd. Literatur (7 vollständige Hss., Fragmente von sieben weiteren Hss.).

Herbort von Fritzlar: ›Liet von Troye‹

Der Trojanische Krieg nahm im Geschichtsbild des Mittelalters eine bedeutende Stellung ein. Die Zerstörung Trojas markierte wie die aus ihr folgende Gründung Roms ein zentrales Datum der Weltgeschichte, ferner leitete sich von Troja im Bewußtsein des mittelalterlichen Adels das Rittertum ab. Wichtigster Quellentext der europäischen Trojaliteratur war der ›Roman de Troie‹ (um 1165) des **Benoît de Sainte-Maure**. Der französische Autor stützte sich insbesondere auf den spätantiken Prosabericht ›Acta diurna belli Troiani‹ (5. Jh. n. Chr.) des Dares Phrygius, daneben auf einen weiteren angeblichen Augenzeugenbericht, das Tagebuch des Kreters Dictys (›Ephemeris belli Troiani‹, 3./4. Jh. n. Chr.); die Epen Homers wurden im westlichen Europa erst seit dem 14. Jh. bekannt. Im Spätmittelalter weit verbreitet war die lateinische Prosabearbeitung von Benoîts Werk durch den Sizilianer Guido de Columnis (›Historia destructionis Troiae‹, 1287). Benoît erzählt die Vorgeschichte des Trojanischen Krieges, zu der auch die Argonautensage gehört, den Raub Helenas durch Paris und den Krieg selbst, schließlich den Untergang der Stadt und als Nachgeschichte (nach Dictys) die Schicksale der heimkehrenden Griechen. Eingeflochten sind Liebeshandlungen: Jason und Medea, Paris und Helena, Achill und Deidamia, Achill und Polixena, Troilus und Briseida.

Der afrz. Roman wurde, wahrscheinlich um 1195, vielleicht auch erst im frühen 13. Jh., im Auftrag Landgraf Hermanns I. von Thüringen durch den Kleriker Herbort von Fritzlar in durchaus eigenständiger, stark kürzender Weise auf deutsch bearbeitet. Herbort wertet Achill, der bei Benoît eher herabgewürdigt erscheint, zum ebenbürtigen Gegner Hectors auf und beschreibt illusionslos, ja drastisch das Leid des Krieges. Die Entstehung des Werkes verdankt sich wohl dem Umstand, daß der Landgraf die Vorgeschichte zu Veldekes ›Eneasroman‹ besitzen wollte. In der einzigen vollständigen Hs. (1333; außerdem lediglich zwei Fragmente) geht Herborts Text folgerichtig dem ›Eneasroman‹ voraus.

Die erste deutsche Version des Trojastoffs blieb ohne große Resonanz. Den »klassischen« Trojaroman des deutschen Mittelalters schuf Jahrzehnte später erst Konrad von Würzburg, vgl. S. 261, 266. Doch wurde der Stoff darüber hinaus in weiteren Werken dargestellt, vgl. Übersicht e.

Übersicht e

Die deutschen Vers- und Prosafassungen des Trojastoffs

Versfassungen

1. Herbort von Fritzlar: ›Liet von Troye‹, um 1195?, Bearbeitung des ›Roman de Troie‹ Benoîts de Sainte-Maure, punktuelle Verwertung weiterer (lateinischer) Quellen.
2. Konrad von Würzburg: ›Trojanerkrieg‹, 1281–87, Fragment. Quelle: Benoît de Sainte-Maure, daneben weitere lateinische Quellen.
3. ›Trojanerkriegs-Fortsetzung‹, um 1300. Fortsetzung von Konrads ›Trojanerkrieg‹. Hauptquelle: Dictys.
4. »Wolfram«: ›Göttweiger Trojanerkrieg‹, um 1270/1300. Deutsche und lateinische Quellen.
5. ›Basler Trojanerkrieg‹, um 1300 (329 Reimpaarverse). Deutsche Quellen.
6. Jans Enikel: ›Weltchronik‹ – Trojanerkrieg, 1270/80 (oder später?). Ausführlicher Trojateil in einer Weltchronik. Quelle: unterschiedliche deutsche und lateinische Quellen, eventuell ein verlorener deutscher Trojaroman.
7. Ulrich Fuetrer: ›Buch der Abenteuer‹ – Trojanerkrieg, um 1475 oder (wahrscheinlicher) 1487. Ausführlicher Trojanerkrieg innerhalb einer Kompilation von Abenteuerromanen. Quellen: Konrad von Würzburg und anderes.

Prosafassungen

8. ›Elsässisches Trojabuch‹ (›Buch von Troja I‹), vor 1386. Quellen: Konrad von Würzburg, Dares, Guido de Columnis.
9. Hans Mair: ›Buch von Troja‹, 1390/92. Deutsche Bearbeitung der ›Historia destructionis Troiae‹ des Guido de Columnis (1287).

10.–16. Weitere Übersetzungen der ›Historia‹ Guidos de Columnis: Heinrich Gutevrunt (vermutlich 1432); die übrigen sechs Übersetzungen sind anonym überliefert (sämtlich 15. Jh.).

17. ›Buch von Troja II‹, Mitte 15. Jh. Quellen: Konrad von Würzburg, Guido, weitere Quellen.

18. Drei Druckfassungen einer Kompilation des ›Elsässischen Trojabuchs‹ mit Hans Mairs ›Buch von Troja‹, 1474, wahrscheinlich 1479, 1482.

Albrecht von Halberstadt: Deutsche Bearbeitung von Ovids ›Metamorphosen‹

Vielleicht war Landgraf Hermann von Thüringen auch Auftraggeber einer weiteren deutschen Bearbeitung eines antiken Erzähltextes, zumindest scheint er Adressat des Werkes gewesen zu sein. Eventuell um 1195, möglicherweise aber auch erst 1210 schuf der nach seinem Geburtsort benannte Geistliche Albrecht von Halberstadt im thüringischen Chorherrenstift Jechaburg bei Sondershausen unter direktem Rückgriff auf das Original eine verhältnismäßig getreue gereimte Verdeutschung von Ovids ›Metamorphosen‹ (1 v. Chr. bis etwa 10 n. Chr.), eines Werkes, das aufgrund seiner zahlreichen mythologischen Geschichten als eine Art Handbuch benutzt wurde. Größere Wirkung war dem Text zunächst nicht beschieden. Außer durch spärliche Fragmente einer Hs. des 13. Jh.s ist er lediglich in der Bearbeitung erhalten, die der Kolmarer Dichter und Meistersinger **Jörg Wickram** (1505 – vor 1562, vgl. S. 438) ihm angedeihen ließ. In Wickrams Fassung war das Werk sehr erfolgreich, es erschien zwischen 1545 und 1631 fünfmal im Druck.

›Trierer Floyris‹

Zu den klassischen Liebespaaren, die die Literatur des 12. Jh.s hervorbrachte, gehören neben Eneas und Lavinia, Tristan und Isolde, Lancelot und Guinevra auch Flore und Blanscheflur. Ihre Geschichte wurde erstmals um 1160 in Frankreich in einem Roman verarbeitet (zwei Versionen). Von dort verbreitete sich die Erzählung in viele volkssprachliche Literaturen.

Inhalt: Flore, der Sohn des heidnischen Königs von Spanien, und Blanscheflur, Tochter einer christlichen Gefangenen, werden gleichzeitig geboren und zusammen erzogen. Sie sind einander in herzlicher Liebe zugetan. Als Blanscheflur groß ist, wird sie an Kaufleute verkauft, die sie nach Babylon schaffen; Flore wird vorgetäuscht, sie sei gestorben. Als er Anstalten macht, sich umzubringen, erfährt er die Wahrheit. Sofort bricht er auf, um sie zu suchen. Blanscheflur lebt in einem unzugänglichen Turm, der Amiral (Emir) von Babylon will sie in Kürze heiraten; er hat die Angewohnheit, die jeweilige Ehefrau nach einem Jahr umzubringen. Flore wird in einem Korb mit Rosen in den Turm getragen. Nach einigen Wochen werden die Liebenden entdeckt und zum Tod verurteilt. Ihre unerschütterliche Liebe führt jedoch dazu, daß der Emir sie freigibt. Flore wird König und bekehrt sich zum Christentum. Beide werden hundert Jahre alt und sterben am gleichen Tag.

Der wenig spannungsreiche, das Publikum jedoch rührende Stoff ist möglicherweise orientalischer Herkunft; eingewirkt haben dürfte das Schema des spätantiken Romans (ein Liebespaar wird getrennt und nach vielen Abenteuern schließlich wieder vereinigt). Die älteste deutsche Fassung, von der nur Fragmente in einer Trierer Hs. erhalten sind (368 Verse), dürfte um 1170 an der Grenze zum südlichen niederländischen Sprachbereich geschaffen worden sein.

Der Erzählstil ist schlicht, faktisch, ohne rhetorischen Schmuck, er erinnert an den ›König Rother‹, von Veldekes Veredelung der höfischen Dichtung ist noch nichts zu bemerken. Verbreiteter war die um 1220 verfaßte deutsche Fassung des Alemannen **Konrad Fleck** (zwei Hss., zwei Fragmente); eine weitere Fassung (1. Hälfte 13. Jh.) aus dem Köln-Aachener Raum hat sich gleichfalls nur in geringen Fragmenten erhalten (allerdings scheint eine mittelniederdeutsche Versfassung des 14. Jh.s auf ihr zu beruhen). Der mehrfach gedruckte Prosaroman ›Florio und Bianceffora‹ (1499) basiert auf Boccaccios ›Il Filocolo‹ (1336/38), vgl. S. 337 f.

Eilhart von Oberg: ›Tristrant‹

Der Kern der Geschichte von Tristan und Isolde, die um 1160 in afrz. Sprache erstmals als Roman gestaltet wurde, ist keltischen Ursprungs. Außer einzelnen Namen beweist das vor allem die Verwendung beliebter Erzählformen der keltischen Dichtung, der *imram* (Pl. *imrama*), d.h. der Schifffahrt ins Blaue, und der *aithed* (Pl. *aitheda*), d.h. der Flucht eines Liebespaares vor dem Ehemann der Frau in die Wildnis. In der romanhaften Ausgestaltung finden sich freilich auch Motive, die auf die klassische Antike zurückgehen.

Man unterscheidet zwei Fassungen der Tristanromane: 1. Die Version commune (Hauptvertreter: Eilharts ›Tristrant‹ und das afrz. Romanfragment des **Béroul** [Berol], um 1170/90), in der der Stoff mit mancherlei unhöfischen Zügen, mit Unwahrscheinlichkeiten und mit eher distanzierter Beurteilung der Liebe zwischen Tristan und Isolde gestaltet wird. 2. Die Version courtoise (Ausgangstext war der nur fragmentarisch erhaltene afrz. Tristanroman des **Thomas von Bretagne**, um 1170, ferner gehören hierher die altnord. ›Tristramssaga‹ des Bruders Robert, 1226, und der mhd. Roman Gottfrieds von Straßburg, vgl. S. 219 ff.); hier wird der Stoff in höfischer Manier gestaltet, Unwahrscheinlichkeiten und Archaismen sind beseitigt, die Liebe wird psychologisiert und positiv beurteilt.

Der ›Tristrant‹ des Eilhart von Oberg(e) entstand wohl um 1170 auf der Grundlage des ältesten afrz. Tristanromans, der ›Estoire‹, die im Original restlos verloren ist und im wesentlichen aus Eilharts Text rekonstruiert werden muß. Eilhart stammte aus der Gegend von Braunschweig. Er dichtete entweder am Hof Herzog Heinrichs des Löwen und seiner Gemahlin Mathilde (vgl. S. 134) oder an einem niederrheinischen Hof. Die ursprüngliche Fassung ist nur fragmentarisch erhalten (drei Bruchstücke), vollständig, jedoch stilistisch überarbeitet, findet der ›Tristrant‹ sich in drei Hss. des 15. Jh.s. Im 15. Jh. wurde er auch in Prosa umgeschrieben; von dieser Fassung sind zwischen 1484 und 1664 14 Druckauflagen nachgewiesen, vgl. S. 333.

Inhalt: König Rivalin von Lohnois gewinnt Blancheflur, die Schwester König Markes von Korneval, zur Frau. Sie stirbt bei der Geburt des Sohnes Tristrant. Nachdem dieser von Kurvenal in allen höfischen Tugenden erzogen worden ist, tritt er, ohne sich zu erkennen zu geben, in den Dienst Markes. Um gegen Morholt, den Schwager des Königs von Irland, kämpfen zu dürfen, muß Tristrant dann doch seine Identität preisgeben. Er tötet den Iren, trägt aber selbst eine unheilbare Wunde davon. Nachdem er sich in einem Schifflein dem Spiel des Meeres übergeben hat (*imram*), gelangt er nach Irland. Durch ein Pflaster der Königstochter Isalde, der er nicht persönlich begegnet, wird er geheilt. Er kehrt nach Korneval zurück. Die dem als Nachfolger vorgesehenen Tristrant gegenüber mißgünstigen Barone drängen Marke zu heiraten. Als zwei Schwalben sich um ein Frauenhaar streiten, verkündet er, er werde nur die Frau ehelichen, von der dieses Haar stamme. Tristrant übernimmt die Suche. Wieder läßt er sich zu Schiff forttreiben, wieder gelangt er nach Irland. Hier nennt er sich Tantris. Er besiegt einen Drachen und erwirbt damit das Recht auf die Hand Isaldes, in der er die gesuchte Frau erkennt. Auf der Rückreise nach Korneval trinken beide vom Liebestrank, den Isaldes Mutter ihrer Tochter mitgegeben hatte. Er besitzt die Kraft, vier Jahre lang so zu wirken, daß die Liebenden sich täglich sehen müssen, um nicht zu sterben; im übrigen bindet er sie lebenslang aneinander. Kurvenal und die Zofe Brangene führen die Vereinigung der »Erkrankten« herbei. Hochzeit Isaldes mit Marke; um den Bräutigam zu täuschen, nimmt in der Hochzeitsnacht Brangene den Platz Isaldes ein. In der Folge versucht der Hof, den König vom Ehebruch des Neffen zu überzeugen. Schließlich werden die Liebenden zum Tod verurteilt. Sie können fliehen und führen ein klägliches Leben im Wald (*aithed*). Als nach vier Jahren die intensive Wirkung des Trankes aufhört, kehrt Isalde an den Hof zurück, Tristrant geht außer Landes. Schließlich heiratet er Isalde, die Schwester seines Freundes Kehenis von Karahes (bei Gottfried von Straßburg: Isolde Weißhand). Vorher und nachher kommt es zu fünf Wiederbegegnungen mit der ersten Isalde. Als Tristrant von einem giftigen Pfeil verwundet wird, schickt er nach ihr. Sie kommt sofort, doch Tristrants Ehefrau täuscht ihn. Er stirbt, die erste Isalde sinkt tot über seine Leiche. Marke bedauert, nicht früher vom Geheimnis des Liebestrankes gehört zu haben. Er läßt die Liebenden in einem gemeinsamen Grab bestatten; daraus wachsen ein Rosenbusch und eine Weinrebe, die sich unauflöslich ineinander verschlingen.

Thema des Tristanromans, eines der großen Liebesromane der Weltliteratur, ist: ein alle anderen übertreffender Ritter und eine schöne, außergewöhnlich kluge Dame sind einander in bedingungsloser Leidenschaft verfallen. Sie sind bereit, sich über alle Hindernisse hinwegzusetzen, auch über die üblichen Vorstellungen von Moral, Treue und Glauben. Gegenspieler ist der Hof, der auf die Einhaltung der Normen achtet. Die Geschichte endet mit dem Untergang der Liebenden, der aber doch Sieg bedeutet, da sie ihre

Verbundenheit als den höchsten, einzigen Wert ansehen. Die Gesellschaft bleibt dabei nicht unberührt, da sie selbst, um den Betrug nachweisen zu können, zu dubiosen Mitteln greifen muß, was ihren moralischen Anspruch untergräbt. Erstmals wird im Tristanroman das Recht des Individuums, jedenfalls des außergewöhnlichen Individuums, proklamiert, seinen eigenen Glücksvorstellungen auch gegen das Recht der Gesellschaft zu folgen. Dies war in der gesellschaftsgebundenen Literatur des Mittelalters eine aufsehenerregende Botschaft, die auch die Dichter beunruhigte.

Eilhart zeigt sich von dieser Botschaft freilich wenig beeindruckt. Der Liebestrank gilt ihm als bedauerlicher Unfall, aus dem nicht viel mehr als Torheit folgt. Die Geschichte wird von ihm faktisch reihend, in einem ähnlichen Stil wie dem des ›Trierer Floyris‹, in raschem Erzähltempo dargestellt. Rhetorische Aufschwünge leistet er sich nicht. Die einzige große Ausnahme ist der Liebesmonolog Isaldes (V. 2398–2598), dem offenbar moderne Muster (Veldekes ›Eneasroman‹?) zugrunde liegen; hier werden Gedanken und Gefühle zergliedert. An Veldeke erinnert Eilharts Vorliebe für Stichomythien, d.h. das rasche Hin- und Herwechseln der Rede in den Dialogen:

›jâ bin ich dir bôse.‹ »sît ir sô?«
›jâ.‹ »des bin ich unfrô.«
›war ume?‹ »daz wil ich sagen.«
›jâ, sprich!‹ »ich habe sîn schaden.«
›du enhâst.‹ »zwâre ich hân.« (V. 1917–21)

›Ich hasse dich!‹ »Wirklich?« ›Ja.‹ »Darüber bin ich betrübt.« ›Weshalb?‹ »Das will ich sagen.« ›Ja, rede!‹ »Ich habe den Schaden davon.« ›Nein.‹ »Doch.«

Legendenepik

Heinrich von Veldeke: ›Sankt Servatius‹

Seit der Zeit der Entstehung deutschsprachiger Großepik wurden auch Heiligenlegenden (vgl. dazu S. 93 f.) bisweilen in der Form ausgedehnter Epen erzählt. Am Beginn steht der ›St. Servatius‹ Heinrichs von Veldeke (vgl. S. 119 f. und 146 ff.), der 6226 Verse umfaßt. Das Leben des Stadtheiligen von Maastricht, eines der Eisheiligen, wurde von Veldeke nach einer lateinischen Vorlage wohl in den 1170er Jahren, vor oder neben dem ›Eneasroman‹, verfaßt (Fragmente einer Hs. aus der Zeit um 1200, eine vollständige Hs. des 15. Jh.s).

Inhalt: Der in Jerusalem zum Priester geweihte armenische Adlige Servatius wird zunächst Bischof von Tongeren, später muß er nach Maastricht fliehen. In Rom schenkt ihm St. Peter die Schlüsselgewalt und als ihr Zeichen einen silbernen Schlüssel, der in Maastricht noch immer als Reliquie verehrt wird. Servatius bewirkt zahlreiche Wunder, doch kann er Gottes Strafgericht über Tongeren nicht verhindern. Er stirbt am 13. Mai. Im 2. Teil wird über eine Fülle von Wundern bis in die Gegenwart berichtet.

Auftraggeberin war die Gräfin Agnes von Loon-Rieneck, erwähnt wird auch der Küster, d. h. Verwalter der Schatzkammer, Hessel von Maastricht. Vermutlich wirkten die adlige Dame und der Geistliche zusammen, um durch ein großes volkssprachliches Werk den Kult des Heiligen in der damaligen weltlichen Oberschicht auszubreiten.

›Oberdeutscher Servatius‹

Die gleichnamige Tochter der erwähnten Gräfin Agnes von Loon-Rieneck heiratete 1172 oder 1173 den bayerischen Grafen Otto von Scheyern, der 1180 als Otto I. von Wittelsbach Herzog von Bayern wurde. Einer ansprechenden Vermutung zufolge war es diese Agnes, die eine um 1190 anzusetzende weitere episierte deutsche Fassung des Lebens von St. Servatius in Auftrag gab (3548 Verse, eine vollständige Hs., drei Fragmente). Ob der bayerische Autor Veldekes Werk kannte, ist nicht sicher.

Angeschlossen werden hier die durchweg anonym überlieferten sogenannten Legendenromane (H. de Boor) ›St. Oswald‹, ›Orendel‹ und ›Salman und Morolf‹ (man sollte wohl besser von »legendarischen« oder »legendenhaften« Romanen sprechen). Alle drei sind schlecht und spät, erst aus dem 15. Jh., überliefert, bei keinem der Werke gibt es einen wirklich stichhaltigen Beweis für die meist angenommene Entstehung im 12. Jh. Die Erzählweise ist vielfach unbefriedigend, voller Brüche und Unstimmigkeiten, Erzählschemata werden oftmals angefangen, jedoch nicht durchgeführt. Häufig werden die drei Texte mit ›König Rother‹ und ›Herzog Ernst‹ zur Gruppe der »(sogenannten) Spielmannsepen« zusammengefaßt. Zwar gibt es gewisse motivliche Übereinstimmungen mit dem ›König Rother‹ (vor allem das Brautwerbungsmotiv), dennoch wird dadurch ein Zusammenhang vorgetäuscht, der in Wirklichkeit nicht gegeben ist: in keinem der Legendenromane spielt Reichsgeschichte eine Rolle, stehen der Staat und die Lehensgemeinschaft im Zentrum, geht es um ernsthafte Auseinandersetzung zwischen den realen Machtzentren des 12. Jh.s.

›St. Oswald‹

St. Oswald wird in manchen Gegenden unter die vierzehn Nothelfer gezählt (Patron des Wassers und heilkräftiger Quellen). Zugrunde liegt der historische König Oswald, 635 bis 642 König von Northumbria. Sein Kult verbreitete sich im 12. Jh. auch auf dem Festland. Den Roman scheint man sich als Propagandadichtung für den Kult des Heiligen, vergleichbar den Servatiusdichtungen, vorstellen zu dürfen. Drei Fassungen: ›Münchner Oswald‹, ›Wiener Oswald‹, ›Linzer Oswald‹ (Fragment); ferner verschiedene Prosafassungen.

Inhalt (›Münchner Oswald‹): König Oswald von England will heiraten. Ein Engel verweist ihn an die heidnische Prinzessin Pamige, eine heimliche Christin, deren Vater Aaron jedem Freier den Kopf abschlagen läßt. Oswald sendet als Werber einen mit menschlicher Stimme begabten Raben. Pamige nimmt an. Nun zieht Oswald mit Heeresmacht los. Er kann mit der Prinzessin fliehen. Der Heide verfolgt das Paar, nach seiner Niederlage läßt er sich taufen. Am Schluß erscheint Christus als Bettler. Er verlangt von Oswald Gabe auf Gabe, zuletzt Land und Frau. Oswald gewährt alles, da gibt Christus sich zu erkennen. Das Königspaar führt ein keusches Leben und wird nach zwei Jahren in Gottes Reich entrückt.

›Orendel‹

Im Mittelpunkt steht der ungenähte Graue Rock Christi, der seit dem 12. Jh. bis heute im Trierer Dom aufbewahrt wird. Als Handlungsgerüst verwendet wird das des spätantiken Romans ›Apollonius von Tyrus‹ (vgl. S. 267). Vermutlich sollte das Gedicht die Wallfahrt zum Grauen Rock anregen. Für denkbar gehalten wird, daß es im Zusammenhang der innerlokalen Reliquienkonkurrenz die Aufmerksamkeit auf den Domschatz lenken sollte. Überliefert sind eine Vers- und eine davon abgeleitete Prosafassung.

Inhalt: Orendel, Sohn des Königs von Trier, soll Bride, die Königin von Jerusalem und vom Heiligen Grab, heiraten. Im Sturm versinkt seine Flotte, er allein bleibt übrig. Nackt verdingt er sich dem mächtigen Fischer Ise. Im Bauch eines Walfischs findet er den Grauen Rock, nach dem er künftig selbst genannt wird. Schließlich wird er Brides Gemahl und Herr über Jerusalem. Als beide nach Trier gehen, fällt das Heilige Grab in die Hände der Heiden. Nach weiteren Kämpfen wird es zurückerobert. Orendel und Bride gehen ins Kloster.

›Salman und Morolf‹

Diesem Text liegt die seit dem 12. Jh. in Westeuropa bekannte orientalische Sage vom biblischen König Salomo zugrunde. Der Name Morolfs und teilweise seine Rolle sind dem lat. ›Dialogus Salomonis et Marcolfi‹ (12. Jh.; dt. ›Salomon und Markolf‹, 15. Jh., vgl. S. 349) entnommen. Das in vier Hss. und zwei Drucken des 15./16. Jh.s überlieferte Gedicht ist in einer eigenen Strophenform, der Morolfstrophe, abgefaßt (4a 4a 4b 3–x 4b).

Inhalt: Salman, König von Jerusalem, hat die Heidenprinzessin Salme entführt und geheiratet. Sie wird von dem Heidenkönig Fore geraubt. Salmans Bruder Morolf geht in Verkleidung auf Kundschaft. Er wird erkannt, kann jedoch fliehen. Nun zieht Salman mit Heeresmacht aus. Als Pilger verkleidet, wird er gefangen, von Salme verhöhnt und von Fore zum Tod verurteilt. Unter dem Galgen bläst er dreimal sein Horn. Sein Heer befreit ihn, Fore wird gehängt. Rückkehr mit Salme. Im 2. Teil wiederholt sich das Geschehen. Salme wird durch Princian entführt. Morolf kundschaftet in Verkleidung als Krüppel, Pilger, Spielmann, Metzger und Krämer. Dann tritt Salman mit einem Heer in Aktion, Princian wird erschlagen. Salme wird erneut zurückgebracht, jedoch beim Aderlassen von Morolf, der eine weitere Wiederholung vermeiden möchte, getötet. Salman heiratet nun Fores Schwester.

Literaturhinweise

Ausgaben: ›Rolandslied‹: D. Kartschoke, 1993 [u. ö.] (zweisprachig; RUB). – Stricker, ›Karl‹: K. Bartsch, 1857. – ›La Chanson de Roland‹: W. Steinsieck, 1999 (zweisprachig; RUB). – ›Graf Rudolf‹: P. F. Ganz, 1964. – ›König Rother‹: J. de Vries, 1922; P. K. Stein / I. Bennewitz, 2000 (zweisprachig; RUB). – ›Herzog Ernst‹: K. Bartsch, 1869 [Fassungen A,B,F,G]; B. Sowinski, 1970 [u. ö.] (zweisprachig; RUB) [Fassungen B,A,Kl]; H.-F. Rosenfeld, 1991 (ATB) [Fassung D]; Th. A.-P. Klein, 2000

[Fassung E]; Th. Ehlen, 1996 [Fassung C]; P. Ch. Jacobsen / P. Orth, 1997 [Fassung Erf.]. – ›Vorauer‹ u. ›Straßburger Alexander‹: K. Kinzel, 1885; E. Lienert, 2007 (zweisprachig; RUB). – Heinrich v. Veldeke, ›Eneasroman‹: D. Kartschoke, 1986 [u. ö.] (zweisprachig; RUB); H. Fromm, 1992 (zweisprachig; Bibliothek des MAs). – ›Le Roman d'Eneas‹: M. Schöler-Beinhauer, 1972 (zweisprachig; KTRMA). – Herbort v. Fritzlar, ›Liet von Troye‹: K. Frommann, 1837. – Albrecht v. Halberstadt, ›Metamorphosen‹: K. Bartsch, 1861 [mißlungener Rekonstruktionsversuch nach Wickram]. – ›Trierer Floyris‹: G. de Smet / M. Gysseling, in: Studia Germanica Gandensia 9 (1967); Konrad Fleck, ›Flore und Blanscheflur‹: E. Sommer, 1846. – Eilhart v. Oberg, ›Tristrant‹: H. Bußmann, 1969 (ATB) [die alten Fragmente]; F. Lichtenstein, 1877. – Béroul: U. Mölk, 1962 (zweisprachig; KTRMA). – Thomas v. Bretagne: G. Bonath, 1985 (zweisprachig; KTRMA). – D. Buschinger / W. Spiewok (Hrsg.), Tristan u. Isolde im europ. MA. Ausgewählte Texte, 1991 (RUB). – Heinrich v. Veldeke, ›Sankt Servatius‹: Th. Frings / G. Schieb, 1956. – ›Oberdeutscher Servatius‹: F. Wilhelm, 1910. – ›Münchner Oswald‹: M. Curschmann, 1974 (ATB); ›Wiener Oswald‹: G. Baesecke, 1912. – ›Orendel‹: H. Steinger, 1935 (ATB). – ›Salman u. Morolf‹: A. Karnein, 1979 (ATB).

Forschungsliteratur: B. Bastert (Hrsg.), Karl der Große in den europäischen Literaturen des MAs, 2004. – H.-J. Behr, Politische Realität u. literarische Selbstdarstellung, 1978. – C. M. Bowra, Heldendichtung, 1964. – H. Brunner (Hrsg.), Die dt. Trojalit. des MAs u. der Frühen Neuzeit, 1990 (WILMA). – H. Brunner (Hrsg.), Interpretationen. Mhd. Romane u. Heldenepen, [2]2003 (RUB). – J. Bumke, Die romanisch-dt. Literaturbeziehungen im MA, 1967. – J. Cölln [u. a.] (Hrsg.), Alexanderdichtungen im MA, 2000. – M. Curschmann, ›Spielmannsepik‹, 1968 [Forschungsbericht 1907–65]. – T. Ehlert, Deutschsprachige Alexanderdichtung des MAs, 1989. – E. Feistner, Historische Typologie der dt. Heiligenlegende des MAs von der Mitte des 12. Jh.s bis zur Reformation, 1995 (WILMA). – E. R. Haymes, Das mündliche Epos, 1977 (SM). – Th. Hennings, Französische Heldenepik im dt. Sprachraum, 2008. – E. Lienert, Dt. Antikenromane des MAs, 2001 (GG). – A. B. Lord, Der Sänger erzählt, 1965. – U. Meves, Studien zu König Rother, Herzog Ernst u. Grauer Rock (Orendel), 1976. – O. Neudeck, Erzählen von Kaiser Otto, 2003. – K. Ruh, Höfische Epik des dt. MAs, 2 Bde., [2]1977, 1980. – W. J. Schröder, Spielmannsepik, [2]1977 (SM). – K. von See (Hrsg.), Europäische Heldendichtung, 1978 (WdF). – P. K. Stein, Tristan-Studien, 2001. – M. Stock, Kombinationssinn. Narrative Strukturexperimente im ›Straßburger Alexander‹, im ›Herzog Ernst B‹ u. im ›Kg. Rother‹, 2002 (MTU). – A. Wolf, Heldensage u. Epos, 1995.

3. Wissensliteratur

›Lucidarius‹

Der ›Lucidarius‹, d. h. »Erleuchter«, ist eines der ersten in Prosa verfaßten deutschen Werke, das nicht bloße Übersetzung einer lateinischen Vorlage ist. Die Angaben des A-Prologs, der Text sei von Herzog Heinrich von Braunschweig bei seinen Kaplänen in Auftrag gegeben worden, sie sollten ihn, der Wahrheit wegen, in Prosa, nicht, wie üblich, in Versen ausführen, wurden von der Forschung bis vor kurzem auf Heinrich den Löwen bezogen. Es spricht jedoch vieles dafür, daß sein gleichnamiger Sohn, der Pfalzgraf Heinrich bei Rhein (1173/74–1227), gemeint ist, der lediglich eine jüngere Redaktion in Auftrag gab (M. Hamm). Der ursprüngliche Text wurde wahrscheinlich von einem einzigen Autor, der der Bildungssphäre der Regularkanoniker entstammte, wohl im letzten Drittel des 12. Jh.s im alemannischen Sprachraum verfaßt. Der ›Lucidarius‹ war beispiellos weit und lange verbreitet (66 Hss., dazu 24 Exzerpte, 69 erhaltene Drucke, der letzte 1806). Die Gesamtanlage – Einteilung in drei Bücher, Dialogform, d. h. Lehrgespräch zwischen *meister* und *iunger* – ist im groben dem ›Elucidarium‹ des **Honorius Augustodunensis** (um 1080 – um 1137, wohl Schottenmönch in Regensburg) entlehnt. Weitere lat. Quellen sind die ›Imago mundi‹ und die ›Gemma animae‹ des Honorius, die ›Philosophia‹ des Wilhelm von Conches (um 1080–1154, Pariser Theologe, später Bischof von Châlons-sur-Marne) und ›De divinis officiis‹ des Rupert von Deutz (vgl. S. 77). Buch I handelt von Gott, dem Himmel, der Hölle, dem Paradies, vor allem aber ausführlich über die Erde und ihre Bewohner, ferner über die Gestirne und die meteorologischen Erscheinungen, über die Unterschiede zwischen den Lebewesen, über Fragen der Geburt und des menschlichen Körpers. Thema von Buch II ist die Erlösung, die Christenheit, vor allem aber die Bedeutung der liturgischen Handlungen und Gebräuche. Buch III schließlich, nur in wenigen Überlieferungsträgern ganz oder teilweise enthalten, handelt von Tod, Fegfeuer, Hölle, Weltuntergang, Jüngstem Gericht, ewiger Seligkeit.

Der ›Lucidarius‹ bot seinen geistlichen und weltlichen Lesern übersichtlich und in einfacher Sprache ein Gesamtbild dessen, was der Christenmensch wissen mußte: Kosmologie, Ekklesiologie und Eschatologie. Sie werden Gottvater, dem Sohn und dem Heiligen Geist zugeordnet:

> Diz buch ist in drú geteilt. Jn dem ersten buche seite ich dir, wie di welt geteilet ist. Die rede hórt [d.h. gehört] an den uater. An dem anderen buche habe ich dir geseit, wie er die welt hat erlidiget [d.h. erlöst] vnde wie er die cristenheit hat geordinet [d.h. geordnet]. Die rede gat an den sun. An dem triten teile sol [d.h. werde] ich dir sagin, welch reht vnde welch e [d.h. Gesetze] er der cristenheite gesezzet hat, vnde wie sie gerihtet sol werden mit der krefte dez heiligen geistes. Die rede gat an den heiligen geist. (II,101)

Literaturhinweise

Ausgabe: D. Gottschall / G. Steer, 1994 (TTG).

Forschungsliteratur: D. Gottschall, Das ›Elucidarium‹ des Honorius Augustodunensis, 1992 (TTG). – M. Hamm, Der deutsche ›Lucidarius‹. Kommentar, 2002 (TTG). – R. Luff, Wissensvermittlung im europäischen MA, 1999 (TTG). – W. Schröder, Textkritisch oder überlieferungskritisch. Zur Edition des dt. ›Lucidarius‹, 1995.

II.
Die Blütezeit der höfischen Literatur
(um 1190 – um 1220/30)

1. Lieddichtung

Klassischer Minnesang

In der dritten Phase der Geschichte des Minnesangs tritt eine Reihe bedeutender, unverwechselbar eigengeprägter Autoren auf. Bei aller Individualität im einzelnen ist ihnen gemeinsam, daß sie vorwiegend Minnesang der Hohen Minne dichten, daß ihre Strophenformen in der Regel nach dem Kanzonenschema (AAB) gebaut sind und daß ihre Darstellungsformen und ihre Sprache von dem in der vorausgehenden Phase des Minnesangs Erreichten ausgehen (vgl. S. 116 ff.). Romanischen Vorbildern direkt verpflichtet sind sie nurmehr ganz selten. Der deutsche Minnesang ist bei ihnen – wie er es schon in der ersten Phase seiner Geschichte war – wieder weitgehend autochthon geworden, er bleibt auch fortan ohne nähere Beziehungen zur Romania. Klassisch heißt dieser Minnesang, weil er für lange Zeit, letztlich bis heute, als unübertroffenes Muster dieser Kunst gilt.

Hartmann von Aue (Schaffenszeit um 1185/1205, Alemanne; ausführlicher zu ihm vgl. S. 189): 18 Liedtexte (XII und XVIII in der Regel als unecht angesehen). Es handelt sich um Minneklagen (I, II, IV, X, XIII), ein Frauenpreislied in Daktylen (XIII, vielleicht hat Hartmann hier eine romanische Melodie benutzt), eine Absage an die Dame mit Widerruf der Absage (III), eine Dienstversicherung nach der Aufkündigung des Verhältnisses durch die Dame (VII), ein Lied, in dem der Sänger sein Bangen nach langer äußerer Trennung von der Geliebten formuliert (VIII), um drei Frauenlieder (IX – wider einen falschen Liebhaber, XIV – eine gewagte Liebesversicherung, XVI – sogenannte Witwenklage oder Klage einer Dame, deren Geliebter auf Kreuzzug geht). Besonders unkonventionell ist das ›Unmutslied‹ (XV), ein Lied, in dem der namentlich genannte Sänger Hartmann die Absage an die vornehmen Damen, deren Liebe trotz aller Mühen nicht errungen werden kann, formuliert; lieber seien ihm *arme wîbe*, »einfache Frauen«:

XV,2
swar ich kum, dâ ist ir vil,
dâ vinde ich die, diu mich dâ wil;
diu ist ouch mînes herzen spil.
waz touc mir ein ze hôhez zil?

Wo immer ich hinkomme, gibt es viele von ihnen. Da finde ich diejenige, die mich begehrt; die ist auch meine Herzensfreude. Was habe ich davon, wenn ich zu hoch hinaus will?

Höhepunkt von Hartmanns Liedschaffen sind die drei Kreuzlieder (V, VI, XVII). VI ist eine spruchartige Lehrstrophe über das Verhalten jener Frau, deren Geliebter auf dem Kreuzzug ist (vgl. dazu Friedrich von Hausen VII). Im sechsstrophigen Lied V ist Minne kein Thema mehr, allenfalls ist sie stillschweigend in dem eingeschlossen, was als »Welt« abgelehnt wird. Der Dichter-Sänger wendet sich von ganzem Herzen der Kreuzfahrt zu. Das zum Zeichen des Kreuzzugs-Gelübdes auf den Mantel geheftete Kreuz ist in vielfacher Hinsicht verpflichtend. Der Hinweis auf den Tod des Herrn (Str. 4) – wer damit gemeint ist, ist unbekannt – muß als ein für Hartmann wichtiges Motiv, offenbar als Ausgangspunkt seiner Abwendung von der Welt, gelten (vgl. auch Lied I, Str. 3, und XVII, Str. 2). XVII ist ein Abschiedslied, das als Publikum eine höfische Gesellschaft voraussetzt. Der Dichter-Sänger bricht zur Kreuzfahrt auf. Gottes- und Frauenminne werden gegeneinander ausgespielt.

Für die Gottesminne verläßt der Sänger *Vranken*, d.h. wohl das Abendland. Die letzte Strophe enthält die ausdrückliche Absage an die Minnesänger, die dem *wân*, der eitlen Hoffnung auf Erhörung durch die geliebte Dame, verfallen sind.

Albrecht von Johansdorf (urk. 1180–1206, Ministeriale der Bischöfe von Passau; Stammsitz Jahrsdorf an der Vils): 13 Lieder (vgl. Abb. 8). Johansdorfs Œuvre enthält Minneklagen (IV, VI, VII, XI) und zwei Einzelstrophen mit Minnethematik (IX, X), besonders kennzeichnend ist indes das Hervortreten der Kreuzzugsthematik: Kreuzlieder sind Nr. I, II (Kontrafaktur zu einem Kreuzlied des Trouvères Conon de Bethune), III, V, XIII (mit Frauenstrophe). Die Kreuzzugsthematik erscheint hier gegenüber Hausen und Hartmann von Aue entproblematisiert. Bei Johansdorf unterbricht der Kreuzzug lediglich den Minnedienst – es bleibt die Hoffnung auf die spätere Wiedervereinigung mit der Geliebten. Überhaupt herrscht teilweise ein Einverständnis der Liebenden, das an den Donauländischen Minnesang gemahnt (vgl. S. 108 ff.). An diese erste Phase des Minnesangs erinnert auch, daß die geliebte Dame bei Johansdorf relativ häufig zu Wort kommt: außer in den Kreuzliedern II und XIII auch in dem Wechsel VIII und im Dialoglied XII, das möglicherweise von einem provenzalischen Lied beeinflußt ist. In XII, Johansdorfs berühmtestem Lied, nehmen die Hörer bzw. Leser teil an einem zierlich-lehrhaften Zwiegespräch zwischen Liebhaber und Dame, das in der 7. Str. kulminiert:

»Sol mich dan mîn singen
und mîn dienst gegen iu niht vervân?«
›iu sol wol gelingen,
âne lôn sô sult ir niht bestân.‹
»Wie meinent ir daz, vrowe guot?«
›daz ir dest werder sint unde dâ bî hôchgemuot.‹

»Werden mein Minnesang und mein Minnedienst gar nichts bei Euch ausrichten?« ›Ihr sollt durchaus Erfolg haben – ohne

Abb. 8 Albrecht von Johansdorf, Miniatur in der ›Großen Heidelberger (Manessischen) Liederhs.‹. Heidelberg, UB, Cpg 848 (Zürich, um 1300/30)

Lohn werdet Ihr nicht bleiben.‹ »Wie meint Ihr das, edle Dame?« ›Ihr werdet um so angesehener sein und außerdem hochgestimmt.‹

Der Minnedienst bleibt zwar ohne die angestrebte sexuelle Erfüllung, er wirkt sich aber doch positiv für den Liebhaber aus: sein Streben nach Ansehen bei der Dame läßt ihn Ansehen am Hof gewinnen, sei es, daß er besonders tapfer oder moralisch integer wird, sei es, daß er durch seinen Minnesang zur Unterhaltung beiträgt; weiter läßt der Minnesang ihn die besonders geschätzte gehobene Stimmung gewinnen, er läßt ihn nicht in Melancholie (*trûren*) versinken, die ihn für die Geselligkeit unbrauchbar macht.

Heinrich von Morungen (Schaffenszeit um 1200, Thüringer; urk. 1218, in einer Urkunde von 1213/21 macht er als *miles emeritus* dem Leipziger Thomaskloster eine Schenkung; nach später Quelle gest. 1222; als der *edle Moringer* Held eines Erzählliedes aus dem 14. Jh.). Von Morungen, einem der bedeutendsten Lieddichter des Mittelalters, sind 35 Liedtexte überliefert. Vorwiegend handelt es sich um Minneklagen (darunter das ›Elbenlied‹ Nr. V und das in der Deutung umstrittene ›Narzißlied‹ Nr. XXXII), außerdem finden sich ein Werbungslied (XX), eine Liebesversicherung (VIII), zwei Preislieder (I, XXIV), eines der seltenen Freudenlieder – das Sänger-Ich jubelt über eine zusagende Äußerung der Geliebten (IV) –, dazu stellt sich eine Einzelstrophe, in der die Hoffnung auf die baldige Erhörung formuliert ist (XXXV), ferner zwei Wechsel (X – mit Anklang an die Tageliedsituation, XXVIII) und ein Tagelied (XXX – die Tageliedthematik wird hier in der Form des Wechsels gestaltet, vgl. S. 173). Rätselhaft, wie manches bei Morungen, ist die typologische Einordnung des Liedes XXIII, eines dreistrophigen Textes, in dem drei Momentbilder traumartig aneinandergereiht sind: Geliebte und Sänger bei glücklichem Tanz auf der Heide; die Geliebte heimlich darüber weinend, daß sie ihm den Tod geschworen hatte; die Geliebte allein auf einer Zinne – das Sänger-Ich ist von seiner Liebe völlig überwältigt.

Morungen kennt die althergebrachte Form des Wechsels, sonst zeigt er keine Anklänge an den Donauländischen Minnesang. Die provenzalische Trobadorkunst hat ihn mehrfach angeregt (die von Karl Bartsch veröffentlichte angebliche provenzalische Vorlage zu XXXII scheint allerdings eine Fälschung des 19. Jh.s zu sein), ferner finden sich Anklänge an die kirchlich-lateinische Hymnenpoesie; von Bedeutung ist schließlich die Kenntnis der klassischen Antike, in erster Linie der Dichtung Ovids. Morungens Poesie wirkt nicht durch Gedankenreichtum, durch die plastische Formulierung komplexer Empfindungen, vielmehr werden relativ einfache Gedanken mit bezwingender Rhetorik in einer sehr suggestiven, bisweilen geradezu tranceartigen Bildersprache vorgetragen. Kein anderer Sänger zeigt sich so von der Minne überwältigt wie Morungen. Das Moment des Minnedienstes, des aktiven Tätigseins für die Geliebte in der Hoffnung auf Erhörung, tritt demgegenüber zurück. Die Einzelstrophe XXXIV bringt dieses Überwältigtsein folgendermaßen zum Ausdruck:

Vil süeziu senftiu toeterinne,
war umbe welt ir toeten mir den lîp,
und ich iuch sô herzeclîchen minne,
zwâre vrouwe, vür elliu wîp?
Waenent ir, ob ir mich toetet,
daz ich iuch iemer mêr beschouwe?
nein, iuwer minne hât mich des ernoetet,
daz iuwer sêle ist mîner sêle vrouwe.
sol mir hie niht guot geschehen
von iuwerm werden lîbe,
sô muoz mîn sêle iu des verjehen,
dazs iuwerre sêle dienet dort als einem reinen wîbe.

Zuckersüße, sanfte Mörderin – warum wollt Ihr mich töten, da ich Euch doch so herzlich liebe, fürwahr Herrin, mehr als alle anderen Frauen? Glaubt Ihr, wenn Ihr mich tötet, daß ich

Euch dann niemals mehr betrachte? Nein, Eure Liebe hat mich dazu gezwungen, daß Eure Seele die Herrin meiner Seele ist. Widerfährt mir im Diesseits von Euch edler Dame nichts Gutes, so muß meine Seele Euch versichern, daß sie im Jenseits Eurer Seele – der einer Frau ohne Makel – dienen muß.

Die Strophe beginnt mit einem Oxymoron, einer intellektuell paradoxen Formulierung. Für Morungen scheint diese Stilfigur über die rein rhetorische Funktion hinaus, nämlich Aufsehen zu erregen, kennzeichnend, weil sie die Passivität des Sänger-Ichs, das seinem Gegenüber bis zum Selbstverlust verfallen ist, auf die knappste Formel bringt: das Sänger-Ich empfindet selbst seinen Untergang noch als Lust. Das Thema ist denn auch der Tod des Ich durch die hartherzige Geliebte. Aber die Liebe ist durch den Tod nicht beendet. Im Tod wird der Schwache durch seine Beharrlichkeit stark. Die Geliebte kann den Dienst seiner Seele an der ihren im Jenseits nicht verhindern. Der Überwältigte und die Überwältigerin sind unlösbar miteinander verbunden.

Reinmar der Alte (Schaffenszeit um 1200, zeitweise wohl am Wiener Hof; der vielfach gebräuchliche Name Reinmar von Hagenau ist nicht aus dem Mittelalter überliefert, vielmehr Philologenkonstrukt aufgrund von Gottfrieds von Straßburg ›Tristan‹, V. 4777). Unter Reinmars Namen sind zahlreiche Lieder überliefert (teilweise finden sie sich zugleich unter den Namen anderer Dichter), die Unterscheidung zwischen dem, was ihm wirklich gehört und was ihm in den Hss. lediglich untergeschoben wurde, nimmt in der Forschung breiten Raum ein; die neueste Auflage von ›Des Minnesangs Frühling‹ enthält 60 Lieder, weitere 8 werden als »Pseudo-Reinmar« deklariert. Reinmar ist der vielseitigste Lieddichter vor Walther von der Vogelweide. Neben den auch bei ihm im Zentrum stehenden Minneklagen finden sich ein Preislied (I), mehrere Wechsel (II–IV, LIII), Freudenlieder (VII, XXXIII, LIX – von einer Frau gesungen), eine Dienstversicherung (XVII), Botenlieder (XXVII, XXVIII), Kreuzlieder (XXX, XXXI), Frauenklagen (XVI – die Helena, der Witwe Herzog Leopolds V. von Österreich, gest. 31. 12. 1194, in den Mund gelegte sogenannte Witwenklage, XXXVII, XLIV), ein Frühlingslied (LX); falls die in ihrer Echtheit angezweifelten Lieder LXIV und LXVII Reinmar wirklich gehören, hat er auch schwankhafte Lieder gedichtet. In der großen Minneklage VI verwendet er Tageliedmotivik.

Während Morungens Dichtung bilderreich, klangvoll und farbenprächtig ist, erscheinen Reinmars Lieder arm an Bildern, ohne Farbe und äußeren Glanz. In ihrem Zentrum, den Minneklagen, sind sie virtuose Reflexionspoesie. Reinmar ist in diesen Liedern der Sänger der Trauer und der Klage, des eindringlichen Monologisierens. Die angebetete Dame gibt nie auch nur ein kleines Zeichen der Andeutung, sie werde das Sänger-Ich erhören; das höfische Publikum hat die ewige Klage satt:

XIV,1
Swaz ich nu niuwer maere sage,
des endarf mich nieman vrâgen: ich enbin niht vrô.
die vriunt verdriuzet mîner klage.
des man ze vil gehoeret, dem ist allem sô.
Nû hân ich beidiu schaden unde spot.
waz mir doch leides unverdienet, daz bedenke got,
und âne schult geschiht!
Ich engelige herzeliebe bî,
sône hât an mîner vröide nieman niht.

Keiner braucht mich zu fragen, was ich Neues weiß: ich bin [nach wie vor] ohne Freude. Die Freunde ärgert meine Klage. Das ist so, wenn man etwas zu oft zu hören bekommt. So habe ich nunmehr sowohl den Schaden als auch den Spott. Gott möge bedenken, welches Maß an Leiden mir ohne meine Schuld zuteil wird! Solange ich nicht mit der von Herzen geliebten Dame schlafe, kann niemand meinerseits auf Freude rechnen.

In XII,5 hat Reinmar geradezu die Poetik seiner Minneklagen zusammengefaßt: »In einer Sache und in sonst keiner will ich zeitlebens Meister sein – dieses Lob soll mir zukommen, diese Kunstfertigkeit soll man mir allgemein zusprechen: daß niemand sein Leiden auf so schöne Weise zu ertragen weiß (*Daz nieman sîn leit alsô schône kan getragen*). Ursache dafür, daß ich mich Tag und Nacht nicht aufs Schweigen verstehe, ist eine Frau. Voll Sanftmut nehme ich ihren Haß als Freude. O weh, wie ungnädig handelt sie an mir.« Das Leiden im Minnedienst ist die Grundbedingung für Reinmars Kunst. Sinn seiner Dichter-Existenz ist die Verwandlung des Leidens ins schöne Lied.

Wolfram von Eschenbach (Schaffenszeit etwa 1200/20, Ostfranke; ausführlicher zu ihm S. 206 ff.). Das kleine, aber bedeutende Liedœuvre Wolframs (9 Lieder, Nr. IX wird allgemein, VIII meist für unecht gehalten) umfaßt neben einem Werbungslied (VI) und einer Liebesversicherung (III) fünf Texte, die in den Bereich des Tageliedes gehören, eines Liedtyps, der sich in der deutschen Literatur vom 12. bis über das 15. Jh. hinaus großer Beliebtheit erfreute. Das älteste deutsche Tagelied, das Dietmar von Eist zugeschrieben wird (XIII), wurde schon zitiert (S.116). Ein weiteres Tagelied stammt von Heinrich von Morungen (XXX). In ihm sind Tageliedmotivik und Darstellungsform des Wechsels miteinander verschränkt: Mann und Frau erinnern sich strophenweise klagend zurück an ihr nächtliches Beisammensein; nach dem Muster der (zeitlich den deutschen vorausgehenden) provenzalischen Tagelieder (Albas) schließt jede Strophe von Morungens Lied mit einem Refrain (*Do tagte ez*, »Da brach der Tag an«).

Im Tagelied erscheint die von den Minnesängern der Hohen Minne unentwegt angestrebte Liebeserfüllung realisiert – aber freilich so, daß das Leid, das mit der Minne stets untrennbar verbunden ist, nicht ausgeblendet, sondern zum Ausdruck gebracht wird: denn der Augenblick, mit dem das

Tagelied einsetzt, der Tagesanbruch, macht die Trennung der Liebenden erforderlich, da sie durch die auf Einhaltung der Tugendnormen bedachte Öffentlichkeit (die *huote*, die *merkaere*, die *claffer*, d.h. die Austräger, Verräter) bedroht sind. Das Tagelied hat erzählenden Charakter (es ist also nicht ein Ich-Lied wie die meisten Minnelieder); außer der Sprecherrolle der Frau, des Mannes und – meist – des Wächters gibt es in der Regel noch einen nicht personalisierten Erzähler.

Die Kunst des Tagelieddichters bestand vor allem darin, die wenigen Ingredienzien, die zu diesem Liedtyp gehören, immer wieder zu variieren. Wolframs hierher gehörende Lieder können als Muster dieser Variabilität dienen. In I wird der Wächter, der Verkünder des heraufziehenden Tages – den Wolfram vielleicht als erster nach provenzalischem Vorbild ins deutsche Tagelied eingeführt hat –, vom Erzähler nur kurz erwähnt, der Mann bleibt stumm, nur die Frau klagt über den unmittelbar drohenden Weggang des Mannes. In VII singt der Wächter lediglich in zwei Zeilen die Ankündigung des Tages, das übrige wird, außer durch den Erzählerbericht, durch einen Dialog von Mann und Frau gestaltet. In II beginnt der Wächter mit einer ganzen Strophe, im folgenden führt er ein Streitgespräch mit der Dame; es wird in Str. 5 durch einen Erzählerbericht abgeschlossen. V schließlich räumt dem Wächter zwei Strophen ein, die Frau bleibt stumm, der Mann kommt nur kurz zu Wort, der Erzähler berichtet vom Abschied des Paares.

Wolframs Lied IV, das sogenannte Anti-Tagelied, stellt eine Art kritische Auseinandersetzung mit der Tageliedsituation dar: Stets mußte der Wächter das Liebespaar zum bitteren Abschied nötigen; wer jedoch ohne den Widerstand der Gesellschaft offen bei der Geliebten schläft, der braucht sich am Morgen nicht davonzuschleichen – solche Minne versteht nur eine geliebte Ehefrau zu geben. Mit dem Hinweis auf die Freuden der ehelichen Liebe ist natürlich das Tagelied aufgehoben, letztlich der Minnesang überhaupt.

An die Stelle der artifiziellen, spannungsgeladenen Wahnwelt tritt gewissermaßen die Realität des Tages. Es blieb Wolfram vorbehalten, den Kunst-Charakter der Welt des Minnesangs zu durchbrechen und somit durchschaubar zu machen.

Walther von der Vogelweide

Walther von der Vogelweide, der größte Lieddichter des Mittelalters, dürfte um 1170 geboren sein. Sein Herkunftsort ist unbekannt; der Beiname dürfte eher ein Dichtername sein als ein Hinweis auf seine Abkunft. Seine Ausbildung erhielt Walther nach eigener Auskunft im Herzogtum Österreich: *ze Osterrîche lernt ich singen unde sagen* (32,14). In den 1190er Jahren wirkte er am Wiener Hof der Babenberger. Hier war Reinmar der Alte zunächst sein Vorbild, bald ein Rivale, mit dem er in literarische Polemik verstrickt war. Nach dem Tod Herzog Friedrichs I. im April 1198 verließ er Wien; in der Folge führte er das Leben eines fahrenden Berufsdichters. Er begegnet in der Umgebung verschiedener Könige und Fürsten. Zunächst tritt er für den Staufer König Philipp von Schwaben ein, den er freilich auch kritisiert, später, wohl erst ab 1212, findet er sich bei Kaiser Otto IV., 1213/14 geht er zu Kaiser Friedrich II. über. Sein Bemühen, am Wiener Hof Herzog Leopolds VI. auf Dauer Aufnahme zu finden, blieb erfolglos. Offenbar hielt er sich 1203, anläßlich der Hochzeit des Herzogs, in Wien auf. Am 12. November 1203 schenkte ihm der Bischof von Passau, der spätere Patriarch von Aquileja (vgl. S. 197), Wolfger von Erla, in der Nähe Wiens Geld für einen Pelzrock – dies ist der einzige unstrittige urkundliche Nachweis Walthers (bei einer Urkunde von 1213, in der ein *dominus Waltherus* als Legat Kaiser Ottos auftritt, ist der Bezug auf den Sänger äußerst zweifelhaft). Andere Fürsten, zu denen Walther in Beziehung stand, waren Landgraf Hermann von

Thüringen, dessen Schwiegersohn Markgraf Dietrich von Meißen, Herzog Bernhard von Kärnten, der Graf von Katzenellenbogen, Herzog Ludwig I. von Bayern. Um 1220 bedankt er sich bei Friedrich II. für ein Lehen, das dem Wanderleben ein Ende machte. Walther starb um 1230, begraben ist er einer alten Tradition zufolge im Grashof (Lusamgärtchen) des Würzburger Neumünsters. Walther war der vielseitigste Lieddichter seiner Epoche. Sein umfangreiches Werk läßt sich gliedern in Minnesang, Sangspruchdichtung und religiöse Lieddichtung/Alterslyrik.

Minnesang

Walthers Minnesang folgt nicht einer einfach zu beschreibenden Grundstruktur. Vieles widerspricht sich, manche Positionen stehen unverträglich nebeneinander. Die Forschung zog daraus den naheliegenden Schluß, man müsse eine Chronologie rekonstruieren, die Unvereinbares dadurch aufhebt, daß sie es in das Modell einer zeitlichen Entwicklung einbringt. Da man nicht die geringsten Anhaltspunkte hat, wann welches Lied gedichtet sein könnte (vielleicht mit Ausnahme des ›Preisliedes‹ 56,14, dessen Entstehung man mit der Fürstenhochzeit von 1203 in Verbindung bringt), blieb nur die Möglichkeit einer relativen Chronologie, einer Art Stufenmodell:

1. Lieder, die deutlich dem Modell des Minnesangs der Hohen Minne in der Art Reinmars verpflichtet sind, jedoch qualitativ noch etwas anfängerhaft wirken (die Minneklagen 13,33; 112,17; 115,6; das Freudenlied 109,1; die Botenlieder 112,35 und 120,16; die Wechsel 71,35 und 119,17; der Frauenmonolog 113,31; vielleicht das Tagelied 88,9).

2. Walther dichtet Hohen Minnesang mit zunehmender Meisterschaft. Er profiliert sich und seine Art zu dichten dadurch, daß er gegen Reinmar polemisiert – wenigstens ein Lied (111,23) ist ganz offen als Polemik erkennbar. In diese Gruppe gehören Lieder wie die Minneklage 54,37, der Dia-

log 85,34, das ›Preislied‹ 56,14, wohl auch die didaktisch orientierten sogenannten Neunziger-Lieder 91,17–94,10 und 95,17–100,2.

3. Walther erschafft eine Art Gegenpoesie zum Minnesang der Hohen Minne, die sog. Mädchenlieder: Nicht mehr eine hoch über ihm stehende Dame liebt das Sänger-Ich in vergeblicher Hoffnung, es träumt vielmehr von Liebeserfüllung bei einem einfachen Mädchen (vgl. auch das ›Unmutslied‹ Hartmanns von Aue, S. 166). An die Stelle der Trauer über die Nicht-Erhörung treten vielfach scherzhafte Elemente. Literarische Anregungen bot der in der mittellateinischen und der romanischen Dichtung auftretende Liedtyp der Pastourelle: darin wird vom Gespräch einer Hirtin mit einem vorbeikommenden Kleriker oder Ritter erzählt, die Szene endet mit der Liebesgewährung oder damit, daß die Werbung erfolglos bleibt; im einzelnen könnte auch Morungen Anregungen geliefert haben. Von Walthers Liedern gehören hierher insbesondere das ›Lied von der Traumliebe‹ 74,20, das ›Lindenlied‹ 39,11 (Monolog eines Mädchens, das von seinem Stelldichein erzählt) und ›Herzeliebez frowelîn‹ 49,25; ferner (im einzelnen nicht immer unangefochten) das ›Mailied‹ 51,13, das ›Halmorakel‹ 65,33, das ›Vokalspiel‹ 75,25, die daktylischen Lieder 39,1 und 110,13, schließlich 50,19 und 112,3.

4. Vielleicht auf der Basis der den Mädchenliedern zugrundeliegenden minnetheoretischen Überlegungen fordert Walther gegenseitige Liebe auch im Bereich des eigentlichen Minnesangs. Das Konzept der Hohen Minne gerät in die Diskussion. Damen, die nicht bereit sind, dem liebenden Mann ihrerseits Zuneigung zu zeigen, werden, da Güte das Wesen der Frau ausmache, als unweiblich gebrandmarkt. In diesen Zusammenhang gehören die Lieder 40,19; 44,35; 47,36; 52,23; 58,21; 69,1; 72,31 (das berüchtigte *sumerlaten*-Lied mit einer groben Absage an die Dame).

5. Radikaler als Walther stellte seit etwa 1210 sein erfolgreicher Rivale Neidhart das Konzept des Minnesangs in

Frage, indem er es parodierte (vgl. dazu S. 184). Walther wandte sich dagegen mit seinem Lied 64,31 ›Owê, hovelîchez singen‹. In einer neuen Reihe von Minneliedern, den »Liedern der neuen hohen Minne«, geht es weniger um die individuelle Erfüllung eines Liebeswunsches als vielmehr darum zu betonen, daß dadurch, daß man den Minnesang lächerlich macht, der Untergang der höfischen Kultur, der Schritt in die Barbarei, herbeigeführt wird. Im Mittelpunkt steht die Dame, die den ethischen Anforderungen der Minne gerecht wird. Hierher sind zu zählen die Lieder 43,9; 44,11; 45,37; 46,32; 59,37; 62,6; 63,8; 63,32; 116,33; 184,1.

Das skizzierte Modell ist geeignet, die Vielfalt von Walthers Minnesang deutlich zu machen. Was die Chronologie angeht, ist es freilich nicht mehr als eine bloße Hypothese. Walther kann ohne weiteres Lieder mit unterschiedlichen Minnekonzepten zur gleichen Zeit geschaffen und in seinen Vortragsprogrammen gehabt haben.

Sangspruchdichtung

Als Minnesänger stand Walther in einer bedeutenden und reichen Tradition. Anders verhält es sich mit den Sangsprüchen, dem zweiten großen Bereich seiner Dichtung. Als er sie in den 1190er Jahren aufgriff, war diese Dichtungsgattung noch wenig profiliert. Die wenigen von Spervogel I (Herger) und Spervogel II überlieferten Strophen haben vorwiegend Morallehre und religiöse Unterweisung zum Thema, beide Dichter verfügten ferner über jeweils nur einen einzigen einfachen Ton (vgl. S. 125 ff.). Durch Walther wurde der Sangspruch zu einer Gattung, die gleichberechtigt neben dem Minnesang stand. Die von ihm eingeführten Neuerungen betrafen inhaltliche wie formale Momente. Zum einen erschloß er dem Spruchsang zusätzliche Themen und Inhalte. Vor allem wurde der Sangspruch nun zu einer Waffe im politischen Tageskampf. Die Publizität von Walthers vor Bosheit funkelnden Sprüchen gegen Papst Innozenz III., gesungen im Auftrag Kaiser Ottos IV., war offenbar so groß, daß der italienische Kleriker Thomasin von Zerklære in seinem Lehrgedicht ›Der welsche Gast‹ (1215/16, vgl. S. 277 ff.) darüber schrieb:

er hât tûsent man betoeret,
daz si habent überhoeret
gotes und des bâbstes gebot. (V. 11223–225)

Er [d.h. Walther] hat unzählige zum Narren gemacht, so daß sie Gottes und des Papstes Gebot nicht gehorcht haben.

Seit 1198 trat Walther für Philipp von Schwaben ein, den er, wohl in fürstlichem Auftrag, in einigen Strophen allerdings auch scharf tadelte (Reichston, Erster und Zweiter Philippston); vermutlich 1212 begrüßte er Kaiser Otto IV., wobei er die Erwartungen der Fürsten formulierte (Ottenton), später rechnete er schonungslos mit ihm ab (König-Friedrich-Ton); seit etwa 1214 stand er auf der Seite Friedrichs II. (König-Friedrichs-, Kaiser-Friedrichs-Ton). Dazu kommen Sprüche für bzw. gegen Reichsfürsten wie Hermann von Thüringen, Dietrich von Meißen, Leopold von Österreich, Erzbischof Engelbert von Köln und an den Grafen von Katzenellenbogen (Erster Philippston, Wiener Hofton, Leopoldston, Meißnerton, Unmutston, König-Friedrichs- und Kaiser-Friedrichs-Ton, Bognerton). Seine scharfen Invektiven gegen Papst Innozenz III. haben Walther seit seiner neuzeitlichen Wiederentdeckung um 1600 (Melchior Goldast) den Ruf eingebracht, eine Art Vorläufer der Reformation gewesen zu sein.

Ferner machte Walther, der die Spruchdichtung als zwar notwendig für seinen Lebensunterhalt, zugleich aber als Abhaltung von seiner eigentlichen Lebensaufgabe, nämlich Minnesang zu dichten, verstand (vgl. Spruch 28,1), Sprüche zu einem Instrument seines persönlichen Lebenskampfes. Er scheute sich nicht, seine Anliegen und Sorgen, seine Abneigungen und Feindschaften darin mit der ihm eigenen Klarheit und Unmißverständlichkeit zum Ausdruck zu bringen. Hierher gehören etwa die Strophen, in denen er sich um die Gunst des Wiener Hofes bemühte (Wiener Hofton, Leopoldston, Unmutston), in denen er über seine Unbehaustheit klagte (Unmutston, König-Friedrichs-Ton), auch der Dank an Friedrich II. für das Lehen (König-Friedrichs-Ton), die Angriffe gegen Gerhard Atze (Erster Atzeton, Leopoldston), ferner die Totenklage auf den als Dichter, jedoch nicht als Mensch geschätzten Reinmar den Alten (Leopoldston).

Neben diese inhaltlich-thematischen Neuerungen traten bei Walther zum andern auch bedeutende formale Veränderungen. Im Minnesang hatte sich das Prinzip, für jedes Lied einen eigenen Ton zu erfinden, längst durchgesetzt. Walther näherte den Spruchsang dem Minnesang dadurch an, daß er sich – anders als Spervogel I (Herger) und Spervogel II – in diesem Bereich nicht mehr mit einem einzigen Ton begnügte. Zwar ging er nicht so weit, für jede Spruchstrophe eine eigene Strophenform zu schaffen (es gibt nur einige wenige Einzelstrophen mit eigenem Ton), doch er ordnete bisweilen bestimmten Themen eigene Töne zu, ferner scheint er die meisten seiner Töne nur eine Zeitlang benutzt zu haben. So fallen etwa die drei Strophen im Reichston, die in engem Zusammenhang mit Philipp von Schwaben stehen, in die Jahre 1198 und 1201, die datierbaren Sprüche im Ersten Philippston – bis auf einen Spruch alle an Philipp gerichtet – wurden zwischen 1198 und etwa 1203/05 gedichtet usw. Insgesamt schuf Walther rund 20 Spruchtöne. (Die üblichen Tonnamen stammen übrigens durchweg aus dem 19. Jh.) An der prinzipiellen Einstrophigkeit des Spruches, wie sie sich schon bei Spervogel findet, hielt Walther fest, doch konnten mehrere Strophen zu einem mehr oder weniger festen Verbund zusammentreten. Eine weitere Innovation betrifft die Form der Spruchstrophen. Walthers ältester Spruchton, der Reichston, folgt dem Bauprinzip der Strophenformen Hergers und Spervogels (eine Folge von paargereimten Zeilen wird durch eine Langzeile abgeschlossen).

Die späteren Töne zeigen die im Minnesang längst übliche Kanzonenform, die von nun an auch im Bereich der Spruchdichtung kanonische Geltung beanspruchte. Eine Walthersche Besonderheit besteht im übrigen darin, daß er gerade bei seinen Sangsprüchen eine gewisse formale Experimentierfreude zeigte (Kanzonen mit ungleichen Stollen; gespaltene Weisen, d. h. die Stollen umrahmen den Abgesang).

Während die Musik zu Walthers Minneliedern vollständig verloren ist, haben sich wenige Reste seiner Spruchmelodien erhalten: wir kennen die Weisen zum Wiener Hofton und zum Ottenton, vom Zweiten Philippston und vom König-Friedrichs-Ton haben sich wenigstens Fragmente erhalten; außerdem ist – nicht ganz vollständig – die Melodie zu dem meist als unecht geltenden Ton XXXVIII,1 überliefert.

Religiöse Lieddichtung, Alterslyrik

Walther hat einen religiösen Leich verfaßt (3,1); auf diesem Feld war ihm Heinrich von Rugge mit seinem Kreuzleich vorangegangen (vgl. S. 236 ff.). Ohne in der Überlieferung greifbares Vorbild sind die Kreuzzugslieder: das ›Palästinalied‹ 14,38, dessen Melodie erhalten geblieben ist, das reimreiche Lied 76,22 ›Vil süeze waere minne‹ und die Aufforderung zum Kreuzzug 13,5 ›Owê waz êren sich ellendet tiuschen landen‹. Anders als Friedrich von Hausen, Hartmann von Aue und Albrecht von Johansdorf verknüpfte Walther die Kreuzzugsthematik nicht mit der Minnethematik. Es geht ihm vielmehr »um die religiöse Dimension, die das Unternehmen für die Christenheit und den einzelnen Christen hat« (G. Hahn). Offensichtlich wurden die Lieder verfaßt, um für das jahrelang vorbereitete Kreuzzugsprojekt Kaiser Friedrichs II. (5. Kreuzzug) Propaganda zu machen; daß Walther 1228/29 persönlich auf dem Kreuzzug dabei war, ist nicht sehr wahrscheinlich.

Religiösen Einschlag hat auch die sogenannte Alterslyrik. Es handelt sich um einige sehr persönlich geprägte Texte, ohne Vorbild in der älteren Lieddichtung. Hier rechnet der Dichter mit Minne und Welt ab, hier äußert er sich gleichsam abschließend zu seinen lebenslangen Bemühungen als Minnedichter. Vom Typ her stehen diese Lieder, besonders 66,21; 100,24; 124,1, zwischen Minnesang und Spruchdichtung – die sonst übliche Unterscheidung der Gattungen spielt hier keine große Rolle mehr. Gewissermaßen das Bindeglied zur Kreuzzugsdichtung stellt die ›Elegie‹ (oder ›Palinodie‹, d. h. Widerruf) 124,1 ›Owê war sint verswunden‹ dar (vermutlich in Langzeilen der Form 3–/3 abgefaßt, wie sie auch in der Nibelungenstrophe erscheinen, vgl. S. 110): Fremdheit in der an sich vertrauten Welt (1. Str.), Klage um den Verfall der höfischen Freude (2. Str.), Aufforderung zum Kreuzzug (3. Str.). Ferner gehören hierher 57,23; 41,13; die ›Absage an die Welt‹ 100,24 (in der zum ersten Mal in der deutschen Literatur die Personifikation der Frau Welt vorkommt), schließlich 66,21 ›Ir reinen wîp, ir werden man‹, eines der bedeutendsten Lieder der mittelalterlichen Literatur, das man Walthers »Vermächtnis« genannt hat:

66,27
wol vierzec jâr hab ich gesungen oder mê
von minnen und als iemen sol.
dô was ichs mit den andern geil:
nu enwirt mirs niht, ez wirt iu gar.
mîn minnesanc der diene iu dar,
und iuwer hulde sî mîn teil.

An die vierzig Jahre oder länger habe ich von Minne gesungen und davon, wie man sich verhalten soll. Da war ich dabei mit den anderen fröhlich – jetzt habe ich nichts mehr davon, es kommt ganz und gar euch zu. Mein Minnesang diene euch fernerhin – mein Teil sei eure Zuneigung.

Der Name Neidharts ist umstritten. Manche Forscher halten es für möglich, daß der Name, unter dem die Lieder überliefert sind, nicht Tauf-, sondern Dichtername war, da seine negative Bedeutung (»Neidling«, »Teufel«) in Beziehung zu manchen Liedinhalten gebracht werden kann. In einem Teil der Texte, den bayerischen Liedern, nennt der Sänger sich »der von Riuwental«, Reuental; obwohl Orte dieses Namens nachgewiesen sind, kann man nicht sicher sein, daß ein realer Ort gemeint ist, auch hier könnte es sich um einen fiktiven Namen handeln (»Jammertal«). Die vielfach gebrauchte moderne Namensform Neidhart von Reuental, im 15. Jh. sporadisch belegt, gilt heute meist als suspekt. Herkunft Neidharts aus Bayern wird vermutet, weil er hier offenbar zuerst gewirkt hat, doch muß das Land nicht seine Geburtsheimat sein. Aus Namen in den Liedern kann man erschließen, daß er zunächst im Raum Salzburg–Berchtesgaden–Hallein–Reichenhall tätig war und in näherer Beziehung zum erzbischöflichen Hof in Salzburg und vielleicht auch zum bayerischen Herzogshof in Landshut stand. Der Beginn seiner Schaffenszeit wird auf etwa 1210 angesetzt. Um 1230 verlegte Neidhart seine Tätigkeit an den Wiener Hof Herzog Friedrichs II. des Streitbaren, seit 1230 Herzog von Österreich. Die »Kennmarke« Reuental wird in den österreichischen Liedern aufgegeben. Neidharts Schaffenszeit dauerte bis um 1240.

In zahlreichen Hss. des 13. bis 15. Jh.s (darunter den Autorhss. Neidhart-R und Neidhart-c, vgl. S. 108) und im Druck des ›Neithart Fuchs‹ (erstmals 1491/97) sind etwa 150 Neidhart-Lieder enthalten. Als wirklich von Neidhart gedichtet gelten meist nur 66 Texte. Alle anderen stammen vermutlich von anonymen Autoren – *Ain Neithart* galt als Gattungsbezeichnung – des späten 13. und des 14. Jh.s, die Neidharts Manier nachahmen oder (so die schwankhaften Lieder) ihn als den sprichwörtlichen Bauernfeind schlechthin in den Mittelpunkt von Erzählhandlungen stellten (sogenannte Pseudo-Neidharte, vgl. S. 308 f.). Dazu kommt noch, da die Quellen auch bei unbezweifelbar echten Liedern häufig Differenzen in der Strophenzahl und -anordnung aufweisen, die Frage nach der Echtheit einzelner Strophen bzw. nach der authentischen Gestalt des jeweiligen Liedes.

Die Besonderheit von Neidharts Lieddichtung besteht in der Transposition der Grundsituation des höfischen Minnesangs in ein ihr gänzlich unangemessenes Milieu. Die Lieder spielen nicht im höfischen Rahmen, sondern in bäuerlicher Umgebung: der Liebhaber tritt als Ritter auf, seine Minnedamen sind Bauernmädchen und -weiber, seine Konkurrenten Bauernburschen, Schauplatz ist das Dorf. Erhabene Gefühlsäußerungen und dem Minnesang entlehnte Ausdrucksmittel stoßen schroff mit der derben, oft obszönen sachlichen und sprachlichen Realität der bäuerlichen Sphäre zusammen, die bis dahin nie in der deutschen Literatur erschienen war. Literarische Anregungen könnten von Walthers Mädchenliedern und von den mittellateinischen und romanischen Pastourellen (vgl. S. 177) ausgegangen sein. Der Hintergrund des Minnesangs der Hohen Minne und seine Kenntnis beim Publikum sind vorausgesetzt. Vermutlich handelt es sich um Tanzlieder, die Gebrauch im Zusammenhang höfischer Feste fanden. Neidhart muß man sich wohl nicht nur als Dichter und Sänger, sondern auch als Festarrangeur vorstellen.

Der Autor hat sich selbst zwei unterschiedliche Liedtypen geschaffen: die Sommerlieder und die Winterlieder. Die in der schönen Jahreszeit spielenden Sommerlieder zeigen in der Regel den Rittersänger als Sehnsuchtsziel der Bäuerinnen – sie wollen beim Tanz im Freien seine Gunst erringen. Neben dem Natureingang (die Jahreszeit fordert zu Tanz und Spiel auf) bestehen die Lieder meist aus Streitgesprächen zwischen Mutter und Tochter oder aus Gesprächen zwischen Mädchen über den Tanz oder den Liebsten (Gespielinnengesprächslieder). Die für den Minnesang kondas begunden /

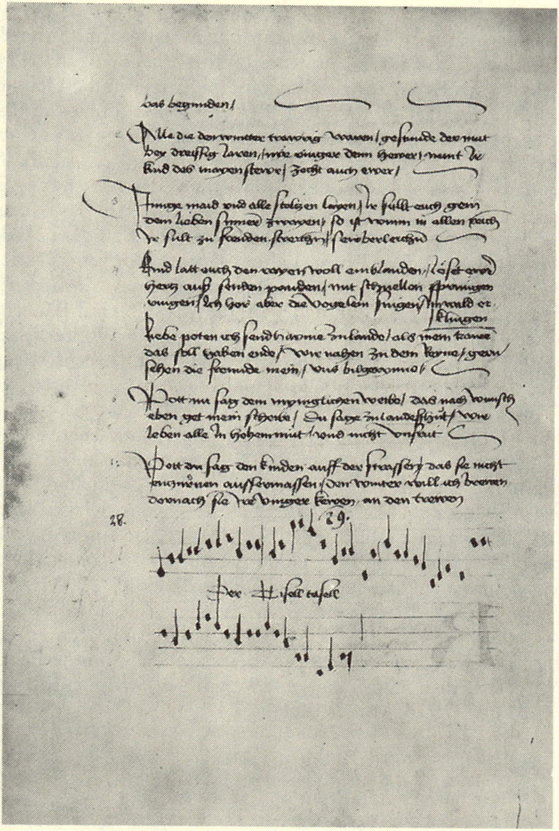

Alle die der winter trawrig waren / gesunde der mut
bey dreyssig iaren, / wie eingar dem herrer / nemt ir
kind das mayenstewr / zorst auch ewer /

Iunge maid und alle stolzen leyen / ir sullt auch gern
dem lieben sumer frewen / so ist wunn in allen reich
ir sult zu freuden streichen / sewberleichen

Und latt auch den rayen woll emblanden / löset ewr
hertz auff seiden pendern / mit schnellen springen
umgen / ich hör aber die vogelein singen / im wald er
klingen

Liebe poten ich send hinwme zu lande / als mein trawr
das soll haben ende / wir nahen zu dem kerne / gern
sehen die frewnde mein / uns [illegible] /

Gott nu sag dem mynneglichen weibe / das nach wunsch
eben get mein schreibe / du sag zu landeshut / wie
leben alle in hohem mut / und nicht [illegible]

Gott dem sag den kinden auff der strassen / das sie nicht
[illegible] aussermassen / den winter will ich beweinen
dornach sie [illegible] ungere keren an den trewen

28. 29.

Der [illegible] tafel

Abb. 9 Neidhart, Melodie zu Sommerlied 23 in Hs. c. Berlin, Staatsbibl., Mgf 779 (Nürnberg, 1461/66)

stitutive Konstellation ist hier umgedreht: die Frau wirbt um den ständisch hoch über ihr stehenden Mann. Sonderfälle sind die beiden Botenlieder (Sommerlieder 11 und 12), die der vom Kreuzzug desillusionierte Sänger in die Heimat schickt. Die Zeit der Winterlieder ist die des Tanzes in der Bauernstube. Außer dem Natureingang (Klage über den Verlust der Sommerfreude) finden sich Kataloge von Bauernnamen und Schilderungen von Prügeleien und sonstigen groben Zwischenfällen (mehrfach erscheint etwa das Motiv des Spiegelraubs durch den Bauern Engelmar an dem Mädchen Friderun). Der Ritter ist hier – minnesanggemäß – der (meist) erfolglos Werbende. Gegenstand seines Minnedienstes sind freilich Bauernmädchen, die Rivalen sind Bauernburschen. Der strophische Zusammenhang der Winterlieder ist vielfach locker, es gibt Sprünge im Ablauf, nicht selten fügt der Dichter persönliche Strophen, etwa auch Bitten an Gönner, hinzu; in einer Reihe von angehängten Strophen, den »Trutzstrophen«, polemisieren Bauernburschen gegen »Neidhart« (nach heutigem Verständnis wendet der Sänger sich in der Bauernrolle gegen sich selbst). In die späten Winterlieder mischen sich zeitaktuell-düstere Züge, Klagen über den Niedergang der höfischen Welt. Sie lassen hinter der aus den Fugen geratenen Welt einen Abgrund von Trauer sichtbar werden (vgl. besonders die Winterlieder 28, 30, 34).

Die beiden Liedtypen unterscheiden sich auch in der formalen Gestaltung. Die Winterlieder sind Kanzonen der Bauform AAB, hingegen bestehen die Sommerlieder aus verhältnismäßig knappen zweiteiligen Strophenformen (A/B) mit relativ kurzen Zeilen:

Sommerlied 6,I

»In dem tal	2 a	A
hebt sich aber der vogele schal:	4 a	
wan si grüezent alle nû den meien.	5–b	B
den wolgemuoten leien	3–b	
den wil ich helfen reien.«	3–b	

»Im Tal fangen die Vögel wieder an zu singen, denn sie begrüßen nun alle den Mai. Den frohgestimmten Laien will ich beim Reigentanz helfen.«

Zu gut einem Drittel aller Neidhart-Lieder sind Melodien überliefert; zu den 66 für echt gehaltenen Liedern kennen wir 18 Weisen (vgl. Abb. 9). Durch häufige Tonrepetitionen auf gleicher Stufe und ausgeprägten Hang zum Dreierrhythmus erweisen sie deutlich den Tanzcharakter der Lieder.

Neidharts Manier – die Walther offensichtlich als Bedrohung der höfischen Kultur empfand – wurde nicht nur von anonym bleibenden, sondern auch von namentlich bekannten Dichtern nachgeahmt (vgl. dazu S. 234, 309 und 320 f.). In den Schwänken wurde die Neidhartfigur zu der des Bauernfeindes schlechthin vergröbert. Sie lieferte die Grundlagen für die aus dem 14. bis 16. Jh. überlieferten Neidhartspiele (›St. Pauler Neidhartspiel‹, ›Tiroler Neidhartspiel‹, ›Sterzinger Neidhartspiel‹, ›Nürnberger Neidhartspiel‹, das Fastnachtspiel ›Neidhart mit dem Veilchen‹ von Hans Sachs, vgl. S. 366). Ferner bot sie die Vorlage für Wandmalereien und für die Neithart-Gestalt in Heinrich Wittenwilers ›Der Ring‹ (vgl. S. 340 ff.). Aufgrund der fiktiven Biographie, die der gedruckte ›Neithart Fuchs‹ am Ende des 15. Jh.s bot, blieb Neidhart bis in das 16. Jh. hinein eine sprichwörtliche Figur.

Literaturhinweise

Ausgaben: MF: Des Minnesangs Frühling, bearb. v. H. Moser / H. Tervooren, [38]1988. – W. Höver / E. Kiepe, Gedichte von den Anfängen bis 1300, 1978 (zweisprachig; dtv.). – U. Müller / G. Weiss, Dt. Gedichte des MAs, [2]2009 (zweisprachig; RUB). – I. Kasten / M. Kuhn, Dt. Lyrik des frühen u. hohen MAs, 1995 (zweisprachig; Bibliothek des MAs). – Hartmann v. Aue: E. v. Reusner, 1985 [u. ö.] (zweisprachig; RUB). – Heinrich v. Morungen: H. Tervooren, 1975 [u. ö.] (zweisprachig; RUB). – Reinmar: G. Schweikle, 1986 (zweisprachig; RUB). – Wolfram v. Eschenbach:

P. Wapnewski, 1972 (zweisprachig). – R. Hausner (Hrsg.), *Owe do tagte ez.* Tagelieder u. motivverwandte Texte, 1983 (GAG). – M. Backes / A. Wolf (Hrsg.), Tagelieder des dt. MAs, 1992 [u. ö.] (zweisprachig; RUB). – Walther v. d. Vogelweide: K. Lachmann / C. von Kraus / H. Kuhn, [13]1965 (danach zitiert); K. Lachmann / Ch. Cormeau, [14]1996; H. Brunner / U. Müller / F. V. Spechtler, 1977 (Litterae) [Abbildungen der Hss., Melodietranskriptionen]; W. Wilmanns / V. Michels, 2 Bde., [4]1916–24 [ausführlich kommentierte Ausg.]; G. Schweikle, 2 Bde., 1994 bis 1998 (zweisprachig; RUB). – Neidhart: M. Haupt / E. Wießner, 1923; E. Wießner / H. Fischer / P. Sappler, [4]1984 (ATB); S. Beyschlag, 1975 (zweisprachig); S. Beyschlag / H. Brunner, 1989 (zweisprachig; GAG) [die mit Melodien überlieferten Neidhartlieder]; U. Müller [u. a.] (Hrsg.), 3 Bde., 2007 [vollständige Überlieferung der Texte u. Melodien]. – Neidhartspiele: J. Margetts, 1982. – ›Neithart Fuchs‹: F. Bobertag, in: Narrenbuch, 1885.

Forschungsliteratur: R. Bauschke, Die ›Reinmar-Lieder‹ Walthers vdV, 1999. – H. Bergner (Hrsg.), Lyrik des MAs, 2 Bde., 1983 (RUB). – H. Birkhan (Hrsg.), Der 800-jährige Pelzrock. Walther vdV – Wolfger vErla – Zeiselmauer, 2005. – G. Blaschitz (Hrsg.), Neidhartrezeption in Wort und Bild, 2000. – H. Brunner (Hrsg.), Neidhart, 1986 (WdF). – H. Brunner / G. Hahn / U. Müller / F. V. Spechtler, Walther vdV, [2]2009 (Arbeitsbücher). – H. Brunner, Walther vdV, 2007. – C. Edwards [u. a.] (Hrsg.), Lied im dt. MA, 1996. – O. Ehrismann, Einführung in das Werk Walthers vdV, 2008. – H. Fromm (Hrsg.), Der dt. Minnesang, 2 Bde., 1961–85 (WdF). – A. Grafetstätter, Der Leich Walthers vdV, 2004. – H. Haferland, Hohe Minne, 2000. – F.-J. Holznagel, Wege in die Schriftlichkeit, 1995. – F.-J. Holznagel [u. a.] (Hrsg.), Geschichte der dt. Lyrik, 2004 (RUB). – G. Kornrumpf, Vom Codex Manesse zur Kolmarer Liederhs., Bd. 1, 2008 (MTU). – U. Meves, Regesten dt. Minnesänger des 12. u. 13. Jh.s, 2005. – W. Mohr, Gesammelte Aufsätze, Bd. 2: Lyrik, 1983 (GAG). – H.-D. Mück (Hrsg.), Walther vdV, 1989. – J.-D. Müller / F. J. Worstbrock (Hrsg.), Walther vdV, 1989. – Th. Nolte, Walther vdV, 1991. – H. Ragotzky [u. a.] (Hrsg.), Fragen der Liedinterpretation, 2001. – RSM: H. Brunner / B. Wachinger (Hrsg.), Repertorium der Sangsprüche u. Meisterlieder des 12. bis 18. Jh.s, 16 Bde.,1986–2009. – O. Sayce, The Medieval German Lyric 1150–1300, 1982. – M. G. Scholz, Walther vdV, [2]2005 (SM). – M. G. Scholz, Walther-Bibliographie 1968–2004, 2005. – G. Schweikle, Minnesang, 1989 (SM). – G. Schweikle, Neidhart, 1990 (SM). – H. Tervooren, Reinmar-Studien, 1991. – H. Tervooren (Hrsg.), Gedichte u. Interpretationen: MA, 1993 (RUB). – H. Tervooren, Sangspruchdichtung, 1995 (SM). – A. H. Touber, Dt. Strophenformen des MAs, 1975. – J. Warning, Neidharts Sommerlieder, 2007 (MTU). – E. Wießner, Kommentar zu Neidharts Liedern, 1954. – E. Wießner, Wörterbuch zu Neidharts Liedern, 1954.

2. Großepik

Hartmann von Aue

Obwohl Hartmann von Aue im Mittelalter als Autor galt, dessen Werk man als vorbildlich empfand und vor allem in stilistischer Hinsicht immer wieder nachahmte, wissen wir so gut wie nichts über seine Person. Aufgrund seiner Sprache wird er für einen Alemannen gehalten. Er selbst bezeichnet sich als *dienstman*, d. h. Ministerialen, *zOuwe*, doch nach welchem Aue er sich nennt, ob nach Niedernau bei Rottenburg am Neckar, Owen/Teck, Au bei Freiburg i. Br., Eglisau – früher Au am Rhein westlich Schaffhausen –, der Insel Reichenau im Bodensee oder Kloster Weißenau bei Ravensburg, ist nicht zu klären. Ebensowenig, wer seine Auftraggeber und Gönner waren, ob die Staufer, die Welfen oder die Zähringer. Am meisten neigt man derzeit zu letzteren. Die zu Hartmanns Zeiten regierenden Herzöge Berthold IV. (gest. 1186) und Berthold V. (gest. 1218) waren mit französischen Grafentöchtern verheiratet und hatten rege Beziehungen nach Burgund und Frankreich; sie verfügten also über Möglichkeiten, dem Dichter afrz. Vorlagen zu verschaffen. Hartmann konnte Latein und Französisch, er verfügte über souveränes rhetorisches Können, wie man es durch eine an der lateinischen Schriftkultur orientierte Ausbildung in einer Kloster- oder Kathedralschule zu erwerben vermochte. Seine Schaffenszeit dürfte in die Jahre 1180/85 bis gegen 1205 fallen. Außer den bereits besprochenen Minneliedern (vgl. S. 165 ff.) verfaßte er die ›Klage‹, ein in Reimpaaren abgefaßtes Streitgespräch zwischen Herz und Leib um das rechte Minneverhalten, ferner zwei Artusromane und zwei legendenhafte Erzählungen.

Artusromane

Hartmanns Artusromane ›Erec‹ und ›Iwein‹ sind deutsche Bearbeitungen zweier Romane des **Chrétien de Troyes**, des französischen Schöpfers des Artusromans. Chrétien wirkte zwischen etwa 1165 und etwa 1190 im Umkreis des englischen Königshofes Heinrichs II. und der Eleonore von Aquitanien, am Hof des Grafen von Champagne in Troyes und beim Grafen Philipp von Flandern. Er verfaßte fünf Artusromane: ›Erec et Enide‹ (um 1170), ›Cligès‹, eine Parodie auf den Tristanstoff (um 1176; deutsche Fassung[en] aus der 1. Hälfte des 13. Jh.s von Konrad Fleck und Ulrich von Türheim bis auf wenige Reste der Fassung Türheims verloren), ›Yvain‹ (um 1177/81), ›Lancelot‹ (um 1177/81; der deutsche ›Lanzelet‹ des Ulrich von Zazikhoven, um 1210?, basiert auf einer andersartigen französischen Vorlage, die verloren ist), ›Perceval‹ (vor 1190; deutsche Bearbeitung von Wolfram von Eschenbach). Im Zentrum der Artusromane steht der sagenhafte britische König Artus; sein Hof ist der ideale Mittelpunkt der Romanwelt. Artus hat eine glänzende Schar von Rittern – die Tafelrunde – um sich versammelt, einzelne von ihnen erscheinen als Helden der Romane. Wahrscheinlich war Artus eine historische Figur, ein britischer Kleinkönig des frühen 6. Jh.s. Allgemein berühmt wurde er durch das fabulöse Geschichtswerk ›Historia regum Britanniae‹ (um 1138) des Oxforder Magisters **Geoffrey of Monmouth**. Daneben gab es vermutlich auch mündliche Erzählungen von Artus, die Chrétien als Quellen dienen konnten.

Die Artusromane spielen – anders als die Chansons de geste und die Antikenromane – in einer auch durch den Namen Artus nicht weiter festgelegten Phantasiezeit und in einem geographischen Raum, in dem zwar reale Orts- und Ländernamen vorkommen, in dem diese jedoch bunt gemischt sind mit solchen, von denen in der Realität noch niemand etwas gehört hat. Es ist eine phantastische, märchenhafte Welt voller symbolischer Bedeutungen, mit Wäldern voller Gefahren und unerwarteten Begegnungen, Burgen, auf denen oft seltsame und gefährliche Abenteuer auf den Protagonisten warten, die voll ist von wunderbaren und oft rätselhaften Geschöpfen. Es geht in dieser Welt nicht um historisch relevante Angelegenheiten, sondern um die Bewährung des Ritters in riskanten Abenteuern, ferner um die Frage, wie die wahre höfische Liebe auszusehen hat. In diesem Zusammenhang sei auf die sogenannte Doppelwegstruktur hingewiesen, die für ›Erec et Enide‹ und ›Yvain‹ eine große Rolle spielt. Hier zeigt ein erster »Kursus«, wie der Held aus der Namenlosigkeit durch ritterliche Taten auf den Gipfel des Ruhmes gelangt und zugleich die Hand einer schönen Dame erwirbt; dann vergeht er sich und gerät in Konflikt mit seiner Umgebung. In einem auf die Krise folgenden zweiten »Kursus« kann er sich durch zahlreiche erfolgreich bestandene Abenteuer rehabilitieren und zum alten Ansehen zurückgelangen.

Um 1185 schuf Hartmann von Aue mit seiner Bearbeitung von Chrétiens ›Erec et Enide‹ den ersten deutschen Artusroman.

Inhalt: Bei einem Jagdausflug von König Artus wird der Königin Ginover begleitende junge und unbewaffnete Ritter Erec durch den vorbeireitenden fremden Ritter Ider beleidigt. Er verfolgt Ider in eine Stadt, kehrt bei dem völlig verarmten Grafen Coralus ein, wird mit dessen wunderschöner Tochter Enite bekannt und erhält Waffen. Anderntags besiegt er den Beleidiger im Kampf um den Sperber, der der schönsten Frau gehören soll. Nach der Rückkehr zu Artus wird Hochzeit mit Enite gefeiert; Erecs neugewonnener Ruhm bestätigt sich in einem Turnier. Er zieht mit Enite in sein heimatliches Königreich Carnant. Erec ist so verliebt, daß er mit seiner Gemahlin die meiste Zeit im Bett verbringt und seine Herrscher- und Ritterpflichten vernachlässigt (das *verligen*). Aufgrund eines Monologs der Enite erfährt Erec vom Verlust seines Ansehens. Durch eine lange Reihe von Kämpfen gegen Räuber, Riesen, verräterische Grafen und den tapferen Zwergenkönig Guivreiz, der sein Freund wird, kann er sich – stets begleitet von Enite – rehabilitieren; endgültig seinen Ruhm zurück erlangt er durch den Kampf gegen den Ritter Mabonagrin und die Befreiung des Zaubergartens *Joie de la curt* (»Freude des Hofes«). Am Ende führt Erec ein Leben in vorbildlicher Harmonie zwischen seinen Ritter- und Herrscherpflichten und der Liebe zu Enite.

Hartmanns Roman ist vollständig nur im ›Ambraser Heldenbuch‹ (1504/17, vgl. S. 246) überliefert, außerdem gibt es Fragmente von vier Hss. (die eine abweichende Fassung bezeugen). Der ›Erec‹ ist mit 10135 Reimpaarversen erheblich länger als Chrétiens Fassung (6958 Verse). Gleichwohl hat sich der Autor an Chrétiens Handlungsverlauf und Konzeption gehalten, auch wenn er in zahlreichen Details abweicht. Hartmann läßt den Erzähler deutlicher in den Vordergrund treten; ihm kommt es weniger auf Spannung als auf »sachgerechte« Kommentierung und gründliche Information des Publikums an. Die beteiligten Figuren werden bisweilen im Interesse der Verdeutlichung stärker voneinander abgesetzt als in der Vorlage – Hartmann idealisiert die Guten und pejorisiert die Schlechten, neigt also mehr als Chrétien zur Schwarzweißmalerei. Handlungsmotivationen und Logik einzelner Abläufe werden verbessert, in rhetorischer Hinsicht tritt Hartmann in eine Art Wettstreit mit Chrétien ein, indem er Szenen, die dieser breit ausgestaltete, wegläßt oder reduziert und dafür andere breit ausmalt (berühmt ist die Beschreibung von Enites Pferd in fast 500 Versen, V. 7264 ff.). Aufgelockert wird die stärkere Didaktisierung von Hartmanns Fassung indes durch allerlei humoristische Einschübe, etwa die Beschreibung des köstlichen Festmahls, das Erec von Enites Eltern – nicht vorgesetzt bekommt (V. 366 ff.), oder die »Registerarie« auf die achtzig schönen Witwen der von Mabonagrin getöteten Ritter (V. 8221 ff.).

Hartmanns zweiter Artusroman nach Chrétien, der ›Iwein‹, entstand um 1200.

Inhalt: Der Ritter Calogrenant erzählt am Artushof, er habe im Wald eine Zauberquelle gefunden. Als er aus einem daneben hängenden Becken Wasser auf einen Stein goß, habe sich ein ungeheures Unwetter erhoben; der Herr des Landes sei gewappnet herbeigesprengt und habe ihn ohne viel Federlesens aus dem Sattel gestochen. Diese Geschichte lockt den Ehrgeiz des noch wenig profilierten Ritters Iwein. Er besteht das Abenteuer, wobei er den Verteidiger der Quelle (Askalon) tötet (vgl. Abb. 10). Nach einigen weiteren Ereignissen heiratet er durch Vermittlung der Zofe Lunete die Witwe Laudine und wird selbst Landesherr und Verteidiger der Quelle. Nachdem er somit in raschem Zugriff (wie Erec) zu Ruhm und zu einer Gemahlin gekommen ist, verliert er beides beinahe ebenso rasch wieder. Sein Vergehen ist nicht wie bei Erec Untätigkeit, es liegt vielmehr darin, daß er eifrig auf Turniere zieht und dadurch seine Pflichten als Gemahl Laudines und Landesherr verfehlt. Als Lunete ihn vor dem Artushof verflucht, wird er wahnsinnig. Von einer Gräfin geheilt, muß er im 2. Teil unter dem Namen Löwenritter eine lange Reihe von Abenteuern bestehen und erneut Ruhm gewinnen. Schließlich gelingt es Lunete, ihn wieder mit seiner Gemahlin zu versöhnen.

Hartmanns glanzvoll erzählter Roman, von dem 16 vollständig und 17 fragmentarisch erhaltene Hss. bekannt sind, folgt der Vorlage auf den ersten Blick genauer als der ›Erec‹, indes hat der deutsche Autor die Grundkonzeption verändert. Das Verhältnis zwischen Yvain und Laudine ist bei Chrétien als höchst problematische Ehe zwischen Minneherrin und Liebhaber im Sinne der Hohen Minne dargestellt – die durch List herbeigeführte, gewissermaßen erschlichene Versöhnung am Ende läßt den Leser unbefriedigt. Hartmann hat demgegenüber die Ehe zwischen Iwein und Laudine nach dem Muster der Erec-Enite-Ehe zu ge-

Abb. 10 Iwein kämpft an der Zauberquelle mit Askalon. Freiburg i. Br., Augustinermuseum, Maltererteppich (Freiburg, 1320/1330).
Vielfach wurden Szenen aus der höfischen Literatur auf Wandteppichen und Wandbildern dargestellt.

stalten gesucht und ein Ende in voller Harmonie herbeigeführt: Laudine fällt ihrem Gemahl zu Füßen und bittet ihn um Verzeihung für das, was sie ihm angetan hat (V. 8121 ff.). Ferner wird Iweins Fristversäumnis nicht in erster Linie als ein Verstoß gegen ein bloßes Willkürgebot Laudines gesehen; Iwein verstößt damit vielmehr gegen das ihm als Landesherrn und Quellenverteidiger aufgetragene Wohlergehen des Landes. Auch das erscheint als Parallele zum ›Erec‹, in dem ebenfalls die Herrscherpflichten des Protagonisten betont werden.

Legendenhafte Erzählungen

Da es sich bei den Hauptfiguren von Hartmanns Verserzählungen ›Gregorius‹ und ›Der arme Heinrich‹, entstanden um 1190, also vor dem ›Iwein‹, nicht um Heilige der Kirche handelt, kann man nicht von Legenden sprechen, vgl. dazu S. 65 f. Doch erscheint es angemessen, das Adjektiv »legendenhaft« zu verwenden, weil in beiden Texten die Helden überwiegend Gott zugewandt erscheinen, Thema das Verhältnis zwischen Mensch und Gott ist. Außer den legendenhaften gibt es freilich auch höfische Elemente, ja es macht den Reiz der Erzählungen aus, zwischen Legende und höfischer Epik zu stehen. ›Der arme Heinrich‹ gehörte seit der deutschen Romantik zu den bekanntesten mittelalterlichen Erzählungen; in Anlehnung an Richard Wagners Erlösungsthematik diente der Stoff 1895 als Grundlage einer Oper Hans Pfitzners, 1898 schrieb Ricarda Huch eine Novelle, ein Drama Gerhart Hauptmanns wurde 1902 uraufgeführt. Der ›Gregorius‹ – den Abt **Arnold von Lübeck** 1210/13 auf lateinisch bearbeitete (›Gesta Gregorii peccatoris‹; für Herzog Wilhelm von Lüneburg, Sohn Heinrichs des Löwen) – gab die Vorlage ab für Thomas Manns späten Roman ›Der Erwählte‹ (1951).

Kern des ›Gregorius‹-Stoffs ist, daß ein aus Inzest zwischen Geschwistern hervorgegangener Sohn unwissend seine Mutter heiratet, dann schwere Buße leistet und schließlich Papst wird. Hartmanns Quelle war eine Fassung der afrz. ›Vie du pape saint Grégoire‹ (Mitte 12. Jh.). Absicht der Erzählung, deren Gegensatz zum höfischen Roman Hartmann im Prolog hervorhebt, ist es, dem Publikum vor Augen zu führen, daß jede Sünde durch Reue und folgende Buße wiedergutgemacht werden kann – Gottes Gnade bleibt nur dann aus, wenn sich der Zweifel an ihr, die schlimmste Sünde, einstellt. Indes gestaltet Hartmann die Geschichte in mancher Hinsicht nach dem Muster höfischer Romane, und er bedient sich aller Mittel seiner rhetorischen Kunst. Geistliches Anliegen und weltliche literarische Kunst gehen eine Verbindung ein, der legendenhafte Stoff wird auf ein zeit- und bildungsadäquates Niveau gehoben, umgekehrt wird die neue säkulare Kunst in den Dienst der frommen Sache gestellt. Die Harmonie zwischen religiöser und säkularer menschlicher Existenz scheint sowohl im Schlußbild des großen Papstes Gregor als des idealen Herrschers im geistlichen wie im weltlichen Bereich errungen als auch in der literarischen Gestaltung. Überliefert ist das Werk in sechs vollständigen und sechs fragmentarischen Hss.

In ›Der arme Heinrich‹ (überliefert in drei vollständigen und drei fragmentarischen Hss.) erzählt Hartmann von dem schwäbischen Freiherrn Heinrich von Aue. Als er mitten in einem vorbildlichen Weltleben plötzlich am Aussatz erkrankt, erfährt er von einem Arzt zu Salerno, er könne nur durch das freiwillig geopferte Blut eines unschuldigen Mädchens geheilt werden. Als die kleine Tochter des Bauernehepaares, das den Aussätzigen betreut, nach Jahren davon erfährt, will sie sich hingeben. Nach langen Auseinandersetzungen nimmt Heinrich an. Doch als er das Mädchen nackt festgebunden sieht, widerruft er. Auf der Heimreise wird er von Gott geheilt. Er heiratet die Meierstochter.

Häufig galt der Aussatz im Mittelalter als Krankheit, die Gott zur Strafe verhängt. In Hartmanns Erzählung wird Heinrichs Krankheit indes nicht eindeutig beurteilt. Während der Protagonist die Krankheit als Strafe Gottes begreift oder zu begreifen sucht (er hat sich freilich keiner Vergehen gegen Gott schuldig gemacht), sieht der Erzähler sie als eine Erprobung nach dem Muster des biblischen Hiob an – von Strafe kann in dieser Perspektive keine Rede sein. Insgesamt verbindet Hartmann auch hier geistliche Thematik mit weltlicher Darstellungskunst. Und auch hier steht am Ende nicht ein nur geistliches, sondern zugleich weltliches Bild: Heinrich und seine Frau führen ein Leben im Ausgleich zwischen Gott und der Welt – wie alle epischen Werke Hartmanns endet auch ›Der arme Heinrich‹ in voller Harmonie.

›Nibelungenlied‹

Das ›Nibelungenlied‹, wohl um 1200 in Passau, vielleicht im Auftrag Bischof Wolfgers von Erla (vgl. S. 175 und 278), von einem Unbekannten (namens Konrad?) auf das Pergament gebracht, steht durch seine durch und durch negative Weltsicht in konträrem Verhältnis zum optimistischen und harmonischen Weltbild, wie es die epischen Dichtungen Hartmanns von Aue entfalten.

Inhalt: Gliederung in 39 Kapitel (»Aventiuren«). 1. Teil, Aventiure 1–19: Siegfried, Königssohn aus Xanten, wirbt um Kriemhild, die Schwester der Burgundenkönige Gunther, Gernot und Giselher zu Worms am Rhein. Siegfried, von dem Hagen von Tronje, der Verwandte und bedeutendste Vasall der Könige, weiß, daß er früher einen Drachen getötet und von den Nibelungen einen gewaltigen Schatz erworben hat, macht sich den Burgunden nützlich. Vor allem gewinnt er an Gunthers Stelle, doch für ihn, im Schutz der unsichtbar machenden Tarnkappe die ersehnte Braut Brünhild von Islant; daraufhin wird er mit Kriemhild vermählt. Jahre später wird der Skandal durch den Streit der Frauen Kriemhild und Brünhild um den Vortritt öffentlich bekannt. Siegfried wird – unter unfreiwilliger Mithilfe Kriemhilds – von Hagen auf der Jagd ermordet. Hagen raubt Kriemhild den Nibelungenschatz, mit dessen Hilfe sie die Rache herbeiführen könnte, und versenkt ihn im Rhein. 2. Teil, Aventiure 20–39: Kriemhilds Rache. Kriemhild folgt der durch den Markgrafen Rüdeger von Bechelaren überbrachten Werbung des mächtigen Hunnenkönigs Etzel. Nach Jahren lädt sie die nun Nibelungen genannten Burgunden an den Hunnenhof ein. Dort fallen in einem Blutbad alle hunnischen und burgundischen Krieger sowie die Gefährten des im Exil lebenden Königs Dietrich von Bern. Schließlich überwältigt Dietrich Gunther und Hagen, die letzten Überlebenden. Kriemhild läßt erst ihren Bruder töten, dann schlägt sie selbst mit Siegfrieds Schwert Hagen den Kopf ab. Dietrichs Waffenmeister Hildebrand bringt sie daraufhin um. Etzel und Dietrich bleibt am Ende nur die Klage über den Verlust von *mâge unde man*, von Verwandten und Mannen.

Mit einer Ausnahme in allen vollständigen Hss. (nicht jedoch in den modernen Ausgaben) folgt auf den Text des ›Nibelungenliedes‹ das vielleicht bald nach 1200 verfaßte Reimpaargedicht ›Diu Klage‹. Es berichtet von dem Jammer, den die Ereignisse am Hunnenhof überall hervorriefen. Die Geschehnisse werden erklärt, Hagen wird zum Schuldigen gemacht, Kriemhild entlastet.

Das ›Nibelungenlied‹ ist in 11 vollständigen und 24 fragmentarisch erhaltenen Hss. überliefert. Im Mittelpunkt der lange erbittert geführten philologischen Auseinandersetzungen um die authentische Textgestalt standen die drei ältesten vollständigen Hss. A (München, Ende 13. Jh.), B (St. Gallen, Mitte 13. Jh.) und C (Karlsruhe, früher Donaueschingen, 1. Hälfte 13. Jh.). Als am autornächsten wird mittlerweile meist B beurteilt (2376 Strophen), A weist demgegenüber Kürzungen auf (2316 Strophen, 3 davon nicht in B), C gilt als eine erweiternde Bearbeitung (2442 Strophen). AB und weitere Hss. werden nach dem letzten

Wort als Not-Fassung bezeichnet (*daz ist der Nibelunge nôt*), C und damit verwandte Hss. als Liet-Fassung (*daz ist der Nibelunge liet*).

Das 1757 teilweise, 1782 erstmals vollständig im Druck erschienene ›Nibelungenlied‹ galt seither vielfach in Analogie zu Homers ›Ilias‹ als deutsches Nationalepos. Die Rezeptionsgeschichte seit dem 18. Jh. ist entsprechend umfangreich und vielfältig, häufig wurde das Werk ideologisch mißbraucht. Die eindrucksvollste künstlerische Neugestaltung bietet Friedrich Hebbels Trilogie ›Die Nibelungen‹ (Uraufführung 1861); Richard Wagners Tetralogie ›Der Ring des Nibelungen‹ (uraufgeführt 1869/70/76) basiert vor allem auf nordischen Quellen.

Das ›Nibelungenlied‹ stellt das bedeutendste Werk literarisierter Heldenepik in Deutschland dar (vgl. S. 130 ff.). Man muß davon ausgehen, daß der Stoff jahrhundertelang durch Epenerzähler in mündlicher Form weitergetragen und weiterentwickelt wurde. Dabei kann man auf das Erscheinen nibelungischer Gestalten wie Hildebrand, Dietrich von Bern, Etzel, Gunther, Hagen im ahd. ›Hildebrandslied‹ (um 800, vgl. S. 48 ff.) und im mittellat. ›Waltharius‹ (9./10. Jh., vgl. S. 50 f.) hinweisen, ferner auf die vom ›Nibelungenlied‹ abweichende Stoffüberlieferung im ›Lied vom Hürnen Seyfrid‹ (erst aus dem 16. Jh. überliefert, jedoch sicher erheblich früher entstanden, vgl. S. 248), vor allem aber auf die altnordische Überlieferung: episodische Heldenlieder in der ›Lieder-Edda‹ (ältere Texte, die in der 2. Hälfte des 13. Jh.s in Island im ›Codex Regius‹ aufgezeichnet wurden), Prosaerzählungen in der ›Thidrekssaga‹ (Mitte 13. Jh., Norwegen, dem Prolog zufolge aufgrund von Erzählungen »deutscher Männer«) und in der ›Völsungasaga‹ (2. Hälfte 13. Jh.). Letztlich hat der Stoff einen historischen Kern, der zurückführt in die Völkerwanderungszeit. Nach der ›Lex Burgundionum‹ (um 516) gab es seit 413 ein Reich des germanischen Stammes der Burgunden mit Worms als Hauptstadt. Beim Versuch, es nach Westen auszudehnen, wurde der Burgundenkönig Gundahari (vgl. Gunther) 435/436 von dem weströmischen Heermeister Aetius und 436 oder 437 endgültig von dessen hunnischen Hilfstruppen besiegt. Der König, seine Sippe, darunter die Brüder Godomar (im ›Nibelungenlied‹ durch Gernot ersetzt) und Gislahari (vgl. Giselher), und der größte Teil des Volkes kamen ums Leben; die Reste wurden u. a. im heutigen Burgund angesiedelt. Führer der damaligen Hunnen war nicht Attila/Etzel. Dennoch könnte sein 453 erfolgter Tod schon frühzeitig mit der Geschichte des Burgundenuntergangs verknüpft worden sein. Attila starb in der Hochzeitsnacht mit der Germanin Hildico an einem Blutsturz – der Gedanke an Mord aus Verwandtenrache (wie in der nordischen Überlieferung) lag nahe. Weniger sicher sind die Anknüpfungsmöglichkeiten für die Gestalt Siegfrieds. Hinter Dietrich von Bern steht der Ostgotenkönig Theoderich der Große (493–526).

Die Epenerzähler kombinierten die unterschiedlichen historischen Stoffe und verbanden sie, fortgesetzt um Ausgestaltung bemüht, mit traditionellen Erzählmotiven und Erzählstrukturen. Siegfried beispielsweise, möglicherweise ursprünglich ein fränkischer Adliger, wurde im Epos mit der in Mythologie und Volkserzählung verbreiteten Vorstellung vom Drachentöter verknüpft; das Motiv der Unverwundbarkeit bis auf eine kleine Stelle teilt er mit dem antiken Achill. Die Geschichte seiner Ermordung verband man mit der vom Untergang der Burgunden.

Durch seine strophische Form unterscheidet sich das ›Nibelungenlied‹ von den anderen großepischen Texttypen – auch den deutschen Chansons de geste –, die in der Regel in Reimpaarversen abgefaßt sind. Die strophische Form, die die meisten späteren deutschen Heldenepen mit dem ›Nibelungenlied‹ teilen, dürfte auf Usancen der mündlichen Epenerzähler beruhen. Das mit dem Ton II des Kürenbergers identische Schema der Nibelungenstrophe findet sich S. 110. Neuere Aufführungsexperimente haben gezeigt, daß die zwar erst 1545 überlieferte, doch sicher wesentlich ältere, strukturell zweiteilige Melodie (V. 1+2 / 3+4, beide Teile haben gemeinsame Melodieglieder) zum ›Jüngeren Hildebrandslied‹ (vgl. S. 251) auch für das ›Nibelungenlied‹ in Gebrauch gewesen sein könnte (vgl. Melodie II).

Melodie II ›Nibelungenlied‹, 1. Str. Melodie des ›Jüngeren Hildebrandsliedes‹ nach Georg Rhau (1488–1548), ›Bicinien‹ (1545). Die eingeklammerte Note ist ergänzt; die unterpungierten Vokale sind beim Vortrag zu elidieren. Der Ausruf *Ey-ia* vor der letzten Zeile liefert vielleicht Einblick in die sonst nicht belegte Aufführungspraxis; Aufführungsexperimente haben gezeigt, daß er sich zum Ausdruck unterschiedlicher Empfindungen verwenden läßt. Übersetzung: »Uns ist in alten Erzählungen Wunderbares berichtet von ruhmwürdigen Helden, von großer Mühsal, von Freuden, von Festen, von Weinen und Klagen. Von Kämpfen kühner Helden könnt ihr jetzt viel erzählen hören.«

Auch in Sprache und Stil zeigt das Epos Züge, die auf die Herkunft aus der mündlichen Dichtung verweisen; die artifizielle Rhetorik der höfischen Romane findet sich nicht. Hervorzuheben als Mittel zur Spannungssteigerung ist die Vorausdeutung, der permanent wiederholte Hinweis auf das schlechte Ende, z. B. schon in Str. 2 mit Bezug auf Kriemhilds Schönheit: *dar umbe muosen degene vil verliesen den lîp*, »deshalb mußten viele Helden das Leben verlieren«. Ferner ist ein hohes Maß an Formelhaftigkeit charakteristisch, vgl. etwa *Dancwart der vil snelle – Sîfrit der snelle*; *Sîvrit der vil küene – Hunolt der küene*. Schließlich finden sich häufig altertümliche Wörter, die die Romane zu vermeiden suchen, z.B. *gêr* »Wurfspieß« (in den Romanen erscheint üblicherweise die beim »modernen« Reiterkampf verwendete Lanze, der *sper*), *marc* »Streitroß«, *verch* »Leben«, *snel* »tapfer« usw.

Der Autor der verschriftlichten Fassung des ›Nibelungenliedes‹ um 1200 stand vor der Aufgabe, den überlieferten Stoff, das *alte maere* (Str. 1), in der traditionellen Form so zu gestalten, daß er das zeitgenössische höfische Publikum ansprach. Einen regelrechten höfischen Roman daraus zu formen war unmöglich. Wo es einigermaßen ging, führte der Autor höfische Züge ein (vgl. etwa die Schilderung der Hofämter in der 1. Aventiure, die Beschreibungen prunkvoller Bekleidung, die Szenen mit höfischer Repräsentation, die Darstellung der Liebe zwischen Siegfried und Kriemhild zu Beginn). Insbesondere die Geschichte des jungen Siegfried und das, was sich daraus ergab, konnte nicht nach dem Muster der Jugend höfischer Romanhelden gestaltet werden. Wir kennen die Jung-Siegfried-Geschichte aus dem ›Lied vom Hürnen Seyfrid‹ und aus der altnordischen Überlieferung. Siegfried wächst demnach elternlos in der Wildnis (bei einem Schmied) auf; er verfügt über ungeheure Kräfte; er tötet einen Drachen und gewinnt die unverwundbar machende Hornhaut; er erwirbt (dabei) einen gewaltigen Schatz; er befreit eine Jungfrau und verlobt sich mit ihr

– es ist diejenige, die er nachher für Gunther erwirbt. Der Autor suchte diese letztlich mythische Figur, so gut es ging, zum höfischen Helden umzugestalten. Auf die explizite Ausbreitung der Jung-Siegfried-Abenteuer verzichtete er deshalb. Zunächst stellte er der Einführung Kriemhilds in der 1. Aventiure die Einführung Siegfrieds in der 2. Aventiure gegenüber: Der Held wächst wohlbehütet und wohlunterrichtet am väterlichen Königshof auf und erhält, als er das richtige Alter erreicht hat, mit allem gebotenen Prunk die Schwertleite, sozusagen wie jeder normale Königssohn. Freilich konnte der Autor an mehreren Punkten nicht einfach vorbeigehen: Siegfrieds Identität war nun einmal die des Drachentöters; für den Fortgang der Handlung brauchte er außerdem das Motiv der Unverwundbarkeit, die Tarnkappe, das Schwert Balmunc und den Nibelungenhort. Der Dichter führt diese Motive jedoch erst ein, nachdem Siegfried dem Leser als höfischer Ritter und Königssohn bereits vertraut ist. Zudem werden die Kämpfe und Erwerbungen nicht detailliert geschildert, sondern es wird lediglich davon berichtet, im wesentlichen von Hagen, dessen Vielwissenheit damit zugleich demonstriert wird, in der 3. Aventiure in lediglich 14 Strophen (Str. 87–100). Von der verwundbaren Stelle ist gar erst in der 15. Aventiure die Rede (Str. 902). Noch offensichtlicher ist das Bemühen, Siegfried aus dem mythisch-märchenhaften Bereich möglichst herauszunehmen, bei der Brünhildengeschichte. In der altnordischen Überlieferung ist Siegfried mit Brünhild verlobt, um einer neuen Braut willen verrät er sie. Der Umstand, daß Siegfried in der 6. Aventiure über Brünhild Bescheid weiß und den Weg nach Islant kennt, wird nicht erklärt, auch weiß man nicht, wieso der Held bei seiner Ankunft sogleich erkannt wird (Str. 411). Schließlich wird nicht begründet, weshalb Siegfried sich fälschlich als Gunthers Lehensmann ausgibt – ein Motiv, das für den tragischen Fortgang der Handlung unerläßlich war. Offensichtlich erschien es dem Autor um 1200 unmöglich, daß sein Held sich auf derart treulose Weise seiner alten Verpflichtung entzog, wie dies in der traditionellen Überlieferung der Fall war. An der Brüchigkeit der Darstellung Siegfrieds schien er sich nicht zu stören.

Goethe schrieb über das ›Nibelungenlied‹, es sei »so furchtbar, weil es eine Dichtung ohne Reflex ist; und die Helden wie eherne Wesen nur durch und für sich existieren«. Das heißt: Das Epos ist ohne Psychologie, die Gestalten und der Dichter reflektieren nicht, der Autor versucht allenfalls am Rande, ihre für den Handlungsverlauf verantwortlichen Gedankengänge zu erfassen, Motivationen bleiben bisweilen undeutlich oder sind mehrdeutig oder fehlen ganz. Das Geschehen läuft ab, wie es ablaufen muß und wie es bei diesem traditionellen Stoff seit jeher abgelaufen ist. Die Welt des ›Nibelungenliedes‹ – darüber können die Tendenzen zu höfischer Gestaltung nicht hinwegtäuschen – ist bestimmt von Verrat, Machtgier, Gnadenlosigkeit, gegen die positive Werte, auch christliche Werte, nicht aufkommen können. Im Rahmen der deutschen Literatur um 1200 ist das Epos durch einen radikal desillusionierenden Realismus gekennzeichnet.

›Reinhart Fuchs‹

Durch seine Weltsicht nahe zum ›Nibelungenlied‹ stellt sich das wahrscheinlich in den neunziger Jahren des 12. Jh.s von einem elsässischen Dichter namens **Heinrich** verfaßte kleine Epos ›Reinhart Fuchs‹, das außer in Fragmenten der Zeit um 1200 in zwei sprachlich-metrisch modernisierenden Hss. des 14. Jh.s erhalten ist. Stofflich gehört der Text in die Reihe der mittelalterlichen Tierepik: die lat. ›Ecbasis cuiusdam captivi per tropologiam‹ (»Flucht eines Gefangenen in bildlicher Darstellung«, um 1140, Kirchenprovinz Trier), durch die junge Klosterinsassen vor dem Weltleben gewarnt werden; das gleichfalls lat. Epos ›Ysengrimus‹, wahrscheinlich um 1150 von Meister **Nivardus von Gent** verfaßt, eine grimmige Satire gegen das Mönchtum; der afrz. ›Roman de Renart‹, eine Sammlung locker gereihter Abenteuer des Fuchses Renart (der Kern der 27 Branchen wurde etwa 1174/77 von **Pierre de Saint-Cloud** verfaßt); schließlich, auf dem afrz. Text basierend, das mittelniederländische Epos ›Van den Vos Reynaerde‹ (im 13. Jh. vermutlich von einem Autor namens **Willem** gedichtet) – davon leitet sich der höchst erfolgreiche, 1498 zu Lübeck gedruckte mittelniederdeutsche ›Reynke de Vos‹ ab (danach auch Goethes Hexameterepos ›Reineke Fuchs‹ von 1793).

Der ›Reinhart Fuchs‹ basiert stofflich auf mehreren Branchen des ›Roman de Renart‹. Aus einer lockeren Sammlung von Erzählungen, die beliebig fortgesetzt werden konnten, machte der deutsche Autor ein Epos mit Anfang, Mitte und Ende.

Inhalt: 1. Teil (V. 11–384): Reinhart begegnet dem Hahn, der Meise, dem Raben und dem Kater – allen vier gelingt es, sich seinen gemeinen Ränken zu entziehen. Der Autor kommentiert: *doch ist hivte niht sin tac* (V. 218), »doch heute ist nicht sein, des Fuchses, Tag«. 2. Teil (V. 385–1238): Das Bündnis Reinharts mit dem Wolf Isengrin. Reinharts Sinnen und Trachten ist darauf gerichtet, den Wolf zugrunde zu richten, ferner will er die Minne seiner Frau Hersant gewinnen – dies gelingt ihm auch, wenn auch nur durch eine gemeine Vergewaltigung. 3. Teil (V. 1239–2266): Reinhart wird beim König der Tiere, dem Löwen Vrevel, angeklagt. Da der König korrumpierbar ist, gelingt es Reinhart, alle seine Gegner zu vernichten. Bevor er davongeht, vergiftet er noch den König – dessen Einsicht kommt zu spät.

Der Erzählstil ist knapp und schmucklos, man wird an die faktenreiche Sprache der Sangsprüche von Spervogel I (Herger) und Spervogel II (vgl. S. 125 ff.) erinnert. Anders als im ›Roman de Renart‹ finden sich kaum literarische Reminiszenzen. Allenfalls erinnert Reinharts Liebesgesäusel gegenüber Hersant an den Minnesang:

»gevater, mochtet ir beschowen
Grozen kvmmer, den ich trage.
von iwern minnen, daz ist min klage,
Bin ich harte sere wunt.« (V. 424–427)

»Gevatterin, könntet Ihr doch das große Leid, das ich ertragen muß, ernsthaft prüfen. Durch die Liebe zu Euch, darüber klage ich, bin ich sehr schmerzlich verwundet.«

Die Formulierung in V. 1790 *Isingrines not*, so in den alten Fragmenten, bzw. *Ysengrines arbeit* in den jüngeren Hss. könnte an Str. 2379 bzw. Str. 1 des ›Nibelungenliedes‹ erinnern. Nicht auszuschließen ist, daß der Autor mit der Gestalt König Vrevels gegen Kaiser Heinrich VI. polemisiert. Die Hauptfiguren, der Fuchs, der Wolf, der Löwe, folgen keinem positiven Ethos, sie handeln durch und durch treulos. Die epische Welt ist grauenhaft, ohne Hoffnung, fast ganz ohne positive Werte. Man kann nur am Leben bleiben, wenn man treulos handelt und mit dem Stärksten paktiert – aber auch dann ist keine Sicherheit gegeben. Die Freundschaft zwischen Fuchs und Dachs ist die zweier Halunken. Der einzige wirklich positive Wert, die Liebe zwischen Hahn und Henne, hat keine Chance. Neben der Liebe erscheinen auch Religion und Recht in satirischem, desillusioniertem Licht. Die Tiere des Epos handeln wie Menschen, die wie Tiere handeln: unzivilisiert, inhuman, ohne Religion.

Wolfram von Eschenbach

Über Wolfram, den bedeutendsten und erfolgreichsten Epiker des deutschen Mittelalters, schrieb sein jüngerer Zeitgenosse Wirnt von Gravenberc: *sîn herze ist ganzes sinnes dach; / leien munt nie baz gesprach* (›Wigalois‹, V. 6354 f.) – »Sein Herz beherbergt alle Weisheit: nie hat ein Laie besser gesprochen«, und noch 1985 bezeichnete ihn der Schweizer

Abb. 11 Wolfram von Eschenbach. Der Dichter ist in einer O-Initiale in vornehmer Kleidung am Schreibpult dargestellt. Hs. W des ›Willehalm‹, Wien, Nationalbibl., Cod. ser. nova 2643 (1387 für König Wenzel geschrieben)

Romancier Adolf Muschg als den wichtigsten Dichter deutscher Sprache. Wolfram wurde um 1170 in dem fränkischen Ort Eschenbach bei Gunzenhausen geboren, der sich seit 1917 Wolframs-Eschenbach nennt. Ob er genealogisch mit der zwischen 1260 und etwa 1400 in mehreren Zweigen urkundlich belegten, wenig bedeutenden Familie der Herren von Eschenbach zusammenhängt, läßt sich nicht sicher entscheiden. Möglicherweise war er von Haus aus Ministeriale der in seinem Heimatort begüterten mainfränkischen Grafen von Wertheim. Auch zu einem zweiten mainfränkischen Geschlecht, den Freiherren von Durne, könnte er in Beziehung gestanden haben, da er deren Burg Wildenberg im Odenwald im ›Parzival‹ möglicherweise erwähnt. Ferner hatte er Verbindungen zur bayerischen Herzogsfamilie der Wittelsbacher und zu Landgraf Hermann von Thüringen sowie zu einigen Adelshäusern in der Umgebung Eschenbachs (den Herren von Truhendingen, den Grafen von Hirschberg-Dollnstein, vielleicht den Grafen von Abenberg). Wolfram starb um 1220; guter mittelalterlicher Tradition zufolge wurde er im Liebfrauenmünster zu Eschenbach begraben. Über lateinische Schulbildung scheint er nicht verfügt zu haben, doch konnte er Französisch und hatte ein vielfältiges Wissen. Außer den bereits besprochenen Liedern (vgl. S. 173 ff.) verfaßte er drei epische Werke: ›Parzival‹, ›Titurel‹, ›Willehalm‹.

›Parzival‹

Der ›Parzival‹ ist in 82 vollständig oder fragmentarisch erhaltenen Hss. des 13. bis 15. Jh.s erhalten, dazu in einer Inkunabel von 1477. Die neuzeitliche Wiederentdeckung erfolgte durch den Zürcher Literaturkritiker und Dichter Johann Jacob Bodmer (1698–1783), der 1753 eine Umdichtung in Hexametern erscheinen ließ; den ersten Textabdruck besorgte 1784 Bodmers Schüler Christian Heinrich Myller (1740–1807). Wolframs Roman entstand zwischen etwa 1200 und etwa 1210 auf der Grundlage des afrz. ›Perceval‹ (›Le Conte du Graal‹), des letzten, unvollendeten Romans Chrétiens de Troyes; eine zweite von Wolfram angegebene Quelle, den Provenzalen Kyot, hält die Forschung überwiegend für fiktiv.

Abb. 12 Parzival vor der Tafelrunde des Königs Artus. Fresko im Haus zur Kunkel Konstanz (nach 1319/20)

Inhalt: Buch I und II (Vorgeschichte, ohne Vorbild bei Chrétien): Gahmuret, der erbelose zweitgeborene Sohn König Gandins von Anschouwe, heiratet im Orient die Mohrenkönigin Belakane und zeugt mit ihr den Sohn Feirefiz. Zurück im Okzident vermählt er sich mit der aus dem Geschlecht der Gralskönige stammenden Herzeloyde. Bevor Parzival geboren wird, fällt sein Vater im Orient. Buch III–VI (Geschichte Parzivals): Obwohl Herzeloyde ihren Sohn in der Einöde aufzieht, um ihn vor den Gefahren des Rittertums zu bewahren, bricht er eines Tages doch auf, um Ritter zu werden. Schließlich kommt er an den Artushof (vgl. Abb. 12). Voll Torheit tötet er den Roten Ritter Ither und beraubt ihn seiner Rüstung. Durch Gurnemanz wird er unterrichtet, bald darauf befreit und heiratet er die Königin Cundwiramurs. Dann gelangt er auf die Gralsburg Munsalwaesche, versagt es sich dort aber, die erlösende Frage nach dem Leiden des Königs Anfortas zu stellen. Nachdem er von König Artus in die Tafelrunde aufgenommen wurde, verflucht ihn die Gralsbotin Cundrie – er bricht auf, um den Gral zu suchen. Gleichzeitig macht sich auch sein Freund, der arturische Musterritter Gawan, zu einem Gerichtskampf gegen König Vergulaht auf. Buch VII und VIII (Geschichte Gawans): Im Dienst des kleinen Mädchens Obilot schlichtet Gawan zunächst einen zum Krieg ausgearteten Streit zwischen Obilots Schwester Obie und deren Geliebten Meljanz; ein Liebesabenteuer mit König Vergulahts Schwester Antikonie wird gestört – der Gerichtskampf wird schließlich verschoben. Buch IX (Parzival): Nach viereinhalb Jahren vergeblicher Suche gelangt Parzival zu seinem Oheim Trevrizent, der als Einsiedler im Wald lebt. Er wird über seine Vergehen aufgeklärt und erhält Auskünfte über den Gral. Buch X–XIV (Gawan): Gawan verfällt in Liebe zur Herzogin Orgeluse. Er erlöst die auf Schastelmarveile, der Burg des Zauberers Clinschor, gefangenen Damen und Ritter. Schließlich erklärt sich die Herzogin bereit, Gawan zu heiraten. Im großen Friedensfest auf Joflanze gelingt es König Artus, allgemeine Versöhnung und viele Heiraten zu stiften. Parzival wird feierlich in die Artusgesellschaft zurückgeführt; doch verläßt er das Fest heimlich. Buch XV und XVI (Parzival, ohne Vorbild bei Chrétien): Parzival lernt durch einen Zweikampf, in dem er unterliegt, seinen Halbbruder, den orientalischen Großkönig Feirefiz, kennen, den er an den Artushof führt. Cundrie verkündet Parzivals Berufung zum Gralskönig. Er zieht mit dem Bruder nach Munsalwaesche, erlöst Anfortas und wird wieder mit Cundwiramurs vereint. Feirefiz läßt sich taufen und heiratet Anfortas' Schwester Repanse de Schoye, die er mit in den Orient nimmt. Mit einem Ausblick auf die Geschichte von Parzivals Sohn Loherangrin, der die Herzogin von Brabant heiratet, sie aber wieder verlassen muß, als sie ihn nach seiner Herkunft fragt, endet der Roman.

Chrétien kombiniert in seinem Roman eine Dümmlingsgeschichte, wie sie aus Märchen vertraut ist, mit der Geschichte vom Gral. Das im Afrz. seltene Wort *graal* hängt etymologisch wohl mit mittellat. *cratalis*, *cradalis* »Mischgefäß« zusammen. Ob die Gralsgeschichte aus der keltischen Sage oder aus frühchristlichen Legenden stammt, ist umstritten. In dem mit Chrétiens Roman etwa gleichzeitigen ›Roman du Saint-Graal‹ des **Robert de Boron** ist der Gral Christi Kelch beim letzten Abendmahl, in dem Joseph von Arimathia dann unter dem Kreuz das Blut Christi auffängt. Chrétiens Roman gibt viele Rätsel auf. Zum einen fehlt der Schluß, der die Auflösung vieler Fragen hätte bringen müssen, zum andern erzählt der Autor in einer Art Rätsel- oder Märchenton, so daß der Leser nie mehr weiß als der Held.

Wolframs Bestreben ist hingegen auf Rationalität, auf Auserzählen gerichtet. Zweifellos stellt der ›Parzival‹ ein neues, eigenem Kalkül folgendes Werk dar. Wolfram hat nicht nur sämtliche Personen mit Namen und viele mit einer eigenen Geschichte versehen (bei Chrétien tauchen hingegen zahlreiche namenlose Gestalten auf), er hat vor allem ein dichtes genealogisches Verknüpfungssystem hergestellt, das man in einem Stammbaum zeichnen kann: in Parzival kommen die beiden großen Sippen des Romans zusammen, die Mazadan-Sippe, zu der Gahmuret, Artus und Gawan gehören, und die von Titurel abstammende Gralssippe mit Herzeloyde und ihren Geschwistern Anfortas, Trevrizent, Schoysiane und Repanse de Schoye. Vorgeschichte und Schluß sind ganz Wolframs Erfindung, im übrigen hat er Szenen gekürzt, ausgelassen, aber auch hinzugefügt – davon betroffen ist vor allem die bei Chrétien namenlose Cousine, der Perceval im Wald begegnet; bei Wolfram erhielt sie den Namen Sigune, eine eigene Geschichte und vier Szenen, die allesamt entscheidende Stufen auf Parzivals Lebensweg markieren (Buch III, V, IX, XVI). Verändert sind auch das Verschulden Parzivals und die Darstellung des Grals. Bei

Chrétien wird das Versagen Percevals auf der Gralsburg mit der Sünde begründet, die er auf sich lud, als er beim Wegreiten aus der Einöde seine Mutter sterbend zusammensinken sah, sich jedoch nicht um sie kümmerte. Parzival weiß bis zum IX. Buch nichts vom Tod seiner Mutter. Was sein Versagen angeht, kamen für Wolfram offenbar so viele Aspekte zusammen, daß er sich hütete, die Frage eindeutig aufzuhellen. Der Gral ist bei Wolfram ein Stein, eine Art Tischlein-deck-dich, das Speisen liefert, auf dem aber auch eine Schrift erscheint, durch die Anweisungen gegeben werden. Die Gralsgemeinschaft schildert er als eine Art geschlossenen Ritterorden, ein Gegenbild zur offenen Artusgesellschaft; daß Wolfram die Angehörigen als Templeisen bezeichnet, läßt an den im 12. Jh. im Heiligen Land gegründeten Templerorden denken, auch wenn beide Gesellschaften nicht gleichgesetzt werden. Die Verwundung des Gralskönigs beruht darauf, daß dieser sich gegen die Gesetze der Gemeinschaft als höfischer Minneritter betätigt hat. Wesentliche Differenzen betreffen Zeit und Raum. Wolfram erzählt innerhalb eines Zeitgerüstes, das man ziemlich genau nachrechnen kann. Den Handlungsraum erweitert er über die Abenteuerwelt des Artusromans und den geheimnisvollen Bereich des Grals hinaus auf die ganze damals bekannte Welt. In der Gahmuret- und der Feirefizhandlung werden Afrika, der Nahe und Ferne Osten und die nordeuropäischen Länder hereingeholt, ferner erscheinen Italien, Brabant, die Steiermark und die heimatliche Umgebung des Erzählers (Eschenbach, Regensburg, Dollnstein, Abenberg, Wassertrüdingen, der Spessart, Wertheim, Wildenberg usw.). Wichtig ist schließlich der Hinweis darauf, daß Wolfram prozessual erzählt: Die Konzeption ist im Zugriff des Erzählers Wandlungen ausgesetzt, die Probleme ändern sich, wenn man über sie spricht. Im Verlauf der Ausarbeitung wurde die Konzeption offenbar verändert und erweitert.

Absicht des ›Parzival‹ ist es, Glanz und Elend der irdischen, vor allem der ritterlichen Welt in allen möglichen

Schattierungen und mit allen möglichen Darstellungsmitteln auszubreiten. Die angesichts der offenkundigen Negativität vieler Erscheinungen, der Fülle des Leids kaum erträgliche Spannung, unter der das menschliche Leben steht, kann man nur aushalten, wenn man positive menschliche Möglichkeiten, vor allem die Liebesfähigkeit, dagegensetzt und wenn man, wie Wolfram dies tut, mit Witz und Humor von ihr spricht. Von der umfassenden negativen Weltsicht des ›Nibelungenliedes‹ und des ›Reinhart Fuchs‹ ist Wolfram weit entfernt.

›Titurel‹

Die ›Titurel‹-Fragmente, zwei in einer eigenen Strophenform abgefaßte Stücke, die Ausschnitte aus der Geschichte des Liebespaares Sigune und Schionatulander erzählen, entstanden nach gängiger, freilich unbeweisbarer Annahme zwischen dem ›Parzival‹ und dem ›Willehalm‹. Bald nachdem Parzival in Buch III des Romans seine Mutter verlassen hatte, war er auf seine laut wehklagende Cousine Sigune gestoßen, die den eben von Herzog Orilus erschlagenen Schionatulander im Schoß hielt. Geheimnisvoll erklärte Sigune: *ein bracken seil gap im den pîn* (141,16), »ein Hundehalsband bewirkte sein Verderben«. Schionatulander sei im Dienst Sigunes gestorben, die ihm ihre Minne nicht gewährt habe, und im Dienst Parzivals, dessen Erbländer er gegen die schlimmen Brüder Orilus und Lähelin zu verteidigen suchte. Ihr weiteres Leben wird Sigune dann in Trauer um den Geliebten verbringen. Die ›Titurel‹-Fragmente, die ihren Titel nach dem im Fragment I zuerst genannten Namen des Stammvaters der Gralssippe tragen, stellen Ansätze dar, die Liebesgeschichte des Paares zu erzählen.

Inhalt: Fragment I (131 Strophen): Sigune ist die Tochter von Titurels Enkelin Schoysiane, die bei der Geburt stirbt. Das Kind wird von Herzeloyde, seiner Tante, erzogen,

Schionatulander ist der Enkel des Gurnemanz von Graharz, des Ritters, dem Parzival seine ritterliche Erziehung verdanken wird, er trägt den Titel *talfin von Graswaldane*, d.h. Dauphin von Graisivaudin. Er wird Knappe Gahmurets. Nach dessen Heirat mit Herzeloyde verlieben die Kinder sich ineinander. Als der Knappe seinen Herrn in den Orient begleiten muß, gestehen sie den Erwachsenen ihre Liebe. Fragment II (39 Strophen) spielt etwa anderthalb Jahre später. Gahmuret ist im Orient umgekommen. Das junge Paar lagert im Wald. Schionatulander fängt den Hund Gardeviaz und bringt ihn mitsamt der langen, edelsteingeschmückten Leine zu Sigune. Darauf findet sich eine Inschrift mit der Liebesgeschichte der Clauditte von Kanadic. Bevor Sigune zu Ende lesen kann, entläuft der Hund. Sie verpflichtet den Geliebten, den Hund wieder einzufangen.

Der ›Titurel‹ ist in einer komplizierten Sprache abgefaßt. Weshalb Wolfram ihn in strophischer Form gedichtet hat, gehört zu den Rätseln dieser Dichtung. Der Titurelton, dessen Melodie aus dem 14. Jh. überliefert ist, steht formal zwischen Heldenepik und Minnesang (vgl. Melodie III). Er ist einerseits zweiteilig wie die Strophenform des ›Nibelungenliedes‹ (1. Teil Z. 1 und 2, 2. Teil Z. 3 und 4); andererseits beginnen die Melodien von Z. 1 und 2 identisch, erinnern also an die Stollen der Kanzone, Z. 3 und 4 bilden eine Art Abgesang (mit Wiederholung der Melodie des »2. Stollens« am Schluß, wie es dem Formtyp der Rundkanzone entspricht).

Rätselhaft ist auch der Fragmentcharakter. Handelt es sich um ein Experiment, das der Autor bald wieder abbrach? Im späteren 13. Jh. glaubte man, daß der Tod Wolframs den Abschluß verhindert habe. Um 1260/70 baute ein Dichter namens **Albrecht** die Fragmente (die vollständig nur in einer Hs., teilweise in zwei weiteren Hss. überliefert sind) zu einem großen Epos aus, dem ›Jüngeren Titurel‹ (ca. 6300 Strophen). Es galt bis zu Beginn des 19. Jh.s als Werk Wolframs (überliefert in 56 Hss. und einer Inkunabel von 1477, vgl. S. 265).

Melodie III Wolfram von Eschenbach, ›Titurel‹, Str. 110. Melodie nach der Hs. Wien, Nationalbibl., Cod. 2675 (um 1300). Die unterpungierten Vokale sind beim Vortrag zu elidieren; die eingeklammerten Noten in der letzten Zeile sind ergänzt. Übersetzung: »Wie die Rose im Tau und ganz naß von Röte wurden ihre [d. h. Sigunes] Augen: ihr Mund, ihr ganzes Gesicht empfand die Bedrängnis. Ihre Keuschheit wußte das liebende Verlangen in ihrem Herzen nicht zu verdecken: es quälte sich in dieser Weise nach dem jungen Helden.«

Der ›Titurel‹ erzählt die Geschichte einer reinen Liebe zwischen zwei jungen Menschen, die sich in der strengen Form ritterlichen Dienens abspielt und die Möglichkeit des Todes mit einschließt. Keine der vielen Liebesgeschichten, die Wolfram darin erzählt oder andeutet, ist ohne Leid. Deutlicher noch als der ›Parzival‹ legt diese Dichtung Zeugnis ab von der Einsicht, daß das Dasein bei allem Glanz von Leid umgeben sei – erträglich wird die existentielle Trauer allenfalls durch einen geradezu bärbeißigen Humor.

›Willehalm‹

Nach eigener Aussage erhielt Wolfram die Vorlage zum ›Willehalm‹ von Landgraf Hermann von Thüringen. Es handelt sich um die afrz. Chanson de geste ›Aliscans‹, die zum Wilhelmszyklus gehört, vgl. S. 131. Graf Wilhelm von Toulouse war eine historische Figur, ein Verwandter der Karolinger, der sich im Kampf gegen die Sarazenen hervortat. Seine letzten Lebensjahre verbrachte er in dem von ihm gestifteten Kloster Gellone (St. Guilhem-le-Désert), wo er 812 oder 813 starb; spätestens seit dem 10. Jh. galt er als Heiliger. Inhaltlich stimmt Wolframs Werk mit der Vorlage weitgehend überein, in der Darstellung bestehen freilich erhebliche Differenzen. Der afrz. Text ist literarisch vergleichsweise wenig ausgefeilt, Wolfram hingegen arbeitete mit allen Mitteln der ihm zu Gebote stehenden Erzählkunst. Was die Gattung angeht, kann man das Werk nach der Herkunft des Stoffs und nach der äußeren Handlung als Chanson de geste einordnen; im Hinblick auf die verwendeten literarischen Mittel, etwa bei der Gestaltung der Figuren, ist es ein höfischer Roman; da es sich bei der Hauptgestalt um einen Heiligen handelt, der als solcher im Prolog auch angerufen wird, ergibt sich schließlich auch eine gewisse Nähe zur Legende. Verfaßt hat Wolfram das Werk nach dem ›Parzival‹. Da er in Buch IX Landgraf Hermann als verstorben bezeichnet (417,22 ff.), wurde es 1217 oder später beendet. Überliefert ist der ›Willehalm‹ in mehr als 70 Hss. In den meisten vollständigen Hss. ist er umrahmt von der 1253/78 von **Ulrich von dem Türlin** verfaßten Vorgeschichte, genannt ›Willehalm‹ oder auch ›Arabel‹, und von der von **Ulrich von Türheim** um 1250 abgeschlossenen Fortsetzung ›Rennewart‹ (vgl. S. 265).

Inhalt: Buch I und II: Erste Schlacht auf Alischanz. Unter dem Großkönig Terramer landet ein riesiges heidnisches Heer in der Provence. Es will Rache nehmen für die sieben Jahre zurückliegende Entführung der heidnischen Königin Arabel, der Tochter des Großkönigs, die in erster Ehe mit König Tybalt verheiratet war. Arabel war mit dem gefangenen Markgrafen Willehalm geflohen, hatte sich taufen lassen, den Namen Gyburc angenommen und den Geliebten geheiratet. Trotz aller Tapferkeit wird Willehalms Heer, in dem auch der junge Vivianz kämpft, bei der Landungsschlacht vollständig vernichtet. Der Markgraf flieht auf seine Burg Oransche. Er beschließt, Burg und Stadt in der Obhut Gyburcs zu lassen und Hilfe aus Frankreich herbeizuholen. Buch III und IV: Willehalm reitet nach Munleun (Laon). Er erhält sogleich die Unterstützung seines Vaters Heimrich von Narbonne und seiner Brüder, König Loys kann er eine Hilfszusage nur mühsam abringen. Sein wichtigster Helfer wird der junge, riesenhafte Rennewart, ein einst entführter Sohn Terramers, der unerkannt am Hof lebt und, da er sich weigert, den christlichen Glauben anzunehmen, als Küchenjunge dienen muß; seine Ziehschwester ist Alyze, die Tochter des Königs. Buch V und VI: Terramer belagert Oransche. In Kampfpausen finden Gespräche zwischen dem Großkönig und seiner Tochter statt; Gyburc lehnt es ab, zum alten Glauben zurückzukehren. Willehalm trifft mit dem Heer ein. Im Kriegsrat bittet Gyburc um Schonung der Feinde; sie hat die Schuldempfindungen zu verarbeiten, den Tod so vieler Menschen zu verursachen. Buch VII bis IX: Zweite Schlacht auf Alischanz. Dank Rennewart erringen die Christen nach langen, mühevollen Kämpfen schließlich den Sieg, die Heiden fliehen. Am Ende ist Rennewart jedoch unauffindbar. Willehalm läßt die im Kampf gefallenen Heidenkönige einbalsamieren und aufbahren, dann gibt er sie frei, damit sie in ihre Heimat überführt werden können.

Ob der ›Willehalm‹ abgeschlossen oder ob er Fragment geblieben ist – möglicherweise weil Wolfram darüber verstarb –, ist umstritten. Zweifellos ist die Rennewart-Handlung nicht zu Ende geführt, es wird jedoch für denkbar gehalten, daß der Dichter in dem Moment abbrach, in dem Willehalm sich zu einer Geste durchrang, die den Kreislauf von Totschlag und Rache unterbrach. Die Weiterführung hätte womöglich nur noch die literarische Konvention erfüllt, den Wunsch nach einem »ordnungsgemäßen« Schluß, jedoch keine neue Erkenntnis mehr gebracht.

Der ›Willehalm‹ gilt heute als eines der erstaunlichsten und bedeutendsten Werke der mittelalterlichen Literatur. Der Roman erzählt in welthistorischen Dimensionen vom Ringen der Heiden um die Weltherrschaft und von der Verteidigung des Westens durch die christlichen Ritter. Das Geschehen des ›Rolandsliedes‹, vgl. S. 134 ff., ist die von Wolfram immer wieder herbeizitierte unmittelbare Vorgeschichte. Während es im Artusroman, auch im ›Parzival‹, um die Liebe zwischen Ritter und adliger Dame und um die individuelle ritterliche Bewährung in der *aventiure* geht, handelt der ›Willehalm‹ von *minne* und Krieg. *Minne* hat hier mehrere Facetten. Heidnische wie christliche Ritter ziehen als Minneritter und in Erwartung des Minnelohnes in den Kampf, der hier freilich nichts anderes ist als Totschlag. *Minne* ist indes auch die Liebe der Menschen zu Gott und umgekehrt – um der Liebe Gottes willen verteidigen die Christen ihren Glauben; sterben sie im Kampf, werden sie als Märtyrer in den Himmel aufgenommen. Untrennbar verquickt erscheinen beide Bedeutungen von *minne* bei Gyburc: für sie sind die Liebe zum Christengott und zu Willehalm in eines verschmolzen.

Dem Blick Wolframs stellt sich der Krieg auf allen Seiten als ein Meer von Leid dar. Am Ende steht auch der Sieger als Verlierer da, denn der Sieg ist allemal teuer, zu teuer erkauft. Ritterschaft erweist sich als Mord. Gut und Böse, Weiß und Schwarz sind nicht leichthin verteilt. Terramer führt zwar einen Angriffskrieg, dieser ist jedoch durch die Entführung Arabels provoziert; Willehalms Verteidigung erscheint als gerechte Sache, muß aber mit unglaublichen Verlusten bezahlt werden. Angesichts all dieses Leides verschafft sich der von Gyburc ins Spiel gebrachte Gedanke der christlichen Schonung des Feindes Durchbruch. Er erwächst aus der Überlegung ihrer Sippenverwandtschaft mit zahlreichen Heiden. Der Gedankengang wird weitergeführt durch die Überlegung, daß alle Menschen Geschöpfe Gottes seien und daß alle Liebe ein Abbild der göttlichen Liebe ist. Offenbar erwächst Willehalms Versöhnungsbereitschaft am Ende daraus, daß er die Gedanken Gyburcs in sich aufgenommen hat. Zu denken ist diese Darstellung des ›Willehalm‹ im Kontrast zu der des ›Rolandsliedes‹: dort war der Krieg problemlos als Triumph des Christentums über das teuflische Heer der Heiden gesehen worden.

Gottfried von Straßburg

Über Gottfried von Straßburg, den Autor des um 1210 entstandenen, Fragment gebliebenen ›Tristan‹, ist so gut wie nichts bekannt. Der Dichter nennt sich nicht selbst, seinen Namen erwähnen andere Autoren, insbesondere Ulrich von Türheim, der vor 1243 eine Fortsetzung verfaßte. Gottfried war offensichtlich nicht adligen Standes, denn er wird nicht als Herr, sondern als *meister*, d.h. *magister*, bezeichnet. Vielleicht war er Kleriker, vielleicht in Straßburg. Dort könnte er ausgebildet worden sein, jedoch auch anderswo, möglicherweise in Paris; jedenfalls beherrschte er das Französische. Den Auftraggeber seines Werkes hat der Dichter vermutlich im Akrostichon zu Beginn angegeben: DIETERICH; bei der Identifizierung kommt man freilich über unverbindliche Vermutungen nicht hinaus. Hinzufügen läßt sich die Mutmaßung, die Gottesurteilszene (V. 15047 ff.) könne mit den Ketzerprozessen in Zusammenhang stehen, die der Straßburger Bischof 1211 durchführte; angenommen wurde auch, der Roman sei deshalb unvollendet geblieben, weil Gottfried selbst als Häretiker verbrannt worden sei. Zugeschrieben werden Gottfried auch zwei Sangsprüche und drei Lieder (ein Minnelied, ein langer Marienpreis, vgl. S. 244, ein didaktisches Lied über die Armut); als echt gelten davon nur die Sprüche.

Gottfrieds ›Tristan‹ ist in 27 vollständig oder fragmentarisch erhaltenen Hss. des 13. bis 15. Jh.s überliefert. In den vollständigen Hss. ist meist die ›Tristan‹-Fortsetzung **Ulrichs von Türheim**, in einigen Fällen auch die damit konkurrierende, 1280/90 verfaßte Fortsetzung **Heinrichs von Freiberg** angeschlossen, vgl. S. 264; in zwei Hss. ist in die Türheim-Fortsetzung noch das anonyme Episodengedicht ›Tristan als Mönch‹ (1. Hälfte 13. Jh.) eingeschoben (Tristan führt, verkleidet als Mönch, eine Wiederbegegnung mit Isolde herbei). Den ›Tristrant‹ Eilharts von Oberg (vgl. S. 154 ff.) vermochte Gottfrieds Werk nicht vollständig zu verdrängen. Im Unterschied zum ›Tristrant‹, der ältesten erhaltenen Fassung der Version commune des Stoffes, gehört Gottfrieds Roman zur Version courtoise; seine Quelle ist der afrz. Tristanroman des **Thomas von Bretagne** (um 1170; fragmentarisch erhalten, die Fragmente überschneiden sich nur an wenigen Stellen mit Gottfrieds Text), vgl. dazu S. 154 f.

Inhalt: 1. Vorgeschichte: Riwalin von Parmenie bekriegt seinen Lehensherrn Herzog Morgan. Während eines Waffenstillstandes gewinnt er am berühmten Hof König Markes von Cornwall dessen schöne Schwester Blanscheflur zur Geliebten. Er entführt die Schwangere in seine Heimat. Unmittelbar nach der Eheschließung wird Riwalin im Kampf getötet. Blanscheflur bringt Tristan zur Welt und stirbt. – 2. Tristans Jugend- und Heldengeschichte: Tristan wird vom getreuen Marschall Rual mustergültig aufgezogen und in allen Fähigkeiten ausgebildet. Mit vierzehn Jahren gelangt er nach Cornwall, wo er unerkannt in Markes Dienste tritt. Als die Verwandtschaft sich aufklärt, setzt der unverheiratete Marke ihn als Erben ein. Tristans Schwertleite schließt die Jugendgeschichte ab; in ihre Schilderung hat Gottfried seinen berühmten Überblick über die zeitgenössischen Dichterkollegen eingeschaltet (V. 4600 ff.). Nachdem Tristan Herzog Morgan getötet hat, erschlägt er im Zweikampf den riesenhaften Morolt, den Schwager König Gurmuns von Irland, dem Marke zinspflichtig ist. Dabei erhält er eine Wunde von Morolts vergiftetem Schwert, die nur von Morolts Schwester, Königin Isolde von Irland, geheilt werden kann. Tristan reist nach Irland, wo er sich als Spielmann Tantris ausgibt. Er wird geheilt. Dann unterrichtet er Gurmuns Tochter, die junge Isolde, in Sprachen und Musik. Nach einiger Zeit reist er zurück. Die neidischen Barone wollen, daß Marke heiratet. Tristan empfiehlt die irische Prinzessin. Als Brautwerber besiegt er in Irland zunächst einen Drachen, schließlich erlangt er für Marke die Hand der jungen Isolde. – 3. Die Geschichte Tristans und Isoldes: Tristan und Isolde trinken auf der Reise nach Cornwall versehentlich den Liebestrank und entbrennen in Liebe. Die Zofe Brangaene verhilft ihnen zueinander. Um Marke zu täuschen, nimmt Brangaene in der Hochzeitsnacht die Stelle Isoldes ein. Als Marke seine Frau leichtfertig an den ritterlichen Spielmann Gandin aus Irland verliert, gewinnt Tristan sie wieder zurück. In der Folge versucht der Hof, Marke vom Ehebruch seines Neffen zu überzeugen. Tristan und Isolde kontern mit List. Als die Verdachtsmomente sich mehr und mehr verdichten, muß Isolde sich vor einer Fürstenversammlung in London einem Gottesurteil unterziehen; auch diese Gefahr wird listig bestanden. Schließlich weist der König das Paar vom Hof. Sie leben eine Zeitlang in der paradiesischen Minnegrotte, können dann jedoch an den Hof zurückkehren. Als Marke sie in flagranti entdeckt, flieht Tristan ins Ausland. Dort vollbringt er ruhmreiche Taten. Die in ihn verliebte Schwester seines Freundes Kaedin, Isolt as blansche mains, Isolde Weißhand, erregt durch ihren Namen Tristans Aufmerksamkeit. Er selbst verstrickt sich immer mehr in Gefühle und Gedanken. Mit einem Monolog Tristans bricht Gottfrieds Werk ab.

Als sein Zielpublikum hat Gottfried im hochartifiziellen Prolog die *edelen herzen* angegeben. Von aller Welt unterscheiden sie sich dadurch, daß sie Leid ertragen können und nicht immer nur in Freuden leben wollen. Sie akzeptieren und verinnerlichen den dauernden Zustand des antinomischen Gegenübers von Freude und Schmerz, Liebe und Leid, Leben und Tod – sie denken und fühlen wie Tristan und Isolde, nachdem sie durch den Minnetrank in unauflösliche Liebe zueinander gefallen sind. Den *edelen herzen* legt Gottfried sein Werk vor, um ihren Kummer zu lindern, denn wer die Phantasie beschäftigt, erleichtert seine Sorgen. Liebe ist der Ursprung alles Positiven, sie ist jedoch mit Leid untrennbar verbunden. Schließlich wird die Geschichte von Tristan und Isolde in eucharistischen Rang gerückt. Sie wird erzählt, um den *edelen herzen* als Brot des Lebens zu dienen:

Ir leben, ir tôt sint unser brôt.
sus lebet ir leben, sus lebet ir tôt.
sus lebent si noch und sint doch tôt.
und ist ir tôt der lebenden brôt. (V. 237–240)

Ihr Leben, ihr Tod sind unser Brot. Auf diese Weise lebt ihr Leben weiter, auf diese Weise lebt ihr Tod weiter. Auf diese Weise leben sie noch, obwohl sie doch tot sind, und ist ihr Tod das Brot der Lebenden.

Deutlich wird, daß Gottfried nicht einfach eine Geschichte erzählt, sondern daß die Erzählung unauflöslich mit Kommentaren und deutenden Exkursen verflochten ist. Damit schafft der Autor zugleich ein rationales Gegengewicht gegen seine rauschhaft-musikalische, von rhetorischen Kunststücken und reichen, oft überraschenden Reimklängen bestimmte Art des Erzählens.

Anders als ritterliche Helden wie Erec, Iwein oder gar Parzival kennt Tristan keine wirkliche Entwicklung. Seine Wesensart braucht sich nur zu entfalten. Mühelos lernt er Sprachen, studiert er Bücher, erwirbt er Fähigkeiten in jeder

Art von Saitenspiel, lernt er die Künste des Schachspiels und des Jagens, kann er mit Schild und Lanze zu Pferd kämpfen, weiß er sich den Menschen angenehm zu machen. Er ist Kaufmann und Spielmann ganz nach Wunsch, beide Rollen sind seine gängigen Verkleidungen; er ist klug und listig, was er anpackt, erreicht er. Mit Recht hat man darauf hingewiesen, daß er so etwas wie ein Künstler ist – ein Mann höchster Begabung, aber freilich auch ein Mann ohne Heimat, der stets unterwegs ist, ohne wirkliche Beziehungen zu anderen Menschen. Für Marke und seinen Hof, auch für Parmenie, ist sein Wirken von großer und förderlicher Bedeutung. Tristan geht im Dienst für andere auf, er scheint kaum ein Eigenleben zu haben. Dabei ist er stets fast ganz auf sich allein gestellt, er hat kaum Helfer, geschweige denn einen Partner.

In dieses Heldenleben schlägt wie der Blitz die durch den Minnetrank hervorgerufene Liebe zu Isolde ein. Beide akzeptieren ihr Schicksal, der Minnetrank erscheint nicht, wie bei Eilhart, als Unglück und Krankheit. Gottfrieds Gestalten delegieren die Verantwortung für ihr Handeln nicht an eine Macht außer ihnen, sie handeln vielmehr fortan bewußt und gleichsam unter Wahrung ihres Eigenwillens. Sie bleiben selbstverantwortlich, weil sie diesen Einbruch des Schicksals als einzigen möglichen Sinn ihres Daseins begreifen. Tristan, bisher ohne rechte Mitte seines Daseins, hat in Isolde seinen Bezugspunkt gefunden. Seine Fähigkeiten und Energien treten nunmehr, nachdem er Isolde aus Treue und um der Ehre willen an Marke ausgeliefert hat, allein in den Dienst der gemeinsamen Liebe. Diese Liebe steht, als Ehebruchsminne, im Gegensatz zur höfischen Gesellschaft, die immer wieder überlistet und betrogen werden muß. Aber auch in die höfische Gesellschaft gerät nun mehr und mehr ein Moment von Verderbnis. Marke und die Barone, darauf fixiert, die Liebenden des Ehebruchs zu überführen, sind in der Wahl ihrer Mittel nicht wählerisch und geraten tief ins moralische Zwielicht. Der König, der im Hochzeitsbett die eine Frau von der anderen nicht zu unterscheiden vermocht hatte, erscheint Isolde auf klägliche Weise sexuell verfallen und nur immer wieder allzu gerne bereit, die Zeichen mißzuverstehen. Nur ein positiver Wert bleibt bestehen: die Liebe zwischen Tristan und Isolde.

Am Schluß von Gottfrieds Fragment gerät freilich auch diese Liebe in Zweifel. Angesichts der Trennung von seiner Geliebten erscheint Tristan verwirrt und fragt sich, ob er nicht der Liebe zu Isolde Weißhand nachgeben solle. Manche Literarhistoriker vermuten, Gottfried sei damit an einen Punkt gekommen, an dem er seinen Roman nicht habe weiterführen können. Denn wenn die Liebe zwischen Tristan und Isolde beschädigt werde, könne die Geschichte nicht zu Ende erzählt werden. Wahrscheinlicher ist freilich, daß Gottfried, um die durch seine Vorlage vorgegebene Isolde-Weißhand-Erzählung überhaupt verwenden zu können, seinen Helden in eine vorübergehende Distanz zur blonden Isolde führen mußte. Nur äußere Umstände haben wahrscheinlich den Abschluß des Romans verhindert.

Der Tristanstoff zeigt, daß die Verabsolutierung der Minne zur Zerstörung führt. Tristan, Idealbild eines höfischen Ritters, verwendet alle seine Fähigkeiten letztlich ausschließlich dazu, um seiner ehebrecherischen Liebe nachgehen zu können. Die höfische Welt, in der er agiert, wird dadurch zutiefst zerrüttet. Chrétien de Troyes erkannte das Zerstörerische an diesem Stoff, er reagierte durch seine Romane ›Cligès‹, eine Art Parodie, und ›Lancelot‹, in dem versuchsweise die höfische Gesellschaft aus der ehebrecherischen Liebe zwischen Ritter und Königin ganz und gar ausgeblendet wird, in höchst beunruhigter Weise auf ihn. Gottfried von Straßburg überfirnißt diese Problematik des Stoffs durch eine Art Liebestheologie, in der Liebe, Leid und Tod als positive Werte in gleichsam eucharistischen Rang einrücken. Demgemäß ist der ›Tristan‹, obwohl immer wieder von Gott die Rede ist, im Grunde ein Werk ohne Gott und Christentum.

Literaturhinweise

Ausgaben: W.-D. Lange / K. Langosch (Hrsg.), König Artus u. seine Tafelrunde. Europäische Dichtung des MAs, 1988 [u. ö.] (RUB) [zahlreiche Texte in Übersetzungen]. – Chrétien de Troyes, ›Erec et Enide‹: A. Gier, 1987 (zweisprachig; RUB); ›Yvain‹: I. Nolting-Hauff, 1962 (zweisprachig; KTRMA); ›Lancelot‹: H. Jauss-Meyer, 1974 (zweisprachig; KTRMA); ›Perceval‹: F. Olef-Krafft, 1991 (zweisprachig; RUB); ›Guillaume d'Angleterre‹: H. Klüppelholz, 1987 (zweisprachig; KTRMA). – Hartmann v. Aue, ›Das Klagebüchlein‹: L. Wolff, 1972; ›Erec‹: A. Leitzmann / L. Wolff / Ch. Cormeau / K. Gärtner, [7]2006 (ATB); M. G. Scholz, 2007 (zweisprachig); V. Mertens, 2008 (zweisprachig; RUB); ›Iwein‹: G. F. Benecke / K. Lachmann / L. Wolff, [7]1968; V. Mertens, 2008 (zweisprachig; zusammen mit ›Gregorius‹ u. ›Armer Heinrich‹); ›Gregorius‹: H. Paul / B. Wachinger, [15]2004 (ATB); B. Kippenberg, 1970 [u. ö.] (zweisprachig; RUB); ›Der arme Heinrich‹: H. Paul / K. Gärtner, [16]1996 (ATB); S. Grosse / U. Rautenberg, 1993 [u. ö.] (zweisprachig; RUB). – ›La vie du pape saint Gregoire‹: I. Kasten, 1991 (zweisprachig; KTRMA). – ›Nibelungenlied‹: M. S. Batts, 1971 [Paralleldruck der Hss. A, B, C u. Lesarten der übrigen Hss.]; K. Bartsch / H. de Boor, [22]1988 (Dt. Klassiker des MAs) [mit fortlaufendem Kommentar]; H. Brackert, 2 Bde., 1970–71 [u. ö.] (zweisprachig; Fischer-TB); S. Grosse, 1997 [u. ö.] (zweisprachig; RUB); U. Schulze, 2005 (Fassung C; zweisprachig). – ›Diu Klage‹: J. Bumke, 1999; E. Lienert, 2000 (zweisprachig). – ›Lieder-Edda‹: A. Krause, 2004 [Übersetzung; RUB)]. – ›Thidrekssaga‹: F. Erichsen, 1924 [Übersetzung]. – ›Reinhart Fuchs‹: K. Düwel, 1984 (ATB); K.-H. Göttert, 1992 [u. ö.] (zweisprachig; RUB). – ›Le Roman de Renart‹: H. Jauss-Meyer, 1965 (zweisprachig; KTRMA). – ›Reynke de Vos‹: F. Prien / A. Leitzmann, [3]1960 (ATB). – Wolfram v. Eschenbach: K. Lachmann, [6]1926; ›Parzival‹: K. Bartsch / M. Marti, 3 Bde., [4]1935 (Dt. Klassiker des MAs) [mit fortlaufendem Kommentar; enthält auch den ›Titurel‹]; W. Spiewok, 2 Bde., 1981 [u. ö.] (zweisprachig; RUB); D. Kühn / E. Nellmann, 2 Bde., 1994 (zweisprachig mit Kommentar; Bibliothek des MAs); K. Lachmann / P. Knecht, 1998 (zweisprachig); ›Willehalm‹: J. Heinzle, 1994 (ATB); J. Heinzle, 1991 (zweisprachig; Bibliothek des MAs); D. Kartschoke, 1989 (zweisprachig); ›Titurel‹: H. Brackert / St. Fuchs-Jolie, 2002 (zweisprachig); J. Bumke / J. Heinzle, 2006 (zweisprachig). – Robert de Boron: M. Schöler-Beinhauer, 1981 (zweisprachig). – Wilhelmsepen: B. Schmolke-Hasselmann, 1983 (zweisprachig; KTRMA) [›Chanson de Guillaume‹]; M. Heintze / B. Hesse, 1993 (zweisprachig; KTRMA) [›Le Couronnement de Louis‹, ›Le Charroi de Nîmes‹, ›La Prise d'Orange‹]. – Gottfried v. Straßburg: R. Bechstein / P. F. Ganz, 2 Bde., 1978 (Dt. Klassiker des MAs) [mit fortlaufendem Kommentar]; R. Krohn, 3 Bde., 1980 [u. ö.] (zweisprachig mit Kommentar; RUB); K. Marold / W. Schröder / P. Knecht, 2 Bde., 2004 (Text u. Übersetzung). – Skandinavische Tristanfassungen: H. Uecker, 2008.

Forschungsliteratur: K. Bertau, Wolfram vE, 1983. – C. M. Bowra, Heldendichtung, 1964. – H. Brunner (Hrsg.), Interpretationen. Mhd. Romane u. Heldenepen, [2]2003 (RUB). – H. Brunner, Wolfram vE, [2]2010. – J. Bumke (Hrsg.), Literarisches Mäzenatentum, 1982 (WdF). – J. Bumke, Wolfram vE, [8]2004 (SM). – J. Bumke, Die vier Fassungen der ›Nibelungenklage‹, 1996. – J. Bumke, Der ›Erec‹ Hartmanns v. Aue, 2006. – F. W. Chandler / M. H. Jones, A Catalogue of Names of Persons in the German Court Epics, 1982. – Ch. Cormeau / W. Störmer, Hartmann v. Aue, [2]1993 (Arbeitsbücher). – R. Decke-Cornill, Wolfram-Bibliographie, in: Wolfram-Studien, Bd. 10 ff., 1988 ff. – S. Emmerling, Geschlechterbeziehungen in den Gawan-Büchern des ›Parzival‹, 2003 (Hermaea). – U. Ernst, Der ›Gregorius‹ Hartmanns v. Aue, 2002. – Ch. Fasbender (Hrsg.), Nibelungenlied u. Nibelungenklage, 2005 (WdF). – K. Gärtner / J. Heinzle (Hrsg.), Studien zu Wolfram vE, 1989. – G. Haase, Die germanist. Forschung zum ›Erec‹ Hartmanns v. Aue, 1988. – E. R. Haymes, Das Nibelungenlied, 1999. – J. Heinzle [u. a.] (Hrsg.), Die Nibelungen. Sage – Epos – Mythos, 2003. – J. Heinzle, Die Nibelungen. Lied und Sage, 2005. – Th. Hennings, Französische Heldenepik im dt. Sprachraum, 2008. – Ch. Huber, Gottfried v. Straßburg: Tristan, [2]2002. – Ch. Huber / V. Millet (Hrsg.), Der ›Tristan‹ Gottfrieds v. Straßburg, 2002. – W. H. Jackson / S. A. Ranawake (Hrsg.), The Arthur of the Germans, 2000. – B. Jahn / O. Neudeck (Hrsg.), Tierepik u. Tierallegorese, 2004. – M. H. Jones / R. Wisbey (Hrsg.), Chrétien de Troyes and the German Middle Ages, 1993. – E. Köhler, Ideal u. Wirklichkeit in der höf. Epik, [2]1970. – S. Kramarz-Bein, Die ›Thidreks saga‹ im Kontext der altnorweg. Lit., 2002. – C. Kropik, Reflexionen des Geschichtlichen. Zur literar. Konstituierung mhd. Heldenepik, 2008. – A. B. Lord, Der Sänger erzählt, 1965. – T. McFarland / S. Ranawake (Hrsg.), Hartmann, 1988 (GAG). – V. Mertens, Der dt. Artusroman, 1998 (RUB). – V. Millet, German. Heldendichtung im MA, 2008. – W. Mohr, Wolfram vE. Aufsätze, 1979 (GAG). – J.-D. Müller, Spielregeln für den Untergang. Die Welt des Nibelungenliedes, 1998. – J.-D. Müller, Das Nibelungenlied, [3]2009. – K. Pratelidis, Tafelrunde u. Gral, 1994. – M. Przybilski, *sippe* und *geslehte*. Verwandtschaft als Deutungsmuster im ›Willehalm‹ Wolframs vE, 2000 (Imagines). – K. Ruh, Höfische Epik des dt. MAs, 2 Bde., [2]1977, 1980. – B. Schirok, Parzivalrezeption im MA, 1982. – W. Schröder, Irrungen u. Wirrungen um den Text v. Hartmanns ›Erec‹, 1996. – A. Schulz, Schwieriges Erkennen. Personenidentifikation in der mhd. Epik, 2008

(MTU). – U. Schulze, Das Nibelungenlied, 1997 [u. ö.] (RUB). – K. v. See, Europäische Heldendichtung, 1978 (WdF). – P. K. Stein, Tristan-Studien, 2001. – T. Spreckelsen, Gralswunder u. Drachentraum, 2007. – H.-H. Steinhoff, Bibliographie zu Gottfried v. Straßburg, 2 Bde., 1971, 1986. – T. Tomasek, Gottfried v. Straßburg, 2007 (RUB). – A. Wolf, Gottfried v. Straßburg u. die Mythe v. Tristan u. Isolde, 1989. – J. Wolf, Einführung in das Werk Hartmanns v. Aue, 2007. – J. Wolf, Auf der Suche nach König Artus. Mythos und Wahrheit, 2009.

III.
Die Spätzeit der höfischen Literatur
(um 1220/30 – um 1350)

1. Lieddichtung

Minnesang

Aus der Phase des »nachklassischen« Minnesangs sind etwa 750 Liedtexte von rund 90 Autoren überliefert (von den in den vorigen Abschnitten vom Kürenberger bis zu Neidhart behandelten 21 Dichtern kennen wir etwa 460 Texte). Trotz dieser Überlieferungsfülle wurde die längste und letzte Phase des Minnesangs – von vereinzelten Ausnahmen abgesehen – in der Forschung verhältnismäßig wenig beachtet. Der späte Minnesang erscheint gegenüber den früheren Phasen ärmer an Formen und Themen und hinsichtlich des Problemgehaltes; Innovationen finden sich selten. Minnesang war mittlerweile zum selbstverständlichen »Gebrauchsgegenstand« geworden, zu Gesellschaftskunst, die bei höfischen Festen unentbehrlich war, bei der es aber nicht oder kaum mehr darum ging, Probleme des Selbstverständnisses von Autoren und Hörern zu diskutieren. In der Regel genügte es, wenn das gegebene Schema – meist das der Hohen Minne – auf ansprechende Weise erfüllt wurde. Wie ein Minnelied auszusehen hatte, wußte man, und man konnte es in weitgehend vorgeformter Sprache immer wieder reproduzieren; die Ethik des Dienens und Leidens wurde dabei gleichsam zu einem innerliterarischen, schematisierten Vorgang, reale Minnewirklichkeit darf man wohl nur in wenigen Einzelfällen, wenn überhaupt, vermuten.

Gleichwohl sind auch aus dieser Phase des Minnesangs interessante, ansprechende, originelle, gelegentlich aufregende Texte überliefert.

Die Dichter

Der Blick auf die Autoren zeigt, daß es gerechtfertigt ist, vom Minnesang als der Kunst adliger Dilettanten zu sprechen; vielfach handelt es sich vermutlich um bloße Gelegenheitsautoren. Von einem Drittel der Autoren des späten Minnesangs sind nicht mehr als 1 bis 3 Lieder erhalten, von rund 40 Dichtern kennen wir 4 bis 10 Texte, nur 20 haben 11 oder mehr (bis 58) Lieder hinterlassen. Unter den Dichtern finden sich hochadlige Personen wie der deutsche König Konrad IV. (gest. 1254) oder sein Sohn Konradin, der letzte Staufer (hingerichtet zu Neapel 1268; 2 Lieder), König Wenzel II. von Böhmen (gest. 1305; 3 Lieder), Herzog Johann I. von Brabant (gest. 1294; 9 Lieder), Markgraf Heinrich III. der Erlauchte von Meißen, zugleich Landgraf von Thüringen (gest. 1288; 6 Lieder), Markgraf Otto von Brandenburg mit dem Pfeil (gest. 1308; 7 Lieder), Otto von Botenlauben, Graf von Henneberg (gest. 1244; 12 Lieder), der Schweizer Graf Wernher von Homberg (gest. 1320; 8 Lieder). Bei der Mehrzahl der Autoren handelt es sich um Freiherren und teilweise bedeutende Ministeriale wie Hiltbolt von Schwangau (gest. 1256?; 22 Lieder), Ulrich von Singenberg (bezeugt bis 1228; 30 Lieder), Burkart von Hohenfels (bezeugt bis 1242; 18 Lieder), Gottfried von Neifen (bezeugt bis 1255; 51 Lieder), Ulrich von Lichtenstein (gest. 1275; 58 Lieder), Ulrich von Winterstetten (bezeugt bis 1280; 40 Lieder), Reinhart von Westerburg (gest. 1353; 1 Lied in der Chronik des Tilemann Elhen von Wolfhagen, vgl. S. 356) und andere. Die Zahl der Berufsautoren, die Minnelieder verfaßt haben, ist vergleichsweise gering: Marner (gest. um 1270; 8 Lieder), Tannhäuser (gest. nach 1266; 6 Lieder), Rumelant von Sachsen (gest. nach 1286; 3 Lieder),

Wilder Alexander (Mitte/Ende 13. Jh.; 2 Lieder), Konrad von Würzburg (gest. 1287; 23 Lieder), Schulmeister von Eßlingen (um 1270; 2 Lieder), Heinrich Frauenlob (gest. 1318; 7 Lieder), Wizlav (um 1300; 12 Lieder), Kanzler (Anfang 14. Jh.; 12 Lieder). In erster Linie betätigten sich diese Autoren als Sangspruchdichter; ihre Minneliedproduktion ist demgegenüber meist relativ unbedeutend. Nur bei Walther von der Vogelweide standen Minne- und Spruchsang etwa gleichrangig nebeneinander; die meisten späteren Spruchdichter befaßten sich offenbar gar nicht mit dem Minnesang. Ein Sonderfall ist allerdings Konrad von Würzburg: dieser vielseitige Berufsautor beherrschte alle zeitüblichen Dichtungsgattungen (vgl. S. 258 f.). Schließlich sind noch zwei stadtbürgerliche Lieddichter zu nennen, die, wie Konrad von Würzburg in Basel, in enger Verbindung mit der adligen Oberschicht der Stadt Zürich standen: Meister Heinrich Teschler, ein studierter Jurist (2. Hälfte 13. Jh.; 6 Lieder), und Johannes Hadloub (urkundlich belegt 1302; 52 Lieder), einer derjenigen, denen wahrscheinlich die Zusammenstellung der Großen Heidelberger (Manessischen) Liederhs. (vgl. S. 107) zu verdanken ist.

Liedtypen

Traditionelle Liedtypen des Minnesangs sind: a) Ich- oder Sängerlieder, d.h. Lieder, in denen das Sänger-Ich über eine Liebessituation spricht; b) Rollenlieder, d.h. Texte, in denen der Sänger in der Rolle einer liebenden oder die Liebe abwehrenden Frau spricht (Frauenklage, Frauenlied), in denen er die Dame mit einem Boten sprechen läßt (Botenlied), in denen er Liebhaber und Dame direkt in Kontakt treten läßt (Dialog) oder in denen beide getrennt über ihre gemeinsame Liebe monologisieren (Wechsel); c) »Objektive« Lieder, d. h. Lieder mit Erzählelementen, in denen außer den handelnden und sprechenden Personen meist so etwas wie ein Erzähler vorkommt, manchmal ein Sänger-Ich, das über eigene Erlebnisse spricht, meist jedoch ein neutraler Erzähler.

Im »nachklassischen« Minnesang dominieren die Ich-Lieder mit weitem Abstand. Die weitaus häufigste Liedform ist die Minneklage, in der der Sänger über die Nichterhörung durch die Geliebte klagt; weit mehr als die Hälfte aller Lieder gehört hierher. Davon trennen kann man die Werbungslieder, in denen nicht die Klage, sondern die werbende Bemühung im Vordergrund steht. Recht häufig sind Preislieder, in denen entweder eine bestimmte, freilich nicht namentlich genannte Frau gerühmt wird oder die Frauen im allgemeinen. In den Dienstversicherungen verheißt der Sänger seiner Geliebten weiteren Minnedienst. Relativ selten sind Freudenlieder, in denen der Sänger sich über die angeblich bevorstehende Erhörung freut, und Absagelieder, in denen der hartherzigen Geliebten der Dienst aufgekündigt wird.

Rollenlieder finden sich im späten Minnesang selten. Die Darstellungsformen des Wechsels, des Botenliedes und der Frauenklage sind praktisch aufgegeben; vereinzelt finden sich allerdings noch Dialoge zwischen Liebhaber und Dame. »Objektive« Lieder sind etwas häufiger. Sehr beliebt war nach wie vor das Tagelied, von einigen Autoren sind sogar ausschließlich Lieder dieses Typs überliefert (vgl. S. 173 f.). Ferner finden sich Tanzlieder in der Art Neidharts, einige Texte, die sich dem Liedtyp der Pastourelle (vgl. S. 177) zuordnen lassen, und einige scherzhafte oder auch obszöne Texte, für die man den Begriff »Gegensang« gebraucht.

Grundzüge einer Gruppierung

Da die Geschichte des späten Minnesangs zusammenhängend noch nicht geschrieben ist, kann man nur versuchen, die Autoren nach Chronologie, Artverwandtschaft und landschaftlicher Herkunft zu gruppieren.

Einige Autoren, die schon erwähnten Hiltbolt von

Schwangau und Otto von Botenlauben, dazu der Oberpfälzer Markgraf von Hohenburg (gest. 1226?; 6 Lieder) waren Zeitgenossen des klassischen Minnesangs und erweisen sich ihm auch in den von ihnen gewählten Liedtypen verbunden. Eine zweite Gruppe, deren Schaffen hauptsächlich in die Zeit von 1220 bis 1250 fiel, ist insbesondere Reinmar dem Alten und Walther von der Vogelweide intensiv verpflichtet. Der schon genannte Ulrich von Singenberg und Rubin (22 Lieder) gelten als Waltherepigonen; ferner gehört hierher etwa auch Markgraf Heinrich III. von Meißen. Der bedeutendste Autor dieser Gruppe ist der steirische Ministeriale **Ulrich von Lichtenstein**, der für seine Lieder 1–26 Reinmar und Walther zum Vorbild nahm, während die weiteren Texte sich am damals modernsten Minnesang, dem Gottfrieds von Neifen, ausrichteten. Außer in Hs. C sind Ulrichs Lieder im übrigen noch auf eine weitere, ganz einmalige Weise überliefert. Der Autor schrieb nämlich um 1250 eine Art Autobiographie, die erste in deutscher Sprache, den in 1850 schlichten Strophen verfaßten ›Frauendienst‹; in diesen Text sind die Lieder in der Reihenfolge ihrer Entstehung eingelegt. In seinem ›Frauendienst‹ erzählt Ulrich fast nur einen Aspekt seines reichbewegten Lebens: seine Karriere als Minneritter; historische Ereignisse spielen nur am Rand herein. Der vergebliche Dienst für seine erste Dame verursacht zahlreiche Anstrengungen und Demütigungen, bis er sich schließlich lossagt; die Liebe zu einer zweiten Dame verläuft dann weniger aufreibend. Übrigens verfaßte Ulrich auch ein Streitgespräch zwischen einem Ritter und einer Dame über das rechte Leben von Männern und Frauen und den Umgang miteinander, das ›Frauenbuch‹ (in Reimpaaren).

Burkart von Hohenfels, Ulrich von Winterstetten und **Gottfried von Neifen** stellt man sich als Höflinge Heinrichs (VII.) vor, des 1235 von seinem Vater Kaiser Friedrich II. abgesetzten deutschen Königs. Hohenfels verwendete den im Bereich des Minnesangs damals neuartigen, mittellateinischen Vorbildern entlehnten, sogenannten geblümten Stil, bei dem es darum geht, die Gedanken möglichst preziös und unkonventionell-»schwierig« zu formulieren. So wird etwa der einfache Gedanke, daß jetzt Frühling sei, in einem Natureingang folgendermaßen ausgedrückt:

XI,1
Dô der luft mit sunnen viure
wart getempert und gemischet,
dar gab wazzer sîne stiure,
dâ wart erde ir lîp erfrischet.
dur ein tougenlîchez smiegen
wart si fröiden frühte swanger.
daz tet luft …

Als die Luft mit dem Feuer der Sonne temperiert und vermischt wurde, gab das Wasser seine Aussteuer hinzu – da wurde der Leib der Erde erfrischt. Durch liebevoll-heimliches Anschmiegen wurde sie schwanger mit Früchten der Freude. Das bewirkte die Luft …

Außerdem griff Hohenfels in selbständiger Weise Anregungen Neidharts auf: in dem galanten Stubentanzlied (I), im Sommer-Tanzlied (XI) und in den Gespielinnengesprächen (VII, XV). Auch auf Winterstetten, der sprachlich und typologisch (Minneklagen, Tagelieder) ganz konventionell, jedoch ein großer Reimkünstler ist, hat Neidhart gewirkt (Mutter-Tochter-Gespräch IV). Von großem Einfluß auf den späten Minnesang war Neifen. Auch er war, bei geringer Originalität in Sprache und Inhalt, vor allem ein Formkünstler, ein Virtuose des Klangs und des Reims. Durch Neifen wurde die Minneklage vollends schematisiert, schablonenhaft. Kennzeichen Neifenscher Minnelieder ist die Farbe rot – vor allem der rote Mund der Geliebten. Überraschend ist, daß sich bei ihm außerdem sechs »objektive« Lieder finden, die die Liebe in relativ anspruchslosen Strophenformen auf der Ebene ziemlich konkreter Sexualität abhandeln: drei Pastourellen (XXVII, XXX, XLI), das »derb-zotige« (J. Bumke) Büttnerlied (XXXIX), das Fragment eines in die gleiche Kategorie gehörenden Pilgerliedes (XL) und das wohl von Neidhart inspirierte klagende Wiegenlied einer jungen Mutter, die verhindert ist, zum Sommertanz zu gehen (L).

Während die bayerisch-österreichischen Kleinautoren der 2. Hälfte des 13. Jh.s – Dichter wie Reinmar von Brennenberg (gest. 1276?; 4 Lieder), Herrand von Wildonie (gest. 1278/82; 3 Lieder), Walther von Mezze (gest. um 1270; 10 Lieder) – sich weiterhin Reinmar dem Alten und Walther von der Vogelweide verbunden fühlten, teilweise wohl durch Vermittlung Ulrichs von Lichtenstein, und sich bei ihnen nur sporadisch Züge von Neifens Minnesang finden, hat dieser in erheblichem Umfang auf die ebenso zahlreichen schwäbischen, elsässischen und schweizerischen Dichter dieser Zeit gewirkt, darunter König Konrad IV. (Konradin?), Brunwart von Oughein (gest. um 1300; 5 Lieder), Walther von Klingen (gest. 1286; 8 Lieder). Sie stellen sich in der sentimentalen Pose des Leidens dar, der Tod aus unerwiderter Liebe wird zu einer konventionellen Phrase.

Wie kaum anders zu erwarten, zeigen die Berufsdichter, die sich mit dem Minnesang befaßt haben, ein erhebliches Maß an Eigenständigkeit. Hauptmerkmal der Minnelieder **Konrads von Würzburg**, unter ihnen drei Tagelieder, ist ihre extreme Schematisierung. Fast alle sind dreistrophig, fast alle zeichnen sich durch großen Reimreichtum aus. Der Autor hat sich die beiden Typen der Sommer- und der Winterlieder selbst geschaffen (keine Verbindung zu Neidhart!). Ich-Bezug ist selten, die Lieder preisen durchweg die Frauen und die Liebe im allgemeinen, nicht eine bestimmte Frau. Vermutlich handelt es sich um Tanzlieder, die ihren Platz bei den Festen der Basler Oberschicht hatten.

Die nicht sehr zahlreichen thüringischen Minnesänger des späten 13. und frühen 14. Jh.s bieten kein einheitliches Bild. Der zeitlich nicht genauer bestimmbare Dürinc (7 Lieder) zeigt sich vor allem von Konrad von Würzburg und von Neifen beeinflußt; Einflüsse des größten Minnesängers aus Thüringen, Heinrichs von Morungen (vgl. S. 169 ff.), konstatiert man bei Heinrich Hetzbold von Weißensee (gest. um 1345; 8 Lieder), weniger deutlich bei Kristan von Luppin (gest. um 1312; 7 Lieder).

Aus der Gruppe der späten Schweizer Minnesänger ragt der schon erwähnte **Johannes Hadloub** durch den Umfang und die Vielfalt seines Schaffens heraus; neben Minneklagen stehen Tagelieder, Lieder in der Nachfolge Neidharts, ein Lied über die Sorgen des Hausherrn, schließlich Lieder zum Preis des Herbstes. Mit ihnen knüpft Hadloub an einen der originellsten späten Minnesänger an, an **Steinmar** (2. Hälfte 13. Jh.; 14 Lieder). Steinmars berühmtes Herbstlied (Nr. 1) kontrastiert die detailliert ausgemalten Genüsse herbstlichen Schlemmens mit der Freudlosigkeit vergeblichen Minnedienstes. In der sogenannten Tageliedparodie (Nr. 8) erleben Knecht und Magd die morgendliche Abschiedssituation auf dem Stroh – sie müssen sich trennen, weil das Vieh herausgelassen werden muß.

Von einigen Autoren schließlich sind nur »objektive« Lieder erhalten. Manche, etwa der Basler **Göli** (2. Hälfte 13. Jh.; 4 Lieder), dichten in der Nachfolge Neidharts, von einigen sind nur Texte vorhanden, die zum »Gegensang« gehören, etwa von dem zeitlich und räumlich nicht näher bestimmbaren **Kol von Niunzen**: eine Pastourelle, je eine Strophe auf Vulva und Penis, natürlich in scherzhafter Einkleidung, schließlich der in Handwerksmetaphorik (vgl. Neifens Büttnerlied) gekleidete handfeste Wunsch nach sexueller Vereinigung.

Leich

Der Leich stellt die Prunk- und Großform der mittelalterlichen deutschen Lieddichter dar; zur Etymologie vgl. S. 105. Es handelt sich um umfangreiche Dichtungen, in der Regel mit über hundert oft besonders kunstvoll gereimten Versen (der längste Leich umfaßt rund 900 Zeilen). Die Zeilen sind in unterschiedlichen strophenartigen Abschnitten, Versikeln, angeordnet. Anders als bei den Strophenliedern oder den Sangsprüchen wird bei den Leichs nicht immer wieder ein und dieselbe Melodie wiederholt, die Stücke sind vielmehr plan- und kunstvoll versikelweise durchkomponiert, wobei einzelne musikalische Abschnitte bisweilen repetiert werden. Typologisch verwandte Formen der mittellateinischen und romanischen Liedkunst sind die Sequenz (vgl. dazu S. 93), der Planctus, der Conductus, die Estampie, der Lai und der Descort.

Die Geschichte des Leichs beginnt im späten 12. Jh. und endet um die Mitte des 14. Jh.s. Erhalten haben sich etwa 45 derartige Stücke, zu rund einem Viertel davon ist auch die Melodie überliefert. In den selteneren religiösen Leichs – etwa ein Viertel des Bestandes – geht es um das Lob der Trinität, um Christus und Maria – oft sind alle drei Themen ineinandergewoben. Die häufigeren weltlichen Leichs thematisieren in allgemeiner Weise die Liebe, auch den Preis aller Frauen oder einer bestimmten Dame in meist besonders kunstvoller Darstellung; in den Tanzleichs wird abschließend zum Tanz aufgefordert.

Friedrich von Hausen (vgl. S. 120 ff.) und Hartmann von Aue (S. 165 ff.) sind als Leichdichter bezeugt, doch sind ihre Texte nicht erhalten. Die ältesten Stücke noch des 12. Jh.s sind der Minneleich **Ulrichs von Gutenburg** (vgl. S. 123) und der Kreuzleich **Heinrichs von Rugge** (vgl. S. 123). Unter den späteren Autoren finden sich sowohl Berufsdichter wie adlige Dilettanten, letztere vorwiegend im Bereich des weltlichen Leichs. Viele Dichter haben neben Texten anderer Art nur einen einzigen Leich verfaßt – sie wollten wohl beweisen, daß sie in der Lage waren, die schwierige Dichtart zu meistern. Unter ihnen findet sich Walther von der Vogelweide, der, wie bereits erwähnt (S. 181), einen religiösen Leich dichtete, ebenso wie die renommierten Berufsdichter Reinmar von Zweter (gest. um 1250; Melodie erhalten) und

Hermann Damen (um 1300; Melodie erhalten). Weltliche Leichs dichteten der Berufsautor Wilder Alexander (2. Hälfte 13. Jh.; Melodie erhalten) und adlige Dilettanten wie etwa Ulrich von Lichtenstein (vgl. S. 233), Otto von Botenlauben (vgl. S. 230), Heinrich von Sax (um 1260). Andere Dichter räumten dem Leich einen gewichtigeren Platz in ihrem Schaffen ein. Bei **Ulrich von Winterstetten** (vgl. S. 233 f.) stehen neben den 40 Minneliedern nicht weniger als 5 Minneleichs. Der vielseitigste Autor der mhd. Literaturgeschichte, **Konrad von Würzburg** (gest. 1287), bewies seine Meisterschaft sowohl durch einen religiösen als auch durch einen weltlichen Leich. Weiter ist **Heinrich von Meißen**, genannt **Frauenlob** (gest. 1318) zu erwähnen. Dieser bedeutendste Autor der Zeit um 1300 hinterließ neben zahlreichen Sangsprüchen und den erhaltenen sieben Minneliedern die komplexesten und nahezu umfangreichsten Leichdichtungen überhaupt: den Marienleich, den Kreuzleich und den Minneleich (alle mit Melodie erhalten). Wichtigste Kennzeichen von Frauenlobs Sprachgestaltung sind extremer und elaborierter Bilderreichtum, rhetorischer Schmuck und schwierige Syntax. Dies macht ihn zu einem Hauptvertreter des sogenannten »geblümten« Stils (vgl. S. 234).

Schließlich gab es einige Leichspezialisten. In erster Linie zu nennen ist hier der **Tannhäuser** (gest. nach 1266), der neben Sangsprüchen und Minneliedern nicht weniger als 6 originelle und schwungvolle Tanzleichs verfaßte (zu Leich IV ist die Melodie erhalten). Gleichfalls 6 Leichs (davon einen mit religiöser Thematik) dichtete Rudolf von Rotenburg (1. Hälfte 13. Jh.; daneben 16 Minnelieder), 3 hinterließ Der von Gliers (um 1300).

Die Formgesetze der Leichs sind insgesamt noch nicht hinreichend erforscht. Die beiden weithin üblichen Grundmuster lassen sich an den Leichs Konrads von Würzburg demonstrieren. Der religiöse Leich (244 Verse) ist in 22 Versikel aus jeweils metrisch identischen Hälften gegliedert. Vgl. etwa Versikel 1:

4–a 5b 4–a 5b // 4–a 5b 4–a 5b A//A.

Eindeutige Wiederholungen von Versikeln sind nicht feststellbar, ebensowenig gibt es eine übergeordnete Bauform (die Melodie ist nicht erhalten). Der Leich stellt somit eine Folge in sich gedoppelter unterschiedlicher Bauglieder dar, die sich schematisieren läßt als: AA BB CC … VV. Aufgrund der formalen Nähe zur kirchlich-lateinischen Sequenz spricht man vom Sequenz-Typ.

Kennzeichnend für den Minneleich (138 Verse), dessen Melodie ebenfalls verloren ist, ist hingegen die sehr straffe formale Disposition in zwei je dreigeteilte Teile aus nur fünf mit einer Ausnahme mehrfach auftretenden paarigen Versikeln (und deutlicher Markierung der Teile auch durch sprachliche Signale):

1. Teil	V. 1–14	AB	2. Teil	V. 67– 98	CADE
	V.15–38	AABB		V. 99–126	DADE
	V.39–66	AABB		V.127–138	DA.

Dieser Typ, bei dem einzelne Versikelformen rondoartig wiederkehren, wird als Estampie-Typ bezeichnet.

Sangspruchdichtung

Die frühesten Sangspruchdichter sind Spervogel I (Herger) und Spervogel II (vgl. S. 124 ff.), zu einer dem Minnesang gleichrangigen Gattung wurde der Sangspruch durch Walther von der Vogelweide (vgl. S. 178 ff.). Aus der Zeit nach Walther bis etwa zur Mitte des 14. Jh.s sind etwa 60 Spruchdichter bekannt, darunter auch Gelegenheitsautoren wie der große Epiker Gottfried von Straßburg (vgl. S. 219 ff.), dem zwei Spruchstrophen zugeschrieben werden, und eine Reihe von Kleinautoren mit relativ wenigen Strophen. Die bedeutendsten Spruchdichter der ersten Hälfte des 13. Jh.s sind **Bruder Wernher** (gest. um 1250; 76 Strophen in 9 Tönen),

Reinmar von Zweter (gest. um 1250; etwa 285 Strophen in 6 Tönen, davon ca. 250 im Frau-Ehren-Ton) und der **Marner** (gest. um 1270; ca. 58 Strophen in 7 Tönen). Diese drei Dichter stehen stilistisch und thematisch Walther von der Vogelweide nahe; lediglich der Marner zeigt bereits Anzeichen der um die Jahrhundertmitte erheblich zunehmenden, bisweilen etwas kraus erscheinenden Gelehrsamkeit, z.B. darin, daß er Naturtatsachen anhand der Tradition der Naturkunde des ›Physiologus‹ (vgl. S. 79) verkündet und heilsgeschichtlich deutet. Herausragende Spruchdichter in der zweiten Hälfte des 13. Jh.s waren **Friedrich von Sonnenburg** (gest. um 1275; 73 Strophen in 4 Tönen), der schon mehrfach erwähnte **Konrad von Würzburg** (gest. 1287; 51 Strophen in 7 Tönen), der **Meißner** (um 1280; 128 Strophen in 20 Tönen), **Rumelant von Sachsen** (gest. nach 1286; 107 Strophen in 10 Tönen) und **Hermann Damen** (um 1300; 39 Strophen in 5 Tönen); zu den kleineren Autoren dieser Zeit gehört übrigens **Süßkint von Trimberg** (12 Strophen in 5 Tönen), vielleicht der erste jüdische Dichter deutscher Sprache. Die wichtigsten Autoren des frühen 14. Jh.s sind der unter den Leichdichtern schon genannte **Heinrich Frauenlob** (gest. 1318; ca. 320 Strophen in 9 Tönen) und **Regenbogen** (gest. nach 1318; wie viele der zahlreichen unter seinem Namen überlieferten Strophen und Töne wirklich von ihm stammen, läßt sich aufgrund der Überlieferungslage nicht sagen).

Die meisten Spruchdichter bezogen ihren Lebensunterhalt aus dem Ertrag ihres Dichtens und Singens. Sie zogen von Hof zu Hof, von Burg zu Burg, von Hoftag zu Hoftag, um dort gegen Bezahlung oder gegen sonstige Gaben aufzutreten. Ihre ständische Abkunft ist durchweg ungeklärt, sie ist auch ohne Belang. Kein Wunder, daß das Thema *milte*, »Freigebigkeit«, bei ihnen eine große Rolle spielt. Sie bezeichneten sich selbst als *gernde*, als Leute, die Gaben fordern, und wurden auch von Außenstehenden so genannt. Öfter begegnet die Formulierung, sie seien darauf aus, *guot umb êre* zu erlangen, d.h., der Wohltäter habe für seine Gaben *êre*, öffentliches Ansehen, zu erwarten. Einige, etwa Walther von der Vogelweide, der in Basel als gefragter Literaturproduzent ansässige Konrad von Würzburg, der in Prag, in Norddeutschland und später am Hof des Mainzer Erzbischofs tätige Heinrich Frauenlob, erreichten eine einigermaßen gesicherte Existenz; für viele andere war indes wohl eher ein unbehaustes Wanderleben charakteristisch (vgl. S.125).

Als Aufgabe ihrer Kunst sahen es die Spruchdichter an, an Heilstatsachen zu erinnern, adliges Bewußtsein und rechtes Verhalten zu lehren, den Ruhm einzelner Adliger und Fürsten zu mehren und als deren Sprachrohr politische Einflußnahme zu versuchen. Dies geschah unter Konkurrenzdruck von innen, von zahlreichen Dichterkollegen, wie von außen, von anderen Fahrenden, die sich um das zahlende Publikum bemühten. Gegenüber der äußeren Konkurrenz durch Epenerzähler, Ringkämpfer, Seiltänzer, Instrumentalmusiker usw. mußte der Rang der eigenen Tätigkeit deutlich gemacht werden. Hierher gehört das Pochen auf *kunst*, d. h. auf Gelehrsamkeit in theologischen, moraldidaktischen und naturkundlichen Fragen, ferner das Beharren auf der großen und ruhmreichen Tradition, in der man stand. Die großen Dichter der Vergangenheit wurden gelegentlich in Dichterkatalogen aufgezählt. Der Titel *meister*, deutsche Form des lateinischen *magister*, mit dem die Sänger sich selbst bezeichneten und den ihnen auch Außenstehende gaben, betonte ihren Rang. Dazu kamen oft klangvolle Dichternamen. Höllenfeuer (2. Hälfte 13. Jh.; 7 Strophen in 1 Ton) oder der etwa gleichzeitige Fegfeuer (20 Strophen in 2 Tönen) drohten schon durch ihre Namen denen, die ihnen nicht zuhörten und dem Gebot der *milte* entsprachen, Schreckliches im Jenseits an. Andere Namen wie etwa Der wilde Alexander – »Der in der Fremde herumziehende Alexander« – (Mitte/Ende 13. Jh.; 24 Strophen in 1 Ton), der den im Mittelalter für die Neugier, mit der er ferne Länder erforschte, beispielhaften Makedonenkönig herbeizitierte, hoben mehr die Weitgereistheit hervor: da kommt einer aus fernen Gegenden und kann deshalb etwas erzählen.

Beim internen Rangstreit suchte man die Kollegen durch möglichst abseitige gelehrte Wissensstoffe, ferner durch die zunehmende Verwendung des oft dunklen »geblümten« Stils zu übertrumpfen. Zahlreiche literarische Polemiken geben Einblick in den Literaturbetrieb. Gelegentlich scheint es zu regelrechten Dichterwettkämpfen gekommen zu sein. Ein fiktives Bild davon gibt das in zwei Spruchtönen abgefaßte Konglomerat des ›Wartburgkriegs‹, dessen Kern um 1235 gedichtet, das dann aber bis gegen 1300 immer mehr erweitert wurde. Es geht darin um einen Sängerkrieg auf der Wartburg mit berühmten Dichtern wie Walther von der Vogelweide, Reinmar von Zweter, Wolfram von Eschenbach.

Ob ein Spruchdichter Maria oder die Menschwerdung Christi preisen, ob er politische Strophen oder Kollegenschelte dichten oder ob er naturkundliches Wissen verbreiten wollte: er tat dies in Strophenformen, die er nicht erst zu diesem Anlaß erfand und die er keineswegs – wie beim Minnelied üblich – nur für einen einzigen Text verwendete. In der Spruchdichtung galt das Prinzip des Dichtens in vorher fixierten, immer wieder gebrauchten Tönen (Ton ist die Gesamtheit von metrischem Schema, Reimschema und Melodie). Manche Spruchdichter erfanden und benutzten zeitlebens offenbar nur einen einzigen Ton. Von den etwa 60 Autoren der Zeit nach Walther von der Vogelweide verwendeten nur neun mehr als fünf Töne, mehr als zehn Töne, nämlich zwanzig, finden sich nur beim Meißner. In der Regel benutzte man nur eigene, selbsterfundene Töne, fremde griffen professionelle Spruchdichter in der Regel nur auf, wenn sie gegen den Urheber des Tons polemisieren wollten oder etwa, um seinen Tod zu beklagen. Übrigens sind zu etwa 60 % der rund 160 Spruchtöne dieser Epoche die Melodien überliefert, hauptsächlich in der ›Jenaer Liederhs.‹ J (vgl. S. 107).

Schon im 13. Jh. scheint man Töne öfter mit Namen versehen zu haben, seit dem 14. Jh. wurde dies dann zur Regel. Zum einen gab man den Namen des Tonerfinders an, zum andern einen Eigennamen des Tons, also etwa: Frauenlob, Grüner Ton; Reinmar von Zweter, Frau-Ehren-Ton; Marner, Kurzer Ton. Die Namen beziehen sich meist auf inhaltliche Momente einer bestimmten Strophe (der Grüne Ton hat seinen Namen nach dem Beginn einer Strophe: *Ich saz uf einer grüne*), auf sonstige auffällige inhaltliche Besonderheiten (etwa auf die bei Reinmar mehrfach vorkommende Personifikation der Frau Ehre) oder auf eine formale Besonderheit (Kurzer Ton im Gegensatz zum Langen Ton des gleichen Autors).

Prinzipiell, d. h. nicht völlig ausnahmslos, gilt Einstrophigkeit. Auch das steht im Gegensatz zur Minnelieddichtung, in der Mehrstrophigkeit die Regel ist. In der Spruchdichtung bildet normalerweise jede Strophe ein abgeschlossenes Ganzes, oft ist die entscheidende Aussage pointiert am Schluß plaziert. Freilich schloß dieses Prinzip nicht aus, daß bisweilen mehrere Strophen in mehr oder weniger deutlichen Zusammenhang traten. Der Tendenz zur Einstrophigkeit ist wohl auch zuzuschreiben, daß Spruchtöne meist mehr und oft längere Verszeilen haben als Minneliedtöne. Im übrigen galt seit Walther uneingeschränkt die dreiteilige Kanzonenform AAB. Nach etwa 1240 findet sich öfter auch die Abart der Kanzone mit 3. Stollen AABA, d.h., am Schluß des Abgesangs (B) wurde formal und musikalisch der Aufgesangsstollen (A) wiederholt (vgl. S. 117).

Geistliches Lied

Das geistliche Lied des Mittelalters stellt keinen einheitlichen Liedtyp dar, vielmehr handelt es sich um ein Konglomerat von Texten, an dem zahlreiche Liedtypen teilhaben. In der lateinischen Liturgie hatte die Volkssprache nichts zu suchen, allerdings konnten bestimmte Arten geistlicher Lieder gelegentlich in losen Zusammenhang mit dem Ritus treten. Die hierher gehörenden Lieder bezeichnet man als Gemeindelieder oder Leisen (da ihr Refrain mit *kyrieleis* endet). So konnte etwa das um 1160 erstmals belegte Lied ›Christ, der ist erstanden‹ als Predigtlied zum Abschluß lateinischer Osterfeiern gesungen werden; auf das älteste deutsche Prozessionslied, das ahd. ›Petruslied‹ (9. Jh.), wurde schon hingewiesen (S. 65). Auch im Bereich des höfischen Liedes findet sich vielfach geistliche Thematik: im Minnelied, sofern es – in den Kreuzliedern (vgl. S. 121 f.) – darum geht, irdische Minne und ewiges Heil gegeneinander abzuwägen, in den religiösen Leichs (vgl. S. 237 f.), in zahlreichen Sangsprüchen, in den Kreuz- und Altersliedern Walthers von der Vogelweide (vgl. S. 181 f.). Außerdem enthalten die Liederhss. des 13./14. Jh.s noch weitere geistliche Texte, vor allem die vielstrophigen Marienlieder (Pseudo-)Gottfrieds von Straßburg, (Pseudo-)Konrads von Würzburg, des Zürcher Dominikaners Eberhard von Sax (urk. 1309), des Spruchdichters Sigeher (um 1250/70; außerdem 18 Strophen in 5 Tönen). Zu Marienliedern des 12. Jh.s vgl. S. 92 f. Besonders hervorzuheben sind einige Texte des schon mehrfach genannten Berufsdichters **Wilder Alexander** (Mitte/Ende 13. Jh.). Er hinterließ neben zwei Minneliedern, dem Minneleich und 24 Spruchstrophen ein eigentümlich zwischen Leich, Minnelied und Sangspruch schwebendes Lied (IV), dessen Deutung – politisches oder religiös-allegorisches Gedicht? – umstritten ist, ferner ein im 13. Jh. für sich stehendes Weihnachtslied (I) und schließlich das berühmte ›Kindheitslied‹ (V). Das in einer zweiteiligen Form (AB) abgefaßte siebenstrophige Lied ist eine geistliche Allegorie, in der auf die Allgegenwart der Sünde angespielt wird. Es werden Szenen aneinandergereiht, in denen Vergänglichkeit und eine sich steigernde Bedrohlichkeit suggestiv zum Ausdruck kommen.

Literaturhinweise

Ausgaben: HMS: F. H. von der Hagen (Hrsg.), Minnesinger, 4 Bde., 1838 [vollständigste Ausgabe der mhd. Lieddichtung, veraltet, jedoch für einige Sangspruchdichter noch nicht ersetzt]. – SMS: M. Schiendorfer (Hrsg.), Die Schweizer Minnesänger, 1990. – KLD: C. v. Kraus (Hrsg.), Dt. Liederdichter des 13. Jh.s, 2 Bde., [2]1978. – W. Höver / E. Kiepe, Gedichte von den Anfängen bis 1300, 1978 (zweisprachig; dtv). – B. Wachinger (Hrsg.), Dt. Lyrik des späten MAs, 2006 (zweisprachig; Bibliothek des MAs). – R. Hausner (Hrsg.), *Owe do tagte ez*. Tagelieder u. motivverwandte Texte, 1983 (GAG). – M. Backes / A. Wolf (Hrsg.), Tagelieder des dt. MAs, 1992 [u. ö.] (zweisprachig; RUB). – E. Kiepe / H. Kiepe (Hrsg.)., Gedichte 1300–1500, 1972 (zweisprachig; dtv). – H. Brunner / K.-G. Hartmann (Hrsg.), Spruchsang, 2010 [alle Sangspruchmelodien]. – Ulrich v. Lichtenstein, ›Frauendienst‹: R. Bechstein, 2 Bde., 1888 [mit fortlaufendem Kommentar]. – Konrad v. Würzburg (Lieder, Leichs, Sprüche): E. Schröder, 1926 [u. ö.] (Kleinere Dichtungen, Bd. 3). – Göli: M. Bärmann, 1995. – Hadloub: M. Schiendorfer, 1986 (zweisprachig); R. Leppin, 1995. – Frauenlob: K. Stackmann / K. Bertau, 2 Bde., 1981; J. Haustein / K. Stackmann, 2 Bde., 2000 [Supplement]. – Tannhäuser: J. Siebert, 1934; H. Lomnitzer / U. Müller, 1973 (Litterae; mit den Melodien). – Reinmar v. Zweter: G. Roethe, 1887. – Der Marner: E. Willms, 2008. – Friedrich v. Sonnenburg: A. Masser, 1979 (ATB; mit den Melodien). – Der Meißner: G. Objartel, 1977. – ›Wartburgkrieg‹: T. A. Rompelman, 1939. – Boppe: H. Alex, 1998 (Hermaea). – E. Collmann-Weiß, Kleinere Spruchdichter des 13. Jh.s, 2005.

Forschungsliteratur: K. H. Bertau, Sangverslyrik. Über Gestalt u. Geschichtlichkeit mhd. Lyrik am Beispiel des Leichs, 1964. – S. Ch. Brinkmann, Die deutschsprachige Pastourelle, 1985 (GAG). – H. Brunner, Die alten Meister, 1975 (MTU). – H. Brunner / H. Tervooren (Hrsg.), Neue Forschungen zur mhd. Sangspruchdichtung, in: ZfdPh 119 (2000), Sonderheft. – C. Edwards [u. a.] (Hrsg.), Lied im dt. MA, 1996. – M. Egidi, Höfische Liebe: Entwürfe der Sangspruchdichtung, 2002. – J. Haustein, Marner-Studien, 1995 (MTU). – J. Haustein / R.-H. Steinmetz (Hrsg.), Studien zu Frauenlob u. Heinrich v. Mügeln, 2002. – F.-J. Holznagel [u. a.] (Hrsg.), Geschichte der dt. Lyrik, 2004 (RUB). – G. Hübner, Minnesang im 13. Jh., 2008. – J. Janota, Studien zu Funktion u. Typus des dt. geistlichen Liedes im MA, 1968 (MTU). – H. Kischkel, Tannhäusers heimliche Trauer, 1998 (Hermaea). – D. Klein u. a. (Hrsg.), Sangspruchdichtung, 2007. – Ch. Kreibich, Der mhd. Minneleich, 2000. – S. Köbele, Frauenlobs Lieder, 2003. – H. Kuhn, Minnesangs Wende, [2]1967. – U. Meves, Regesten dt. Minnesänger des 12. u. 13. Jh.s, 2005. – U. Müller, Untersuchungen zur politischen Lyrik des dt. MAs, 1974 (GAG). – S. Ranawake, Höfische Strophenkunst,

1976 (MTU). – RSM: H. Brunner / B. Wachinger (Hrsg.), Repertorium der Sangsprüche u. Meisterlieder des 12. bis 18. Jh.s, 16 Bde., 1986–2009. – O. Sayce, The Medieval German Lyric 1150–1300, 1982. – W. Schröder (Hrsg.), Cambridger ›Frauenlob‹-Kolloquium 1986, in: Wolfram-Studien 10 (1988). – G. Schweikle, Minnesang, 1989 (SM). – K. Stackmann / J. Haustein, Wörterbuch zur Göttinger Frauenlob-Ausgabe, 1990. – H. Tervooren (Hrsg.), Gedichte u. Interpretationen: MA, 1993 (RUB). – H. Tervooren, Sangspruchdichtung, 1995 (SM). – A. H. Touber, Dt. Strophenformen des MAs, 1975. – B. Wachinger, Sängerkrieg, 1973 (MTU). – P. Weidisch (Hrsg.), Otto v. Botenlauben, 1994.

2. Großepik

Heldenepische Dichtungen

Heldenepische Dichtungen spielen seit dem ›Nibelungenlied‹ eine beträchtliche Rolle, vgl. Übersicht f. Grundsätzlich gilt für Texte dieser Art das, was S. 130 ff. ausgeführt wurde; vgl. auch zum ›Nibelungenlied‹ S. 197 ff. Häufig wurden Heldendichtungen in besonderen Sammelhss. zusammengestellt: schon auf die Zeit um 1300 datiert werden die Fragmente einer solchen Sammlung in rheinfränkischer Schreibsprache, weiter zu nennen sind das ›Dresdner Heldenbuch‹ (um 1472), ›Lienhard Scheubels Heldenbuch‹ (Nürnberg; 1480/90), zwei Straßburger ›Heldenbücher‹ (1476 und um 1480), das berühmte ›Ambraser Heldenbuch‹ (1504/17) Kaiser Maximilians I., das freilich auch Artusepik und Kleinepik enthält, vor allem aber das ›Gedruckte Heldenbuch‹ (sechs Ausgaben zwischen 1479 und 1590) mit ›Ortnit‹, ›Wolfdietrich‹, ›Rosengarten‹ und ›Laurin‹, dazu, als Einleitung, die sogenannte ›Heldenbuchprosa‹ (Abb. 13). ›Eckenlied‹, ›Sigenot‹, ›Jüngeres Hildebrandslied‹ und ›Hürnen Seyfrid‹ blieben in Einzeldrucken bis über das 16. Jh. hinaus lebendig. Die Variabilität der Texte ist erheblich; vielfach sind ganz unterschiedliche Versionen oder auch untereinander stark abweichende Fassungen erhalten.

hie kamen zwelff schachman oder mörder an herr Wolfdieterichen/
die schlůg er alle nach einander zů tode

ich will im kreftigkliche
abzerren seinen helm
das mercken all geliche
dem kreftelosen schelm
Gotterolf vnd fiere
der schacher sint genant
er sprach ich hab in schiere
gesetzet auff das lant
seiner eissen hosen harte
der müsz ich haben ein
mit meiner helmbarte
schlach ich im ab ein bein
Offenbort an den zeiten
der fünfte ist gezalt

er sprach ich will auch streiten
gegen im mit gewalt
yederman nymbt was er gert
ir traut gesellen mein
zwar sein vil gůtes schwert
müsz hie mein eigen sein
Ortwein ein schachere
der feste so man seit
der sprach gar freisse mere
mir müsz auch wesen leit
in allen meinen sinnen
sol mir vom iungen man
auch folgen nit von hinnen
sein blatt die müs ich han

Abb. 13 Eine Seite aus dem ältesten Druck des ›Gedruckten Heldenbuchs‹, Straßburg, 1479 (eine Szene aus dem ›Wolfdietrich‹)

Anonymität blieb auch nach dem ›Nibelungenlied‹ eine Art Gattungskennzeichen; nur das Fragment des ›Goldemar‹ ist mit einem glaubhaften Autornamen verbunden, andere Autorangaben (Wolfram von Eschenbach, Heinrich der Vogler) sind als fiktiv anzusehen.

Wie das ›Nibelungenlied‹ sind die meisten Heldendichtungen in singbaren Strophen abgefaßt; erhalten haben sich die Melodien des Hildebrandstons, der Heunenweise und des Bernertons. Fast alle heldenepischen Strophenformen sind strukturell nahe verwandt mit der Nibelungenstrophe (vgl. deren Schema S.110). Der Hildebrandston (vgl. Melodie II) ist mit ihr identisch bis auf den Abvers der vierten Zeile, der bei ihm nicht verlängert ist (letzte Zeile demnach 3–/3 b statt 3–/4 b). Versieht man den Hildebrandston an den Zäsurstellen der Langzeilen mit Reimen und löst ihn in Kurzverse auf, so ergibt sich die Heunenweise. Die erhaltene Melodie dieses Tons zeigt keine Verwandtschaft mit dem Hildebrandston; sie bedient sich der Kanzonenform. Andersartige Varianten der Nibelungenstrophe stellen die Walther- und Hildegund-Strophe, die Kudrunstrophe, die Rabenschlachtstrophe und die Dukus-Horant-Strophe dar. Für sich steht der viel verwendete Bernerton. Diese Strophenform, eine Kanzone, die in der 1. Hälfte des 13. Jh.s geschaffen wurde (von Albrecht von Kemenaten, dem Dichter des ›Goldemar‹?), orientiert sich formal an gleichzeitigen Sangspruchtönen (vgl. Melodie IV).

Im wesentlichen lassen sich die Heldendichtungen in zwei größere Zyklen ordnen. Zum rheinisch-burgundisch-niederländischen Kreis mit dem Wormser Hof im Zentrum und Siegfried als herausragendem Helden gehört außer dem ›Nibelungenlied‹ und der ›Klage‹ das erst spät überlieferte ›Lied vom Hürnen Seyfrid‹, ein ziemlich uneinheitliches, wohl aus verschiedenen Vorlagen zusammengesetztes Gedicht, in dem vor allem die Jugendabenteuer Siegfrieds erzählt werden (vgl. S. 202). Anschließen kann man die Geschichte Walthers von Aquitanien und seines Kampfes

Melodie IV ›Eckenlied‹, 2. Str. Melodie des Bernertons nach der Hs. Jena, UB, El.fol. 100 (Hs. des Meistersingers Valentin Voigt von 1558). Die unterpungierten Vokale sind beim Vortrag zu elidieren. Übersetzung: »Es saßen Helden in einer Halle. Sie sprachen über zahllose Wundertaten auserlesener Helden. Der eine war Herr Vasolt (schöne Damen waren ihm gewogen), der zweite war Herr Ecke, der dritte der wilde Ebenrot. Sie waren sich einig, daß keiner in Kampfesnot kühner sei als Herr Dietrich von Bern: der sei der größte aller Helden. Der alte Hildebrand hingegen sei kühn und klug zugleich.«

gegen die Burgunden, vor allem Hagen und Gunther. Sie ist vollständig nur aus dem mittellat. ›Waltharius‹ bekannt (vgl. S. 50 f.), von einem deutschen Gedicht des 13. Jh.s haben sich nur wenige Reste erhalten.

Zentraler Held der meisten Heldendichtungen ist der schon im ahd. ›Hildebrandslied‹ vorkommende Dietrich von Bern (Bern ist der alte deutsche Name für Verona), der Ostgotenkönig Theoderich der Große, der 489/493 Italien eroberte und 526 in Ravenna starb. In den mhd. Dietrichepen wird Dietrich von seinem Oheim Ermanarich (Ermrich) aus seinem oberitalienischen Reich ins Exil, an den Hof des Hunnenkönigs Etzel (Attila), vertrieben. In der sogenannten aventiurehaften Dietrichepik werden vorwiegend Jugendabenteuer Dietrichs im Südtiroler Gebirge erzählt, die sogenannte historische Dietrichepik handelt von Dietrichs Vertreibung und von seinen Versuchen, sein Reich zurückzugewinnen.

Das ›Eckenlied‹ erzählt vom Kampf Dietrichs gegen den jungen Riesen Ecke, den er gegen seinen Willen töten muß. In ›Sigenot‹ wird Dietrich von dem Riesen Sigenot gefangengenommen, jedoch von seinem Waffenmeister Hildebrand wieder befreit. Im ›Laurin‹ kämpft Dietrich mit seinen Helden gegen den Zwergenkönig Laurin. In der ›Virginal‹ treten sie für die Königin Virginal gegen einen Riesen, gegen Heiden und Drachen an. Eine kuriose Verknüpfung mit dem rheinischen Heldenkreis stellt der ›Rosengarten zu Worms‹ dar; darin besteht Dietrich mit seinen Helden erfolgreich Zweikämpfe gegen Siegfried und die Wormser Helden. Verwandt ist das Reimpaarepos ›Biterolf und Dietleib‹, in dessen 2. Teil wiederum die Helden des rheinischen Kreises mit Walther von Aquitanien gegen die des gotisch-hunnischen Kreises mit Dietrich antreten.

›Dietrichs Flucht‹, auch ›Buch von Bern‹ genannt, und ›Rabenschlacht‹, d. h. Schlacht bei Ravenna, werden trotz unterschiedlicher metrischer Form stets zusammen überliefert. In ›Dietrichs Flucht‹ verliert Dietrich sein Reich an

Ermanarich (Ermrich). Er findet Aufnahme bei Etzel und Königin Helche. In der ›Rabenschlacht‹ siegt Dietrich, doch werden Etzels und Helches Söhne und Dietrichs Bruder getötet; erneut kehrt der König an den Hof Etzels zurück. In ›Alpharts Tod‹ fällt Dietrichs Held Alphart nach großen Heldentaten; Ermrich wird besiegt. Anschließen kann man das ›Jüngere Hildebrandslied‹ und ›Ermenrikes dot‹. Die erste Ballade berichtet vom Zweikampf zwischen dem zurückkehrenden Hildebrand und seinem Sohn – doch anders als im ahd. ›Hildebrandslied‹ (vgl. S. 48 ff.) mit Happy-End; im zweiten Gedicht wird Ermrich von Dietrich enthauptet.

Die reich überlieferten, sehr erfolgreichen Dichtungen ›Ortnit‹ und ›Wolfdietrich‹ werden fast stets zusammen tradiert. Die Verbindung zur Dietrichepik wird durch die Genealogie hergestellt: die beiden Titelhelden erscheinen als Vorfahren Dietrichs. ›Ortnit‹ ist ein Brautwerbungsepos, das Verwandtschaft mit dem ›König Rother‹ (vgl. S. 138 ff.) aufweist: König Ortnit erwirbt die Tochter eines Heidenkönigs; er fällt im Schlaf einem Lindwurm zum Opfer, der aus einem vom rachsüchtigen Schwiegervater geschickten Drachenei geschlüpft ist. Wolfdietrich heiratet nach abenteuerlicher Kindheit und Jugend schließlich Ortnits Witwe.

Eine »potenzierte« Brautwerbungsgeschichte bietet die für sich stehende ›Kudrun‹, der die auch in skandinavischen und altenglischen Quellen belegte Hildesage zugrunde liegt: nach dem Raub der Braut Hilde töten sich Schwiegervater und Bräutigam im Kampf gegenseitig. Die Handlung der ›Kudrun‹ umfaßt vier Generationen: König Sigebant von Irland heiratet die norwegische Prinzessin Ute; ihr in der Wildnis herangewachsener Sohn Hagen vermählt sich mit Hilde; die gemeinsame Tochter, die ebenfalls Hilde heißt, wird von König Hetel von Hegelingen entführt, Schwiegervater und Bräutigam werden durch die jüngere Hilde versöhnt; Hetels und Hildes Tochter Kudrun wird Herwig von Seeland versprochen, dann jedoch von Hartmut von der Normandie entführt, der nacheilende Hetel wird erschla-

Übersicht f

Heldenepische Dichtungen

Nibelungen- und Siegfrieddichtung

1. ›Nibelungenlied‹ (um 1200; Nibelungenstrophen).
2. ›Nibelungenklage‹ (um 1200?; Reimpaare).
3. ›Lied vom Hürnen Seyfrid‹ (ältester Druck um 1530, Existenz um 1400 belegbar, Entstehung im 13. Jh. möglich; Hildebrandston).
4. ›Eine Wunderschöne Historie von dem gehörnten Siegfried‹ (Prosafassung von Nr. 3; ältester belegter, jedoch nicht erhaltener Druck 1657, ältester erhaltener Druck 1726).

Walther-und-Hildegund-Dichtung

1. ›Waltharius‹ (9./10. Jh.; lateinisches Hexameterepos).
2. ›Walther und Hildegund‹ (13. Jh., Fragment; Walther-und-Hildegund-Strophen).

Dietrichepik

a) Historische Dietrichepik

1. Ahd. ›Hildebrandslied‹ (um 800, Fragment; Stabreimverse).
2. ›Jüngeres Hildebrandslied‹ (überliefert seit dem 15. Jh., Entstehung im 13. Jh. wahrscheinlich; Hildebrandston).
3. ›Ermenrikes dot‹ (überliefert um 1540, Entstehung von Vorstufen im 13. Jh. möglich; Hildebrandston).
4. ›Alpharts Tod‹ (um 1250/80?, Fragment; teils Nibelungenstrophen, teils Hildebrandston).

5. ›Dietrichs Flucht‹ (›Buch von Bern‹) (2. Hälfte 13. Jh.; Reimpaare).
6. ›Rabenschlacht‹ (2. Hälfte 13. Jh.; Rabenschlachtstrophen).

b) Aventiurehafte Dietrichepik

1. ›Eckenlied‹ (1. Hälfte 13. Jh., drei Versionen; Bernerton).
2. ›Sigenot‹ (13./14. Jh., zwei Versionen; Bernerton).
3. Albrecht von Kemenaten: ›Goldemar‹ (1. Hälfte 13. Jh., Fragment; Bernerton).
4. ›Dietrich und Wenezlan‹ (1. Hälfte 13. Jh., Fragment; Reimpaare).
5. ›Virginal‹ (2. Hälfte 13. Jh., drei Versionen; Bernerton).
6. ›Laurin‹ (2. Hälfte 13. Jh., fünf Versionen; Version IV in der Heunenweise, die übrigen in Reimpaaren).
7. ›Der Rosengarten zu Worms‹ (2. Hälfte 13. Jh., fünf Versionen; Hildebrandston/Heunenweise).
8. ›Biterolf und Dietleib‹ (Mitte 13. Jh.; Reimpaare).
9. ›Der Wunderer‹ (überliefert seit dem 15. Jh., Entstehung im 13. Jh. denkbar; zwei Fassungen in Reimpaaren, eine in der Heunenweise).

Ortnit-und-Wolfdietrich-Dichtung

1. ›Ortnit‹ (älteste Fassung um 1230, sieben Fassungen; Hildebrandston).
2. ›Wolfdietrich‹ (älteste Fassung um 1230, vier Fassungen; Hildebrandston).

Hildedichtung

1. ›Kudrun‹ (um 1240; Kudrunstrophen).
2. ›Dukus Horant‹ (um 1300; Dukus-Horant-Strophen).

gen. Da Kudrun sich weigert, ihren Entführer zu heiraten, muß sie niedere Dienste verrichten. Erst nach dreizehn Jahren kommt die Befreiung. Es gelingt Kudrun, Versöhnung zu stiften. Vielfach sieht man in der ›Kudrun‹ eine Art »Antwort« auf die Gnadenlosigkeit des ›Nibelungenliedes‹: der unbekannte Autor zeigt, daß Versöhnung immer wieder möglich ist, Kudrun erscheint als Gegenbild zu Kriemhild. Anzuschließen ist hier der fragmentarische ›Dukus Horant‹, d. h. Herzog Horant, eine erst seit 1957 wieder bekannte Dichtung. Der in einer Frühstufe des Jiddischen abgefaßte Text wurde mit hebräischen Schriftzeichen aufgeschrieben. Der Inhalt stimmt weitgehend überein mit dem Hildeteil der ›Kudrun‹: der Dänenherzog Horant entführt für seinen Herrn König Etene, d. h. Hetel, die schöne Prinzessin Hilde von Griechenland. Wahrscheinlich liegt ein verlorenes Hildeepos zugrunde; zugleich gibt es zahlreiche Übereinstimmungen mit dem ›König Rother‹ (vgl. S. 138 ff.).

Viele der genannten Texte waren beim Publikum, das sich in diesem Fall nicht auf Leser und Hörer aus der weltlichen Oberschicht beschränkte, weit über das Mittelalter hinaus überaus beliebt. In dieser Art von Literatur wurden unterhaltsame, bisweilen aufregende Abenteuer geboten, um Probleme ging es allenfalls am Rande, wenn überhaupt. Nur teilweise liegen alte Sagenstoffe zugrunde (Siegfriedsage, Walthersage, Dietrichsage, Hildesage). Eine beträchtliche Rolle spielt die Brautwerbungsmotivik, seit dem 12. Jh. – wie man etwa am ›König Rother‹, am ›Tristan‹ und am ›Nibelungenlied‹ sehen kann – ein wichtiges Ingrediens der Großepik. In der späten Heldenepik ist sie von Belang für den ›Hürnen Seyfrid‹, für ›Ortnit‹, ›Wolfdietrich‹, ›Kudrun‹ und ›Dukus Horant‹; ein ganzes Tableau unterschiedlicher Brautwerbungen bietet der genealogische Anfang von ›Dietrichs Flucht‹. Die Aventiuremotivik des ›Hürnen Seyfrid‹ und der aventiurehaften Dietrichepik verweist vor allem auf die Artusromane des 12./13. Jh.s. Gleichfalls von den Artusromanen angeregt erscheint die Darstellung Etzels in ›Dietrichs Flucht‹, ›Rabenschlacht‹, ›Biterolf und Dietleib‹ und im ›Wunderer‹: der Hunnenkönig stellt als ruhender Mittelpunkt der Handlung, auf den sich alles zubewegt, der selbst aber nicht handelt, eine Art Gegenstück zu König Artus dar.

Höfische Romane und Weltchroniken

Von jüngeren Zeitgenossen Wolframs von Eschenbach und Gottfrieds von Straßburg und späteren Autoren bis etwa 1350 sind ungefähr 70 Romanwerke bekannt (vgl. Übersicht g). Von manchen Autoren wissen wir lediglich, daß sie epische Werke gedichtet haben, die Texte selbst sind vollständig verloren. Von anderen Romanen haben sich nur mehr oder weniger umfangreiche Fragmente erhalten, wobei der Autorname oftmals verlorenging. Wieder andere Werke sind nicht in der ursprünglichen Fassung erhalten. So kennen wir den ›Herzog Friedrich von der Normandie‹ (entstanden um 1250) nur in einer schwedischen Bearbeitung (um 1300). Nicht weniger als fünf Romane haben sich, stark gekürzt und umgearbeitet in Strophen, ausschließlich im ›Buch der Abenteuer‹ erhalten, einer umfangreichen Romankompilation, die der Maler und Dichter Ulrich Fuetrer um 1480 für den Münchner Hof herstellte (vgl. S. 333). Größere Verbreitung war verhältnismäßig wenigen Romanen dieser Zeit beschieden, viele sind nur in wenigen Hss. oder gar nur in einem Textzeugen überliefert.

Autoren

Von vielen Romanautoren ist kaum mehr als der bloße Name bekannt, etwa von dem Alemannen **Konrad Fleck**, der um 1220 eine neue deutsche Fassung des Liebesromans ›Flore und Blanscheflur‹ (vgl. S. 154) schuf, von **Heinrich von dem Türlin**, einem Kärntner (?), der den Artusroman

Übersicht g

Höfische Romane und Weltchroniken

um 1200?	Otto II. von Freising: ›Laubacher Barlaam‹.
um 1210?	Ulrich von Zazikhoven: ›Lanzelet‹. Otte: ›Eraclius‹. ›Herzog Ernst B‹.
1215/20	›Karl und Galie‹.
um 1220	Wirnt von Gravenberc: ›Wigalois‹. Konrad Fleck: ›Flore und Blanscheflur‹. Rudolf von Ems: ›Der gute Gerhard‹. Stricker: ›Karl‹; ›Daniel von dem Blühenden Tal‹.
1220/30	›Morant und Galie‹.
1225/30	Rudolf von Ems: ›Barlaam und Josaphat‹.
um 1230	Heinrich von dem Türlin: ›Diu Crone‹. ›Die gute Frau‹.
1230/50 (um 1270?)	›Sächsische Weltchronik‹.
1230/35	Ulrich von Türheim: ›Clies‹; ›Tristanfortsetzung‹.
1235/40	Rudolf von Ems: ›Alexander‹; ›Wilhelm von Orlens‹.
um 1240	Reinbot von Durne: ›Georgslegende‹.
1240/50	Ulrich von Türheim: ›Rennewart‹. Rudolf von Ems: ›Weltchronik‹.
um 1250	›Wigamur‹. Konrad von Stoffeln: ›Gauriel von Muntabel‹. ›Herzog Friedrich von der Normandie‹. ›Christherre-Chronik‹.
um 1250/60	Berthold von Holle: ›Demantin‹; ›Darifant‹; ›Crane‹.

seit etwa 1250	›Prosa-Lancelot‹.
2. Hälfte 13. Jh.	›Herzog Ernst D‹.
um 1260	Konrad von Würzburg: ›Engelhard‹.
1260/70	Albrecht: ›Jüngerer Titurel‹. Ulrich von dem Türlin: ›Arabel‹.
1260/80	Pleier: ›Garel von dem Blühenden Tal‹; ›Meleranz‹; ›Tandareis und Flordibel‹.
1270/80	Jans Enikel: ›Weltchronik‹. ›Mai und Beaflor‹.
1277?	Konrad von Würzburg: ›Partonopier und Meliur‹.
1281/87	Konrad von Würzburg: ›Trojanerkrieg‹.
1270/1300	›Göttweiger Trojanerkrieg‹.
um 1285	›Lohengrin‹.
um 1285/90	Heinrich von Freiberg: ›Tristanfortsetzung‹.
um 1290	Ulrich von Etzenbach: ›Alexander‹; ›Wilhelm von Wenden‹.
nach 1291	›Reinfried von Braunschweig‹.
Ende 13. Jh.	›Basler Alexander‹.
um 1300	›Trojanerkriegs-Fortsetzung‹.
Anfang 14. Jh.	Heinrich von Neustadt: ›Apollonius von Tyrlant‹.
1314	Johann von Würzburg: ›Wilhelm von Österreich‹.
nach 1314	›Friedrich von Schwaben‹.
1. Hälfte 14. Jh.	›Karlmeinet‹.
1331/36	Wisse/Colin: ›Niuwer Parzifal‹.
um 1350?	›Johann aus dem Virgiere‹.
1352	Seifrit: ›Alexander‹.
2. Hälfte 14. Jh.	Heinrich von München: ›Weltchronik‹.

›Diu Crône‹ (um 1230) dichtete, von **Berthold von Holle** (um 1250/60), Autor dreier Romane, der vielleicht Ministeriale des Bischofs von Hildesheim und der Welfen war, vom **Pleier**, der um 1260/80 drei Artusromane verfaßte, oder von **Albrecht**, dem Verfasser des ›Jüngeren Titurel‹ (um 1260/1270), der zeitweise anscheinend in Landgraf Heinrich III. von Thüringen-Meißen, dem Minnesänger (vgl. S. 230), und dessen Söhnen seine Gönner fand. So gut wie nichts bekannt ist auch vom **Stricker**, der zwischen etwa 1220 und 1250 neben zahlreichen kleineren Reimpaardichtungen (vgl. S. 273) unterschiedlicher Typen auch den Artusroman ›Daniel von dem Blühenden Tal‹, die Neubearbeitung des alten ›Rolandsliedes‹ (vgl. S. 136 f.), den ›Karl‹, sowie den »Schwankroman« ›Der Pfaffe Amis‹ verfaßte.

Der bedeutendste Romanautor der Zeit zwischen 1220 und 1250 war der Vorarlberger Ministeriale **Rudolf von Ems**. Für seine ersten Werke, den kleinen Roman ›Der gute Gerhard‹ und den Legendenroman ›Barlaam und Josaphat‹, fand er Gönner in seiner näheren Heimat. Der ›Wilhelm von Orlens‹ entstand im Auftrag staufischer Reichsministerialen, der ›Alexander‹ und die ›Weltchronik‹, beide unvollendet, wurden offenbar für den Hof des jungen Stauferkönigs Konrad IV. geschaffen. Rudolf starb bald nach 1250. In Verbindung zu ihm und dem Stauferhof stand der adlige **Ulrich von Türheim**, der auf Fortsetzungen klassischer Romanfragmente spezialisiert war.

Herausragender Romanautor der zweiten Hälfte des 13. Jh.s war der Berufsdichter **Konrad von Würzburg** (geb. um 1235 in Würzburg, gest. 1287 in Basel), zugleich, wie erwähnt, der vielseitigste Autor der deutschen Literaturgeschichte des Mittelalters. Konrad verfaßte zunächst in seiner Heimat, ab 1257/58 einige Jahre am Niederrhein, von den frühen sechziger Jahren an dann in Basel, meist im Auftrag vermögender Gönner, Minnesang (vgl. S. 235), Sangspruchdichtung (vgl. S. 240), Leichs (vgl. S. 238 f.), ein allegorisches Gedicht (›Die Klage der Kunst‹), ein Marienlobgedicht (›Die goldene Schmiede‹), eine politische Lobrede (›Das Turnier von Nantes‹), vier kürzere Erzählungen (vgl. S. 276), drei Verslegenden (vgl. S. 275) sowie drei Romane: ›Engelhard‹, ›Partonopier und Meliur‹, ›Trojanerkrieg‹. Sein Zeitgenosse war der am böhmischen Hof wirkende **Ulrich von Etzenbach**.

Aus dem 14. Jh. hervorzuheben ist **Johann von Würzburg**, der seinen ›Wilhelm von Österreich‹ 1314 abschloß; seine Spekulation auf die Gönnerschaft der österreichischen Herzöge schlug offenbar fehl. Als Arzt in Wien ansässig war **Heinrich von Neustadt**, der den ›Apollonius von Tyrlant‹ Anfang des 14. Jh.s beendete. Im Auftrag eines mächtigen elsässischen Freiherrn verfaßten die Straßburger Bürger **Claus Wisse** und **Philipp Colin**, unterstützt von dem Juden Samson Pine, der Französisch konnte, 1331/36 nach französischen Quellen einen umfangreichen Einschub in den ›Parzival‹ Wolframs, den ›Niuwen Parzifal‹ (auch: ›Rappoltsteiner Parzifal‹).

Gemeinsam war den meisten Romanautoren der Epoche eine überdurchschnittliche, meist wohl durch den Besuch einer Dom- oder einer Klosterschule erworbene literarisch-rhetorische Bildung, ferner beträchtliche Kenntnis der »klassischen« deutschen Romanliteratur der Zeit um 1200. Hartmann von Aue, Wolfram von Eschenbach und Gottfried von Straßburg waren ihre immer wieder auch namentlich genannten maßstabsetzenden Vorbilder.

Am deutlichsten eigene, neue, jedoch unterschiedliche Wege gingen – bei aller Traditionsverbundenheit – Rudolf von Ems und Konrad von Würzburg. Anders als dies in den Artusromanen der Fall ist, breitet **Rudolf von Ems** nicht erfundene, symbolhafte Welten aus. Vielmehr geht es ihm – so einer seiner Schlüsselbegriffe – um *wârheit*. Sie findet er in der historisch-real fundierten, glaubhaften Situierung des jeweiligen Stoffes. Es ist seine Absicht, neben Unterhaltung und mancherlei moralisch-sittlicher Belehrung, immer auch historische »Tatsachen«, ein Geschichtsbild, Wissen, zu vermitteln. Bereits seinen ersten Roman, den ›Guten Gerhard‹, situierte Rudolf, abweichend von seinen Legendenvorlagen, in der historischen deutschen Vergangenheit und in realer Topographie; der zweite Roman, ›Barlaam und Josaphat‹, behandelt die als historisch angesehene Entstehung des indischen Christentums; die Hauptfiguren des ›Wilhelm von Orlens‹, mit dem der historische Normannenherzog und englische König Wilhelm der Eroberer gemeint ist, und des ›Alexander‹, Alexander der Große, sind Gestalten von welthistorischer Bedeutung. In der sich gleichsam logisch anschließenden ›Weltchronik‹ wird dann die gesamte Welt- und Heilsgeschichte gewissermaßen selbst zum Helden.

Mittelalterlichen (und frühneuzeitlichen) Geschichtsschreibern und Romanautoren wie Rudolf von Ems ging es nicht um objektive historische Erkenntnis. Das Studium der Historie gab vielmehr eine Vorstellung von der eigenen Stellung innerhalb der Welt- und Heilsgeschichte. Darüber hinaus war die aus vielen einzelnen Geschichten zusammengesetzte Historie ein unerschöpfliches Arsenal von Exempla für richtiges oder falsches Verhalten, sie lieferte genealogische Herleitungen von Völkern, Städten, Dynastien, unterrichtete über die Ätiologie, die erstmalige Entstehung, von Ständen, Gegenständen, Gebräuchen, schließlich bot sie Unterhaltung mit bildendem Nebeneffekt. Rudolfs Versuch, den Roman durch den Rekurs auf die Geschichte, auf Geschichtswissen, neu zu fundieren, war – wie die große Zahl handschriftlicher Zeugnisse zeigt – offenbar sehr erfolgreich.

Nur auf den ersten Blick ging auch **Konrad von Würzburg** den Weg der Historisierung: die überlieferte Legendenhandlung, die dem ›Engelhard‹ zugrunde liegt, siedelte er neu im realen dänischen und brabantischen Raum an, der ›Partonopier‹ behandelt die (erfundene) Frühgeschichte des französischen Grafenhauses Blois-Champagne, im ›Trojanerkrieg‹ geht es um ein weltgeschichtliches Ereignis. Dennoch ist Konrad, einer der größten Sprachkünstler der deutschen Literaturgeschichte, an Geschichte nicht wirklich interessiert. Dem in den umfangreichen Prologen zum ›Partonopier‹ und zum ›Trojanerkrieg‹ formulierten Programm zufolge vermittelt Dichtung nach seinen Vorstellungen durch ihren rhetorisch-sprachlichen Glanz erhebende Freude, wirkt also auf Stimmung und Lebensgefühl; sie lehrt die Jugend richtiges höfisches Verhalten; die Jugend gewinnt ferner durch ihr Vorbild die Fähigkeit, sich richtig und beredt auszudrücken. Kurz: Kenntnis der Dichtung ist Vorbedingung für Freude und Ansehen. Der wahre Dichter, der solche Werke herzustellen vermag, ist von Gott begnadet. In seinen Romanen, vor allem im ›Trojanerkrieg‹, der als Krönung seines Schaffens gelten kann, stellt Konrad eine geschlossene, mit allen Mitteln der ihm zu Gebote stehenden sprachlich-rhetorischen Kunst entworfene Welt der Schönheit her. In ihr agieren schöne Menschen in schöner Umwelt, auch negative Phänomene wie Krieg, Tod, Krankheit, Verzweiflung erscheinen in ästhetisierter Form. Der Realität und Miserabilität der Lebenswelt wird eine Insel der Kunst entgegengesetzt, in die der Leser gleichsam flüchten kann, in der er aber zugleich auch die Möglichkeit hat, ein neues, positives, von Freude bestimmtes Lebensgefühl zu gewinnen. Anders als Rudolf von Ems appelliert Konrads Kunst nicht lehrhaft an die Verstandeskräfte, sie sucht vielmehr die Empfindungs- und Erlebnisfähigkeit, dazu die Sprachfähigkeit zu fördern. Fraglich bleibt indes, ob Konrad zu seiner Zeit die Leser in dem von ihm angestrebten Sinn wirklich erreicht hat. Die schmale Überlieferung der beiden ersten Romane spricht dagegen (der ›Engelhard‹ ist nur in einem Druck aus dem 16. Jh. überliefert, vgl. S. 434, der ›Partonopier‹ in einer einzigen vollständigen Hs. und in Fragmenten einer zweiten), aber auch der verbreitete ›Trojanerkrieg‹ wurde in erster Linie in »historisierter« Gestalt, seiner wesentlichen literarisch-rhetorischen Form durch Kürzungen beraubt, als Bestandteil von Weltchroniken (vgl. S. 269) oder als Prosaroman (vgl. S. 332) gelesen.

Vorlagen

Die Romanliteratur des 12. und frühen 13. Jh.s basierte überwiegend auf afrz. Vorlagen. Sie spielten auch weiterhin eine bedeutende Rolle. Beispiele sind Konrad Flecks ›Flore und Blanscheflur‹, Konrads von Würzburg ›Partonopier und Meliur‹ (nach dem ›Partonopeus de Blois‹, nach 1159, eines unbekannten Autors) und sein ›Trojanerkrieg‹ (nach dem ›Roman de Troie‹ Benoîts de Sainte-Maure, um 1165, vgl. S. 149 ff.); die französischen Vorlagen von Ulrichs von Zazikhoven ›Lanzelet‹ und Rudolfs von Ems ›Wilhelm von Orlens‹ sind verloren. Mehrerer Chansons de geste aus dem Wilhelmszyklus (vgl. S. 131) bediente sich Ulrich von Türheim in seinem ›Rennewart‹, der Fortsetzung von Wolframs ›Willehalm‹. Der nur in Resten erhaltene ›Clîes‹ Ulrichs von Türheim stellt eine deutsche Fassung von Chrétiens de Troyes ›Cligès‹ dar, Hauptvorlage der ›Guten Frau‹ ist Chrétiens ›Guillaume d'Angleterre‹. Auf den ›Niuwen Parzifal‹ Wisse/Colins wurde schon hingewiesen. Ganz für sich steht im 13. Jh. die seit etwa 1250 entstandene Übersetzung des ›Lancelot en prose‹ (1215/30), der riesige ›Prosa-Lancelot‹.

Insbesondere die Autoren von Artus- und Abenteuerromanen erfanden im 13. und 14. Jh. indes ihre Stoffe nach klassischen deutschen, teilweise auch französischen Mustern häufig ganz frei. Als erster ging anscheinend Wirnt von Gravenberc in seinem ›Wigalois‹ so vor, weitere selbsterfundene Stoffe verarbeiteten etwa der Stricker in seinem ›Daniel‹, Heinrich von dem Türlin in der ›Crône‹, Berthold von Holle, Johann von Würzburg, Ulrich von dem Türlin in seiner ›Arabel‹, der Vorgeschichte zu Wolframs ›Willehalm‹. Auch die Tristanfortsetzungen Ulrichs von Türheim und Heinrichs von Freiberg kamen weitgehend ohne Vorlage aus.

Eine gewichtige Rolle spielten nunmehr auch lateinische Quellen. Außer im ›Wilhelm von Orlens‹ verwendete etwa

Rudolf von Ems durchweg Vorlagen in lateinischer Sprache, ebenso wie Konrad von Würzburg für den ›Engelhard‹ – für den ›Trojanerkrieg‹ zog er neben Benoît de Sainte-Maure zahlreiche antike Quellen (Vergil, Ovid, Statius und anderes) heran. Hauptquelle für Heinrichs von Neustadt ›Apollonius von Tyrlant‹ ist die spätantike ›Historia Apollonii regis Tyri‹.

Romantypen

Artusromane. Die Reihe der Artusromane wurde im 13. Jh. fortgesetzt. Der ›Lanzelet‹ **Ulrichs von Zazikhoven** (um 1210?) folgt nicht Chrétiens de Troyes ›Lancelot‹, sondern einem davon unabhängigen verlorenen französischen Roman. Der erfolgreichste späte Artusroman war der ›Wigalois‹ des fränkischen Ritters **Wirnt von Gravenberc** (d. h. Gräfenberg bei Nürnberg, etwa 1210/20), der bis herauf in die Neuzeit bekannt blieb (41 Textzeugen). Wigalois ist nicht nur unerhört tapfer, sondern auch sehr fromm – wenn er nicht mehr weiter weiß, hilft ihm Gott. ›Diu Crône‹ **Heinrichs von dem Türlin** (um 1230) ist neben dem ›Wigalois‹ der interessanteste späte Artusroman. Er erzählt in vier Sequenzen die Aventiuren des arturischen Musterritters Gawein, wobei es zahlreiche Überschneidungen mit der Handlung des ›Parzival‹ gibt. Faszinierend ist besonders die Fülle phantastischer irrealer, ja geradezu surrealer Szenen. Der **Stricker** schildert in seinem ›Daniel von dem Blühenden Tal‹ (um 1220) die Geschichte eines Artusritters, der mehr auf List denn auf seine Kampfkraft setzt. Bald nach der Mitte des 13. Jh.s entstanden dann die letzten Artusromane, ›Garel von dem Blühenden Tal‹, ›Tandareis und Flordibel‹ und ›Meleranz‹, alle drei Werke des **Pleier**, der ›Gauriel von Muntabel‹ **Konrads von Stoffeln** und der anonym überlieferte, parodistisch-witzige ›Wigamur‹. Anders als bei Hartmann von Aue und Wolfram von Eschenbach wird in all diesen Romanen das Tun des Helden nicht weiter problematisiert; er bleibt in der Regel strahlend und erfolgreich von Anfang bis Ende, eine Krise gibt es nicht. Der Romantyp hatte sich durch Variation gewissermaßen erschöpft; die bedeutendsten Autoren, Rudolf von Ems und Konrad von Würzburg, hielten sich – wie bereits erwähnt – fern. – Der ›Prosa-Lancelot‹ wurde wahrscheinlich im 13. Jh. nur teilweise verdeutscht, weitere Teile folgten im 14. und 15. Jh. Es handelt sich um eine Summe der älteren Artusliteratur unter welt- und heilsgeschichtlichen Aspekten. Die Geschichte des Artusrittertums wird bis zu ihrem Höhepunkt und darüber hinaus bis zu ihrem Verfall und schließlichen Untergang dargestellt an der Biographie des »besten Ritters« Lancelot, für die die ehebrecherische Liebe zu Ginover, der Frau von König Artus, von entscheidender Bedeutung ist. Als »christusanaloger Erlöser« (Ch. Huber) der Gralsprobleme tritt Lancelots sündenloser Sohn Galaad auf, der ein geistliches Ritterideal verkörpert. In der deutschen Literatur des 14. und 15. Jh.s hinterließ dieses außerordentliche Romanwerk keinerlei Spuren; Bearbeitungen durch Ulrich Fuetrer (vgl. S. 333) in der 2. Hälfte des 15. Jh.s blieben ebenfalls folgenlos.

Ergänzungen klassischer Romanwerke. Gottfrieds von Straßburg unvollendeter ›Tristan‹ (vgl. S. 219 ff.) erhielt etwa 1230/40 durch **Ulrich von Türheim** eine abschließende Fortsetzung, die sich stofflich am ›Tristrant‹ Eilharts von Oberg (vgl. S. 154 ff.) orientierte; eine konkurrierende Fortsetzung verfaßte um 1285/1290 **Heinrich von Freiberg**. Der in eine Hs. von Wolframs ›Parzival‹ eingeschobene ›Niuwe Parzifal‹ von Wisse und Colin wurde bereits erwähnt. Ein Autor namens **Nouhuwius** oder **Nouhusius** schrieb um 1285 in einem strophischen Ton, dem Schwarzen Ton, der zuvor im ›Wartburgkrieg‹ verwendet worden war (vgl. S. 242; die Melodie ist erhalten), den ›Lohengrin‹, in dem die am Schluß des ›Parzival‹ nur angedeutete Geschichte des Schwanritters ausführlicher dargestellt wird.

Ulrich von Türheim dichtete um 1250 auch eine lange Fortsetzung zu Wolframs ›Willehalm‹, den ›Rennewart‹; die Vorgeschichte zum ›Willehalm‹ steuerte etwa zwanzig Jahre später **Ulrich von dem Türlin** bei, die ›Arabel‹ (auch ›Willehalm‹ betitelt). Das umfangreichste, bedeutendste und verbreitetste Werk dieser Fortsetzungsliteratur ist der ›Jüngere Titurel‹ **Albrechts** (57 Textzeugen, darunter eine Inkunabel von 1477). Darin werden Wolframs ›Titurel‹-Fragmente in ein breites, »Weltalter und Welträume umspannendes Riesenwerk« (D. Huschenbett) im komplizierten »geblümten« Stil ausgesponnen (etwa 6300 Titurelstrophen, vgl. S. 213 ff.), wobei auch Parzivals Abenteuer entsprechend Wolframs Roman nochmals erzählt werden.

Romane mit Chanson-de-geste-Stoffen. Von einer deutschen Bearbeitung der afrz. Quelle für Wolframs von Eschenbach ›Willehalm‹ (vgl. S. 216 ff.), der ›Alischanz‹ (13. Jh.), haben sich nur Reste erhalten. Auf nicht erhaltenen afrz. Vorlagen basieren zwei am Niederrhein entstandene Karlsepen: ›Karl und Galie‹ (etwa 1215/20) – der junge Karl entführt und heiratet die heidnische Prinzessin Galie – und ›Morant und Galie‹ (etwa 1220/30) – Galie wird zu Unrecht eines Liebesverhältnisses mit Morant bezichtigt. Mit anderen Karlstexten wurden beide Romane in der 1. Hälfte des 14. Jh.s wohl in Aachen, dem Begräbnis- und hauptsächlichen Kultort Karls des Großen, zu einer umfangreichen Kompilation zusammengefügt, dem ›Karlmeinet‹. – Zur Neubearbeitung des ›Rolandsliedes‹ des Pfaffen Konrad durch den Stricker vgl. S. 136 f., zum ›Rennewart‹ Ulrichs von Türheim vgl. S. 216.

Antikenromane. Der ›Eneasroman‹ hatte bereits durch Heinrich von Veldeke seine definitive deutsche Gestalt gefunden (vgl. S. 146 ff.). Anders verhielt es sich mit den deutschen Fassungen des Alexander- und des Trojastoffes: die Werke des Pfaffen Lambrecht und Herborts von Fritzlar genügten den Vorstellungen, die man sich im 13. und 14. Jh.

machte, offensichtlich nicht, vgl. S. 143 ff. (Erhaltene) Alexanderromane verfaßten Rudolf von Ems (seit etwa 1235/40; unvollendet), Ulrich von Etzenbach (um 1290) und **Seifrit** (1352), vgl. dazu auch S. 144 Der erfolgreichste und bedeutendste späte Antikenroman ist **Konrads von Würzburg** unvollendeter ›Trojanerkrieg‹ (1281/87; ca. 30 Textzeugen). Der Autor des riesigen Torso (40424 Verse) versammelt die Geschichten, die mit den trojanischen Ereignissen in Verbindung stehen (Geburt des Paris, Parisurteil, Paris und Helena, Argonautensage, die Geschichten Achills und des Hercules), er verknüpft sie sorgsam, erzählt sie ausführlich und gestaltet die in den Quellen vorgegebenen Beschreibungen, Szenen und Reden mit glanzvoller Rhetorik. Ein anonymer Autor, der um 1300 die Konrads Werk abschließende ›Trojanerkriegs-Fortsetzung‹ verfaßte, erreicht längst nicht sein Niveau. Den kuriosen Versuch der Verschränkung von Abenteuer- und Trojaroman unternahm ein gewisser **Wolfram** im ›Göttweiger Trojanerkrieg‹ (um 1270/1300).

Liebes- und Abenteuerromane. In den Liebes- und Abenteuerromanen finden Liebende meist rasch zueinander, doch werden sie bald getrennt, worauf sie bis zur endlichen Wiedervereinigung allerlei Bewährungsproben und Kämpfe zu bestehen haben (Schema des spätantiken Liebesromans). Da es sich stets um adlige, meist fürstliche Personen handelt, spielt vielfach das Moment der Genealogie eine Rolle: die fabulöse Handlung wird als Frühgeschichte eines existierenden fürstlichen Hauses ausgegeben. Zwei Romane dieser Art waren bis in die Frühe Neuzeit bekannt und beliebt: Rudolfs von Ems ›Wilhelm von Orlens‹ (um 1235/40; etwa 30 Textzeugen), mit dessen Titelfigur – wie erwähnt – Wilhelm der Eroberer, der erste normannische König von England, gemeint ist, und Johanns von Würzburg ›Wilhelm von Österreich‹ (1314; ca. 20 Textzeugen), in dem eine erfundene Vorgeschichte des Hauses Österreich erzählt wird.

Ferner gehören hierher Konrad Flecks ›Flore und Blanscheflur‹ (um 1220), Bertholds von Holle ›Demantin‹ und ›Crane‹ (um 1250/60), Konrads von Würzburg ›Partonopier und Meliur‹ (1277?), der ›Reinfried von Braunschweig‹ (nach 1291), der ›Apollonius von Tyrlant‹ Heinrichs von Neustadt (Anfang 14. Jh.), ›Friedrich von Schwaben‹ (nach 1314), ›Johann aus dem Virgiere‹, d. h. »aus dem Baumgarten« (um 1350?). Für die meisten dieser Romane – den ›Wilhelm von Orlens‹, den ›Wilhelm von Österreich‹, den ›Reinfried‹, den ›Apollonius‹, ferner den S. 264 genannten ›Lohengrin‹ und den unten erwähnten ›Wilhelm von Wenden‹ – wurde neuerdings (von M. Herweg) die Bezeichnung »Fürsten- und Herrschaftsromane« vorgeschlagen, da es in ihnen nicht nur um Liebe und Abenteuer, sondern zugleich auch dezidiert um Fragen des richtigen Verhaltens von Fürsten und um solche des »Funktionierens von Herrschaft« gehe.

Erbaulich-legendarische Romane. Einer kleinen Gruppe von Romanen liegen Legendenstoffe zugrunde; in ihnen sind religiös-erbauliche Momente von Belang, in der Ausgestaltung spielen freilich auch Motive aus den Liebes- und Abenteuerromanen herein. Die Legendenhandlungen sind durchweg in die höfische Sphäre transponiert. Der stofflich auf lateinischen Legenden und Predigtexempeln fußende ›Gute Gerhard‹ Rudolfs von Ems (um 1220) erzählt die Geschichte des seiner guten Taten wegen überheblichen Kaisers Otto, dem das Beispiel des Kölner Kaufmanns Gerhard vor Augen gestellt wird, der stets völlig selbstlos handelt. Im ›Eraclius‹ **Ottes** (1. Hälfte 13. Jh.), der deutschen Bearbeitung des ›Eracle‹ Gautiers d'Arras (nach 1159), geht es unter anderem um die Wiedergewinnung des vom Perserkönig geraubten heiligen Kreuzes durch den Kaiser von Byzanz. Das Schema der Eustachiuslegende – ein frommes Ehepaar entsagt der Herrschaft, zieht in die Welt, wird getrennt und findet nach Abenteuern wieder zusammen – benutzen ›Die gute Frau‹ (um 1230) und Ulrichs von Etzenbach ›Wilhelm von Wenden‹ (um 1290), das der unschuldig verfolgten Frau (heute am besten bekannt aus der Genovefalegende) findet sich in ›Mai und Beaflor‹ (1270/80). Konrads von Würzburg ›Engelhard‹ (um 1260) basiert auf der Freundschaftslegende von Amicus und Amelius, die der Autor zu einem komplexen höfischen Roman ausgebaut hat.

Legendenromane. Auch im 13. Jh. wurden Heiligenlegenden bisweilen in der Form ausgedehnter Epen erzählt, vgl. S. 158 ff. Die Legende von Barlaam und Josaphat, d. h. die vermutlich im 8. Jh. in eine christliche Legende umgearbeitete Lebensgeschichte Buddhas, wurde im ›Laubacher Barlaam‹ (um 1200?) Bischof **Ottos II. von Freising**, ferner im sehr verbreiteten ›Barlaam und Josaphat‹ Rudolfs von Ems (1225/30; über 40 Textzeugen) romanhaft dargestellt. Hervorzuheben ist ferner die ›Georgslegende‹ **Reinbots von Durne** (um 1240), die sich stilistisch am ›Willehalm‹ Wolframs von Eschenbach orientiert. Zu weiteren Legenden vgl. S. 275.

Weltchroniken

An der Romanliteratur des 13. Jh.s ist zunehmendes historisches Interesse zu beobachten (Antikenromane, genealogische Aspekte). Beliebter und erfolgreicher als alle Romane waren seit der 2. Hälfte des 13. Jh.s die Welt- oder Universalchroniken, umfangreiche Erzählwerke nach lateinischem Muster, stilistisch bewußt ziemlich anspruchslos, in denen die Weltgeschichte seit der Schöpfung dargestellt wird; erhalten haben sich insgesamt über 220 Textzeugen. Basis sind die Geschichtsbücher des Alten Testaments, in die Ereignisse der nichtbiblischen Geschichte (Troja, Alexander, Gründung Roms) eingefügt werden; nach Christi Geburt wird hauptsächlich die Geschichte der römischen und der römisch-deutschen Kaiser ausgebreitet. Meist wird die Weltgeschichte – analog zu den Schöpfungstagen der ›Genesis‹ – in sechs

Weltalter gegliedert; das sechste Weltalter beginnt mit Christus und dauert noch an. Die sehr umfangreichen Weltchronikhss. sind meist anspruchsvoll ausgestattet, oft illustriert. Durch sie versicherten die vorwiegend adligen Leser sich gewissermaßen ihres Platzes in der Weltgeschichte. Da es vor dem 15. Jh. keine vollständige deutsche Bibel gab, dienten die Weltchroniken den Laien auch als Bibelersatz.

Die Reihe der gereimten Weltchroniken beginnt mit der ›Weltchronik‹ **Rudolfs von Ems** (um 1250). Rudolfs Chronik bricht allerdings im 5. Weltalter mit Salomo unvollendet ab. Hauptquellen waren die Vulgata und die ›Historia scholastica‹ des Petrus Comestor (gest. 1179), in der die biblischen Ereignisse zum Schulgebrauch der Reihe nach erzählt werden. Konkurrenzwerk zu Rudolf ist die weit mehr theologisch orientierte ›Christherre-Chronik‹ eines unbekannten Autors, der nur bis in das Buch der Richter kam (um 1250). Um 1270/80 (oder später?) verfaßte der Wiener Stadtbürger **Jans Enikel** (neuerdings auch: Jans von Wien) eine ›Weltchronik‹. Enikel gelang es, sein Werk abzuschließen – es reicht bis zu Kaiser Friedrich II. Er liebte es, den Geschichtsverlauf durch interessante Geschichten und Histörchen zu illustrieren. Die Texte der drei Chroniken wurden verschiedentlich miteinander vermischt. Aus einer solchen Textmischung entstand, wohl in der 2. Hälfte des 14. Jh.s, schließlich eine vierte große gereimte Chronik, deren unterschiedliche Fassungen unter dem Namen **Heinrichs von München** bekannt sind. Über die chronikalischen Texte hinaus sind hier zahlreiche weitere Erzählwerke mehr oder weniger ausführlich herangezogen (Konrads von Würzburg ›Trojanerkrieg‹, der ›Alexander‹ Ulrichs von Etzenbach, die ›Willehalm‹-Trilogie Ulrichs von dem Türlin, Wolframs von Eschenbach und Ulrichs von Türheim, das Anfang des 14. Jh.s entstandene, weitverbreitete ›Marienleben‹ des Bruders Philipp, vgl. S. 287, u. a.). Das stark aufs Faktische abzielende Werk reicht ebenfalls bis zu Friedrich II., also nahe an die Gegenwart.

Die Entstehungszeit der ›Sächsischen Weltchronik‹, einer ursprünglich in mittelniederdeutscher Sprache abgefaßten Prosachronik, ist umstritten (um 1230/50 oder um 1270; 43 Textzeugen). Es handelt sich um eine annalistisch, d.h. nicht nach Weltaltern strukturierte Chronik, die bis in das 13. Jh. reicht. Wichtigste Quelle ist die lat. ›Chronik‹ Frutolfs von Michelsberg (abgeschlossen um 1100) in der Bearbeitung Ekkeharts von Aura (abgeschlossen um 1125).

Literaturhinweise

Ausgaben: Deutsches Heldenbuch, 5 Bde., 1866–73. – ›Gedrucktes Heldenbuch‹: J. Heinzle, 2Bde., 1981–87 (Litterae). – ›Hürnen Seyfrid‹: K. C. King, 1958. – ›Rosengarten‹: G. Holz, 1893. – ›Biterolf u. Dietleib‹: A. Schnyder, 1980. – ›Eckenlied‹: F. B. Brévart, 1999 (ATB); F. B. Brévart, 1986 (zweisprachig; RUB). – ›Dietrichs Flucht‹, ›Rabenschlacht‹, ›Alpharts Tod‹, ›Dietrich v. Wenezlan‹: E. Lienert [u. a.], 2003–07. – Aventiurehafte Dietrichepik: Ch. Tuczay, 1999 (zweisprachig; GAG). – ›Kudrun‹: K. Bartsch / K. Stackmann, 2000 (ATB) [mit fortlaufendem Kommentar]. – ›Dukus Horant‹: P. F. Ganz / F. Norman / W. Schwarz, 1964 (ATB, Ergänzungsreihe). – Ulrich v. Zazikhoven: F. Kragl, 2 Bde., 2006 (zweisprachig). – Otte, ›Eraclius‹: W. Frey, 1983 (GAG). – ›Karlmeinet‹: A. v. Keller, 1858 (StLV). – Wirnt v. Gravenberc: S. Seelbach / U. Seelbach, 2005 (zweisprachig). – Rudolf v. Ems: ›Der gute Gerhard‹: J. A. Asher, [3]1989 (ATB); ›Barlaam u. Josaphat‹: F. Pfeiffer, 1843; ›Wilhelm v. Orlens‹: V. Junk, 1905 (DTM); ›Alexander‹: V. Junk, 2 Bde., 1928–29 (StLV); ›Weltchronik‹: G. Ehrismann, 1915 (DTM). – Stricker, ›Daniel‹: M. Resler, [2]1995 (ATB); ›Pfaffe Amis‹: M. Schilling, 1994 (zweisprachig; RUB). – Heinrich v. d. Türlin, ›Diu Crone‹: F. Knapp u. a., 2 Bde., 2000/05 (ATB). – ›Wigamur‹: N. Busch, 2009. – ›Herzog Friedrich‹: F. Bambeck, 2009 (Imagines). – ›Sächsische Weltchronik‹: L. Weiland, 1877. – Reinbot v. Durne: C. v. Kraus, 1907. – Ulrich v. Türheim, ›Rennewart‹: A. Hübner, 1938 (DTM). – Ulrich v. d. Türlin, ›Arabel‹: W. Schröder, 6 Tle., 1982–93. – ›Prosa-Lancelot‹: R. Kluge, 3 Bde., 1948–74; H.-H. Steinhoff, 5 Bde., 1995 ff. (zweisprachig; Bibliothek des MAs). – Konrad v. Würzburg, ›Engelhard‹: P. Gereke / I. Reiffenstein, [3]1982 (ATB); ›Partonopier‹: K. Bartsch, 1871; ›Trojanerkrieg‹: A. v. Keller / K. Bartsch, 2 Bde., 1858 (StLV). – Albrecht, ›Jüngerer Titurel‹: W. Wolf / K. Nyholm, 3 Bde., 1955–92 (DTM). – Jans Enikel, ›Weltchronik‹: Ph. Strauch, 1891. – Johann v. Würzburg: E. Regel, 1906 (DTM). – Heinrich v. München, ›Neue Ee‹: F. Shaw [u. a.], 2008 (DTM). – Heinrich v. Neustadt, ›Apollonius‹: S. Singer, 1906 (DTM); H. Birkhan, 2001 [nhd. Übers.].

Forschungsliteratur: W. Achnitz, Babylon u. Jerusalem. Sinnkonstituierung im ›Reinfried v. Braunschweig‹ u. im ›Apollonius v. Tyrland‹ Heinrichs v. Neustadt, 2000 (Hermaea). – H.-J. Behr, Literatur als Machtlegitimation, 1989. – H. Brackert, Rudolf v. Ems, 1968. – R. Brandt, Konrad v. Würzburg, 1987 [Forschungsbericht, Fortsetzungen in Archiv 236, 1999; 246, 2009]. – H. Brunner (Hrsg.), Konrad v. Würzburg, in: JOWG 5 (1988/1989). – H. Brunner (Hrsg.), Die dt. Trojalit. des MAs u. der Frühen Neuzeit, 1990 (WILMA). – H. Brunner (Hrsg.), Interpretationen. Mhd. Romane u. Heldenepen, [2]2003 (RUB). – H. Brunner (Hrsg.) / J. Rettelbach / D. Klein, Studien zur ›Weltchronik‹ Heinrichs v. München, 3 Bde., 1998 (WILMA). – J. Bumke / U. Peters (Hrsg.), Retextualisierung in der mittelalterl. Lit. ZfdPh 124 (2005)/Sonderheft. – F. W. Chandler / M. H. Jones, A Catalogue of Names of Persons in the German Court Epics, 1982. – Ch. Cormeau, ›Wigalois‹ u. ›Diu Crône‹, 1977 (MTU). – C. Dietl, Minnerede, Roman u. historia. Der ›Wilhelm v. Österreich‹ Johanns v. Würzburg, 1999 (Hermaea). – T. Ehlert, Deutschsprachige Alexanderdichtung des MAs, 1989. – E. Feistner, Historische Typologie der dt. Heiligenlegende des MAs von der Mitte des 12. Jh.s bis zur Reformation, 1995 (WILMA). – G. Felder, Kommentar zur ›Crône‹ Heinrichs v. d. Türlin, 2006. – Gh. Grimm, Heldendichtung im Spät MA, 2009 (Imagines). – W. Haug / B. Wachinger (Hrsg.), Positionen des Romans im späten MA, 1991 (Fortuna vitrea). – J. Heinzle, Mhd. Dietrichepik, 1978 (MTU). – J. Heinzle [u.a.] (Hrsg.), Chansons de geste in Deutschland, in: Wolfram-Studien 11 (1989). – J. Heinzle, Einführung in die mhd. Dietrichepik, 1999. – Th. Hennings, Französische Heldenepik im dt. Sprachraum, 2008. – M. Herweg, Wege zur Verbindlichkeit. Stud. zum dt. Roman um 1300, 2010 (Imagines). – W. Hoffmann, Mhd. Heldendichtung, 1974 (GG). – P. Kern, Die Artusromane des Pleier, 1981. – S. Kerth, Gattungsinterferenzen in der späten Heldenepik, 2008 (Imagines). – E. Lienert, Geschichte u. Erzählen. Studien zu Konrads v. Würzburg ›Trojanerkrieg‹, 1996 (WILMA). – E. Lienert, Dt. Antikenromane d. MAs, 2001 (GG). – E. Lienert (Hrsg.), Dietrichepik, in: JOWG 14 (2003/04). – E. Lienert (Hrsg.), Dietrich-Testimonien, 2008. – V. Mertens, Der dt. Artusroman, 1998 (RUB). – K. Ridder, Mhd. Minne- u. Aventiureromane, 1998. – W. Schröder (Hrsg.), Würzburger Kolloquium über den ›J. Titurel‹, in: Wolfram-Studien 8 (1984). – W. Schröder (Hrsg.), Schweinfurter ›Lancelot‹-Kolloquium, in: Wolfram-Studien 9 (1986). – A. Schulz, Poetik des Hybriden, 2000. – H. Weddige, Koninc Ermenrîkes Dôt, 1995 (Hermaea). – M. Wennerhold, Späte mhd. Artusromane. Bilanz der Forschung 1960–2000, 2005. – Ch. Witthöft, Ritual u. Text. Formen symbol. Kommunikation in der Historiographie u. Literatur, 2004.

3. Weitere Gattungen

Kleinere Gedichte in Reimpaaren

Neben der Lieddichtung und der Großepik gibt es seit dem 13. Jh. eine Fülle kleinerer Gedichte ganz unterschiedlicher Thematik und Darstellungsart, erzählend und nichterzählend, in vierhebigen Reimpaaren. Die unterschiedlichen Texttypen dieser Art von Kleindichtung zählen zu den lebendigsten Literaturformen des späteren Mittelalters. Es gehörte nicht unbedingt viel Kunstvermögen und eine große literarische Begabung dazu, geistliche oder weltliche, ernste, schwankhafte oder scherzhafte Sachverhalte in die Allerweltsform vierhebiger Reimpaare zu fassen. Gängig wurden die hierher gehörenden Texttypen vor allem durch das Wirken des Strickers (vgl. S. 258) in der ersten Hälfte des 13. Jh.s; ihre Blütezeit reicht bis in das 16. Jh.

Nichterzählende Typen

Kurzgnomik. Auf der Grundlage nüchterner Weltkenntnis, gestützt auf die Quellen volkstümlichen Wissens wie Sprichwörter und Merkverse, die Bibel, antike und mittelalterliche Lehrdichtung, vermittelte **Freidank** (gest. 1233?) handfestes Orientierungswissen für Laien in ungelehrter, einprägsamer Sprache in der Form einzelner oder mehrerer vierhebiger Reimpaare. Die Sammlung Freidanks trägt den Titel ›Bescheidenheit‹, d. h. *discretio* »Unterscheidungsvermögen, Bescheidwissen«; sie war von größter, jahrhundertelanger Wirksamkeit (ca. 140 Textzeugen, Erstdruck 1508 durch Sebastian Brant, vgl. S. 353). Höchster Wert ist die ewige Seligkeit, gleichwohl wird das irdische Leben in den Mittelpunkt gerückt. Die Thematik reicht von Gott über die Seele, den Menschen, die Juden und die Ketzer, über Treue und Untreue, Spiel, Haß, Lob, Schelte,

Könige und Fürsten, Weise und Toren, Trunkenheit, Lug und Trug usw. bis zum Antichrist, den Zehn Geboten und dem Jüngsten Gericht. Etwas für sich, da zeitgeschichtlich verankert, stehen die beiden Spruchreihen über Akkon, Sprüche, in denen der Autor sich illusionslos mit Kaiser Friedrichs II. Kreuzzug von 1228/29 befaßt. Beispiele:

Swie sêre ein wîp behüetet sî,
dennoch sint ir gedanke frî. (101,5)

Wie sehr eine Frau auch behütet ist – ihre Gedanken sind dennoch frei.

Wâ sint si nû, der Rôme was?
in ir palasen wehset gras.
dâ nemen die fürsten bilde bî,
wie staete ir lop nâch tôde sî. (148,22)

Wo sind nun die, denen Rom gehörte? In ihren Palästen wächst Gras. Daran sollen sich die Fürsten ein Beispiel nehmen, wie dauerhaft ihr Ruhm nach dem Tod ist.

Reimpaarreden (Reimsprüche). Umfangreicher als die Texte Freidanks sind die unterschiedlichen Arten von Reimsprüchen oder Reim(paar)reden, in denen Sachverhalte in meist belehrender Absicht eher abstrakt auseinandergesetzt werden. Die bedeutendsten Dichter dieses Textbereichs, dessen Blütezeit vor allem seit etwa der Mitte des 14. Jh.s begann (vgl. S. 344 ff.), sind für die ältere Zeit der **Stricker** und der **König vom Odenwald** (1. Hälfte 14. Jh.); die Echtheit der dem Stricker zugeschriebenen Texte ist nicht durchweg gesichert. Man kann je nach der Thematik verschiedene Typen unterscheiden. Geistliche Reden behandeln unterschiedliche religiöse Themen, etwa die Eucharistie, die Beichte, sie belehren über die Sünden, preisen Maria oder stellen lediglich Gebete dar; z. B. Der Stricker, ›Der Teufel und die Seele‹, ›Vaterunser‹, Konrads von Würzburg Marienpreisgedicht ›Die goldene Schmiede‹ (über 30 Textzeugen). Weltlich-didaktische Reden unterrichten über das rechte Verhalten im Weltleben; dabei kann es um ethische Grundsatzfragen gehen, aber auch um praktische Fragen, etwa um die Etikette bei Tisch (Tischzucht). Beispiele sind etwa Strickers ›Falsche und rechte Freigebigkeit‹ oder die Lobgedichte des Königs vom Odenwald auf die Kuh, die Gänse, das Schaf, das Schwein, das Bad, ferner sein hinsichtlich Echtheit nicht völlig gesichertes Gedicht ›Vom Hausrat‹. In politisch-didaktischen Reden werden politische oder soziale Verhältnisse kritisch, doch ohne eine bestimmte Parteinahme bewertet und zum Anlaß von Ermahnungen genommen; vgl. etwa Der Stricker, ›Die Klage‹, Lupold Hornburg von Rotenburg, ›Des Reiches Klage‹ (1348). Preisreden bzw. Totenklagen (oft unter dem Begriff Ehrenreden zusammengefaßt) bieten häufig Wappenschilderungen (Blasonierungen), wobei die Eigenschaften der Wappentiere für solche ihrer Inhaber stehen; vgl. Konrads von Würzburg Propagandagedicht für König Richard von Cornwall ›Das Turnier von Nantes‹ (1257/58), Lupold Hornburgs von Rotenburg Totenklage auf Konrad von Schlüsselberg (1347).

Eine große Gruppe für sich sind die Minnereden (*artes amandi*), ein Texttyp, der sich seit der 2. Hälfte des 13. Jh.s größter Beliebtheit erfreute. In ihnen wird die Liebe gepriesen, und es wird über sie reflektiert und belehrt; oft haben die Minnereden die Form von Gesprächen, häufig gibt es eine Rahmenhandlung, in der der Dichter von einem Spaziergang oder einem Traum berichtet. Hierher zählen kann man auch die Minneallegorien, in denen abstrakte Begriffe personifiziert werden. Geradezu epische Ausmaße (fast 5500 Verse) hat der bedeutendste Text dieser Art, die um 1340 im Hochstift Würzburg entstandene, anonym überlieferte ›Minneburg‹. In diese Gruppe gehört auch das etwa gleichzeitige, freilich nicht in Reimpaaren, sondern in der Strophenform von Wolframs von Eschenbach ›Titurel‹ (vgl. S. 214 f.) abgefaßte Gedicht ›Die Jagd‹ des **Hadamar von**

Laber; in ihm erscheinen Begriffe wie Herz, Glück, Lust, Freude canifiziert, d. h. in der Gestalt von Jagdhunden bei der Jagd des Liebenden nach der Geliebten.

Erzählende Typen

Texttypen mit geistlicher Thematik. Neben den im 12./13. Jh. mehrfach begegnenden Legendenromanen (vgl. S. 158 ff. und 267) finden sich zahlreiche Verslegenden, gereimte Lebensbeschreibungen einzelner Heiliger, in denen die lateinischen Prosavorlagen schlicht, ohne epischen Anspruch, versifiziert wurden. Beispiele sind etwa die drei Verslegenden **Konrads von Würzburg**: ›Silvester‹, ›Alexius‹, ›Pantaleon‹ (um 1270). Mirakelerzählungen berichten über ein einzelnes Wunder himmlischer Mächte (Maria, Engel, Heilige); vgl. etwa ›Der vrouwen trost‹ (13. Jh.) von Siegfried dem Dörfer. In den Teufelserzählungen, etwa in der Geschichte ›Der Richter und der Teufel‹ des Stricker, tritt der Teufel als Vollzieher der Gerechtigkeit oder als Versucher auf. Bei den frommen Welterzählungen handelt es sich vor allem um Buß- und Bekehrungsgeschichten; hierher gehört etwa Konrads von Würzburg ›Der Welt Lohn‹ (um 1260/70).

Texttypen mit weltlicher Thematik. In diesem Bereich am wichtigsten sind das Bispel und die Novelle oder Märe. Unter Bispel versteht man kurze, beispielhafte Erzählungen, die in der Regel auf ihre Nutzanwendung hin konstruiert sind und vom Autor sogleich ausgedeutet werden. Handeln sie von vermenschlichten Tieren, spricht man von einem Tierbispel oder einer Fabel. Antike Fabelsammlungen wurden im Mittelalter fleißig überliefert und im Schulunterricht verwendet; auch in die Volkssprache fanden sie in großem Umfang Eingang. Vor allem der **Stricker** bediente sich vielfach dieses Texttyps. Die erste deutsche Sammlung äsopischer Fabeln verfaßte um 1350 (Ulrich?) **Boner** zu Bern (›Der Edelstein‹, 32 Handschriften, 2 Drucke).

Von großer Bedeutung ist seit dem 13. Jh. jener Typ weltlich-fiktiver Erzählungen, der als Novelle oder Märe bezeichnet wird. Der Begriff Novelle (von italienisch *novela* »kleine Neuigkeit«) wurde durch **Boccaccios** ›Decamerone‹ (1349/53) zum Gattungsnamen. Um deutlich zu machen, daß mittelalterliche Erzählungen des gemeinten Typs mit neuzeitlichen Novellen nicht ohne weiteres typologisch in eins gesetzt werden können und daß die Anwendung der Novellentheorie des 18. bis 20. Jh.s auf sie nicht sinnvoll ist, bevorzugt die neuere Forschung vielfach den aus dem Mhd. stammenden Begriff *maere* »Kunde, Nachricht«. Allerdings trifft der moderne Novellenbegriff auch nicht ohne weiteres auf Boccaccios Sammlung zu, in der neben »regelrechten« Novellen auch Schwänke, Anekdoten, Romane in Kurzform usw. stehen. Insofern erscheint die Verwendung des vorneuzeitlichen Begriffs der Novelle auf deutsche Erzählungen doch vertretbar. Unterschieden werden schwankhafte, höfisch-galante und moralisch-exemplarische Novellen. Für die schwankhaften Geschichten, die ihre typologische Entsprechung in den afrz. Fabliaux haben, ist Komik das entscheidende Merkmal; vielfach handelt es sich um Erzählungen von Ehestreitigkeiten und Ehebruch (vgl. etwa ›Das heiße Eisen‹ des Stricker, die ›Frauenerziehung‹ Sibotes, ›Der Ritter mit den Nüssen‹), um komische Mißverständnisse (vgl. etwa ›Der nackte Bote‹ des Stricker), um die Verspottung von Liebhabern (vgl. etwa ›Aristoteles und Phyllis‹) oder um Schelmenstreiche – eine Art Schwankroman verfaßte der Stricker mit seinem ›Pfaffen Amis‹, in dem mehrere Streiche durch eine Hauptfigur verbunden werden. Die höfisch-galanten Novellen handeln von der Werbung des ritterlichen Mannes und von der Bewährung Liebender; hierher gehören etwa der ›Mauricius von Craûn‹ (1210/15 oder später, nach einer verlorenen afrz. Vorlage) und das ›Herzmäre‹ Konrads von Würzburg (um 1250/60), die Geschichte vom gegessenen Herzen. In den moralisch-exemplarischen Novellen geht es um warnende Beispiele für falsches Verhalten gegenüber Gott und den Menschen. In diese Gruppe gehört die bedeutendste deutsche Novelle des Mittelalters, der ›Helmbrecht‹ des sonst unbekannten **Wernher der Gartenaere** (2. Hälfte 13. Jh.), die höchst kunstvoll erzählte Lebensgeschichte eines Bauernburschen, der sich über seinen Stand erhebt, Raubritter wird und schließlich elend zugrunde geht.

Größere didaktische Gedichte

Belehrungen wurden durch zahlreiche volkssprachliche Dichtungsgattungen vermittelt. Im Vordergrund steht die Didaxe in der Sangspruchdichtung, bei Freidank, in den Reimpaarreden. Doch trugen auch andere Gattungen zur religiösen, moralischen, historischen, naturkundlichen Bildung des Laienpublikums bei. Orientierungswissen in breitem Umfang enthalten einige größere Lehrgedichte. In Strophen abgefaßt sind die ›Winsbeckischen Gedichte‹, zu denen aus dem 15. Jh. eine Melodie überliefert ist (vgl. Melodie V). Als Entstehungszeit wird 1210/20 vermutet, der Titel (Autorname?) verweist wahrscheinlich auf den Ort Windsbach bei Ansbach. Die Kenntnis Wolframs von Eschenbach gilt als gesichert. Im ›Winsbecke‹ (14 Textzeugen) belehrt zunächst ein Vater seinen Sohn über ritterliche Moral (Liebe zu Gott und zur Geistlichkeit, Verhalten gegen Frauen, Wert der Ritterschaft, Hofleben und Ehre, Geburts- und Tugendadel, Umgang mit Besitz usw.), anschließend wird er durch den Sohn über den Unwert des Weltlebens unterrichtet, schließlich wendet er sich Gott im Gebet zu. In der ›Winsbeckin‹ (7 Textzeugen) wird eine Tochter durch die Mutter vor allem über die Minne belehrt. In der ›Winsbecken-Parodie‹ (2 Fragmente) erscheint die Moral des ›Winsbecken‹ ins Negative verkehrt.

Das bedeutendste und erfolgreichste Lehrgedicht des 13. Jh.s ist der in Reimpaaren abgefaßte ›Welsche Gast‹ des

Melodie V ›Winsbecke‹, 1. Str. Melodie nach der Hs. München, Bayer. Staatsbibliothek, Cgm 4997 (›Kolmarer Liederhs.‹, um 1460). Die unterpungierten Vokale sind beim Vortrag zu elidieren. Übersetzung: »Ein kluger Mann hatte einen Sohn, den liebte er, wie das üblich ist. Er wollte ihn über das richtige Handeln belehren. Er sprach: ›Mein Sohn, du bist mir wirklich lieb. Wenn ich dir so lieb bin wie du mir, dann folge mir, solange ich lebe. Es ist gut für dich: soll dich ein Fremder erziehen, so weißt du nicht, wie er gesinnt ist.‹«

Thomasin von Zerklære (24 Textzeugen, fast alle bebildert), abgefaßt 1215 im friaulischen Cividale; der Autor, ein deutschschreibender Romane, stand in Beziehung zum damaligen Patriarchen von Aquileja, Wolfger von Erla (vgl. S. 197), dessen Amtssitz Cividale war. Thomasins Werk ist eine praktische Verhaltenslehre, orientiert an der Predigt, gerichtet an adlige Leser. Der Titel wird im Prolog erklärt:

Tiusche lant, enphâhe wol,
als ein guot hûsvrouwe sol,
disen dînen welhschen gast
der dîn êre minnet vast.
der seit dir zühte maere vil,
ob du in gern vernemen wil. (V. 87–92)

Deutschland, empfange diesen deinen welschen Besucher gut, so wie es sich für eine tüchtige Hausfrau gehört. Er liebt dein Ansehen sehr. Er berichtet dir viel über gute Erziehung, wenn du ihn gern anhören willst.

Gegliedert ist Thomasins nicht besonders kunstvoll gereimtes Werk in zehn Teile. Der 1. Teil enthält eine Minne- und Anstandslehre für die adlige Jugend; darin wird die Lektüre höfischer Romane empfohlen, wohingegen Ältere unwahre Geschichten nicht lesen sollen. Die Teile 2 bis 7 haben Beständigkeit und Unbeständigkeit, *staete* und *unstaete*, zum Thema, 8 bis 10 stehen im Zeichen von Maßhalten, *mâze*, Recht, *reht*, Freigebigkeit, *milte*. Die berühmte Polemik gegen den namentlich nicht genannten Walther von der Vogelweide, der mit seinen Antipapstsprüchen Tausende verführt habe (vgl. S. 181), findet sich im 8. Teil (V. 11191 ff.). Die abwechslungsreich dargebotenen Lehren werden durch allerlei Exempla und Beispielgestalten erläutert; neben Figuren aus der Bibel finden sich solche aus der griechischen Mythologie, aus der Geschichte, aus der Romanliteratur.

Noch beliebter als Thomasins Werk war im Spätmittelalter das umfangreiche Lehrgedicht ›Der Renner‹, das der aus der Nähe von Schweinfurt stammende, seit etwa 1260 als Magister und Rector scolarum in Bamberg wirkende **Hugo von Trimberg** im Jahr 1300 abschloß, das er bis 1313 allerdings noch durch Nachträge ergänzte (über 60 teils reich illustrierte Textzeugen, Erstdruck 1549). In fast 25 000 Paarreimversen lieferte Hugo, von dem auch lateinische Schriften erhalten sind, ein »enzyklopädisches Haus- und Realienbuch« (G. Steer), ein Werk, das Sündenklage, Bußpredigt,

Sittenlehre und popularisierendes Wissenskompendium zugleich ist. Dem nicht lateinkundigen Publikum erschloß er damit weite Bereiche des lateinischen Schulwissens, Sprachliches, Literarisches, Musik, Astronomie, Naturkunde, Medizin und anderes. In einem berühmten Exkurs (V. 1179 ff.) geht er ausführlich auf deutsche Autoren und epische Werke ein, rühmt besonders Walther von der Vogelweide und setzt sich kritisch mit Konrad von Würzburg auseinander, der Jahrzehnte zuvor sein Würzburger Mitschüler gewesen sein könnte. Neben der Bibel werden Kirchenväter und neuere Theologen, antike Klassiker, von deutschen Autoren besonders der *wîse* Freidank zitiert. Zahlreiche kleine Erzählungen veranschaulichen die Lehren. Gegliedert ist ›Der Renner‹ nach den Sieben Todsünden in sechs Distinktionen (1. *hôchvart/superbia*, 2. *gîtikeit/avaritia*, 3. *frâz/gula*, 4. *unkiusche/luxuria*, 5. *zorn/ira* und *nît/invidia*, 6. *lazheit/acedia*). Der Titel des Werkes war von Hugo als Gleichnis für seine von Thema zu Thema schweifende, »rennende« Darstellungsweise gemeint; erst später wurde er umgedeutet im Sinn der Wirkung in die Breite: ein Buch, das überall herumrennt.

Angeschlossen sei hier der ›Seifried Helbling‹, eine Sammlung von 15 vorwiegend zeitkritisch-satirischen Reimpaargedichten, die ein unbekannter, literarisch hochgebildeter Autor im Herzogtum Österreich zwischen 1283 und 1299 nach und nach verfaßte; der Titel ist der Name eines in XIII auftretenden Spielmanns, den man früher zu Unrecht für den Autor hielt. Der Verfasser gab einem Teil der Sammlung den Titel ›Kleiner Lucidarius‹ (I, 29), da in acht Gedichten die Rahmensituation (Gespräch zwischen Herr und Knecht) dem Muster des lehrhaften Dialogs nachgebildet ist, wie er im ›Lucidarius‹ (vgl. S. 163 f.) erscheint. Drei Gedichte stehen dem Kern etwas ferner, zwei davon sind Marienlieder (XI glossiert strophenweise das ›Ave Maria‹, XII ist ein Vokalspiel nach dem Muster Walthers von der Vogelweide, jedoch ins Geistliche gewendet), bei

VII handelt es sich um ein ausgedehntes allegorisch-didaktisches Gedicht, in dem der Kampf der Tugenden und Laster dargestellt wird. Im Zentrum der übrigen Gedichte steht die Situation im Herzogtum Österreich nach der Übernahme der Herrschaft durch das landfremde schwäbische Haus Habsburg im Jahr 1282. Sie wird mit satirischem Können in den schwärzesten Farben geschildert, als positives Gegenbild dient die mehr als ein Menschenalter zurückliegende, 1246 mit dem Tod Herzog Friedrichs II. des Streitbaren abrupt beendete Herrschaft der Babenberger. Der landfremde Herzog Albrecht kümmert sich nicht ausreichend um das Land, die ins Land gekommenen Fremden plündern es aus, die Einheimischen selbst vergessen ihre schlichten, guten Gewohnheiten und imitieren fremde Bräuche. Gegen die allgemeine Überfremdung hilft nur die Besinnung auf die wahren Sitten und Gebräuche des Landes, wie sie von alters her bestanden. Vielfach erscheint der Autor als Sprachrohr der Landherren, der einheimischen österreichischen Ministerialität. Sein Werk, das ohne größere Wirkung blieb, gehört zu den interessantesten Dichtungen des 13. Jh.s.

Ein europäischer »Bestseller« gelang dem italienischen Dominikaner **Jacobus de Cessolis** mit seinem ›Libellus de moribus hominum et de officiis nobilium super ludo scaccorum‹ (Ende 13. Jh.), einer Allegorie, in der im Bild des Schachspiels – verstärkt durch Exempla und Sentenzen – die verschiedenen Stände und Berufsgruppen kritisch-moralisch beschrieben und belehrt werden. Dieses ständedidaktische Buch wurde im 14. Jh. nicht weniger als viermal in deutschen Versen bearbeitet (im 15. Jh. auch mehrmals in Prosa). Am verbreitetsten war das ›Schachzabelbuch‹ **Konrads von Ammenhausen** (aus Stein am Rhein) von 1337 (27 Textzeugen).

Wissensliteratur

Die Zahl der volkssprachlichen Texte, in denen es um die Vermittlung historischen, rechtlichen oder naturkundlichen bzw. medizinischen Wissens geht, nimmt seit dem 13. Jh. erheblich zu.

Chroniken

Spezifischeres und konkreteres historisches Wissen als die großen Weltchroniken, die bereits im Zusammenhang mit den höfischen Romanen behandelt wurden (vgl. S. 268 ff.), boten Chroniken, die sich mit der Geschichte eines Klosters, einer Stadt oder eines Landes befaßten. Bis etwa um die Mitte des 14. Jh.s waren derartige Werke durchweg noch in Reimpaarversen abgefaßt; vielfach bedienten die Autoren sich bei der Darstellung der Kunstmittel der höfischen Romane. Zeitlich voran geht die mittelniederdeutsche ›Gandersheimer Reimchronik‹ (1216) des **Eberhard von Gandersheim**, die – von höfischer Literatur unberührt – die Geschichte des Stifts von der Gründung im 9. Jh. bis zur Gegenwart behandelt. Weitere, durchweg kürzere gereimte Klostergründungsgeschichten sind seit dem 14. Jh. überliefert; die Gründung dreier Schottenklöster behandelt mit den Mitteln der Chanson de geste und der Legende das umfangreiche Gedicht ›Karl der Große und die schottischen Heiligen‹ (Regensburg, 1300/50). Die älteste deutsche Stadtchronik ist **Gottfried Hagens** ›Buch von der Stadt Köln‹ (1270), das vom patrizischen Standpunkt aus einen Überblick über die Geschichte Kölns bis zu Kaiser Friedrich II. liefert; die Mitbürger werden vor Zwietracht gewarnt. Die erste bedeutende Landeschronik, die ›Braunschweigische Reimchronik‹, verfaßte ein unbekannter Autor mit guten Kenntnissen der deutschen Literatur 1279/92 (Nachträge bis 1298), der damit Herzog Albrecht I. von Braunschweig-Lüneburg (1252–79) verherrlichte. Die Chronik stellt, zur Belehrung und Ermahnung der Nachkommen des Herzogs, die Geschichte des sächsischen Hauses von Widukind bis zur Gegenwart und die Geschichte Braunschweigs dar, wobei auch auf die Reichsgeschichte Bezug genommen wird. Um 1290 schrieb der als Autor einer Weltchronik (vgl. S. 269) schon genannte Wiener **Jans Enikel** das ›Fürstenbuch‹, eine Geschichte der österreichischen Herrscher von Markgraf Albrecht (1025) bis zum letzten Babenberger Herzog Friedrich II. dem Streitbaren (gest. 1246); wie es seine Art war, schob Enikel auch hier zahlreiche Geschichtchen und Anekdoten ein. Die bedeutendste gegenwartshistorische Chronik der Epoche ist **Ottokars von Steiermark** ›Steirische‹ oder ›Österreichische Reimchronik‹, entstanden etwa 1300/20. Das riesige Werk (fast 100 000 Verse) bietet außer der Reichsgeschichte zwischen 1250 und 1309 vor allem die Landesgeschichte Österreichs und der Steiermark sowie umliegender Länder (Salzburg, Böhmen, Ungarn) nach 1246; ausführlich dargestellt wird ferner der Fall Akkons 1291, Ausblicke in die europäische Geschichte fehlen nicht. Der Autor, der die Interessen seiner Adressaten, der steirischen und österreichischen Landherren, vertritt, verfügt über umfassende Kenntnis der historischen Quellen und der von ihm immer wieder herbeizitierten deutschen Literatur und über großes Darstellungsvermögen. Die Geschichtsschreibung des Deutschen Ordens beginnt gegen Ende des 13. Jh.s mit der ›Livländischen Reimchronik‹. Bedeutender ist die auf einer lateinischen Chronik Peters von Du(i)sburg fußende ›Kronike von Pruzinlant‹ (1331/41), d. h. von Preußen, des **Nikolaus von Jeroschin**, die eine umfassende Geschichte des Deutschen Ordens vor dem Hintergrund der Papst- und Kaisergeschichte bietet.

Rechtsliteratur

Seit den ersten Jahrzehnten des 13. Jh.s wird das bis dahin weitgehend mündlich tradierte Recht zunehmend, und zwar in Prosa, verschriftlicht: »Die Schriftlichkeit des Rechts macht die Überprüfung seiner Normen jederzeit möglich« (P. Johanek). Insbesondere in den sich in die lateinische *speculum*-Tradition stellenden »Spiegeln« wird das Recht grundlegend kodifiziert. »Grundbuch« aller deutschen Rechtsbücher ist der zuerst in mittelniederdeutscher Sprache verfaßte, später ins Hochdeutsche umgeschriebene ›Sachsenspiegel‹ (1220/35) **Eikes von Repgow** (über 300 Textzeugen, darunter illustrierte Hss., seit dem 15. Jh. auch Drucke). Er ist in das Landrecht (Erbrecht, Familienrecht, Prozeßrecht, Strafrecht) und das Lehnrecht gegliedert. Spätere Bearbeitungen durch Augsburger Franziskaner sind der ›Deutschenspiegel‹ (um 1275) und der äußerst verbreitete ›Schwabenspiegel‹ (um 1275; ca. 350 Hss., 5 Drucke), in denen das Sachsenrecht zum Kaiserrecht umgestaltet wurde; zu erwähnen ist ferner das ›Kleine Kaiserrecht‹ (›Frankenspiegel‹) (wohl 1. Hälfte 14. Jh.). Stadtrechtsbücher gibt es seit etwa 1220, am wichtigsten wurden seit der Mitte des 13. Jh.s die ›Magdeburger Rechtsbücher‹ (›Magdeburger Weichbild‹), die als Grundlage für zahlreiche weitere Stadtrechtsbücher dienten. Landesfürstliche Rechtskodifikationen erfolgten zuerst im ›Österreichischen Landrecht‹ (1278, erneut 1298) und im ›Oberbayerischen Landrecht‹ (1346).

Medizin und Naturkunde

Das berühmteste medizinische Handbuch des Mittelalters in deutscher Sprache war das ›Arzneibuch‹ (um 1280?, frühes 14. Jh.?) des Würzburger *chirurgicus* **Ortolf von Baierland** (70 Vollhss., zahlreiche weitere Textzeugen mit Auszügen, Drucke). Mit ihm wurde dem ausschließlich volkssprachlich gebildeten fertigen Wundarzt ein Lehrbuch in die Hand gegeben, in dem das im lateinischen Fachschrifttum ausgebreitete Wissen umfassend, gut gegliedert und auf die Bedürfnisse des Praktikers zugeschnitten, in souveränem Umgang mit den Quellen dargeboten wurde. Das Werk umfaßt drei Teile: Grundlagen, Diagnostik, Therapie. Nicht weniger verbreitet war der erste veterinärmedizinische Text in deutscher Sprache, das ›Roßarzneibuch‹ (um 1250?) **Meister Albrants** (über 200 Hss., Drucke).

Vielgelesene naturkundliche Schriften verfaßte – neben theologischen, kirchenpolitischen, kirchenrechtlichen und moralphilosophischen Werken in lateinischer Sprache – der vor allem in Wien und Regensburg wirkende Kleriker **Konrad von Megenberg** (aus Mäbenberg bei Nürnberg; um 1309–74). In seiner deutschen Bearbeitung der ›Sphaera mundi‹ (um 1230) des Johannes von Sacrobosco, der ›Deutschen Sphaera‹, wird der Leser über das ptolemäische Weltbild und die Beschaffenheit von Himmel und Erde unterrichtet. Verbreiteter war das ›Buch der Natur‹ (1348–50; über 100 Hss., 8 Drucke), das auf dem ›Liber de natura rerum‹ (um 1240) des **Thomas von Cantimpré**, daneben auf weiteren Quellen, fußt. Das umfangreiche Prosawerk handelt vom Menschen, von den Himmeln und den sieben Planeten, den Tieren, den Bäumen, den Kräutern, den Edelsteinen, den Metallen und von den Wunderbrunnen und Wundermenschen (vgl. Abb. 14): »Die Summe dessen, was Antike und Mittelalter in aristotelischer Tradition wissen, wird hier besonnen und umsichtig aufgezählt, geschildert und gedeutet« (M. Wehrli).

Religiöse Literatur

Mit religiöser Thematik beschäftigen sich zahlreiche der bisher genannten Texttypen: Sangspruch, religiöser Leich, geistliches Lied, geistliche Reden, Legendenromane, Verslegenden, auch in höfischen Romanen und nicht zuletzt in den Weltchroniken spielt sie eine bedeutende Rolle. Darüber hinaus ist die Fülle weiterer geistlich bestimmter Texte hier wenigstens anzudeuten.

Abb. 14 Eine Seite aus Konrads von Megenberg ›Buch der Natur‹. Drei Wundermenschen: Armloser, Hundskopf und Vogelkopf. Stuttgart, Württ. Landesbibl., Cod. med. et phys. 2° 14

Geistliche Epik

Biblische Geschichte und Gestalten der Bibel stehen im Mittelpunkt einer Reihe epischer Darstellungen; zu den ahd. und frühmhd. Bibeldichtungen vgl. S. 56 ff. und 84, 88 f. Mit Maria und Jesus beschäftigt sich die ›Kindheit Jesu‹ (um 1220?) des **Konrad von Fußesbrunnen**. Deutsche Bearbeitungen eines lateinischen Gedichts über das Leben der Gottesmutter, der ›Vita beatae virginis Mariae et salvatoris rhythmica‹ (um 1230), stellen das ›Marienleben‹ (Ende 13. Jh.) **Walthers von Rheinau** und das überaus verbreitete ›Marienleben‹ (Anf. 14. Jh.) **Bruder Philipps des Kartäusers** (über 100 Textzeugen) dar. Der Lebensgeschichte und Passion Christi gelten **Konrads von Heimesfurt** ›Diu Urstende‹, d.h. Auferstehung (1. Hälfte 13. Jh.), ›Der Saelden Hort‹ (Ende 13. Jh.) eines unbekannten, an höfischer Literatur geschulten Basler (?) Klerikers und **Gundackers von Judenburg** ›Christi Hort‹ (um 1300). Als bedeutendstes Werk der auf Christi Leben und Passion gerichteten Epik sieht man die anonym überlieferte ›Erlösung‹ (um 1300) an, in der die wichtigsten Heilstatsachen aus der Zeit zwischen Sündenfall und Jüngstem Gericht behandelt werden. **Heinrich von Hesler** verfaßte um 1300 außer einer deutschen Versbearbeitung der Apokalypse, des einzigen prophetischen Buches des Neuen Testaments, auch eine deutsche Fassung des ›Evangelium Nicodemi‹, eines im Mittelalter überaus verbreiteten und beliebten, in mehreren der eben genannten Texte verwendeten apokryphen Werkes (4./5. Jh.) über Christi Prozeß vor Pilatus und die Bezeugung seiner Auferstehung. Einen umfangreichen Kommentar zum Hohenlied schrieb **Brun von Schönebeck** (1276).

Die Geschichten des Alten Testaments lasen Laien seit der 2. Hälfte des 13. Jh.s im allgemeinen in den Weltchroniken. Größere Bearbeitungen alttestamentlicher Bücher – Judith (1254), Esther, Esra und Nehemia, Makkabäer, Daniel,

Hiob sowie die zusammenfassende ›Historia der alden ê‹ (alle 1. Hälfte 14. Jh.) – wurden im Bereich des Deutschen Ordens verfaßt.

Legenden und Legendare

Neben kürzeren Verslegenden entstanden auch Biographien einzelner Heiliger, die Buchumfang haben, ohne daß man aufgrund der Darstellungsweise berechtigt wäre, von Legendenromanen zu sprechen. Eine sehr persönliche deutsche Bearbeitung der ältesten Lebensbeschreibung des Franz von Assisi, der ›Vita prima‹ (1229) des Thomas von Celano, verfaßte **Lamprecht von Regensburg** (um 1238). Von genauer persönlicher Kenntnis zeugt **Bruder Hermanns** ›Leben der Gräfin Jolande von Vianden‹ (bald nach 1283); die Gräfin, die ein Leben als Nonne gegen alle familiären Widerstände durchsetzte, wurde freilich nie heiliggesprochen. Zu einem umfassenden religiösen Kompendium (über 32 000 Verse!) ausgebaut ist die für die Brüder des Deutschen Ordens gedachte ›Martina‹ (1293) des **Hugo von Langenstein**; die Reihe der elf Martern der Heiligen erlaubte es, immer wieder neue Auslegungen und Exkurse einzulegen – so wird etwa aus Anlaß der ersten Marter ein umfassendes Bild der Hölle entworfen.

Seit dem ausgehenden 13. Jh. sind Legenden vor allem im Rahmen von Legendaren überliefert, d. h. in großen Legendenkompendien; in der Regel sind sie darin nach der Reihenfolge der Heiligenfeste des Kirchenjahrs angeordnet. Solche Legendare dienten vor allem zur Tischlesung im Kloster oder in religiösen Gemeinschaften; volkssprachliche Fassungen wurden für lateinunkundige Zuhörer benötigt. Wichtigstes Legendar der Epoche ist die in lateinischer Prosa abgefaßte ›Legenda aurea‹ (vor 1267) des Dominikaners **Jacobus a Voragine** (1228/29–98), die in ganz Europa Verbreitung fand. Dieses Werk wurde im 14. und 15. Jh. nicht weniger als achtmal mehr oder weniger vollständig in deutsche Prosa übersetzt; die älteste und wichtigste Fassung ist die ›Elsässische Legenda aurea‹ (gegen 1350; 36 Hss.). Erstmals auf deutsch bearbeitet wurden 75 Legenden der ›Legenda aurea‹ jedoch bereits um 1280/1300 im dritten Teil des mit fast 110 000 Versen umfangreichsten Dichtwerks des 13. Jh.s, dem ›Passional‹; dessen erster Teil ist Maria und Jesus, der zweite den Aposteln gewidmet. Vermutlich vom gleichen unbekannten Autor stammt das etwa gleichzeitige ›Väterbuch‹, das Lebensbeschreibungen der Asketen, Eremiten und Wüstenheiligen der frühchristlichen Zeit enthält; Quelle sind die ›Vitaspatrum‹ (6. Jh.). Gegen Ende des 13. oder zu Beginn des 14. Jh.s entstand das ›Märterbuch‹, ein gereimtes Legendar, das auf einer lateinischen Quelle aus dem 12. Jh. basiert.

Geistliche Prosa

Bibelübersetzung und -bearbeitung. Als bedeutendste Leistung auf dem Gebiet der deutschen Bibelübersetzung und -bearbeitung vor Luther sieht die Forschung neuerdings das (noch nicht abschließend erforschte) Werk des sogenannten österreichischen Bibelübersetzers an, vermutlich eines niederösterreichischen Laien (namens Wolfhart?). Zwischen etwa 1325 und 1350 übersetzte er Genesis, Exodus, Tobias, Hiob, Daniel (›Schlierbacher Altes Testament‹) und erstellte das ›Klosterneuburger Evangelienwerk‹ (Evangelienharmonie, vgl. S. 45, außer den Evangelisten verwendete er dafür apokryphe und weitere, auch deutsche Quellen) sowie das vielüberlieferte ›Psalmenwerk‹ (über 50 Hss., 2 Drucke; in der Literatur vielfach fälschlich Heinrich von Mügeln, vgl. S. 310, zugeschrieben); ferner übersetzte und bearbeitete er lateinische Traktate, mehrere Traktate scheint er eigenständig verfaßt zu haben.

Predigten. Aus dem 13. Jh. sind drei größere Predigtsammlungen in deutscher Sprache überliefert. Über 200 deutsche Predigten werden mit dem Namen des bedeutendsten Predigers der Epoche verbunden, dem Franziskaner **Berthold von Regensburg** (um 1210–72). Berthold selbst redigierte zahlreiche seiner lateinischen Predigten als eine Art Musterbuch für Kleriker. Die deutschen Predigten, in denen der moralische Niedergang beklagt und zu bescheidenerem Leben angehalten wird, gehen vermutlich auf redigierte Nachschriften zurück oder sind Bertholds authentischen Predigten nachempfunden. Ebenfalls vermutlich Franziskaner war der ›Schwarzwälder Prediger‹ genannte Autor, der im letzten Viertel des 13. Jh.s eine Sammlung von Sonn- und Feiertagspredigten (Quelle: lateinische Predigten Konrads von Sachsen) und von Heiligenpredigten (Quelle: ›Legenda aurea‹, vgl. S. 288 f.) verfaßte. Hinter den ›St. Georgener Predigten‹ (Mitte 13. Jh.), Lesepredigten für ein klösterliches Publikum, steht ein Sammler aus dem Zisterzienser- oder dem Benediktinerorden (nördliches Oberrheingebiet).

Mystische Literatur. Unter Mystik (griech. *mystérion* »Geheimnis, Geheimlehre«, *mystikós* »geheim, geheimnisvoll«) versteht man die »unmittelbare und erlebnishafte Erfahrung des Göttlichen oder Transzendenten, ... die das gewöhnliche Bewußtsein und die verstandesmäßige Erkenntnis übersteigt. Ziel ist die Vereinigung (christlich: *unio mystica*) mit dem absoluten Seinsgrund [d. h. mit Gott]; Mittel sind Askese, Meditation und Kontemplation« (F. Löser). Mystik gibt es in vielen Religionen. Die christliche Mystik knüpft an Paulus und das Johannesevangelium an, großen Einfluß gewann ferner der spätantike Neuplatonismus (Plotin, um 205–270 n. Chr.). Für das Mittelalter von erheblicher Wichtigkeit waren vor allem die Lehren des (Pseudo-)Dionysius Areopagita (um 500 n. Chr.): Gott ist das unsagbare mystische Dunkel; der Aufstieg der Seele zu Gott erfolgt auf der *via triplex* – Reinigung, Erleuchtung, Vollendung. Als wichtigster Mystiker des 12. Jh.s gilt der

Zisterzienser Bernhard von Clairvaux (vgl. S. 77; Christusmystik, Brautmystik); ältester mystischer Text in deutscher Sprache ist das ›St. Trudperter Hohelied‹ (vgl. S. 75). Angemessen gewürdigt werden kann das Phänomen der Mystik nur im Rahmen der Frömmigkeits- und Philosophiegeschichte. Da sie auch bedeutende Sprachdenkmäler hervorgebracht hat, muß jedoch auch im Rahmen der Literaturgeschichte auf sie eingegangen werden.

Als mystische Literatur bezeichnet man einerseits theoretisch-philosophische Betrachtungen und Lehrschriften (Traktate, Predigten, Sendbriefe), zusammengefaßt unter dem Begriff der spekulativen Mystik, einer Mystik des Denkens, die lehrhaft zur mystischen Erfahrung hinführen soll (Mystagogik); andererseits autobiographische oder (von anderen geschriebene) pseudo-autobiographische Erlebnisberichte über Visionen, Hörerlebnisse, Empfindungen, die mystische Erfahrungen bestätigen sollen (Mystographik). Für die in deutscher Sprache abgefaßte Mystik entscheidend war die in ganz Westeuropa seit dem 12. Jh. auftretende religiöse Frauenbewegung. Zahlreiche Frauen, darunter auch viele Adlige, empfanden in dieser Epoche »Ungenügen an der herkömmlichen kirchlichen Frömmigkeit« (J. Janota). Die neue Frömmigkeit erhielt »ihr Gepräge vor allem durch den Gedanken der freiwilligen Armut, des freiwilligen, aus den Evangelien begründeten Verzichts auf Besitz, Glück und Ansehen in der Welt … Und … dieser Gedanke (führt) zunächst zu auffällig gleichartigen Lebensformen: freiwilliger Dienst an Kranken und Aussätzigen, Erwerb der Lebensnotdurft durch Bettel, und Zusammenschluß von Gleichgesinnten zu frommen Gemeinschaften, aber ohne Bindung an eine der alten Klosterregeln« (H. Grundmann). Viele Frauen – man bezeichnete sie vielfach als Beginen – schlossen sich zu solchen freien religiösen Gemeinschaften zusammen, andere traten in Frauenklöster, deren Zahl nun unerhört zunahm, ein. Zunächst die Zisterzienser, dann die Franziskaner und vor allem die

Dominikaner waren von den Päpsten beauftragt, die Ordensfrauen seelsorgerlich zu betreuen sowie die Beginen in den Rahmen und in die Formen der kirchlichen Religiosität einzubeziehen – die Gefahr, wegen Häresie auf dem Scheiterhaufen zu enden, war durchaus real.

Am Anfang der in deutscher Sprache abgefaßten mystischen Literatur von Frauen steht ›Das fließende Licht der Gottheit‹ der vormaligen Begine **Mechthild von Magdeburg** (geb. um 1207, gest. um 1282 im Zisterzienserinnenkloster Helfta), zugleich das bei weitem bedeutendste Zeugnis einer von der Mystik geprägten Autobiographie. Erhalten hat sich der seit etwa 1250 nach und nach entstandene, ursprünglich mittelniederdeutsch geschriebene Text, zu dem Mechthild von ihrem dominikanischen Beichtvater angehalten wurde, nur in einer 1343/45 in Basel erstellten oberdeutschen Fassung. Der Titel wird gleich zu Beginn erklärt; auf die Frage, wie das Buch denn heißen solle, antwortet Gott: »Es sol heissen ein vliessende lieht miner gotheit in allú dú herzen, dú da lebent ane valscheit« (ed. Vollmann-Profe [2003], S. 18) – »Es soll das Licht meiner Gottheit heißen, das in alle Herzen fließt, die ohne Falsch leben.« Quellenbereiche, deren Mechthild sich bediente, sind die Bibel, insbesondere das Hohelied (vgl. S. 74 ff.), die Liturgie, Predigten, Gespräche mit Geistlichen, dazu die höfische und die volkstümliche Literatur. Das aus einer großen Zahl unterschiedlicher Texttypen in Prosa (Gebete, Visionen, Lehrdialoge, Allegorien, Erzählungen und anderes) und Versen zusammengesetzte, in sieben Bücher gegliederte Werk, in dem gelegentlich auch Kritik an geistlichen Personen und kirchlichen Institutionen geäußert wird, stellt insgesamt eine »innere Biographie« (M. Wehrli), die Geschichte einer minnenden Seele zwischen der Seligkeit der *unio mystica* und der Qual der Gottesferne dar; man sieht in ihm ein »Dokument eines personalen Entwicklungs- und Reifungsprozesses« (G. Vollmann-Profe). Bezwingend wirkt Mechthilds Text auch heute noch durch seine sprachliche Kraft; vgl. etwa die Schilderung einer *unio mystica*:

> So swebent si fúrbas an ein wunnenriche stat, da ich nút von sprechen mag noch wil. Es ist ze notlich, ich engetar, wan ich bin ein vil súndig mönsche. Mer: wenne der endelose got die grundelosen selen bringet in die hoehin, so verlúret sú das ertrich von dem wunder und bevindet nút, das si ie in ertrich kam (ed. Vollmann-Profe [2003], S. 22).
>
> So schweben sie weiter an einen herrlichen Ort, über den ich nicht viel sagen kann und will. Es ist zu überwältigend; ich wage es nicht, denn ich bin ein sehr sündiger Mensch. Nur soviel: Wenn der unendliche Gott die grundlose Seele in die Höhe emporhebt, so fällt durch dieses Wunder das Irdische von ihr ab, und sie weiß nicht, daß sie jemals auf die Erde kam (Übersetzung von G. Vollmann-Profe).

Aus dem 14. Jh. sind zahlreiche weitere Niederschriften über »Gnadenerlebnisse« einzelner Nonnen überliefert, vor allem auch eine Reihe von »Schwesternleben«, chronikartige Zusammenstellungen zahlreicher kurzer Biographien von Nonnen jeweils eines bestimmten Klosters, in dem ihre asketischen Übungen und Visionen besonders berücksichtigt sind. Hervorhebung verdienen die Niederschriften der zu ihrer Zeit hoch angesehenen **Christine Ebner** (1277–1356), einer Nürnberger Patrizierstochter, die in dem der Reichsstadt nahegelegenen Dominikanerinnenkloster Engelthal lebte.

Als Höhepunkt der theologisch-spekulativen Mystik gelten die Schriften des Dominikaners **Meister Eckhart** (eigentlich Eckhart von Hochheim, geb. um 1260 in der Nähe von Gotha, gest. wohl Anfang 1328 in Avignon). Meister Eckhart hatte hohe Ämter seines Ordens inne, er wirkte zweimal als Professor in Paris, gegen Ende seines Lebens wurde er jedoch in einen Inquisitionsprozeß verwickelt; postum wurden mehrere seiner Sätze als häretisch verurteilt. Eckhart, der als »der bedeutendste deutschsprachige

Denker des Mittelalters« (J. Janota) gilt, verfaßte neben bedeutenden lateinischen auch deutsche Schriften, die Traktate ›Rede der unterscheidunge‹ (vor 1298), ›Von abegescheidenheit‹ (um 1315), ›Liber benedictus‹ (wohl 1318), überliefert sind ferner über 100 deutsche Predigten (die meisten davon entstanden 1313–26). Zentral ist für ihn die Vorstellung von der *abegescheidenheit*, dem Loslassen des Menschen von jeglichem eigenen Willen, von seinem eigenen Ich, das Vorbedingung ist für das Einswerden mit Gott. Erst wenn der Mensch ganz leer ist, wird Gott in seiner Seele geboren. Der Adel der Seele besteht darin, daß es ihr möglich ist, mit Gott eins zu werden; die seelische Kraft, die dies ermöglicht, wird als »Seelenfünklein« (*vünkelîn*) bezeichnet. Für die göttliche Natur ist *lûterkeit*, »Lauterkeit«, »Reinheit«, wesenhaft: Gott ist ohne jede Kreatürlichkeit, er bleibt ein Geheimnis; durch *abegescheidenheit* erhält der Mensch Anteil an der göttlichen *lûterkeit*. Ein kurzes Zitat aus Predigt 12 kann einen wenigstens flüchtigen Eindruck von der Einfachheit und Schönheit der Sprache Eckharts geben:

> Der mensche, der alsô stât in gotes minne, der sol sîn selbes tôt sîn und allen geschaffenen dingen, daz er sîn selbes als wênic ahtende sî als eines über tûsent mîle. Der mensche blîbet in der glîcheit und blîbet in der einicheit und blîbet gar glîch; in in envellet kein unglîcheit. Dirre mensche muoz sich selben gelâzen hân und alle diese welt. (ed. Störmer-Caysa, S. 66)
>
> Der Mensch, der so in Gottes Liebe steht, der soll sich selbst tot sein und allen geschaffenen Dingen, so daß er auf sich selbst so wenig achtet wie auf einen, der tausend Meilen weg ist. Der Mensch bleibt in der Ausgeglichenheit und bleibt in der Einheit und bleibt sich ganz gleich; ihn wandelt keine Ungleichmäßigkeit an. Dieser Mensch muß sich selbst und alle Welt zurückgelassen haben. (Übersetzung U. Störmer-Caysa)

Den Lehren Eckharts eng verbunden waren zwei seiner jüngeren Ordensbrüder. **Johannes Tauler** (um 1300–61) wirkte hauptsächlich in seiner Heimatstadt Straßburg, zeitweise auch in Basel. Er verfaßte 80 breit überlieferte, schon im 15. Jh. auch gedruckte Predigten. Tauler geht es um seelsorgerliche Wirksamkeit, er beschreibt (unter Rückgriff auf Pseudo-Dionysius Areopagita) mit Hilfe eines Drei-Stufen-Modells eine konkrete Anleitung zu mystischem Leben. Um Seelsorge geht es auch **Heinrich Seuse** (1295/97–1366), der vom Konstanzer, später vom Ulmer Dominikanerkonvent aus eine rege Tätigkeit entfaltete. 1362/63 faßte er vier seiner deutschen Schriften, darunter seine ›Vita‹ genannte geistliche Autobiographie, in einer Textsammlung, dem ›Exemplar‹, zusammen; darüber hinaus gibt es vier Predigten, eine Briefsammlung und die äußerst verbreitete lateinische Bearbeitung einer deutschen Schrift. Die glänzend geschriebene ›Vita‹ liefert anhand des Lebenslaufs des Autors eine Art exemplarische Anleitung zu einem geistlichen Lebenslauf, der schließlich zur *unio mystica* führt.

Literaturhinweise

Ausgaben: Freidank: H. E. Bezzenberger, 1872. – Stricker: W. W. Moelleken, 5 Bde., 1973–78 (GAG); U. Schwab, ^{3}1983 (ATB) [Tierbispel]; H. Fischer / J. Janota, Bd. 1, ^{5}2000, Bd. 2, ^{3}1984 (ATB) [Erzählungen]; O. Ehrismann, 1992 [u. ö.] (zweisprachige Auswahl; RUB). – König v. Odenwald: R. Olt, 1988 (zweisprachig). – Konrad v. Würzburg, ›Goldene Schmiede‹: E. Schröder, 1926; ›Turnier‹ u. Erzählungen: E. Schröder, Kleinere Dichtungen, Bd. 1, ^{4}1962, Bd. 2, ^{3}1959; Rölleke, 1968 [u. ö.] (zweisprachig; RUB) [drei Erzählungen]. – ›Mauricius v. Craûn‹: D. Klein, 1999 (zweisprachig; RUB). – ›Minneburg‹: H. Pyritz, 1950 (DTM). – Hadamar v. Laber: K. Stejskal, 1880. – Konrad v. Würzburg, Legenden: P. Gereke, 3 Bde., 1925–27 (ATB); ›Pantaleon‹: W. Woesler, 1974 (ATB). – NGA: H. Niewöhner / W. Simon (Hrsg.), Neues Gesamtabenteuer, Bd. 1 [mehr nicht erschienen], ^{2}1967 [37 Novellen]. – ›Helmbrecht‹: F. Panzer / K. Ruh / H.-J. Ziegeler, ^{10}1993 (ATB); H. Brackert [u. a.] 1972 [u. ö.] (zweisprachig; Fischer-TB); F. Tschirch, 1974 [u. ö.] (zweisprachig; RUB). – K. Grubmüller (Hrsg.), Novellistik des MAs, 1996 (zweisprachig; Bibliothek des MAs). – ›Winsbecke‹: A. Leitzmann / I. Reiffenstein, ^{3}1962 (ATB). – Thomasin: H. Rückert / F. Neumann, 1965. – Hugo v. Trimberg: G. Ehrismann / G. Schweikle, 4 Bde., 1970. –

›Seifrid Helbling‹: J. Seemüller, 1886. – Eberhard v. Gandersheim: L. Wolff, ²1969 (ATB). – Gottfried Hagen: K. Gärtner [u. a.], 2008. – ›Braunschweigische Reimchronik‹: L. Weiland, 1877. – Ottokar v. Steiermark: J. Seemüller, 2 Bde., 1890–93. – Eike v. Repgow: K. A. Eckhardt, 2 Bde., 1955–56; Landrecht: C. v. Schwerin / H. Thieme, 1964 (RUB). – Konrad v. Megenberg, ›Buch der Natur‹: R Luff / G. Steer, 2003 (TTG). – Konrad v. Fußesbrunnen: H. Fromm / K. Grubmüller, 1973. – Konrad v. Heimesfurt: K. Gärtner / W. J. Hoffmann, 1989 (ATB). – ›Erlösung‹: F. Maurer, 1934. – ›Elsässische Legenda aurea‹: K. Kunze / U. Williams / W. Williams-Krapp, 3 Bde., 1980–90 (TTG). – ›Alemannische Vitaspatrum‹: U. Williams, 1996 (TTG). – Berthold v. Regensburg: F. Pfeiffer / K. Ruh, 2 Bde., 1965; W. Röcke, 1983 (zweisprachige Auswahl; RUB). – Mechthild v. Magdeburg: H. Neumann / G. Vollmann-Profe, 2 Bde., 1990–93 (MTU); G. Vollmann-Profe, 2003 (zweisprachig; Bibliothek des MAs); G. Vollmann-Profe, 2008 (zweisprachige Auswahl; RUB). – Meister Eckhart, Deutsche Schriften: J. Quint, 1936 ff. (zweisprachig); N. Largier, 2 Bde., 1993 (zweisprachig; Bibliothek des MAs); U. Störmer-Caysa, 2001 (zweisprachige Auswahl; RUB). – Heinrich Seuse: H. Bihlmeyer, 1907.

Forschungsliteratur: R. Blumrich / Ph. Kaiser (Hrsg.), Heinrich Seuses Philosophia spiritualis, 1994 (WILMA). – T. Brandis, Mhd., mittelniederdt. u. mittelniederländ. Minnereden, 1968 (MTU). – R. Brandt, Konrad v. Würzburg, 1987 [Forschungsbericht, Fortsetzungen in Archiv 236, 1999, und 246, 2009]. – R. Brandt, Konrad v. Würzburg. Kleinere epische Werke, ²2009. – H. Brunner (Hrsg.), Konrad v. Würzburg, in: JOWG 5 (1988/89). – W. Buckl, Megenberg aus zweiter Hand, 1993. – W. Crossgrove, Die dt. Sachlit. des MAs, 1994. – G. Dicke / K. Grubmüller, Die Fabeln des MAs u. der frühen Neuzeit, 1987. – E. Feistner, Historische Typologie der dt. Heiligenlegende des MAs von der Mitte des 12. Jh.s bis zur Reformation, 1995 (WILMA). – H. Fischer, Studien zur dt. Märendichtung, ²1983. – I. Glier, Artes amandi, 1971 (MTU). – K. Grubmüller, Meister Esopus, 1977 (MTU). – K. Grubmüller, Die Ordnung, der Witz und das Chaos, 2006. – W. Haug / B. Wachinger (Hrsg.), Kleinstformen der Lit., 1994 (Fortuna vitrea). – I. Heiser, Autorität Freidank, 2006 (Hermaea). – W. J. Hoffmann, Konrad v. Heimesfurt, 2000 (WILMA). – T. R. Jackson [u. a.] (Hrsg.), Die Vermittlung geistlicher Inhalte im dt. MA, 1996. – G. Keil (Hrsg.), *ein teutsch puech machen*. Untersuchungen zur landessprachl. Vermittlung medizinischen Wissens, 1993 (WILMA). – L. Lieb / O. Neudeck (Hrsg.), Triviale Minne. Konventionalität u. Trivialisierung in spätmittelalterl. Minnereden, 2006 (QuF). – F. Löser, Meister Eckhart in Melk, 1999 (TTG). – P. Mai (Hrsg.), Konrad von Megenberg. Ausstellungskatalog Regensburg, 2009. – K. Morvay / D. Grube,

Bibliographie der dt. Predigt des MAs, 1974 (MTU). – Th. Nolte / T. Schneider (Hrsg.), Wernher d. Gärtner, ›Helmbrecht‹, 2001. – R. Plate [u. a.] (Hrsg.), Metamorphosen der Bibel, 2004. – H. Reinitzer (Hrsg.), Dt. Bibelübersetzungen des MAs, 1991. – K. Ruh, Geschichte der abendländischen Mystik, 4 Bde., 1990–99. – H.-J. Schiewer, ›Die Schwarzwälder Predigten‹, 1996 (MTU). – K. O. Seidel, ›Die St. Georgener Predigten‹, 2003 (MTU). – U. Steckelberg, Hadamars v. Laber ›Jagd‹, 1998 (Hermaea). – U. Störmer-Caysa, Einführung in die mittelalterl. Mystik, 2004 (RUB). – R. K. Weigand, Der ›Renner‹ d. Hugo v. Trimberg, 2000 (WILMA). – H. Wenzel, Höfische Geschichte, 1980. – W. Williams-Krapp, Die dt. u. niederländ. Legendare des MAs, 1986 (TTG). – U. Wyss, Theorie der mhd. Legendenepik, 1973.

C.

Die ältere Epoche der frühneuhochdeutschen Literatur

(um 1350 – um 1500)

Historischer Überblick

1346–1437	*Herrschaft der Luxemburger.*
1346–78	Kaiser Karl IV.
1358	Gründung der Hanse.
1365	Gründung der Universität Wien.
1377–89	Süddeutscher Städtekrieg.
1378–1400	König Wenzel (Sohn Karls IV.).
1379, 1386, 1388	Gründung der Universitäten Erfurt, Heidelberg, Köln.
1400	Absetzung Wenzels wegen Untätigkeit.
	*
1337–1453	Hundertjähriger Krieg zwischen Frankreich und England.
1363–1404	Herzog Philipp der Kühne von Burgund; Aufstieg Burgunds.
1378–1417	Großes abendländisches Schisma.
	*
1400–1410	König Ruprecht von der Pfalz (Wittelsbacher).
1410–37	Kaiser Sigismund (Sohn Karls IV.).
1414–18	Konzil von Konstanz; 1417 Beseitigung des Schismas.
1417	Belehnung der Hohenzollern mit Brandenburg.

1419–36	Hussitenkriege.
1431–37	Konzil von Basel.

*

1431	Hinrichtung Jeanne d'Arcs.
1434–64	Cosimo de' Medici Stadtherr von Florenz.

*

1438–1806	*Herrschaft der Habsburger.*
1438/39	König Albrecht II.
1440–93	Kaiser Friedrich III. (Bruder Albrechts II.).
1448	Konkordat von Wien; Ende der Konzilsbewegung.
ab 1463	Habsburgische Hausmachtpolitik.

*

1453	Eroberung Konstantinopels durch die Türken; Ende des byzantinischen Reichs.
1477	Herzog Karl der Kühne von Burgund fällt bei Nancy in der Schlacht gegen die Eidgenossen.
1487	Bartolomeo Diaz umfährt das Kap der Guten Hoffnung.
1492	Kastilien-Aragon erobert Granada (Ende der Reconquista); Columbus entdeckt Amerika.
1492–1503	Papst Alexander VI. (Borgia).

*

1493–1519	Kaiser Maximilian I. (Sohn Friedrichs III.).
1495	Reichstag zu Worms: Verkündung des ewigen Landfriedens; Einrichtung des Reichskammergerichts.
1499	Frieden von Basel: die Schweiz scheidet faktisch aus dem Reichsverband aus.
1512	Reichstag zu Köln: Einrichtung des Reichstags mit drei Kollegien (Kurfürsten, Fürsten, Reichsstädte), zehn Reichskreise.
1517	Luther veröffentlicht seine 95 Thesen.

*

1498	Die Portugiesen erreichen Indien auf dem Seeweg um Afrika.
1513–21	Papst Leo X.

1515–47	König Franz I. von Frankreich.
1516(–56)	Kaiser Maximilians I. Enkel als Karl I. König von Spanien (als römischer Kaiser Karl V.).

Als frühneuhochdeutsch bezeichnen kann man die im Zeitraum von etwa 1350 bis etwa 1620 entstandenen Texte. Nach oben hin begrenzt wird der Zeitabschnitt durch das Aufkommen der Barockliteratur. Gliedern läßt sich die frühnhd. Zeit in eine ältere Epoche bis um 1500 und in eine jüngere, die in größtem Umfang vom Humanismus und der Reformation und ihren Folgen geprägt ist. Der folgende Überblick gilt zunächst der noch ins Mittelalter gehörenden älteren Epoche der frühnhd. Literatur; zu ihrer Charakteristik vgl. auch S. 25 f. Ins Zentrum gestellt sind wiederum die verschiedenen Typen des Liedes und der Großepik; weitere literarische Gattungen können nur abrißhaft erwähnt werden. Die gründliche Erforschung der überaus umfangreichen Literaturproduktion der Epoche war ein Hauptanliegen der Altgermanistik seit etwa 1960. Gleichwohl ist es bis jetzt nicht gelungen, die Epoche sinnvoll chronologisch weiter zu untergliedern. Insgesamt bietet sie ein Bild, das bestimmt ist von zunehmender Vielfalt im Hinblick auf die Trägerschaft der Literatur – zur Aristokratie und zu den zunehmend differenzierter erscheinenden geistlichen Trägern (Klostermönche, Bettelmönche, Weltklerus, Hofkleriker, Mitglieder geistlicher Bruderschaften usw.) treten städtische Patrizier, Lehrer, Juristen, Kaufleute, Handwerker. Auch regionale Unterschiede treten vielfach hervor. Durch den Buchdruck wird seit etwa 1450 das gesamte Buchwesen nach und nach neu gestaltet. Die älteren Gattungen erfahren in dieser Epoche teilweise eine Verwandlung, manche Typen verschwinden, doch bildet sich kein klares neues Gattungssystem heraus. Die Rezeption lateinischer, französischer und – erstmals – italienischer Literatur spielt eine bedeutende Rolle. Einer immer komplizierteren, immer differenzierteren Weltsicht scheinen mannigfaltigere, differenziertere literarische Ansätze zu entsprechen.

1. Lieddichtung

In der Geschichte der Lieddichtung ist seit etwa der Mitte des 14. Jh.s ein tiefgreifender Umbruch festzustellen. Liedtexte der vorausgehenden Epoche werden, von relativ wenigen Ausnahmen abgesehen, nun nicht mehr tradiert; ihre Überlieferung bricht ab. Das »System« der Liedtypen (vgl. S. 231 f.) bleibt zwar äußerlich weitgehend gleich – lediglich die Großform des Leichs (vgl. S. 236 ff.) wird ganz aufgegeben –, die einzelnen Liedtypen wandeln sich jedoch in fast allen Fällen. Als wichtigste Typen sind zu nennen: Liebeslied, Neidhartlied, Spruchlied und Meisterlied, geistliches Lied und politisches Lied.

Überlieferung: Die Zahl der Liederhss., deren Beschreibstoff nunmehr überwiegend Papier ist, nimmt seit Beginn des 15. Jh.s erheblich zu; die Drucküberlieferung spielt eine relativ geringe Rolle (zur älteren Liedüberlieferung vgl. S. 105 ff.). An erster Stelle zu nennen sind jetzt die Autorhss., Sammlungen von Texten eines einzelnen Dichters. Zum Teil sorgten die Autoren selbst für die Erhaltung ihrer Gedichte: der Vorarlberger Graf Hugo von Montfort (Pergamenths. mit Melodien in Heidelberg), der Südtiroler Adlige Oswald von Wolkenstein (Pergamenthss. A und B, jeweils mit den Melodien, in Wien und Innsbruck), der Freiburger Geistliche Heinrich Laufenberg (Straßburger Hs., 1870 verbrannt), der Spruchsänger Michel Beheim (mehrere Papierhss. in Heidelberg, München, Dresden), der Nürnberger Meistersinger Hans Folz (Hss. in Weimar und Berlin) – von den drei letzten Dichtern liegen, erstmals in der Geschichte der Liedüberlieferung, Autographe vor. Dazu kommen weitere Autorsammlungen (Eberhard von Cersne, Mönch von Salzburg, Heinrich von Mügeln, Muskatblut). Ein zweiter wichtiger Überlieferungstyp sind die Meisterliederhss., Codices, in denen die städtischen Meistersinger ältere, teilweise aus dem 13. Jh. stammende, und zeitgenössische Sangsprüche, Spruch- und Meisterlieder zusammenstellten, fast durchweg ohne Angabe der Textautoren, gelegentlich mit den Melodien. Aus vorreformatorischer Zeit ist etwa ein Dutzend solcher Sammlungen erhalten; die weitaus wichtigste und umfangreichste Hs. dieses Typs ist die ›Kolmarer Liederhs.‹ (München, Bayerische Staatsbibl., Cgm 4997; Sigle: t oder k; entstanden um 1460 wohl in Speyer; vgl. Abb. 15), die auf 856 Blättern etwa 935 Strophenlieder (ca. 4380 Strophen) in 108 Tönen, dazu 5 Leichs enthält. Der dritte Überlieferungstyp sind die Liederbücher. Dabei handelt es sich um Hss., die ohne viel Aufwand, zum Gebrauch, oft durch die vielfach stadtbürgerlichen Besitzer selbst und fast durchweg ohne die Namen der Liedautoren zusammengestellt wurden. Bekannte Sammlungen sind die ›Sterzinger Miszellaneenhs.‹ (Anfang 15. Jh., teilweise mit den Melodien), das ›Lochamer-Liederbuch‹ (Nürnberg 1451/55, mit Melodien), das ›Augsburger Liederbuch‹ (1454), das ›Liederbuch des (Nürnberger Arztes) Hartmann Schedel‹ (1462/67, teilweise mit den Melodien), das ›Königsteiner Liederbuch‹ (Rheinfränkisch, um 1470), das ›Liederbuch der (Augsburger Berufsschreiberin) Klara Hätzlerin‹ (1471, Auftraggeber war ein Augsburger Bürger). Die einzige größere gedruckte Liedersammlung ist die Inkunabel des ›Neithart Fuchs‹ (zuerst 1491/97, zwei Nachdrucke aus dem 16. Jh.). Schließlich ist die Streuüberlieferung zu erwähnen, vor allem weil ein Liedtyp, das politische Lied, vorwiegend »eingestreut« in Chroniken erhalten ist; zusammenfassende Sammlungen gab es für derartige Texte nicht.

Abb. 15 Eine Seite aus der ›Kolmarer Liederhs.‹. München, Bayer. Staatsbibl., Cgm 4997 (Speyer, um 1460). Die Seite zeigt den Unerkannten Ton *magistri s(cilicet) scriptoris huius libri*, d. h. eines der beiden Schreiber der Hs., der seinen Namen nicht nennt. In der späteren Tradition wird er mit Nestler von Speyer angegeben.

Da die meisten Liebeslieder des 14./15. Jh.s in Liederbüchern, d.h. ohne Autornamen, überliefert sind und sie deshalb personell gar nicht und zeitlich nur höchst unsicher zugeordnet werden können, läßt sich ihre Geschichte nicht in einer der vorausgehenden Epoche vergleichbaren Weise skizzieren. Größere Liebeslied-Œuvres gibt es nur von vier Dichtern der Zeit um 1400; zu einem von ihnen, Oswald von Wolkenstein, vgl. S. 318 ff. Dem älteren Minnesang der Hohen Minne am nächsten stehen die 20 Lieder (4 davon mit Melodie überliefert) des Geistlichen **Eberhard von Cersne** (urk. 1408 in Minden). Sie stellen so etwas wie einen Zyklus dar, in dem auf der Ebene der außerliterarischen Realität unterschiedliche Situationen vorausgesetzt sind, in die Liebende, insbesondere Liebhaber, geraten können. Da in der Hs., in der die Lieder überliefert sind, auch die von Eberhard 1404 verfaßte gereimte Minneallegorie ›Der Minne Regel‹ enthalten ist, kann man vermuten, daß die Lieder gleichsam illustrativen Charakter haben: sie zeigen, was in Liebesdingen alles möglich ist.

Die 6 Liebeslieder (3 davon mit Melodie) des Vorarlberger Grafen **Hugo von Montfort** (1357–1423), der außerdem 5 geistliche Lieder (alle mit Melodie), ferner gereimte Liebesbriefe und Reimpaarreden hinterlassen hat, erscheinen »personalisiert«: der Autor bezieht seine weitgehend noch der Hohen Minne verpflichteten Texte in zunehmendem Maß auf sein individuelles autobiograpisches Ich. Dem älteren Minnesang war das fremd; hier trat der einzelne Liebhaber-Sänger sozusagen stets für alle Liebhaber ein, er individualisierte sich kaum je.

Am deutlichsten auf die Liederbuchlieder des 15. und noch des 16. Jh.s weisen die 50 Liebeslieder (fast alle mit Melodie überliefert) des am Salzburger Hof Erzbischof Pilgrims II. von Puchheim (1365–96) wirkenden **Mönchs von Salzburg**, von dem 7 weitere weltliche und zahlreiche geistliche Lieder überliefert sind (vgl. S. 315). Entscheidend ist ein konzeptueller Wandel. Die Liebe zwischen Mann und Frau ist hier nicht mehr die der Hohen Minne. Die Liebenden sind sich in den meisten Fällen »einig«, der Mann dominiert. Innere Spannungen und Konflikte gibt es kaum, meist wird das gegenseitige Verhältnis nur von »außen« gestört: einer der Partner wendet sich einem dritten zu; die Liebenden sind räumlich getrennt; sie können nicht zueinander kommen, weil Austräger und Klatschbasen – die jetzt »Klaffer« genannt werden – sie hindern. Beim Mönch finden sich auch bereits rhetorische Verfahrensweisen, die für das Liebeslied des 15. Jh.s charakteristisch sind (Schönheitsbeschreibungen, Ausdeutungen symbolisch gemeinter Farben, Spiel mit Namensinitialen).

Die auf S. 231 f. skizzierten Subtypen des Minneliedes begegnen beim Mönch von Salzburg, bei Oswald von Wolkenstein (vgl. dazu S. 320 f.) und im Liederbuchlied des 15. Jh.s erneut, teilweise in modifizierter Form. Unter die Ich- oder Sängerlieder rubrizieren lassen sich die Werbungslieder, in denen die Bitte um die Gunst der Frau im Zentrum steht, ferner Hoffnungslieder, in denen der zuversichtliche Glaube auf Erhörung ausgedrückt wird. In Liebesklagen spricht der Sänger (wie im älteren Minnesang) davon, daß die Angebetete ihn nicht erhören will, aber auch davon, daß das bestehende Liebesverhältnis von außen, etwa durch die Klaffer oder durch äußere Trennung, gestört wird. Wie im älteren Minnesang finden sich auch Liebesversicherungen – neu ist, daß diese gelegentlich die Form des Liebesbriefes haben können, ferner Sehnsuchtslieder, Abschiedsklagen und Frauenpreislieder. Ein in der älteren Zeit unbekannter Liedtyp ist das Neujahrslied, in dem der Neujahrswunsch mit der Bitte um Erhörung gekoppelt wird. Wenig geläufig waren in der älteren Zeit die nun öfter vorkommenden Klagen über Untreue und Unbeständigkeit des Partners bis hin zur Absage. Was die Rollenlieder angeht, so finden sich gelegentlich Dialoge; in ihnen geht es entweder um die Bitte des Mannes um Erhörung, die in der Regel wohlwollend entgegengenommen wird, um Ermahnungen des Partners zur Vorsicht gegenüber den Klaffern oder um vorübergehenden Abschied. In den seltenen Frauenliedern klagt die Frau über die Untreue ihres Geliebten, sie besingt die Liebe, oder sie sehnt sich nach dem Entfernten. Unter den »objektiven« Liedern begegnen weiterhin vor allem Tagelieder und Pastourellen (vgl. S. 173 f. und 177).

Neben den in sprachlicher und metrischer Hinsicht anspruchsvolleren Liebesliedern der Liederbücher, die von der Forschung auch als Gesellschaftslieder oder Hofweisen bezeichnet werden, finden sich in den Sammlungen auch in formelhaft-schlichter Sprache und in kurzen, kunstlosen Strophenformen abgefaßte, bisweilen vielstrophige, inhaltlich und typologisch jedoch nahe verwandte sogenannte Volkslieder. Mit ihnen faßt man vermutlich allgemein verbreitetes, nicht auf gehobene Gesellschaftsschichten allein beschränktes Liedgut, einen Liedbereich, der in der Zeit vor dem 15. Jh. so gut wie gar nicht überliefert ist. Vgl. etwa die 1. Strophe der Klage eines Liebhabers, der von einem Rivalen ausgestochen wurde, aus dem Liederbuch Hartmann Schedels:

Es ist ein schne gefallen,
vnd ist es doch nit czeit;
man wurft mich mit den pallen,
der weg ist mir verschneit …

Breiter überliefert sind Lieder dieser Art unter Namen wie Gassenhauer, Bergreihen, Reuterliedlein dann seit dem 16. Jh. Der Begriff Volkslied wurde erst durch Johann Gottfried Herder (1744–1803) geprägt; vor allem Achim von Arnims und Clemens Brentanos Sammlung ›Des Knaben Wunderhorn‹ (1806/08), in der auch spätmittelalterliche und frühneuzeitliche Lieder enthalten sind, machten Begriff und Sache dann allgemein bekannt.

Von der in Frankreich, Italien und England schon seit dem 13. Jh. auch im weltlichen Bereich gepflegten musikalischen Mehrstimmigkeit blieb die deutsche Liedkunst lange unbeeinflußt. Die frühesten einfachen, zunächst vereinzelt bleibenden mehrstimmigen Liedsätze begegnen beim Mönch von Salzburg; die wenig später stattfindende breite Rezeption süd- und westeuropäischer Mehrstimmigkeit durch Oswald von Wolkenstein blieb für die weitere Liedgeschichte folgenlos. Erstmals findet sich mehrstimmige Liedkunst mit deutschen Texten dann seit dem ›Lochamer-Liederbuch‹; mit ihm beginnt, soweit faßbar, die Geschichte des deutschen Tenorliedes, in dem die eigentliche Liedmelodie, der Ténor, von zusätzlichen Stimmen begleitet wird. Die im folgenden zu behandelnden Liedtypen blieben von der Mehrstimmigkeit unberührt.

Neidhartlied

Neidhart (vgl. S. 183 ff.) ist der einzige Lieddichter des deutschen Mittelalters, dessen Name die Benennung für einen eigenen, beim Publikum offenbar sehr beliebten Liedtyp abgab, die sogenannten Neidharte, Lieder, in denen es um die Auseinandersetzungen des sprichwörtlichen Bauernfeindes mit seinen tölpelhaften Gegnern geht. Schon im 13. Jh. hatten einige namentlich bekannte Autoren Tanzlieder in der Art Neidharts verfaßt (vgl. S. 232 und 234). Außerdem entstand im späten 13. und vor allem im 14. Jh. das umfangreiche, anonyme, etwa 80 Lieder umfassende Korpus der sogenannten Pseudo-Neidharte. Zwei Arten von Texten lassen sich unterscheiden: 1. Lieder, die in ihrer Darstellungsweise (Fehlen einer durchgehenden Handlung, Verwendung typischer Handlungsmomente) den echten Sommer- und Winterliedern Neidharts nahestehen; 2. Schwanklieder mit durchgehender Handlung (Auseinandersetzungen des Ritters Neidhart mit den Bauern), z. B. der Veilchenschwank, der Bilderschwank, der Beichtschwank. Beide Arten von Pseudo-Neidharten wurden im 15. Jh. zusammen mit echten Neidhart-Texten tradiert, am umfassendsten in der großen Neidharths. c (Nürnberg, um 1460, mit Melodien; vgl. Übersicht a, S. 108). Das sonst feststellbare Abbrechen der Überlieferungstradition um die Mitte des 14. Jh.s gilt demnach für den Neidhart-Bereich nicht. Gegen Ende des 15. Jh.s wurde eine Auswahl aus dem Korpus an den Faden einer (fabulösen) Lebensgeschichte des Bauernfeindes aufgereiht – ein paargereimter Epilog berichtet von seinem Tod und seinem Grab am Wiener Stephansdom – und 1491/97 unter dem Titel ›Neithart Fuchs‹ zuerst gedruckt. Das Textkorpus der Neidharte, die man im 15. Jh. überlieferte, scheint im wesentlichen bereits im 14. Jh. vorgelegen zu haben, doch wurden auch später noch bisweilen Lieder in Neidharts Manier verfaßt. Zu nennen ist vor allem der bayerische Dichter **Hans Heselloher** (urk. 1451–83), von dem 5 Neidharte erhalten sind, darunter ›Von üppiglichen dingen‹, ein ausgesprochener »Schlager« des 15. und noch des 16. Jh.s (vgl. Melodie VI).

Spruchlied und Meisterlied

Die deutlichsten Innovationen im Bereich der Sangspruchdichtung (vgl. S. 239 ff.) seit der Mitte des 14. Jh.s zeigen sich auf formalem Gebiet. Nach wie vor dichteten die Berufssänger des 14. und 15. Jh.s in vorher fixierten, nicht ad hoc erfundenen eigenen Tönen; nach wie vor waren ihre Themen religiöse, moralische und ständische Belehrung aller Art, Gelehrsamkeit und Stellungnahmen zu politischen Ereignissen und Protagonisten; noch immer orientierten sie sich an der bis in das 12. Jh. zurückreichenden Tradition und am Kunstbewußtsein des Spruchsangs und war ihre Existenz bestimmt durch den Zwang, mit Kollegen, mit Literaten anderer Art und mit sonstigen Unterhaltungskünst-

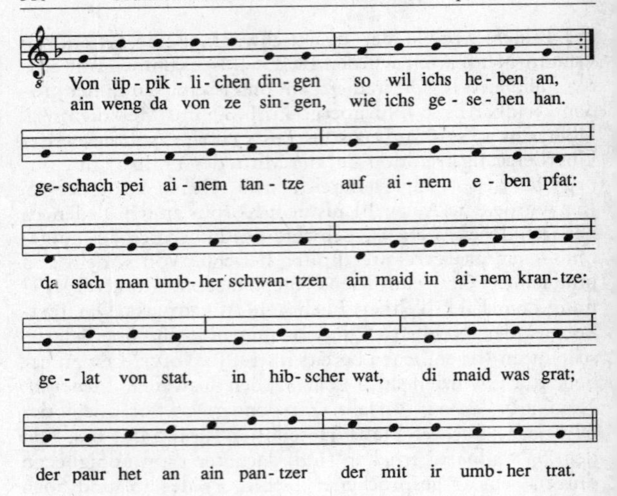

Melodie VI Hans Heselloher, ›Von üppiglichen dingen‹, 1. Str. Melodie nach der Hs. Würzburg, UB, M.ch.f. 248/2 (um 1573). Übersetzung: »Von leichtfertigen Dingen will ich anfangen, ein bißchen davon singen, wie ich sie gesehen habe. Es geschah bei einem Tanz auf einem ebenen Platz: da sah man eine Jungfrau, geschmückt mit einem Kranz, herumtanzen: sie sah glänzend aus, hatte noble Kleider an und besaß einen geraden Körper. Der Bauer, der mit ihr herumtanzte, hatte einen Panzer an.«

lern konkurrieren zu müssen; immer noch legten sie sich teilweise, bedingt durch diese Situation, klangvolle Dichternamen zu. Die wichtigsten Spruchdichter der Epoche waren: **Heinrich von Mügeln** (Schaffenszeit etwa 1345–70), einer der bedeutendsten Literaten seiner Zeit, von dem außer Spruchliedern (insgesamt 383 Strophen in 4 Tönen) auch einige Minnelieder, ein allegorisch-didaktisches Reimpaargedicht ›Der meide kranz‹, eine ›Ungarnchronik‹ in deutscher Prosa bzw. in lateinischen Strophen sowie eine verbreitete deutsche Bearbeitung der ›Mirabilien‹ des römischen Autors Valerius Maximus (um 31 n. Chr.) in Prosa überliefert sind. In die 2. Hälfte des 14. Jh.s gehören ferner **Suchensinn** (urk. 1386–92; 23 Lieder im gleichen Ton, 1 Reimpaargedicht), **Harder** (Lieder in 3 Tönen, 2 Reimpaargedichte), **Albrecht Lesch** (gest. 1393/94?; Lieder in 10 Tönen). Im 15. Jh. wirkten **Muskatblut** (1. Hälfte 15. Jh.; über 90 Lieder in 4 Tönen), **Jörg Schiller** (urk. 1453–62; 13 Lieder in 6 Tönen) und **Michel Beheim** (1420–72/79; 452 Lieder in 11 Tönen, 3 gereimte Chroniken) – mit den beiden zuletzt genannten Autoren endete die Kunst des berufsmäßig ausgeübten Spruchsangs.

Gegenüber der früheren Spruchdichtung gibt es zwei auffällige Neuerungen. Etwa seit der Mitte des 14. Jh.s gilt die traditionelle Regel der prinzipiellen Einstrophigkeit von Sangsprüchen nicht mehr. Nunmehr erscheinen größere Strophenkomplexe, Spruchlieder, in zeitgenössischer Terminologie »Bare«. Sie haben in der Regel eine ungerade Zahl von Strophen, mindestens und meistens drei, doch scheint im 14. Jh. die Ungeradzahligkeit noch nicht so schematisch gegolten zu haben wie später (zahlreiche Lieder Suchensinns etwa haben vier Strophen). Als Ursache dieser Neuerung kann man die Konkurrenz namhaft machen, in der die Spruchsänger seit der Mitte des 14. Jh.s mit der in dieser Zeit aufblühenden Tätigkeit fahrender Reimsprecher standen, deren Texte in Reimpaaren abgefaßt waren (vgl. dazu S. 344 ff.). Die Sprecher dichteten, formal meist ziemlich anspruchslos, weitgehend über die gleichen Themen wie die Spruchsänger. Ihre Gedichte waren innerhalb einer gewissen mittleren Länge im Umfang je nach Thema und Darstellungsart flexibel. Durch die Bildung mehrstrophiger Bare wurde auch der Umfang der Spruchlieder beweglicher; damit konnte der nicht immer leicht erreichbare Komprimierungsgrad früherer, je für sich stehender Sangsprüche umgangen, es konnte ausführlicher, weitschweifiger, auch leichter verständlich dargestellt werden. Völlige Beliebigkeit hinsichtlich der Länge widersprach indes dem Kunstanspruch: als neue Kunstregel bürgerte sich daher das Gesetz der vorher festgelegten Strophenzahl ein.

Die zweite Neuerung findet sich erst nach der Zeit Heinrichs von Mügeln. Die Spruchsänger nennen nunmehr in den Texten in einer an das Ende gestellten Autorsignatur ihren Namen; vgl. etwa den Schluß von Suchensinns Lied 18: *Suochensinn, nu nim ir war / die êr hie hânt erworben*, »Suchensinn, beachte diejenigen, die auf Erden Ansehen erworben haben«. Die Autorsignatur ist von den Reimsprechern übernommen, die seit dem 14. Jh. ihre Gedichte gewöhnlich in dieser Weise signierten. Indes reagierten die professionellen Spruchsänger mit ihr offenbar auf den seit etwa der Mitte des 14. Jh.s sich zunehmend verbreitenden Brauch, fremde Spruchtöne für eigene Dichtungen zu verwenden. Bis dahin war die Autorschaft an den Texten, jedenfalls für Kenner, zweifelsfrei aus den Strophenformen und Melodien, den Tönen, hervorgegangen; die vielfach üblichen Tonnamen waren zudem mit den Autornamen verbunden. Die enge Bindung der Töne, und damit der Texte, an die Autoren wurde durch die neue Sitte jedoch gelockert, ja aufgehoben.

Üblich wurde die Benutzung fremder Spruchtöne nicht ausschließlich, doch vor allem im stadtbürgerlichen Meistergesang, einer Kunstübung, die, vermutlich schon seit dem 14. Jh., in zahlreichen deutschen Städten, vor allem in Süddeutschland, gepflegt wurde. Seinen Höhepunkt erlebte der Meistergesang erst im 16. Jh., vor allem durch den Nürnberger **Hans Sachs** (1494–1576), der die Kunst in den Dienst der Reformation stellte (vgl. S. 427 ff.). Die lange Geschichte der Meisterkunst erstreckte sich freilich darüber hinaus bis in das 18., vereinzelt sogar in das 19. Jh. Unter Meistergesang versteht man das Dichten und den Vortrag von Meisterliedern durch die Meistersinger, vorwiegend Handwerker, vereinzelt auch Geistliche, Lehrer und Juristen. Sie schlossen sich zu Gesellschaften oder Bruderschaften zusammen und übten die Kunst neben ihrem Beruf hauptsächlich in öffentlichen Singwettbewerben, den Singschulen, aus.

Als Begründer ihrer Kunst verehrten die Meistersinger eine Reihe bekannter Sangspruchdichter des 13. und 14. Jh.s, Walther von der Vogelweide, Reinmar von Zweter, Marner, Konrad von Würzburg, Frauenlob, Regenbogen, Heinrich von Mügeln und einige andere. Ihr Wissen von diesen »alten Meistern« faßten sie in Namenskatalogen zusammen. S. 241 wurde bereits erwähnt, daß die Sangspruchdichter mit dem Titel *meister* bezeichnet wurden. Der Begriff *meistersanc*, »Gesang der *meister*«, begegnet erstmals im 13. Jh.; er wurde später auf die stadtbürgerliche Kunstübung übertragen. Die Meistersinger machten sich den Kunstanspruch der »alten Meister« zu eigen, sie benutzten bis in das 18. Jh. eine Anzahl ihrer Töne und unterschoben ihnen häufig auch neugeschaffene Töne (von der Forschung als »unechte« Töne bezeichnet); vor der Reformation adaptierten und imitierten sie zudem manche ihrer Gedichte, die in den Meisterliederhss. zusammen mit den zahlreichen Neuschöpfungen überliefert wurden.

Auch die Meistersinger dichteten in vorher feststehenden Tönen. Da bei ihnen jedoch, wie angedeutet, die Identität von Ton- und Textautor (wie übrigens auch die von Dichter und Sänger) nicht galt, verfügten sie über ein viel größeres Tönerepertoire als die Sangspruchdichter. In den meisten Gesellschaften durften bis zur Reformationszeit nur Töne »alter Meister« und solche, die man dafür hielt (die »unechten« Töne) gesungen werden. Lediglich Nürnberg stellte eine Ausnahme dar, hier war es erlaubt, neue Töne »offiziell« zu erfinden und zu verwenden – erst nach der Reformation setzte sich der Nürnberger Brauch dann überall durch. Die überwiegende Zahl der aus vorreformatorischer Zeit überlieferten Meisterlieder, für die ebenfalls ungerade Strophenzahl vorgeschrieben war, behandelt religiöse Themen:

Maria, die Trinität, Weihnachten, Christi Passion und Auferstehung, die Schöpfung. Daneben gibt es Lieder zum Lob des Meistergesangs, die »Schulkünste«, Aufforderungen zum Gesang, gelegentlich Lieder mit Liebesthematik und manchmal Texte erzählenden Inhalts. Politische Themen fehlen, sie waren vor allem durch die städtische Zensur ausgeschlossen.

Es scheint im 15. und frühen 16. Jh. unter anderem in Mainz, Nürnberg, Augsburg, Straßburg, Freiburg i. Br. und Donauwörth Meistersingergesellschaften gegeben zu haben. Genaueres ist aus dieser Zeit nur über die Nürnberger Meistersinger bekannt, da nur dort neben zahlreichen Liedtexten auch viele Autornamen überliefert wurden. Das Liedgut der anderen Gesellschaften aus vorreformatorischer Zeit ist hingegen fast ausschließlich anonym tradiert. Die bekanntesten Nürnberger Lieddichter vor der Reformation waren **Fritz Kettner** (urk. 1392–1430; 2 Lieder gesichert, 5 eigene Töne), der Nagelschmied **Fritz Zorn** (gest. 1482; Zahl der echten Lieder noch unklar, 4 eigene Töne), der Bäckermeister **Konrad Nachtigall** (gest. 1484/85; 5 Lieder gesichert, 13 eigene Töne), der auch als Verfasser von Reimpaargedichten und Fastnachtspielen bekannte Wundarzt und Barbier **Hans Folz** (gest. 1513), eine der interessantesten Literatengestalten des 15. Jh.s, vgl. zu ihm auch S. 346 und 366 f. (ca. 85 Lieder, 15 eigene Töne), und der Leineweber **Lienhard Nunnenbeck** (gest. vor 1527; 47 Lieder, 9 eigene Töne, 1 Reimpaarspruch), der Lehrer des Hans Sachs im Meistergesang.

Geistliches Lied

Geistliche Thematik haben zahlreiche Spruch- und Meisterlieder des 14. und 15. Jh.s. Darüber hinaus entstanden geistliche Lieder in großer Zahl und in vielerlei Gestalt für ganz unterschiedliche Zwecke. Neben dem S. 244 schon erwähnten Untertyp des Gemeindeliedes sind insbesondere Texte zu erwähnen, die in religiösen Gemeinschaften, Konventikeln, verwendet wurden. Solche Konventikellieder aus dem 14. Jh. waren ursprünglich einige noch heute gesungene Weihnachtslieder, etwa das deutsch-lateinische Mischgedicht ›In dulci iubilo‹, ferner ›Es kommt ein schiff geladen‹ und ›Joseph lieber neve mein‹ (auf die Melodie einer lateinischen Cantio, eines geistlichen Strophenliedes, ›Resonet in laudibus‹). Aus der großen Zahl vorwiegend anonym überlieferter geistlicher Lieder ragen die Liedœuvres zweier namentlich bekannter Dichter hervor.

Der **Mönch von Salzburg**, dessen Liebeslieder S. 305 f. bereits erwähnt wurden, verfaßte in der 2. Hälfte des 14. Jh.s am Hof des Erzbischofs von Salzburg auch annähernd 50 teilweise weit verbreitete geistliche Lieder. Themen sind Maria, die Passion, Ostern, Fronleichnam. Zum Teil verdeutschte der Mönch lateinische Hymnen und Sequenzen, teilweise benutzte er Hymnen- und Sequenzenmelodien für Neudichtungen; 9 Töne, in denen Strophenlieder abgefaßt sind, stehen in deutschen Liedtraditionen (Minnesang, Sangspruch, geistliches Lied), in fünf Fällen ist die Übernahme älterer Töne nachgewiesen.

Eher für private städtische Kreise und für religiöse Frauengemeinschaften bestimmt waren die ca. 100 Lieder **Heinrich Laufenbergs** (geb. um 1390, seit 1421 als Geistlicher in Freiburg i. Br., gest. 1460 in Straßburg), der auch Autor mehrerer in Paarreimen verfaßter Lehrgedichte war. In Laufenbergs sprachlich schlichten, aber nicht kunstlosen Liedern dominieren Marienpreis und Weihnachts- bzw. Neujahrsthematik. Das Korpus umfaßt Übertragungen von Hymnen und Sequenzen und weiterer liturgischer oder liturgienaher Texte, bisweilen Deutsch und Latein gemischt, ferner »Grüße«, preisende, bittende, mahnende, meditierende Gedichte mit Grußformeln an Jesus, an Heilige, besonders aber an Maria: *Ave Maria, bis grüsset / du muter vnd maget rein, / du keiserin aller creatur gemein …* (Wakkernagel II,730). Eine dritte Gruppe von Gesängen greift volkstümliche deutsche Lieder auf. Strophenformen und Melodien wurden beibehalten, die weltlichen Texte geistlich umgedichtet. Es handelt sich bei derartigen Kontrafakturen (zum Begriff vgl. S. 117) oder Parodien um eine jahrhundertelang gern geübte Dichtungspraxis: »Die Kontrafakturen spiegeln die Conversio wider: Wie sich der weltliche Text unversehens in den geistlichen Sinn verkehrt, so soll sich auch das weltliche Treiben des Gläubigen in ein geistliches Leben wandeln« (J. Janota). Ein Beispiel stellt ein Marienlied Laufenbergs (Wackernagel II,704) dar, das auf dem mehrere Jahrhunderte lang populären Lied von der stolzen Müllerin basiert (Fassung des 16. Jh.s bei F. M. Böhme, Altdeutsches Liederbuch, 1877, Nr. 43):

Laufenberg:	Weltliches Lied:
Ich weiß ein stolze maget vin,	Ich weiß mir eine Mülnerin,
ein edli künigin,	ein wunderschönes Weib,
Ich weiß in hymels lannden	In allen diesen Landen
kein höher keyserin.	kein hübschre Mülnerin,
Sölt ich ir lob nun sagen	Wolt Gott, ich solt ir malen,
vnd all geschrift erfragen,	mein Körnlein zu ir tragen,
daz wer der wille min.	so mal ich wenn ich mag.

Politisches Lied

Liedtexte, die sich mit politischen Ereignissen und mit Protagonisten der politischen Bühne beschäftigen, finden sich im 13. und im frühen 14. Jh. fast nur im Bereich der Sangspruchdichtung; auch im 15. Jh., vor allem bei Muskatblut und Michel Beheim, gibt es noch politischen Spruchsang. Daneben wurden seit dem 14. Jh. öfter literarisch bisweilen anspruchslose, manchmal auch kunstvolle, häufig vielstrophige politische Lieder tradiert. In älterer, in jeder Hinsicht unzutreffender Terminologie bezeichnete man sie (zusammen mit den politischen Reimsprüchen) als »historische Volkslieder«. Die Texte geben meist Kunde von Kriegsereignissen und stillten damit gewiß oft das Informationsbedürfnis; sie sind indes stets parteilich, rühmen also die eine und verunglimpfen die andere Partei. Wahrscheinlich haben derartige Lieder auch schon früher existiert, erhalten hat sich jedoch kaum etwas. Als ältester Text gilt ein aus sieben je elfzeiligen Strophen bestehendes Lied, in dem ein 1243 zwischen Freiburg i. Ue. und Bern geschlossenes Bündnis besungen wird (Liliencron Nr. 1). Mit in derartigen Liedern auch später häufiger Tiermetaphorik werden beide Städte als mächtige Ochsen dargestellt, die gemeinsam die Tierwelt beherrschen; vor Uneinigkeit wird gewarnt. Auch ein Großteil der späteren Lieder gehört in den Bereich der Schweizer Geschichte. So schildert etwa das ›Kleine Sempacher Lied‹ (Liliencron Nr. 33) in fünfzehn siebenzeiligen Strophen die Schlacht bei Sempach 1386, wobei der Kampf als Auseinandersetzung zwischen dem Stier von Uri und dem habsburgischen Löwen verbildlicht ist. Weitere Lieder haben etwa den Brand eines Klosters im Harz 1346 (Nr.16) oder den Überfall einer Truppe des Herzogs von Braunschweig auf Lüneburg 1371 (Nr. 21; als Dichter nennt sich Keppensen) zum Thema.

Der Liedtyp wird durch einige gemeinsame Darstellungsmerkmale konstituiert. Meist sind die Texte anonym oder pseudonym – mit Sicherheit spielte hierbei die Furcht vor Repressalien eine Rolle. Ferner beginnen die Lieder oft mit typischen Formeln wie »Wollt ihr ein neues Gedicht (eine neue Sache) hören ...« oder »Es geschah an dem und dem Tag ...«. Die Darstellung selbst ist nicht reflektierend oder sonst anspruchsvoll, vielmehr wird mit viel Rede und Gegenrede lebhaft erzählt. Tierallegorese spielt, wie erwähnt, eine große Rolle, wobei man häufig von Wappentieren ausgeht. Kürze der Strophen war Bedingung für leichte Faßlichkeit der Melodien.

Lieder dieser Art waren ständisch nicht gebunden, sie

waren wohl allgemein, oft freilich nur regional, verbreitet, gelangten rasch zu Popularität und wurden nach einiger Zeit wieder vergessen. Ihre Zeitgebundenheit, ihre Anonymität – die verhinderte, daß sie Bestandteile größerer Autorkorpora wurden –, der geringe literarische Rang, die Nichtbindung an das Oberschichtspublikum mögen Gründe dafür gewesen sein, daß man sie in Liederhss. nicht aufnahm. Tradiert wurden sie meist in oft wesentlich späteren Chroniken, deren Autoren sie gleichsam als zeitgenössische »Belege« schätzten.

Oswald von Wolkenstein

Der weitaus bedeutendste Lieddichter der Epoche war der Südtiroler Adlige Oswald von Wolkenstein (vgl. Abb. 16). Oswald, über den man dank günstiger Quellenlage mehr weiß als über jeden anderen mittelalterlichen deutschen Dichter, wurde 1376 oder 1377 geboren. Zehnjährig ging er aus dem Elternhaus, um als Knappe das Ritterhandwerk zu erlernen, wobei er weit herumkam. 1400 kehrte er nach Tirol zurück. Doch verließ er die Heimat in den folgenden Jahren mehrfach, unter anderem war er 1401 Teilnehmer am Italienfeldzug des deutschen Königs Ruprecht von der Pfalz, 1409/10 scheint er eine Pilgerreise ins Heilige Land unternommen zu haben. 1415 trat er in die Dienste König Sigismunds. Während des Konzils von Konstanz nahm er an einer Gesandtschaftsreise nach England, Schottland, Portugal, Spanien und Frankreich teil. 1417 heiratete er die schwäbische Adlige Margarete von Schwangau, seit 1418 wohnte er auf Burg Hauenstein am Schlern. Die folgenden Jahre waren angefüllt mit Fehden und mit Auseinandersetzungen mit dem Landesherrn Herzog Friedrich IV. von Tirol; erst 1427 wurden die Streitigkeiten beendet. In seinen letzten Lebensjahren spielte Oswald eine bedeutende Rolle in der Tiroler Landespolitik. Er starb am 2. August 1445 in

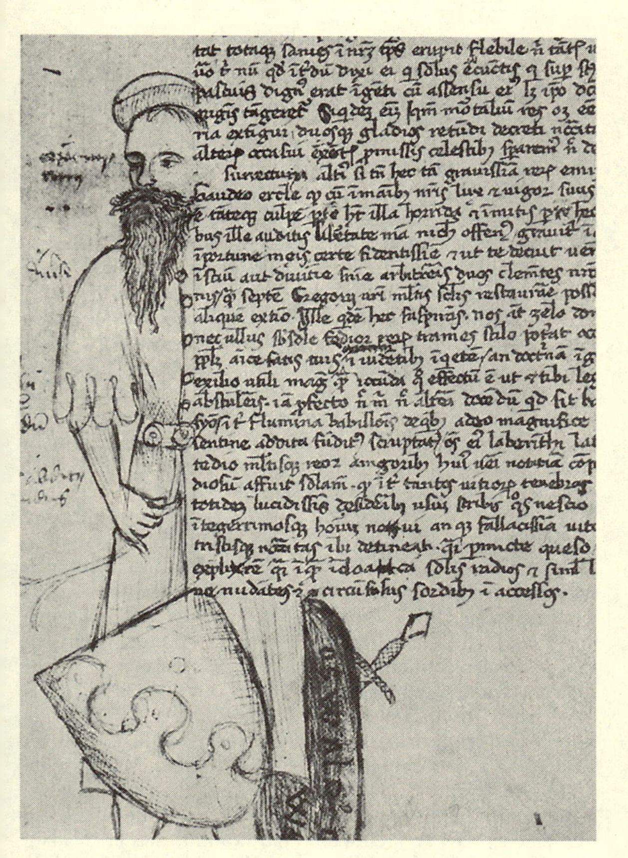

Abb. 16 Porträt Oswalds von Wolkenstein mit Wappen. Wolfenbüttel, Herzog August Bibl., Cod. Guelf. 11 Aug. 4° (Brixen, das Bild entstand um 1420)

Meran; beigesetzt wurde er in der Kirche des Augustinerchorherrenstifts Neustift bei Brixen, dem er beinahe lebenslang eng verbunden war.

Oswalds literarisches Werk, aus dem im 15. Jh. nur wenige Texte weiter verbreitet wurden, blieb vor allem erhalten, weil der Autor zwei aufwendige Pergamenthss. anlegen ließ, beide mit Autorenporträts und mit den Melodien (Hs. A in Wien, B in Innsbruck). Das Œuvre umfaßt 2 Reimpaarsprüche und 130 Lieder. 40 der Lieder, fast ausschließlich Liebeslieder, sind mehrstimmig. Sie sind in 38 Tonsätzen abgefaßt (die Lieder Kl 37, 38 und 65, 66 haben jeweils die gleiche Melodie). Zu 17 davon hat Oswald, nach derzeitiger Kenntnis, die Kompositionen entlehnt, überwiegend aus französischen Vorlagen; es handelt sich also um Kontrafakturen. Die übrigen Lieder sind einstimmig.

Oswalds Dichtungen bieten eine Art Enzyklopädie der Liedtypen, die um 1400 in Gebrauch waren, freilich in meist sehr persönlicher und origineller Ausgestaltung. Im Bereich des Liebesliedes nahm Oswald Möglichkeiten auf, die durch den Mönch von Salzburg und Hugo von Montfort vorgegeben waren. Es begegnen bei ihm Liedtypen, wie sie beim Mönch und in den Liederbüchern vorkommen, zahlreiche Tagelieder, Pastourellen, Liebesdialoge, Abschiedsklagen, Frauenpreislieder, ein Neujahrslied, auch ein minneallegorisches Jagdlied (Kl 52). Auch die üblichen rhetorischen Verfahrensweisen finden sich: Schönheitsbeschreibung, Ausdeutung von Farben (vgl. Kl 66), Spiel mit Namensinitialen. Zugleich wird ein Teil der Lieder in einer weit über Hugo von Montfort hinausgehenden Weise »personalisiert«: Sie sind völlig unverschlüsselt und unter direkter Namensnennung an Oswalds Frau Margarete (hier genannt *Gret*) gerichtet, auch nennt der Autor in diesem Zusammenhang oft den eigenen (Kose-)Namen. Dazu kommt, daß er in manchen Texten bäuerlich-heimisches Milieu sichtbar macht.

Einige Texte zeigen Nähe zum Neidhartlied. Elemente daraus finden sich im Tanzlied Kl 21 und in der Stubentanzszene Kl 56; auch das Trinklied Kl 70 kann man nennen. Kl 21 wurde zusammen mit der Pastourelle Kl 76 anonymisiert sogar in den ›Neithart Fuchs‹ (vgl. S. 303) aufgenommen.

In zahlreichen Liedern zeigt Oswald sich mit der Tradition des Spruchliedes vertraut. 13 seiner Texte liegen mehr oder weniger unverändert die metrischen Schemata von Spruchtönen zugrunde (Kl 1–7, 11, 12, 95, 111: Regenbogen, Grauer Ton; Kl 9, 10: Frauenlob, Vergessener Ton); er erfand dazu allerdings neue Melodien. Nach Spruchdichterart dichtete er – anders als meist bei den anderen Liedtypen – in diesen Tönen jeweils mehr als einen Text, auch gab er den meisten Liedern eine ungerade Strophenzahl und versah sie am Schluß mit der Autorsignatur. Im Zusammenhang mit Oswalds Auseinandersetzung mit dem Spruchsang stehen freilich noch weitere spruchliedartige Texte, vor allem das berühmte autobiographische Lied ›Es fuogt sich, do ich was von zehen jaren alt‹ (Kl 18; vgl. ferner die didaktisch orientierte Gruppe Kl 22–25 sowie 44, 45). In die Spruchsangtradition um 1400 stellen sich auch einige besonders kunstvolle Lieder, in denen Oswald den Liedtyp des Reihen aufgreift (Kl 37, 38, 42, 47). Es handelt sich um stilisierte Tanzlieder geistlichen oder weltlichen Inhalts in besonders komplizierten Strophenformen. Derartige Texte finden sich schon bei älteren Autoren wie Heinrich von Mügeln, beim Mönch von Salzburg, Albrecht Lesch und einigen anderen. In Kl 42 benutzte Oswald sogar eine ältere Strophenform dieser Art, die zuvor unter anderem bereits der Mönch von Salzburg (in einem lateinischen Marienlied) verwendet, die er allerdings nicht erfunden hatte; sie geht auf die 1. Hälfte des 14. Jh.s zurück.

Oswald war einer der ersten, der sich von den geistlichen Liedern des Mönchs zu ähnlichen Schöpfungen anregen ließ. Es finden sich bei ihm deutsche Übertragungen je einer lateinischen Hymne und einer Sequenz (Kl 129, 130), Stücke, die auch der Mönch bearbeitet hatte, ferner ein deutsches Benedicite und Gracias (Kl 14, 15), die ihr Gegenstück im Tischsegen des Mönchs haben. In Hs. B nahm Oswald ferner eine lateinische Marienhymne samt einer deutschen Teilbearbeitung auf (Kl 109a/b). Geistliche Strophenlieder, wie sie ähnlich bei dem Vorgänger zu finden sind, schuf Oswald etwa mit seinem Weihnachtslied (Kl 35), mit den geistlichen Liedern Kl 29, 31, 32, die einen älteren Ton, die Große Tagweise Peters von Arberg, in verkürzter Form aufgreifen, oder mit dem Lied auf die Compassio Mariae (Kl 114); das Gegenstück, die Passio Christi (Kl 111), ist, wie erwähnt, in einer Variante von Regenbogens Grauem Ton verfaßt.

Schließlich setzte Oswald sich eindrucksvoll mit dem Typ des politischen Liedes auseinander. Hierher gehören das in 28 achtzeiligen Strophen gedichtete Lied ›Es ist ein altgesprochner rat‹ (Kl 19), in dem Ereignisse der Gesandtschaftsreise von 1415/16 berichtet werden, die Lieder gegen die Hussiten (Kl 27 und 134, von letzterem Lied, das in der Strophenform der Heunenweise abgefaßt ist, vgl. S. 248, hat sich nur die 1. Str. erhalten) und das Lied auf die Belagerung von Burg Greifenstein (Kl 85, in der Strophenform des Hildebrandstons, vgl. S. 248).

Wie bei keinem anderen deutschen Autor vor und neben ihm, jedenfalls soweit die Nachwelt dies erkennen kann, geht in Oswalds von Wolkenstein Dichtung Persönliches ein, bilden persönliche Erlebnisse und Erfahrungen die Grundlage seiner literarischen Schöpfungen. Gleichwohl geht es ihm – und dies unterscheidet ihn von neuzeitlichen Autoren – nicht darum, sich selbst, die erwähnten Personen, die ausgebreiteten Erlebnisse als einmalig, individuell darzustellen. Vielmehr sucht er im Individuellen stets das Typische, das Allgemeingültige erkennbar zu machen. Die literarischen Typen, deren er sich virtuos und mit grandiosem Sprachvermögen zu bedienen wußte, scheinen ihm eine wesentliche Hilfe für das Erreichen dieser Absicht geboten zu haben.

Literaturhinweise

Ausgaben: B. Wachinger (Hrsg.), Dt. Lyrik des späten MAs, 2006 (zweisprachig; Bibliothek des MAs). – R. Hausner (Hrsg.), *Owe do tagte ez.* Tagelieder u. motivverwandte Texte, 1983 (GAG). – M. Backes / A. Wolf (Hrsg.), Tagelieder des dt. MAs, 1992 [u. ö.] (zweisprachig; RUB). – ›Neithart Fuchs‹: F. Bobertag, in: Narrenbuch, 1885. – E. Kiepe / H. Kiepe (Hrsg.), Gedichte 1300 bis 1500, 1972 (zweisprachig; dtv). – Th. Cramer (Hrsg.), Kleinere Liederdichter des 14. u. 15. Jh.s, 4 Bde., 1977–85. – H. Brunner / K.-G. Hartmann (Hrsg.), Spruchsang, 2010 [alle Sangspruchmelodien]. – ›Sterzinger Miszellaneenhs.‹: M. Zimmermann, 1980. – ›Lochamer-Liederb.‹: W. Salmen / Ch. Petzsch, 1972. – ›Königsteiner Liederb.‹: P. Sappler, 1970 (MTU). – ›Liederb. der Klara Hätzlerin‹: C. Haltaus / H. Fischer, 1966. – K. Bartsch (Hrsg.), Meisterlieder der Kolmarer Hs., 1862 (StLV). – Eberhard v. Cersne: D. Buschinger / H. Lomnitzer, 1981 (GAG); E. Hages-Weißflog, 1998 (Hermaea). – Hugo v. Montfort: W. Hofmeister, 2005. – Mönch v. Salzburg: Ch. März, 1999 (MTU) [weltliche Lieder, Texte u. Melodien]; F. V. Spechtler, 1972 [geistliche Lieder]; H. Waechter / F. V. Spechtler, 2004 [Melodien d. geistl. Lieder] (GAG). – H. Heselloher: M. Curschmann, 1970 [›Von üppiglichen dingen‹]. – Heinrich v. Mügeln, Kleinere Dichtungen: K. Stackmann, 4 Bde., 1959–2003 (DTM). – M. Beheim, Spruchlieder: H. Gille / I. Spriewald, 3 Bde., 1968–72 (DTM). – H. Folz, Meisterlieder: A. L. Mayer, 1908 (DTM). – L. Nunnenbeck: E. Klesatschke, 1984 (GAG). – Ph. Wackernagel (Hrsg.), Das dt. Kirchenlied, Bd. 2, 1867. – R. v. Liliencron (Hrsg.), Die historischen Volkslieder der Deutschen vom 13. bis 16. Jh., 4 Bde. u. Nachtrag, 1865–69. – U. Müller (Hrsg.), Politische Lyrik des dt. MAs, 2 Bde., 1972–74 (GAG). – Oswald v. Wolkenstein: K. K. Klein [u. a.], [3]1987 (ATB; abgekürzt Kl), B. Wachinger / H. Brunner, 2007 (Auswahl, zweisprachig; RUB).

Forschungsliteratur: M. Baldzuhn, Vom Sangspruch zum Meisterlied, 2002 (MTU). – S. Ch. Brinkmann, Die deutschsprachige Pastourelle, 1985 (GAG). – H. Brunner, Die alten Meister, 1975 (MTU). – C. Edwards [u. a.] (Hrsg.), Lied im dt. MA, 1996. – S. Fritsch-Staar, Unglückliche Ehefrauen, 1995. – J. Haustein / R.-H. Steinmetz (Hrsg.), Studien zu Frauenlob u. Heinrich v. Mügeln, 2002. – G. Hübner (Hrsg.), Dt. Liebeslyrik im 15. und 16. Jh., 2005. – J. Janota, Studien zu Funktion u. Typus des dt. geistlichen Liedes im MA, 1968 (MTU). – J. Janota, Ich u. sie, du u. ich. Vom Minnelied zum Liebeslied, 2009. – K. Kellermann, Abschied v. ›histor. Volkslied‹, 2000 (Hermaea). – S. Kerth, *Der landsfrid ist zerbrochen.* Das Bild des Krieges in den polit. Ereignisdichtungen des 13. bis 16. Jh.s, 1997 (Imagines). – M. Kirnbauer, H. Schedel u. sein ›Liederbuch‹, 2001. – D. Klein u. a. (Hrsg.), Sangspruchdichtung, 2007. – G. Kornrumpf, Vom Codex Manesse zur Kolmarer Liederhs., Bd. 1, 2008 (MTU). – W. Marold / A. Robertshaw, Kommentar zu den Liedern Oswalds v. Wolkenstein, 1995. – Ch. Möller (Hrsg.), Kirchenlied u. Gesangbuch, 2000. – H.-D. Mück (Hrsg.), Gesammelte Vorträge der 600-Jahrfeier Oswalds v. Wolkenstein, 1978 (GAG). – U. Müller, Untersuchungen zur politischen Lyrik des dt. MAs, 1974 (GAG). – U. Müller (Hrsg.), Oswald v. Wolkenstein, 1980 (WdF). – J. Rettelbach, Variation – Derivation – Imitation. Untersuchungen zu den Tönen der Sangspruchdichter u. Meistersinger, 1993. – RSM: H. Brunner / B. Wachinger (Hrsg.), Repertorium der Sangsprüche u. Meisterlieder des 12. bis 18. Jh.s, 16 Bde., 1986–2009. – F. Schanze, Meisterliche Liedkunst zwischen Heinrich v. Mügeln u. H. Sachs, 2 Bde., 1983–1984 (MTU). – A. Schnyder, Das geistliche Tagelied, 2004. – A. Schwob, Oswald v. Wolkenstein, 1977 [u.ö.] – D. Sittig, *Vyl wonders machet minne*. Das dt. Liebeslied in der 1. Hälfte des 15. Jh.s., 1987 (GAG). – J. Spicker, Oswald v. Wolkenstein, 2007. – K. Stackmann, Der Spruchdichter Heinrich v. Mügeln, 1958. – K. Stackmann, Frauenlob, Heinrich v. Mügeln u. ihre Nachfolger, 2002. – M. Stolz, ›Tum‹-Studien. Zur dichterischen Gestaltung im Marienpreis Heinrichs v. Mügeln, 1996. – B. Wachinger, Sängerkrieg, 1973 (MTU). – B. Wachinger, Der Mönch v. Salzburg, 1989 (Hermaea). – M. Zywietz [u. a.] (Hrsg.), Gattungen u. Formen des europ. Liedes vom 14. bis zum 16. Jh., 2005.

2. Großepik

Vers- und Prosaromane

Die rund 150 Jahre dauernde schöpferische Tradition des höfischen Versromans war in der ersten Hälfte des 14. Jh.s abgebrochen. Über die Gründe kann man nur spekulieren. Viele der alten Romane wurden im übrigen bis in das 16. Jh. hinein weiterüberliefert und offensichtlich auch gelesen. Die nach einer zeitlichen Lücke von mehreren Jahrzehnten seit dem ausgehenden 14. Jh. erscheinende neue Romanliteratur zeigt sich zwar stofflich älteren Romanen vielfach verpflichtet, steht aber sonst nicht mehr in ihrer Tradition. Versromane wurden im 15. Jh. nurmehr selten verfaßt, die vorwiegende Darbietungsform war nunmehr die Prosa (vgl. Übersicht h). Mit den Prosaromanen des 14. und 15. Jh.s beginnt die »nun nicht wieder abreißende Allerweltstradition des neuzeitlichen Romans« (M. Wehrli). Die Gründe für die Wahl der Prosa sind bisher nicht recht geklärt, zumal sonst in der deutschen Dichtung bis über das 16. Jh. hinaus der Vers nach wie vor eine bedeutende Rolle spielte. Aufgegeben ist mit dem Vers jedenfalls die Anbindung an die große formale Tradition des höfischen Romans, an sein elaboriertes Arsenal von Darstellungsmitteln, auch an die darin in Gestalt von Zitaten und Namensnennungen übliche Berufung auf große Vorbilder wie Wolfram von Eschenbach oder Gottfried von Straßburg. Stilideal des Prosaromans ist in erster Linie Kürze, *brevitas*, es geht darin um Faktizität; als »Gattungsname« – ein eigentliches Traditionsbewußtsein bildet sich nicht aus – kommt der Begriff der Historie in Gebrauch, der vor allem auf der Historizität und »Wahrheit« der jeweils geschilderten Ereignisse beharrt. Besonders deutlich greifbar ist der neue Stil dort, wo Prosaromane die Stoffe älterer Versromane erneut aufbereiten. An die Stelle der für die höfischen Romane signifikanten kunstvollen Beschreibungen, Reden, Exkurse tritt häufig so etwas wie eine schlichte Inhaltsangabe. Mit der Wahl der Prosa scheint im übrigen auch die Konsequenz aus der Tatsache gezogen worden zu sein, daß, wohl schon im Lauf des 13. Jh.s, Romane immer weniger in Gesellschaft vorgetragen als vielmehr individuell gelesen wurden, so daß die traditionelle Versform zunehmend funktionslos geworden war – Folgen für die Form der Romane hatte diese Tatsache indes erst jetzt. Auch die neuen Prosaromane entstanden, ebenso wie die vergleichsweise wenigen Versromane, weiterhin vorwiegend an Adelshöfen, erst in zweiter Linie in Städten. Viele der Romane wurden seit der zweiten Hälfte des 15. Jh.s gedruckt. Dadurch erreichten sie nach und nach ein immer breiteres Publikum, zumal sie sich teilweise, mehr und mehr zur Trivialliteratur geworden, bis in das 19. Jh.

Übersicht h

Vers- und Prosaromane des späten 14. bis frühen 16. Jh.s

(Die Titel der Versromane sind kursiviert.)

Mitte 14. Jh. (?)	›Gerart van Rossiliun‹ (mittelniederdeutsche Fragmente).
2. Hälfte 14. Jh.	›*Die Königin vom Brennenden See*‹.
vor 1386	›Elsässisches Trojabuch‹ (›Buch von Troja I‹).
1390/92	Hans Mair: ›Buch von Troja‹ (nach Guido de Columnis).
vor 1397	›*Großer (Wernigeroder) Alexander*‹.
um 1400	Wichwolt (Babiloth): ›Alexander‹ (niederdeutscher Druck um 1478).
1400	Hans von Bühel: ›*Die Königstochter von Frankreich*‹ (Erstdruck 1500).
1. Hälfte 15. Jh.	›Leipziger Apollonius‹. Mehrere deutsche Bearbeitungen des Trojaromans des Guido de Columnis.
1432	Heinrich Gutevrunt: ›Trojaroman‹ (nach Guido de Columnis).
1430/40	Elisabeth von Nassau-Saarbrücken: ›Herpin‹ (Drucke seit 1514); ›Sibille‹; ›Loher und Maller‹ (Drucke seit 1514); ›Huge Scheppel‹ (Drucke seit 1500).
Mitte 15. Jh.	›Buch von Troja II‹. ›Herzog Ernst F‹ (Drucke seit 1477). ›Cleomades‹ (Fragment). Johannes Hartlieb: ›Alexander‹ (Drucke seit 1472).

1456	Thüring von Ringoltingen: ›Melusine‹ (Drucke seit 1474).
1450/60	*›Malagis‹*. *›Ogier von Dänemark‹*. *›Reinolt von Montalban‹ (›Die Heimonskinder‹)*.
um 1460	Eleonore von Österreich (?): ›Pontus und Sidonia A‹ (Drucke seit 1483). ›Pontus und Sidonia B‹.
1461	Heinrich Steinhöwel: ›Apollonius‹ (Drucke seit 1471).
um 1467	Ulrich Fuetrer: ›Lanzelot‹.
um 1470	›Magelone‹ (erste deutsche Bearbeitung).
1473/87	Ulrich Fuetrer: *›Buch der Abenteuer‹* (Strophen).
1474, 1479, 1482 (Erstdrucke)	Drei oberdeutsche Druckfassungen des Trojabuchs.
1475 (Datierung der Hs.)	›Zürcher Buch vom heiligen Karl‹, ›Zürcher Buch vom heiligen Wilhelm‹, ›Zürcher Buch vom heiligen Georg‹.
1480	Johann von Soest: *›Die Kinder von Limburg‹*.
1481 (Erstdruck)	›Wilhelm von Österreich‹ (nach Johann von Würzburg).
1484 (Erstdruck)	›Tristrant und Isalde‹ (nach Eilhart von Oberg).
1484/90	Ulrich Fuetrer: *›Lanzelot‹* (Strophen).
1488 (Erstdruck)	›Paris und Vienne‹ (mittelniederdeutsch).
1493 (Erstdruck)	›Wigoleis vom Rade‹ (nach Wirnt von Gravenberc).
1499 (Erstdruck)	›Florio und Bianceffora‹.
1509 (Erstdruck)	›Fortunatus‹.

auf dem Buchmarkt halten konnten. Für die Forschungsgeschichte als wenig sinnvoll erwies sich der von Joseph Görres 1807 in Analogie zum Volkslied aufgebrachte Begriff des Volksbuchs, unter dem außer Romanen auch Erzählsammlungen, Kalender, Kräuterbücher und dergleichen gedruckte Literatur subsumiert wurden. Er suggerierte eine populäre Tradition seit dem Spätmittelalter. In Wahrheit sanken die Romane, ursprünglich Literatur der Oberschicht, erst im Lauf ihrer Verbreitungsgeschichte in die Popularität ab.

Autoren

Viele Romane sind ohne Autornamen tradiert. Nicht weiter zuordnen kann man nur zwei der überlieferten Autornamen: **Wichwolt** (auch: Meister Babiloth), den Verfasser eines erfolgreichen Alexanderromans, und **Heinrich Gutevrunt**, geboren in Braunschweig, den Autor eines Trojaromans. An der Spitze der namentlich bekannten Romanautoren stehen zwei hochadlige Damen: **Elisabeth von Nassau-Saarbrücken** (um 1393–1456), geboren als Tochter des Herzogs von Lothringen, seit 1412 Gemahlin Graf Philipps I. von Nassau-Saarbrücken, die in der Zeit ihrer Witwenschaft (nach 1429) vier Prosaromane nach französischen Vorlagen verfaßte; ferner **Eleonore von Österreich** (um 1433–80), Tochter König Jakobs I. Stuart von Schottland, seit 1448 verheiratet mit Herzog Siegmund von Tirol, deren Autorschaft an ›Pontus und Sidonia A‹ freilich neuerdings bezweifelt wurde. Im Dienst des Erzbischofs von Köln stand **Hans von Bühel** (gest. 1428/44), vermutlich aus einer adligen Familie im südlichen Baden; er verfaßte den Versroman ›Die Königstochter von Frankreich‹, außerdem, ebenfalls in Versen, eine Fassung der Erzählsammlung von den ›Sieben weisen Meistern‹, den ›Dyocletianus‹ (1412; vgl. dazu S. 347 f.). Am Münchener Hof der Wittelsbacher wirkten **Johannes Hartlieb** (vor 1410–68),

Abb. 17 Johann von Soest überreicht Kurfürst Philipp dem Aufrichtigen die ›Kinder von Limburg‹. Heidelberg, UB, Cpg 87 (1480)

der Leibarzt Herzog Albrechts III., der neben zahlreichen weiteren Übersetzungen unterhaltsamer und belehrender Werke einen erfolgreichen Alexanderroman vorlegte, sowie der auch als Maler tätige **Ulrich Fuetrer** (gest. 1496), der neben einer ›Bayerischen Chronik‹ (in Prosa) für Herzog Albrecht IV. das strophische Romankompendium ›Buch der Abenteuer‹ sowie eine Prosafassung und eine strophische Fassung des ›Lancelot‹-Romans schrieb. Etwa gleichzeitig lebte am Heidelberger Hof der pfälzischen Wittelsbacher der Musiker **Johann von Soest** (1448–1506). Er überreichte 1480 Kurfürst Philipp dem Aufrichtigen seine deutsche Versfassung des aus dem Niederländischen stammenden Romans ›Die Kinder von Limburg‹ (vgl. Abb. 17); später verfaßte er, auch noch nachdem er die Laufbahn eines Arztes eingeschlagen hatte, weitere Werke in Vers und Prosa, allerdings keine Romane mehr.

Städtische Autoren sind seltener. **Hans Mair**, Autor eines Trojaromans, war Ratsherr in der Freien Reichsstadt Nördlingen (vermutlich handelt es sich um die jüngere zweier in Frage kommender Personen, Onkel und Neffe, um 1340 bis 1407). Ein bedeutender Berner Stadtadliger, mehrfach Schultheiß, war **Thüring von Ringoltingen** (um 1415 bis 1483?), der Verfasser der ›Melusine‹. Zu den deutschen Frühhumanisten (vgl. S. 372) gezählt wird **Heinrich Steinhöwel** (1411/12–79), nach Studium in Wien, Padua und Heidelberg seit 1450 Stadtarzt in Ulm, tätig auch an südwestdeutschen Fürstenhöfen; erstes in einer Reihe zahlreicher weiterer Werke war sein ›Apollonius‹-Roman.

Die Romane und ihre Vorlagen

Antike Stoffe. Nach wie vor großer Beliebtheit erfreuten sich die seit dem 12. Jh. in der volkssprachlichen Literatur verbreiteten antiken Erzählstoffe. An erster Stelle stand dabei die Erzählung vom Untergang Trojas; vgl. Übersicht e (S. 151 f.). Bereits vor 1386 verfaßte ein Unbekannter, wahrscheinlich in Straßburg, das ›Elsässische Trojabuch‹ (›Buch von Troja I‹), eine gedrängte Prosabearbeitung von Konrads von Würzburg ›Trojanerkrieg‹ (vgl. S. 266), ergänzt vor allem durch übersetzte Teile des lateinischen Prosaromans ›Historia destructionis Troiae‹ (1287) des **Guido de Columnis**; der Roman erfreute sich bis zum Ende des 15. Jh.s vor allem im alemannischen und schwäbischen Raum großer Beliebtheit. Erneut in deutsche Prosa umgesetzt und durch Guido ergänzt wurde Konrads von Würzburg Roman um die Mitte des 15. Jh.s in dem vorwiegend im bayerisch-österreichischen Bereich verbreiteten ›Buch von Troja II‹. Guidos Trojaroman wurde auch im Ganzen auf deutsch bearbeitet. Am erfolgreichsten war die in Ostschwaben und Nürnberg vielüberlieferte Fassung **Hans Mairs** (1390/92); die Fassungen Gutevrunts (1432) und fünf weitere, meist mitteldeutsche Bearbeitungen waren hingegen wohl nur wenig bekannt. Ein niederdeutscher Druck (zuerst um 1478) basiert auf einer der Guido-Bearbeitungen; dagegen wurden die drei oberdeutschen Druckfassungen, deren Auflagen zwischen 1474 und 1510 nachgewiesen sind, aus dem ›Elsässischen Trojabuch‹ und dem Werk Mairs kompiliert. Ulrich Fuetrer verfaßte einen strophischen ›Trojanerkrieg‹ (1487), Bestandteil des ›Buchs der Abenteuer‹, auf der Grundlage Konrads von Würzburg und anderer Quellen.

Kaum weniger beliebt war der Alexanderstoff; vgl. Übersicht d (S. 144 f.). Der nur in einer Hs. von 1397 überlieferte, in Versen abgefaßte ›Große (Wernigeroder) Alexander‹, eine deutsche Bearbeitung der ›Historia Alexandri‹ (1236/38) des **Quilichinus von Spoleto**, könnte auch schon in der ersten Hälfte des 14. Jh.s gedichtet worden sein. Verbreitet war der Alexanderstoff in der ersten Hälfte des 15. Jh.s vor allem durch den Prosaroman Wichwolts (um 1400), seit der zweiten Jahrhunderthälfte durch den in vielen Hss. und Druckauflagen tradierten Text Johannes Hartliebs (um 1450). Beide Autoren stützten sich auf lateinische Prosavorlagen.

Anschließen kann man hier den ›Apollonius‹ (1461) **Heinrich Steinhöwels.** Er griff einen antiken Liebes- und Abenteuerroman auf, den zu Beginn des 14. Jh.s schon der Wiener Arzt Heinrich von Neustadt in Versen bearbeitet hatte (vgl. S. 267). Steinhöwel benutzte freilich die ›Historia Apollonii regis Tyri‹ (5. Jh. n. Chr.) nicht direkt, vielmehr verwendet er mittellateinische Vorlagen. Während sein Werk durch Hss. und vor allem Drucke weit und lange verbreitet war, blieb eine etwas ältere deutsche Prosabearbeitung, der ›Leipziger Apollonius‹ (1. Hälfte 15. Jh.), der unmittelbar auf einer antiken lateinischen Fassung des Romans fußt, ohne jede Wirkung.

Deutsche Vorlagen. Vorlagen weiterer Romane des späten 14. und des 15. Jh.s waren ältere deutsche Romane. Sofern ältere Versromane in Prosa umgearbeitet wurden, spricht man von »Prosaauflösungen«. Die Bearbeitungen des ›Trojanerkriegs‹ Konrads von Würzburg wurden oben bereits genannt. Nur mittelbar auf einem deutschen Text basiert der in einer Druckfassung weitverbreitete ›Herzog Ernst F‹ (Mitte 15. Jh.), die deutsche Wiedergabe einer lateinischen Prosabearbeitung des ›Herzog Ernst‹-Epos, des ›Herzog Ernst C‹ (13. Jh.); vgl. Übersicht c (S. 141). Ohne größere Wirkung blieben die Prosaauflösungen älterer Versromane in einer Zürcher Hs. von 1475. Dem ›Buch vom heiligen Karl‹ liegen Konrad Flecks ›Flore und Blanscheflur‹ (vgl. S. 154), Strickers ›Karl‹ (vgl. S. 136) und lateinische Quellen zugrunde; das ›Buch vom heiligen Wilhelm‹ beruht auf der ›Willehalm‹-Trilogie Ulrichs von dem Türlin, Wolframs von Eschenbach und Ulrichs von Türheim (vgl. S. 216); das ›Buch vom heiligen Georg‹ schließlich stellt eine Prosaauflösung von Reinbots von Durne ›Georgslegende‹ (vgl. S. 268) dar. Gedruckt wurden hingegen die Prosaauflösungen des ›Wilhelm von Österreich‹ (nach Johann von

Würzburg, vgl. S. 266; zuerst 1481), von ›Tristrant und Isalde‹ (nach Eilhart von Oberg, vgl. S. 154 ff.; zuerst 1484, vgl. Abb. 18) und des ›Wigalois vom Rade‹ (nach Wirnt von Gravenberc, vgl. S. 263; zuerst 1483).

Ganz für sich steht das epische Werk des Münchener Hofdichters **Ulrich Fuetrer**. Fuetrers literarischer Mentor war vermutlich **Jakob Püterich von Reichertshausen** (1400–69), dessen Familie aufgrund ihres Reichtums in den Adel aufgestiegen war, ein leidenschaftlicher Sammler alter Ritterromane, über dessen Interessen die Nachwelt durch den in Titurelstrophen (vgl. S. 214 f.) abgefaßten, 1462 an Erzherzogin Mechthild von Rottenburg gerichteten ›Ehrenbrief‹ unterrichtet ist. Fuetrer stellte eine gekürzte Fassung des ›Prosa-Lancelot‹ (vgl. S. 264) her (um 1467); später (1484/1490) dichtete er den Roman in etwa 5700 Titurelstrophen um. Sein Hauptwerk ist das in 5644 Titurelstrophen abgefaßte ›Buch der Abenteuer‹ (1473/87), ein Kompendium, in dem insgesamt 13 alte Versromane, vorwiegend Artusromane, in gekürzter Form zusammengefaßt sind, darunter Albrechts ›Jüngerer Titurel‹, Wolframs von Eschenbach ›Parzival‹, Hartmanns von Aue ›Iwein‹, aber auch mehrere aus anderen Quellen nicht bekannte Dichtungen. Fuetrer montierte die unterschiedlichen Texte zu einem inhaltlich und stilistisch einheitlichen Werk zusammen; der Auftraggeber, Herzog Albrecht IV. von Bayern-München, wird darin nach Möglichkeit mit den wichtigsten Romanhelden identifiziert. Die Kenntnis des Werks beschränkte sich auf die Höfe zu München, Innsbruck und (vielleicht) Wien.

Französische, niederländische, italienische Vorlagen. Die bisher genannten Texte behandeln durchweg Stoffe, die für die deutsche Literaturgeschichte nicht neu waren. Anders ist dies bei einer dritten Gruppe von Romanen. Durch sie wurden zahlreiche bisher unbekannte, fast durchweg unmittelbar oder doch mittelbar auf die französische Literatur zurückgehende Stoffe eingebracht. Es kam im 15. Jh. also

sey· also mag jch reden von disen zweien
lyeben menschen· Do nun die lieb vō d
krafft des getranckes nach den vergan=
gen vier jaren auff hōret·was der natür
lich flammen der liebe so hoch vnd weit
inprünstigklichen in in beyden enzündt
mit söllicher grosser krafft das in vnmü
genlichen was das zů erleschen·vñ müß
ten also jr lebtag prinnen in dē flāmen d
starcken vnd vnsäglichen grossen liebe·

¶ Do der künig nun sein tocht' herr Tri
stranten v'mähelt vñ beuolhē het ward
vrlaub ze fa n genōmen vnd geben von

Abb. 18 Eine Seite aus dem ältesten Druck des Prosaromans ›Tristrant und Isalde‹, Augsburg 1484: Der Liebestrank

erneut, wie schon im 12. Jh. und zu Beginn des 13. Jh.s, zu einer relativ breiten Rezeption französischer Erzählliteratur. In erster Linie wurde dabei nun auf Chansons de geste zurückgegriffen, einen Typ von Großepik, der im 12. und 13. Jh. von deutschen Autoren eher mit Zurückhaltung aufgenommen worden war (vgl. S. 130 ff., 216 ff. und 265 f.).

Eine Art Vorläufer späterer Prosaromane ist das mittelniederdeutsche Fragment ›Gerart van Rossiliun‹, vielleicht aus der Mitte des 14. Jh.s, eine Prosabearbeitung der Empörergeste ›Girart de Roussillon‹ (12. Jh.); mittelniederdeutsche weltliche Erzähltexte sind aus dieser Zeit sonst nicht erhalten. Nicht weniger als vier Chansons de geste bearbeitete **Elisabeth von Nassau-Saarbrücken** (um 1430/40). Die Geschichte einer unschuldig verstoßenen Königin (vgl. S. 268) erzählt sie nach einer nur fragmentarisch erhaltenen Chanson in der ›Sibille‹: Aufgrund einer Verleumdung verstößt Karl der Große seine Gemahlin, die Tochter des Kaisers von Konstantinopel. In der Verbannung erzieht sie den Sohn Ludwig; nach vielen Leiden und Abenteuern werden die Gatten schließlich wieder vereinigt. Eine in der Grundstruktur ähnliche, in den Details abweichende Geschichte hatte bereits der Roman ›Mai und Beaflor‹ (1270/80) geboten, ferner **Hans von Bühel** in seinem Versroman ›Die Königstochter aus Frankreich‹ (um 1400) – dieser ist im Schlußteil freilich ausgeweitet zu einer Art politischer Propagandadichtung, die im Hundertjährigen Krieg Stellung für den mit dem Kölner Erzbischof verbündeten englischen König bezieht. Als einziger der Romane Elisabeths blieb die ›Sibille‹ ungedruckt. Im ›Herpin‹ bearbeitete die Gräfin die Chanson de geste ›Lion de Bourges‹ (14. Jh.), der das Schema der Eustachiuslegende zugrunde liegt (vgl. S. 267). Der von Karls Hof verbannte Herzog Herpin, seine Gemahlin und ihr Sohn Löw werden getrennt und schließlich rehabilitiert und wieder vereinigt; einbezogen ist hier auch die dritte Generation. Von der Vorlage zum ›Loher und Maller‹ haben sich lediglich Fragmente einer mittelniederländischen Fassung erhalten. Held ist Karls und Sibilles zweiter Sohn Loher (gemeint ist Kaiser Lothar I., Sohn Ludwigs des Frommen). Er wird von Karl verbannt, steigt jedoch zum Kaiser von Konstantinopel und von Rom auf. Als er nach vielen Kämpfen und Ereignissen seinen treuen Helfer Maller versehentlich tötet, wird er Einsiedler. Am erfolgreichsten war Elisabeths vierter Roman ›Huge Scheppel‹, in der gekürzten und bearbeiteten Druckfassung betitelt ›Hug Schapler‹. Ihm liegt die Chanson ›Hugues Capet‹ (14. Jh.) zugrunde, in der der rücksichtslose Aufstieg Hugo Capets, des Begründers der Dynastie der Kapetinger, zum König von Frankreich mit Freude an Mord und Totschlag behandelt wird.

Mehrere Romane verwenden das verbreitete Erzählschema von der Trennung Liebender und ihrer nach vielen Abenteuern erreichten Wiedervereinigung (vgl. S. 266 f.). Hierher gehört der wohl Mitte des 15. Jh.s in der Schweiz nach einer französischen Quelle entstandene, nur fragmentarisch erhaltene Prosaroman ›Cleomades‹. Letztlich auf eine Chanson de geste, die aber durch eine französische Prosa des 14. Jh.s vermittelt wurde, zurück gehen die beiden deutschen Fassungen des Romans ›Pontus und Sidonia‹. Fassung A, von **Eleonore von Österreich** (?) bearbeitet, wurde durch den Druck verbreitet, die rhetorisch anspruchsvollere Fassung B eines Unbekannten blieb ungedruckt (beide Fassungen entstanden um 1460). Weiter gehört hierher die gleichfalls auf eine französische Quelle zurückgehende ›Magelone‹. Eine wohl um 1470 in Nürnberg entstandene erste deutsche Fassung blieb freilich ohne Wirkung, verbreitet wurde der Stoff erst durch die 1527 entstandene Bearbeitung des am kursächsischen Hof wirkenden Veit Warbeck, vgl. S. 442 ff. Schließlich ist noch der mittelniederdeutsche Roman ›Paris und Vienne‹ (1488) zu erwähnen. Unmittelbare Quelle war ein niederländischer Roman, der indes auf einer französischen Vorlage fußt.

Zu den erfolgreichsten gedruckten Prosaromanen gehört

die ›Melusine‹ (1456) **Thürings von Ringoltingen**. Erzählt wird von der ehelichen Verbindung des Grafen Reymond mit einer schönen Außerirdischen, der Fee Melusine, und ihren Nachkommen. Die Verletzung des ihm auferlegten Tabus – es ist dem Grafen verboten, am Samstag dem Tun seiner Frau nachzuforschen – führt letztlich zur Aufhebung der glücklichen, mit zahlreichen Nachkommen gesegneten Ehe (Schema der »gestörten Mahrtenehe«). Quelle war ein französischer Versroman von **Couldrette** (um 1400). Relevant für die Zeitgenossen war der Umstand, daß es sich um die genealogische Haussage eines bedeutenden Adelsgeschlechts, der Lusignan, handelte (zu anderen genealogischen Romanen vgl. S. 266). Anschließen kann man hier den kurzen, schon im 14. Jh. entstandenen Versroman ›Die Königin vom Brennenden See‹, in dem das gleiche Erzählschema aufgegriffen ist.

Der genealogischen Verherrlichung des (1283 erloschenen) Hauses Limburg in einem ausgedehnten, geradezu enzyklopädischen Tableau von Liebe, Abenteuer und Krieg diente der mittelniederländische Versroman ›Heinric en Margriete van Limborch‹ (um 1300) eines gewissen **Heinriic** (Hein van Aken?). ›Die Kinder von Limburg‹ wurden von **Johann von Soest** 1480 am traditionell literarisch interessierten Heidelberger Hof der pfälzischen Wittelsbacher in deutschen Versen bearbeitet. Etwas früher waren für den gleichen Hof ein wenig ungefüge gereimte deutsche Übertragungen über (durchweg nur fragmentarisch erhaltene) niederländische Vorlagen vermittelter französischer Empörergesten hergestellt worden: ›Malagis‹, ›Ogier von Dänemark‹, ›Reinolt von Montalban‹ (um 1450/60). Wie die etwa gleichzeitigen Dichtungen Fuetrers für den Münchener Hof drangen auch die genannten vier Versromane nicht über kleine adlige Kreise hinaus.

Auf eine italienische Vorlage, nämlich Giovanni Boccaccios Erstlingswerk ›Il Filocolo‹ (1336/38), zurück geht der 1499 erstmals gedruckte Roman ›Florio und Bianceffora‹.

Es handelt sich um eine Neufassung des seit dem 12. Jh. überlieferten, zuvor bereits zweimal auf deutsch bearbeiteten französischen Versromans ›Floire et Blancheflor‹ (vgl. S. 153 f.).

›Fortunatus‹. Als bedeutendster früher Prosaroman und zugleich als erster deutscher »Originalroman‹, der nicht auf einer vorgegebenen Quelle basiert, gilt der 1509 in Augsburg erstmals erschienene ›Fortunatus‹ (etwa 40 Nachdrucke bis zum Ende des 18. Jh.s, Übersetzungen in 13 Sprachen). Der Autor ist unbekannt – zuletzt wurde der vielseitig schriftstellerisch tätige Nürnberger Franziskaner Stephan Fridolin (um 1430–98) vorgeschlagen –, Entstehung im späten 15. Jh. und Nürnberg oder Augsburg als Entstehungsort sind am wahrscheinlichsten.

Inhalt: Theodorus, der Vater des Fortunatus, ein Patrizier in Famagusta auf Zypern, verschwendet am Königshof seinen Reichtum. Mit achtzehn Jahren ist Fortunatus genötigt, sich einen Dienst zu suchen. Haß und Neid der übrigen Diener vertreiben ihn aus seinem ersten Dienstverhältnis, schlechte Gesellschaft bringt ihn in London um seine Ersparnisse; als die Familie seines nächsten Dienstherrn durch einen Verbrecher ins Unglück gestürzt wird, entgeht er nur mit knapper Not dem Galgen. In einem wilden Wald in der Bretagne begegnet ihm die *iunckfraw des glücks.* Aus ihren Gaben Weisheit, Reichtum, Stärke, Gesundheit, Schönheit und langes Leben wählt er den Reichtum; er erhält ein unerschöpfliches Geldsäckel. Rasch lernt er, mit dem neuen Reichtum vernünftig und vorsichtig umzugehen. Mit einem erfahrenen Edelmann unternimmt er eine Art Weltreise. Schließlich läßt er sich in seiner Heimatstadt nieder, erwirbt feudalen Besitz und heiratet die Tochter eines verarmten Grafen. Auf einer Reise in die Heidenschaft bringt er das Wunschhütlein des Sultans an sich, mit dem man sich an jeden Ort wünschen kann. Nach seinem Tod bleibt der ältere Sohn Ampedo in Famagusta, der jüngere, Andolosia, zieht mit dem Säckel in die Welt und besteht viele Abenteuer. Schließlich führt sein prunkvolles Auftreten dazu, daß zwei Grafen ihn gefangennehmen und ihm das Säckel rauben. Ampedo zerstört das Hütlein und stirbt vor Gram über das Verschwinden des Bruders. Andolosia wird in der Gefangenschaft ermordet, das Säckel verliert daraufhin seine Kraft. Am Ende werden die beiden Grafen auf dem Rad hingerichtet.

Im Mittelpunkt des Romans, den man als »Familienhistorie und reiseliterarisches Werk« (A. Mühlherr) zugleich bezeichnen kann, stehen die Wirkungen und die Macht des Geldes – eine Thematik, die in früheren Romanen so gut wie nie eine Rolle gespielt hatte. Reichtum ermöglicht beinahe alles, sein Gebrauch erfordert allerdings höchste Klugheit und äußerste Vorsicht, er ist zugleich extrem gefährdet. Gleichwohl scheint das traditionalistische Fazit, das der unbekannte Autor am Schluß zieht, angesichts der Romanhandlung ein wenig zu kurz zu greifen:

> BEy diser hystoria ist tzu vermercken / hette der iung Fortunatus im walde betrachtlichen [d.h. wohlbedacht] Weißheit / für den seckel der reichtumb / von der junckfrawen des gelücks erwölt vnnd begert / sy wåre ym auch mitt hauffen gegeben worden / den selben schatz ym nyemandt hett mügen enpfieren [d. h. entführen können]. durch welliche weißhait vnnd vernunfft / er auch tzeitlich gůt / eerliche narung vnd grosse hab / het můgen erlangen.

Wie in keinem literarischen Werk zuvor spielt im ›Fortunatus‹ die Unbeständigkeit der Fortuna, der Zufall, eine beherrschende Rolle. Dies zeigt sich besonders deutlich an der Verwendung traditioneller Erzählmotive, die anders gewendet werden und meist zu einem anderen Ende kommen als in der Tradition vorgegeben. Die »Guten« werden keineswegs immer belohnt, die »Schlechten« häufig nicht bestraft. Nicht einmal der Schlaue und Listige vermag sich stets durchzusetzen, wie man vor allem am schmählichen Ende Andolosias erkennen kann. Angesichts der Sinnlosigkeit und Zufälligkeit des Lebens erweist sich alles Tun als unsicher. Sinnstiftung gelingt allenfalls partiell und muß nicht dauern; religiöse Sinnhaftigkeit bleibt, wie an der Person eines Einsiedlers angedeutet wird, eine Randerscheinung. Die Welt kann im Ganzen nicht mehr als sinnerfüllt dargestellt werden.

Heinrich Wittenwiler

Noch negativer, als Tollhaus, gesehen wird das irdische Dasein in einem epischen Text, der bereits rund hundert Jahre vor dem ›Fortunatus‹, gegen 1410, verfaßt wurde, im ›Ring‹ Heinrich Wittenwilers. Es handelt sich nicht um einen Roman, sondern um ein komisch-didaktisches Großepos, das keiner der üblichen Gattungen zuzurechnen ist. Sein Autor, über den wenig bekannt ist, ist Ende des 14. Jh.s als adliger Advokat und Hofmeister am Hof des Bischofs von Konstanz belegt. Er lebte in einer Zeit, die im Bodenseeraum von innerstädtischen Auseinandersetzungen zwischen Patriziat und Zünften und von Kriegen zwischen den Herzögen von Österreich und ihren adligen Verbündeten einerseits, den Eidgenossen andererseits erfüllt war. Der in Reimpaarversen abgefaßte ›Ring‹ ist zunächst eine Art Lehrbuch vieler das menschliche Leben betreffender nützlicher und sinnvoller Kenntnisse und Verhaltensweisen. Man erfährt etwa, wie man ein Turnier ausrichtet, wird über Taufe und Bußsakrament belehrt, erhält eine ausführliche Minnelehre samt Mustern rhetorisch gestalteter Liebesbriefe, erfährt alles über die positiven wie negativen Aspekte der Ehe, liest den Wortlaut katechetischer Texte, einen Schülerspiegel, ein Laiendoktrinal, eine Gesundheits-, eine Tugend- und eine Haushaltslehre, ferner liefert der Autor ausführliche Anweisungen zur Kriegsführung usw. Insoweit ist ›Der Ring‹ zur didaktischen Literatur zu rechnen. Da jedoch, wie der Autor im Prolog ausführt, die bloße Belehrung in der Regel als langweilig empfunden wird, bindet er die Lehren in eine mit viel Sprachwitz gestaltete komisch-satirische Handlung ein, deren Protagonisten äußerst lachhaft-dumme Bauern sind. Als Quelle für diese Handlung diente der im 14. Jh. entstandene, in zwei unterschiedlichen Textzeugen (›Meier Betz‹, ›Metzen hochzit‹) überlieferte Bauernhochzeitsschwank, in dem Brautwerbung, Trauung, Hochzeitsessen, Hochzeitsnacht, Kirchgang, Tanz und Schlägerei unter Bauern in harmlos-unterhaltsamer Weise dargestellt werden. Durch die Vermischung beider Bereiche, der auf deutschen und lateinischen Quellen basierenden Didaxe und der ebenfalls von souveräner Literaturkenntnis zeugenden komischen Handlung, entstand ein komplex strukturiertes Werk, dessen beide »Themen« Wittenwiler durch einen roten Randstrich für die Belehrungen, einen grünen für die Bauernhandlung auf manchmal verwirrende Weise auseinanderzuhalten suchte.

Inhalt: Die drei Teile bieten die verschiedenen Stadien der Geschichte des Bauernburschen Bertschi Triefnas. Im 1. Teil wirbt Bertschi mit viel Aufwand und Getöse, unter anderem durch ein Turnier, um die Gunst der unsäglich häßlichen Bauerndirne Mätzli Rüerenzumph; im 2. wird – nachdem der Bräutigam über alle möglichen Angelegenheiten ausführlich belehrt worden ist – Hochzeit gefeiert, wobei ein höchst unappetitlich dargestelltes Hochzeitsmahl in ein wildes Tanzvergnügen übergeht; im 3. Teil artet der Tanz zunächst in eine Prügelei, diese schließlich in einen Weltkrieg aus, in dem die feindlichen Dörfer Nissingen und Lappenhausen, der Heimatort Bertschis, von allen möglichen weiteren Mächten – Hexen, Riesen, Zwergen, Gestalten der deutschen Heldensage, Schweizern und Heiden – unterstützt werden. Am Ende stehen der durch Verrat herbeigeführte völlige Untergang Lappenhausens und eine für die Sieger, die Nissinger, blamable und höchst verlustreiche Belagerung Bertschis, des einzigen überlebenden Lappenhausers, auf einem Heuschober. Schließlich zieht Bertschi sich als Einsiedler in den Schwarzwald zurück – eine Tat, deren Vorbildlichkeit durch den Autor offenbar angezweifelt wird.

Der vom Autor stammende Titel ›Der Ring‹ hebt die Kostbarkeit des Werkes hervor, zugleich steht er als Metapher für *der welte lauff* (V. 11; vgl. lat. *orbis*): das Buch stellt den Weltlauf vor den Leser hin. ›Der Ring‹ enthält alle möglichen normalen und außerordentlichen Ereignisse des Menschenlebens. Doch was für eine Welt wird da gezeigt? Alles zusammen genommen kann man sie, trotz ihrer anziehenden Buntheit und der überschäumenden Vitalität der Protagonisten und trotz aller weisen Lehren, nur als vorwiegend negativ bezeichnen. In der Bauernhandlung gibt es letztlich keine wirklich positive Figur und keine wesentliche positive Tat. Wittenwiler hat die Verachtung, mit der er selbst der erzählten bäuerlichen Welt gegenüberstand und die seine Leser teilen sollten, von Anfang an thematisiert, nicht zuletzt dadurch, daß die Handlungen der Bauern in aller Regel in krasser Weise von der durch die Belehrungen sichtbar gemachten Richtschnur abweichen. Aber auch die zahlreichen Lehren rücken ins Zwielicht. Die Notwendigkeit der meisten von ihnen ergibt sich aus einem Weltzustand, der durch ein Übermaß an menschlicher Unvollkommenheit, Unordnung, Verstörtheit, Aggressivität, körperlicher und geistiger Hinfälligkeit, Gefährdung, Ungesichertheit und Bedrohtheit zu charakterisieren ist. Sie widerspiegeln einen Weltlauf und Verhältnisse, deren Bedenklichkeit sich allein schon aus ihrer Existenz ergibt.

Vergleichbar mit der Weltsicht des ›Ring‹ – der nur in einer Hs. überliefert ist, im 15. Jh. unbekannt blieb und erst Mitte des 19. Jh.s wiederentdeckt wurde – sind in der deutschen Literatur des Mittelalters allenfalls die Weltdarstellungen im ›Nibelungenlied‹ (vgl. S. 197 ff.) und im ›Reinhart Fuchs‹ (vgl. S. 204 ff.). Mit der negativen Sicht der Welt in diesen außerordentlichen Werken ist sicher nicht die »ganze« Wahrheit über den Menschen und das menschliche

Tun sichtbar gemacht – aber es ist doch eine Sicht der *conditio humana*, die den Leser auch heute noch in Bann zu schlagen vermag und aus der er sich nur mit einiger Mühe wieder befreien kann.

Literaturhinweise

Ausgaben: A. Bachmann / S. Singer (Hrsg.), Dt. Volksbücher aus einer Zürcher Hs. des 15. Jh.s, 1889 (StLV); ›Hl. Wilhelm‹: U. Deifuß, 2005. – J.-D. Müller (Hrsg.), Romane des 15. und 16. Jh.s, 1990 (Bibliothek der Frühen Neuzeit) [Thüring v. Ringoltingen, ›Melusine‹; Elisabeth v. Nassau-Saarbrücken, ›Hug Schapler‹; ›Fortunatus‹ u. a.]. – ›Elsäss. Trojabuch‹: Ch. Witzel, 1995 (WILMA). – H. Mair: H.-J. Dreckmann, 1970. – Hans v. Bühel, ›Königstochter‹: J. F. L. Th. Merzdorf, 1867. – Elisabeth v. Nassau-Saarbrücken, ›Sibille‹: H. Tiemann, 1977; ›Huge Scheppel‹: Urtel, 1905 [brauchbare wissenschaftl. Ausgaben des ›Herpin‹ u. des ›Loher‹ fehlen!]. – J. Hartlieb, ›Alexander‹: R. Pawis, 1991 (MTU). – U. Fuetrer, ›Lanzelot‹: Prosafassung: A. Peter, 1885 (StLV); stroph. Fassung: K.-E. Lenk, 1989 (Teilabdr.; ATB); R. Voss, 1996 (restliche Str.); ›Buch der Abenteuer‹: H. Thoelen, 2 Bde., 1997 (GAG). – ›Reinolt v. Montalban‹: F. Pfaff, 1885. – ›Ogier‹: H. Weddige, 2002 (DTM). – ›Malagis‹: A. Haase [u.a.], 2000 (DTM). – Johann v. Soest, ›Kinder v. Limburg‹: M. Klett, 1975. – ›Tristrant u. Isalde‹: A. Brandstetter, 1966 (ATB, Ergänzungsreihe). – ›Fortunatus‹: H.-G. Roloff, 1981 [u. ö.] (RUB). – H. Wittenwiler: H. Brunner, 1991 [u. ö.] (zweisprachig; RUB).

Forschungsliteratur: H.-J. Bachorski, Irrsinn u. Kolportage, 2006. – M. Backes, Das literar. Leben am kurpfälzischen Hof zu Heidelberg im 15. Jh., 1992 (Hermaea). – M. Backes, Fremde Historien. Unters. zur Überlieferungs- u. Rezeptionsgesch. frz. Erzählstoffe im dt. SpätMA, 2004. – U. v. Bloh, Ausgerenkte Ordnung. Vier Prosaepen aus dem Umkreis d. Gräfin Elisabeth v. Nassau-Saarbrücken, 2002 (MTU). – A. Brandstetter, Prosaauflösung, 1971. – H. Brunner (Hrsg.), Die dt. Trojalit. des MAs u. der Frühen Neuzeit, 1990 (WILMA). – H. Brunner (Hrsg.), H. Wittenwiler in Konstanz u. ›Der Ring‹, in: JOWG 8 (1994/95). – T. Ehlert, Deutschsprachige Alexanderdichtung des MAs, 1989. – X. v. Ertzdorff, Romane u. Novellen des 15. u. 16. Jh.s in Deutschland, 1989. – F. Fürbeth, Johannes Hartlieb, 1992 (Hermaea). – B. Gotzkowsky, »Volksbücher«. Prosaromane, Renaissancenovellen, Versdichtungen u. Schwankbücher. Bibliographie der dt. Drucke, 2 Bde., 1991-94. – R. Hahn, *Von frantzosischer zungen in teütsch*. Das literar. Leben am Innsbrucker Hof des späten 15. Jh.s, 1990. – W. Haubrichs / H. W. Herrmann (Hrsg.), Zwischen Deutschland u. Frankreich. Elisabeth v. Lothringen, Gräfin v. Nassau-Saarbrücken, 2002. – W. Haug / B. Wachinger (Hrsg.), Positionen des Romans im späten MA, 1991 (Fortuna vitrea). – W. Haug / B. Wachinger (Hrsg.), Fortuna, 1995 (Fortuna vitrea). – J. Heinzle [u.a.] (Hrsg.), Chansons de geste in Deutschland, in: Wolfram-Studien 11 (1989). – H. Kästner, Fortunatus – Peregrinator mundi, 1990. – H.-J. Koppitz, Studien zur Tradierung der weltl. mhd. Epik im 15. u. beginnenden 16. Jh., 1980. – E. C. Lutz, Spiritualis fornicatio. H. Wittenwiler, seine Welt u. sein ›Ring‹, 1990. – R. Meisch, Troja u. die Reichsstadt Nördlingen, 1994 (WILMA). – V. Mertens, Der dt. Artusroman, 1998 (RUB). – A. Mühlherr, ›Melusine‹ u. ›Fortunatus‹, 1993 (Fortuna vitrea). – J.-D. Müller, Volksbuch/Prosaroman im 15./16. Jh. – Perspektiven der Forschung, in: Internat. Archiv f. Sozialgesch. der Lit., Sonderh. 1 (1985). – O. Riha, Die Forschung zu H. Wittenwilers ›Ring‹ (1851–1988), 1990 [Fortsetzung von F. Fürbeth in Archiv 245, 2008]. – A. Schnyder / J.-C. Mühletaler (Hrsg.), 550 Jahre dt. Melusine – Coudrette u. Thüring v. Ringoltingen, 2008. – E. Wießner, Kommentar zu H. Wittenwilers ›Ring‹, 1936. – H. Wießner, Der Wortschatz von H. Wittenwilers ›Ring‹, 1970.

3. Weitere Gattungen

Kleinere Gedichte in Reimpaaren

Im 14. und 15. Jh. entstanden Tausende von kleineren Gedichten in vierhebigen Reimpaaren (gelegentlich auch in Kreuzreimversen a b a b c d …). Bisher existiert kein vollständiges Verzeichnis dieser vielfach ohne Autornamen überlieferten Texte, auch sind längst nicht alle Texttypen hinreichend beschrieben. Der folgende Überblick beschränkt sich auf die wichtigsten der namentlich bekannten Autoren. Zu den unterschiedlichen Texttypen vgl. S. 272 ff.

Das weitaus umfangreichste Korpus eines einzelnen Autors stammt von **Heinrich dem Teichner** (Schaffenszeit seit etwa 1350, gest. vor 1377; wahrscheinlich zunächst fahrender Spruchsprecher, später in oder bei Wien ansässig), etwa 720 Reimpaarreden, die durchweg in der letzten Zeile signiert sind: *also sprach der Teychnär.* Es handelt sich fast ausnahmslos um geistliche und weltlich-didaktische Reden, meist im Umfang von 30 bis 120 Versen (erheblich länger sind lediglich zwei Gedichte). Die Texte liefern in einfacher, stilistisch wenig ambitionierter Darstellung Unterweisung für Laien in religiösen und lebenspraktischen Fragen, etwa ›Von den Sünden‹, ›Von der Unbeständigkeit der Welt‹, ›Wenn einer ins Kloster will‹, ›Wie eine Jungfrau ihre Ehre behüten soll‹, ›Niemand leidet so viel wie die Frau eines Trinkers‹, ›Wenn ein alter Mann eine junge Frau nimmt‹. Zeitgenosse des Teichners war **Peter Suchenwirt** (gest. vor 1407; seit 1377 als Hofbeamter der Habsburger in Wien ansässig). Er verfaßte geistliche, weltlich-didaktische und politisch-didaktische Reden, Minnereden, vor allem aber – dies war seine Spezialität – Totenklagen auf Adlige seiner Zeit (19 Stücke) und Preisreden auf Lebende (3 Stücke), durchweg mit Wappenblasonierungen. Mit Suchenwirt und seinem flämischen Kollegen **Gelre** (als Herold tätig 1334–72) faßt man die typische Dichtung der Sprecher und Herolde fürstlicher Personen.

Zeitgenosse Suchenwirts war der ostschwäbische Dichter **Heinrich Kaufringer** (wahrscheinlich ein zuletzt 1404 bezeugter Bürger zu Landsberg am Lech). Er schrieb geistliche und weltlich-didaktische Reden, geistliche Erzählungen, Bispel und – vor allem – 13 Novellen unterschiedlicher Art, »grobe, wüste Geschichten« (M. Wehrli). Die hervorragendsten Reimpaardichter des 15. Jh.s waren zwei Nürnberger Handwerker. **Hans Rosenplüt**, genannt **Schnepperer**, d. h. Schwätzer (seit 1425 Nürnberger Bürger, gest. 1460; von Beruf zunächst Panzerhemdenmacher, später Rotschmied), verfaßte geistliche und weltlich-didaktische Reden, politische Reden (über die Ereignisse der Hussitenkriege und über den Markgrafenkrieg), eine Preisrede auf einen bayerischen Herzog und zwei Städtelobgedichte auf

Nürnberg und Bamberg, mit denen er einen in der Folge überaus beliebten Texttyp einführt, den beispielsweise auch der S. 330 erwähnte Johann von Soest aufgriff. Weiter dichtete Rosenplüt drei geistliche Erzählungen sowie 11 schwankhafte Novellen. Sein Anteil an der aus Nürnberg überlieferten Kleindichtung ist nicht durchweg gesichert, da derartige Texte, anders als die größeren Gedichte, unsigniert blieben; es handelt sich um Wein-, Bier- und Metgrüße, kurze Gedichte, in denen die genannten Getränke gepriesen werden, ferner um Glückwunschverse zu Neujahr, die sogenannten Klopfan-Sprüche, schließlich um Priameln, d. h. die Aneinanderreihung einzelner Feststellungen und Erscheinungen, deren Zusammengehörigkeit dann, auf meist überraschende Weise, der letzte Vers feststellt:

Wer einem wolf trawt auf die haid
Vnd einem pawrn gelaubt auf seinen aid
Vnd einem münch auf sein gewissen,
Der ist hie vnd dort beschissen.

Der Wundarzt und Barbier **Hans Folz** (aus Worms, seit 1459 Nürnberger Bürger, gest. 1513), der S. 314 als bedeutendster Nürnberger Meistersinger des 15. Jh.s erwähnt wurde, pflegte im wesentlichen die gleichen Texttypen wie Rosenplüt; das Korpus seiner schwankhaften Novellen umfaßt 18 Stücke. Bemerkenswert sind einige Gedichte, mit denen Folz, der sich auch als Drucker betätigte, sein Fachwissen unter die Leute brachte: das ›Branntweinbüchlein‹, das ›Bäderbüchlein‹, das ›Pestregimen‹ und anderes. Anschließen läßt sich hier **Hans Schneider**, Spruchsprecher eines bayerischen Herzogs und der Kaiser Friedrich III. und Maximilian I., der zumindest zeitweise in Nürnberg ansässig war (bezeugt seit 1488, gest. 1513/14); von ihm stammen mehrere politisch-didaktische Reden, eine Preisrede auf das Haus Österreich, ein Lobgedicht auf die Stadt Annaberg im Erzgebirge und einiges andere.

Dem höfischen Bereich gehören zwei weitere Autoren

zu. Der adlige **Johann von Morsheim** (Studium in Basel und Heidelberg, von etwa 1477 bis 1512 Inhaber verschiedener Ämter am Heidelberger Hof, gest. 1516) schuf mit seiner weltlich-didaktischen Reimrede ›Spiegel des Regiments‹ (1497, gedr. 1515), in der er Fürstenspiegel (vgl. S. 67) und Moralsatire verband, ein Stück bissig-pessimistische Hofkritik. Bemerkenswerte Beiträge zum beliebten Texttyp der Minnerede (*ars amandi*), zu dem bis in das 16. Jh. über 500 einzelne Texte gezählt werden und dem auch Autoren wie Eberhard von Cersne (vgl. S. 305), der Teichner, Suchenwirt, Folz und Hans Schneider Tribut zollten, lieferte um 1450 **Hermann von Sachsenheim** (1366/69 bis 1458; im Dienst des württembergischen Grafenhauses). Außer religiösen Gedichten verfaßte Sachsenheim als alter Mann die Minnereden ›Der Spiegel‹ (um 1452), ›Die Mörin‹ (1453, gedr. 1512; gewidmet Erzherzogin Mechthild von Rottenburg, vgl. S. 333, und ihrem Bruder Kurfürst Friedrich I. von der Pfalz), ›Grasmetze‹, ›Schleiertüchlein‹ und ›Unminne‹ (in Titurelstrophen). Sachsenheim, ein ausgezeichneter Kenner der mittelalterlichen deutschen Literatur, variiert in diesen Werken auf immer wieder überraschende Weise die Merkmale des Texttyps.

Erzählzyklen in Prosa und in Versen

Novellensammlungen

Neben Romanen und einzelnen Novellen stehen im 15. Jh. deutsche Bearbeitungen international verbreiteter größerer Sammlungen von Erzählungen. Am erfolgreichsten waren die ›Sieben weisen Meister‹ (›Historia septem sapientum‹). Es handelt sich um eine ursprünglich wohl im 7. Jh. n. Chr. in Persien entstandene Sammlung (›Sindbad-Name‹), die seit dem 12. Jh. in unterschiedlichen orientalischen und europäischen Fassungen belegt ist. Thema der in einen Handlungsrahmen eingelegten exempelartigen Erzählungen sind Treue und Untreue. Aufgrund lateinischer Vorlagen entstanden im 15. Jh. zwei deutsche Versfassungen, eine von **Hans von Bühel**, vgl. S. 328, der ›Dyocletianus‹ (1412), die andere anonym (1. Hälfte 15. Jh.), ferner acht Prosafassungen. Eine 1473 erstmals gedruckte Prosafassung ist bis 1687 in nicht weniger als 57 Ausgaben belegt.

In der Überlieferung eng mit den ›Sieben weisen Meistern‹ verbunden sind die ›Gesta Romanorum‹ (»Die Taten der Römer«), eine Anfang des 14. Jh.s in England oder Deutschland zusammengestellte lateinische Sammlung von Beispielerzählungen (Exempla) mit Auslegungen (Moralisationen). Im 14./15. Jh. wurden 13 teilweise untereinander abhängige deutsche Prosabearbeitungen unterschiedlichen Umfangs verfaßt, teils mit, teils ohne Moralisationen; eine davon wurde gedruckt, erreichte indes nicht den Erfolg der ›Sieben weisen Meister‹.

Eine weitere verbreitete Sammlung war das auf dem altindischen ›Pantschatantra‹ basierende ›Buch der Beispiele der alten Weisen‹, in dem lehrhafte Geschichten, meist mit tierischem Personal, zusammengestellt sind, die Staatskunst und Weltklugheit vermitteln sollen. Auf der Grundlage einer lateinischen Vorlage schuf **Anton von Pforr** (gest. 1483; Geistlicher, im Hofdienst unter anderem bei Mechthild von Rottenburg) eine deutsche Fassung, die seit 1480/82 vielfach gedruckt wurde.

Die erste vollständige deutsche Bearbeitung der klassischen Sammlung europäischer Novellistik schlechthin, des ›Decamerone‹ (1349/53) **Giovanni Boccaccios**, erschien 1476 im Druck; als Übersetzer nennt sich **Arigo**, d. h. Heinrich. Möglicherweise handelt es sich um einen Ulmer Autor aus dem Umkreis Heinrich Steinhöwels (die These, gemeint sei der Nürnberger Heinrich Schlüsselfelder, wird mittlerweile nicht mehr aufrechterhalten). Arigo übersetzte relativ frei, sprachlich teilweise ungeschickt. Größere Wirkung erlangte das Werk erst in einer Neubearbeitung von 1535.

Ein in Frankreich verbreitetes Erziehungsbuch für Töchter, verfaßt von Geoffrey de la Tour Landry (1371/72), bearbeitete **Marquard von Stein** (1425/30–95/96; Beamter in württembergischen Diensten). Der ›Ritter vom Turm‹ enthält biblische Erzählungen, Heiligenlegenden und Schwänke, in denen es um die Tugenden und Fehler des weiblichen Geschlechts geht; die Moralisationen sind in der deutschen Fassung vielfach gekürzt. Die Bedeutung des seit 1493 häufig aufgelegten Buchs liegt nicht zuletzt in den Illustrationen, die zum Teil vielleicht vom jungen Albrecht Dürer stammen.

Schwanksammlungen

Neben den Sammlungen vorwiegend ernster Geschichten stehen einige erfolgreiche Schwanksammlungen. Vorangegangen war in der 1. Hälfte des 13. Jh.s der Stricker mit seinem »Schwankroman« ›Der Pfaffe Amis‹ (vgl. S. 258). Im lateinischen ›Dialogus Salomonis et Marcolfi‹ (12. Jh.) werden weise Sprüche König Salomons durch Markolf unflätig-bäuerisch konterkariert. Der Text wurde im 15. Jh. dreimal auf deutsch bearbeitet und durch angehängte Schwänke ergänzt. Zwei gereimte Fassungen blieben ungedruckt, Verbreitung fand der Stoff durch eine 1483 zuerst erschienene Prosafassung ›Frag und Antwort Salomonis und Marcolfi‹.

Ein weiterer Schwankheld wurde durch eine gereimte Sammlung des Wieners **Philipp Frankfurter** (gest. 1511) populär, der ›Pfarrer von Kalenberg‹ (Erstdruck 1473). An den Faden der Biographie eines historisch bezeugten Geistlichen des 14. Jh.s gereiht sind grobe Bauernschwänke in Neidhartscher Manier, Klerikal- und Hofschwänke. Ihm an die Seite stellt sich die S. 303 schon erwähnte Liedersammlung ›Neithart Fuchs‹ (Erstdruck 1491/97), in der Neidhart-Schwänke zusammengestellt sind.

Übertroffen wurden alle diese »Helden« freilich durch Eulenspiegel. ›Ein kurtzweilig Lesen von Dyl Vlenspiegel‹, die Sammlung seiner menschliche Torheiten erbarmungslos entlarvenden, aggressiven und drastischen, teilweise unappetitlichen Streiche, erschien zuerst 1510/11 in hochdeutscher Fassung. Als Autor des anonym herausgekommenen prosaischen Werks gilt heute der Braunschweiger Stadtschreiber **Hermann Bote** (vor 1467–1520?), der sich auch als Verfasser von Chroniken, eines gereimten Lehrgedichts, politischer Lieder und einer Spruchsammlung ›Der Köker‹ betätigte.

Größere didaktische Gedichte

Neben die weiterhin vielgelesenen älteren Lehrgedichte vor allem Thomasins von Zerklære, Hugos von Trimberg und Konrads von Ammenhausen (vgl. S. 277 ff.) traten im 15. Jh. weitere größere didaktische Werke. Auf den komplex strukturierten ›Ring‹ (1400/10) Heinrich Wittenwilers, der auch in diesem Zusammenhang erwähnt werden muß, wurde schon eingegangen (S. 340 ff.). Ein moraldidaktisches Werk in italienischer Prosa, die ›Fiori di virtù‹ (um 1300), das wahrscheinlich den Benediktiner **Tommaso Gozzadini** zum Autor hat, bearbeitete 1411 **Hans Vintler** (gest. 1419; Hofbeamter Herzog Friedrichs IV. von Tirol), ein Südtiroler Landsmann und Zeitgenosse Oswalds von Wolkenstein, in erweiterter Form in deutschen Versen. Vintler stammte aus einer angesehenen Bozener Adelsfamilie; er war der Neffe von Nikolaus und Franz Vintler, die 1385 Burg Runkelstein bei Bozen erworben und mit den berühmten Fresken, die vielfach Szenen aus der deutschen Epik zeigen, hatten ausstatten lassen. Im Hauptteil der ›Blumen der Tugend‹ (5 Hss., Druck von 1486) werden, beeinflußt von Thomas von Aquin (1224/25–75), Tugenden und Laster einander gegenübergestellt: Liebe – Haß, Freude – Trauer, Friede – Zorn, Barmherzigkeit – Grausamkeit usw., am Schluß steht die *mässichait*, das Maßhalten. Auf eine einleitende Definition folgen jeweils ein Tiervergleich, Autoritätenzitate aus Bibel, Patristik und Scholastik, schließlich historische Beispiele (Exempla), vorwiegend anhand des Valerius Maximus, den Vintler in der deutschen Fassung Heinrichs von Mügeln (vgl. S. 310 f.) benutzte. Im freieren Schlußteil, der auf einem Anhang zu den ›Fiori‹ beruht, fügte Vintler lange gegenwartskritische Passagen hinzu.

Wenig später, um 1420, entstand im Bodenseeraum ›Des Teufels Netz‹ (überliefert sind vier unterschiedlich lange Fassungen). Der unbekannte Autor verfaßte ein vorwiegend ständesatirisches Werk, noch heute eine interessante kultur- und gesellschaftshistorische Quelle. Der Teufel erklärt einem Einsiedler, wie es ihm gelingt, fast alle Menschen in seinem Netz (*segi*) einzufangen (vgl. Abb. 19). Hauptteil ist eine detaillierte, revueartige Darstellung der Angehörigen aller Stände und ihrer Verfehlungen. Sie beginnt mit dem Konzil und den Päpsten, es folgen die verschiedenen Amtsträger der Kirche und die geistlichen Stände, die Frauen, die weltliche Oberschicht und ihre Dienerschaft bis herunter zu den Stubenheizern, die Bürgermeister und Kaufleute, die differenziert dargestellten Handwerksberufe (darunter fünf Arten von Schmieden), schließlich Spielleute, Bauern, Räuber und Mörder, Wirte und – am Schluß – die Gewandfärber, die vor allem für die allgemein verbreitete *hoffart* verantwortlich gemacht werden: *Wan* [d.h. denn] *bla, rot, grün gewand / Bringt wib und man in schand* (V. 12948 f.).

Der teilweise kritischen, überwiegend jedoch lehrhaften Darstellung eines einzigen Standes, dem des Ritters, gewidmet ist der ›Ritterspiegel‹ (um 1415; 1 Hs.) des **Johannes Rothe** (um 1360–1434; Ratsschreiber, Geistlicher und Leiter der Stiftsschule in Eisenach). Rothe entfaltete eine umfangreiche literarische Tätigkeit. Außer drei Prosachroniken, nur teilweise erhaltenen Rechtsbüchern und vier geistlichen Gedichten verfaßte er die beiden ›Ratsgedichte‹, in denen er den Aufbau der Stadtverwaltung erläutert und Rat

Abb. 19 ›Des Teufels Netz‹.
Karlsruhe, Landesbibl., Cod. Donaueschingen 113 (1441)

sowie Beamte über ihre Pflichten belehrt, außerdem den ›Fürstenratgeber‹, in dem es um die Frage fürstlicher Berater geht. In dem in Kreuzreimen abgefaßten ›Ritterspiegel‹ wird der Begriff des Ritters behandelt, ferner werden Hinweise gegeben auf die Geschichte dieses Standes sowie auf Heerschild und Wappen, Abzeichen und Vorrechte, schließlich bespricht der Autor Erziehung, Ritterschlag, Ritterpflichten, Turnier und Krieg (unter Benutzung des Werkes über das Kriegswesen des römischen Autors Flavius Vegetius, um 400 n. Chr.). Nach Rothes Meinung basiert der Adel auf der Tugend, Raubritter werden scharf verurteilt: *sy sint wedir den cristingloibin* (V. 933), »sie widersprechen dem christlichen Glauben«.

Am Ende dieser Reihe didaktischer Werke steht ein Buch, das – anders als die bisher genannten Texte – größte, bedingt durch die lateinische Übersetzung Jakob Lochers (1497) auch internationale Verbreitung erlangte: die Moraldidaxe und -satire ›Das Narrenschiff‹ (1494) von **Sebastian Brant** (1457–1521; Studium in Basel, dort zuletzt Professor für Rechtswissenschaft, ab 1500 wieder in seiner Heimatstadt Straßburg, seit 1503 Stadtschreiber). Brant, der berühmteste deutsche Autor seiner Zeit, entfaltete eine breite publizistische Tätigkeit. Er gab Editionen klassischer Autoren heraus, erstellte erfolgreiche juristische Werke, schrieb historische und geographische Arbeiten auf deutsch und lateinisch und verfaßte in beiden Sprachen Gedichte und Übersetzungen. Das ›Narrenschiff‹ umfaßt eine gereimte Vorrede und 112 Bildgedichte (in die 2. Ausgabe wurden zwei weitere Gedichte eingeschoben). Die Aufmachung folgt durchweg dem gleichen Schema (vgl. Abb. 20): auf ein kurzes gereimtes Motto, meist ein Dreireim, folgt ein von einer Bordüre eingefaßter Holzschnitt, darunter steht ein Titel, dann kommt ein Gedicht in vierhebigen Reimpaaren (bis Nr. 74 haben die meisten Gedichte 34, manche 94 Verse, danach finden sich auch andere Umfänge). Den Rahmen gibt die Vorstellung des Narrenschiffs ab, auf dem die Nar-

Wer nit kan ſprechen ja vnd neyn
Vnd pflegen ratt vmb groß vnd kleyn
Der hab den ſchaden jm allein

Nit volgen gutem ratt.

Der iſt ein narr der wyſ will ſyn
Vnd weder glympf / noch moß dût ſchyn
Vnd wenn er wyßheit pflegen will
So iſt ein gouch ſyn fåderſpyl/

Abb. 20 Sebastian Brant, ›Das Narrenschiff‹.
Ältester Druck, Basel 1494: Gutem Rat nicht folgen
(Holzschnitt von Albrecht Dürer)

ren versammelt werden, um – wie auf dem Titelholzschnitt steht – nach Narragonien zu reisen. Unter einem Narren ist ein Sünder zu verstehen, dessen Handlungen und dessen Verhalten von den religiösen und moralischen Normen abweichen. Behandelt werden Laster (etwa Haß und Neid), Torheiten der Berufe (etwa der Handwerker) und der Lebensalter, tadelnswerte religiöse Verhaltensweisen (etwa Gotteslästerung) und fragwürdiges Sozialverhalten (etwa Zanken und zu Gericht laufen). Brant führt dabei denkbare Fälle vor, es geht ihm nicht um realistische Darstellung; Ziel ist die Selbsterkenntnis. Angereichert sind die schlichten Verse durch Verweise auf die Bibel und die klassische Literatur. Der Erfolg des Buches beruhte ohne Zweifel auf dem glücklichen, eindrucksvollen Zusammenwirken von Text und Bild – zumal die meisten Holzschnitte von keinem anderen als dem jungen Albrecht Dürer stammen. Die Vorrede verweist explizit auf die Funktion der Bilder:

Der bildniß jch hab har gemacht
Wer yeman der die gschrifft veracht
Oder villicht die nit künd lesen
Der siecht jm molen wol syn wesen
Vnd fyndet dar jnn / wer er ist
Wem er glich sy / was jm gebrist [d. h., woran es ihm mangelt].
(V. 25–30)

Wissensliteratur

Chroniken

Das Interesse, das man im späten Mittelalter an historischen Zusammenhängen hatte, bezeugen zahlreiche Chroniken. In der Epoche von der Mitte des 14. Jh.s bis 1517 zählt man im deutschsprachigen Gebiet über 250 deutsche und lateinische Chroniken, zwanzig davon liegen in beiden Sprachen vor, Übersetzer waren meist die Chronisten selbst. Wie schon im 13. und frühen 14. Jh. (vgl. S. 282 f.) handelt es sich um Kloster-, Stadt-, Landes- und Weltchroniken. Abgefaßt sind sie nunmehr durchweg in Prosa. Hingewiesen werden kann hier nur auf eine kleine Auswahl dieser Texte.

Die früheste deutsche Prosachronik sind die ›Nüwen Casus Monasterii Sancti Galli‹ (um 1335) des **Christian Kuchimaister**, der in der Epoche des Niedergangs die frühere lateinische Klosterchronistik St. Gallens mit der Schilderung der Jahre 1228 bis 1329 fortsetzte. Zu den kulturgeschichtlich interessantesten Stadtchroniken gehört die ›Limburger Chronik‹ des **Tilemann Elhen von Wolfhagen** (1347/48 – nach 1411; Notar und Stadtschreiber in Limburg); das Werk enthält in chronologischer Folge die Geschichte der Stadt Limburg an der Lahn in den Jahren 1335 bis 1398, aufgezeichnet wurden vor allem Nachrichten über Fehden, Naturkatastrophen, über die Pest und die Geißlerumzüge, über Kleidermoden, außerdem liefert der Chronist Hinweise auf jeweils »moderne« Lieder. Zwei Chroniken, in denen die Stadtgeschichte mit der Weltgeschichte verknüpft ist, schufen zwei Straßburger Geistliche: **Fritsche Closener** (gest. 1390/96) mit seiner ›Straßburger Chronik‹ (1367) und vor allem **Jakob Twinger von Königshofen** (1346–1420) mit den drei seit 1382 verfaßten Fassungen seiner ›Deutschen Chronik‹ (82 Hss., Erstdruck 1474). Das an den »klugen Laien« gerichtete Werk stellt zunächst die Weltgeschichte bis zu Alexander dem Großen dar (der Trojanische Krieg basiert auf dem ›Elsässischen Trojabuch‹, vgl. S. 331); es folgt die Geschichte der Kaiser und Könige des Römischen Reichs und der Päpste bis zur Gegenwart; im 4. Kapitel werden die Taten der Straßburger Bischöfe berichtet, im 5. schildert Twinger die Geschichte der Stadt Straßburg und der Region. Eine bedeutende, reich illustrierte Chronik der Stadt Konstanz zur Zeit des Konzils verfaßte **Ulrich Richental** (um 1365–1437; zunächst Geistlicher, später vielleicht Kaufmann). Die überaus umfangreiche Chronistik der Reichsstadt Nürnberg, die im späten 14. Jh. beginnt, wurde zum Höhepunkt geführt durch die 1488 sowohl auf lateinisch wie auf deutsch vorgelegte Chronik des Benediktiners **Sigismund Meisterlin** (um 1435 – nach 1497), der 1456 bereits eine Chronik der Reichsstadt Augsburg in beiden Sprachen vorgelegt hatte; ferner durch das Werk des reichen Bierbrauers und städtischen Armenpflegers **Heinrich Deichsler** (1430–1506/07), das bis 1506 reicht. Beispiele für Landeschroniken sind die ›Österreichische Chronik von den 95 Herrschaften‹ (abgeschlossen 1394) des Augustiner-Eremiten **Leopold von Wien**, das umfangreichste österreichische Geschichtswerk des späten 14. Jh.s, sowie die jeweils auf lateinisch und deutsch verfaßten Bayerischen Landeschroniken des Augustiner-Chorherrn **Andreas von Regensburg** (gest. um 1438) und des Geistlichen **Veit Arnpeck** (1435/40–96). Auf die chronikalischen Werke Heinrichs von Mügeln (S. 311), Michel Beheims (S. 311), Ulrich Fuetrers (S. 330), Hermann Botes (S. 350) und Johannes Rothes (S. 351) wurde schon hingewiesen.

Nach wie vor bestand großes Interesse an weltchronistischen Darstellungen. Seit dem späten 14. Jh. belegt sind die in Prosa abgefaßten Historienbibeln, über 100 Hss., deren Texte sich in zahlreiche Fassungen aufgliedern lassen. Sie treten gewissermaßen das Erbe der gereimten Weltchroniken an (vgl. S. 268 ff.). Den Grundstock des Textes liefern weiterhin die Vulgata und die ›Historia scholastica‹ des Petrus Comestor (vgl. S. 269), Zusätze stammen aus weiteren Quellen, vor allem auch aus den gereimten Weltchroniken. Weitere Weltchroniken sind etwa die sowohl lateinisch als auch mittelniederdeutsch vorgelegte ›Chronica novella‹ des Lübecker Dominikaners **Hermann Korner** (um 1365 bis 1438), die Chronik des Geistlichen **Dietrich Engelhus** (um 1362–1434; aus Einbeck, tätig dort sowie an anderen Orten) sowie die ›Excerpta chronicarum‹ der beiden Nürnberger, im städtischen Dienste stehenden Schreiber **Johannes Platterberger d. J.** (gest. nach 1467) und **Theoderich Truchseß** (1467 hingerichtet). An Bedeutung weit übertroffen werden diese Werke durch die im gleichen Jahr 1493 sowohl auf lateinisch wie auf deutsch (Übersetzung von Georg Alt) bei dem Nürnberger Drucker Anton Koberger erschienene ›Weltchronik‹ des **Hartmann Schedel** (1440–1514; Studium in Leipzig und Padua, seit etwa 1480 Stadtarzt in Nürnberg). Die ›Schedelsche Weltchronik‹ gilt als das größte Buchunternehmen des 15. Jh.s. Als Quellen dienten vor allem die Schriften italienischer Humanisten, allen voran das ›Supplementum chronicarum‹ (1483) des Augustiner-Eremiten **Jacobus Foresti** aus Bergamo und die Geschichtswerke des Enea Silvio Piccolomini (Papst Pius II., 1405–64; vgl. S. 371). Der bis heute andauernde Ruhm des Werkes beruht freilich auf den 1809 Holzschnitten aus der Werkstatt von Dürers Lehrer Michael Wolgemut, die in engster Verbindung zum Text stehen, vor allem auf den teilweise realistischen Stadtansichten.

Autobiographien

Zu den Chroniken treten einige autobiographische Werke; erst im 16. Jh. begegnen derartige Texte dann in größerer Zahl. Vorläufer waren Ulrichs von Lichtenstein ›Frauendienst‹ (um 1250) einerseits (vgl. S. 233), ›Das fließende Licht der Gottheit‹ (begonnen ebenfalls um 1250) der Mystikerin Mechthild von Magdeburg andererseits (vgl. S. 292 f.). Erstes Beispiel derartiger Aufzeichnungen aus dem 14. Jh., bestimmt für den Autor selbst, seine Familie und seine Nachkommen, ist das ›Püchel von meim geslecht und abentewr‹, in das der mächtige Nürnberger Handelsherr und Gründer der ersten deutschen Papiermühle **Ulman Stromer** (1329 bis 1407) seit 1360 Aufzeichnungen familiärer und politisch-historischer Art eintrug. Zwei Generationen später schilderte der Augsburger **Burkhard Zink** (um 1396 bis 1474/75) im Rahmen seiner ›Augsburger Chronik‹ (abgeschlossen 1468) die eigene Lebensgeschichte, in deren Verlauf ihm der Aufstieg aus kleinsten Lebensverhältnissen zu Wohlhabenheit und stadtbürgerlichem Ansehen gelang. Über ihre Erlebnisse als Hofdame der Gemahlin und Witwe König Albrechts II. in den Jahren 1439/40 berichtete **Helene Kottanerin** (um 1400 – nach 1470) in ihren ›Denkwürdigkeiten‹ (nach 1442). Eine Beschreibung seiner Jugend und seiner Erlebnisse als Ritter in Palästina, Rhodos, Beirut, auf dem Sinai, in Zypern, Portugal, Marokko und Schottland zwischen 1454 und 1459 lieferte **Georg von Ehingen** (1428–1508; schwäbischer Ritter, nach 1460 im württembergischen Hofdienst) in den ›Reisen nach der Ritterschaft‹. **Johann von Soest** (vgl. S. 330) berichtete in seiner nur fragmentarisch erhaltenen gereimten Autobiographie (1504) von seiner Jugend und seiner Tätigkeit als Musiker am Heidelberger Hof, vermutlich für die eigenen Kinder. Angeschlossen werden können hier die beiden großen autobiographischen Werke, die **Kaiser Maximilian I.** (1459–1519) von seinen Räten erstellen ließ. Den Kaiser bewegte dabei die Sorge um die *gedächtnüs*, die *memoria*, die Erinnerung an ihn und seine Taten. Beide Werke stellen den Kaiser und seine Erlebnisse in stilisierter, verschlüsselter Weise dar. In dem in Prosa abgefaßten ›Weißkunig‹ (1514) ließ er eine nach Mustern der Romanliteratur stilisierte Autobiographie schreiben, die freilich nicht vollendet wurde. Der gereimte ›Theuerdank‹ (1517) behandelt die Werbungsfahrt zu Maria von Burgund, die Maximilian 1477 geheiratet hatte.

Reiseberichte und Pilgerführer

Großer Beliebtheit erfreuten sich im späten Mittelalter Berichte über tatsächliche oder fiktive Reisen in ferne Länder. An der Spitze standen dabei die ›Reisen‹ des **Jean de Mandeville**. Wahrscheinlich handelt es sich um eine fiktive Figur, als wirklicher Autor des um 1356 in Lüttich in französischer Sprache abgefaßten Textes gilt meist der Arzt Jean de Borgogne dit à la Barbe. Die im Ich-Stil berichtete Summe von Reiseerzählungen schildert zunächst eine Pilgerreise ins Heilige Land, dann nach lateinischen Quellen eine phantastische Entdeckungsfahrt nach Afrika, Indien und China. Die deutschen Übersetzungen von **Michael Velser** (um 1393; ca. 40 Hss., Erstdruck 1480) und **Otto von Diemeringen** (gest. 1398, Kanoniker in Metz; über 40 Hss., Erstdruck 1481/82) verbreiteten den Ruhm Mandevilles, der bis in die Neuzeit als einer der größten Entdeckungsreisenden galt, im deutschen Sprachraum. Der Bericht des Venezianers **Marco Polo** (um 1254 – nach 1324) über seine tatsächlichen Reisen im Fernen Osten konnte damit bei weitem nicht konkurrieren (zwei deutsche Übersetzungen, eine aus dem 14. Jh. nur in 1 Hs., die andere gedruckt 1477). Teilweise auf Mandeville beruht der Bericht des bayerischen Adligen **Hans Schiltberger** (um 1380 – nach 1460), der von 1396 bis 1427 als Sklave bei Türken und Mongolen gelebt hatte, über seine angeblichen Reisen (Erstdruck 1478).

Nur pauschal hingewiesen werden kann auf die zahlreichen Berichte und Führer, die sich auf die im 14. und 15. Jh. überaus beliebte Pilgerreise nach Jerusalem beziehen; gezählt werden etwa 250 deutsche und niederländische Texte dieser Art. Als Beispiel hervorgehoben sei der Bericht des Juristen **Bernhard von Breidenbach** (um 1440–97), der auf deutsch und lateinisch zuerst 1486 erschien und viele Nachdrucke erfuhr; er gilt als genau und kenntnisreich, die beigegebenen Illustrationen und Skizzen wurden vorbildlich.

Fachliteratur

Aus der beinahe unübersehbaren Menge fachliterarischer Texte kann nur weniges exemplarisch hervorgehoben werden. Das älteste deutsche Kochbuch, ›Ein Buch von guter Speise‹, ist in dem um 1350 geschriebenen ›Hausbuch des Michael de Leone‹ (vgl. S. 107 f.) enthalten. Das von **Gottfried von Franken**, wahrscheinlich einem Würzburger Geistlichen, vor 1350 lateinisch verfaßte Lehrbuch ›Palladius abbreviatus‹ über den Obst- und Weinanbau wurde noch im 14. Jh. zweimal auf deutsch bearbeitet; unter dem Titel ›Pelzbuch‹ (»pelzen« ist Fachterminus für das Veredeln der Bäume durch »pfropfen«) war es bis in die Neuzeit verbreitet (etwa 80 Hss.). In den Bereich der Schule führen die lateinisch-deutschen Vokabulare, zweisprachige Wörterbücher auf der Grundlage einsprachig-lateinischer Sammlungen. Auf diesem Gebiet betätigten sich auch die als Chronisten (S. 356) schon genannten Straßburger Geistlichen **Fritsche Closener** und **Twinger von Königshofen**. Am erfolgreichsten war im 15. Jh. der ›Vocabularius Ex quo‹ (weit über 200 Hss., Erstdruck 1467, über 40 weitere Inkunabeln). In den militärisch-technischen Sektor gehört der ›Bellifortis‹ des Wundarztes **Konrad Kyeser** von Eichstätt (1366 – nach 1405), eine ursprünglich mit lateinischen Texten in Hexametern versehene Bilderhs., die mehrfach für deutsche Leser bearbeitet wurde; es geht darin um den Einfluß der Planeten, um Waffen und Geräte, um die Nutzung des Feuers, um Giftrezepte und ähnliches. Erfolgreiche medizinische Werke wie etwa die ›Ordnung der Gesundheit‹ (um 1400, 27 Hss., Erstdruck 1472) beruhen vielfach auf den lateinischen Kompilationen des Arztes **Konrad von Eichstätt** (gest. nach 1341). Eine ganze Reihe fachliterarischer Texte verfaßte der S. 328 ff. als Verfasser eines erfolgreichen Alexanderromans schon erwähnte Arzt und Hofautor **Johannes Hartlieb** (seine Autorschaft an einigen der im folgenden genannten Schriften wird neuerdings in Frage gestellt). Die ›Kunst der Gedächtnüß‹ (1430) behandelt die Technik des Memorierens, das ›Mondwahrsagebuch‹ (um 1434) die Voraussage der Lebensschicksale, ebenso wie die ›Chiromantie‹ (1448), die das Handlesen beschreibt; das ›Kräuterbuch‹ beschäftigt sich mit der Heilkraft der Pflanzen, die ›Secreta mulierum‹ (nach 1465) sind ein gynäkologisches und sexualkundliches Lehrbuch, ferner gibt es ein ›Buch von warmen Bädern‹ (1467). Hartliebs ›Buch aller verbotenen Kunst‹ (1455/56) polemisiert gegen die verbreiteten magischen und mantischen Künste.

Religiöse Literatur

Die beinahe uferlose Fülle religiöser Literatur des 14. und 15. Jh.s kann nur mit wenigen Hinweisen angedeutet werden. Das bedeutendste und folgenreichste Legendar (zum Begriff vgl. S. 288) des ausgehenden Mittelalters ist ›Der Heiligen Leben‹, entstanden um 1400 im Nürnberger Dominikanerkloster und ursprünglich für die Ordensfrauen bestimmt (197 Hss., 41 Drucke seit 1471/72). Eine im 14. Jh. gleichfalls im Nürnberger Raum entstandene Übersetzung der Vulgata diente als Grundlage des ersten deutschen Bibeldrucks von 1466, der nach dem Straßburger Drucker benannten ›Mentelin-Bibel‹. Diese Übersetzung ist unbefriedigend und war zur Zeit der Drucklegung sprachlich teilweise veraltet und unverständlich, was auch zu Druckfehlern führte; in den bis 1518 erfolgten 13 oberdeutschen Nachdrucken wurde der Text daher mehrfach revidiert. Vier niederdeutsche Bibeldrucke (um 1478–1522) beruhen auf je eigenen Übersetzungen bzw. Kompilationen; die ›Lübecker Bibel‹ von 1494 gilt als bedeutendste deutsche Übersetzung vor Luther. Berühmte Prediger waren der Franziskaner **Marquard von Lindau** (gest. 1392), von dem 41 Predigten überliefert sind, und der volkstümliche **Johannes Geiler von Kaysersberg** (1445–1510; Studium in Freiburg i. Br. und Basel, Prediger in Straßburg), von dem sich zahlreiche Schriften und Predigten erhalten haben, darunter auch ein Predigtzyklus über Brants ›Narrenschiff‹, gehalten 1498.

Nähe zur spekulativen Mystik zeigt die besonders durch Luthers Wertschätzung berühmt gewordene ›Theologia Deutsch‹ (›Der Frankfurter‹) aus dem späten 14. Jh.; darin geht es um die Frage nach dem vollkommenen Menschen, Ziel ist die völlige Vereinigung mit Gott durch Unterwerfung und Selbstentäußerung. Das »erfolgreichste Andachtsbuch aller Zeiten« (Th. Cramer) ist die Schrift ›De imitatione Christi‹ des Augustiner-Chorherrn und Verfassers zahlreicher weiterer religiöser Schriften **Thomas Hemer-**

ken von Kempen (1379/80–1471); Thema ist auch hier der Weg nach Innen, propagiert wird häufige Kommunion (über 770 Hss., über 3000 Drucke). Die älteste deutsche Übersetzung stammt von 1434, insgesamt gibt es mindestens 19 vollständige Übersetzungen bzw. Übersetzungen von Teilen (Erstdruck 1486).

Auch scholastisches Schrifttum wurde in großem Umfang übersetzt. Das erfolgreichste theologische Handbuch des Mittelalters, das ›Compendium theologicae veritatis‹ des Dominikaners **Hugo Ripelin von Straßburg** (gest. 1268), verbreitet in über 1000 Hss., 1470 erstmals gedruckt, wurde seit etwa 1300 mehrfach auf deutsch bearbeitet und übersetzt, die erste vollständige Übersetzung stammt aus der 2. Hälfte des 14. Jh.s. Gleichfalls in der 2. Hälfte des 14. Jh.s entstand die ›Rechtssumme‹ des **Bruders Berthold von Freiburg**, ein »Kompendium der Sitten und Rechte eines christlichen Lebens für Laien« (G. Steer) auf lateinischer Grundlage mit alphabetisch gereihten Sachartikeln von »Ablaß« bis »Zwietracht« (128 Hss., 12 Drucke). Der Vermittlung von universitärem und scholastischem Wissen an des Lateinischen unkundige Leser galt besonders die Tätigkeit der sogenannten Wiener Übersetzerschule des späten 14. und der 1. Hälfte des 15. Jh.s. Dazu gehören theologische Autoren wie – als Anreger – **Heinrich von Langenstein** (gest. 1397, seit 1384 Professor in Wien), einer der bedeutendsten Gelehrten der Epoche, ferner **Nikolaus von Dinkelsbühl** (um 1360–1433, ebenfalls Professor in Wien), **Thomas Peuntner** (um 1390–1439, als Seelsorger in Wien tätig), **Ulrich von Pottenstein** (um 1360–1416/17, Geistlicher in und um Wien). Auf Heinrich von Langenstein zurück geht etwa der ursprünglich für Herzog Albrecht III. von Österreich (1365–95) bestimmte katechetische Traktat ›Erkenntnis der Sünde‹ (1393; 77 Hss.); Ulrich von Pottenstein verfaßte eine riesige vierteilige ›Katechismus-Summe‹ mit Auslegungen des Pater noster, des Ave Maria, des Credo, des Magnificat und des Dekalogs (11 Teilhss.).

Geistliche und weltliche Spiele

Religiöse Verkündigung und Spektakel in einem waren die geistlichen Spiele des späten Mittelalters. Aus dem 13. bis 16. Jh. sind etwa 160 Spieltexte vollständig oder fragmentarisch überliefert. Es handelt sich vielfach um Aufzeichnungen, die bei Aufführungen verwendet wurden, teilweise auch um Lesetexte. Autoren sind fast ausnahmslos nicht angegeben. Stoffe lieferten das Alte und Neue Testament, Heiligenlegenden, Wundergeschichten, die Heilsgeschichte von der Schöpfung bis zum Jüngsten Gericht. Erzählt wird in oft breiter epischer Manier, häufig verdeutlichen Kommentare, bisweilen sogar Predigten die Glaubenswahrheiten. Aufgeführt wurden die Spiele vor allem in Städten, in die zu diesem Anlaß oft auch Publikum von außerhalb strömte. Gespielt wurde nicht auf der neuzeitlichen Guckkastenbühne, sondern in Kirchen bzw. auf öffentlichen Plätzen auf einer Simultanbühne, d. h., sämtliche Spieler waren an ihren jeweiligen Spielorten ständig und gleichzeitig anwesend. Die überwiegend in vierhebigen Reimpaaren abgefaßten Texte wurden mit Singstimme rezitiert, die eingelegten Lieder gesungen. Spieler waren, auch für Frauenrollen, meist ausschließlich Männer. Die oft sehr zahlreichen Darsteller rekrutierten sich aus Geistlichen, Patriziern und weiteren Stadtbürgern.

Gängiger, jedoch neuerdings in Frage gestellter Theorie zufolge entwickelte sich das geistliche Spiel aus dem Ostertropus, d. h. aus textlich-musikalischen Ausschmückungen der Liturgie des Ostermorgens. Aus dem Tropus habe sich eine nach und nach immer komplexere »Osterfeier« entwikkelt, diese sei zur Grundlage des geistlichen Spiels in der Volkssprache geworden, das bisweilen über mehrere Tage ging.

Aus dem 12. Jh. liegen mehrere geistliche Spiele in lateinischer Sprache vor, darunter, in der Hs. der ›Carmina burana‹ (vgl. S. 108), der ›Ludus de Antichristo‹ (›Tegernseer Antichristspiel‹; um 1160), der die Weltherrschaft des Antichrist thematisiert und das (staufische) Kaisertum verherrlicht. Die gleiche Hs. enthält mit dem ›Großen Benediktbeurer Passionsspiel‹ (vor 1230) ein Stück, in dem sich neben dem dominierenden Latein auch deutsche Liedtexte finden. Weitere Spiele aus dem 13. Jh. sind das ›Osterspiel von Muri‹, von dem nur die deutschen Textpartien überliefert sind, während die lateinischen fehlen, sowie die Fragmente des ›Himmelsgartener Passionsspiels‹ und des ›Amorbacher Spiels von Mariae Himmelfahrt‹. Aus dem 14. Jh. sind etwa 20 Spiele tradiert, darunter das vom Mittelrhein stammende ›St. Galler Passionsspiel‹, in dem erstmals der Judenhaß gegen Christus auffällig ausgestaltet ist, das ›Innsbrucker Spiel von Mariae Himmelfahrt‹, das ›Innsbrucker Osterspiel‹ und das ›Innsbrucker Fronleichnamsspiel‹ – alle drei wurden 1391 wohl in Thüringen aufgezeichnet – und das ›Thüringische Zehnjungfrauenspiel‹, das am Beispiel der fünf klugen und fünf törichten Jungfrauen dazu ermahnt, rechtzeitig ein gottgefälliges Leben zu führen. Die Blütezeit des geistlichen Spiels waren das 15. und 16. Jh. Aus der großen Zahl von Spielen, die damals an vielen Orten aufgeführt wurden, seien als Beispiele erwähnt: das ›Alsfelder Passionsspiel‹, dessen Aufführungen 1501, 1511 und 1517 bezeugt sind, die ›Erfurter Moralität‹, die sich aus Tugend- und Weltgerichtsspiel zusammensetzt, das mittelniederdeutsche ›Redentiner Osterspiel‹, das als das literarisch bedeutendste Osterspiel gilt, ferner das die gesamte Heilsgeschichte darstellende ›Künzelsauer Fronleichnamsspiel‹ und das auf ein Frankfurter Spiel des 14. Jh.s zurückgehende ›Frankfurter Passionsspiel‹, das um 1500 mehrfach an zwei Tagen auf dem Römerberg aufgeführt wurde. Besonders viele Spieltexte haben sich in Tirol erhalten, da hier die Sammler **Benedikt Debs** (gest. 1515, Lateinschullehrer in Bozen) und vor allem **Vigil Raber** (gest. 1552, Maler in Bozen und Sterzing) für die Bewahrung umfangreicher Materialien sorgten.

Weit anspruchsloser sind die weltlichen Spiele. Aus der Zeit von der Mitte des 14. Jh.s bis um 1500 sind 144 Fastnachtspiele überliefert, 108 davon aus Nürnberg. Es handelt sich vorwiegend um kurze Stücke mit einer durchschnittlichen Länge von 200 Reimpaarversen (woraus man eine Spieldauer von 15 bis 20 Minuten errechnet hat). Die Fastnachtspiele wurden in der Vorfastenzeit von Handwerkern, aber auch von patrizischen Stadtbürgern aufgeführt. Als Spielorte dienten im 15. Jh. vorwiegend Wirts- und Privathäuser. Die Spielergruppe zog offenbar von Haus zu Haus, als Aufführungsort benutzte man die Stube, eine besondere Bühne gab es nicht (erst im 16. Jh. änderte sich das). Die Stücke sind einfach strukturiert, meist handelt es sich um aneinandergereihte Auftritte einzelner Figuren, die ihren Text aufsagen und wieder abtreten (Reihen- oder Revuespiele), bisweilen gibt es eine Handlung (Handlungsspiele), manchmal sind beide Typen gemischt. In den meisten Stükken geht es derb zu, häufig sind sie bestimmt von sexueller oder fäkalischer Komik; vor allem belustigte die städtische Gesellschaft sich an bäuerlicher Torheit und Primitivität. Es gab jedoch auch ernste Spiele; insbesondere galt dies für die Lübecker Fastnachtspiele, von denen allerdings – mit einer Ausnahme, dem ›Henslin‹, der die Rechtschaffenheit zum Thema hat – lediglich die Titel überliefert sind. Das älteste erhaltene Spiel ist das ›St. Pauler Neidhartspiel‹, tradiert in einer wohl schwäbischen Hs. aus der Zeit von etwa 1360/70. Das nur 66 Verse umfassende Stück weist lediglich drei Sprechrollen auf: den Proclamator, der in die Situation einführt, die Herzogin und Neidhart; den Inhalt lieferte der Veilchenschwank: Neidhart bringt die Herzogin herbei, um ihr als ersten Frühlingsboten ein Veilchen zu zeigen – mittlerweile haben böse Bauern an die Stelle des Blümchens einen »Haufen« gesetzt, Neidhart ist blamiert und droht Rache an. In Nürnberg sind Fastnachtspiele seit etwa 1430/40 nachweisbar. Die wichtigsten Dichter waren **Hans Rosenplüt** (vgl. S. 345 f.) in der ersten, **Hans Folz** (S. 346) in der zweiten Jahrhunderthälfte. Für Rosenplüt ist zwar nur ein Stück ausdrücklich bezeugt – das Reihenspiel ›Des künig von Engellant hochzeit‹ (Keller Nr. 100) –, doch werden ihm (und seinem Umkreis) mehr als ein halbes Hundert weiterer Spiele zugeschrieben, etwa ›Des Turken vasnachtspil‹ (Nr. 39), ein zeitkritischer Text, in dem die Sünden der Christen aufgezeigt werden, aber auch schwankhafte Stücke wie das Handlungsspiel ›Das Ehepaar und die Kupplerin‹ (Nr. 19), in dem eine vernachlässigte Ehefrau ihren Gatten – nicht betrügt. Von Folz stammen 12 Stücke, weitere können ihm ebenfalls zugeschrieben werden. Beispiele sind ›Von König Salomon und Markolf‹ (Nr. 60), dem das 1483 erstmals gedruckte Schwankbuch (vgl. S. 343) zugrunde liegt, oder drei Stücke, in denen sich teilweise üble antijüdische Polemik findet – Folz machte sich damit offenbar zum Sprachrohr einer innerstädtischen »Stimmung«: ›Die alt und neu ee‹, d. h. »Das Alte und das Neue Testament« (Nr. 1), ›Kaiser Constantinus‹ (Nr. 106) und ›Der Herzog von Burgund‹ (Nr. 20); die Juden wurden 1499 für alle Zeit aus der Reichsstadt vertrieben. Eine Reihe von Tiroler Fastnachtspielen überlieferte Vigil Raber.

Johannes von Tepl

Der ›Ackermann aus Böhmen‹ (1400/01) des Johannes von Tepl wird als das glänzendste Prosastück des deutschen Mittelalters angesehen, als ein Werk, das in seiner Epoche gleichrangig neben den Liedern Oswalds von Wolkenstein und dem ›Ring‹ Heinrich Wittenwilers steht. Anders als die Gedichte dieser Zeitgenossen war der ›Ackermann‹ im Mittelalter weit verbreitet (16 Hss. nach 1450, 17 Drucke seit etwa 1463). Allerdings stammt kein Überlieferungsträger aus Böhmen, was auf die durch die Verbrennung des Jan Hus als Ketzer auf dem Konstanzer Konzil 1415 ausgelösten Hussitenkriege und den dadurch herbeigeführten Untergang der deutschen Kultur in Böhmen zurückgeführt wird. Die Bemühungen der ›Ackermann‹-Forschung waren und sind deshalb in großem Umfang auf die Rekonstruktion des ursprünglichen Textes gerichtet (zwischen 1877 und 2000 erschienen 15 selbständige kritische Ausgaben). Johannes von Tepl, der sich nach seiner Geburtsstadt nannte, führte den Titel eines Magisters, hatte also studiert (in Prag, in Paris oder in Italien). Wahrscheinlich seit 1378, auf alle Fälle seit 1383 ist er als Notar und Leiter der Lateinschule in der böhmischen Stadt Saaz belegt; 1411 übernahm er das Amt des Stadtschreibers der Prager Neustadt. Er starb 1414 oder 1415. Der ›Ackermann‹ ist sein einziges erhaltenes literarisches Werk.

Der Text nimmt den im Mittelalter verbreiteten literarischen Typus des Streitgesprächs auf; die literarische Bildung des Autors zeigt sich im übrigen auch an der Fülle deutscher und lateinischer Literatur, die er benutzt und verarbeitet hat. Der ›Ackermann‹ umfaßt 33 kurze Kapitel und ein abschließendes Gebet. In 32 Kapiteln kommen abwechselnd die Figuren des Ackermanns und des Todes zu Wort, im XXXIII. Kapitel spricht Gott. Die Kapitelzahl entspricht der Zahl der Lebensjahre Christi. Die Bezeichnung »Ackermann« ist metaphorisch zu verstehen: in Kapitel III ist ausgeführt, daß der Sprecher als »Pflug« die Vogelfeder führe – gemeint ist also ein Schreiber. Im Streit geht es um den Vorwurf, der Tod habe am 1. August 1400 zu Saaz die junge schöne Frau des Ackermanns dahingerafft. Mit starken Worten verflucht der Kläger einleitend den Kontrahenten:

> GRymmyger tilger [d. h. Vertilger] aller lewte, Schedlicher ächter aller welte, Frayssamer [d. h. grausamer] mörder aller lewte, Jr Todt, euch sey verfluchet! Gott, ewer Tremer [d. h. Schöpfer], hass euch … Hymmel, Erd, Sonne, Monde, Gestyrne, Mere, Wag [d. h. Wogen], Berg, Gefilde, Tale, Awen, der helle Apgrünt, auch alles, das leben und wesen hat, sey euch vnholt und vngünstig, fluchent euch ewigclichen! (Kap. I)

Der Tod verteidigt sich. Er weist auf die Machtlosigkeit des Klägers hin und darauf, daß er ohne Ansehen der Person handle. Er sei von Gott eingesetzt, um die Überbevölkerung der Erde zu verhindern; Sterben sei der natürliche Lauf, im übrigen gebe es noch mehr gute Frauen; außerdem sei die Ehefrau des Klägers im besten Alter, nicht etwa als alte Frau verstorben, also mit ungeschmälerter Ehre. Wer geboren sei, sei alt genug zu sterben. Entweder das Alter oder der Tod würden die Schönheit vernichten – Klagen sei zwecklos. Nichts, keine Kunst, könne dem Menschen helfen. Der Tod schilt, der Kläger preist die Frauen. Alles Positive sei auch negativ, die Ehre führe zur Eitelkeit, Besitz zu Hoffart, Wollust zur Sünde. Der Kläger schließt in Kapitel XXXI: Die widersprüchliche Rede des Todes wolle ihn von seiner Klage abbringen, doch er wende sich an Gott. Der Tod antwortet: Alles ist eitel, unterlasse deine zwecklose Klage! Das letzte Wort gehört Gott: Alles, Leben und Tod, komme von ihm: *Yeder mensch dem Tode das leben, den leyp der Erden, die sele Vns pflichtig ist zu geben* (Kap. XXXIII).

In einem (erst 1933 entdeckten) lateinischen Widmungsschreiben an einen Jugendfreund behauptet Johannes von Tepl, der Zweck seines Streitgesprächs sei darauf gerichtet, die *essencialia*, d. h. die Hauptformen, der Rhetorik an einem deutschen Text vorzuführen. Er nennt eine Reihe rhetorischer Erscheinungen wie Amplifikation, Parallelismus, Ironie, rhythmische Satzschlüsse (Klauseln) und anderes. Mit seinem gelungenen Versuch, die Mittel lateinischer Kunstprosa einzudeutschen, stellt der Autor sich in eine böhmische Tradition der Zeit Kaiser Karls IV., die darauf gerichtet war, sich den frühen italienischen Humanismus zu eigen zu machen. Zentrale Gestalt dieser Bemühungen war der Kleriker **Johann von Neumarkt** (gest. 1380), von 1353 bis 1374 Kanzler des Kaisers, Briefpartner unter anderem Francesco Petrarcas (1304–74). Insbesondere sein ›Buch der Liebkosung‹ (1357/63), die rhetorisch geprägte deutsche Bearbeitung einer dem Kirchenvater Augustinus (354–430) zugeschriebenen Schrift, hat Johannes von Tepl beeinflußt und wurde von ihm benutzt.

Man wird dem ›Ackermann‹ indes kaum gerecht, wenn man ihn lediglich als rhetorisches Musterbuch, als artifizielle Etüde betrachtet. Der autobiographische Ansatzpunkt ist unübersehbar. Freilich darf man den Autor nicht nur mit dem Kläger gleichsetzen; die Antworten, die der personifizierte Tod gibt, sind natürlich Antworten, die der klagende Witwer sich selbst gibt, in denen er seine Trauer rational zu bewältigen versucht. Die Klage um den Verlust und die Trostgründe werden umfassend zusammengestellt, in den abschließenden Worten Gottes werden Glück und Mangelhaftigkeit der irdischen Existenz des Menschen noch einmal zusammengefaßt. Ganz persönlich wird der Text dann in dem höchst kunstvollen Schlußgebet. Hier erscheint der Name IOHANNES als Akrostichon; die abschließenden Buchstaben MA geben entweder seinen akademischen Grad an, oder sie bezeichnen den Namen der Verstorbenen. Deren Name wird im letzten Abschnitt vollständig genannt: *Mich rewet Margaretha, meyn außerweltes weyp*. Als bereits neuzeitliche Individualisierung wird man diese Angaben indes nicht interpretieren dürfen. Sie entsprechen der Personalisierung, dem Bezug der Literatur auf Autobiographie, wie sie sich auch bei Zeitgenossen wie Hugo von Montfort und Oswald von Wolkenstein findet (vgl. S. 305 und 320).

Frühhumanistische Übersetzungsliteratur

»Der antike Begriff *studia humanitatis* bürgert sich in Italien seit Anfang des 15. Jh.s, in Deutschland seit Mitte des 15. Jh.s ein. Im 15./16. Jh. versteht man darunter die Beschäftigung mit Grammatik, Rhetorik, Dichtung, Geschichtsschreibung und Moralphilosophie, verbunden mit einem neuen Bildungsideal: der Vervollkommnung des Menschen durch die am antiken Vorbild orientierten Studien« (N. Holzberg). In der Geschichte der Rezeption des italienischen Humanismus in Deutschland stellt der böhmische »Frühhumanismus« in der 2. Hälfte des 14. Jh.s lediglich eine Art Vorspiel dar. Zu einer adäquateren und breiteren Aufnahme humanistischen Gedankengutes und Schrifttums kam es erst in der 2. Hälfte des 15. Jh.s. Wichtige Vermittler waren dabei der berühmte Jurist **Gregor Heimburg** (vor 1400–72; Studium in Wien und in Italien), dessen lateinische Reden, Briefe, Prozeßschriften und Manifeste weit verbreitet waren, vor allem aber der Italiener **Enea Silvio Piccolomini** (1405–64; seit 1458 Papst Pius II.), der nach 1432 etwa zwanzig Jahre lang in Deutschland wirkte und durch seine lateinischen Dichtungen, Geschichtswerke, Briefe, Reden und Traktate »in der 2. Hälfte des 15. Jh.s in Deutschland der einflußreichste Autor war« (F. J. Worstbrock).

Vermittelt wurde humanistische Literatur an deutsche Leser zunächst in Übersetzungen. Die wichtigsten Vertreter des Frühhumanismus, deren Arbeiten fast ausnahmslos in den siebziger Jahren des 15. Jh.s gedruckt wurden, waren Niklas von Wyle, Heinrich Steinhöwel und Albrecht von Eyb. **Niklas von Wyle** (um 1415–79; Studium in Wien, Stadtschreiber in Radolfzell, Nürnberg, 1447/48–69 in Eßlingen, danach Hofbeamter in Stuttgart) ließ 1478 seine gesammelten ›Translationen‹ (auch ›Translatzen‹ oder ›Tüschungen‹) erscheinen, ein »humanistisches Lehr- und Lesebuch in deutscher Sprache« (F. J. Worstbrock). Es handelt sich bei den insgesamt 18 Stücken um zwei berühmte Liebesnovellen, Enea Silvios ›Eurialus und Lucretia‹ (1444) und Boccaccios ›Guiscardus und Sigismunda‹ aus dem ›Decamerone‹ (Wyles Vorlage war eine lateinische Übersetzung von Leonardo Bruni, gest. 1444), ferner um Schriften und Briefe Poggio Bracciolinos (1380–1459), Enea Silvios und anderer. Wyles Übersetzungen sind, nicht zuletzt aus pädagogischen Gründen, darauf gerichtet, die lateinischen

Vorbilder möglichst Wort für Wort unter Nachbildung von Wortstellung und Syntax wiederzugeben.

Einer der ersten, der die Möglichkeiten des gedruckten Buches als eines neuen Mediums in vollem Umfang erkannte, war der S. 332 im Zusammenhang mit seinem ›Apollonius‹-Roman schon genannte Ulmer Stadtarzt **Heinrich Steinhöwel** (1411/12–79). Der bis zu Luthers Zeit meistgelesene Autor deutscher Sprache arbeitete seit 1471 eng mit den Druckern Johann und Günther Zainer zusammen. Günther Zainer ließ sich 1472 in Ulm nieder, sein Druckprogramm in den folgenden Jahren war von Steinhöwel, der auch Finanzmittel einsetzte, geprägt. Steinhöwel suchte »Belehrendes und Unterrichtendes in deutscher Sprache zugänglich zu machen« (N. Henkel). Beim Übersetzen kam es ihm – anders als dies bei Wyle der Fall war – weniger auf wörtliche als auf sinngemäße, freiere Wiedergabe an. Neben dem erfolgreichen ›Apollonius‹ (Erstdruck 1471) und einigen anderen Schriften veröffentlichte Steinhöwel eine auf der lateinischen Bearbeitung durch Petrarca basierende deutsche Fassung der ›Griseldis‹-Novelle Boccaccios (1471; zur vollständigen Übersetzung des ›Decamerone‹ durch Arigo vgl. S. 348). ›Von den synnrychen erlúchten wyben‹ (1472) betitelt ist die mit zahlreichen Holzschnitten illustrierte deutsche Bearbeitung von Boccaccios ›De claris mulieribus‹ (1361/62), einer Sammlung von Biographien berühmter Frauen. Steinhöwels bekanntestes und verbreitetstes Buch wurde der mit 200 Holzschnitten prachtvoll ausgestattete ›Esopus‹ (1476/77), eine zusammenfassende Sammlung der wichtigsten spätantiken und mittelalterlichen Fabelkollektionen. Der Text der äsopischen Fabeln wurde im Erstdruck sowohl lateinisch wie deutsch wiedergegeben; das 1501 durch Sebastian Brant (vgl. S. 353 f.) bearbeitete und erweiterte Werk erfuhr auch Übersetzungen in andere Sprachen (1593 sogar ins Japanische).

Der fränkische Domherr und Jurist **Albrecht von Eyb** (1420–75; Studium in Erfurt und Italien) verfaßte lateinische und deutsche Schriften. In seinem erfolgreichen Traktat ›Ob einem manne sey zunemen ein eelichs weyb oder nicht‹ (Erstdruck 1472), dem ›Ehebüchlein‹, finden sich zur Veranschaulichung auch einige Erzählungen, darunter die ›Marina‹ (um 1450) eines unbekannten italienischen Humanisten und Boccaccios Novelle ›Guiscardus und Sigismunda‹ (nach der lateinischen Übersetzung von Leonardi Bruni, die auch Niklas von Wyle benutzt hatte); ferner sind im Druck seiner umfangreichen Tugend- und Ständelehre ›Spiegel der Sitten‹ (abgeschlossen 1474, erschienen erst postum 1511) freie Prosa-Verdeutschungen zweier Komödien des erst im 15. Jh. wiederentdeckten römischen Dichters Plautus (um 250–154 v. Chr.) sowie einer lateinischen Komödie (um 1435) des Ugolino de Pisa enthalten. Albrechts von Eyb Übersetzungen werden ihrer Lebendigkeit wegen als sprachliche Meisterleistungen eingeschätzt, der Übersetzer gilt vielfach als der neben Johannes von Tepl beste deutsche Prosaschriftsteller vor Luther.

Die maßgeblichen deutschen Humanisten seit dem ausgehenden 15. Jh. – etwa Konrad Celtis (1459–1508), Jacob Wimpfeling (1450–1528), Johannes Reuchlin (1455–1522), Willibald Pirckheimer (1470–1530) – verfaßten ihre Dichtungen und Prosaschriften in der Regel auf lateinisch. Gleichwohl ging die Tradition des Frühhumanismus nicht wieder verloren; auch weiterhin wurden antike und humanistische Autoren in deutschen Übersetzungen vorgelegt. Als Beispiel genannt sei etwa der Oppenheimer Geistliche **Johannes Gottfried** (gest. nach 1507), der im Stil der Wort-für-Wort-Übersetzungen Wyles zahlreiche moralphilosophische Schriften übersetzte (Cicero, Lukian, Leonardo Bruni usw.); die Wirkung blieb allerdings gering, da mit einer Ausnahme alle Übersetzungen ungedruckt blieben. Erfolgreicher war **Johann Sieder**, um 1500 Sekretär des Würzburger Bischofs, der neben anderen Übersetzungen (Lukian, Plutarch) die erste deutsche Fassung der ›Metamorphosen‹ des Apuleius (2. Jh. n. Chr.), des Romans ›Der

Goldene Esel‹, schuf (Erstdruck 1538). Zum »Bestseller« schließlich wurde die ›Römische Geschichte‹ des württembergischen Rates **Bernhard Schöfferlin** (1436/38–1501), in der große Teile des Geschichtswerks des Livius (59 v. Chr. bis 17 n. Chr.), ergänzt durch andere Quellen, seit 1505 dem lateinunkundigen Leser zugänglich gemacht wurden. Das von Ivo Wittich erweiterte, mit zahlreichen Holzschnitten ausgestattete Werk Schöfferlins, das Auflagen bis in die 2. Hälfte des 17. Jh.s erfuhr, bestimmte weithin das Bild, das man sich in der Frühen Neuzeit von der römischen Geschichte machte.

Literaturhinweise

Ausgaben: Teichner: H. Niewöhner, 3 Bde., 1953–56 (DTM). – Kaufringer: P. Sappler, 1972. – H. Fischer (Hrsg.), Die dt. Märendichtung des 15. Jh.s, 1966 (MTU) [darin auch die Novellen Rosenplüts]. – K. Grubmüller (Hrsg.), Novellistik des MAs, 1996 (zweisprachig; Bibliothek des MAs). – Rosenplüt, Reden: J. Reichel, 1990 (ATB). – Folz: H. Fischer, 1961 (MTU). – Sachsenheim: E. Martin, 1878 (StLV); ›Mörin‹: H. D. Schlosser, 1974 (Dt. Klassiker des MAs) [mit fortlaufendem Kommentar]. – ›Die Historia v. d. sieben weisen Meistern‹: R.-H. Steinmetz, 2001 (ATB). – Hans v. Bühel, ›Dyocletianus‹: A. Keller, 1841. – Anton v. Pforr: F. Geissler, 2 Tle., 1964–74. – Arigo: A. v. Keller, 1860 (StLV). – Marquart v. Stein: R. Harvey, 1988. – Ph. Frankfurter: V. Dollmayr, 1906. – ›Eulenspiegel‹: W. Lindow, 1990 (RUB). – Vintler: I. v. Zingerle, 1874. – ›Des Teufels Netz‹: K. A. Barack, 1863 (StLV). – J. Rothe, ›Ritterspiegel‹: Ch. Huber / P. Kalning, 2009. – S. Brant, ›Narrenschiff‹: F. Zarncke, 1854; J. Knape, 2005 (RUB). – Tilemann Elhen: A. Wyss, 1883. – Twinger, ›Dt. Chronik‹: C. Hegel, 2 Bde., 1870–71. – Historienbibeln: J. F. L. Th. Merzdorf, 2 Bde., 1870 (StLV). – Georg v. Ehingen: G. Ehrmann, 2 Bde., 1979 (GAG). – Maximilian I., ›Weißkunig‹: Th. Musper [u.a.], 2 Bde., 1956; ›Theuerdank‹: H. Unger, 1968. – Mandeville: E. Morall, 1974 (DTM) [Velser]. – Schiltberger: V. Langmantel, 1885 (StLV). – Pilgerberichte (Auswahl): R. Herz [u. a.], 1998 (WILMA). – Hans Tucher d. Ä., ›Reise ins Gelobte Land‹ (1479–80): R. Herz, 2002 (WILMA). – Gottfried v. Franken: G. Eis, 1944. – Closener/Twinger, Vokabulare: K. Kirchert / D. Klein, 3 Bde., 1995 (TTG). – ›Vocabularius

Ex quo‹: K. Grubmüller / B. Schnell [u.a.], 6 Bde., 1988–2001 (TTG). – ›Der Heiligen Leben‹: M. Brand [u. a.], 2 Bde., 1996–2003 (TTG). – Marquard v. Lindau: R. Blumrich, 1994 (TTG). – ›Theologia Deutsch‹: W. v. Hinten, 1982 (MTU). – Bruder Berthold: G. Steer [u. a.], 4 Bde., 1987 (TTG). – Ulrich v. Pottenstein: G. Baptist-Hlawatsch, 1995 (TTG) [Auslegung des 1. Gebots]. – Geistliche Spiele: R. Froning, 3 Bde., 1891–92; ›Innsbrucker Osterspiel‹ u. ›Osterspiel v. Muri‹: R. Meier, 1962 (zweisprachig; RUB); ›Redentiner Osterspiel‹: B. Schottmann, 1975 [u. ö.] (zweisprachig; RUB). – ›Frankfurter Passionsspiel‹: J. Janota, 1997. – Fastnachtspiele: A. v. Keller, 4 Bde., 1853–58 (StLV); D. Wuttke, [3]1984 (RUB); K. Ridder / H.-H. Steinhoff, 1998. – Joh. v. Tepl: Ch. Kiening, 2000 (zweisprachig; RUB); G. Jungbluth, 2 Bde., 1969–83 [Bd. 2 ist Kommentar]; K. Bertau, 2 Bde., 1994 [Bd. 2 ist Kommentar]; W. Krogmann, [4]1978 (Dt. Klassiker des MAs) [mit fortlaufendem Kommentar]. – Niklas v. Wyle: A. v. Keller, 1861 (StLV). – Steinhöwel, ›Griseldis‹: U. Hess, 1975 (MTU); ›Von den synnrychen erlúchten wyben‹: K. Drescher, 1895 (StLV); ›Esopus‹: P. Amelung, 1992 [Faksimile u. Kommentar]. – Albrecht v. Eyb, Dt. Schriften: M. Herrmann, 2 Bde., 1890; ›Spiegel der Sitten‹: G. Klecha, 1989.

Forschungsliteratur: R. Bergmann, Katalog der deutschsprachigen geistl. Spiele u. Marienklagen des MAs, 1986. – E. Bernstein, Die Lit. des dt. Frühhumanismus, 1978 (SM). – Ch. Bertelsmeier-Kierst, ›Griseldis‹ in Deutschland, 1988. – H. Blume, Hermann Bote, 2009. – C. Brinker, *Von manigen helden gute tat.* Geschichte als Exempel bei P. Suchenwirt, 1987. – H. Brunner (Hrsg.), Lit. in der Stadt, 1982 (GAG). – H. Brunner / N. R. Wolf (Hrsg.), Wissenslit. im MA u. in der Frühen Neuzeit, 1993 (WILMA). – E. Catholy, Fastnachtspiel, 1966 (SM). – G. Dicke, H. Steinhöwels ›Esopus‹ u. seine Fortsetzer, 1994 (MTU). – S. Drücke, Humanist. Laienbildung um 1500. Das Übersetzungswerk d. rhein. Humanisten J. Gottfried, 2001. – H. Fischer, Studien zur dt. Märendichtung, [2]1983. – D. Freise, Geistliche Spiele in d. Stadt des ausgehenden MAs, 2002. – F. Fuchs (Hrsg.), Enea Silvio Piccolomini nördlich der Alpen. Pirckheimer-Jb. 22 (2007). – F. Fürbeth, Johannes Hartlieb, 1992 (Hermaea). – F. Fürbeth, Heilquellen in der dt. Wissenslit. des SpätMAs, 2004 (WILMA). – K. Grubmüller, Die Ordnung, der Witz u. das Chaos. Eine Geschichte der europ. Novellistik, 2006. – B. D. Haage / W. Wegner, Die Fachlit. der Artes in MA u. Früher Neuzeit, 2007 (GG). – G. Hahn, Der Ackermann aus Böhmen des Joh. v. Tepl, 1984. – W. Haug [u. a.], Runkelstein, 1982. – W. Haug / B. Wachinger (Hrsg.), Autorentypen, 1991 (Fortuna vitrea). – W. Haug / B. Wachinger (Hrsg.), Kleinere Erzählformen des 15. u. 16. Jh.s, 1993 (Fortuna vitrea). – N. Henkel, Dt. Übersetzungen lat. Schultexte, 1988 (MTU). – J. Janota / W. Williams-Krapp

(Hrsg.), Literar. Leben in Augsburg während des 15. Jh.s, 1995. – Ch. Kiening: Schwierige Modernität. Der ›Ackermann‹ des Joh. v. Tepl, 1998 (MTU). – K. Kirchert, Städt. Geschichtsschreibung u. Schullit., 1993 (WILMA). – J. Knape / D. Wuttke, S.-Brant-Bibliographie, 1990. – J. Knape, Dichtung, Recht u. Freiheit. Studien zu Leben u. Werk S. Brants, 1992. – U. Kocher, Boccaccio u. die dt. Novellistik, 2005. – H. Kugler, Die Vorstellung der Stadt in der Lit. des dt. MAs, 1986 (MTU). – E. Lämmert, Reimsprecherkunst im SpätMA, 1970. – R. Leng, Anleitung Schießpulver zu bereiten, Büchsen zu laden u. zu beschießen, 2000 (Imagines). – R. Leng, *Ars belli.* Dt. kriegstaktische u. kriegstechnische Bilderhss. u. Traktate im 15. und 16. Jh., 2 Bde., 2002 (Imagines). – K. Manger, Das ›Narrenschiff‹, 1983. – N. McLelland [u. a.] (Hrsg.), Humanismus in der dt. Lit. des MAs u. der Frühen Neuzeit, 2008. – U. Mehler / A. H. Touber (Hrsg.), Mittelalterliches Schauspiel, 1994. – J. Melters, *ein frölich gemüt zu machen in schweren zeiten …* Der Schwankroman in MA u. Früher Neuzeit, 2004. – J.-D. Müller, *Gedechtnus.* Lit. u. Hofgesellschaft um Maximilian I., 1982. – Th. Nolte, *Lauda post mortem*, 1983. – S. Obermeier, Das Fabelbuch als Rahmenerzählung, 2004. – R. G. Päsler, Dt.sprachige Sachlit. im Preußenland bis 1500, 2003. – U. Peters, Lit. in der Stadt, 1983. – B. Plank, J. Sieders Übersetzung des ›Goldenen Esels‹, 2004. – J. Reichel, Der Spruchdichter H. Rosenplüt, 1985. – K. Ridder, Jean de Mandevilles ›Reisen‹, 1991 (MTU). – W. Röcke, Die Freude am Bösen, 1987. – K.-H. Schirmer (Hrsg.), Das Märe, 1983 (WdF). – P. G. Schmidt (Hrsg.), Humanismus im dt. Südwesten, 1993. – J. Schneider, H. Deichsler u. die Nürnberger Chronistik des 15. Jh.s, 1991 (WILMA). – F.-J. Schweitzer, Tugend u. Laster in illustrierten didaktischen Dichtungen des späten MAs, 1993. – E. Simon, Die Anfänge des weltlichen dt. Schauspiels 1370–1530, 2003 (MTU). – R. Sprandel (Hrsg.), Zweisprachige Geschichtsschreibung im spätmittelalterl. Deutschland, 1993 (WILMA). – R. Sprandel, Chronisten als Zeitzeugen, 1994. – G. Steer, Hugo Ripelin v. Straßburg, 1981 (TTG). – R.-H. Steinmetz, Exempel u. Auslegung. Studien zu den ›Sieben weisen Meistern‹, 2000. – P. Strohschneider, Ritterromant. Versepik im ausgehenden MA, 1986. – B. Studt, Fürstenhof u. Geschichte, 1992. – J. Theisen, Arigos Decameron, 1996. – B. Weiske, Gesta Romanorum, 2 Bde., 1992 (Fortuna vitrea). – C. Winter, Humanist. Historiographie in der Volkssprache: B. Schöfferlins ›Röm. Historie‹, 1999. – K. Wolf, Hof – Universität – Laien. Literatur- u. sprachgeschichtl. Unters. zum dt. Schrifttum der Wiener Schule des SpätMAs, 2006 (WILMA). – F. J. Worstbrock, Dt. Antikerezeption: 1450–1550, 1976. – H.-J. Ziegeler (Hrsg.), Ritual u. Inszenierung. Geistliches u. weltl. Drama des MAs u. der Frühen Neuzeit, 2004.

D.

Die jüngere Epoche der frühneuhochdeutschen Literatur

(um 1500 – um 1620)

Historischer Überblick

1517 (31. Oktober) Luther veröffentlicht seine 95 Thesen.

1518 Beginn der Reformation in der Schweiz durch Zwingli.

1519–56 Kaiser Karl V. (Enkel Maximilians I.).

1521 Reichstag zu Worms; Wormser Edikt; der geächtete Luther auf der Wartburg (bis 1522).

1522/23 Ritterkrieg gegen die Fürsten (Franz von Sickingen, Ulrich von Hutten).

1524/25 Bauernkrieg.

1526 Erster Reichstag zu Speyer.

1529 Zweiter Reichstag zu Speyer; »Protestation« gegen das Wormser Edikt von 1521, daher die Bezeichnung Protestanten.

1530 Reichstag zu Augsburg; Confessio Augustana.

1531 Schmalkaldischer Bund.

1541 Reformation in Genf (Calvin).

1545–63 Konzil zu Trient; Gegenreformation.

1546 (18. Februar) Luther stirbt in Eisleben.

1546/47 Schmalkaldischer Krieg: Karl V. besiegt die Protestanten.

1555	Augsburger Religions- und Landfriede: Anerkennung der Lutheraner als gleichberechtigt; der Landesherr bestimmt die Konfession.

*

1513–21	Papst Leo X.
1515–47	König Franz I. von Frankreich.
1521–26	Erster Krieg Kaiser Karls V. gegen König Franz; 1525 Schlacht bei Pavia.
1526–29	Zweiter Krieg; 1527 Sacco di Roma.
1529	Die Türken vor Wien.
1534	König Heinrich VIII. macht sich zum Oberhaupt der englischen Kirche; Gründung des Jesuitenordens durch Ignatius von Loyola.
1536–38	Dritter und vierter Krieg Karls V. gegen Franz I.
1552–56	Krieg Karls V. gegen Frankreich.

*

1556–64	Kaiser Ferdinand I. (Bruder Karls V.).
1564–76	Kaiser Maximilian II. (Sohn Ferdinands I.); sieben Zehntel Deutschlands sind lutherisch.
1576–1612	Kaiser Rudolf II. (Sohn Maximilians II.); Beginn der Gegenreformation in Deutschland.
1608	Gründung der Union (protestantisches Verteidigungsbündnis).
1609	Gründung der katholischen Liga.
1612–19	Kaiser Matthias (Bruder Rudolfs II.).
1618–48	Dreißigjähriger Krieg.

*

1562–98	Hugenottenkriege in Frankreich.
1598	Edikt von Nantes (erlassen durch König Heinrich IV.): Religionsfreiheit in Frankreich.
1571	Seeschlacht bei Lepanto: Vernichtung der türkischen Mittelmeerflotte.
1572–85	Papst Gregor XIII. (Gregorianischer Kalender).
1558–1603	Königin Elisabeth I. von England: Elisabethanisches Zeitalter.

1584 Gründung der ersten englischen Kolonie in Nordamerika.
1588 Vernichtung der spanischen Armada, Niedergang der spanischen Seeherrschaft.

Die jüngere Epoche der frühneuhochdeutschen Literatur reicht von etwa 1500 bis zum Beginn der Barockdichtung um 1620, zu der sie überleitet (vgl. S. 29 ff.). Sie umfaßt eine beinahe unübersehbare Zahl gedruckter Texte; Handschriften sind nur noch in wenigen Bereichen, z. B. dem des Meistergesangs oder der Familien-, Landes- und Stadtchronistik, von größerer Bedeutung. Humanistische, reformatorische, gegenreformatorische Texte stehen nebeneinander, Übersetzungen und Bearbeitungen fremdsprachiger Literatur spielen eine erhebliche Rolle. Neben traditionellen literarischen Typen, die freilich vielfach neu gestaltet wurden, finden sich bis dahin unbekannte oder nun erstmals zu größerer Bedeutung gelangte Textarten, etwa Flugschrift und Flugblatt, Kirchenlied, religiöses und weltliches Drama neuer, vom Humanismus beeinflußter Art. Neu ist (freilich gilt dies weitgehend schon für das 15. Jh.), daß wir über die meisten Autoren nun viel mehr wissen als dies im Mittelalter der Fall ist. Dies ermöglicht es, sie einigermaßen präzise in ihrem sozialen und literarischen Umfeld zu situieren. Zentral für die folgende Darstellung sind wiederum die unterschiedlichen Typen der Lieddichtung, die – nun ausschließlich in Prosa abgefaßten – Romane, ferner die für die Unterhaltungsbedürfnisse der Zeit besonders charakteristischen Sammlungen von Erzählungen. Weitere literarische Typen können nur in strikter Auswahl gewürdigt werden. Historisch untergliedern läßt sich die Epoche in die Zeit der konfessionellen Kämpfe und Kriege bis zum Augsburger Religions- und Landfrieden 1555 und in die folgende mit wirtschaftlicher Prosperität verbundene Friedenszeit, in der die Gegenreformation einsetzt – das Ende dieser Periode wird durch den Ausbruch des Dreißigjährigen Krieges 1618 markiert. Diese Gliederung ist auch von literarhistorischer Relevanz: Seit der Jahrhundertmitte verliert die religiöse Kontroversliteratur erheblich an Bedeutung, ab dem letzten Drittel des Jh.s werden in zunehmendem Umfang »moderne« französische und spanische Romantexte und italienische Liedtypen rezipiert – dies bildet eine der Voraussetzungen für die Literatur der Barockzeit. Anzumerken ist, daß der literarhistorische Forschungsstand besonders im Bereich der zweiten Hälfte des 16. und der beiden ersten Jahrzehnte des 17. Jh.s derzeit noch sehr unbefriedigend ist; insbesondere auch die editorische Erschließung läßt trotz mancher Anstrengungen immer noch sehr zu wünschen übrig.

1. Lateinischer Humanismus und deutsche Literatur

Humanismus

Zu den wichtigsten Unterscheidungsmerkmalen zwischen Spätmittelalter und Früher Neuzeit gehört die Durchsetzung des Humanismus um und nach 1500 samt ihren Folgen; zum Frühhumanismus vgl. S. 370 f. Neben den S. 373 schon erwähnten Humanisten Celtis, Wimpfeling, Reuchlin und Pirckheimer sind für das frühe 16. Jh. vor allem zu nennen Konrad Peutinger (1465–1547), Erasmus von Rotterdam (1466/69–1536), Konrad Mutianus Rufus (1471–1536), Heinrich Bebel (1472–1518), Crotus Rubeanus (um 1480 – um 1545), Joachim von Watt (Vadianus; 1484–1551), Beatus Rhenanus (1485–1547), Eobanus Hessus (1488–1540), Ulrich von Hutten (1488–1523) und die etwas jüngeren Philipp Melanchthon (1497–1560) und Joachim Camerarius (1500–74). (Manche Humanisten latinisierten oder gräzisierten ihre Namen: Celtis hieß eigentlich Pickel, Crotus

Rubeanus Johann Jäger, Mutianus Muth, Melanchthon Schwarzerdt; Hessus, eigentlich Koch, nannte sich nach seiner hessischen Herkunft, der im elsässischen Schlettstadt beheimatete Beatus Rhenanus, eigentlich Bild, nach der Herkunft seiner Familie aus Rheinau.) Weder ihrer Herkunft noch ihrer beruflichen Tätigkeit nach handelte es sich um eine einheitliche Gruppe, wohl aber nach ihrem Selbstverständnis. Celtis, ein fränkischer Winzersohn, hatte in seinen letzten zehn Lebensjahren eine Professur an der Universität Wien inne; der in ganz Europa berühmte Erasmus von Rotterdam, Sproß aus dem Konkubinat eines Priesters, lebte viele Jahre zunächst als Kleriker, dann als Privatgelehrter in den Niederlanden, in Frankreich, England, Italien, zuletzt in Basel und Freiburg i. Br.; Privatgelehrte waren auch der in Gotha ansässige Kanoniker Mutianus und Beatus Rhenanus in Schlettstadt. Hochangesehene Juristen, der eine als Fürstenberater am württembergischen Hof und Richter, dann Professor in Ingolstadt und Tübingen, der andere als Stadtschreiber der Reichsstadt Augsburg und schließlich geadelter kaiserlicher Rat, waren Reuchlin und Peutinger. Ratsherr und Feldherr der Reichsstadt Nürnberg war der mit Albrecht Dürer befreundete, aus einer bedeutenden Patrizierfamilie stammende Jurist Pirckheimer; aus einer weitverzweigten fränkischen Ritterfamilie kam der zeitweise als fürstlicher Rat tätige Ulrich von Hutten. Als Universitätsprofessoren wirkten Hessus (in Erfurt und Marburg), Melanchthon (in Wittenberg) und Camerarius (in Leipzig) – der um eine Generation ältere Bebel, ein schwäbischer Bauernsohn, hatte es, in Zeiten, die den Humanisten noch nicht so günstig waren, hingegen nur zum schlecht bezahlten, wenig geachteten Lektor an der Universität Tübingen gebracht.

Trotz aller Unterschiede bestand zwischen den als Humanisten bezeichneten Gelehrten – sie selbst nannten sich *poetae*, in Italien sprach man von *humanistae* – aufgrund eines gemeinsamen, an der Antike und am italienischen Humanismus orientierten Bildungshorizonts und -programms und gleich gerichteter Interessen ein Zusammengehörigkeitsgefühl, aus dem sich so etwas wie ein elitäres Bewußtsein ergab. Die gemeinsame Sprache war das an klassischen Mustern geschulte und sich dadurch vom mittelalterlichen Latein scharf abhebende (Neu-)Lateinische, seit etwa 1500 trat dazu mehr und mehr die Kenntnis des Griechischen; die dritte alte Sprache, das Hebräische, blieb eher am Rand. Dazu kam bei den meisten Humanisten eine starke nationale Akzentuierung, die Besinnung auf die Kulturleistungen und die Bedeutung der eigenen Nation, ein »Reichspatriotismus«. Die Zusammengehörigkeit wurde vielfach in Gemeinschaften, den Sodalitäten, gepflegt, in denen es um wissenschaftliche Arbeit ebenso wie um Geselligkeit ging (die ›Sodalitas Rhenana‹ in Heidelberg wurde 1495 von Celtis gegründet, weitere Sodalitäten gab es in Wien, Ingolstadt, Straßburg, Gotha). Der wissenschaftliche und private Austausch erfolgte in ausgedehnten lateinischen Briefwechseln, die vielfach auch untereinander bekannt gemacht bzw. gedruckt wurden. Zentrale Arbeitsgebiete waren unter anderem Editionen griechischer und lateinischer Autoren, Philologie, Poetologie, Geschichtsforschung, Pädagogik, Moralphilosophie. Eine Reihe von Humanisten schuf in Nachahmung (*imitatio*) von und im Wettstreit (*aemulatio*) mit antiken Vorbildern auch neulateinische Dichtungen unterschiedlicher Typen. Die bedeutendsten von ihnen waren Celtis, Hutten, Eobanus Hessus, im späteren 16. Jh. Petrus Lotichius Secundus (1528–60) und Paulus Melissus Schede (1539–1602). Nicht-lateinkundigen Lesern blieb diese in Humanistenkreisen überall in Europa verbreitete Dichtung freilich fast ganz verschlossen, da – mit Ausnahme von Dramen (vgl. S. 477 ff.) – kaum je einmal etwas in die Volkssprache übersetzt wurde.

Man sieht in den Humanisten eine »neue intellektuelle Funktionselite, rede- und schreibgewandt, ausgerichtet auf die steigenden Anforderungen der fürstlichen bzw. städtischen Verwaltungen, Diplomatie, Rechtspflege und ›Öffentlichkeitsarbeit‹« (W. Kühlmann / H. Wiegand). Ihr »modernes« Bildungsprogramm war dem traditionell mittelalterlichen, von der Scholastik (vgl. S. 363) geprägten Ausbildungssystem so sehr überlegen, daß es dieses relativ rasch ablösen konnte, zunächst im protestantischen Bereich, später, zur Zeit der Gegenreformation – maßgeblich betrieben von den Jesuiten – auch im katholischen. Berühmtes Zeugnis der Auseinandersetzung mit den Scholastikern sind die anonym publizierten, vor allem von Crotus Rubeanus und Hutten verfaßten ›Epistolae obscurorum virorum‹ (1515 bis 1517), die ›Dunkelmännerbriefe‹, Satiren unter anderem gegen das schlechte Latein und das geringe Niveau der scholastischen Lehrpraxis. Die praktische Umsetzung des humanistischen Bildungsprogramms in Schule und Hochschule war maßgeblich das Werk **Philipp Melanchthons**. Für ihn war – erstmals formuliert in seiner Wittenberger Antrittsvorlesung von 1518 – das Studium der alten Sprachen, der Bibel, der Geschichte, auch der Mathematik Grundlage der Bildung, die zu sittlicher Besserung führen soll. Mit dem 1526 gegründeten Gymnasium in Nürnberg (dem heutigen Melanchthon-Gymnasium), das vielerorts als Muster diente, schuf er das erste »humanistische« Gymnasium mit dem charakteristischen Schwerpunkt auf Latein und Griechisch – bis in das 19. Jh. die ausschließliche Regelschule zur Erlangung der »höheren« Bildung. Die Lehrprogramme der Universitäten wurden entsprechend gestaltet, nicht zuletzt von Anfang an in den neu gegründeten Landesuniversitäten protestantischer Fürsten (Marburg 1527, Königsberg 1544, Jena 1558). Hier wie vielerorts sonst, auch in Dänemark und Siebenbürgen, war Melanchthon als einflußreicher Berater tätig.

Im literarischen Schaffen der genannten Humanisten spielte die deutsche Sprache entweder gar keine oder eine mehr oder weniger untergeordnete Rolle. Die einzige Ausnahme ist **Ulrich von Hutten**. Die Hinwendung zum

Deutschen in den letzten Lebensjahren dieses unruhigen und streitlustigen Geistes hängt mit der zunehmenden Bedeutung zusammen, die die politische Agitation für ihn gewann. Hutten hatte sich schon während seiner Studienjahre an einer Reihe deutscher und italienischer Universitäten einen Namen als glänzender neulateinischer Dichter und als Autor einer sehr erfolgreichen ›Ars versificandi‹ (1511; 28 Auflagen bis 1560) gemacht. Seine späteren Schriften waren vorwiegend rom- und kirchenfeindlichen Themen vor reichspatriotischem Hintergrund gewidmet (Hutten feierte als erster Hermann den Cherusker, den Sieger der Varusschlacht 9 n. Chr., als Vorkämpfer deutscher Freiheit). Die von ihm bevorzugte literarische Form war nunmehr der Prosadialog, den er nach dem antiken Vorbild vor allem Lukians (um 120–180 n. Chr.) aufgriff und zu allgemeiner Geltung brachte: mehrere Figuren besprechen von unterschiedlichen Standpunkten aus ein Thema. Zahlreichen Flugschriften der Reformationszeit dienten Huttens Dialoge als Vorbild.

Im Unterschied zu den meisten übrigen Humanisten drängte Hutten, wie er in einem berühmten Brief an Pirckheimer (›Epistola vitae meae rationem exponens‹ – ›Rechenschaft über mein Leben‹, 1518, gedr. 1519) zum Ausdruck brachte, zu aktivem Handeln; hier finden sich die als charakteristisch für das Lebensgefühl der Humanisten viel zitierten Worte: »O seculum! O literae! Iuvat vivere …« (Böcking I, 217) – »Oh Jahrhundert! Oh Wissenschaften! Es ist eine Lust zu leben …« Als einer der ersten ergriff Hutten von 1519 an Luthers Partei. Ab 1520 erreichte er mit aggressiven anti-römischen Schriften, teilweise Übersetzungen eigener lateinischer Texte, breite Kreise. Im ›Gesprächbüchlein‹ (1521) wurden Übersetzungen von vier scharf romkritischen Schriften zusammengefaßt. Gleich auf Deutsch verfaßte Schriften, etwa ›Clag vnd vormanung gegen dem übermässigen vnchristlichen gewalt des Bapsts zuo Rom, vnd der vngeistlichen geistlichen … der gantzen Christenheit vnd zuouoran dem vatterland Teutscher Nation zuo nutz vnd guot ...‹ schrieb er großenteils in den damals für derartige Texte in der Volkssprache üblichen Reimpaarversen. Der deutschen Sprache bediente Hutten sich auch in dem siebenstrophigen Lied (1521), in dem er, ausgehend von seiner Devise »Ich habs gewagt« (*Iacta est alea*), eine Rechtfertigung seines publizistisch-politischen Handelns lieferte. Der Text blieb im 16. Jh. unbeachtet, berühmt und viel zitiert wurde er erst seit der Wiederentdeckung und Verklärung Huttens als eines deutschen Freiheitskämpfers seit Herder (1776):

Ich habs gewagt mit sinnen
vnd trag des noch kain rew –
Mag ich nit dran gewinnen,
noch muoß man spüren trew!
Dar mit ich main nit aim allein –
Wen man es wolt erkennen –
Dem land zuo guot! – wie wol man thuot
Ain pfaffen feyndt mich nennen ... (Böcking II, 92)

In vollem Bewußtsein habe ich es gewagt – noch reut es mich nicht –, habe ich keinen Gewinn davon, so muß man doch meine Treue bemerken! Damit will ich nicht einem allein, sondern – wenn man es nur erkennen wollte – dem (ganzen) Land Gutes tun – obgleich man mich einen Pfaffenfeind nennt ...

Übersetzungen

Obwohl die Humanisten sich in ihren Schriften fast ausschließlich der alten Sprachen bedienten, war das nicht-lateinkundige Publikum des 16. Jh.s doch keineswegs von der Kenntnis antiker und humanistischer Literatur ausgeschlossen, da viele Texte bereits seit dem ausgehenden 15. Jh. in Übersetzungen vorlagen (vgl. S. 370 ff.) bzw. in großem Umfang weiterhin neu übersetzt wurden. Selbst literarisch wenig oder gar nicht gebildete, illiterate Interessenten konnten die Inhalte nicht weniger dieser Schriften kennenlernen, da zahlreiche Vermittlungstexte entstanden, gesungene Meisterlieder (vgl. S. 427 ff.), Dramen (S. 476 ff.) oder auf Flugblättern oder in Flugschriften (vgl. S. 399 ff.) gedruckte Reimpaarsprüche kürzeren oder mittleren Umfangs. Dadurch wurden die Buchvorlagen für jedermann verständlich und leicht zugänglich. Der bei weitem wichtigste, erfolgreichste und bekannteste Produzent solcher Vermittlungstexte war **Hans Sachs** (1494–1576; vgl. S. 403 ff.). Das im Autograph erhaltene Verzeichnis seiner Bücher von 1562 (Hs. in Zwickau) zeigt, in welchem Umfang er – dessen Lateinkenntnisse relativ bescheiden waren – über Übersetzungen verfügen konnte; über die Texte, die er selbst besaß, hinaus waren ihm, wie man an den in seinen Dichtungen benutzten Quellen erkennt, noch weitere Übersetzungen zur Hand. Sachs verwendete und zitierte zahlreiche Werke antiker Geschichtsschreiber (z. B. Herodot, Xenophon, Diodorus, Herodian, Plutarch, Flavius Josephus, Livius – vgl. dazu S. 374, Sueton, Valerius Maximus) und Dichter (z. B. Homers ›Odyssee‹, Äsop, Vergils ›Aeneis‹, Ovids ›Metamorphosen‹ – vgl. dazu S. 152), in geringerem Umfang philosophische und naturkundliche Werke (z. B. Cicero, Seneca, Boethius, Plinius' d. Ä. ›Naturalis historia‹); auch eine Reihe von Übersetzungen italienischer und deutscher Humanisten wurde teilweise intensiv genutzt (z. B. Petrarca, Boccaccio, Aretino, Poggio, Enea Silvio Piccolomini – vgl. S. 371, Sebastian Brant, Bebel, Erasmus von Rotterdam).

Am Beispiel der volkssprachigen Literatur über den Trojanischen Krieg läßt sich zeigen, wie sehr durch das Wirken der Humanisten das literarische Bild eines historischen Ereignisses verändert wurde, das von größter Bedeutung für die mittelalterliche Vorstellung der Weltgeschichte gewesen war (vgl. S. 149). Wichtigster Quellentext des Mittelalters war der afrz. ›Roman de Troie‹ (um 1165) Benoîts de Sainte-Maure. Benoît hatte sich zwar auf die dem Mittelalter hauptsächlich verfügbaren, in der Darstellung der Ereignisse reichlich dürren antiken Trojatexte des Dares und Dictys gestützt, er hatte sie indes zu einem großen höfischen Versroman erweitert. Benoîts Fassung wurde unter anderem den deutschen Trojaromanen Herborts von Fritzlar (um 1195?) und Konrads von Würzburg (um 1280), ferner der lateinischen Prosa des Guido de Columnis (1287) zugrunde gelegt; über Konrads Fassung fand sie auch Eingang in Weltchroniken (vgl. S. 269). Ein Abkömmling Konrads und Guidos war letztlich auch das ab 1474 in mehreren Fassungen gedruckte deutsche ›Trojabuch‹, das 1510 letztmals aufgelegt wurde (vgl. S. 331). Damals erlosch zwar nicht das Interesse an Troja, jedoch schlagartig das an den literarischen Darstellungen, die das Mittelalter hervorgebracht hatte; ihre Überlieferung brach ab. Man griff nun erneut – das für den Humanismus maßgebliche Schlagwort lautete: *ad fontes!* – »zurück zu den Quellen!« – auf die antiken Texte zurück. 1536 erschien die Übersetzung der Trojatexte des Dares und Dictys durch **Marcus Tatius Alpinus** (um 1509–62; Erzieher im Dienst der Fugger in Augsburg, später Professor in Ingolstadt; vgl. Abb. 21), im folgenden Jahr, 1537, kam die Prosaübersetzung von Homers ›Odyssee‹ von **Simon Schaidenreisser** (um 1500–72; Stadtschreiber in München) heraus; eine vollständige deutsche Übersetzung der ›Ilias‹ in Reimpaaren von dem Augsburger Notar und Meistersinger **Johann Spreng** (1524–1601) wurde erst 1610 gedruckt. Im Mittelalter kannte man Homer in Westeuropa mehr oder weniger nur dem Namen nach. Allerdings waren seit dem späten 14. Jh. in Italien lateinische Übersetzungen der beiden Epen entstanden, seit 1488 lagen ›Ilias‹ und ›Odyssee‹ im griechischen Original gedruckt vor. Die poetische Umsetzung der seit 1536/37 vorhandenen deutschen Übersetzungen besorgte vorwiegend Hans Sachs. Zum Thema Trojanischer Krieg verfaßte er nicht weniger als 32 Meisterlieder, 20 Spruchgedichte und sechs Theaterstücke. Dabei beschränkte er sich durchweg auf Ausschnitte, der Krieg als Ganzes wird nirgends thematisiert. Auf die Bedeutung und

bꝛan die gantz Gretia auß begyrd des kriegs/vnd werden zway jar an einander waffen/geſchütz/ſchiffe/vnnd ſölche ding alle zůgericht/ vnnd ſo die gantz
jugendt eins thayls von jhr ſelbs/eines thayls zů eer ſeiner geſellen/das ſie es
den anderen auch nach theten/ſich zů des kriegs gegenwöꝛ fürdert. Aber vnd
den dingen ward ein groſſer gwalt von ſchiffen mit höchſtem fleyß gezymert/
darumb das nicht ſo vil tauſent hőꝛ/die allenthalben her zůſamenn gebꝛacht
warden/auß vnfleyß des ſchiffens verhindert wurden.

Wie vil ſchif ein yegklicher Griechiſcher Herr zůſamen gebꝛacht hab.

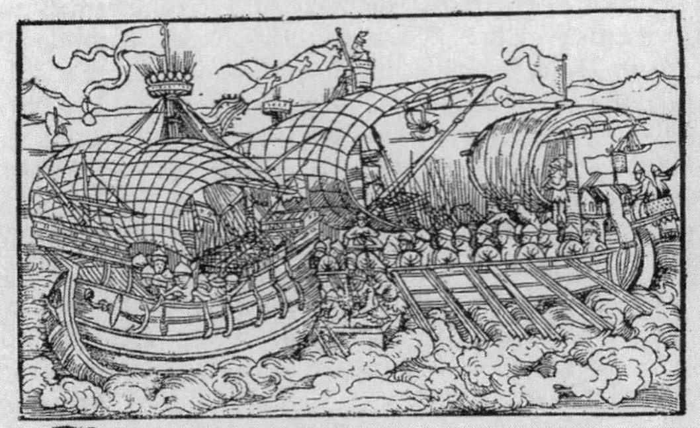

DErhalb wie die zway jar verſchynen/haben alle Künig nach jrn reich
tungen vnd herſchafften/jr zůgerüſte ſchiff gen Aulida Boetie(dann
das ſelb oꝛt was darzů auſerwölt) voꝛhin geſchickt/ vnder wöllichen
Agamemnon der erſt hundert ſchiff von Mycenis / vnd andere ſechtzig/wöl
che er auß mancherlay ſtetten/ſo vnder jm waren/zůſamen gebꝛacht hett/den
Agapenoꝛem darüber geſtelt/der Neſtoꝛ ein Armadi von neüntzig ſchiffen zů
gerüſt/Der Menelaus auß der gantzenn Lacedemone ſechtzig ſchiff/Der Mo-
neſteus von Athenis fünfftzig/Elphenoꝛ auß Eboia dreiſſig/Ayax Thelamo
nius auß Salamina viertzig/Diomedes von Argis/auch ein Armadi võ ach
tzig ſchiffen/Aſchalaphus vnd Jalmenus von Oꝛchomeno dreiſſig ſchif/Ayax
Oileus zwölffe/vnnd zů gleich auß der gantzen Boetia Archeſilaus/Prothe-
noꝛ/Peneleus/Leitus/Clonius fünfftzig ſchiff. Auß Phocide der Schedius
vnnd Epiſtrophus viertzig/Darnach der Tolpius vnnd Dioꝛes ſampt dem
Amplimacho/vnd Polizimo von Elide/vnd andern ſtedten des ſelben lands
viertzig.

Abb. 21 Eine Seite aus dem Erstdruck der Dictys-Übersetzung von Marcus Tatius Alpinus, Augsburg 1536: Sammlung der griechischen Flotte

Rolle des Trojanischen Krieges für die Weltgeschichte kommt es – wie man an ihren Vorreden sehen kann – weder Tatius Alpinus noch Schaidenreisser an, auch Sachs ist daran nicht interessiert. Der Wert der Ereignisse um Troja liegt vielmehr lediglich darin, daß sie eine Fülle positiver und negativer Exempla für richtiges oder falsches Verhalten liefern können. Troja erscheint als Stoffreservoir neben anderen, denen sich gleichfalls interessante und unterhaltsame Beispielerzählungen und gute Lehren abgewinnen lassen. Die *historia* dient, mit Cicero zu sprechen, nur noch als *magistra vitae*, als »Lehrmeisterin des Lebens«.

Literaturhinweise

Ausgaben: W. Trillitzsch (Hrsg.), Der dt. Renaissancehumanismus. Abriß u. Auswahl, 1981. – W. Kühlmann [u. a.] (Hrsg.), Humanistische Lyrik des 16. Jh.s, 1997 (zweisprachig; Bibliothek der Frühen Neuzeit). – ›Epistolae obscurorum virorum‹: E. Böcking. 2 Bde., 1864–69. – Hutten: E. Böcking. 5 Bde., 1859–61. – Hans Sachs: A. v. Keller / E. Goetze. 26 Bde., 1870–1908 (StLV). – Bücherverzeichnis des H. Sachs: 500 Jahre Hans Sachs. Ausstellungskatalog Wolfenbüttel, 1994, S. 46–55. – Schaidenreisser: T. Sodmann / G. Weydt, 1986 [Faksimile].

Forschungsliteratur: C. Augustijn, Erasmus v. Rotterdam, 1986. – H. Brunner (Hrsg.), Die dt. Trojalit. des MAs u. der Frühen Neuzeit, 1990 (WILMA). – H. Brunner, Hans Sachs, 2009. – P. Fochler, Fiktion als Historie. Der Trojan. Krieg in der dt. Lit. des 16. Jh.s, 1990 (WILMA). – R. Friedrich / K. A. Vogel (Hrsg.), 500 Jahre Ph. Melanchthon. Pirckheimer-Jb. 13 (1998). – F. Fuchs (Hrsg.), Konrad Celtis in Nürnberg. Pirckheimer-Jb. 19 (2004). – F. Fuchs (Hrsg.), Die Pirckheimer. Pirckheimer-Jb. 21 (2006). – St. Füssel (Hrsg.), Akten des Internat. Ulrich v. Hutten-Symposions 1988. Pirckheimer-Jb. 4 (1988). – D. Harth, Philologie u. praktische Philosophie. Zum Sprach- u. Traditionsverständnis des Erasmus von Rotterdam, 1970. – H. Holeczek, Erasmus Deutsch, 1983. – N. Holzberg, Willibald Pirckheimer. Griech. Humanismus in Deutschland, 1981. – B. Könneker, Die dt. Lit. der Reformationszeit. Kommentar zu einer Epoche, 1975. – B. Könneker, Satire im 16. Jh., 1991. – P. Laub (Hrsg.), Ulrich v. Hutten. Ausstellungskatalog, 1988. – F. Rueb, Der hinkende Schmiedegott. Ulrich v. Hutten 1488–1523, 1988. – P. G.

Schmidt (Hrsg.), Humanismus im dt. Südwesten, 1993. – I. Spriewald u. a., Grundpositionen der dt. Lit. im 16. Jh., 1976. – H. J. Vermeer, Das Übersetzen in Renaissance u. Humanismus. Bd. 2, 2000. – F. J. Worstbrock, Dt. Antikenrezeption 1450–1550, 1976.

2. Reformationsliteratur

Die Reformation gehört zu den einschneidendsten und folgenreichsten Ereignissen der deutschen und europäischen Geschichte. Jeder einzelne war davon in seiner religiösen wie politisch-sozialen Umwelt betroffen. In theologischer Hinsicht zentral war die Frage, wie man die Gnade Gottes erlangen könne. Die auf die Bibel gestützte Antwort der Reformation lautete: *sola fide*, allein durch den Glauben (Rechtfertigungslehre; vgl. Römerbrief 3,28). Der Mensch steht Gott als einzelner gegenüber. Gute Werke, Geldzahlungen für den Ablaß, um an dem von der Kirche angesammelten Gnadenschatz teilhaben zu dürfen, Wallfahrten, Marien- und Heiligenverehrung, Reliquienkult, Ohrenbeichte, die Stiftung von Messen, Pfründen, Altären, Klöstern, Gütern usw. – all das zählt nicht, ist bestenfalls nicht schädlich. Maßgeblich ist allein der Glaube, das Vertrauen auf Gottes Gnade. Die Autorität des Papstes und der ganzen kirchlichen Hierarchie, das Kirchenrecht, die kirchliche Tradition, der Zölibat sind aufgehoben, da nicht biblisch begründet. Es gilt das Schriftprinzip: *sola scriptura* – maßgeblich ist allein das in der Heiligen Schrift geoffenbarte Wort Gottes. Deshalb ist es wichtig, daß jeder Christ die Bibel in seiner Sprache lesen kann und daß er alles versteht, was in Glaubensdingen gesagt wird – daraus ergibt sich die Bedeutung der Volkssprache. Latein hört auf, Kirchensprache zu sein (es bleibt die Sprache der Gelehrten). Von den sieben Sakramenten der Papstkirche (Taufe, Abendmahl, Buße, Firmung, Ehe, Priesterweihe, Letzte Ölung), bleiben, da nur sie biblisch bezeugt sind, lediglich Taufe und Abendmahl. Die besondere, durch die Weihe begründete Rolle des Priesters gibt es nicht mehr, an seine Stelle tritt das Priestertum aller Gläubigen, sie bestimmen geeignete Personen zu Pfarrern. In den protestantischen Landesherrschaften und Reichsstädten wurde das Kirchengut säkularisiert, die Klöster wurden aufgehoben, die Autorität der alten Kirche endete; Pfarr- und Schulwesen, Armen-, Kranken- und Obdachlosenfürsorge wurden in staatliche Regie übernommen.

Kirchliche Reformen waren um 1500 angesichts der herrschenden Mißstände überfällig, sie waren bereits im 15. Jh. immer wieder angemahnt worden und man hatte, weitgehend vergeblich, versucht, sie durch Konzilien umzusetzen. Daß der von Luther seit 1517 angestoßene Prozeß zur Kirchenspaltung führen würde, war ursprünglich nicht beabsichtigt und war zu Beginn nicht absehbar. Der Streit wurde von beiden Seiten mit allen zur Verfügung stehenden Mitteln, selbstverständlich auch literarischen, geführt. Die skandinavischen Länder, die Niederlande, große Teile der Schweiz, England, Schottland gingen der Papstkirche verloren, in Frankreich wurde der Erfolg der Reformation durch staatlichen Terror verhindert, ebenso in vielen Gebieten Deutschlands. Am Ende des Prozesses, nach den Schrecken des Dreißigjährigen Krieges, blieb Deutschland konfessionell gespalten.

Die Reformation war auch ein bedeutendes Ereignis der Literaturgeschichte. Die Zahl der in ihrem Zusammenhang verfaßten Schriften ist nahezu unübersehbar. Im vorliegenden Zusammenhang kann nur auf die wichtigsten Autoren und Texte eingegangen werden.

Martin Luther

Luther war nicht allein verantwortlich für die Reformation. Es gab zahlreiche Persönlichkeiten, die die von ihm ausgegangenen Anstöße unterstützten, weitertrugen oder die

Ähnliches unternahmen. Alle waren auch als Autoren tätig. Neben Melanchthon (vgl. S. 383) sind der kurfürstlich-sächsische Geheimsekretär Georg Spalatin (1484–1545) zu erwähnen, ferner Luthers Mitarbeiter Justus Jonas (1493–1555) und Andreas Bodenstein, genannt Karlstadt (1480–1541), der seit 1521 die Reformation in Wittenberg vorantrieb, sich jedoch bald mit Luther entzweite und eigene Wege gehen mußte. In Norddeutschland wirkte der mit dem Reformator eng verbundene Johann Bugenhagen (1485–1558), in der Reichsstadt Nürnberg wurde die Reformation vor allem durch den Ratsschreiber Lazarus Spengler (1479–1534) und den Geistlichen Andreas Osiander (1498–1552) durchgesetzt. Aus Württemberg ist Johann Brenz (1499–1570) zu nennen, aus Basel Johann Oekolampad (1482–1531), aus Straßburg Martin Bucer (1491–1551). Als Reformatoren Zürichs wirkten Huldrych Zwingli (1484–1531) und Heinrich Bullinger (1504–75), das französischsprachige Genf reformierte Jean Calvin (1509–64). Zwinglianer und Calvinisten bilden einen eigenen, international weit verbreiteten Zweig der neuen Konfession, die reformierte Kirche. Der Versuch, Luther und Zwingli zur Gemeinsamkeit zu veranlassen, scheiterte am Abendmahlsstreit (Marburger Religionsgespräch 1529). Keinerlei Verständigung gab es mit denen, die die Reformation mit sozialrevolutionären Absichten verbanden und auch in religiösen Angelegenheiten eigene Wege gingen, den Wiedertäufern und sogenannten Schwärmern, Sekten, die von allen Seiten grausam verfolgt wurden und denen außer dem Tod nur Geheimhaltung oder Flucht blieben. Bekanntester Protagonist dieser Richtung war Thomas Müntzer (geb. um 1490, 1525 hingerichtet).

Luther ist gleichwohl in jeder Hinsicht die Zentralfigur, auch als überaus produktiver und erfolgreicher Schriftsteller mit großem, fortwirkendem Einfluß auf die Sprach- und Literaturgeschichte. Martin Luther wurde 1483 in Eisleben geboren. Er erhielt zunächst in Mansfeld, dann in Magdeburg und Eisenach eine gründliche Schulbildung. Ab 1501 studierte er in Erfurt, wo er zunächst – wie vorgeschrieben – die Artistenfakultät durchlief. Nach dem Erwerb des Magister artium begann er ein Jurastudium. Dieses brach er nach kurzer Zeit 1505 ab. Er trat in das Kloster der Erfurter Augustiner-Eremiten ein. Hier und in Wittenberg studierte er Theologie. 1510/11 unternahm er eine Reise nach Rom. Nachdem er 1512 zum D. theol. promoviert worden war, wurde er zum Professor für Bibelexegese an der erst 1502 gegründeten Universität Wittenberg ernannt. In den folgenden Jahren erarbeitete er sich seine theologischen Grundüberzeugungen. Mit dem Thesenanschlag am 31. Oktober 1517 begann die Zeit seines öffentlichen Wirkens. In kurzer Zeit wurde er in ganz Deutschland populär. Versuche, ihn zum Widerruf zu bewegen, scheiterten. 1521 wurde er gebannt und verfiel der Reichsacht. Sein Landesherr Kurfürst Friedrich der Weise rettete ihn auf die Wartburg über Eisenach. 1522 kehrte er nach Wittenberg zurück. 1525 heiratete er. Sein Wohnsitz war das aufgehobene Augustinerkloster, das sein Landesherr ihm schenkte, Melanchthon wohnte in unmittelbarer Nachbarschaft. Luther entfaltete eine ausgedehnte Tätigkeit als theologischer Lehrer, Autor, Prediger, Kirchenreformer und Fürstenberater. Er starb 1546 in seinem Geburtsort Eisleben, beigesetzt wurde er in der Schloßkirche zu Wittenberg.

Luthers literarisches Werk ist sehr umfangreich. Er schrieb und publizierte auf Deutsch und auf Latein. Als Gesamtzahl seiner Einzelschriften hat man 467 Titel ermittelt, ein Viertel davon in lateinischer Sprache. Dazu kommen mehr als 2500 (erhaltene) Briefe, etwa 2000 meist von anderen aufgezeichnete Predigten, schließlich die ebenfalls von anderen niedergeschriebene umfangreiche Sammlung der ›Tischreden‹, Äußerungen während der Mahlzeiten und bei anderen Gelegenheiten im Hause Luthers (ab 1531). Zwischen 1518 und 1544 soll Luther fünfmal soviel publiziert haben wie alle altgläubigen Publizisten zusammen; allein 1523 erschienen 346 Ausgaben seiner Schriften, 1528 immerhin noch 60 Ausgaben. Ohne Luthers schriftstellerische Brillanz, seinen unermüdlichen Fleiß und ohne das neue, von ihm (und seinen Zeitgenossen) intensiv genutzte Medium des Buchdrucks wären die unerhörte Breitenwirkung seiner Lehren und der Erfolg der Reformation nicht möglich gewesen.

Luther, der eine umfassende Schulung in der lateinischen Rhetorik erfahren hatte, zeigte sich gänzlich desinteressiert an den bei vielen Zeitgenossen, etwa Hutten oder Hans Sachs, beliebten kunstvolleren literarischen Formen: Dialogen, Allegorien, Lob- und Lehrdichtungen. Er bevorzugte sachliche Textarten und fast ausschließlich die Prosa: Predigt, Schriftauslegung, Katechismus, Gebet, Traktat oder Sermon, Streitschrift. Verse verwendete er im wesentlichen nur in seinen – allerdings epochemachenden – Kirchenliedern (vgl. S. 420 ff.). Seine Veröffentlichungen von Predigtreihen – er benutzte hierfür den (im Spätmittelalter gängigen) Titel ›Postille‹ – dienten den Predigern als Orientierungshilfe, den Gläubigen als Andachtsbücher; hierher gehört auch die von ihm geschriebene Gebetsliteratur. Der für die Jugend verfaßte ›Kleine Katechismus‹ (1529) bietet eine knappe, lebendig geschriebene Glaubenslehre – ein Buch, das als Haus- und Schulbuch jahrhundertelang in Gebrauch blieb. Zu den Traktaten zu zählen sind etwa die berühmten Programmschriften des Jahres 1520, die in kürzester Zeit überall verbreitet wurden, vor allem ›An den christlichen Adel deutscher Nation von des christlichen Standes Besserung‹, ein leidenschaftlicher, wortgewaltiger Aufruf an Kaiser, Fürsten und Adel, sich vom biblisch nicht begründeten Joch der römischen Kirche frei zu machen. Dargelegt wird zunächst deren verrotteter Zustand, dann werden detaillierte Hinweise gegeben, wie man Abhilfe schaffen könne und was sich in Deutschland überhaupt verbessern müsse (unter anderem das Universitätswesen). Besonders durch diese Schrift wurde Luther geradezu über Nacht zum Volkshelden. Eine weitere Programmschrift des Jahres 1520 ist ›Von der Freiheit eines Christenmenschen‹, in der er auf allgemeinverständliche Weise die Grundlagen seiner Theologie darlegte. In die Reihe der Streit- oder Kampfschriften gehört unter anderem das berüchtigte Pamphlet ›Wider die räuberischen und mörderischen Rotten der Bauern‹ (1525), in dem Luther rät, erbarmungslos gegen die aufrührerischen Kräfte im Bauernkrieg vorzugehen. Von der christlichen Nächstenliebe, über die er in ›Von der Freiheit eines Christenmenschen‹ gesprochen hatte, ist hier nicht die Rede. Melanchthon und andere tadelten zu Recht die Heftigkeit der Ausbrüche Luthers dort, wo er sie für angebracht hielt. Die Streitschriften verwickelten ihn in zahlreiche literarische Fehden mit Gegnern, in denen keine Seite der anderen Grobheiten schuldig blieb – man lebte im Zeitalter des sogenannten Grobianismus, in dem höfliche, zurückhaltende Sprache manchen Autoren und in manchen Situationen offenbar als Schwäche galt und in dem man Kraftausdrücke, Wort- und Namensverdrehungen, Rohheiten, Obszönitäten für geraten hielt (vgl. auch S. 469 ff.). Ein kleines Korpus von Tierfabeln, vorwiegend Bearbeitungen nach Steinhöwels ›Esopus‹ (vgl. S. 372), wurde erst postum veröffentlicht; wie im 16. Jh. und darüber hinaus üblich (vgl. S. 472), sah Luther in dieser literarischen Form ein »sittlich-moralisches Unterweisungsmittel« (H. Wolf).

Luther ist einer der glänzendsten Stilisten der deutschen Literaturgeschichte. Heute noch kann man von ihm lernen, klares, einfaches, flüssiges, rhetorisch einfallsreiches, durch Wortwahl, Wortklang und Satzrhythmus auch in ästhetischer Hinsicht überzeugendes Deutsch zu schreiben. Die an den verschiedenen Auflagen der deutschen Bibel vorgenommenen Besserungen zeigen, daß er fortwährend an seiner Sprache gearbeitet hat. Verständlichkeit und Klarheit sind oberstes Gebot, angesprochen werden sollen alle Leser oder Hörer. Im ›Sendbrief vom Dolmetschen‹ (1530) äußert Luther sich zu der Frage, wie man übersetzen solle:

> Man mus die mutter jhm hause / die kinder auff der gassen / den gemeinen man auff dem marckt drumb fragen / vnd den selbigen auff das maul sehen / wie sie reden / vnd darnach dolmetzschen / so verstehen sie es den / vnd mercken / das man Deutsch mit jn redet.

Diese Ansicht, die man keinesfalls als ein Plädoyer für Kunstlosigkeit mißverstehen darf, gilt nicht nur für Luthers Übersetzungen, sondern ganz allgemein für die Sprache seiner deutschen Schriften.

›Die gantze Heilige Schrifft Deudsch‹, Luthers Bibelübersetzung, ist eines der zentralen Werke der deutschen Sprach- und Literaturgeschichte (vgl. Abb. 22). Die Entstehung zog sich lange hin. Die Übersetzung des Neuen Testaments erarbeitete Luther von Dezember 1521 bis März 1522 auf der Wartburg hauptsächlich auf der Grundlage des von Erasmus von Rotterdam herausgegebenen griechischen Urtextes. Nach einer zusammen mit Melanchthon vorgenommenen Revision erschien das Buch im September 1522 (›Septembertestament‹), bis zum Jahresende kam es zu zwölf Nachdrucken. Das Alte Testament wurde in Teilen ab 1523 veröffentlicht, erst 1534 lag die gesamte Bibel in Luthers Übersetzung vor. Grundlage für das Alte Testament war der hebräische Text, den Luther in zwei in Italien gedruckten Exemplaren besaß. Bei der Übersetzung wußte er sich der Mithilfe sprach- und sachkundiger Wittenberger Kollegen, darunter wieder Melanchthons, zu versichern. Alle Wittenberger Auflagen wurden von Luther fortwährend revidiert; die »Ausgabe letzter Hand« erschien 1545. Beigegeben waren dem Text kommentierende und rezeptionssteuernde Vorreden auf das Alte und das Neue Testament sowie zu einzelnen Büchern, außerdem Holzschnitte von Wittenberger Künstlern. Bis zu Luthers Tod erschienen – eingeschlossen alle auswärtigen Nachdrucke – rund 270 Ausgaben, dazu viele Teilausgaben. Die katholische Konkurrenzausgabe des Neuen Testaments, die der am Hof des

Abb. 22 Haupttitelblatt (Lucas Cranach d. J.) der letzten zu Luthers Lebzeiten erschienenen Ausgabe der Bibelübersetzung, Wittenberg 1545: Verdammung (links), Erlösung (rechts)

altgläubig gebliebenen Herzogs von Sachsen wirkende Theologe und Lutherfeind Hieronymus Emser (1478–1527) herausbrachte, ist nichts weiter als ein Plagiat. Luthers Bibel blieb – in späteren Jahrhunderten meist in nicht immer glücklichen Revisionen – bis heute ein Hausbuch in evangelischen Familien.

Die Bibelübersetzung wirkte über den deutschen Sprachraum hinaus in die Niederlande, nach Skandinavien, England und in mehrere slawischsprachige Länder. Zwar wird Luther heute nicht mehr als der Schöpfer der nhd. Schriftsprache gesehen, da er auf älterem Sprachgebrauch aufbauen konnte, doch gilt sein Werk als »entscheidender Faktor« (S. Grosse) bei der Herausbildung der einheitlichen Schriftsprache. Zahlreiche mitteldeutsche Wörter verbreiteten sich durch ihn im gesamten deutschen Sprachraum, z. B. Lippe (oberdt. Lefze), Kluft (Klinge), Kelter (Trotte, Weinpresse), toben (zornig sein), Morgenland (Aufgang der Sonne); nicht wenige gebräuchliche Wörter und Formulierungen sind Luthersche Neuprägungen, z. B. Ehrgeiz, Lückenbüßer, das Hasenpanier ergreifen, Spitzbube. Dazu kommen zahllose der Bibel entnommene Redewendungen, z. B. Rufer in der Wüste, den Seinen gibt's der Herr im Schlaf, Recht muß Recht bleiben, Schwerter zu Pflugscharen. Literaturgeschichtlich von größter Bedeutung ist, daß durch die Bibel wichtige Stoffe und oft auch damit verbundene Formulierungen Autoren und Publikum meist von Kindheit an vertraut waren: Kain und Abel, Noah, Josef in Ägypten, Simson, König David, Hiob, die Weihnachtsgeschichte, der Verlorene Sohn, Christi Passion, Saulus – Paulus. Diese und weitere Figuren und Geschichten ließen und lassen sich noch heute in Texten unterschiedlichster Art neu gestalten, sie werden zitiert und auf sie wird angespielt. Und bis in die Gegenwart spielen im Bewußtsein der meisten Menschen biblische Denkmuster und Beispielgestalten eine Rolle: David gegen Goliath – der Schwache kann den Starken besiegen, Judas als der Inbegriff des Verräters, Hiob als Inbegriff eines Menschen, der unermeßliches Leid geduldig erträgt. Schließlich lieferte Luthers Text die Grundlage für die großen Werke, die noch heute das kirchenmusikalische Repertoire weitestgehend dominieren: J. S. Bachs ›Weihnachtsoratorium‹ und seine Passionen, F. Mendelssohn Bartholdys Bibeloratorien ›Paulus‹ und ›Elias‹ und das ›Deutsche Requiem‹ von J. Brahms.

Einen Eindruck von Luthers Sprachkunst vermag der berühmte 23. Psalm zu geben, eines der schönsten deutschen Prosagedichte, in dem das Vertrauen auf Gottes Güte in einfacher, jedoch durchaus poetischer Sprache und mit wirkungsvoller Rhythmik zum Ausdruck gebracht ist. Man beachte vor allem die rhythmischen Wechsel zu Beginn des vierten und des fünften Verses, die Luther durch Großbuchstaben als neuen Teil markiert hat:

> 1 DER HERR IST MEIN Hirte / Mir wird nichts mangeln. 2 Er weidet mich auff einer grünen Awen / Vnd füret mich zum frischen Wasser. 3 Er erquicket meine Seele / er füret mich auff rechter Strasse / Vmb seines namens willen. 4 VNd ob ich schon wandert im finstern Tal / fürchte ich kein Vnglück / Denn du bist bey mir / Dein Stecken vnd Stab trösten mich. 5 DV bereitest fur mir einen Tisch gegen meine Feinde / Du salbest mein Heubt mit öle / Vnd schenckest mir vol ein. 6 Gutes vnd Barmhertzigkeit werden mir folgen mein leben lang / Vnd werde bleiben im Hause des HERRN jmerdar.

Reformatorische Flugschriften

Bald nach der Erfindung des Buchdrucks entstanden mit Flugblatt und Flugschrift erstmals Massenmedien. Die Inhalte waren ganz unterschiedlich, es kam vor allem darauf an, eine große Leserschaft rasch, ohne erheblichen Herstellungsaufwand und bei niedrigen Verkaufspreisen zu erreichen. Unter Flugblättern versteht man größere, meist einseitig bedruckte, in der Regel mit einem Holzschnitt illustrierte Einzelblätter. Als Flugschriften werden ungebundene, mehrblättrige, kleinformatige, selten illustrierte Druckwerke bezeichnet; sie umfassen meist 8 oder 16 Blätter, manchmal sind sie auch umfangreicher. Inhalte und literarische Formen waren beliebig. In einer Epoche, in der es noch keine periodisch erscheinenden Zeitungen und Zeitschriften gab – Zeitungen wurden in Deutschland erstmals zu Beginn, Zeitschriften gegen Ende des 17. Jh.s herausgegeben –, dienten Flugblätter und Flugschriften oft zur Verbreitung politischer oder sensationeller Neuigkeiten, sie konnten aber auch, in Versen oder in Prosa, unterhaltsame Texte, Lieder, Satiren, Traktate usw. enthalten. Häufig kamen die Texte anonym heraus, oft auch ohne Angabe von Drucker und Druckort, da mit Zensur gerechnet werden mußte.

Die Reformationszeit war die bedeutendste Blütezeit der Flugschriften. Sie dienten zur Verbreitung reformatorischen Gedankengutes, zur Auseinandersetzung mit den Altgläubigen, zum Austrag innerreformatorischer Kontroversen. Für die Zeit zwischen 1501 und 1530 rechnet man mit ca. 10 000 Druckausgaben (nicht unterschiedlichen Texten!). Von Luthers ›Von der Freiheit eines Christenmenschen‹ erschienen allein 18 Auflagen, von den im März 1525, zu Beginn des Bauernkriegs, verbreiteten ›Zwölf Artikeln der Bauernschaft‹ haben sich 25 verschiedene Ausgaben erhalten.

Die namentlich bekannten Autoren reformatorischer Flugschriften waren oft Geistliche, doch griffen auch ungelehrte Personen zur Feder, gelegentlich Frauen. Die bekannteste von ihnen ist **Argula von Grumbach** (um 1492–1554 oder 1568), die 1523/24 sieben pro-lutherische Schriften verfaßte. Der bei weitem bedeutendste Autor reformatorischer Flugschriften war **Luther,** dessen rund 200 Flugschriftentexte in über 900 Ausgaben verbreitet waren. Zu den meistgelesenen Texten gehört der 1521 anonym erschienene ›Karsthans‹, ein Dialog, in dessen Mittelpunkt ein bibelfester Bauer steht, der sogleich sprichwörtlich gewordene Karsthans (*karst* bedeutet »Hacke«), der Luther gegen seinen Feind Thomas Murner (s. u.) verteidigt. Profilierte Publizisten der frühen Reformationszeit waren unter anderem die beiden ehemaligen Franziskaner **Heinrich von Kettenbach** (geb. vor 1500), der 1522/23 neun vielgelesene pro-lutherische Flugschriften herausbrachte, und vor allem **Johann Eberlin von** (d. h. aus) **Günzburg** (um 1470–1533; zuletzt Pfarrer in der Nähe von Ansbach). Eberlins bekanntestes Werk sind die 1521 veröffentlichten ›Fünfzehn Bundesgenossen‹, eine Reihe von Flugschriften, die sich unter anderem mit dem Elend von Klosterinsassen beschäftigen; in zwei Texten (Nr. 6 und 14) finden sich Übersetzungen von Auszügen aus der berühmten lateinischen Satire ›Encomium moriae‹ (1511), dem ›Lob der Torheit‹, des von Eberlin und seinen Zeitgenossen bewunderten Erasmus von Rotterdam. Am bekanntesten ist der utopische Entwurf einer neuen Ordnung des religiösen und weltlichen Lebens im Lande Wolfaria (d. h. Wohlfahrt) in Nr. 10 und 11; die vorgeschlagene religiöse Ordnung wurde bei den Reformierten weitgehend umgesetzt, die weltliche kann man nur als reaktionär und illusionär bezeichnen. Satirische Schriften, z. B. ›Ein schöner Dialog von M. Luther und der geschickten Botschaft aus der Hölle, die falsche Geistlichkeit und das Wort Gottes anlangend, ganz hübsch zu lesen‹ (1523), veröffentlichte in den zwanziger Jahren der vielseitige protestantische Lehrer, Pfarrer und Schriftsteller **Erasmus Alberus** (um 1500–53; zuletzt Pfarrer in Neubrandenburg). Heftige Gegenreaktionen Luthers erregte der von **Andreas Karlstadt** durch dessen Schrift ›Von der Abtuung der Bilder und daß kein Bettler unter den Christen sein soll‹ (1522) veranlaßte Wittenberger Bildersturm. **Thomas Müntzers** Gegnerschaft zu Luther äußerte sich literarisch 1524 insbesondere in der ›Hochverursachten Schutzrede und Antwort wider das geistlose sanftlebende Fleisch zu Wittenberg, welches mit verklärter Weise durch den Diebstahl der Hl. Schrift die erbärmliche [d. h. um Erbarmen bittende] Christenheit also ganz jämmerlich besudelt hat‹.

Einer der katholischen Gegner Luthers war der Theologe **Johannes Cochlaeus** (1479–1552), von dem unter anderem die Schrift ›Sieben Köpfe Martin Luthers‹ (1529) stammt. Als schärfster und literarisch ambitioniertester Luthergegner gilt der elsässische Franziskaner **Thomas Murner** (1475–1537), einer der bedeutendsten Autoren der Zeit. Murner stammte aus einer wohlhabenden Straßburger Familie, 15jährig trat er in den Franziskanerorden ein. Er studierte in Freiburg i. Br., Paris, Krakau, Rostock, Prag und Wien, wurde 1506 zum D. theol. und 1518 zum Dr. beider Rechte promoviert und wirkte vielerorts im Auftrag seines Ordens. Nach der Aufhebung des Straßburger Franziskanerklosters 1524 wurde er von dort vertrieben. Eine Zeitlang hielt er sich in Luzern auf, er mußte aber auch die Schweiz wieder verlassen. Anschließend, bis zu seinem Tod, wirkte er als Seelsorger in seinem elsässischen Geburtsort Oberehnheim. Murner publizierte etwa 70 Schriften, wissenschaftliche Werke aus den Bereichen Geschichte, Astrologie, Theologie und Jura in lateinischer Sprache, deutsche Übersetzungen – der ›Aeneis‹ Vergils (1515; in vierhebigen Reimpaaren) und großer Sammlungen des römischen Rechts (1518/19), schließlich seit 1509 meist in Reimpaarversen abgefaßte, überwiegend satirische deutsche Texte. Sprachlich virtuose zeitkritische Narrenrevuen in der Nachfolge des ›Narrenschiffes‹ Sebastian Brants (vgl. S. 353 ff.), dessen Holzschnitte teilweise mitverwendet wurden, sind die ›Narrenbeschwörung‹, die ›Schelmenzunft‹ (beide 1512), die ›Mühle von Schwindelsheim‹ (1515) und die ›Geuchmat‹ (d. h. die Wiese, auf der sich die Liebesnarren versammeln; 1519). Murner bietet mit diesen Moralsatiren »ein Zeitpanorama, wie man es sich bunter und lebendiger kaum wünschen kann« (H. Heger): aufgeboten werden z. B. in der ›Schelmenzunft‹ Geistliche, Juristen, Kaufleute, Kriegsleute, Ratsherren, Klatschweiber, »Zungensünder« usw. Obwohl Murner kirchenkritisch eingestellt war, wurde er doch zum entschiedenen Feind der Reformation. Nach mehreren

Schriften, die er 1520 gegen Luther publizierte, avancierte er zur beliebtesten, zugleich verhaßtesten Zielscheibe pro-lutherischer Autoren. Mit der umfangreichen Verssatire ›Von dem Großen Lutherischen Narren‹ (1522) suchte er sich zu rächen. Der Große Narr steht für die reformatorischen Bestrebungen, er ist umgeben von allerlei kleinen Narren, darunter Eberlins fünfzehn Bundesgenossen; Hauptmann ist natürlich Luther. Die Angriffe gegen die Hauptfestung, das von Murner verteidigte Schloß des Glaubens, scheitern, der Versuch, Murner durch die Hochzeit mit Luthers Tochter zu gewinnen, auf schmähliche Weise ebenfalls. Schließlich stirbt Luther, er wird auf dem Scheißhaus bestattet, die als Nachlaß des ebenfalls gestorbenen Großen Narren übrig bleibende Narrenkappe beansprucht Murner selbst. Die grobianische Satire, teilweise witzig und höhnisch, teilweise unflätig, mit allerlei grotesken Zügen, wurde vom Straßburger Rat sogleich verboten und blieb wirkungslos.

Hans Sachs

Hans Sachs wurde 1494 in Nürnberg – damals neben Köln die bedeutendste Stadt in Deutschland – geboren. Er besuchte die Lateinschule, 15jährig begann er eine zweijährige Schusterlehre. Von 1511 bis 1516 absolvierte er die übliche Gesellenwanderung, auf der er in weiten Teilen Deutschlands herumkam. Nach der Rückkehr heiratete er und wurde 1520 Meister seines Handwerks. Sachs führte ein seßhaftes, ruhiges, von zunehmendem Wohlstand bestimmtes Leben. 81jährig verstarb er 1576 in seiner Vaterstadt.

Das literarische Handwerk hatte Sachs während seiner Schuhmacherlehre in der Gesellschaft der Nürnberger Meistersinger erlernt, als seinen Mentor nennt er Lienhard Nunnenbeck (vgl. S. 314). Der Meisterkunst blieb er zeitlebens verbunden, zwischen 1513 und 1567 verfaßte er nicht weniger als 4286 Meisterlieder. Entscheidend für die weitere

Entwicklung des Meistergesanges war, daß er, der bedeutendste und berühmteste Meistersinger, die Kunst von 1523 an in den Dienst der Reformation stellte. Ihm und seinen Zeitgenossen und Nachfolgern – aus dem 16. bis 18. Jh. sind etwa 350 Meisterlieddichter bekannt – ging es darum, Abschnitte aus Luthers Bibelübersetzung in gesungene Lieder umzudichten, sie zu kommentieren und auszudeuten. Daneben nahmen seit Sachs auch Meisterlieder weltlichen Inhalts eine bedeutende Rolle ein. In ihnen wurden historische Stoffe, Erzählungen unterschiedlicher Art nach antiken, mittelalterlichen und zeitgenössischen Quellen, darunter auch Fabeln und Schwänke, vorgetragen (zu den Quellen vgl. S. 428). Die Meisterlieddichter sahen ihre Aufgabe in erster Linie darin, den überwiegend illiteraten Zuhörern der Singschulen, der Konzerte der Meistersinger, religiöses und säkulares Wissen, das der Buchliteratur entnommen werden konnte, zugänglich zu machen. Durch die Umgestaltung der Texte in leicht faßliche (aber keineswegs kunstlose) Lieder und durch deren gesungenen Vortrag wurden Stoffe und Themen Hörern bekannt gemacht, denen die literarische Welt sonst weitgehend oder ganz verschlossen war.

Die zweite literarische Ausdrucksform, deren Sachs sich bediente, war das Spruchgedicht. Dabei handelt es sich um Texte in paargereimten (meist) vierhebigen Verszeilen (sog. Knittelversen), die zum Sprechvortrag oder zum Lesen bestimmt waren. Sie wurden häufig, oft zusammen mit einem einprägsamen Holzschnitt, als Flugblätter oder Flugschriften gedruckt und verbreitet. Inhaltlich bestand kein allzu großer Unterschied zu den formal aufwendigeren Meisterliedern. Gedichte dieser Art behandelten wiederum religiöse oder weltliche Stoffe, öfter auch aktuelle Themen. Sachs, der nahezu 2000 Texte dieser Art schrieb, stand hier ebenfalls in einer langen literarischen Tradition (vgl. S. 344 ff.), im 15. Jh. waren die bedeutendsten Autoren auf diesem Gebiet die Nürnberger Rosenplüt und Folz (vgl. S. 345 f.). Seine Popularität begründete Sachs 1523 mit dem Spruchgedicht ›Die wittembergisch nachtigall‹, in dem er eine volkstümliche Darstellung der Lehre Luthers, der »Nachtigall«, gab:

Wach auff! Es nahent gen dem tag.
Ich hör singen im grünen hag
Ein wunigkliche nachtigall.
Ir stim durchklinget berg und tal.
Die nacht neigt sich gen occident,
Der Tag geht auf von orient ... (Keller/Goetze, Bd. 6, S. 368)

Zu den heute noch lesenswerten Texten gehören vor allem auch Spruchgedichte, in denen Sachs sich – veranlaßt durch den Schmalkaldischen Krieg 1546 und durch den Raubzug des Markgrafen von Brandenburg-Kulmbach 1552–54 durch Franken, bei dem 1553 auch Nürnberg belagert wurde – eindrucksvoll mit dem Phänomen des Krieges auseinandersetzte, z. B. ›Das schedlich gros und starck thier, der krieg‹ (Keller/Goetze, Bd. 3, S. 465 ff.) und ›Der Landsknechtsspiegel‹ (ebd. S. 470 ff.). Als der verhaßte Markgraf 1557 starb, schrieb Sachs eines seiner bedeutendsten politisch-satirischen Gedichte, das ›Gesprech von der himelfart [gemeint ist die Höllenfahrt] margraff Albrechtz‹ (ebd. Bd. 23, S. 113 ff.).

Die dritte von Hans Sachs verwendete literarische Form war das ebenfalls in Reimpaaren abgefaßte Spiel. Im Bereich des Fastnachtspiels stand er hier in einer ausgeprägten Nürnberger Tradition, die vorwiegend wiederum auf Rosenplüt und Folz zurückgeht (vgl. S. 366 f.). Sachs bereicherte diesen Spieltyp durch 85 Texte, darunter noch heute gelegentlich gespielte Stücke wie ›Das Kälberbrüten‹, ›Das Narrenschneiden‹, ›Der fahrende Schüler ins Paradeis‹ (Keller/Goetze, Bd. 5 und 7). Der für viele ältere Spiele kennzeichnende obszön-fäkalische Einschlag ist bei ihm fast ganz beseitigt. Damit entsprach er den durch die Reformation strenger gewordenen Maßstäben von öffentlicher Sittsamkeit. Literarisches Neuland betrat Sachs mit seinen über hundert Komödien und Tragödien (die Klassifizierung erfolgt entsprechend dem glücklichen oder unglücklichen Ausgang). In ihnen dramatisierte er biblische und weltliche Erzählstoffe. Den Zuschauern vermittelt und vor Augen gestellt werden: die Geschichte von Judith und Holofernes, die Opferung Isaaks, das Schicksal Johannes' des Täufers, die Passion Christi; der Tod der Römerin Lucretia (nach Livius, vgl. S. 374), der Trojastoff (vgl. S. 386 ff.), die Geschichten von Tristrant und Isalde (nach dem Prosaroman, vgl. S. 333) und von Siegfried und Kriemhild (nach dem ›Lied vom Hürnen Seyfrid‹, vgl. S. 248) und vieles andere. Sachs bot auch umfangreiche Stoffe in leicht faßlicher Form und versah sie mit moralisierenden Deutungen, die der Zuschauer und Leser auf seine eigenen Verhältnisse anwenden konnte. Manche Stücke wurden bis in das 17. Jh. aufgeführt.

Sachs bediente sich zwar weit überwiegend des Verses, gleichwohl kommt seinen wenigen Prosaarbeiten großes Gewicht zu. Insbesondere gilt dies für die vier als Flugschriften publizierten Reformationsdialoge von 1524, in denen er die von Hutten eingeführte Form des Prosadialogs aufgriff. Inhaltlich geht es um Luthers Lehre und deren Überlegenheit über die Papstkirche, doch diskutiert Sachs auch mit der neuen Lehre verbundene Probleme. Besonders eindrucksvoll ist der ›Dialogus … den Geytz … betreffend‹. Ein katholischer Geistlicher und ein wohlhabender adliger Protestant sprechen über den Umgang mit materiellen Gütern und über das Verhalten der Reichen und Mächtigen den Armen und Ohnmächtigen gegenüber (vgl. Abb. 23). Der Dialog stellt eine geharnischte Strafpredigt gegen die Anhänger der neuen Lehre dar, deren Verhalten das althergebrachte bleibt und sich keineswegs am Evangelium orientiert. Sachs schildert das Elend der geknechteten Stückwerker, jener Arbeiter, die ihr Material vom Verleger, d. h. vom Händler, erhalten und die für die einzelnen Stücke bezahlt werden – sie sind völlig in der Hand des Kaufherrn:

Ein Dialogus/des inhalt/ein argument der Römischen/wider das Christlich heüflein/den Geytz/auch ander offenlich laster &c. betreffend.

Ephesios.v.

Hůrerey vnd vnrainigkait/oder geytz/ laßt nit von euch gesagt werden/ wie den heyligen zů steet.

Abb. 23 Titelblatt zu Hans Sachs, ›Dialogus … den Geytz … betreffend‹, 1524

> Weyter regirt der geytz gewaltigklich unter den kauffherren und verlegern, die da drucken ire arbeyter und stückwercker; wenn sie inen ir arbeyt und pfenwerdt [Ware] bringen oder haimtragen, da tadeln sie in ir arbeyt auffs hinderst, dann steet der arm arbeyter zitrent bey der thür mit geschlossnen henden, stilschweygent, auff das er des kauffherren huld nit verlier … (Keller/Goetze, Bd. 22, S. 55)

Hauptsächliche Absicht der Dichtungen des Hans Sachs war es, die Angehörigen der städtischen Mittel- und Unterschichten, den »gemeinen Mann«, auf je verschiedene Weise in möglichst großem Umfang mit religiöser und weltlicher Bildung vertraut zu machen. Damit verbunden ist die ausdrückliche Bewertung: den Hörern, Zuschauern und Lesern soll richtiges Verhalten im religiösen, öffentlichen und privaten Bereich gezeigt werden, unrichtiges Verhalten wird ihnen satirisch, warnend oder auch humorvoll vor Augen gestellt. Richtschnur sind die Bibel, die Vernunft und die Lehren weiser Leute. Die Orientierung an der Didaxe erklärt, weshalb es bei Sachs (und seinen Zeitgenossen) kaum individuelle Personengestaltung gibt, vielmehr werden die Figuren weitestgehend typisiert: an ihnen interessiert nur das Typische und Allgemeingültige, nicht das Individuelle. Daß die Kunst von Hans Sachs auch bei den Gebildeten und den Angehörigen der Oberschicht Anklang fand, beweisen nicht nur viele rühmende Zeugnisse, es geht auch aus dem Erfolg der großen fünfbändigen Ausgabe seiner Werke hervor, in der er seit 1558 die bis dahin nur in Einzelausgaben erschienenen oder noch ungedruckten Dichtungen herausbrachte; die Ausgabe wurde zuletzt 1612–15 nachgedruckt. Seit dem späten 18. Jh., seit Wieland, Goethe und den Romantikern, galt Sachs als Inbegriff des deutschen Handwerkers und Stadtbürgers – internationale Verbreitung gewann dieses romantisierende Bild durch Richard Wagners Oper ›Die Meistersinger von Nürnberg‹ (1868).

Literaturhinweise

Ausgaben: Luther: Werke (Weimarer Ausgabe): 1. Abt. Werke, 60 Bde., 2. Abt. Tischreden, 6 Bde., 3. Abt.: Die Deutsche Bibel, 12 Bde., 4. Abt.: Briefe, 15 Bde., 1883 ff.; Auswahl: A. Leitzmann / O. Clemen, 8 Bde., 1950; Die gantze Hl. Schrift Deudsch: H. Volz, 2 Bde., 1972; Neues Testament: H.-G. Roloff, 2 Bde., 1989 (RUB); ›An den christlichen Adel‹ u. a.: E. Kähler, 1995 (RUB); Tischreden (Auswahl): K. Aland, 1993 (RUB); Ausgewählte dt. Schriften: H. Volz, ²1966. – Flugschriften: H.-J. Köhler, 9 Bde. (Mikrofiches), 1978–86 [frühes 16. Jh.]; ›Ohn' Ablass von Rom kann man wohl selig werden‹. Streitschriften u. Flugblätter der frühen Reformationszeit: German. Nationalmuseum Nürnberg, 1983 [Faksimiles]; Flugschriften des Bauernkrieges: K. Kaczerowsky, 1970; Die lutherischen Pamphlete gegen Th. Müntzer: L. Fischer, 1976; ›Die Wahrheit muß ans Licht!‹. Dialoge aus der Zeit der Reformation: R. Bentzinger, 1988. – Th. Müntzer, Schriften, liturgische Texte, Briefe: R. Bentzinger / S. Hoyer, 1990. – Eberlin von Günzburg: Sämtl. Schriften: L. Enders, 3 Bde., 1896–1902. – Karlstadt, ›Von Abtuhung der Bilder‹: H. Lietzmann, 1911. – H. Sachs, Werke: A. v. Keller / E. Goetze, 26 Bde., 1870–1908 (StLV); Auswahlausgaben: R. Hahn, 2 Bde., 1992; H. Kugler, 2003 (RUB); Reformationsdichtung: G. H. Seufert, 1974 (RUB); Regesten zu den Meisterliedern von Sachs: H. Brunner / B. Wachinger (Hrsg.), Repertorium der Sangsprüche u. Meisterlieder des 12. bis 18. Jh.s [RSM], 16 Bde., 1986–2009, hier Bd. 9–11.

Forschungsliteratur: E. Bernstein, Hans Sachs, 1993 (Rowohlts Monographien). – W. Besch, Deutscher Bibelwortschatz in der frühen Neuzeit, 2008. – H. Bornkamm, Luther als Schriftsteller, 1965. – H. Brunner u. a. (Hrsg.), Hans Sachs u. Nürnberg, 1976. – H. Brunner, Hans Sachs, 2009. – 500 Jahre Hans Sachs. Ausstellungskatalog Wolfenbüttel, 1995. – St. Füssel (Hrsg.), Hans Sachs im Schnittpunkt von Antike u. Neuzeit. Pirckheimer-Jb. 10 (1995). – G. Hess, Deutsch-lateinische Narrenzunft. Studien zum Verhältnis von Volkssprache u. Latinität in der satirischen Lit. des 16. Jh.s, 1971 (MTU). – N. Holzberg, Hans-Sachs-Bibliographie, 1976. – H.-J. Köhler, Flugschriften als Massenmedium der Reformationszeit, 1981. – B. Könneker, Wesen u. Wandlung der Narrenidee im Zeitalter des Humanismus, 1966. – B. Könneker, Hans Sachs, 1971 (SM). – B. Könneker, Die dt. Lit. der Reformationszeit. Kommentar zu einer Epoche, 1975. – B. Könneker, Satire im 16. Jh., 1991 (Arbeitsbücher). – W. v. Loewenich, Martin Luther. Der Mann u. das Werk, 1982. – B. Lohse, Martin Luther. Eine Einführung in sein Leben und sein Werk, ²1982. – H. Reinitzer, Biblia deutsch. Luthers Bibelübersetzung u. ihre Tradition, 1983. – H. Schmoldt, Reclams Lexikon der Bibelzitate,

2002 (RUB). – J. Schutte, ›Schympf red‹. Frühformen bürgerlicher Agitation in Th. Murners ›Großem Lutherischen Narren‹, 1973. – J. Schwitalla, Flugschrift, 1999. – J. K. W. Willers (Hrsg.), Hans Sachs u. die Meistersinger in ihrer Zeit. Ausstellungskatalog German. Nationalmuseum Nürnberg, 1981. – H. Wolf, Martin Luther, 1980 (SM). – H. Wolf (Hrsg.), Luthers Deutsch. Sprachliche Leistung u. Wirkung, 1996.

3. Lieddichtung

Die überaus reiche Liedproduktion des 16. und frühen 17. Jh.s umfaßt schätzungsweise rund zwanzigtausend erhaltene Texte, von denen viele mit den Melodien überliefert sind. Die wichtigsten Liedtypen sind: Liederbuchlied (Liebeslieder und anderes), langes Erzähllied (»Ballade«), politisches Lied, Kirchenlied, Meisterlied. Die Liedtypen setzen teilweise ältere Traditionen fort, zum Teil bringen sie Neues. »Große« Liedautoren begegnen mit Luther und Hans Sachs nur im Bereich des Kirchen- und des Meisterliedes.

Überlieferung: Zahlreiche Lieder der unterschiedlichen Typen wurden seit dem ausgehenden 15. Jh. als Flugblätter oder Flugschriften (vgl. S. 399 ff.) mit oder – meist – ohne Beigabe der Melodien gedruckt. Abschriften gedruckter Lieder finden sich nicht selten auch in Hss. Bisweilen wurden Kleindrucke nachträglich zu einem Band zusammengefaßt. So enthält z. B. das um 1515 gebundene ›Liederbuch des Jörg Dürnhofer‹ (Erlangen, UB) nicht weniger als 43 Drucke mit Liedern unterschiedlicher Art.

Der als Liederbuchlied bezeichnete Liedtyp umfaßt nahezu ausnahmslos weltliches Liedgut, das allgemein verbreitet war, aber auch Lieder, die vorwiegend oder ausschließlich an den Höfen und im gehobenen Stadtbürgertum gesungen wurden. Gesammelt wurden Lieder dieser Art in handschriftlichen und gedruckten Liederbüchern mit oder ohne Melodien. Melodielose Liederhss. sind z. B. die um 1550 entstandene Sammlung Heidelberg, UB, Cpg 343 (über 200 Lieder) und das ›Raaber Liederbuch‹ (aus Raab / Györ, Ungarn) aus der Zeit um 1600 (103 Lieder), gedruckte Sammlungen ohne Melodien bieten etwa die seit 1531 in drei Teilen erschienenen, öfter aufgelegten ›Bergreihen‹ (103 Lieder) oder das seit 1578 in Frankfurt am Main mehrfach herausgekommene sog. ›Ambraser Liederbuch‹ (262 Lieder). Lieder dieser Art und ihre Melodien wurden zahlreichen mehr-, meist vierstimmigen Tonsätzen zugrundegelegt. Daher spielen gedruckte Sammlungen mit Noten, die mit Rücksicht auf das praktische Musizieren in der Form von Stimmbüchern (bei Vierstimmigkeit vier Hefte: Discant, Alt, Tenor, Baß, bei Fünfstimmigkeit trat eine weitere Stimme hinzu) erschienen, für die Überlieferung eine geradezu zentrale Rolle. Bis in die sechziger Jahre des 16. Jh.s herrschte auf diesem Gebiet in Deutschland der um die Mitte des 15. Jh.s aufgekommene Formtyp des Tenorliedes (vgl. S. 308). Sammlungen von Tenorliedern sind unter anderem die Kollektionen der Drucker Erhard Öglin (1512), Peter Schöffer d. J. (1513), Arnt von Aich (d. h. Aachen; 1518), Johann Ott (1534), Christian Egenolff (1535 ff.). Am bedeutendsten und mit 380 Tonsätzen am umfangreichsten ist die Sammlung der ›Frischen teutschen Liedlein‹, die der Musiker und Nürnberger Stadtarzt **Georg Forster** (um 1510–68) zwischen 1539 und 1556 in fünf meist mehrfach aufgelegten Teilen herausgab (vgl. Abb. 24). Auch als im letzten Drittel des 16. Jh.s neue, aus Italien stammende Kompositionstypen zu deutschen Texten adaptiert wurden, konnten sich alte Liedtexte noch längere Zeit halten, z. B. in den Liedersammlungen des berühmten Komponisten Orlando di Lasso (erschienen 1567, 1572, 1576).

Die langen Erzähllieder wurden meist in der Form von Flugschriften verbreitet, daneben gibt es handschriftliche Aufzeichnungen. Ähnliches gilt für die politischen Lieder, die als Flugblätter oder Flugschriften herauskamen; vielfach blieben sie nur erhalten, weil man die Texte nachträglich in Hss., meist Chroniken, aufnahm (vgl. S. 318).

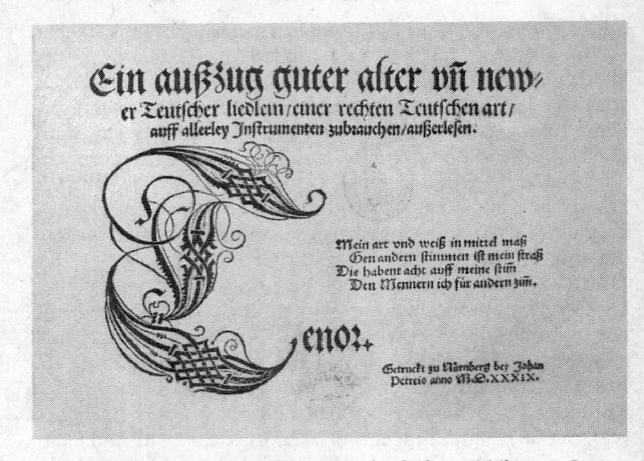

Ein außzug guter alter vñ new=
er Teutscher liedlein/einer rechten Teutschen art/
auff allerley Instrumenten zubrauchen/außerlesen.

Mein art vnd weiß in mittel maß
Gen andern stimmen ist mein straß
Die habent acht auff meine stim̃
Den Mennern ich für andern zim̃.

Tenor.

Getruckt zu Nürmberg bey Johan
Petreio anno M.D.XXXIX.

Abb. 24 Titelblatt zum Tenorstimmbuch des 1. Teils von Georg Forsters ›Frischen teutschen Liedlein‹, Nürnberg 1539

Im Bereich des evangelischen Kirchenliedes war handschriftliche Distribution ohne größere Bedeutung. Die ersten Lieder wurden als Flugblätter verbreitet. Doch bereits 1523/24 erschien in Nürnberg das erste zusammenfassende Heft, das ›Achtliederbuch‹ (vier der Lieder stammen von Luther); 1524 folgten die beiden Erfurter ›Enchiridien‹, d. h. Handbüchlein, und – in vier Stimmbüchern – das Chorgesangbüchlein des Torgauer Kantors Johann Walter (43 Lieder, davon 24 von Luther). Das von Luther autorisierte und redigierte ›Wittenberger Gesangbuch‹ kam 1529 heraus, das ebenfalls vom Reformator autorisierte, maßstabsetzende ›Bapstsche Gesangbuch‹ (zunächst 124 Lieder, später erweitert) 1545. Alle diese Gesangbücher enthielten auch die Melodien. Insgesamt sind fast 500 Auflagen evangelischer Gesangbücher im 16. Jh. nachgewiesen. Lieder der im allgemeinen als Wiedertäufer bezeichneten Gruppen (vgl. S. 392) erschienen gesammelt im sog. ›Ausbund‹ 1564 und 1583 (131 Lieder, nur Texte). Der im Original französische, von Ambrosius Lobwasser verdeutschte ›Genfer Liedpsalter‹ der Reformierten kam 1573 heraus. Katholische Gesangbücher wurden seit 1537 gedruckt.

Völlig anders ist die Überlieferungssituation im Bereich der Meisterlieder. Da gedruckte Lieder auf den Singschulen, den Singwettbewerben der Meistersinger, nicht vorgetragen werden durften, wurden Meisterlieder nur selten publiziert. Überliefert sind die etwa 13 500 Meisterlieder des 16. und 17. Jh.s fast ausschließlich in den rund 120 erhaltenen, häufig sehr umfangreichen Liederhss. Manche Meistersinger legten große Archive eigener und fremder Lieder an. An der Spitze steht dabei auch hier Hans Sachs, der seine 4286 Meisterlieder zwischen 1523 und 1565 in 16 autographen ›Meistergesangbüchern‹ chronologisch aufzeichnete. Andere folgten ihm. Größere Sammlungen von Melodien legten der Magdeburger Meistersinger Valentin Voigt (1558; UB Jena), der Breslauer Adam Puschman (›Singebuch‹, 1588; seit 1945 verschollen) und der Nürnberger Benedict von Watt (mehrere Hss. um 1600) an. Das Gros der Meistersingerhss. stammt aus Nürnberg, doch sind auch andere Meistersingerorte, Augsburg, Kolmar, Ulm, Memmingen, Iglau, Breslau usw., an der Überlieferung beteiligt.

Liederbuchlied

Unter dem neutralen Begriff des Liederbuchliedes werden zwei unterschiedliche Arten von Texten zusammengefaßt, zum einen sogenannte Volkslieder (vgl. S. 307), zum anderen Lieder, die man, in Ermangelung eines besseren Begriffs, Kunstlieder nennen kann (verwendet werden auch die Bezeichnungen Gesellschaftslied und Hofweise). Die Volkslieder enthalten in aller Regel Erzählelemente, sie haben meist kurze, überwiegend vier- oder fünfzeilige Strophen, sind wenig kunstvoll gereimt und ohne rhetorische Besonderheiten, der Strophenbestand ist in den Quellen oft unterschiedlich. Die Kunstlieder haben meist drei Strophen, die Kanzonenform AAB überwiegt, doch gibt es auch die zweiteilige Form AB. Versbau und Reimschema sind oft anspruchsvoll, Erzählelemente spielen kaum eine Rolle, rhetorische Mittel werden häufig eingesetzt: Strophenanaphern (d. h. die einzelnen Strophen sind durch gleichlautenden Anfang verbunden), Akrosticha, monogrammatische Anreden (»geliebte B.«), symbolische Ausdeutung von Farben und Blumennamen, Schönheitsbeschreibungen, Beispielfiguren aus der Bibel und der antiken Mythologie; es besteht eine Neigung zu Abstrakta (Zucht, Ehre, Dienst, Glück, Hoffnung, Treue usw.); Derbes, Anstößiges oder gar Obszönitäten, wie sie im Volkslied durchaus begegnen, werden vermieden. Als Beispiel ein Text aus der Sammlung Georg Forsters; es handelt sich um die 1. Strophe eines dreistrophigen Liebesdialogs, der im Strophenakrostichon den Namen der Geliebten mit HE-LE-NA angibt – dieser Name hat wohl den Nestors zu Beginn hervorgerufen:

»HEt ich gewald und würd so alt
alß Nestor was, so glaub ich, daß
ich nicht abließ, mein treu verhieß
dir nach für all [mehr als alle anderen], weil ich groß gfall
deinr tugend trag. Darumb ich sag
dir lob und ehr: biß gwiß, das ich dich nit verker«
[sei sicher, daß ich dich nicht betrüge]. (IV, 27)

Anhand der Kollektion Forsters lassen sich die wichtigsten Untertypen der Liederbuchlieder zusammenstellen. Sie sind in unterschiedlicher Häufigkeit vertreten. Selten sind geistliche und politische Lieder, ferner Spottlieder auf bestimmte Personen oder einen Berufsstand (z. B. auf den Pfarrer). Häufiger begegnen belehrende Lieder: Loblieder

(Lob der Musik, des Tugendadels usw.), Mahnlieder/Absagelieder/Warnlieder (Mahnung zu Geduld im Unglück, Absage an Buhlerei, Warnung vor Falschheit usw.), vor allem aber moralisierende Zeitklagen (Klage über Untreue, Heuchelei, Ehebruch, die Rolle des Geldes, den Umstand, daß Hofdienst meist unbelohnt bleibt usw.). Oft findet man Trink-, Schlemmer- und Unsinnsstrophen – zu letzteren kann man auch die Quodlibets zählen, Lieder fröhlicher Unterhaltung, bei der Text- und Melodiefragmente aus unterschiedlichen Liedern zusammengemischt werden. Den größten Raum – bei Forster etwa die Hälfte aller Texte – nimmt das Liebeslied mit all seinen Arten und Abarten ein. Das Liebeskonzept entspricht meist dem, das seit der zweiten Hälfte des 14. Jh.s zur Grundlage der Liebeslieddichtung wurde (vgl. S. 306). Es finden sich Werbungslieder, Liebesklagen, Liebesversicherungen, Abschiedslieder und -klagen, Preislieder, Dialoge, Frauenlieder, Klafferschelten, Absagelieder, Rollenlieder, Tagelieder, dazu Volkslieder mit Trennungs- und Abschiedsklagen, aber auch mit der Thematik handfester Liebeserfüllung, etwa:

Es wolt ein meidlein grasen gan:
»fick mich, lieber Peter!«
und do die roten rößlein ston.
»fick mich mer, du hast's ein ehr!
kanstus nit, ich wil dich lern!
fick mich, lieber Peter!« (II, 44)

Die Zahl der erhaltenen mehrstimmigen Kompositionen von Liederbuchliedern dürfte bei etwa 6000 liegen. Etwa die Hälfte der Tonsätze (auch der des eben zitierten Liedes) ist anonym überliefert, die übrigen stammen von bekannten und weniger bekannten Musikern. Die berühmtesten Komponisten auf dem Gebiet des Tenorliedes im 16. Jh. waren Heinrich Isaac (um 1450–1517), Paul Hofhaimer (1459–1537), Ludwig Senfl (um 1486–1542/43), Arnold von Bruck (um 1500–49), Georg Forster, Caspar Othmayr (1515–53),

Jobst vom Brandt (1517–70) – sie alle waren entweder am Kaiserhof oder, mindestens zeitweise, an den Fürstenhöfen in München oder in Heidelberg tätig. Die literarhistorische Erforschung des Liederbuchliedes ist noch immer wenig befriedigend, da die weit überwiegend anonyme Überlieferung der Texte die genauere zeitliche und regionale Einordnung kaum zuläßt. Nur bei relativ wenigen Liedern kann man (mit unterschiedlicher Sicherheit) feststellen oder wenigstens vermuten, daß sie auch textlich von namentlich bekannten Komponisten stammen.

Seit den 1570er Jahren treten im Bereich des deutschen Liebesliedes neue Formen auf, die sich an italienischen Vorlagen orientieren, sie vielfach nur auf Deutsch wiedergeben. Es handelt sich bei den neuartigen Villanellen, Canzonetten und Madrigalen um »ein Epiphänomen der musikhistorischen Neuorientierung der Liedkomponisten an italienischen Vorbildern« (G. Hübner). Dreistimmige deutsche Villanellen, schlichte Gedichte in (meist) dreizeiligen Strophen, in einfacher, überwiegend homophoner Weise komponiert, erschienen zuerst in den Liedersammlungen des habsburgischen Hofkapellmeisters **Jacob Regnart** (1540/45–99), die zwischen 1576 und 1579 herauskamen. Das textlich und musikalisch wesentlich anspruchsvollere Madrigal – relativ kurze einstrophige Gedichte aus Versen mit freier Takt- und Hebungszahl in anspruchsvollem polyphonem, meist fünfstimmigem musikalischem Satz – wurde mit deutschen Texten vor allem durch **Hans Leo Haßlers** (1564–1612) ›Neue deutsche Gesänge‹ (1596) bekannt. Ein auf einem italienischen Vorbild basierender Madrigaltext Haßlers, eine Abschiedsklage, lautet:

Ich scheyd von dir mit leyde,
verlaß dich mein treus Hertze,
das bringt mir großen schmertze;
ach weh, vor leyd ich stirbe!
kans dan nit anders sein,
was sol ich than?

o wie ein schweres leyden,
noch muß es sein gescheyden,
vor angst ich gar verdirbe,
ach weh, ich scheid und stirbe. (Velten, S. 81)

Das italienische Vorbild ist hier so genau wie möglich imitiert, auch im Wechsel gereimter und reimloser Zeilen.

Italienische Liedformen in deutscher Sprache sind (neben anderem) auch in melodielosen Sammlungen enthalten. Zu erwähnen sind das bereits genannte ›Raaber Liederbuch‹, die Liederhs. (Wien, Österr. Nationalbibliothek) des oberösterreichischen Protestanten **Christoph von Schallenberg** (1561–97) und **Theobald Hocks (Höcks)** (1573–1622/24) im Jahr 1601 gedruckte Sammlung von 92 weltlichen Liedern ›Schönes Blumenfeld‹. Im Gefolge der Rezeption italienischer Formen (und Texte) war es keineswegs nötig, das traditionelle, seit dem Mönch von Salzburg in der deutschen Liebeslieddichtung gebräuchliche Liebeskonzept aufzugeben, es konnte vielmehr problemlos um das nach Francesco Petrarca (1304–74) benannte Konzept erweitert werden. Charakteristisch für den Petrarkismus, der dann für die barocke Liebesdichtung seit **Martin Opitz** (1597–1639) grundlegend wurde, ist insbesondere die antithetische sprachliche Gestaltung der bittersüßen Liebe. Umgestaltungen von Sonetten Petrarcas in deutsche Strophenlieder finden sich schon im ›Raaber Liederbuch‹. Der Anfang von Petrarcas Sonett Nr. 153 lautet hier (das Lied besteht insgesamt aus sieben Strophen):

Gechet hin, ier haissen Seüftzer, geschwindt vnnd baldte
zum hertzen allso Khaldte,
Erhitzet es mit gwaldte,
daß Stain gefroren Eise,
das ich sonst nit bewegt gar auf Khain weyse! (Nr. 46)

Zur formal und metrisch angemessenen Rezeption ausländischer Vorbilder im Deutschen kam es in größerem Umfang erst seit der barocken Dichtungsreform nach 1610, für die neben anderen **Georg Rudolf Weckherlin** (1584–1653) und – vor allem – Opitz stehen. Nun werden Formen wie Sonett, Ode, Elegie, Epigramm usw. eingebürgert. Die von Opitz begründete neue Metrik schrieb vor, daß – entgegen der vorher auf diesem Gebiet herrschenden Freiheit – Wortakzent und tontragende Silbe im Vers zusammenfallen mußten; zum Regelvers wurde vor allem der dem Französischen entlehnte Alexandriner, ein jambischer Sechsheber mit Zäsur nach der dritten Hebung und mit männlicher oder weiblicher Kadenz (z. B. Andreas Gryphius: Ich bín nicht / dér ich wár // Die kræffte sínd verschwúnden).

Langes Erzähllied

Großer Beliebtheit und entsprechender Verbreitung in Hss. und Kleindrucken erfreuten sich lange Erzähllieder (die moderne Forschung bezeichnet sie vielfach auch als Balladen). Die in der Regel schlicht gereimten Texte, deren Verfasser meist unbekannt sind, wurden zum Teil in oft recht umfangreichen Tönen aus der Tradition der Meistersinger, zum Teil in anderen, kürzeren Strophenformen abgefaßt. Die Drukker griffen vielfach auf Texte zurück, die im 15. Jh. bereits handschriftlich verbreitet waren. Inhaltlich bietet sich ein recht buntes Bild. So finden sich etwa im ›Liederbuch des Jörg Dürnhofer‹ (vgl. S. 410) nebeneinander eine Nacherzählung der Passionsgeschichte (49 Strophen in Regenbogens Briefweise; Druck 1514); zwei Lieder (15 bzw. 13 Strophen in Regenbogens Langem Ton; Drucke 1497 und 1508) über den Tod und die Himmelfahrt Marias; Heiligenlegenden (z. B. die Legende der hl. Veronika, 75 Strophen in Regenbogens Briefweise; Druck 1497); ferner ein Lied über die Zerstörung Trojas von dem zeitgenössischen Nürnberger Meistersinger Lienhard Nunnenbeck (vgl. S. 314; 13 Strophen in Regenbogens Langem Ton; Druck 1509/13); außerdem das ›Jüngere Hildebrandslied‹ (vgl. S. 251; 20 Strophen im Hildebrandston; Druck um 1495); Lieder über die mit den Dichtern Tannhäuser (vgl. S. 238; 16 Strophen; Druck 1515), dem »edlen Moringer«, d. h. Heinrich von Morungen (vgl. S. 169 ff.; 40 Strophen; Druck 1515) und »Bremberger«, d. h. Reinmar von Brennenberg (vgl. S. 235; 5 Strophen in Reinmars Hofton; Druck 1500) verbundenen Sagen. Weitere Lieder bieten ernsthafte oder schwankhafte novellistische Erzählungen, z. B. ›Der Graf von Rom‹ (31 Strophen; Druck 1510) oder ›Wie Gott den Bauern einen Wunsch gab‹ (13 Strophen in Schillers Hofton; Druck um 1500).

Politisches Lied

Politische Lieder – die neuere Forschung faßt sie mit den politischen Reimsprüchen unter dem Begriff »politische Ereignisdichtung« zusammen – sind als literarisches Genre seit dem 13. Jh. belegt (vgl. S. 316 ff.). Auch im 16. Jh. entstanden zahlreiche Lieder dieser Art, insbesondere im Zusammenhang mit den Kriegen Kaiser Maximilians I. und Kaiser Karls V., den Türkenkriegen, dem Bauernkrieg und den konfessionellen Auseinandersetzungen. Die Texte wollen »preisen und diskreditieren, aufhetzen und beruhigen, anklagen und verteidigen« (S. Kerth), kurzum die öffentliche Meinung lenken. In der Regel handelt es sich um Auftragsdichtung politischer Gruppierungen. Die Autoren, die bisweilen ihre Namen in einer Schlußsignatur nennen, geben sich meist als Augenzeugen aus, es handelte sich indes vielfach um Angehörige fürstlicher Kanzleien, um Stadtschreiber, Lehrer und Pfarrer. Die Darstellungsweise ist oft durchaus kunstvoll. Da es darauf ankam, die Hörer und Leser zu überzeugen, bediente man sich gern historischer, biblischer und literarischer Beispielfiguren und heraldischer Elemente, man zitierte die Bibel oder rekurrierte auf Fabeln und Weissagungen. In der Regel benutzte man verbreitete Liedtöne. Ein Beispiel dafür ist die Verwendung von Text und Melodie des aus dem 14. Jh. stammenden geistlichen Liedes ›Ach du armer Judas, was hast du getan‹. Das im 16. Jh. im Zusammenhang mit jeder Art von Verrat sprichwörtlich gewordene Lied wurde 1541 von Luther in ein Schmählied auf Herzog Heinrich von Braunschweig, einen Gegner der Reformation, umgedichtet: »Ach du arger Heinze, / was hastu gethan, / daß du viel frommer menschen / durchs feuer hast morden lan! …« (Liliencron, Nr. 476); Luthers zweistrophiges Lied wurde 1548 durch einen Protestanten in ein 24strophiges Schmählied auf alle Feinde der Lutheraner erweitert (Liliencron, Nr. 572). 1546 verfaßte der kaiserlich gesinnte Jörg Lang ›Ein new gůt kaiserisch lied‹ gegen die anti-kaiserlichen Reichsstädte: »Weh euch, ir armen reichstet …« (Liliencron, Nr. 539); in zwei Liedern aus dem Jahr 1552 wurde der Prätext schließlich zum einen auf Kurfürst Moritz von Sachsen (»O du armer Mauritz …«, Liliencron, Nr. 607), zum anderen auf den Augsburger Bürgermeister Jacob Herbrot, einen politischen Opportunisten, bezogen:

O du arger Herbrot,
was hast dich angemast,
daß du die stat Augspurg
so grob verraten hast!
darumb mûst du leiden
und mûst billich sein
dürrer brůder geselle
an dem galgen fein. (Liliencron, Nr. 609, Str. 1)

Kirchenlied

Eine der erfolgreichsten Neuschöpfungen des 16. Jh.s ist das evangelische Kirchenlied, ein Texttyp, der nicht nur bis heute lebendig und produktiv geblieben ist, sondern der auch, nicht zuletzt durch Johann Sebastian Bach, internationale Geltung erlangt hat.

Grundlegend wurden **Luthers** eigene Lieder. Im Unterschied zu den geistlichen Liedern des Mittelalters (vgl. S. 243 f.) erhielten die Kirchenlieder bei den Protestanten volle liturgische Funktion, sie ersetzten die lateinischen Gesänge des Gottesdienstes. Luther verstand den Gottesdienst als dialogisches Geschehen zwischen Gott und der Gemeinde. Die Mittlerrolle des Pfarrers ist im Zeichen des allgemeinen Priestertums der Gläubigen zurückgedrängt, im Vordergrund steht das Verhältnis des einzelnen zu Gott: »… es geht hier einzig und allein um Dinge, die dem Menschen zugute kommen und ihn zu seinem Heil führen … das Wort Gottes ist ganz auf das ›pro me‹, mehr noch auf das ›pro nobis‹ ausgerichtet« (P. Veit) – ähnlich wie im Gebet. Zugleich vermitteln die Lieder zwischen öffentlichem Gottesdienst und sonstiger Öffentlichkeit. Sie werden nicht nur im Gottesdienst, sondern auch in Schule und Haus gesungen. Das gedruckte Gesangbuch – ein völlig neuer Buchtyp – machte dies möglich. Es fungierte zugleich als Schulbuch und, neben der Bibel und dem ›Kleinen Katechismus‹, als Hausbuch evangelischer Familien. Durch diese Bücher hört der gottesdienstliche Bereich auf, ein abgesonderter, ganz für sich stehender Raum zu sein. Der Dialog mit Gott durchdringt auch das Alltagsleben.

Die Mehrzahl von Luthers gattungsstiftenden Liedern, 24 von insgesamt 36, wurde bereits 1523/24 veröffentlicht, die übrigen entstanden bis zum Beginn der 1540er Jahre. Luthers Hinwendung zum Lied und zur Gottesdienstordnung wurde durch Thomas Müntzer ausgelöst, der 1523 eine deutschsprachige Liturgie publizierte. Weitere Lieddichter stellten sich rasch ein, bis 1545 zählt man nahezu 1500 unterschiedliche Texte. Bekannte, nicht von Luther stammende Lieder aus dem 16. Jh. sind etwa ›Nun lob, mein Seel, den Herren‹ (Johann Gramann), ›Lobt Gott, ihr Christen, alle gleich‹ und ›Herzliebster Jesu, was hast du verbrochen‹ (Nikolaus Hermann), ›Wie schön leucht uns der Morgenstern‹ und ›Wachet auf! ruft uns die Stimme‹

(Philipp Nicolai). Übrigens komponierte Luther selbst zu 14 seiner Lieder auch die Melodien, vermutlich beraten von seinem musikalischen Helfer Johann Walter (1496–1570), dem protestantischen »Urkantor«.

Luther ging – so revolutionär sein Wirken insgesamt war – mit vorhandenen Traditionen, sofern dies in seinem Sinn möglich war, durchaus sorgsam um. Dies gilt auch für die Lieder, die vielfach an traditionelle Gegebenheiten anschlossen. Sie lassen sich in vier Gruppen ordnen: 1. Lieder mit biblischen, 2. mit lateinischen, 3. mit deutschen Vorlagen, 4. »freie« Lieder.

Zur 1. Gruppe (12 Lieder) gehören Texte mit katechetischer Funktion. So bietet der Reformator z. B. in zwei Liedern mit 12 bzw. 5 kurzen, vierzeiligen Strophen in leicht faßlicher Form die Zehn Gebote. Jede der Strophen endet mit »Kyrioleis«, d. h. die Lieder bedienen sich des traditionellen Formtyps des Leis (vgl. S. 244), als Melodie wurde die allgemein bekannte Weise des Wallfahrer- und Kreuzzugsliedes ›In Gottes Namen fahren wir‹ verwendet. Als Luthers bedeutendste Lieder gelten die sieben Psalmlieder, Umdichtungen von Texten des Psalters, des biblischen Liederbuchs schlechthin. Luther wurde damit zum Schöpfer des deutschen Psalmliedes, das vor ihm in der deutschen Liedgeschichte keine Rolle gespielt hatte, nun aber außerordentliche Bedeutung gewann. Hierher gehört etwa ›Aus tiefer Not schrei ich zu dir‹ (Ps. 130; 1523; vgl. Abb. 25, Melodie VII), bei dem der Dichter – wie in anderen Fällen – sich der siebenzeiligen sog. Lutherstrophe bediente, einer Kanzone mit der Reimfolge a b / a b // c c x (d. h. die letzte Verszeile ist reimlos). Zu den Psalmliedern gehört auch Luthers berühmtestes (und in mancher Hinsicht umstrittenstes) Lied ›Ein feste Burg ist unser Gott‹, die »Marseillaise der Reformation« (Friedrich Engels). Das 1526/28 entstandene Lied, dessen Melodie von Luther selbst stammt, bezieht sich auf Ps. 46, der freilich nicht umgesetzt, sondern auf den nur rekurriert wird. Die abschließende 4. Strophe lautet:

Der.cxxix. Psalm De profundis.

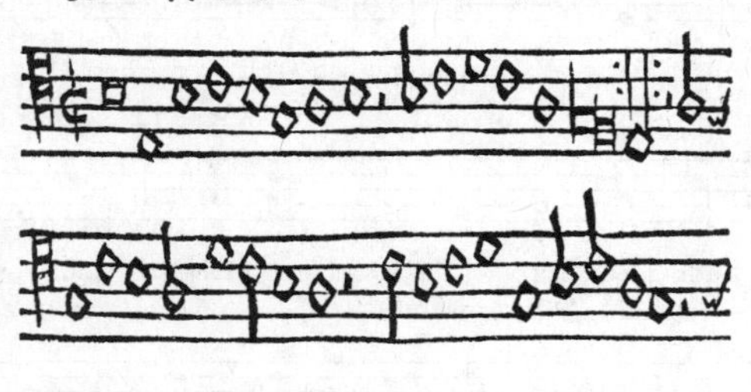

¶ Aus tieffer not schrey ich zu dir/herr Gott erhör
mein ruffen. Dein gnedig oren ker zu mir/vnd mey
ner bit sye offen. Den so du wilt das sehen an/ wie
manche sund ich hab gethan.
Wer kan herr fur dir bleiben
Es steht bey deyner macht allein/die sunden zu ver
geben. Das dich forcht beide gros vnd kleyn/auch
yn dem besten leben/darumb auff Got wil hoffen
ich/ mein hertz auff yhn sol lassen sych.
Ich wil seins worts erharrē.
Vnd ob es wert bys yn die nacht/vnd widder an
den morgē/Doch sol mein hertz an Gottes macht
vertzweyffeln nicht noch sorgen. So thu du Jsrael
rechter art/der auss dem geyst erzeuget wart.
Vnd seynes Gotts erharre
Ob bey vns ist der sundē viel / bey Gott ist vil mer
gnadē. Sein hant zu helffen hat keyn ziel/wy groß
auch sey der schadē. Er ist allein der gute hyrtt/der
Jsrael erlosen wirt. Aus seynen sunden allen.

Abb. 25 Luthers Psalmlied ›Aus tieffer not schrey ich zu dir‹, Erfurter ›Enchiridion‹ 1524

Melodie VII Martin Luther, ›Aus tieffer not schrey ich zu dir‹, Erfurter ›Enchiridion‹ 1524

Das wort sie sollen lassen stahn /
vnd kein danck da zu haben /
Er ist bey vns wol auff dem plan /
mit seinem Geist vnd gaben /
Nemen sie den leib /
Gut / ehr / kind vnd weib/
las faren dahin /
sie habens kein gewin /
das Reich mus vns doch bleiben. (Hahn, Nr. 26)

Schon im 16. Jh. gab die letzte Zeile Anlaß zu Mißverständnissen, weshalb man änderte in »Gotts Reich muß uns doch bleiben« und ähnlich. Die Strophe formuliert das christliche Beharren auf dem biblischen Wort als der einzigen Quelle des Heils, ferner den Glauben, daß man dem Christen zwar alles nehmen könne, was ihm gegeben ist und was er liebt, daß man ihn aber nicht um das Reich Gottes bringen kann, wenn er nur im Glauben bleibt.

Zur 2. Gruppe gehören 8 Lieder, in denen Luther lateinische Hymnen – in einem Fall die Antiphon ›Da pacem‹ – ›Verleih uns Frieden gnädiglich‹ (1528/29) – Vers für Vers weitgehend getreu übertrug. Er steht damit in einer bis zum Mönch von Salzburg (vgl. S. 315) zurückreichenden Tradition des deutschen Liedes. Auf diese Weise schuf Luther Festlieder zu Weihnachten, zu Epiphanias, zu Pfingsten sowie die ebenfalls für liturgische Zwecke brauchbare Verdeutschung des ›Te deum laudamus‹ – ›Herr Gott, dich loben wir‹ (1528/29).

Die 3. Gruppe (9 Lieder) greift mit drei Ausnahmen auf verbreitete, oft jahrhundertealte deutsche Gemeindelieder (vgl. S. 244) zurück, die sich ihrerseits meist an lateinischen Vorbildern (Sequenzen, Antiphonen) orientieren. Luther erweiterte die vorhandenen Einzelstrophen durch Zudichtung zu mehrstrophigen Texten. Die Leisen ›Nun bitten wir den Heiligen Geist‹, ›Gott sei gelobet und gebenedeiet‹ und ›Gelobet seist du, Jesu Christ‹ (alle 1524) basieren auf Festsequenzen für Pfingsten, Fronleichnam und Weihnachten. In ›Gott der Vater wohn uns bei‹ (1524) dichtete Luther ein ursprünglich an Maria, St. Michael oder St. Petrus gerichtetes Wallfahrerlied um auf Gott, Christus und den Heiligen Geist – man nannte im Protestantismus derartige Texte »verändert und christlich korrigiert«.

Bei der 4. Gruppe (7 Lieder) handelt es sich um Gesänge, für die entweder keine Vorlagen bekannt, oder um solche, deren Vorbilder nicht-religiöser Art sind. Hierher gehört das Lied auf den Tod zweier Augustinermönche, die 1523 ihres evangelischen Glaubens willen zu Brüssel verbrannt wurden: ›Ein neues Lied wir heben an‹, Luthers ältestes Lied. Der Text schließt typologisch an die zeitgenössische politische Lieddichtung an. Vorbild der drei kurzen Kinderlieder Luthers war der Typus des im 16. Jh. aufgekommenen weltlichen Kinderliedes. Es handelt sich um die Weihnachtslieder ›Vom Himmel hoch, da komm ich her‹ (1533/35) und ›Vom Himmel kam der Engel Schar‹ (1542) sowie um das berühmt-berüchtigte Trutzlied ›Erhalt uns Herr bei deinem Wort‹ (1542), dessen 2. Zeile »Und steur des Papsts und Türcken Mord« man bald änderte in »und steure deiner Feinde Mord«. Im Kunstliederstil der Liederbücher gehalten ist das 3strophige ›Sie ist mir lieb, die werte Magd‹ (1534/35). Die 1. Strophe – Preis der Geliebten – könnte die eines (sonst allerdings nicht belegten) Liebesliedes sein, die Folgestrophen, vor allem aber die Überschrift klären darüber auf, daß mit der Geliebten die »Heilige Christliche Kirche« gemeint ist.

Während Zwingli den Gesang aus der Kirche der Reformierten verbannt hatte – erst 1598 wurde er in der Zürcher Kirche wieder eingeführt –, förderte Calvin den Psalmengesang. Der französischsprachige ›Genfer Psalter‹ lag 1562 vollständig vor, er wurde mit vierstimmigen Vertonungen verbreitet. Einer der bedeutendsten neulateinischen Dichter der Zeit, **Paul Melissus Schede** (vgl. S. 382), veröffentlichte 1572 daraus 50 Übertragungen ins Deutsche; sein Werk wurde jedoch übertroffen und verdrängt durch die vollständige Bearbeitung des Lutheraners **Ambrosius Lobwasser** (1515–1585), erschienen 1573. Beide Verdeutschungen ahmten Prosodie und Versformen der französischen Vorlage nach.

Kirchenlieder der aus den Hussiten hervorgegangenen Böhmischen Brüder erschienen 1531 in einem von **Michael Weisse** (um 1488–1534) herausgegebenen Gesangbuch (157 Lieder). Bekannte Texte daraus sind ›Christus ist erstanden‹ und ›Gelobt sei Gott im höchsten Thron‹. Die Lieder der meist als (Wieder-)Täufer bezeichneten Gemeinschaften (Schweizer Brüder, Huterer, Mennoniten) waren im allgemeinen handschriftlich verbreitet, sie wurden im ›Ausbund‹

(vgl. S. 413) gedruckt. Es handelt sich großenteils um Bekenntnis- und Märtyrerlieder der von allen Seiten gnadenlos verfolgten Gläubigen: »… manche Texte wurden, noch heute bewegend, im Angesicht des Todes verfaßt« (W. Kühlmann). So dichtete etwa der 1558 zu Aachen hingerichtete Huterer Hans Raiffer (auch Hänsel Schmidt):

Auff mich sie gantz ergrimet sein,
legen mir an marter vnd pein.
des todes zaichen mueß ich han,
mit gebundnen henden durch die stat gan,
vnd bschlossen sich
mit feuer zuuerbrennen mich. (Wolkan, S. 217, Str. 2)

Politischer Repression ausgesetzt waren auch der schlesische Theologe Kaspar von Schwenckfeld (1489–1561) und seine Anhänger. Einer von ihnen, **Adam Reißner** (um 1500 – nach 1576) aus Mindelheim, schuf ein bedeutendes Korpus von 64 eigenen Liedern (älteste Hs. 1554; Augsburg, UB), die »im Rahmen der zunehmenden Konfessionalisierung zur eigenen Identitätsbildung« (J. Janota) dieser religiösen Gemeinschaft wichtig waren. Die Liedtradition der Schwenckfelder reicht in den USA bis weit in das 19. Jh.

Das erste katholische Gesangbuch gab 1537 Michael Vehe, Domprobst zu Halle, heraus (52 Lieder); es enthält erste katholische Psalmlieder. Weit wirkungsvoller war das große katholische Gesangbuch (249 Lieder), das der Bautzener Domdechant **Johann Leisentritt** (1527–86) 1567 veröffentlichte. Lieder Luthers und anderer evangelischer Dichter erscheinen darin mehrfach mit abgeändertem Text.

Meisterlied

Den Höhepunkt in der langen Geschichte des Meistergesangs, die im frühen 15., vielleicht schon im 14. Jh. begann (vgl. S. 312 ff.), stellt zweifellos das Wirken des **Hans Sachs** dar (vgl. S. 403 ff.). Sachs dichtete zwischen 1513 und 1567, wie schon erwähnt, 4286 Meisterlieder, somit rund ein Drittel der aus dem 16. bis 18. Jh. erhaltenen ca. 13 500 Liedtexte. Durch ihn wurde die Kunstübung ab 1523 entschieden in den Dienst der Reformation gestellt, sie wurde (wie S. 404 bereits erwähnt) so gut wie ausschließlich zu einer Angelegenheit der Lutheraner. Sachs und seine Zeitgenossen und Nachfolger sahen ihre Aufgabe vor allem darin, Texte aus Luthers Bibelübersetzung möglichst genau und einprägsam zu versifizieren; sonstige geistliche Themen treten demgegenüber zurück. Neu ist auch, daß nunmehr weltliche Themen – Historien, Fabeln, Schwänke – eine gleichrangige Position einnehmen. Antike, mittelalterliche und zeitgenössische gedruckte Literatur wurde als weiterer Quellenbereich erschlossen: der ›Goldene Esel‹ des Apuleius, Bebels ›Facetien‹, die Schriften Boccaccios, Sebastian Brants ›Fabeln‹, der ›Eulenspiegel‹, Sebastian Francks ›Chronik‹, Herodot, Livius, Ovid, Plinius, Plutarch, Steinhöwels ›Äsop‹, Paulis ›Schimpf und Ernst‹, Wickrams ›Rollwagenbüchlein‹ bis hin zu den ›Schäfereien von der schönen Juliana‹ (der Verdeutschung eines französischen Schäferromans, vgl. S. 447) und vielem anderen. Gelegentlich bot man auch heitere oder ernste Begebenheiten aus der eigenen Erfahrungswelt in Liedform. Weiterhin gepflegt wurde in den »Schulkünsten« die Meistergesangsthematik (z.B. Lob des Meistergesangs, Listen alter und neuerer Meistersinger, Lieder über Begriffe der Tabulatur usw.). Für die Spätblüte des Nürnberger Meistergesangs um 1600 ist die Abfassung teilweise umfangreicher Liederzyklen besonders charakteristisch. So goß etwa der Nürnberger Magister **Ambrosius Metzger** (1573–1632) im Jahr 1625 Ovids ›Metamorphosen‹ in nicht weniger als 155 Meisterlieder um – eine Sammlung, die sich, wie die Vorlage, als Handbuch der antiken Mythologie gebrauchen ließ. Bekannte Nürnberger Zeitgenossen von Hans Sachs waren der Taschner **Hans Vogel** (gest. 1549/54), der Pfarrer **Michael Lorenz** (gest. 1561) und der Färber **Jörg Schechner** (gest. 1572). Zwischen 1590 und

1630 erlebte der Nürnberger Meistergesang eine weitere Blütezeit. Produktive Liedautoren waren neben Ambrosius Metzger insbesondere der Schuhmacher **Georg Hager** (1552–1634), der Goldreißer **Benedict von Watt** (1569–1616) und der Dachdecker **Wolf Bauttner** (1573–1634). Auch danach bestand die Gesellschaft weiter, erst 1774 löste sie sich auf.

Das Wirken von Hans Sachs gab weit über Nürnberg hinaus Anstöße zur Neu- oder Wiedergründung von Meistersingergesellschaften: Augsburg (wiedergegründet 1534; bekannteste Liedautoren: **Onoferus Schwarzenbach** und **Johann Spreng,** vgl. S. 387), Ulm (wiedergegründet 1536), Kolmar (1546 gegründet durch **Jörg Wickram**, vgl. S. 438), Breslau (gegründet 1571; **Adam Puschman**), Straßburg (wiedergegründet 1597), Memmingen (gegründet 1600); ferner Schwaz, Wels, Steyr, Eferding und Iglau – diese Gesellschaften fielen dann der Gegenreformation in den habsburgischen Ländern zum Opfer. Die Ulmer Gesellschaft bestand bis 1839, die Memminger sogar bis 1875; beide waren indes im 19. Jh. nicht mehr produktiv.

Neben den zahlreichen Liederhss. sind die wichtigsten Quellen für die Kenntnis des Meistergesangs die handschriftlich, teilweise auch gedruckt überlieferten Tabulaturen – die Sammlungen der Dichtungsvorschriften – und Schulordnungen – die Organisationsvorschriften –, ferner Singschulprotokolle, die sich aus Nürnberg, Augsburg und Iglau erhalten haben, zahlreiche Lieder, die den Meistergesang selbst thematisieren, schließlich die beiden »Literaturgeschichten« aus der Sicht des Meistergesangs, die von den Straßburger Theologen **Cyriacus Spangenberg** (1528–1604) und seinem Sohn **Wolfhart Spangenberg** (vgl. S. 473) verfaßt wurden; bedeutungsvoll für das Bild des Meistergesangs seit dem 18. Jh., vor allem auch für Richard Wagners Oper ›Die Meistersinger von Nürnberg‹ (1868), wurde die Darstellung des Altdorfer Professors **Johann Christoph Wagenseil** (1633–1705) in seinem ›Buch von der Meister-Singer Holdseligen Kunst‹ (1697).

Meisterlieder bestehen stets aus einer ungeraden Zahl von Strophen, mindestens dreien; die Meistersinger selbst bezeichneten ihre Lieder als Bare (Singular: der Bar). Gedichtet wurde grundsätzlich in vorweg festgelegten Tönen, die keineswegs von den Textautoren selbst geschaffen sein mußten. So verfaßte etwa Hans Sachs seine Lieder in 275 Tönen, von denen nur 13 von ihm selbst erfunden worden waren. Das Tönerepertoire stammte zum Teil von Sangspruchdichtern des 13. bis 15. Jh.s, zum Teil von Meistersingern seit dem 15. Jh. (vgl. S. 242 und 313). Die dreiteilige Kanzonenform AAB (oder eine Abwandlung davon) war zwingend. Die Verslänge wurde nach der Silbenzahl (also nicht nach der Zahl der Hebungen) gemessen, unreine Reime galten als Kunstfehler. Bei den öffentlichen oder internen Konzerten, den Singschulen, wurde grundsätzlich einstimmig, solistisch und ohne Instrumentalbegleitung gesungen – entscheidend war stets das Textverständnis. Die Singschulen wurden als Wettbewerbe veranstaltet. Bewertet wurde durch die »Merker«, die Kunstrichter, nach der Zahl der Fehler (vgl. Abb. 26). Das Augsburger ›Gemerkbuch‹ hielt die Fehler detailliert fest. So heißt es etwa unter dem 12. 12. 1621:

> JACOB BARTELER sang Jm newen thon raphoel duller gigeben fir gegeben, heggen fir heckhen, 2mal gigeben fir gegeben, gifar fir gefar, aberham fir abraham, auß dem sibenden gesaz [Strophe] in das finfft komen, sang nit gar auß [sang nicht bis zum Ende] vnd gieng daruon. (Brunner u. a., S. 115)

Das künstlerische Niveau vieler Meisterlieder ist – entgegen dem schlechten Ruf, in dem der Meistergesang bis heute vielfach noch immer steht – durchaus beachtlich. Die Aufgabe, Texte ganz unterschiedlicher Art in strenger, sprachlich sorgfältiger, durch den gewählten Ton genau geregelter Liedgestalt darzubieten, wurde oft mit Könnerschaft und gelegentlich nicht ohne Witz gelöst. So schrieb etwa der Nürnberger Messerschmied **Hans Winter** (1591–1627) ein

Abb. 26 Singschule der Nürnberger Meistersinger, Glasfenster in der Veste Coburg, 1637: Der Singer im Singstuhl, die Merker hinter dem Vorhang

Frauenpreislied in der Grundweise Frauenlobs (der Name des Tonerfinders ist hier nicht zufällig!), wobei er programmatisch, zur Steigerung des Kunstanspruchs und des Witzes, nach der Tabulatur eigentlich verbotene Equivoca-Reime, d. h. Reime mit gleichklingenden Wörtern unterschiedlicher Bedeutung, verwendete. Die 1. Strophe lautet:

Wach auf, mein schacz, vnd hör mein stim erklingen:
drauß bey der Buchenklingen [Ausflugsgebiet bei Nürnberg],
da singen die waldvögelein mit schall.

Ach, mein schäczlein, thu dich buczen vnd ziren
vnd geh mit mir spacziren,
so kauff ich dir ein venedische schall [vermutlich ein Getränk,
vgl. Kaltschale].

Mein schacz heist Klar,
sie ist schön, clar,
stets klug vnd weiß.
ihr freund mich nächten in vertrauen baden,
mit meinen schacz zu baden,
weil sie an ihren leib wer kreidenweiß.

(Klesatschke/Brunner, Nr. 78)

Die hauptsächliche Funktion der Meisterkunst war es, die Angehörigen der Mittel- und Unterschicht in den Städten – ob sie Mitglieder der Gesellschaften oder passive Zuhörer bei den Singschulen waren – zu unterhalten, vor allem aber, sie mit religiöser und weltlicher Bildung vertraut zu machen. Literarisch fixierte Bildung war den Angehörigen dieser Schichten sonst nur schwer zugänglich – durch den in den Städten damals durchaus noch verbreiteten Analphabetismus, durch die hohen Bücherpreise, den relativ geringen Bildungsgrad, der auch diejenigen, die lesen konnten, nicht ohne weiteres dazu befähigte, komplizierte gedruckte Literatur zu bewältigen, und durch die zeitliche Beanspruchung durch die Berufsausübung. Meisterlieder waren Vermittlungstexte, durch die religiöse und weltliche Wissensstoffe aus dem nur wenigen zugänglichen Zustand der Lesbarkeit in den für alle offenen leicht faßlicher Hörbarkeit überführt wurden.

Literaturhinweise

Ausgaben: K. Düwel (Hrsg.), Gedichte 1500–1600, 1978 (dtv). – Ch. Wagenknecht (Hrsg.), Gedichte 1600–1700, 1978 (dtv). – ›Ambraser Liederbuch‹: J. Bergmann, 1845. – Lieder der Hs. Heidelberg, Cpg 343: A. Kopp, 1905 (DTM). – ›Bergreihen‹: G. Heilfurth [u. a.], 1959. – G. Forster, ›Frische teutsche Liedlein‹: M. E. Marriage, 1903 (nur Texte); K. Gudewill [u. a.], 5 Bde., 1942–97 (Texte und Tonsätze). – ›Raaber Liederbuch‹: E. Nedeczey, 1959. – Ch. v. Schallenberg: H. Hurch, 1910. – Th. Höck (Hock): M. Koch, 1899; K. Hanson, 1975. – ›Liederbuch des J. Dürnhofer‹: F. Schanze, 1993 (Fortuna vitrea). – R. v. Liliencron (Hrsg.), Die historischen Volkslieder der Deutschen vom 13. bis 16. Jh., 4 Bde. u. Nachtrag, 1865–69. – Ph. Wackernagel (Hrsg.), Das dt. Kirchenlied, 5 Bde., 1864–77. – Luthers Lieder: M. Jenny, 1985 (Texte und Melodien); G. Hahn, 1967 (nur Texte). – Adam Reißner: J. Janota / U. Evers, 2 Bde., 2004. – E. Klesatschke / H. Brunner (Hrsg.), Meisterlieder des 16. bis 18. Jh.s, 1993. – Hans Sachs, Meisterlieder (Auswahl): E. Goetze / K. Drescher (Hrsg.), Sämtliche Fabeln u. Schwänke des H. Sachs, 6 Bde., 1893–1913. – A. Metzger, ›Metamorphosen-Lieder‹: H. Kugler, 1981. – J. Schechner: I. Stahl, 1991. – G. Hager: C. H. Bell, 4 Bde., 1947. – ›Schulordnung‹ und ›Gemerkbuch‹ der Augsburger Meistersinger: H. Brunner [u. a.], 1991. – J. Ch. Wagenseil: H. Brunner, 1975 (Litterae).

Forschungsliteratur: N. Böker-Heil [u. a.] (Hrsg.), Das Tenorlied. 3 Bde., 1979–86. – Brunner, H. Sachs, 2009. – R. Caspari, Liedtradition im Stilwandel um 1600, 1971. – A. Classen, Dt. Liederbücher des 15. und 16. Jh.s, 2001. – U. Feuerstein, ›Derhalb stet es so übel / Icz fast in allem regiment‹. Zeitbezug u. Zeitkritik in den Meisterliedern des H. Sachs (1513–46), 2001. – G. Hahn, Evangelium als literarische Anweisung. Zu Luthers Stellung in der Geschichte des dt. kirchlichen Liedes, 1981 (MTU). – W. Hinderer (Hrsg.), Geschichte der dt. Lyrik, [2]2001. – F. J. Holznagel [u. a.], Geschichte der dt. Lyrik, 2004. – G. Hübner (Hrsg.), Dt. Liebeslyrik im 15. und 16. Jh., 2005. – L. Jónácsik, Poetik u. Liebe. Studien zum liebeslyrischen Paradigmenwechsel, zur Petrarca- u. zur Petrarkismus-Rezeption im ›Raaber Liederbuch‹, 1998. – S. Kerth, *Der landsfrid ist zerbrochen*. Das Bild des Krieges in den politischen Ereignisdichtungen des 13. bis 16. Jh.s, 1997 (Imagines medii aevi). – B. Könneker, Die dt. Literatur der Reformationszeit. Kommentar zu einer Epoche, 1975. – D. Merzbacher, Meistergesang in Nürnberg um 1600, 1987. – Ch. Moeller (Hrsg.), Kirchenlied u. Gesangbuch. Quellen zu ihrer Geschichte, 2000. – W. Neumann, Zeitenwechsel. Weltliche Stoffe des 12. bis 14. Jh.s in Meisterliedern u. motivverwandten Dichtungen des H. Sachs, 2005. – H. Ragotzky [u. a.] (Hrsg.), Fragen der Liedinterpretation,

2001. – RSM: H. Brunner / B. Wachinger (Hrsg.), Repertorium der Sangsprüche u. Meisterlieder des 12. bis 18. Jh.s, 16 Bde., 1986–2009. – I. Stahl, Die Meistersinger v. Nürnberg, 1982. – B. Taylor, Adam Puschman: ›Gründlicher Bericht des dt. Meistergesangs‹ [Die drei Fassungen von 1571, 1584, 1596], 2 Bde., 1984 (Litterae). – P. Veit, Das Kirchenlied in der Reformation M. Luthers, 1986. – R. Velten, Das ältere dt. Gesellschaftslied unter dem Einfluß der italienischen Musik, 1914. – J. K. W. Willers (Hrsg.), H. Sachs u. die Meistersinger in ihrer Zeit. Ausstellungskatalog German. Nationalmuseum Nürnberg, 1981. – R. Wolkan, Die Lieder der Wiedertäufer, 1903. – M. Zywietz u. a. (Hrsg.), Gattungen u. Formen des europäischen Liedes vom 14. bis zum 16. Jh., 2005.

4. Erzählliteratur in Prosa

Im 16. Jh. wurde die Reihe der Prosaromane fortgesetzt (S. 324 ff.). Handschriftliche Überlieferung spielte auf diesem Gebiet nun nurmehr eine Randrolle, die meisten Texte liegen ausschließlich in gedruckter Form vor. Neben die Romane traten, vor allem seit der 2. Hälfte des Jh.s, zahlreiche gedruckte Sammlungen mit Erzählungen unterschiedlicher Art.

Romane

Die Überlieferungsgeschichte der höfischen Versromane des 12. bis 14. Jh.s brach kurz nach 1500 endgültig ab. Monumentaler Schlußpunkt ist das für Kaiser Maximilian I. 1504/1517 geschriebene große ›Ambraser Heldenbuch‹ (vgl. S. 246), in dem höfische Romane, Heldenepen und Versnovellen nebeneinander aufgezeichnet wurden. Völlig singulär ist der Frankfurter Druck von 1573 von Konrads von Würzburg ›Engelhard‹ (vgl. S. 268), die einzige erhaltene Überlieferung dieses Versromans.

Die meisten der seit der zweiten Hälfte des 15. Jh.s gedruckten Romane wurden, oft bis weit in das 17. Jh., weiterhin aufgelegt: ›Tristrant‹, ›Wigoleis‹, ›Wilhelm von Österreich‹, die Romane Elisabeths von Nassau-Saarbrücken (ausgenommen die ungedruckt gebliebene ›Sibille‹), ›Melusine‹, ›Pontus und Sidonia‹, ›Fortunatus‹ und andere (vgl. S. 332). Dazu traten neue Texte, teilweise Bearbeitungen fremdsprachiger Vorlagen, teilweise deutsche »Originalromane«. In der Regel erschienen die Texte als mit Holzschnitten illustrierte Einzeldrucke. Einer umfangreichen Sammlung von 13 Romanen des 15. und 16. Jh.s, dem ›Buch der Liebe‹, das 1587 zu Frankfurt am Main herauskam, war offensichtlich kein größerer Erfolg beschieden. Als Leserschaft kamen in erster Linie adlige Kreise und das Oberschichtspublikum der Städte in Frage. Indes sorgten Autoren wie Hans Sachs dafür, daß viele der Stoffe, umgeschrieben in Meisterlieder, Spruchgedichte und Dramen (vgl. S. 403 ff.), auch einem breiteren Publikum zugänglich gemacht wurden.

Autoren

Auch im 16. Jh. ist eine Reihe von Romanen anonym überliefert, darunter so bekannte und bedeutende wie die ›Historia von D. Johann Fausten‹ und das ›Lalebuch‹. Mehrere der namentlich bekannten Autoren waren in der Schweiz und im Elsaß beheimatet, Stadtbürger und Hofangehörige finden sich nebeneinander. Nach Basel gehören **Wilhelm Salzmann**, der Verfasser des ›Kaiser Octavianus‹, **Johann Wetzel**, Autor der ›Reise der Söhne Giaffers‹, sowie **Friedrich Costalio** (1562–1613), Professor an der Universität, der – vermutlich in der Zeit einer ökonomischen Notlage – im Jahr 1593 die Bücher 20 und 21 des ›Amadis‹ übersetzte. Tuchscherer, Stiftsvogt und Ratsherr in Bern war **Wilhelm Ziely** (um 1490 – um 1542), Autor zweier Romane nach französischen Vorlagen. Schullehrer zu Westhofen im Elsaß nennt sich **Johannes Zschorn**, der Übersetzer von ›Theagenes und Charikleia‹. Ein Straßburger Drucker (unter ande-

Übersicht i

Erzählliteratur des 16. und frühen 17. Jh.s in Prosa

(Sammlungen mit Erzählungen erscheinen kursiviert.)

Um 1518/21	›Frau Tugendreich‹ (handschriftlich überliefert).
1519	›Friedrich Barbarossa‹.
1521	Wilhelm Ziely, ›Olivier und Artus‹; ›Valentin und Orsus‹.
1522	Johannes Pauli, ›*Schimpf und Ernst*‹.
1530	›Morgant der Riese‹ (handschriftlich überliefert).
1531	›Die Haimonskinder‹ (handschriftlich überliefert).
1533	Johann II. von Simmern, ›Fierrabras‹.
1535	Johann II. von Simmern, ›Die Haimonskinder‹.
	Wilhelm Salzmann, ›Kaiser Octavian‹.
	Veit Warbeck, ›Magelone‹.
1539	Jörg Wickram, ›Ritter Galmy‹.
1551	Jörg Wickram, ›Gabriotto und Reinhart‹.
1554	Jörg Wickram, ›Knabenspiegel‹.
1555	Jörg Wickram, ›*Rollwagenbüchlein*‹.
1556	Jörg Wickram, ›Von guten und bösen Nachbarn‹.
	Jakob Frey, ›*Die Gartengesellschaft*‹.
1557	Jörg Wickram, ›Goldfaden‹.
	Martin Montanus, ›*Wegkürzer*‹.
	Michael Lindener, ›*Katzipori*‹; ›*Rastbüchlein*‹.
1559	Johann Zschorn, ›Theagenes und Charikleia‹.
	Georg Messerschmidt, ›Brissonetus‹.
	Valentin Schumann, ›*Nachtbüchlein*‹.
1559	Martin Montanus, ›*Gartengesellschaft*‹, 2. Teil.

um 1560	›Der Finkenritter‹.
1562	Bernhard Hertzog, ›*Schiltwacht*‹.
1563	Hans Wilhelm Kirchhof, ›*Wendunmut*‹, 1. Teil.
1569–95	›Amadis‹ (24 Bde. und 2 Supplementbände).
1571	Konrad Egenberger, ›Ogier‹.
1572	Wolfgang Büttner, ›*Claus Narr*‹.
1575	Johann Fischart, ›Gargantua‹, ab der 2. Aufl. 1582 ›Geschichtklitterung‹. 3. Aufl. 1590.
1583	Johann Wetzel, ›Die Reise der Söhne Giaffers‹.
1587	›Buch der Liebe‹.
	›Historia von D. Johann Fausten‹ (erschienen bei Spies).
	Bartholomäus Krüger, ›*Hans Clawert*‹.
1593	›Wagnerbuch‹.
1594	Moritz Brandt, ›Phoenicia‹.
	Aegidius Albertinus, ›Des irrenden Ritters Reise‹.
1595–1617	›Die Schäfereien von der schönen Juliana‹ (5 Bde.).
1597	›Lalebuch‹.
1598	›Schiltbürger‹.
1599	Georg Rudolf Widmann, Erweiterung des ›Faustbuchs‹.
1602/03	Hans Wilhelm Kirchhof, ›*Wendunmut*‹, 2. bis 7. Teil.
1604	Paul van der Aelst, ›Die vier Haimonskinder‹.
1611	Matthäus Hofstetter, ›Der edle Sonnenritter‹.
1615	Aegidius Albertinus, ›Gusman von Alfarche oder Picaro‹.
1617	›Lazarillo de Tormes‹.

1619	(J. B. B. von Borstel?), ›Von der Lieb Astreae und Celadonis‹.
1619	Hans Ludwig von Kuefstein, ›Schäferei von Diana und dem Syrena‹.
1621	Joachim Caesar, ›Don Kichote‹.

rem von Werken Wickrams) und Richter war **Georg Messerschmidt** (um 1500/10 – um 1570), der (vermutlich) den ›Brissonetus‹ schrieb.

Aus dem Elsaß stammten auch die beiden bedeutendsten Romandichter der Epoche, Wickram und Fischart. **Jörg (Georg) Wickram** (1505 – vor 1562) wurde in Colmar geboren, er war dort Ratsdiener, auch Maler und Buchhändler, 1546 gründete er die Meistersingergesellschaft, seit 1555 wirkte er als Stadtschreiber in Burkheim am Kaiserstuhl. Er schuf ein umfangreiches literarisches Œuvre. Außer fünf Romanen schrieb er (seit 1531) Fastnachtspiele und religiöse Dramen, er parodierte in seinem ›Losbuch‹ (1539) die zweifelhafte, doch damals beliebte prognostische Literatur, machte aus seiner Neubearbeitung der deutschen Fassung der ›Metamorphosen‹ Ovids von Albrecht von Halberstadt (vgl. S. 152) ein erfolgreiches Buch (1545), lieferte eine allegorisierende Erziehungsdichtung ›Der irr reitende Pilger‹ (1555/56) und verfaßte die Schwanksammlung ›Das Rollwagenbüchlein‹.

Fast anderthalb Generationen jünger war der Straßburger **Johann Fischart** (1546/47–1590), genannt Mentzer (d. h. »Mainzer« – Fischarts Vater stammte aus Mainz), der herausragende deutsche Autor der zweiten Jahrhunderthälfte. Fischart verfügte über eine gründliche akademische Ausbildung, er bereiste in jungen Jahren Flandern, Frankreich, Italien und England und wurde 1574 in Basel zum Dr. jur. promoviert. Nach Tätigkeit als Korrektor, Redaktor und Autor in seiner Heimatstadt wirkte er ab 1578 am Reichskammergericht in Speyer, ab 1583 als Amtmann im lothringischen Forbach. Aus Fischarts Feder stammen mehr als 80 Werke, vorwiegend Bearbeitungen und Ergänzungen von Texten anderer sowie Kompilationen: seine »Produktivität war literarisch vermittelt und angeregt« (W. Kühlmann). Es handelt sich um konfessionelle, vorwiegend antijesuitische Kampfschriften und um weiteres Tagesschrifttum, um erbauliche Texte und geistliche Lieder, um Lobgedichte auf das Bündnis zwischen Straßburg und Zürich und auf das Landleben; neben einem Ehetraktat steht eine Kinderzucht, eine umfangreiche gereimte Fassung des ›Till Eulenspiegel‹ (1572) neben dem parodistischen Kleinepos ›Flöh Hatz / Weiber Tratz‹ (1573 und 1577; vgl. S. 472) und der Übersetzung des Buchs 6 des ›Amadis‹ (1572). Fischarts bedeutendstes Werk ist die ›Geschichtklitterung‹.

Andere Autoren gehören in höfische Zusammenhänge. Über seine Mutter ein Urenkel der Elisabeth von Nassau-Saarbrücken (vgl. S. 328) war der Wittelsbacher Pfalzgraf **Johann II. von Simmern** (1492–1557), der zwar nur über ein winziges Territorium im Hunsrück herrschte, dennoch im Reich großes Ansehen genoß. Der Fürst, der genealogische und historische Studien betrieb und über eine von seinem Sekretär geleitete Druckerei verfügte, gilt als der Autor der beiden Romane nach französischen Vorlagen, die in seiner Offizin herauskamen. Als Sekretär, Prinzenerzieher, später Rat und Vizekanzler am kursächsischen Hof wirkte der aus Schwäbisch Gmünd stammende **Veit Warbeck** (vor 1490–1534), der Bearbeiter der erst postum gedruckten ›Magelone‹. Schreiber am Aschaffenburger Hof des Erzbischofs von Mainz war **Konrad Egenberger** von Wertheim; er übersetzte aus der dänischen Sprache den ›Ogier‹, später übertrug er aus dem Französischen, unter anderem Buch 11 (1574) des ›Amadis‹. Hierher zu zählen ist ferner **Jacob Rathgeb** von Speyer (1561–1621), Sekretär am Hof der württembergischen Grafschaft Mömpelgard (Montbéliard), später am Herzogshof, tätig auch als Autor und Übersetzer, unter anderem der Bücher 14 bis 18 (1590/92) des ›Amadis‹.

Hofbeamter und Bibliothekar am Münchener Herzogshof war der aus dem niederländischen Deventer stammende **Aegidius Albertinus** (1560–1620), ein überaus produktiver gegenreformatorischer Autor; sein Erstlingswerk ist ›Des irrenden Ritters Reise‹ nach einer französischen Vorlage, besonders erfolgreich war seine Bearbeitung des ›Gusman von Alfarche oder Picaro‹ aus dem Spanischen. (**Paul van der Aelst**, der Bearbeiter der ›Vier Haimonskinder‹, war Drukker in Deventer, somit ein Landsmann des Albertinus.) Zu nennen ist schließlich **Hans Ludwig von Kuefstein** (1582/83–1656), ein evangelischer Freiherr, der nach Studium in Jena und der üblichen Kavalierstour, die ihn nach Italien und Spanien führte, 1627 in Aufsehen erregender Weise zum Katholizismus konvertierte, ab 1630 bis zu seinem Tod Landeshauptmann von Oberösterreich war und vom Kaiser 1634 in den Grafenstand erhoben wurde. Er übersetzte 1619 den ältesten spanischen Schäferroman (1559), die ›Schäferei von Diana und Syreno‹.

Romane nach fremdsprachigen Vorlagen

Zwischen 1521 und 1535 begegnet eine Reihe deutscher Bearbeitungen nach gedruckten französischen Romanvorlagen in Prosa, vorwiegend handelt es sich um Chanson-de-geste-Stoffe. Die Texte setzen die Tradition derartiger deutscher Prosaromane fort, die in der 1. Hälfte des 15. Jh.s vor allem mit den Romanen Elisabeths von Nassau-Saarbrücken begonnen hatte (vgl. S. 335 f.). **Wilhelm Ziely**, als Berner auf den Spuren seines Landsmannes Thüring von Ringoltingen, des Bearbeiters der ›Melusine‹ (S. 337), ließ 1521 zwei bis zum Beginn des 17. Jh.s mehrfach nachgedruckte Romane erscheinen. ›Olwier und Artus‹ basiert auf einem Roman aus dem Umkreis des burgundischen Hofes; es handelt sich um die exemplarische Geschichte der unerschütterlichen Freundschaft zweier Adliger; ihr stoffliches Muster ist die

Legende von Amicus und Amelius, die auch schon Konrads von Würzburg ›Engelhard‹ zugrunde gelegen hatte (vgl. S. 268). Einen weit verbreiteten Stoff bearbeitet die Chanson de geste ›Valentin und Orsus‹, die Erzählung von zwei mit Karl dem Großen verwandten Brüdern, die, getrennt und wieder vereint, mit Gottes Hilfe zahlreiche Bewährungsproben zu bestehen haben. Eine abweichende Fassung des Stoffes lag bereits dem kurzen mittelniederdeutschen Versroman ›Valentin und Namelos‹ (14. Jh.) zugrunde.

Nur handschriftlich überliefert sind die zwei Chanson-de-geste-Bearbeitungen einer Hs. im schweizerischen Aarau. Es handelt sich um Empörergesten, d. h. um Erzählungen von Konflikten zwischen Karl dem Großen und einzelnen seiner Vasallen (vgl. S. 131). In ›Morgant der Riese‹, aufgezeichnet 1530, verläßt Roland den Hof Karls im Streit; zusammen mit dem Riesen Morgant besteht er phantastische Abenteuer, bevor er dem Kaiser im Krieg gegen die Heiden beisteht und in Runzeval fällt (vgl. S. 134 ff.). Vorlage der 1517 gedruckten französischen Quelle war ein italienisches Epos von Luigi Pulci (1432–84). In noch weiteren europäischen Literaturzusammenhängen steht der zweite, 1531 aufgezeichnete Text der Aarauer Hs.: ›Die Haimonskinder‹. Der Stoff behandelt die Schicksale der vier Söhne Haimons von Dordogne und ihrer fortwährenden Auseinandersetzungen mit Kaiser Karl. Im Mittelpunkt begegnet Reinolt von Montalban, der nach zahllosen Kämpfen schließlich, geläutert, in Köln als Märtyrer stirbt und zum Stadtheiligen Dortmunds wird. Die in ganz Europa beliebte Erzählung wurde mehrfach auch auf Deutsch bearbeitet: um 1450/60 als Versroman nach einer niederländischen Vorlage für den Heidelberger Hof (›Reinolt von Montalban‹, vgl. S. 337), dann nach einer französischen Prosa in der Aarauer Fassung; wenig später, 1535, legte **Johann II. von Simmern** sie in eigener Bearbeitung, gleichfalls nach einer französischen Vorlage, in einem unikalen Druck vor; weite Verbreitung erlangten die ›Haimonskinder‹ in Deutschland indes erst durch die auf einer niederländischen Vorlage basierende Fassung **Paul van der Aelsts**, die 1604 in Köln herauskam. Im Unterschied zu den anderen Bearbeitungen ist in der dem reformatorischen Geist verpflichteten Aarauer Fassung der Legendenschluß weggelassen.

Die zweite Chanson-de-geste-Bearbeitung Johanns II. von Simmern, der 1533 erschienene ›Fierrabras‹ war erfolgreicher; sie wurde ein paar Mal nachgedruckt (vgl. Abb. 27). Titelheld ist der riesenhafte Heide Fierrabras (»Eisenarm«), der, nachdem er von Karls Paladin Olivier besiegt wurde, getauft und zu einem treuen Helfer der Christen wird. Einen späten, nur einmal gedruckten Nachzügler dieser Reihe von Chanson-de-geste-Bearbeitungen stellt der 1571 erschienene ›Ogier‹ dar – der Stoff war ebenfalls bereits früher einmal in einem der für den Heidelberger Hof verfaßten Versepen nach niederländischer Vorlage behandelt worden (vgl. S. 337). **Konrad Egenberger** aus Wertheim übersetzte freilich nicht aus dem Französischen, vielmehr verdeutschte er eine auf einer französischen Vorlage beruhende dänische Fassung. Der Text erzählt die abenteuerliche Jugendgeschichte des Dänenkönigs Ogier, eines Vasallen Karls des Großen, der bereits in der afrz. ›Chanson de Roland‹ (vgl. S. 134) vorkommt.

In einen anderen Stoffbereich gehört **Wilhelm Salzmanns** 1535 erschienener ›Kaiser Octavianus‹ (nach einer 1500 gedruckten französischen Vorlage). In der Erzählung vom römischen Kaiser Octavian, seiner Gemahlin und ihrer Zwillingssöhne Florent und Lyon sind zwei für viele mittelalterliche Romane konstitutive Motive – das Motiv der unschuldig verleumdeten Königin und das der Trennung und schließlichen Wiedervereinigung der Mitglieder einer adligen Familie – miteinander verwoben (vgl. S. 267 f.).

Der weitaus verbreitetste und bekannteste Roman dieser Gruppe ist **Veit Warbecks** 1527 entstandene, doch erst 1535 postum durch Warbecks Freund, den lutherischen Theologen und Historiker Georg Spalatin (vgl. S. 392) zum Druck

Fierrabras.

Eyn schöne kurtzweilige Histori von eym mächtigē Riesen auß Hispaniē/Fierrabras gnant/der eyn Heyd gewest/vnd bei zeiten des Durchleuchtigsten großen Keyser Karls gelebt/sich in kämpffen vnnd in streitten dapfferlich/großmüttig/mañlich vnnd eerlich gehalten hat/wie derselbig vō des gemelten Keyßers Grauen vnd diener eynem/genant Oliuier/löblich vñ ritterlich bestritten worden/mit sunderlicher meldung der eerlichen gemüte/so sie beyde (wiewol als zwen feind) doch schier zu sagen/freundtlich gegen eynander iñ kampff gefürt vnd bewisen/auch was sich nach sölchem weitter/zubestreittung des Heyden vatters/des Amirals von Hispanien begeben hat/newlich auß Frantzösicher sprach in Teutsch gebracht darauß die groß vñ sterck gmelts Keyser Karls/vnd seiner Fürsten/so dazumal gelebt/sunderlich abzunemen.

Mit Keyserlicher freiheyt/in sechs jaren nit nach zudrucken.

Abb. 27 Titelblatt des ›Fierrabras‹, Simmern 1533

gebrachte Bearbeitung der ›Magelone‹. Eine frühere deutsche Fassung war wirkungslos geblieben (vgl. S. 336), von Warbecks Fassung sind hingegen allein aus dem 16. Jh. nicht weniger als 19 Drucke bekannt. Nach einer französischen Quelle (um 1450) wird die rührende Liebesgeschichte des Grafensohnes Peter von Provence und Magelones erzählt, der Königstochter aus Neapel. Nachdem Peter in Neapel in einem Turnier gesiegt hatte, verlieben sie sich; auf der Flucht werden sie getrennt. Peter erlebt allerlei Abenteuer, Magelone gründet – unerkannt – in Peters Heimat ein Spital (Kern der Geschichte ist die Gründungssage des ehemaligen Bischofsitzes Maguelone bei Montpellier). Schließlich werden die Liebenden wieder vereint. Warbeck tilgte soweit möglich alle katholischen Elemente, die sprachliche Darstellung zeugt von erheblichem Können.

Das Grundschema der ›Magelone‹ – Trennung und Wiedervereinigung zweier Liebender nach vielen Abenteuern (mitsamt der Bewahrung der Virginität des Mädchens) – war konstitutiv für den spätantiken (hellenistischen) Liebesroman, es findet sich vielfach auch im Mittelalter (vgl. S. 266). Der dem westeuropäischen Mittelalter noch unbekannte, für den späteren Barockroman exemplarische wichtigste antike Text dieses Typs, Heliodors ›Aithiopika‹ oder ›Theagenes und Charikleia‹ (3./4. Jh. n. Chr.), wurde im griechischen Original erstmals 1534 gedruckt; nach einer lateinischen Übersetzung wurde er 1559 von **Johannes Zschorn** verdeutscht (drei Nachdrucke im 16. Jh.).

Aus dem Schaffen Wickrams, das die Romangeschichte der fünfziger Jahre bestimmte (vgl. S. 453 ff.), ergab sich keine nennenswerte eigenständige deutsche Romantradition. Seit dem letzten Drittel des Jh.s wurden vielmehr zahlreiche zeitgenössische Romane aus den romanischen Sprachen, neben dem Französischen und Italienischen nun erstmals auch aus dem Spanischen – die spanische Literatur erlebte im 16./17. Jh. ihr Goldenes Zeitalter (Siglo de oro) –, durch Übersetzungen und Bearbeitungen für deutsche Leser erschlossen. Ein vergleichbarer epochaler Wandel spielte sich – worauf hingewiesen wurde (S. 416 ff.) – etwa gleichzeitig auch im Bereich des Liederbuchliedes ab, in dem literarische Texttypen und musikalische Satztypen aus Italien aufgegriffen wurden.

Ab 1569 erreichte das größte europäische Romanprojekt des Jahrhunderts, der ›Amadís de Gaula‹, auch Deutschland. Bis 1596 erschienen 24 Bücher der »Bestseller-Serie« (H. Weddige), dazu zwei Supplemente und die ›Schatzkammer‹, eine erfolgreiche Auswahl rhetorischer Prunkstücke. Die ersten Bände des Ritterromans waren – nach einer älteren Vorlage – von dem spanischen Autor **Garcí Rodríguez de Montalvo** ausgearbeitet worden (erschienen 1508). Zusammen mit Fortsetzungen anderer Autoren wurden sie, unter weiterer Fortführung, zunächst ins Italienische, dann ins Französische, von da aus auch ins Deutsche, Niederländische und Englische übersetzt. Hauptfiguren der vom Artusroman (vgl. S. 190 f.) beeinflußten Romanserie sind der Musterritter Amadís de Gaula, seine Geliebte und spätere Gemahlin Oriana, ihr gemeinsamer Sohn, der *miles christianus* Esplandián, die gute Fee Urganda und Galaor, der vielfach in Liebesabenteuer verwickelte Bruder des Amadís. Es geht um Liebe und Abenteuer, um ritterliche Bewährung, um Glaubenskriege; Handlungsräume sind alle christlichen, dazu alle möglichen fabulösen Reiche, wobei als Zentrum der britische Hof Orianas fungiert. Die deutschen Übersetzer sind teilweise unbekannt, teilweise wurden sie oben bereits erwähnt: Fischart (Buch 6), Egenberger (11), Rathgeb (14–18), Costalio (20, 21). Die Bücher 22 bis 24 sind aus vorliegenden Büchern kompilierte deutsche Originale, die ihrerseits dann ins Französische übersetzt wurden.

Der ›Amadís‹, der bis 1617 zahlreiche deutsche Auflagen erlebte, galt als Lieblingslektüre des europäischen Adels, daneben der bürgerlich-gelehrten Führungsschicht; an Fürstenhöfen wurden Ritterspiele in Amadískostümen aufgeführt. In rhetorisch vielfältiger Weise bedient das Werk sich vieler Darstellungsformen: Reden, Briefe, Beschreibungen, Gespräche, Monologe, Berichte. Zum Erfolg trug sicherlich der vielfach anschauliche Erzählstil bei, vgl. zum Beispiel aus einer Kriegsschilderung:

> Da hette man können sehen, den Reysigen Zeug sich dummeln, das Fußvolk sich bewegen, die Trummen hören bommen, die Trommeten aufblasen, die Harnisch erklingen, vnd die Spieß erschütteln, also, daß in einem augenblick die sachen so wohl versehen waren, daß an des Königs befehl kein mangel erschiene. (v. Keller, S. 93)

Auf der anderen Seite lieferte der Roman auch Muster des höfischen Zeremonialstils, vgl. zum Beispiel:

> »Allergnedigste Fraw, E. G. [= Euer Gnaden] bitt ich aller vnderthenigkeit, die wöllen, wo dero solches bewist [Bescheid wißt], in gnaden mir anzuzeigen, vnbeschwert seyn, ob nicht ein Ritter hierinnen zu gegen, wie ich bericht worden, so in seinem schilt vnd waffen Löwen zu führen pflegt.«
> (v. Keller, S. 192)

Der Erfolg des ›Amadís‹ erregte auch Kritik, die vor allem auf seine Unmoral und Unwahrheit zielte. Ein französischer Anti-Amadís von Jean de Cartheny ›Des irrenden Ritters Reise‹, dessen Thema die geistliche Ritterschaft ist, wurde 1594 von **Aegidius Albertinus** auf Deutsch bearbeitet. Der berühmteste Roman, der die auf den ›Amadís‹ folgende Welle von Ritterromanen parodierte, der ›Don Quijote de la Mancha‹ (1605–15) des Miguel de Cervantes Saavedra (1547–1616), wurde, stark gekürzt, von dem auf Übersetzungen aus dem Spanischen spezialisierten **Joachim Caesar** (um 1580–1648) aus Halle erstmals 1621 in Deutschland bekannt gemacht.

Auf weitere Romanübersetzungen aus den romanischen Sprachen wird hier nur hingewiesen (zu Fischarts ›Gargantua‹-Bearbeitung siehe S. 449 ff.). In der auf Italienisch 1557 erschienenen, von **Johann Wetzel** 1583 übersetzten ›Reise der Söhne Giaffers‹ sind arabische und persische Novellen zu einem Roman verbunden. Den französischen Liebesroman ›Phoenicia‹ – die Liebesgeschichte einer Sizilianerin und eines aragonesischen Grafen – übersetzte 1594 der wahrscheinlich aus Danzig stammende **Moritz Brandt** als »Spiegel weiblicher Ehr und Zucht«. Einen religiösen Roman spanischer Herkunft, in dem Tugenden und Laster vorgeführt werden, ›Der edle Sonnenritter‹, bearbeitete **Matthäus Hofstetter**, Professor in Gießen, 1611.

Für die Literaturgeschichte des deutschen Barock von größter Bedeutung war die Rezeption zweier Romantypen aus dem romanischen Bereich, der Schäferromane und der pikaresken Romane. Die Schäferdichtung (auch Hirtendichtung, bukolische Dichtung, abgeleitet von griechisch *bukólos* »Rinderhirt«) hat antike Wurzeln in den ›Idyllen‹ des griechischen Autors Theokrit (1. Hälfte 3. Jh. v. Chr.) und in den ›Bucolica‹ Vergils, die beide in Versen abgefaßt sind; ein in griechischer Prosa geschriebener Schäferroman ›Daphnis und Chloe‹ stammt von Longos (2./3. Jh. n. Chr.). Wiederbelebt wurde die Schäferdichtung, zunächst in Form von Schäfergedichten und -spielen, um 1500 von italienischen Autoren, sie gelangte dann nach Frankreich, Spanien und England. Die Dichtungsart entwirft das Bild des einfachen, friedlichen und idyllischen Landlebens – verkörpert durch Schäferinnen und Schäfer in schöner Natur – im Gegensatz zum problematischen, eingeengten, intriganten Hof- und Stadtleben; an vielen Höfen wurden Schäferspiele nachgespielt. Zuerst ins Deutsche übersetzt wurde der französische Roman ›Bergieres de Iuliette‹ (1558–98) von **Nicolas de Montreux** (gest. 1608); die fünf Bände, deren Übersetzer unbekannt sind (Bd. 1 wurde vielleicht von F. C. Borstel übersetzt), erschienen zwischen 1595 und 1617 unter dem Titel ›Die Schäfereien von der schönen Juliana‹ (durch diesen Titel wurde die Bezeichnung »Schäferei« eingeführt). Um den Schäfer Phyllis und seine Schwester Juliana gruppieren sich weitere Schäferinnen und Schäfer, die in unglücklichen Liebesbeziehungen zueinander stehen; sie vertreiben sich die Zeit mit Erzählungen und Rätseln. Weitere Übersetzungen von Schäferromanen sind ›Von der Lieb Astreae und Celadonis‹ (1619–35, Übersetzer möglicherweise J. B. B. von Borstel), zugrunde liegt hier der berühmte französische Roman des Zeitgenossen **Honoré de Urfé** (1567–1625), der als hohe Schule der Galanterie galt, und die von **H. L. von Kuefstein** 1619 veröffentlichte ›Schäferei von Diana und Syrena‹, deren Vorlage ein bereits älterer spanischer Schäferroman (1559) von **Jorge de Montemayor** (um 1520 – 1561) ist. Seit Opitz und durch ihn spielte die Schäferdichtung dann eine wichtige Rolle auch in der deutschen Literatur der Barockzeit. Der älteste deutsche Schäferroman ohne eine fremde Vorlage ist die 1632 anonym erschienene ›Jüngst erbaute Schäferei‹.

Schelmenromane oder pikareske Romane (von spanisch *pícaro* »Schelm, Schuft, Landstreicher«) schildern – meist in episodischer Weise – Lebensschicksale eines Menschen aus niedrigen Verhältnissen, der sich, nachdem seine ursprüngliche Naivität überwunden ist, mit bedenklichen, bisweilen auch kriminellen Mitteln in seiner korrupten, durch und durch schlechten Umwelt zu behaupten sucht. (Als deutschen Vorläufer kann man den ›Eulenspiegel‹ ansehen, vgl. S. 349 f.) Meist erzählt der Picaro selbst seine Lebensgeschichte. Der älteste Roman dieser Art ist der 1554 anonym erschienene spanische ›Lazarillo de Tormes‹, der ohne Angabe des Übersetzernamens 1617 auf Deutsch herauskam. Lazarillo berichtet in seinem autobiographischen Bericht, wie er nacheinander den unterschiedlichsten Herren dient, die ihn schäbig behandeln und denen gegenüber er sich behaupten muß. Bereits kurz vorher war ein anderer spanischer Roman, ›Guzmán de Alfarache‹ (erschienen 1599–1604) von **Mateo Alemán** (1547–1614?), von **Aegidius Albertinus** bearbeitet worden. Der erfolgreiche, 1615 gedruckte Roman ›Der Landstörtzer: Gusman von Alfarche oder Picaro genannt‹, durch den der literarische Typ in

Deutschland bekannt wurde, benutzte nur teilweise spanische Vorlagen, der aus Predigt und Belehrung bestehende zweite Teil stellt eine Neuschöpfung dar. Der – schon bei Alemán moralisierende – Schelmenroman erscheint hier als »Sünder- und Büßergeschichte« (P. Triefenbach). Der Picaro wird zum Sünder, der sein Heil sucht. Seinen Höhepunkt in der deutschen Literatur erreichte der pikareske Roman dann ein halbes Jahrhundert später durch **Hans Jacob Christoffel von Grimmelshausens** (1621/22–76) ›Simplicius Simplicissimus‹ (1668/69) und die weiteren simplizianischen Schriften dieses Autors. »Simplizianisch« als Synonym von »pikaresk« wurde in der Folge zur Kennmarke einer ganzen Reihe einschlägiger Romane des späten 17. Jh.s.

Johann Fischart, ›Geschichtklitterung‹. Das ästhetisch bedeutendste deutsche Erzählwerk der Epoche ist Fischarts ›Geschichtklitterung‹ (zuerst 1575; bis 1631 erschienen neun Ausgaben). Es handelt sich um die Bearbeitung des 1534 veröffentlichten ›Gargantua‹, des 1. Buchs des französischen Romans ›Gargantua et Pantagruel‹ von **François Rabelais** (1494–1553). Der Riese Gargantua ist der Vater des Haupthelden Pantagruel. Gargantua wird als Sohn des Grandgousier und der Garganelle nach elfmonatiger Schwangerschaft durch das Ohr der Mutter geboren. Es folgt die Schilderung seiner Jugend (Bekleidung, Pferde, Lateinunterricht, Studium in Paris). Aus dem Streit zwischen Grandgousiers Landsassen mit den Fladenbäckern von Lerné entsteht Krieg. Der aus Paris zurückgekehrte Gargantua besiegt schließlich den feindlichen König Pikrochole. Am Schluß steht – als Belohnung für den tapferen Mitkämpfer Frére Jean – die Errichtung der Abtei Thélème (d. h. »Wille, Wunsch«), in der Damen und Herren in idealer Gemeinschaft nach der Regel »Tu, was du willst« leben. Nach eigener Aussage verfaßte Rabelais seinen Roman allein zu dem Zweck, die Leser zum Lachen zu bringen. Dazu bediente er sich zahlloser grotesker Züge, einer burlesken Handlung und einer überquellenden, zahlreiche Ausdrucksebenen einbeziehenden Sprache. Wie das Werk darüber hinaus zu verstehen ist – ob als realistisch, allegorisch, im Sinn bestimmter philosophischer, religiöser, politischer Tendenzen – ist höchst umstritten.

Fischart hat den Text des ›Gargantua‹ im Prinzip getreu übersetzt. Rabelais' Darstellungsweise regte ihn freilich dazu an, die eigene überbordende Sprachphantasie geradezu im Übermaß sich austoben zu lassen. Seine 1. Fassung verdreifacht den Umfang der Vorlage, die 2. und 3. Auflage schwellen den Text dann noch weiter auf. Aus wenigen Worten bei Rabelais werden oftmals Wortkaskaden. Dafür ein (ganz beliebiges) Beispiel. Im 32. Kapitel Rabelais' wird Pikrichole von seinem Feldhauptmann ermahnt, darauf zu achten, daß die Soldaten genug zu essen haben (in heutiger Soldatensprache heißt das: »Ohne Mampf kein Kampf«):

> »Ach was«, sprach Pikricholos, »wir werden übergenug zu essen haben. Sind wir denn zum Schlampampen hier oder zum Kämpfen?« – »Ei, zum Kämpfen natürlich«, erwiderte Angsthas. »Aber mit leerem Ranzen ist schlecht tanzen, und wo Hunger regiert, die Kraft sich verliert.«
>
> (Übersetzung von W. Widmer)

Aus dieser Stelle wird bei Fischart die folgende Passage:

> Was tausent Frantzosen [Ausruf, etwa: »tausendfache Syphilis!«], Antwort Picrockol, wir werden nur zuviel Brotfrission [entstellt aus »Provision«, d. h. »Vorrat«] haben. Sind wir hie umb fressens oder streitens willen? Warlich umb streitens willen, sprach Duckedil, aber auf vollen Wanst folget der Dantz, der Dantz reget den Schwantz, voll bringt Groll, Groll schlägt drein toll, wolgemäst ist man wolgetröst, und steht fest, daß man drauff trescht, vollgesetzt Bäuch thun wolgesetzt Streych: Hinwider wa Hunger regiert, die stärcke man verliert: wa Nagenranfft überhand gewint, da hat stercke außgedient, Wo ich mit dem hunger zu Feld muß ligen kann ich mit dem Feind nicht kriegen, kont doch der Hörnen Seifrid [vgl. S. 248] auff einmal nit zwen bestehn, viel weniger ich den Mars und Hun-

ger: Warlich Gnädiger Herr, am Hungertuch nagen, macht schwechlich zuschlagen: der hungerig Wolf muß den lähren Magen mit Sand füllen, daß er gewichtig sey ein Pferd niderzuziehen. (Nyssen, S. 322)

Die beiden gereimten Sätzchen bei Rabelais sind hier auf zwölf erweitert, die teilweise durch gleiche Reimwörter aneinander gehängt sind, dazu kommen zwei ungereimte, sprichwortartige Sätze (»kont doch der Hörnen Seifrid ...«, »der hungerig Wolf ...«). Der Leser sieht sich gleichsam eingesogen in »Sprachorgien« (M. Wehrli), in denen er leicht den Überblick verliert. Ein besonderes »Prunkstück« ist das berühmte 8. Kapitel, die ›Trunkene Litanei‹, in der Rabelais' 5. Kapitel – die Reden der zahlreichen Zecher bei einem großen Fest Grandgousiers, eine Ansammlung von durchweg wenig oder gar nicht zusammenhängenden Einzelsätzen, zusammen nur wenige Seiten – zu einem quodlibetartigen (vgl. S. 415), fast endlosen Redeschwall von (in der Ausgabe Nyssens) nicht weniger als 27 absatzlosen Seiten erweitert sind, in dem unter anderem mehr als 50 populäre Lieder in teilweise verballhornten Ausschnitten zitiert werden. (Es empfiehlt sich, parallel zur Lektüre Fischarts das französische Original oder eine moderne Übersetzung zu lesen, um den in der ›Geschichtklitterung‹ oft kaum mehr faßbaren Handlungsfaden nicht zu verlieren.)

Sein sprachliches Material bezog Fischart aus vielen und vielerlei Quellen (der Katalog der Quellenberufungen, Zitate und Anspielungen von U. Seelbach umfaßt 200 Druckseiten): aus griechischen und römischen Klassikern und spätantiken Autoren, aus der Bibel, aus der lateinischen Literatur des Mittelalters und der Frühen Neuzeit, aus deutschen, französischen, italienischen Texten aller Art (natürlich auch aus Fischarts eigenen), aus Liedern, Exempla usw. Fischarts sprachlicher Hexentanz wird meist dem Manierismus zugerechnet, einer Stilrichtung, die auf virtuose, den Leser oftmals überraschende, ja überwältigende Sprachgestaltung setzt, der es nicht um klassische Klarheit und Natürlichkeit geht, sondern um artistisch gestaltete Überraschungseffekte, um das Bizarre, Groteske und Komplexe. Die manieristische Stilrichtung (im 19. und frühen 20. Jh. sprach man oftmals von »Schwulst«) begegnet bereits in der Antike, in der Literaturgeschichte des Mittelalters wird gelegentlich ein Autor wie Frauenlob (vgl. S. 238) hier rubriziert, aus neuerer Zeit nennt man eine Reihe von Barockautoren, ferner etwa Jean Paul und Arno Schmidt. Fischarts ›Geschichtklitterung‹, die auf sprachverliebte Autoren der Barockzeit gewirkt hat, stellt ohne Zweifel den Höhepunkt der manieristischen Dichtung des 16. Jh.s dar (vgl. auch S. 475).

Deutsche »Originalromane«

Die Zahl der deutschen Romane, die nicht auf einer vorgegebenen Quelle basieren – ältestes Beispiel unter den Prosaromanen war der ›Fortunatus‹ (vgl. S. 338 ff.) – ist, abgesehen vom Romanschaffen Wickrams, außerordentlich gering. Ein kurzer pseudo-biographischer Roman ›Friedrich Barbarossa‹ (6 Drucke zwischen 1519 und 1545) erzählt von der Eroberung Jerusalems durch Kaiser Friedrich I., seiner Gefangenschaft bei Sultan Saladin, dem anschließenden Rachefeldzug gegen den verräterischen Papst und der Versöhnung; schließlich wird der Kaiser in einen Berg entrückt – die Lokalisierung im thüringischen Kyffhäuser begegnet erstmals 1537 (eine Sage vom Enkel Kaiser Friedrich II. wurde hier auf den Großvater übertragen). Obwohl alle erzählten Ereignisse fiktiv sind – bekanntlich gelangte Barbarossa auf dem 3. Kreuzzug gar nicht ins Heilige Land –, wurden sie in zeitgenössischen Werken mit wissenschaftlichem Anspruch aufgegriffen.

Ganz für sich steht der in seiner Zeit völlig unbeachtet gebliebene, nur handschriftlich, anonym und lückenhaft überlieferte kleine Roman ›Frau Tugendreich‹ (um 1520,

Schwaben; Hs. in St. Gallen). Die Grafentochter Tugendreich kommt an den Hof Kaiser Maximilians I. Zwei junge Herren, Glückwart und Fridfrey, werben eifrig um sie. Im Duell siegt Fridfrey, doch bleibt das folgenlos. Beide müssen in den Krieg ziehen. Glückwart fällt. Als Fridfrey zurückkehrt, findet er Tugendreich auf Anordnung ihres Vaters mit einem ungeliebten, häßlichen, bäuerischen Rittersohn verheiratet. Den Rahmen der nicht anhand einer literarischen Vorlage konstruierten Erzählung bildet ein Streitgespräch über richtiges weibliches Verhalten. Erwogen wird, ob die Geschichte, deren Gegenwartsbezug evident ist, nicht tatsächliche Ereignisse wiedergibt, also so etwas wie ein Schlüsselroman ist. Man sieht in ihr ein »Lehr- und Lesebuch für junge Mädchen des Adels« (E. Lienert).

Der herausragende Romanautor der Epoche war **Jörg Wickram**. Wickram war ein hervorragender Kenner der zeitüblichen Erzählliteratur, er zitiert biblische Geschichten, gab eine deutsche Bearbeitung der ›Metamorphosen‹ Ovids heraus (vgl. S. 152), war mit Romanen wie ›Tristrant‹, ›Pontus und Sidonia‹, dem Trojaroman, ›Florio und Bianceffora‹ und wohl auch dem ›Wilhelm von Österreich‹ vertraut (vgl. S. 332 ff.) und beruft sich auf italienische Novellen – Niklas' von Wyle Übersetzungen von Enea Silvio Piccolominis ›Eurialus und Lucretia‹ und Boccaccios ›Guiscardus und Sigismunda‹ (vgl. S. 371) waren bis um 1600 in zahlreichen Einzeldrucken verbreitet. Gleichwohl stellen Wickrams eigene Romane – die mit einer Ausnahme bis in das späte 17. Jh. vielfach aufgelegt wurden – etwas Neues dar. Von Realitätswiedergabe ist er ebenso weit entfernt wie die gesamte ältere Romanliteratur, man hat die Welt seiner Romane als »Laborraum« (H.-G. Roloff) bezeichnet: Durch zähen Fleiß, umfassende Leistungsbereitschaft, aufrichtige Treue scheint, wenn das Glück einem nur gewogen ist, vieles, nahezu alles erreichbar. Abenteuer im Sinn des Ritterromans gibt es nicht. An ihre Stelle treten Intrigen und Verbrechen, die den Helden Leben oder Freiheit kosten können, deren Folgen er aber durch Tapferkeit, Hilfsbereitschaft anderer oder durch glückliche Zufälle entkommt. Religiöse und politische Aspekte spielen so gut wie keine Rolle. Ausführlich werden Gefühle in Briefen und Gesprächen zum Ausdruck gebracht – dem Hauptheldendes ist fast immer ein Freund zur Seite gestellt, mit dem er sich austauschen kann. Wickrams Romandrucke sind reich mit Holzschnitten ausgestattet, für die er größtenteils selbst die Vorzeichnungen geliefert hat.

Drei der Romane Wickrams kann man als Hofromane klassifizieren, einen als Erziehungsroman, einen als Stadtroman. Zur Gruppe der Hofromane gehört der früheste Text, der 1539 anonym erschienene ›Ritter Galmy‹ (12 Auflagen bis 1675; Wickrams Autorschaft wurde neuerdings in Frage gestellt). Es handelt sich um einen in fürstlich-adligem Milieu spielenden Liebesroman, verbunden mit der Thematik des sozialen Aufstiegs. Der schottische Ritter Galmy liebt am Herzogshof der Bretagne die tugendhafte Herzogin, die seine Zuneigung keusch erwidert. Galmy siegt in Turnieren, muß den Hof aber schließlich verlassen. Während der Herzog zum Heiligen Grab reist, beschuldigt der verräterische Marschall, dessen Avancen sie abgewiesen hat, die Herzogin des Ehebruchs mit einem Küchenjungen. Sie wird eingekerkert, nach der Rückkehr des Herzogs kommt es zu einem Gottesgericht. Dabei besiegt der in Mönchskleidung auftretende Galmy den Marschall, der auf dem Scheiterhaufen endet. Als der Herzog stirbt, heiratet Galmy die Witwe und wird selbst Landesherr. Wickram bedient sich des in der mittelalterlichen Erzählliteratur weitverbreiteten Motivs der unschuldig verfolgten Fürstin (vgl. S. 268), eingewirkt hat offensichtlich auch der ›Tristrant‹ (die Neider am Hof, das Gottesurteil). Als Beispiele starker Männer, die von der Liebe überwältigt wurden, sogenannter Minnesklaven, werden im 2. Kapitel Adam, David, Samson, Achill, Jason, Pontus, Tristrant und Pyramus genannt (eine ähnliche Aufzählung auch in ›Gabriotto und Reinhart‹).

Ein rührender, trauriger Liebesroman – allen Jungfrauen »zur Warnung« – ist ›Gabriotto und Reinhart‹ (1551, 9 Auflagen bis 1680). Die beiden Titelhelden sind französische Jünglinge von niederem Adel am englischen Königshof. Obwohl sie wiedergeliebt werden, scheitert ihre Liebe zur Schwester des Königs und zu einer Grafentochter. Nach allerlei Intrigen und Nachstellungen sterben alle vier ohne äußere Einwirkungen den Liebestod. Literarische Anregungen boten der ›Tristrant‹ und ›Florio und Biancefflora‹ sowie die damals durch die Novelle ›Guiscardus und Sigismunda‹ geläufige Erzählung von dem der Geliebten übersandten Herzen des toten Geliebten (vgl. auch S. 276). Während der soziale Aufstieg hier scheitert, gelingt er im dritten Hofroman ›Goldfaden‹ (1557, 11 Auflagen bis 1687). Der Roman, der alle jungen Männer auffordert, sich der Tugend zu befleißigen, berichtet die Lebensgeschichte des glückhaften Lewfrid aus Portugal. Obwohl von niederer Abkunft, liebt und heiratet er – nachdem er alle verbrecherischen Anschläge überstanden hat und dank einer Kriegstat zum Ritter aufgestiegen ist – die Grafentochter Angliana und wird Landesherr. Vorbild ist der Aufstieg des alttestamentlichen Hirtenknaben David zum König (1. Samuel 16 ff.); märchenhafte Züge sind nicht zu übersehen.

Dem ›Goldfaden‹ vorausgegangen waren zwei weitere Romane. 1551 erschien der Erziehungsroman ›Knabenspiegel‹ (7 Auflagen bis 1600). Hier geht es um den Nutzen fleißigen Studiums und des Wohlverhaltens gegenüber Eltern und Lehrern – wer sich entsprechend verhält, wird es, auch bei niederer Abkunft, zu etwas bringen; wer den falschen Weg geht, steigt ab, auch wenn er adliger Herkunft ist. Exemplifiziert wird dieses plakative didaktische Programm an zwei Jungen aus dem Deutschordensstaat. Der Bauernsohn Friedbert steigt über Schule und Universität und dank seines permanenten Wohlverhaltens in höchste landesfürstliche Ämter auf; sein störrischer Ziehbruder, der adlige Wilbald, entzieht sich, von einem Nichtsnutz (der am Galgen endet) verführt, der Erziehung und sinkt herab bis zum Schweinehirten (erhält am Ende aber doch ein Ehrenamt am Hof). Konstruiert ist die Geschichte in Anlehnung an das in der zeitgenössischen Dramendichtung (vgl. S. 487) vielfach verwendete biblische Gleichnis vom verlorenen Sohn (Lukas 15,11).

Der einzige Roman Wickrams, der nicht in adlig-fürstlichem Milieu spielt, ›Von guten und bösen Nachbarn‹ (1556), war beim Publikum offensichtlich erfolglos (nur ein Nachdruck). Ihm kommt indes das Verdienst zu, der erste deutsche Roman überhaupt zu sein, der ausschließlich im stadtbürgerlichen Milieu angesiedelt ist. Schauplätze sind Antwerpen, Lissabon, daneben Spanien und Venedig. Erzählt wird die Geschichte zweier reicher bürgerlicher Familien – guter Nachbarn – durch drei Generationen hindurch. Ein böser Nachbar und der Seuchentod von neun seiner zehn Kinder veranlassen den reichen Handelsherrn Robertus und seine Frau Sophia dazu, von Antwerpen zu einem reichen alten Verwandten nach Lissabon zu ziehen. Der junge, gleichfalls reiche spanische Kaufherr Richart, dem Robertus als barmherziger Samariter das Leben gerettet hatte, heiratet Cassandra, die verbliebene Tochter seines Wohltäters. Richart befreundet sich mit dem Goldschmied Lasarus, schließlich wird dessen Sohn Lasarus der Jüngere mit Richarts und Cassandras Tochter Amelia verheiratet. Angereichert ist dieses Geschehen durch Seefahrten und durch die erfolgreiche Abwehr von allerlei verbrecherischen Taten. Am Schluß steht das utopisch-realitätsferne Bild einer gemeinsamen Haushaltung der beiden Elternpaare und der Jungvermählten im Zeichen des Friedens – die Frauen führen den Haushalt, die Männer gehen gemeinsam den Geschäften nach.

Wickrams Romane vermochten – wie bereits erwähnt – keine eigenständige deutsche Romantradition zu begründen. Allenfalls der ›Brissonetus‹ (1559, 5 Auflagen bis 1682), der vermutlich von **Georg Messerschmidt** verfaßt wurde, dem Verleger des ›Nachbarn‹-Romans, knüpfte hier an. Der stark didaktische Text thematisiert am Beispiel seines niederadligen Helden die Stufen der Ausbildung künftiger Fürstendiener. Die abschließende Abenteuerfahrt führt Brissonetus über den Orient schließlich in das märchenhaft-allegorische Land Pius Amor, in dem er nach drei Prüfungen als Inbegriff der Demut König und Gemahl der Königin Verecunda (d. h. »die Bescheidene, Sittsame«) wird.

›**Der Finkenritter**‹. Um 1560 erschien der nur wenige Seiten umfassende, gleichwohl im Titel die übliche Gattungsbezeichnung »Historie« in Anspruch nehmende »Roman« ›Der Finkenritter‹ (14 Drucke des 16. und 17. Jh.s), ein skurril-grotesker Unsinnstext ohne didaktische und satirische Absichten, der als Parodie eines Ritterromans und Reiseberichts daherkommt. Der unbekannte Autor schöpfte aus vielerlei Quellen, er verwendet unter anderem das (auch bei Hans Sachs erscheinende) Schlaraffenlandmotiv, Motive der verkehrten Welt, groteske zeitgenössische Bildwerke (man hat auf Hieronymus Bosch hingewiesen), ältere Lügendichtungen. Geradezu selbstverständlich hat Fischart in der ›Geschichtklitterung‹ sich auf den ›Finkenritter‹ bezogen. Lügendichtungen gab es bereits in der mittelalterlichen Literatur, einen Höhepunkt stellt das um 1300 entstandene, anonym überlieferte ›Wachtelmäre‹ dar; aus neuerer Zeit ist an den von Gottfried August Bürger aus dem Englischen übersetzten und bearbeiteten ›Münchhausen‹ (1786) Rudolf Erich Raspes zu erinnern. Der Held und Ich-Erzähler Policarpus, genannt der Finkenritter – die Bedeutung des Namens ist unklar –, berichtet in acht »Tagreisen«, d. h. Kapiteln, von den Abenteuern, die er 250 Jahre vor seiner Geburt erlebt hat. Da sein Versuch, als Kaufmann zu reüssieren, scheitert, geht er als Ritter auf Abenteuersuche. Er kommt unter anderem zu einem steinernen kleinen Birnbaum, dort hängt der Weg über die Weiden und brennt der Bach – die Bauern löschen ihn mit Stroh –, die Buben werden von Käse und Brot gegessen, die Hunde von den Hasen gefangen usw.; ferner trifft er auf einen »hübschen, schwachen, feinen, grauen, jungen, blöden, alten, schönen, flinken« Mann, der an einer Krücke tanzt, das Bärtchen mit Schindeln gedeckt, eine kleine Badestube auf der Nase, eine Warze am Zahn, am Ohr hinkend, an einem Ellbogen stammelnd. Am Schluß fällt der Finkenritter von einem Windschiff aus durch den Kamin ins Elternhaus, wird geboren, muß mühsam eingefangen werden und landet endlich an der Mutterbrust.

›Faustbuch‹. 1587 publizierte der Frankfurter Drucker Johann Spies die von einem Ungenannten verfasste ›Historia von D. Johann Fausten / dem weitbeschreyten Zauberer vnnd Schwartzkünstler‹. Das ›Faustbuch‹ erwies sich als einer der erfolgreichsten Texte der Epoche, bis 1598 erschienen 22 (teilweise erweiterte) Auflagen, 1593 folgte eine Fortsetzung, das ›Wagnerbuch‹, ferner kam es zu Bearbeitungen (1588 der ›Tübinger Reimfaust‹, 1599 eine umfangreiche kommentierte Neufassung von **Georg Rudolf Widmann**). Bereits 1588 wurde das Buch ins Englische übersetzt, 1592 ins Niederländische, 1598 ins Französische.

Faust war als Name eines Schwarzkünstlers, über den allerlei Geschichten kursierten, damals allgemein bekannt. Das in das frühe 16. Jh. datierte historische Vorbild eines Gelehrten von zweifelhaftem Ruf ist allerdings umstritten (Georg Sabellicus Faustus aus Helmstadt bei Heidelberg? Johann Faustus aus dem württembergischen Knittlingen?). Das ›Faustbuch‹ liefert die Biographie des Titelhelden. Teil 1 (Kapitel 1–17): Fausts Herkunft, sein Studium in Wittenberg. Promotion. Teufelsbeschwörung. Der mit dem eigenen Blut unterschriebene Pakt mit dem Teufel, geschlossen auf 24 Jahre. Fragen an Mephostophiles nach den Teufeln und der Hölle. Teil 2 (Kapitel 18–32): Fragen über Kosmologie und Astrologie. Reise in die Hölle, Auffahrt zu den Gestirnen. Reise durch Europa und den Orient. Teil 3 (Kapitel 33–59): Großenteils schwankhafte Abenteuer Fausts als Zauberer und Possenreißer. Er zaubert Helena herbei und zeugt später mit ihr den Sohn Iustus Faustus. Vergeblicher Bekehrungsversuch eines christlichen Nachbarn und zweiter Vertrag mit dem Teufel. Teil 4 (Kapitel 60–68): Das letzte Lebensjahr. Fausts Testament, Erbe wird sein Famulus Christoph Wagner. Fausts drei Weheklagen und sein grausames Ende.

Der anonyme Autor benutzte zahlreiche Quellentexte unterschiedlicher Art. Als eine Art Folie dienen mehrfach neutestamentliche Bibelstellen, so etwa als Faust in Kap. 15 seine Verführung durch den Teufel beklagt und Mephostophiles sagt: »Da sihe du zu« – womit er die Worte der Pharisäer zu Judas zitiert, als dieser seinen Verrat an Jesus bereut (Matthäus 27,5); eine Art Kontrafaktur (vgl. S. 117) von Jesu letztem Abendmahl und der Szene im Garten Gethsemane (Matthäus 26) ist die grandiose Schlußszene Kap. 67/68, die Fausts Abendessen mit den Studenten, die letzten Reden und seinen Tod schildert. Weitere Quellentexte sind unter anderem der ›Lucidarius‹ (vgl. S. 163 f.), Brants ›Narrenschiff‹ (S. 353 ff.), Schedels ›Weltchronik‹ (S. 358), Luthers ›Tischreden‹ (S. 393), zeitgenössische Schriften über Dämonologie, Exempel- und Schwanksammlungen, das Lobgedicht des Hans Sachs auf Nürnberg.

Das ›Faustbuch‹ soll »allen hochtragenden [d. h. hochmütigen] fürwitzigen vnd Gottlosen Menschen zum Beyspiel / abscheuwlichen Exempel / vnd trewhertziger Warnung« dienen. Demgemäß richtet die Vorrede sich an den »Christlichen Leser«, dem – im Zeitalter großer Teufelsangst und grausamster Hexenverfolgung – vor Augen gestellt wird, daß »Zauberey und Schwartzkünstlerey die gröste vnnd schwerste Sünde für [d. h. vor] Gott und für aller Welt« sei: »Es dräwet auch Gott den Zauberern und Schwartzkünstlern vnd jren Anhängern die höchste Straff / vnnd befilcht der Obrigkeit dieselbige an jnen zuexequirn [d. h. zu vollziehen]«. Fausts Wunsch, die Grenzen des dem Menschen zugänglichen und zuträglichen Wissens zu überschreiten, sein »Fürwitz« (*curiositas*), mit dem er »alle Gründ am

Himmel vnd Erden erforschen« will, dazu sein Leichtsinn, verführen ihn dazu, von Gott abzufallen und mit dem Teufel zu paktieren. Anders als älteren literarischen Teufelsbündlern – etwa dem Theophilus einer Legende (der literarisch zuerst um 950 in einer Dichtung Hrotsviths von Gandersheim begegnet, vgl. S. 69) – gelingt es ihm aber nicht, durch Reue, Beichte und Buße die Gnade Gottes wieder zu erlangen, sondern er verharrt – wie die biblischen Kain und Judas – trotzig in seiner Verzweiflung (*desperatio*, vgl. auch S. 196). Daraus ergibt sich auch die ihn immer wieder befallende Melancholie.

Mit der schlichten Belehrung des christlichen Lesers, die im ›Faustbuch‹ abschließend noch einmal zusammengefaßt wird, war freilich die Faustfigur nicht abgetan. Bereits um 1590 erschien Faust als Held einer englischen Tragödie des Elisabethanischen Dramatikers Christopher Marlowe (1564–93). Vollends seit dem 18. Jh. gibt es eine Fülle von Neugestaltungen, Dramen, Opern, Romanen, bildkünstlerischen Darstellungen. Faust begegnet hier vor allem als »Synonym für die Tragik menschlichen Erkenntnisstrebens« (M. Münkler). Goethes zweiteilige Tragödie ›Faust‹ (erschienen 1808 und 1832) und Thomas Manns Roman ›Doktor Faustus‹ (1947) sind nur die bekanntesten und bedeutendsten Auseinandersetzungen mit dem Stoff.

›Lalebuch‹. Literarisch ambitioniert ist das 1597 erschienene ›Lalebuch‹ eines unbekannten Autors. Der zu »ehrlicher Zeitverkürtzung« gedachte Schwankroman (vgl. S. 349) ist vor dem Hintergrund der berühmten ›Utopia‹ (1516) des **Thomas Morus** (1478–1535) zu lesen, mit der die folgenreichen Begriffe der Utopie und des utopischen Denkens sowie die Gattung des Staatsromans eingeführt wurden. Morus entwirft ein auf Vernunft gegründetes ideales Staatswesen, das freilich an einem »Nirgendort« (griechisch *u-tópos*) liegt – der Wohnort der Laleburger oder Lalen (von griechisch *lálein* »schwätzen«, vielleicht auch Anagramm für »alle«) liegt gleichfalls im König- oder Kaiserreich Utopien – der König oder Kaiser heißt Udeis (»Niemand«) –, unweit der aus dem Namen Athen abgeleiteten Hauptstadt Uthen (»Nirgendheim«). Gezeigt wird im ›Lalebuch‹, wie ein blühendes Gemeinwesen durch zunächst gespielte, dann verinnerlichte Narrheit völlig zerstört wird. Der Untergang bleibt indes nicht folgenlos, denn die sich schließlich zerstreuenden Lalen verbreiten am Ende die Narrheit durch die ganze Welt. Man kann im ›Lalebuch‹ die erste negative Utopie (Dystopie) sehen.

Ursprünglich waren die Lalen kluge, als Ratgeber überall begehrte Leute. Da sie fortwährend von zu Hause abwesend sind, weshalb ihr eigenes Gemeinwesen unterzugehen droht, werden sie von ihren überforderten Frauen zurückgerufen. Sie beschließen, sich fortan dumm zu stellen, und um des »gemeinen Nutzens« willen nur noch »die aller wunderbarnarrseltzamebenthewrlichsten bossen« zu treiben. Für den Erzähler stellt sich dabei die Frage, ob es möglich sei, sich dauerhaft dumm zu stellen, ohne zwangsläufig wirklich dumm und närrisch zu werden – letzteres ergibt sich, wie die weitere Handlung zeigt, zwangsläufig. In der folgenden Sequenz unterhaltsamer närrischer Handlungen bedient der Autor sich zahlreicher zeitgenössischer Schwanktexte (Hans Sachs, Wickram, Montanus, Frey usw., vgl. den folgenden Abschnitt), die er für seine Zwecke bearbeitet. Die Lalen bauen ein Rathaus, vergessen die Fenster und wollen das Licht in Säcken hineintragen; sie wählen aufgrund eines abstrusen Reimwettbewerbs den Sauhirten zum Schultheiß, der dann den zum Staatsbesuch eintreffenden Kaiser empfangen muß – sie überzeugen diesen dann erfolgreich von ihrer Narrheit; sie verstecken ihre Kirchenglocke im See und markieren die betreffende Stelle an ihrem Boot usw. Die Narrheit führt schließlich zum Untergang: Wegen einer Mäuseplage kaufen sie einem Wanderer für schweres Geld einen »Maushund«, d. h. eine Katze, ab. Durch ein sprachliches Mißverständnis glauben sie, der »Maushund« werde schließlich auch das Vieh und sie selbst fressen. Um die Bestie zu vernichten, brennen sie am Ende ihr ganzes Dorf nieder. Danach zerstreuen sie sich und lassen sich vielerorts nieder:

> Wa sie sich niderliessen / da zeugeten sie Narren gleich wie sie Narren waren [...] Ist also der Namen vnnd Stammen der Lalen zu Laleburg hiemit abgangen / vnd gar außgeloschen: doch ist jhr Thorheit vnd Narrey [...] vbergeblieben / vnnd vielleicht mir vnnd dir auch ein guter theil darvon worden. Wer weist obs nicht wahr ist? (Ertz, S. 138 f.)

Der sprachlich teilweise in manieristischer Weise formulierte Roman war nicht übermäßig erfolgreich (aus dem 16./17. Jh. sind 6 Auflagen bekannt). Offenbar unmittelbar nach dem Erscheinen wurde er bearbeitet, die Gesamtkonzeption wurde stark vereinfacht, aus dem Roman wurde eine schlichte Sammlung närrischer Schwänke. Unter dem neuen Titel ›Die Schildbürger‹, d. h. Spießbürger, wurde das 1598 herausgekommene Buch populär (15 Auflagen bis 1678). Die Schildbürger und ihre »Streiche« blieben bis heute sprichwörtlich. (Die Verbindung mit der sächsischen Stadt Schilda erfolgte erst im 17. Jh.)

Sammlungen mit Erzählungen

Neben den Romanen erfreuten sich mehr oder weniger umfangreiche Sammlungen mit unterhaltsamen Erzählungen unterschiedlicher Art großer Beliebtheit, offenbar auch beim breiteren Publikum. Die vor der Reformation gedruckten Zyklen (vgl. S. 347 ff.) wurden in vielen Auflagen weiter tradiert: die ›Sieben weisen Meister‹ und die ›Gesta Romanorum‹, das ›Buch der Beispiele der alten Weisen‹, das ›Decamerone‹, der ›Ritter vom Turm‹, ›Salomon und Markolf‹, der ›Pfarrer vom Kalenberg‹ – er erhielt im 1559 erstmals erschienenen gereimten ›Peter Leu‹ von **Georg Widmann** (um 1530–97) eine Fortsetzung –, der ›Eulenspiegel‹

Das Rollwagenbüchlin.

Ein neüws/ vor vnerhörts Büchlein/
darin vil güter schwenck vnd Historien begriffen
werdē/ so man in schiffen vñ auff den rollwegen/
deßgleichen in scherheüseren vnnd badstuben/ zů
langweiligen zeiten erzellen mag/ die schweren
Melancolischen gemüter damit zů ermünderen/
vor aller menigklich Jungen vñ Alten sunder allen anstoß zů lesen vnd zů hören/ Allen Kauffleü-
ten so die Messen hin vñ wider brauchen/ zů
einer kurtzweil an tag bracht vnd zů-
samen gelesen durch Jörg Wick-
rammen/ Stattschreiber zů
Burckhaim/ Anno 1555.

Abb. 28 Titelblatt zum ›Rollwagenbüchlein‹, 1555

(28 Auflagen bis 1594!). In der Nachfolge des ›Eulenspiegel‹ entstanden der ›Claus Narr‹ (1572) von **Wolf Büttner** (1522–96) und der ›Hans Clawert‹ (1587) von **Bartholomäus Krüger** (gest. nach 1587; vgl. auch S. 482). Zu den älteren Texten traten in und nach der Reformationszeit weitere Sammlungen. Die meist üblichen Bezeichnungen »Schwankbücher« oder «-sammlungen« sind ungenau, da neben schwankhaften, d. h. komischen oder scherzhaften Geschichten auch zahlreiche andersartige Erzählungen zu finden sind. Die Autoren selbst verwendeten – ohne Systematik – Bezeichnungen wie »Historie«, »Fabel«, »Geschichte«, »Exempel«, »Parabel«. Man spricht zusammenfassend wohl besser von Geschichtenbüchern oder Erzählsammlungen.

Das erfolgreichste Buch dieser Art gelang dem am Oberrhein in und um Freiburg i. Br. und Straßburg tätigen Franziskaner **Johannes Pauli** (gest. nach 1520) mit seiner umfangreichen Sammlung ›Schimpf und Ernst‹ (1522; 49 Auflagen bis 1654). Das Buch enthält 693 (in späteren Auflagen noch vermehrte) ernste und komische Geschichten – der jeweilige Charakter ist in der Überschrift angegeben (zwei Drittel sind komische Erzählungen). ›Schimpf und Ernst‹ wendet sich ausdrücklich an Klosterinsassen und moralischer Besserung bedürftige Burgbewohner, dazu soll es den Predigern für ihre Zwecke verwendbare Texte bieten. Eine relativ schmale Sammlung fast ausschließlich komischer Geschichten (die 1. Auflage enthält 67 Texte, später wurde die Anzahl nach und nach auf 111 vermehrt) brachte **Jörg Wickram** mit dem ›Rollwagenbüchlein‹ heraus (1555; 15 Auflagen bis 1597; vgl. Abb. 28): »so man in schiffen vnd auff den wegen / deßgleichen in scherheuseren vnnd badstuben / zuo langweiligen zeiten erzellen mag / die schweren Melancolischen gemüeter damit zuo ermünderen.« Wickrams Erfolgsbuch löste eine Welle von Nachahmungen aus: sein elsässischer Landsmann **Jakob Frey** (gest. um 1562) veröffentlichte die ›Gartengesellschaft‹ (1556), **Martin Montanus**, ebenfalls ein Elsässer, den ›Wegkürzer‹ (1557) und eine Fortsetzung der ›Gartengesellschaft‹ (1559), der gebildete, eine Vagantenexistenz führende **Michael Lindener** (1562 bei Augsburg wegen Mordes hingerichtet) den ›Katzipori‹ und das ›Rastbüchlein‹ (beide 1557), der aus Leipzig stammende Landsknecht und Drucker **Valentin Schumann** das ›Nachtbüchlein‹ (1559), **Bernhard Hertzog** (1537–96/97), wiederum ein Elsässer, brachte die ›Schiltwacht‹ (1562) zum Druck. Die mit über 2000 Texten bei weitem umfangreichste Sammlung ›Wendunmuth‹ (1. Teil 1563, die Teile 2 bis 7 erschienen 1602/03) geht auf den Hessen **Hans Wilhelm Kirchhof** (um 1525/28–1602) zurück, der nach Jugendjahren als Landsknecht und Studium als Burggraf auf Burg Spangenberg bei Kassel wirkte. Die meisten dieser Bücher wurden nicht sonderlich bekannt, größere Verbreitung erlangten nur Freys ›Gartengesellschaft‹ und ›Wendunmuth‹.

In den Sammlungen finden sich Erzählungen unterschiedlicher Länge – manchmal nur wenige Zeilen, nicht selten mehrere, gelegentlich viele Seiten – mit oder auch ohne Schlußmoral. Viele komische, manchmal derb-komische Geschichten sollen zum Lachen reizen, andere sind ernst oder sollen sogar Entsetzen hervorrufen. Dabei schöpfen die Autoren teilweise aus mündlicher Überlieferung oder eigenen Erlebnissen, bisweilen schildern sie sensationelle Ereignisse der Zeitgeschichte (so berichtet etwa Wickram über einen erschreckenden Mordfall aus dem Elsaß). In erster Linie bedienen sie sich jedoch des riesigen Repertoires von Geschichten bei Autoren und in Werken der Antike, des Mittelalters und der eigenen Gegenwart. Vorlagen lieferten antike Geschichtsschreiber wie Herodot (um 485–425 v. Chr.), Livius (vgl. S. 374), Sueton (um 75–150 n. Chr.), Valerius Maximus (vgl. S. 311), Plutarch (um 46–120 n. Chr.), die Äsopischen Fabeln; mittelalterliche Schriftsteller wie Gregor der Große (um 540–604), Caesarius von Heisterbach (um 1180–1240), Vinzenz von Beauvais (gest. 1264), der englische Prediger Johannes von Bomyard (14. Jh.), Kompilator einer großen Sammlung von Predigtexempeln; Humanisten wie Petrarca (vgl. S. 369), Boccaccio (1313–75), Poggio Bracciolino (vgl. S. 371), Heinrich Bebel (vgl. S. 380 f.); der berühmte Prediger Johannes Geiler von Kaysersberg (vgl. S. 362); die ›Gesta Romanorum‹ und das ›Buch der Beispiele der alten Weisen‹; Luthers ›Tischreden‹, Hans Sachs, die zeitgenössische Flugblattliteratur und vieles andere.

Es lassen sich unterschiedliche Typen von Erzählungen unterscheiden. Exempla (»Predigtmärlein«) sind kurze Erzählungen, die kirchliche Lehre anschaulich machen sollen, aber auch der Unterhaltung dienen. Ein Beispiel ist Paulis Erzählung zum Thema Wucher (nach Bomyard): Ein reicher Wucherer hat einen Ordensmann zu Gast. Aufgefordert den Tischsegen zu sprechen, sagt er: Was von rechtswegen auf dem Tisch steht, sei gesegnet, was nicht, das solle verschwinden. Sofort ist der Tisch mit allem Silbergeschirr leer. Fortan wurde der Gastgeber anderen Sinnes (›Schimpf und Ernst‹, Nr. 199). Als Fazetien (von lateinisch *facetia* »Scherz«) bezeichnet man Scherzreden, scherzhafte Anekdoten, Schwänke, Witze. Der Texttyp wurde bei den Humanisten durch Poggio Bracciolini, in Deutschland durch Heinrich Bebels (mehrfach ins Deutsche übersetzte) lateinische Fazetiensammlung (1508–12) populär. Ein Beispiel aus ›Wendunmuth‹ (nach Bebel): Ein Pfaffe rühmt St. Martin. Er erzählt, der Heilige habe mitten im Winter bei größter Kälte seinen Mantel geteilt und eine Hälfte einem Bettler gegeben. Daraufhin habe eine Stimme aus dem Himmel ihm zugerufen: »Martin, wenn ich diese Tat vergesse, soll mich der Teufel holen!« (I, 2, 89). In den Sammlungen finden sich auch Tierfabeln, historische Erzählungen, Märchen (die vielfach von den Brüdern Grimm aufgegriffen wurden), Novellen Boccaccios, sonstige Liebesgeschichten. Schumann hat sogar einen von ihm selbst (in der Nachfolge Wickrams) verfaßten Liebesroman ›Christoffel und Feronica‹ (in der modernen Ausgabe 80 Druckseiten!), eine Neubearbeitung der ›Magelone‹, an den Schluß des 1. Teils des ›Nachtbüchleins« gestellt; dieser erschien 1605 auch separat.

Literaturhinweise

Ausgaben: J.-D. Müller (Hrsg.), Romane des 15. u. 16. Jh.s, 1990 (Bibliothek der Frühen Neuzeit) [u. a. Warbeck, ›Magelone‹; Wickram, ›Knabenspiegel‹; ›Faustbuch‹]. – Konrad von Würzburg, ›Engelhard‹: H.-H. Steinhoff, 1987 (Litterae) [Faksimile des Erstdruckes]. – Ziely, ›Olwier u. Artus‹: H. Kindermann, 1928; ›Valentin u. Orsus‹: W. Seelmann, 1884. – Johann v. Simmern: ›Fierrabras‹: W. Wunderlich, 1992; ›Haimonskinder‹: W. Wunderlich, 1997. – Salzmann, ›Kaiser Octavianus‹: X. v. Ertzdorff / U. Seelbach, 1993. – ›Amadís‹: A. v. Keller, 1857 (StLV) [1. Buch]; Nachdruck der Ausgabe von 1569, 1988 [Faksimile der Bücher 1–6]. – ›Lazarillo de Tormes‹: H. Köhler, 2006 (RUB) [moderne zweisprachige Ausgabe]. – Fischart, ›Geschichtklitterung‹: A. Alsleben, 1891 [synoptischer Abdruck der Auflagen von 1575, 1582, 1590]; U. Nyssen, 1977 [Auflage von 1590, mit Glossar]. – Rabelais, ›Gargantua‹: W. Widmer, 1961 [moderne Übersetzung]. – ›Friedrich Barbarossa‹: F. Pfeiffer in ZfdA 5 (1845), S. 250–267. – ›Frau Tugendreich ‹: E. Lienert, 1988 (MTU). – Wickram, Sämtliche Werke: H.-G. Roloff, 13 Bde., 1967–2003. – Messerschmidt, ›Brissonetus‹: J. Knape, 1988. – ›Finkenritter‹: J. Knape in Philobiblon 35 (1991), S. 97–148. – ›Faustbuch‹: St. Füssel / H. J. Kreutzer, 1988 u. ö. (RUB); H. G. Haile, ^{2}1995 [nach der Wolfenbütteler Hs.]. – G. R. Widmann, ›Fausts Leben‹: A. v. Keller, 1880 (StLV). – ›Das Lalebuch‹: St. Ertz, 1970 (RUB). – G. Widmann, ›Peter Leu‹: F. Bobertag, in: Narrenbuch, 1885. – Krüger, ›Hans Clawert‹: Th. Raehse, 1882. – Pauli, ›Schimpf u. Ernst‹: H. Österley, 1866 (StLV). – Wickram, ›Rollwagenbüchlein‹: E. Endres, 1968 u. ö. (RUB). – Frey, ›Gartengesellschaft‹: J. Bolte, 1896 (StLV). – Montanus, Schwankbücher: J. Bolte, 1899 (StLV). – Lindener, Schwankbücher: K. Heidemann, 1991. – Kirchhof, ›Wendunmuth‹: H. Österley, 1869 (StLV).

Forschungsliteratur: H.-J. Bachorski, Irrsinn u. Kolportage. Studien zum ›Ring‹, zum ›Lalebuch‹ u. zur ›Geschichtklitterung‹, 2006. – F. Baron, Faustus. Geschichte – Sage – Dichtung, 1982. – X. v. Ertzdorff, Romane u. Novellen des 15. u. 16. Jh.s in Deutschland, 1989. – O. Fingerhut, ›Kong Olger Danskis Krønicke‹ u. ihr Verhältnis zur dt. Übersetzung

›Denmarckische Historien‹ von Conrad Egenberger von Wertheim, 1935. – B. Gotzkowsky, »Volksbücher«, Prosaromane, Renaissancenovellen, Versdichtungen u. Schwankbücher. Bibliographie der dt. Drucke. 2 Bde., 1991–94. – P. Holenstein, Der Ehediskurs der Renaissance in Fischarts ›Geschichtklitterung‹, 1991. – Ch. Mühlemann, Fischarts ›Geschichtklitterung‹ als manieristisches Kunstwerk, 1972. – M. E. Müller / M. Mecklenburg (Hrsg.), Vergessene Texte – verstellte Blicke. Neue Perspektiven der Wickram-Forschung, 2007. – S. Schmitz, Weltentwurf als Realitätsbewältigung in J. Paulis ›Schimpf u. Ernst‹, 1982 (GAG). – U. Seelbach, Ludus lectoris. Studien zum idealen Leser J. Fischarts, 2000. – W. E. Spengler, J. Fischart, gen. Mentzer, 1969 (GAG). – E. Wåghäll, Dargestellte Welt – Reale Welt. Freundschaft, Liebe u. Familie in den Prosawerken G. Wickrams, 1996. – H. Weddige, Die ›Historien vom Amadis auss Franckreich‹, 1975. – B. Weifenbach, Die ›Haimonskinder‹ in der Fassung der Aarauer Hs. von 1531 u. des Simmerner Drucks von 1535. 2 Bde., 1999. – B. Weifenbach (Hrsg.), Reinold. Ein Ritter für Europa, Beschützer der Stadt Dortmund, 2004. – W. Wunderlich (Hrsg.), Wunderseltsame Geschichten. Interpretationen zu Schildbürgern u. Lalebuch, 1983 (GAG).

5. Weitere Gattungen

Dichtungen in Reimpaaren

Außerhalb der Sachliteratur, in dem im engeren Sinn poetischen Bereich, hatte sich im 16. Jh. die Prosa lediglich bei den Romanen und – zum Teil – in der sonstigen Erzählliteratur durchgesetzt. Ansonsten dominierte weiterhin die Dichtung in gereimten Versen, selbstverständlich bei Liedern (reimlose freie Rhythmen gibt es in der deutschen Literatur erst seit dem 18. Jh., seit Klopstock), aber auch sonst in den unterschiedlichsten Texttypen, die sich überwiegend der Allerweltsform des paargereimten Vierhebers, des sog. Knittelverses, bedienten. Auch die Übersetzungen antiker Hexameterepen – der ›Ilias‹ durch Spreng (vgl. S. 387), der ›Aeneis‹ durch Murner (vgl. S. 402) und ebenfalls Spreng

(1610) und der ›Metamorphosen‹ Ovids durch Wickram (vgl. S. 152) – erfolgten in dieser Versform; deutsche Hexameter begegnen im wesentlichen ebenfalls erst seit dem 18. Jh., seit Gottsched. Schaidenreissers Prosaübersetzung der ›Odyssee‹ (vgl. S. 387) stellt eine Ausnahme dar. Gelegentlich wurden prosaische Erzähltexte sekundär versifiziert, so der ›Eulenspiegel‹ durch Fischart (vgl. S. 439) und das ›Faustbuch‹ im ›Tübinger Reimfaust‹ (vgl. S. 458).

Aus der in die Tausende gehenden Anzahl kurzer, mittellanger und langer Reimpaardichtungen unterschiedlichster Thematik können hier – ähnlich wie dies bereits für das 14. und 15. Jh. der Fall war – nur wenige herausgehoben werden; auf Hutten (S. 383 ff.), Murner (S. 402 f.), Wickram (S. 438) und Fischart (S. 438 f.) wurde bereits eingegangen. Für die zahlreichen Reimsprüche mit politischer Thematik gilt weitgehend das, was zu den politischen Liedern ausgeführt wurde (vgl. S. 419 f.). Der produktivste Dichter auf dem Gebiet kurzer und mittellanger Reimpaardichtungen war – wie ebenfalls bereits erwähnt (vgl. S. 403 ff.) – **Hans Sachs**. Er veröffentlichte zahlreiche, thematisch weit gestreute Texte dieser Art: geistlich-biblische Erzählungen, Gespräche, Fabeln, Schwänke, historische und novellistische Erzählungen, Lehrgedichte, satirische Gedichte, Lobsprüche – mit dem Lob seiner Vaterstadt Nürnberg und weiterer Städte (München, Wien, Nördlingen usw.) trug er erheblich zum beliebten, von Rosenplüt begründeten (vgl. S. 345 f.) Texttyp der Städtelobgedichte bei. Erwähnt sei auch sein berühmtes ›Ständebuch‹ (gedruckt 1568), eine Sammlung von 114 je achtzeiligen Sprüchen auf unterschiedliche Stände und Berufe vom Papst über den Kaiser, die verschiedensten Handwerker bis zu mehreren Arten von Narren; die zugehörigen Holzschnitte stammen von Jobst Amman (1539–91; vgl. Abb. 29).

Eine der erfolgreichsten satirischen Dichtungen des 16. Jh.s war **Friedrich Dedekinds** (1524–98; zuletzt Superintendent in Lüneburg) lateinischer ›Grobianus, De morum

Der Buchdrucker.

Ich bin geschicket mit der preß
So ich aufftrag den Firniß reß/
So bald mein dienr den bengel zuckt/
So ist ein bogn papyrs gedruckt.
Da durch kombt manche Kunst an tag/
Die man leichtlich bekommen mag.
Vor zeiten hat man die bůcher gschribn/
Zu Meintz die Kunst ward erstlich triebn.

Abb. 29 Hans Sachs und Jobst Amman, ›Ständebuch‹, Frankfurt a. M. 1568

simplicitate, libri duo‹ (1549), der nahezu umgehend von **Caspar Scheidt** (um 1520–65; Lehrer in Worms, wo zeitweise Fischart sein Schüler war) verdeutscht und durch Zusätze im Umfang nahezu verdoppelt wurde (Scheidts Text umfasst genau 5000 Verse): ›Grobianus, Von groben sitten, vnd vnhoeflichen geberden‹ (1551; bis 1704 16 Auflagen). St. Grobian, der einer signifikanten Stilrichtung des Jahrhunderts den Namen gab (vgl. S. 395), war durch Brants ›Narrenschiff‹ (Kapitel 72) bekannt und populär geworden. Dedekinds Werk gehört in den Zusammenhang der seit dem Spätmittelalter beliebten Anstandslehren, der sog. Tischzuchten; der bekannteste Text dieser Art ist unter dem Namen Tannhäusers (vgl. S. 238) überliefert. Unterhaltsamer als die positiven Tischzuchten sind die parodistisch zu verstehenden negativen Tischzuchten; berühmtestes Beispiel hierfür ist das rustikale Hochzeitsmahl in Wittenwilers ›Der Ring‹ (S. 340 ff.). Negative Tischzuchten wollen durch das *exemplum contrarium* belehren (oder sie tun jedenfalls so): richtig handelt der, der das genaue Gegenteil von dem tut, was gezeigt oder angeordnet wird. Der Grobian kennt nur bäuerische Manieren, er verhält sich unter Umständen gar ekelerregend, und er nimmt nicht die geringsten Rücksichten auf andere. Dedekinds Text geht auf zahllose Details der Lebensführung ein, Reinlichkeit, Verhalten bei Tisch, bei Einladungen, gegenüber Frauen usw.; in Scheidts Fassung finden sich zusätzlich unter anderem wertende oder ironische Randglossen:

Auch zimpt es deinen sitten nicht,
  Zu weschen hend vnd angesicht.
Dann deiner grobheit wol anstat
  So beides hangt vol wůst vnd kat [Kot].
Laß weschen wem es wol gefelt,
  Acht nit wie sich ein ander stelt.
Wer vnlust hat an deiner weiß,
  Der geht vom disch, such ander speiß.
  (Milchsack, V. 169–76)

6.
Das wasser
ist thewer

Großer Beliebtheit erfreute sich die Tierdichtung. Erfolgreiche, mit teilweise umfangreichen Moralisationen versehene Reimpaarfassungen von Tierfabeln legten zwei vielseitige protestantische Schriftsteller vor: **Erasmus Alberus** (vgl. S. 401) veröffentliche 1534 ›Etliche fabel Esopi / verteutscht‹ (in stark erweiterter Fassung 1550: ›Das buch von der Tugend vnd Weißheit‹); von **Burkhard Waldis** (1490/1495–1556?; zunächst Franziskaner in Riga, zuletzt Pfarrer in Abterode) stammt der ›Esopus‹ (1548) mit 400 Fabeln (und Schwänken). Wie bei Luthers Fabelbearbeitungen (vgl. S. 395) geht es um Belehrung der »einfeltigen«: »Vnd solche weise zu leren, wirdt auch darumb so ser gelobt, weil dadurch bey dem albern Volck viel mehr außgerichtet wirdt, dann durch strenge gebott« (Alberus, Vorrede zur 2. Fassung).

Seit dem letzten Drittel des 16. Jh.s wurden mehrere Tierepen veröffentlicht. Der Texttyp hat eine bis in das 12. Jh. zurückreichende Geschichte (vgl. S. 204 f.). Die Besonderheit der Tierepik des 16. Jh.s besteht darin, daß als Personal überwiegend Klein- und Kleinsttiere – Flöhe, Mücken, Ameisen, Frösche, Mäuse, Läuse usw. – erscheinen. Am Beginn steht **Johann Fischarts** (vgl. S. 438 f.) ›Flöh Hatz, Weiber Tratz‹ – ›Die Hetzjagd der Flöhe, die Trutzrede der Frauen‹ (1. Fassung 1573, endgültige Fassung 1577). Der 1. Teil enthält die an Jupiter gerichtete, in der Form eines Gesprächs mit einer Mücke abgefaßte Klage eines jungen, verwundeten Flohs über die Grausamkeit der Frauen; im 2. Teil werden die Flöhe durch den Flohkanzler verurteilt. Das manieristisch-witzig gestaltete Werk, in dem auch (angeblich praktikable) Rezepte gegen die Flohplage und das verbreitete Lied ›Die Weiber mit den Flöhen‹ enthalten sind, ist zugleich eine Art Sexualphantasie: den Flöhen ist es eigen, den weiblichen Körper bis in die letzten intimen Details zu erforschen. Der ›Muckenkrieg‹ (1580) von **Hans Christoph Fuchs,** der 1612 von **Balthasar Schnurr** (1572–1644) neu bearbeitet wurde, behandelt den Krieg zwischen

Mücken und Ameisen; Vorlage war die ›Moscea‹ (1530) des italienischen Dichters **Teofilo Folengo** (1491–1544). Zu Beginn des 17. Jh.s verfaßte **Wolfhart Spangenberg** (1567–1636) mehrere Tierdichtungen. Spangenberg hatte Theologie studiert, er lebte zunächst, wohl ab 1595, in ärmlichen Verhältnissen in Straßburg, wo er Mitglied der Meistersingergesellschaft wurde (vgl. S. 429), seit 1611 wirkte er als Pfarrer in Buchenbach/Jagst. Er schrieb Meisterlieder, die schon erwähnte Literaturgeschichte des Meistergesangs, Dramen (vgl. S. 481), eine exemplarische Sammlung von Glückwunschgedichten, die deutsche Bearbeitung eines lateinischen Andachts- und Betrachtungsbuches. 1607 veröffentlichte er den ›GanßKönig‹, ein umfangreiches, unterhaltsames Lobgedicht auf die Martinsgans, gewidmet allen Trägern des Namens Martin. Weitere Dichtungen gelten dem ›Lob der Mucken‹ und ›Deß Flohes Strauß mit der Lauß‹ (beide 1610), in Prosa abgefaßt ist der satirisch auf zeitgenössische Verhältnisse abzielende ›EselKönig‹ (1625).

Das bedeutendste und erfolgreichste Tierepos der Epoche ist der ›Froschmeuseler‹ **Georg Rollenhagens** (1542–1609), zuerst erschienen 1595. Rollenhagen hatte in Wittenberg Theologie studiert, von 1575 an war er Rektor des Gymnasiums in Magdeburg, das unter ihm zu einer der angesehensten Schulen Deutschlands wurde. Sein literarisches Werk umfaßt unter anderem Übersetzungen, Dramen und Predigten. Der vielfach, auch in bearbeiteter Form aufgelegte ›Froschmeuseler‹ basiert im Kern auf der ›Batrachomyomachia‹, einem griechischen Kurzepos (5. Jh. v. Chr. oder später; 303 Hexameter), das man im 16. Jh. Homer zuschrieb. Der höchst lächerliche Krieg zwischen Mäusen und Fröschen samt dem Eingreifen der Götter, vorgetragen im feierlichen homerischen Tonfall unter Verwendung homerischer Worte und Formeln, ist als Spaß um seiner selbst willen zu verstehen und entbehrt wohl der tieferen Bedeutung. Im 16. Jh. war der Text, vorwiegend in lateinischer Übersetzung, Schullektüre. Man unterlegte ihm einen moralischen Sinn:

durch ihn sollte die Abneigung gegen Krieg und Aufruhr vermittelt werden und er sollte zeigen, daß Freundschaft zwischen Ungleichen – einem Mäuserich und einem Frosch – zu nichts Gutem führen könne. Ein weiteres Vorbild Rollenhagens, eines gründlichen Kenners sowohl aller möglichen Arten literarischer Texte als auch volkstümlicher Erzählstoffe, war der ›Reineke Fuchs‹ (vgl. S. 205), den er in einer Neubearbeitung aus protestantischem Geist kannte.

Rollenhagens umfangreiches, durch zusätzliche rezeptionssteuernde Begleittexte und Register erweitertes Lehrgedicht (19584 Reimpaarverse) wendet sich an die Jugend: sie soll zur Weisheit und zur Staatsverwaltung erzogen werden. Die Einkleidung in eine Tiergeschichte – so die ganz traditionelle Begründung – sei erfolgt, weil man eine Dichtung lieber lese als rein sachliche Gebote. Im 1. Buch wird der Mäuseprinz Bröseldieb vom freundlichen Froschkönig Bausback darüber belehrt, daß man mit seinem Stand zufrieden sein und sich in Gott ergeben solle, gleichwohl sei das Leben durch viele Gefahren bedroht. Man müsse an das Jenseits denken und dürfe sich nicht von Halunken betrügen lassen. Dargestellt werden diese das Leben des einzelnen betreffenden Weisheiten anhand vieler Erzählungen, unter anderem der Geschichte von Reineke Fuchs. Im 2. Buch geht es um das Staatswesen. Unterschiedliche Staatsformen – Demokratie, Aristokratie, Monarchie – werden behandelt, die beste Lösung wird in einer Art konstitutioneller Monarchie gesehen. Da am Ende Bröseldieb im Froschteich unglücklich zu Tode kommt, bricht im 3. Buch Krieg zwischen Mäusen und Fröschen aus. Zunächst werden Kriegslehren ausgebreitet, dann folgt die Schilderung der Kriegsvorbereitungen, schließlich werden Verlauf und Ausgang des Krieges berichtet – er endet durch das Eingreifen Gottes mit dem weitgehenden Untergang beider Parteien. Krieg erscheint als schrecklicher Unsinn. Die einzige halbwegs akzeptable Legitimation für ihn wird in der Bewahrung oder Wiederherstellung des Friedens gesehen. Da

Krieg jedoch immer wieder vorkommt, muß man ihn aus der Perspektive praktischer Vernunft zur Kenntnis nehmen – daher die Kriegslehren, die Darstellung der Kriegsvorbereitungen, aber auch die der möglichen Zufälle im Kriegsverlauf.

Der Reiz der Lektüre der ›Froschmeuseler‹ besteht nicht in einer durchgehend spannenden und interessanten Handlung, sondern in der Vielzahl der belehrenden und unterhaltsamen Einzelteile, die Rollenhagen aus zahlreichen Quellen zusammengetragen und die er teilweise auch mit Anspielungen auf zeithistorische Ereignisse gewürzt hat. Das scherzhaft-heitere sprachliche Spiel kommt dabei nicht zu kurz, vor allem im Zusammenhang mit den Fröschen. Rollenhagen wird mit einigem Recht zur Stilrichtung des Manierismus gerechnet (vgl. S. 431 f.). Man vergleiche etwa folgende Stelle in dem Abschnitt, in dem die Frösche Gott um einen König bitten:

Die andern brachten mit darein /
Ebreisch / Griechisch / vnd Latein.
Vnd nanten vielfaltig die Mann /
Deren sie wollten einen han.
Kachs / Koachs / Wreck / Vky / Kekechs /
Koekere / Kekechs / Kerachs / Kerechs.
Kacke / Kicke / Kackokera /
Mortz / Marquard / Marx / Morquetera.
Quoard / Mohrard / Quadroquor / Amor.
Jr viel rieffen auch laut empor /
Telle / Relel / Trillil / Relil.
Vlu / Culotu / Loculil.
Vtrunk / Corunck / Klunckerlekunck
Das der Koenig kem starck vnd Junck. (Peil, V. 5533–46)

Dramen

Seit dem ausgehenden 15. Jh. wurden Hunderte von Dramen unterschiedlicher Typen in lateinischer und deutscher Sprache verfaßt und aufgeführt. Die Trennung der beiden Sprachbereiche war hier kaum von Bedeutung: zahlreiche lateinische Texte wurden ins Deutsche übersetzt und auch der umgekehrte Weg kam vor. Das geistliche Spiel des Spätmittelalters (vgl. S. 364 f.) lebte nach der Reformation weithin nur in katholischen Gebieten fort – herausragend war bis in das frühe 17. Jh. insbesondere der Aufführungsbetrieb in der katholischen Stadt Luzern am Vierwaldstätter See. Das traditionelle Fastnachtspiel erfreute sich vielerorts weiterhin großer Beliebtheit. Neu war der Typ des lateinischen, vielfach jedoch auch ins Deutsche übersetzten Humanistendramas, das sich vor allem an den seit dem späten 15. Jh. häufig auch aufgeführten römischen Komödien von Terenz (vgl. S. 41), daneben denen des Plautus (vgl. S. 373), die erst durch die Humanisten wiederentdeckt worden waren, im 16. Jh. auch an dem griechischen Komödiendichter Aristophanes (um 445–385 v. Chr.) orientierte. (Die auf griechischen Vorlagen beruhenden römischen Komödien werden als Palliaten bezeichnet, da sie in griechischen Kostümen aufgeführt wurden, lat. *pallium* bedeutet »griechischer Mantel«.) Zwischen Ende der 1520er und Ende der 1570er Jahre blühte das nach dem Vorbild des Humanistendramas gestaltete religiöse Drama der Protestanten, das Akteuren, Zuschauern und Lesern – fast alle Texte erschienen auch gedruckt – in erster Linie, wenn auch nicht ausschließlich, biblische Stoffe und Themen, ebenfalls in beiden Sprachen, vermittelte (»Bibeldrama«). Daneben gab es vor allem in der zweiten Hälfte des 16. Jh.s auch weltliche Schauspiele. Nahezu ausschließlich in lateinischer Sprache zugänglich war das seit dem Ende des Jahrhunderts im Schulbetrieb der Jesuiten verankerte gegenreformatorische Jesuitendrama. Mit überwiegend neuen Stücken und Theaterpraktiken machten professionelle englische Schauspieltruppen, die »englischen Komödianten«, seit 1585/86 das kontinentaleuropäische Publikum an Höfen und in Städten bekannt.

Spielorte des vor dem Auftreten der englischen Komödianten ausschließlich von (nur männlichen) Laiendarstellern getragenen Dramas waren Wirts- und Privatstuben, Schulen, Universitäten, Kirchen, Rathäuser, städtische Plätze. Gespielt wurde auf Simultanbühnen (vgl. S. 364) und unterschiedlich gestalteten Einortbühnen – eine der Formen war die sog. Terenz-Bühne: die Spielfläche stellte eine Straße dar, über den Vorhängen der Rückseite waren durch Inschriften Hauseingänge markiert. Aufgabe zahlreicher lateinischer und deutscher Spieltexte war es, Schüler und Studenten in der Verwendung der rhetorischen Mittel zu schulen und ihnen angemessenes Auftreten beizubringen (»Schuldrama«). Vor allem in schweizerischen Städten wurden umfangreiche Dramen mit vielen Darstellern oft über mehrere Tage auf öffentlichen Plätzen aufgeführt, die zahlreiches Publikum, auch von außerhalb, anzogen (»Bürgerspiele«). In Städten, in denen Meistersingergesellschaften existierten (vgl. S. 429), etwa in Nürnberg, Augsburg, Straßburg, betätigten sich manche von deren Mitgliedern auch als Dramenautoren, Regisseure und Schauspieler.

Autoren

Bis um 1600 sind rund 300 Autoren lateinischer und deutscher Dramen namentlich bekannt (manche Stücke sind anonym überliefert); hier können nur wenige von ihnen hervorgehoben werden. Die weitaus meisten Dramendichter, etwa 70 %, waren in beiden Sprachen geübte protestantische Prediger und Schulmeister.

Unter den Verfassern lateinischer Stücke steht an erster Stelle der Humanist **Johannes Reuchlin** (vgl. S. 373 und 380), dessen 1497 in Heidelberg erstmals aufgeführte, vielfach gedruckte Komödie ›Henno‹ das Humanistendrama in Deutschland begründete. Von vorbildhafter Bedeutung für das Drama des 16. Jh.s waren auch Stücke zweier Niederländer: Der aus Den Haag stammende, vorwiegend als Pädagoge tätige Protestant **Gulielmus Gnaphaeus** (1492–1568) behandelte in seinem ›Acolastus‹ (1529) das neutestamentliche Gleichnis vom Verlorenen Sohn. Das (heute durch das 1911 erschienene Stück Hugo von Hofmannsthals noch geläufige) Thema vom Jedermann – der in der Blüte seiner Jahre stehende, das Weltleben in vollen Zügen genießende Reiche muß sich nach der Ankündigung seines unmittelbar bevorstehenden Todes Begleiter suchen, um vor Gottes Richterstuhl bestehen zu können – wurde im ›Hecastus‹ (1539) des katholischen Schulrektors **Georg Macropedius** (1487–1558; zuletzt in Utrecht) gestaltet. Als bedeutendster lateinischer Dramatiker des 16. Jh.s gilt der in Straubing geborene protestantische Pfarrer **Thomas Naogeorg** (eigentlich Kirchmair; 1508–63), der sich auch als Übersetzer und Satiriker betätigte. Er verfaßte sechs aufsehenerregende protestantische Tendenzdramen: ›Pammachius‹ (1538; der Papst als Antichrist), ›Mercator‹ (1540; Darstellung der lutherischen Rechtfertigungslehre), › Incendia‹ (1541; Invektive gegen einen fürstlichen Feind des Luthertums), ›Hamanus‹ (1543; Warnung vor Amtsmißbrauch und Intrigantentum am Hof), ›Hieremias‹ (1551; Warnung vor Verführung durch katholischen Götzendienst), ›Iudas Iscariotes‹ (1552; Warnung vor Verrat am Luthertum). In der zweiten Jahrhunderthälfte wirkte der bedeutende neulateinische Dichter **Nicodemus Frischlin** (1547–90, aus Balingen/Württemberg; zunächst Professor in Tübingen, nach Auseinandersetzungen mit dem Herzog schließlich eingekerkert, bei einem Fluchtversuch tödlich verunglückt). Das bekannteste der von ihm verfaßten Dramen (darunter auch ein Stück auf Deutsch) ist die Komödie ›Julius Redivivus‹ (1585): Caesar und Cicero sprechen mit einem fiktiven Nachkommen Hermanns des Cheruskers (vgl. S. 384) und mit Eobanus Hessus (S. 380) über das »moderne« Deutschland. Zeitgenossen Frischlins waren Autoren jesuitischer Schuldramen: **Jakob Gretser** (1562–1625; Professor in Ingolstadt), der die Bekehrung der Heiligen Paulus und Augustinus (1592) und im ›Udo von Magdeburg‹ (1587 und 1598) die Höllenfahrt eines Teufelsbündlers dramatisch gestaltete; **Jakob Pontanus** (eigentlich Spanmüller; 1542–1626; Professor in Dillingen und Augsburg), Verfasser mehrerer Stücke, darunter der ›Immolatio Isaaci‹ (›Opferung Isaacs‹, 1590); **Jakob Bidermann** (1578–1639; Professor in Augsburg und München, später in Rom), dessen ›Cenodoxus‹ (griechisch *kenodoxía*, d. h. Selbstgerechtigkeit; 1602), die Geschichte eines scheinfrommen, hoffärtigen Gelehrten, dessen Seele zur Hölle verdammt wird, als das bedeutendste Werk des Jesuitentheaters gilt (eine deutsche Übersetzung erschien 1635).

Auch aus der großen Zahl Deutsch schreibender Autoren können hier nur die wichtigsten genannt werden. Ein reges Theaterleben existierte in der Schweiz. Als Zeitkritiker und Sittenprediger trat der Basler Buchdrucker **Pamphilus Gengenbach** (um 1480–1524/25) mit drei um 1516/17 entstandenen erfolgreichen Fastnachtspielen hervor; in Bern schuf wenige Jahre später, 1523/24, der auch als Maler und Baumeister tätige **Niklaus Manuel,** genannt Deutsch (um 1484–1530) ebenfalls drei Fastnachtspiele mit scharf antirömischer Tendenz. In Bern wirkte, unter anderem als Gerichtsschreiber, auch **Hans von Rüte** (um 1500–58), der ab 1532 mehrere Stücke, vorwiegend große zweitägige Bürgerspiele, mit Themen aus dem Alten Testament (Josef, Gideon, Noah, Goliat) verfaßte (vgl. Abb. 30). Ebenfalls Erzählungen des Alten Testaments gestaltete ab 1530 der aus Augsburg stammende, 1536 dorthin zurückkehrende Schulmeister **Sixt Birck** (1501–54) in seiner Basler Zeit (u. a. Susanna, Josef, Judith); in Augsburg setzte er die Reihe fort, nunmehr aber in lateinischer Sprache. Von den in der zweiten Jahrhunderthälfte tätigen Dramatikern sei **Georg Gotthart** (um 1550–1619), Eisenhändler und Schlosser in Solo-

Wie Noe vom
win vberwunden durch
sin jüngsten Sun Cham ge-
schmächt/aber die eltern beid/Sem
vnnd Japhet geehret/den sägen
vnnd flůch jnen eroffnet hatt/ Ist zů
Bernn in Vchtland/durch junge
Burger gspilt vff 4. Aprilis
Anno 1546.

Mit R. K. Ma. fryheyt/vff Siben Jar.

Abb. 30 Hans von Rüte, Titelblatt zum ›Noe‹, Bern 1546

thurn, erwähnt, der ein historisches Drama aus der römischen Geschichte nach Livius (1584), ein dreitägiges Trojaspiel (1598; vgl. auch S. 386 ff.) und ein biblisches Tobiasspiel (1619) zur Aufführung brachte.

Im Elsaß betätigte sich **Jörg Wickram** (vgl. S. 438) auch als Dramatiker. Er führte, vorwiegend in Colmar, ab 1531 Fastnachtspiele und biblische Stücke (Verlorener Sohn, Tobias, Apostelspiel) auf. Seit dem letzten Drittel des 16. Jh.s nahm das Theater des Straßburger Gymnasiums, das Akademietheater, eine führende Rolle im deutschen Theaterleben ein. Hier wurden antike und moderne Stücke in lateinischer und griechischer Sprache öffentlich aufgeführt. Der Theologe und Meistersinger **Wolfhart Spangenberg** (vgl. S. 429 und 473) brachte zwischen 1603 und 1609 alljährlich deutsche Textfassungen der im Akademietheater aufgeführten lateinischen Stücke in gedruckter Form heraus. Für Theateraufführungen, die die Straßburger Meistersinger veranstalteten, dichtete Spangenberg ein biblisches Stück (Salomon) und mehrere weltliche Dramen (›Singschul‹, ›Glückswechsel‹, ›Wie gewunnen, so zerrunnen‹, ›Mammons Sold‹); Aufführungen sind zwischen 1605 und 1609 belegt.

Für das theatralische Schaffen im protestantischen Ostmittel- und Norddeutschland sind vor allem religiöse Dramen charakteristisch. Literarisch wirkungslos blieb die 1527 in Riga aufgeführte eindrucksvolle niederdeutsche Dramatisierung des Gleichnisses vom Verlorenen Sohn von **Burkhard Waldis** (vgl. S. 472). Als erster Dramatiker in Sachsen wirkte der aus Zwickau stammende Lehrer und Pfarrer **Joachim Greff** (1510–52), der nach der Übersetzung eines Stückes von Plautus (1533) ab 1534 mehrere biblische Dramen (Jakob und seine Söhne, Judith, Lazarus, Zachaeus), ein ständesatirisches Fastnachtspiel und ein Osterspiel schrieb. Als literarisch wesentlich bedeutender gilt das biblische ›Susanna‹-Stück (1535) des Kantors, Lehrers und Pfarrers **Paul Rebhun** (um 1500–46). **Georg Rollenhagen** (vgl. S. 473 ff.) bearbeitete ab 1569 für Schulaufführungen am Magdeburger Gymnasium mehrere biblische Stoffe (Abraham, Tobias, Lazarus) nach bereits dramatisierten Vorlagen, die er textlich und um weitere Rollen erweiterte, um die Zahl der mitwirkenden Schüler zu vergrößern. Sein Sohn **Gabriel Rollenhagen** (1583–1619), ein vielseitiger Autor in deutscher und lateinischer Sprache, publizierte das erfolgreiche, stofflich auf der berühmten Novelle ›Eurialus und Lucretia‹ von Enea Silvio Piccolomini (vgl. S. 371) basierende burleske Lustspiel ›Amantes Amentes‹ (1609). Als einer der besten Dramenautoren eingeschätzt wird **Bartholomäus Krüger**, der Autor der Schwanksammlung ›Hans Clawert‹ (vgl. S. 464), der zeitweise Stadtschreiber und Organist im brandenburgischen Trebbin war. In seinem weltlichen Spiel ›Wie die bäuerischen Richter einen Landsknecht unschuldig hinrichten lassen‹ (1580), polemisiert er aus lutherischer Sicht gegen Amtsanmaßung, die im gleichen Jahr erschienene ›Action von dem Anfang und Ende der Welt‹ stellt die Welt- und Heilsgeschichte in einer geschlossenen Handlung dar.

In Österreich spielte das Drama im 16. Jh. eine geringe Rolle. Die einzigen erwähnenswerten Verfasser deutscher Schuldramen sind der aus der Oberpfalz stammende Schulmeister, Musiker und spätere katholische Pfarrer **Wolfgang Schmeltzl** (um 1505–1564), der ab 1542 in Wien biblische Dramen aufführte (u. a. Verlorener Sohn, Hochzeit zu Kana, Judith), und **Thomas Brunner** (um 1535–71) aus Landshut, protestantischer Lehrer in Steyr (Josef, Isaak und Rebekka, sein ›Tobias‹ wurde von Georg Rollenhagen bearbeitet).

Der bei weitem produktivste, innovativste und vielseitigste deutsche Autor auch auf theatralischem Gebiet war **Hans Sachs** (vgl. S. 403 ff.). Er verfaßte, wie schon erwähnt, nach eigener Zählung nicht weniger als 85 Fastnachtspiele und 128 religiöse und weltliche Dramen, die er – wie damals üblich – je nach dem Ausgang als Tragödien oder Komödien bezeichnete. Mit seiner ›Lucretia‹ (1527; nach Livius) schuf er das erste weltliche Drama in deutscher Sprache mit einem antiken Stoff; den Zugang zum Humanistendrama erarbeitete er sich ab 1530 durch deutsche Bearbeitungen entsprechender Vorlagen. Lange Zeit spielten dramatische Texte bei Sachs freilich eher eine Randrolle, die weitaus meisten seiner Stücke entstanden in dem Jahrzehnt zwischen 1549 und 1560. Neben Sachs schrieb in Nürnberg der Kornschreiber und Meistersinger **Peter Probst** (gest. 1576) ein biblisches Drama (Heilung des Blinden) und sieben Fastnachtspiele. Gleichfalls Meistersinger war der Augsburger Schneider **Sebastian Wild** (gest. nach 1583), der 1566 einen Band mit zwölf religiösen und weltlichen Schauspielen herausbrachte. In Nürnberg wirkte als Gerichtsprokurator und kaiserlicher Notar **Jakob Ayrer** (1543/44–1605), der ab 1592 mehr als 100 Stücke verfaßte (69 sind erhalten) – 36 Fastnachtspiele, darunter 10 Singspiele, und 33 religiöse und weltliche Dramen. Bei den Singspielen handelt es sich um etwas Neues: das ganze Stück wird jeweils von den Protagonisten auf ein und dieselbe gängige Strophenmelodie gesungen, wobei die Akteure sich freilich auch innerhalb einer Strophe ablösen können; demgemäß wird etwa die aus Regnarts ›Vilanellen‹ (vgl. S. 416) stammende Melodie ›Venus, du und dein Kind‹ in dem Singspiel ›Die Erziehung des bösen Weibes‹ 81mal wiederholt. Stoffe für Ayrers Dramen lieferten u. a. die Bibel, Livius, Plutarch, Boccaccio, Hans Sachs, Wickram. Unübersehbar sind Einflüsse der seit 1593 auch in Nürnberg auftretenden englischen Komödianten, neben der Verwendung musikalischer Einlagen vor allem das Auftreten der Clownsfigur (Jan Posset, aber auch andere Namen, vgl. S. 490; die Bezeichnung Hanswurst wird für diese Bühnenfigur erst seit dem späten 17. Jh. üblich).

Dramentypen

Fastnachtspiel. Das Nürnberger Fastnachtspiel (vgl. S. 366 f.) wurde im 16. Jh. von **Hans Sachs** geprägt. Für Aufführungen in Wirtshausstuben und Privathäusern bzw. in späterer Zeit, wie die Forschung vermutet, auf einem Bühnenpodium, dichtete er vorwiegend kurze Stücke (im Durchschnitt 300–400 Verse) mit begrenzter Spielerzahl (durchschnittlich 3–6), meist ohne einen in Pro- und Epilogen auftretenden Sprecher (Praecursor); die Schlußmoral wird in der Regel von einer der auftretenden Figuren gesprochen. Teilweise bediente Sachs sich schwankhafter Quellen (u. a. Boccaccios ›Decamerone‹, Paulis ›Schimpf und Ernst‹), vielfach dürfte er die Stoffe selbst erfunden haben. Unterscheiden kann man: a. Stücke mit betont lehrhafter Tendenz, in denen es um Fragen des richtigen moralischen Verhaltens geht, so z. B. im Spiel vom ›Buhler, Spieler und Trinker‹, in dem der Richter abschließend zum rechten Maß rät: »Und wo ir folget meiner lehr, / Wert ir erlangen gut und ehr« (Keller/Goetze, Bd. 3, S. 59); b. Szenen aus dem Alltagsleben, in denen in Gesprächen, ohne wirkliche Handlung, meist Ehefragen behandelt werden, so etwa im Spiel ›Bachen holen im Teutschen Hof [einem Nürnberger Wirtshaus]‹: Nur wenn der Mann Herr im Haus ist, heißt es hier am Ende, bekommt er den Bachen, d. h. Schinken, der im Teutschen Hof hängt; c. Stücke mit geschlossener Handlung, in denen didaktische Anliegen zurücktreten. Meist, nicht immer, handelt es sich um schwankhafte Spiele. Hierher gehört etwa das burleske Stück ›Das Teufelsbannen‹, in dem ein fahrender Schüler zu eigenem Vorteil den buhlerischen Pfaffen, die ehebrecherische Bäuerin und den dummen Bauern hereinlegt.

Die schweizerischen und elsässischen Fastnachtspiele bieten ein ganz uneinheitliches Bild. Die Gemeinsamkeit besteht lediglich darin, daß sie in der Vorfastenzeit aufgeführt wurden. Der Umfang reicht von etwa 200 bis zu über 4000 Versen. Teilweise wurden sie mit zahlreichen Akteuren als Bürgerspiele aufgeführt. Politische, vor allem auch konfessionelle Themen spielten seit den Stücken Niklaus Manuels eine Rolle. Neben Gattungselementen des Fastnachtspiels der Nürnberger Art sind auch Einflüsse der Narrenliteratur, des Bibeldramas, der Reformationsdialoge, des Humanistendramas festzustellen.

Humanistendrama. Während die Fastnachtspiele eine volkssprachliche Tradition des Spätmittelalters bis um 1600 fortsetzen, ist das sonstige Drama des 16. Jh.s ohne das Vorbild der durch den Humanismus nicht zuletzt im gymnasialen Schulbetrieb vermittelten und durch humanistisch gebildete Autoren fortgeführten antiken Dramatik nicht zu denken. Aufgenommen wurden in erster Linie formale Elemente: die Einteilung der Stücke in Akte, vielfach auch in Szenen, der Abschluß jedes Aktes durch ein kommentierendes Chorlied, Eröffnung mit einem Prolog, Abschluß mit einem Epilog, Inhaltszusammenfassungen des ganzen Stükkes oder der einzelnen Akte durch ein vorweg vorgetragenes Argumentum. Ein Beispiel für die Übernahme des Schemas, aber auch für mögliche Abweichungen liefert der Vergleich von Reuchlins ›Henno‹ mit der deutschen Fassung von Hans Sachs. Reuchlins (stofflich auf der französischen Farce ›Maistre Pierre Pathelin‹, gedruckt 1485/86, basierende) Komödie – der Bauer Henno legt zuerst mit Hilfe eines Advokaten den Richter herein, dann prellt er mit den selben Mitteln den Advokaten um sein Honorar – ist in jambischen Trimetern abgefaßt (»Quid ádferámus, sí vacát cognósceré«), Sachs bedient sich der im Deutschen fast durchweg üblichen vierhebigen Reimpaarverse. Der Prolog wird bei ihm vom »Ehrnhold«, dem Herold, gesprochen, im lateinischen Stück fehlt die Angabe über den Sprecher. Das Argumentum, das in diesem Fall nicht aktweise, sondern gleich für das gesamte relativ kurze Stück geboten wird, ist in beiden Fassungen in den Prolog eingewoben. Beide Autoren gliedern das Drama in fünf als solche bezeichnete Akte, die Szeneneinteilung Reuchlins hat Sachs nicht übernommen. Ausgelassen hat er auch die (metrisch abweichend gestalteten) Chorlieder, mit denen Reuchlin das Ende der Akte I bis IV (nicht V!) markiert. Bei Sachs wird der Spielmann am Ende des V. Aktes – bevor der Ehrnhold den bei Reuchlin fehlenden moralisierenden Epilog spricht – allerdings aufgefordert, einen »bawrendantz« zu spielen: »Da dantzt man« (Keller/Goetze, Bd. 7, S. 152).

Religiöses Drama. Von zentraler Bedeutung ist das religiöse Drama, vor allem das durch über 200 Texte vertretene Bibeldrama, fast ausschließlich der Protestanten in lateinischer und deutscher Sprache. Seine Geschichte beginnt mit dem ›Verlorenen Sohn‹ (1527) von Waldis, insbesondere aber mit dem stoffgleichen lateinischen, vielfach als Muster geltenden ›Acolastus‹ (1529) von Gnaphaeus, dessen deutsche Übersetzung durch den Zürcher Schulmeister **Jörg Binder** (gest. 1545) 1535 im Druck erschien. **Hans Sachs** unternahm einen ersten Versuch auf diesem Gebiet bereits 1530 mit einem Weihnachtsspiel (›Comedia, daß Christus der wahre Messias sei‹), ab 1536 dichtete er weitere biblische Komödien und Tragödien. Formal orientierten sich die religiösen Spiele überwiegend am Humanistendrama. Legitimiert und angeregt wurde das Bibeldrama durch Luther, der in den Vorreden, die er in seiner Bibelübersetzung den apokryphen Büchern ›Judith‹ und ›Tobias‹ vorangestellt hatte, die Meinung vertrat, die Griechen hätten ihre Art von Tragödien und Komödien von den Juden übernommen, die die genannten Bibelbücher als fromme Spiele aufgeführt hätten. Auch für Schulaufführungen trat der Reformator entschieden ein, Ressentiments gegen Schauspiel und Theater wies er zurück: »Und Christen sollten Comödien nicht ganz und gar fliehen, drum, daß bisweilen grobe Zoten und Bühlerey darinnen seyen, da man doch um derselben willen auch die Bibel nicht dürfte lesen« (›Tischreden‹, Bd. 1, S. 432). Religiöse Dramen waren ein Medium, durch das in weiten Kreisen der Bevölkerung die Kenntnis der Bibel und der reformatorischen Theologie, mit deren Hilfe die biblischen Geschichten interpretiert wurden, gefördert wurde; außerdem sollten sie zur moralischen Erziehung beitragen.

Die wichtigsten biblischen Stoffe, die dem Alten Testament entnommen wurden, waren: Adam und Eva (unter anderem ein Stück von Sachs), die Geschichte der Kinder Evas (u. a. Birck, Sachs), die Opferung Isaaks (u. a. Greff, Sachs, Georg Rollenhagen), Josef (u. a. H. von Rüte, Brunner), David (u. a. mehrere Stücke von Sachs), Salomon (u. a. Birck, Sachs); aus den Apokryphen stammten: Esther (u. a. Naogeorg, Sachs), Judith (u. a. Birck, Greff, Sachs), Susanna (u. a. Birck, Rebhun, Frischlin), Tobias (u. a. Sachs, Wickram, Brunner, Georg Rollenhagen); dem Neuen Testament wurden entlehnt: Barmherziger Samariter, Johannes der Täufer (u. a. Sachs), die Auferweckung des Lazarus (u. a. Greff, Sachs), Reicher Mann und armer Lazarus, Verlorener Sohn (u. a. Waldis, Gnaphaeus, Sachs, Wickram, Schmeltzl). Da Luther Passions- und Osterspiele »in der Furcht vor Entheiligung des zentralen Christusgeschehens« (W. Washof) strikt ablehnte, wurde Christi Leidensgeschichte nur selten – von dem Zürcher Wundarzt **Jacob Ruoff** (um 1500–58), von Sachs und Birck – dramatisiert.

Weltliches Drama. Das weltliche Drama spielt im 16. Jh. eine weit geringere Rolle als das religiöse. Einen Sonderfall stellen zwei patriotische Spiele aus der Schweiz dar – »für lange Zeit die einzigen politischen Stücke der deutschen Literatur« (M. Wehrli): das von einem namentlich nicht bekannten Schulmeister oder Schreiber 1512/13 in Altdorf im Kanton Uri inszenierte ›Spiel von Wilhelm Tell‹ (›Urner Tellenspiel‹) und das ›Spiel von der alten und jungen Eidgenossenschaft‹ (1514) des Zürchers **Balthasar Sproß** (gest. 1521). Beide Dramen wurden 1538 und 1545 von Jacob Ruoff in Zürich bearbeitet und erweitert.

Als Autor weltlicher Dramen war **Hans Sachs** im 16. Jh. lange Zeit beinahe ohne Konkurrenz. Seine frühesten weltlichen Dramen, die bereits erwähnte ›Lucretia‹ (1527) und die ›Virginia‹ (1530), beide nach Livius, zeigen noch keinen nennenswerten Einfluß des Humanistendramas; die in beiden Stücken sehr kurz gefaßte Handlung kommt ohne Akteinteilung aus. Ab 1530 begab Sachs sich dann erst einmal in die Schule des Humanistendramas. In diesem Jahr übersetzte und bearbeitete er eine Komödie des aus Nürnberg stammenden Wiener Humanisten und Benediktinerabts Benedict Chelidonius (eigentlich Schwalbe; um 1460–1521), ›Pallas‹; 1531 folgten Reuchlins ›Henno‹ und der ›Plutos‹ des Aristophanes, der ihm in der lateinischen Übersetzung des Nürnberger Humanisten Thomas Venatorius (eigentlich Jäger; 1490–1552) vorlag; 1532 bearbeitete Sachs das ›Spectaculum de iudicio Paridis‹, das ›Parisurteil‹, Jacob Lochers (1471–1528; Professor in Ingolstadt und Freiburg i. Br.). Nach langer Pause entstanden dann ab 1545 zahlreiche weitere Komödien und Tragödien nach literarischen Vorlagen unterschiedlicher Art und Herkunft. Antike, mittelalterliche und zeitgenössische Stoffe stehen dabei nebeneinander: Theseus, Perseus, der trojanische Krieg, Odysseus, Alexander der Große, Romulus und Remus, Kleopatra; der Hürnen Seyfrid, Tristrant, Wilhelm von Orlens, Wilhelm von Österreich, Hug Schapler, Melusine, Magelone, Fortunatus, Wickrams Ritter Galmy; Novellen aus dem ›Decamerone‹, Eurialus und Lucretia (Sachs' letztes Drama 1565) und anderes. Plautus' ›Menaechmi‹ bearbeitete Sachs 1548, den ›Hecastus‹ von Macropedius 1549, den ›Eunuchus‹ von Terenz 1564.

Neben Sachs sind zunächst lediglich noch zwei Autoren weltlicher Stücke zu nennen. Der Zürcher Reformator **Heinrich Bullinger** (vgl. S. 392) schuf etwa zeitgleich mit der ›Lucretia‹ von Sachs ebenfalls ein ›Lucretia‹-Drama (gedruckt erst 1533), in dem in deutlichem Zusammenhang mit Problemen der damaligen Schweizer Gegenwart (Unterdrückung der Bauern durch Oligarchen) die Befreiung Roms vom Königtum gefeiert wird. Einige Dramatisierungen weltlicher Stoffe, u. a. der Magelone, verfaßte der Augsburger Meistersinger Sebastian Wild.

In der zweiten Jahrhunderthälfte und zu Beginn des 17.

Jh.s traten unter anderem Nicodemus Frischlin, Bartholomäus Krüger, Georg Gotthart, Gabriel Rollenhagen, Jacob Ayrer und Wolfhart Spangenberg als Autoren weltlicher Stücke hervor. Luthers Lebensgeschichte lieferte den Stoff für dramatische Darstellungen der Theologen **Andreas Hartmann** (zuletzt belegt 1600 in Magdeburg), erschienen 1600, und **Martin Rinckhart** (1585–1649), erschienen 1613; Rinckhart publizierte 1625 auch eine Tragödie über Thomas Müntzer.

Jesuitendrama. Die propagandistisch-didaktischen Schuldramen der Jesuiten – oft mit großem äußerem Aufwand aufgeführt – waren seit der 2. Hälfte des 16. Jh.s ein wesentliches Instrument der Gegenreformation. Schüler und das breite Publikum sollten zu bestimmten ethischen und politischen Überzeugungen erzogen und bewegt werden. Das Theater, das sich auch in den Dienst der Herrscher stellte, »die die katholische Sache mit Eifer betrieben«, diente der »Verteidigung und Ausbreitung des römischen Glaubens« (H.-W. Jäger). Gespielt wurde zu Schuljahrsanfang und zu besonderen festlichen Anlässen. Zu den bedeutendsten jesuitischen Autoren der Zeit um 1600 und ihren Stücken vgl. oben S. 479. Die Texte, deren Stoffe in erster Linie die Bibel, die Kirchengeschichte und Heiligenlegenden lieferten, waren fast ausschließlich lateinisch, sie blieben meist ungedruckt. Das nicht-lateinkundige Publikum erhielt gedruckte Programme, sogenannte Periochen. Das Jesuitentheater bestand bis zum 1773 erfolgten Verbot der Societas Jesu.

Englische Komödianten. Professionelle Schauspielertruppen aus England traten erstmals 1586 am Dresdener Hof auf. Aufführungen in deutscher Sprache sind ab 1604 bezeugt. Die Truppen umfaßten jeweils rund 15 Mitglieder, dazu sechs Musiker, die auch als Statisten verwendet wurden. Wie allgemein damals üblich, wurden Frauenrollen von Männern verkörpert. Der jeweilige Leiter des Unternehmens, der Prinzipal, trat in der Rolle des Clowns auf. Gespielt wurde meist in großen Sälen auf einer Bühne. Aufgeführt wurden zunächst vor allem englische Dramen der unterschiedlichen Typen des Elisabethanischen Theaters (Komödien, Tragödien, Historiendramen), außerdem – besonders an kirchlichen Feiertagen und in der Fastenzeit – Bibeldramen. Zentrale Rolle war die der komischen Figur, des Narren und Spaßmachers (Pickelhering, Jan Posset u. a.), der seinen Part vielfach improvisierte. Darüber hinaus strebte man grelle Effekte bis hin zur Obszönität an; Musikeinlagen spielten eine wesentliche Rolle. Aus den englischen Komödianten gingen im 17. Jh. deutsche Schauspieltruppen hervor. Eine erste Textsammlung ›Englische Comedien und Tragedien‹ mit 15 Stücken erschien 1620; außer Tragödien, Komödien und Pickelheringspielen, sämtlich in Prosa, enthält sie auch kurze, in singbaren Strophen gedichtete komische Zwischenspiele, in denen auch getanzt wurde. Durch die englischen Komödianten beeinflußt wurden die elf ernsten und heiteren Stücke, die **Herzog Heinrich Julius von Braunschweig-Wolfenbüttel** (1564–1613) in Prosaform verfaßte (gedruckt 1593/94); wie sein Zeitgenosse Jacob Ayrer läßt auch er die Clownsfigur auftreten.

Wissensliteratur in Prosa

Aus der beinahe uferlosen Fülle prosaischer Wissensliteratur können hier nur die wesentlichsten Texttypen und die wichtigsten Beispiele erwähnt werden.

Sprichwortsammlungen

Unter Sprichwörtern versteht man Texte, die gültige Erfahrungen und zweckmäßige Handlungsregeln in einem einzigen Satz in kürzest möglicher Weise formulieren, z. B. »Jeder ist seines Glückes Schmied« oder »Morgenstund hat Gold im Mund«. Die schriftliche Überlieferung von Sprichwörtern setzt im Deutschen im 11./12. Jh. ein; der Begriff selbst ist seit etwa 1200 belegt. Im 16. Jh. erschienen erstmals umfangreiche, kommentierte Sprichwortsammlungen. Vorbild waren die unerhört erfolgreichen lateinischen ›Adagia‹ (erstmals 1500) des Erasmus von Rotterdam (vgl. S. 380), eine kommentierte Sammlung antiker Sprichwörter und Redensarten. Die bekanntesten und verbreitetsten deutschen Sammlungen stammen von Johannes Agricola und von Sebastian Franck. **Johannes Agricola** (1494?–1566; zuletzt Hofprediger in Berlin und Generalsuperintendent der Mark Brandenburg), Autor zahlreicher lateinischer und deutscher Schriften, veröffentlichte 1529, 1534 und 1548 Sprichwortsammlungen mit unterschiedlich ausführlichen Kommentaren. Als Quellen dienten unter anderem Freidank (vgl. S. 272 f.) und Hugos von Trimberg ›Renner‹ (vgl. S. 279 f.). Ein ganz kurzes Beispiel:

Das brot ich esse / das lied ich singe

Das ist auch reden was man gerne hoeret / umb genieß [d. h. Nutzen] und vorteils willen. (Gilman, Bd. 2, S. 79)

Sebastian Franck (um 1500–43; Geistlicher, Mystiker, Kirchenkritiker, Buchdrucker; zuletzt in Basel), einer der erfolgreichsten, fruchtbarsten und interessantesten Autoren der Zeit (vgl. auch S. 496), brachte 1541 eine ähnliche Sammlung heraus: ›Sprichwörter / Schöne / Weise Klugreden‹.

Exempelsammlungen

Exempla sind kurze beispielhafte Erzählungen von historischen oder fiktiven Ereignissen, die der Leser oder Hörer auf sein eigenes Verhalten beziehen soll oder die ihm zu einer bestimmten Weltsicht verhelfen sollen. Eine berühmte antike Sammlung waren die ›Memorabilien‹ des Valerius Maximus (vgl. S. 311), die zahlreichen mittelalterlichen Exempelkompilationen des Mittelalters dienten vor allem den Predigern (»Predigtmärlein«, vgl. auch S. 466). Eine der bekanntesten Sammlungen des 16. Jh.s war das ›Exempelbuch … von wunderbarlichen Geschichten‹ des Italieners **Marcus Antonius Coccius,** genannt **Sabellicus** (1436–1506; Bibliothekar von S. Marco in Venedig), das 1535 von dem lutherischen Prediger Leonhard Brunner verdeutscht wurde; unter anderem diente es Hans Sachs und anderen Meisterlieddichtern als Quelle. Das bedeutendste und erfolgreichste protestantische Exempelbuch (das ebenfalls von den Meistersingern viel benutzt wurde) war das auf Deutsch abgefaßte, nachträglich auch ins Lateinische übersetzte ›Promptuarium exemplorum‹ (d. h. ›Vorrat von Exempeln‹; 1568) des **Andreas Hondorff** (um 1530–72; zuletzt Pfarrer in der Nähe von Naumburg), das in über 40 deutschen und lateinischen Auflagen verbreitet war. Die nach den Zehn Geboten angeordnete umfangreiche Sammlung (in der 1. Auflage 766 Folioseiten) benutzte als Quellen die Bibel sowie antike, mittelalterliche und zeitgenössische Autoren. Da Hauptabsicht die Rüge von Lastern aller Art ist, begegnet man einer vorwiegend düsteren, negativen Weltsicht. In der Mehrzahl der Exempla straft Gott den Sünder; Luthers Glaube an die Verführungskünste des Teufels tritt vielfach hervor. So wird etwa in einer der Erzählungen berichtet, daß drei Männer in der Schweiz sich während der Sonntagspredigt dem Spiel hingeben. Einer, der ständig verliert, flucht und wirft seinen Dolch in den Himmel, um Gottes Leib zu treffen. Blutstropfen, die sich nicht abwischen lassen, fallen vom Himmel. Der Spieler wird vom Teufel geholt, auch seine Mitspieler enden kläglich (›Promptuarium‹, Bl. 60r).

Teufelbücher

Anschließen lassen sich die meist von protestantischen Pfarrern verfaßten sogenannten Teufelbücher, eine erfolgreiche literarische Mode der Zeit zwischen etwa 1550 und 1580. Bekannt sind mehr als zwanzig verschiedene Texte. Es handelt sich um »erbauliche Unterhaltungsliteratur« (K. Goedeke), in der Sünden, Laster, Gebräuche, Kleidermoden, Umgangsformen gerügt werden und in der die Autoren nachdrücklich vor ihnen warnen. Unter anderem gibt es den ›Saufteufel‹, den ›Zauberteufel‹, den ›Hurenteufel‹, den ›Kleiderteufel‹, den ›Spielteufel‹. Fruchtbarster Autor war **Andreas Musculus** (eigentlich Meusel, 1514–81; Prediger und Theologieprofessor in Frankfurt an der Oder), der 1555–61 einen ›Hosenteufel‹ (gegen die modischen Pluderhosen), einen ›Fluchteufel‹, einen ›Eheteufel‹, ›Von Himmel und Hölle‹ (die Freuden des Ewigen Lebens – die Schrecken des Jüngsten Tages) und ›Teufels Tyranney‹ veröffentlichte. Höchst erfolgreich war auch **Cyriacus Spangenbergs** (vgl. S.429) ›Jagdteufel‹ (1560), in dem der geistliche Autor aus der von ihm geteilten Sicht der einfachen Leute gegen die Mißstände des dem Adel vorbehaltenen Jagdwesens polemisierte.

Geschichtsschreibung

Der Humanismus bedeutete einen wesentlichen Einschnitt in der Geschichte der Historiographie. Gemäß dem Grundsatz *ad fontes!* (vgl. S. 387) wurden nunmehr Quellen wie Urkunden, Baudenkmäler, Sachgüter, sprachliche und literarische Zeugnisse usw. gesammelt, ausgewertet, kritisch gemustert. Freilich kann man noch nicht von moderner Geschichtsforschung sprechen, da der traditionelle, vorwiegend auf die Bibel gestützte universalhistorische Rahmen (vgl. S. 268 f.) noch weitgehend und lange Zeit als gültig angesehen wurde. Nicht zuletzt die biblisch ja nicht verankerte Frühgeschichte der »Deutschen« wurde bei reichspatriotisch gesinnten humanistischen Historikern, etwa Aventin, mehr oder weniger frei und mit phantasievoller Deutung der teilweise zweifelhaften Quellen ausfabuliert; demnach stammen die Deutschen von Tuiscon / Tuitsch / Teutsch, einem nach der Sintflut geborenen Sohn Noahs, ab, dem von seinem Vater das Land zwischen Rhein und Don, genannt Germanien, übereignet wurde.

Lateinische und deutsche Geschichtsschreibung stehen weiterhin nebeneinander. Hier können nur einige der wichtigsten Autoren und Werke genannt werden. Als eines der herausragenden humanistischen Geschichtswerke gelten die ›Rerum Germanicarum Libri tres‹ (1531), die ›Drei Bücher deutscher Geschichte‹ des **Beatus Rhenanus** (vgl. S. 380), eine historisch und topographisch ausgerichtete Darstellung der deutschen Geschichte seit den ältesten Zeiten; erstmals werden darin auch Verse aus dem wiederentdeckten ›Evangelienbuch‹ Otfrids von Weißenburg (vgl. S. 59 ff.) zitiert (vgl. Abb. 31). Zahlreiche lateinisch abgefaßte Schriften zur antiken und österreichischen Geschichte veröffentlichte der Wiener Arzt und Hofhistoriograph **Wolfgang (von) Lazius** (1514–65); seine Geschichte der Völkerwanderung (1557) wurde teilweise von Johann Fischart ins Deutsche übersetzt. Zu den bedeutendsten lateinisch schreibenden Historikern gehört auch **Johann Sleidanus** (eigentlich Philippi aus Schleiden/Eifel; 1506–56; zuletzt in Straßburg ansässig). Die Kenntnis der Reformationsgeschichte wurde bis um 1800 maßgeblich durch seine 1555 veröffentlichte Darstellung der Regierungszeit Kaiser Karls V. bestimmt (80 Auflagen, mehrere Übersetzungen). Nicht weniger erfolgreich war sein aus protestantischer Sicht verfaßtes, im akademischen Unterricht benutztes Kompendium der Universalgeschichte ›De quattuor summis imperiis‹ (1556), ›Über die vier Weltreiche‹ (66 Auflagen bis um 1700, zahlreiche Übersetzungen).

BEATI RHENANI

SELESTADIENSIS RERVM GERMANI
CARVM LIBRI TRES

ADIECTA EST IN CALCE EPISTOLA AD
D.Philippũ Puchaimerũ,de locis Plinij per St.Aquæum
attactis,ubi mendæ quædam ciuſdem autoris
emaculantur , antehac non à quo/
quam animaduerſæ.

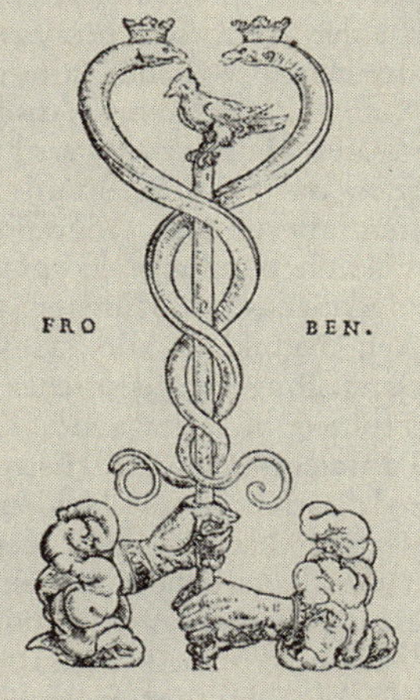

BASILEAE, IN OFFICINA FROBENIANA,
ANNO M. D. XXXI

Cum gratia & priuilegio Cæſareo
in ſex annos

Abb. 31 Titelblatt von Beatus Rhenanus,
›Rerum Germanicarum Libri tres‹, Basel 1531

Eine ebenfalls sehr erfolgreiche kompakte Universalgeschichte auf Deutsch schrieb **Johannes Carion** (eigentlich Nägelein; 1499–1537; Hofastrolog und Fürstenberater am brandenburgischen Hof); Carions Jugendfreund Melanchthon berarbeitete das Werk und brachte es 1532 zum Druck, in einer lateinischen Übersetzung wurde das ›Chronicon Carionis‹ zu einem gesamteuropäischen Erfolgsbuch. Aus heutiger Sicht gewichtiger war **Sebastian Francks** (vgl. S. 491) viel weniger verbreitete ›Chronica, Zeitbuch und Geschichtsbibel‹ (1531), eine stofflich weitgehend auf der Schedelschen ›Weltchronik‹ (vgl. S. 358) beruhende Darstellung der Weltgeschichte. Seine eigene Sicht brachte Franck vor allem in Vorreden, Ein- und Überleitungen und in aktuellen Partien zum Ausdruck. Die Geschichte, die von Gottes Heilswirken berichtet, verhilft dem Menschen zu Gottes- und Selbsterkenntnis. Eine prachtvoll mit Holzschnitten illustrierte geographisch-historische Weltbeschreibung ist die berühmte ›Kosmographey‹ (1550) des Basler Professors **Sebastian Münster** (1488–1552).

Den von antiken Vorbildern wie Plutarch inspirierten Versuch einer Darstellung der deutschen Geschichte in Form von Biographien herausragender Gestalten unternahm **Heinrich Pantaleon** (1522–95; Historiker und Mediziner in Basel) in ›Teutscher Nation Heldenbuch‹ (zunächst lateinisch, 1561–71 auch deutsch). Als bedeutendste Regionalgeschichte gilt die ›Bayerische Chronik‹ (1522–33; gedruckt erst 1566) des **Johannes Aventinus** (eigentlich Turmair, er nannte sich nach seinem Heimatort Abensberg/Niederbayern; 1477–1534; Hofhistoriograph der Wittelsbacher). Die von Aventin selbst hergestellte, sprachlich glänzende deutsche Fassung beruht auf einer vorausgehenden kürzeren lateinischen Darstellung (abgeschlossen 1521, gedruckt erst 1554). Geschildert wird die Geschichte des Herzogtums Bayern im Rahmen der Weltgeschichte. In der Geschichte sieht der Autor einen Spiegel, in dem jedermann das Leben anderer erblickt und erfährt, was er tun und lassen soll und wie vergänglich Ruhm, Reichtum und Macht sind. Die Geschichte der Eidgenossenschaft wurde maßgeblich 1548 von **Johann Stumpf** (1500–77/78; Pfarrer, zuletzt in Zürich) geschrieben, vor allem jedoch von **Aegidius Tschudi** (1505–72; katholischer Politiker in Glarus), der in seinem ›Chronicon Helveticum‹ (1569–71; gedruckt erst im 18. Jh.) den Befreiungskampf der Schweizer geradezu mythisch überhöhte – seine Darstellung war die wichtigste Quelle für Friedrich Schillers ›Wilhelm Tell‹ (1804). Eine ›Chronik der Bischöfe von Würzburg‹ (1546; gedruckt erst 1713) verfaßte **Lorenz Fries** (1489/91–1550; bischöflicher Sekretär und Historiograph); das Werk ist noch heute als Quelle von Bedeutung, nicht zuletzt weil viele der darin verwendeten Urkunden mittlerweile verlorengegangen sind.

Einen anderen Chroniktyp stellt die riesige ›Zimmerische Chronik‹ (in der Hs. 1567 Folioseiten) dar, die Hauschronik eines katholischen südwestdeutschen Grafengeschlechts, dessen Hauptsitz seit dem 14. Jh. Meßkirch (Kreis Sigmaringen) war. Abgefaßt wurde sie von **Froben Christoph von Zimmern** (1519–66). Die Chronik entstand nach und nach in den Jahren nach 1540 (gedruckt wurde sie erst im 19. Jh.). Neben einer teilweise fiktiven Darstellung der eigenen Familiengeschichte bezieht Zimmern, ein glänzender Erzähler, zunehmend die Geschichte benachbarter Adelsfamilien ein, ferner Schwänke, Anekdoten, Sprichwörter usw., die teilweise literarischen Vorlagen entnommen wurden, die jedoch als reale Gegebenheiten ausgegeben werden. Aus der Chronik wird so mehr und mehr ein auch heute noch interessanter Sittenspiegel.

Autobiographien

Die weitaus bekannteste unter den relativ zahlreichen Autobiographien der Epoche ist die des fränkischen Reichsritters **Götz von Berlichingen** (1480/81–1562), des Ritters mit der (bis heute erhaltenen) eisernen Hand – die rechte Hand war ihm abgeschossen worden. Der ohne literarische Vorbilder, teilweise als Rechtfertigungsschrift verfaßte Bericht ›Mein Fehd und Handlungen‹ (1560, gedruckt erst im 18. Jh.) schildert das von Fehden und Raubzügen erfüllte Leben eines skrupellosen, jedoch erfolgreichen »Raubunternehmers«, der Herausforderungen, Kämpfen und Prozessen nie auswich und dem eigenen Untergang bisweilen nur mit knapper Not entging; 1525 wurde er zeitweise von den Bauern im Bauernkrieg als Hauptmann verpflichtet, mehrmals wurde die Reichsacht über ihn verhängt. Goethe diente der Bericht als Grundlage seines den Titelhelden verklärenden Jugenddramas ›Götz von Berlichingen‹ (1773). Das berühmte Götzzitat fiel 1515 im Zusammenhang einer Fehde: »Da schriehe ich wider zu ime hinauff, er soldt mich hinden leckhen« (ed. Ulmschneider, S. 110). Als weitere Beispiele für Autobiographien seien genannt: die Lebensbeschreibung (gedruckt 1586) des getauften Juden **Stephan Isaak** (1542–97; zuletzt Superintendent in Bensheim), der zuerst Lutheraner, dann Katholik (als Kölner Professor wurde er wegen Ketzerei angeklagt), schließlich entschiedener Reformierter war; **Bartholomäus Sastrow** (1520–1603; zuletzt Bürgermeister von Stralsund) schildert sein erfolgreiches Leben als Jurist, Diplomat und Politiker, wobei er sich als »Exempel für das segensreiche Wirken Gottes« versteht (H. Wenzel); **Hans von Schweinichen** (1552–1616; Hofbeamter in Schlesien) beschäftigen in seinen ›Denkwürdigkeiten‹ (nach und nach bis 1602 aufgezeichnet) vor allem familiäre Nöte und das aufreibende Hofleben. Als herausragend wird die Autobiographie (1572) des **Thomas Platter** (1499–1582; zuletzt Schulrektor in Basel) angesehen, der seinen Aufstieg vom Ziegenhirten zum Gelehrten mit vielen Einblicken in die Alltagsrealität beschreibt; sein Sohn **Felix Platter** (1536–1614), ein berühmter Arzt, beschränkte sich in seiner Autobiographie (1612) auf die Schilderung seiner glücklichen und erfolgreichen Jugend- und Studienjahre.

Reiseberichte

Als Beispiele für Reiseberichte werden hier drei besonders spektakuläre Texte genannt. Bedeutende kulturgeschichtliche und historische Aufzeichnungen über Rußland im 16. Jh. bietet der häufig aufgelegte Reisebericht ›Rerum Moscovitarum commentarii‹ (1549, deutsch 1557) des österreichischen Diplomaten **Sigmund von Herberstein** (1486–1566). Internationale Erfolge wurden die Reiseberichte zweier deutscher Landsknechte. Der aus Hessen stammende **Hans von Staden** (1525/28–79) hielt sich 1549/50–54 in Brasilien auf, davon neun Monate als Gefangener von Indianern; insbesondere die in seinem 1557 erschienenen Reisebericht enthaltene Schilderung des Kannibalismus der Ureinwohner erregte großes Aufsehen. **Ulrich Schmidl** aus Straubing (1500/10–79/81) lebte von 1535–54 in Südamerika; sein 1567 erstmals veröffentlichter und vielfach übersetzter Bericht ist die früheste Quelle zur Geschichte Argentiniens und der Nachbarregionen.

Fachliteratur

Wenigstens hingewiesen werden muß schließlich auf die Fachliteratur. Im 16. Jh. wurden weithin die Grundlagen zu den modernen, in erster Linie empirisch ausgerichteten Naturwissenschaften gelegt. Um nur einige herausragende Namen zu nennen: Der Astronom Nikolaus Kopernikus (1473–1543) begründete das nach ihm benannte heliozentrische Weltbild (1543); Georg Agricola (1494–1555) verfaßte grundlegende Werke zur Mineralogie und zu Bergbau und Hüttenwesen; der Arzt Andreas Vesal (1514/15–64) beschrieb als erster anhand von Sektionsberichten die menschliche Anatomie. Fachliteratur wurde in der Regel in lateinischer Sprache abgefaßt, vielfach freilich auch in die Volkssprachen übersetzt. Unter den ausschließlich oder so gut wie ausschließlich Deutsch schreibenden Fachautoren seien die beiden prominentesten erwähnt. Eine große Zahl medizinisch-naturwissenschaftlicher und religiös-theologische Schriften verfaßte der berühmte, unter anderem unter die Begründer einer auf Erfahrung gegründeten Heilkunde gezählte Arzt und Philosoph **Paracelsus** (eigentlich Theophrastus Bombastus von Hohenheim; 1493/94–1541; zuletzt in Salzburg): »Die Medizin ist für ihn Universalwissenschaft, basierend auf Physik, Chemie, Physiologie und mündend in Philosophie und Theologie ... Jeder Patient ist ... stets dreifach krank: leiblich, geistig, seelisch und bedarf einer dreifachen Therapie« (H. Rupprich). Auch die sprachschöpferische Leistung von Paracelsus für das Deutsche wird hoch eingeschätzt (ihm verdanken übrigens das Deutsche und von ihm ausgehend auch andere moderne Fremdsprachen das Wort »Gnom«). Die Schriften des größten deutschen Künstlers der Epoche **Albrecht Dürer** (1471–1528), ein Lehrbuch der angewandten Geometrie: ›Underweysung der messung mit dem zirckel und richtscheyt‹ (1525), eine Befestigungslehre: ›Etliche underricht zu befestigung der Stett, Schloß und Flecken‹ (1527) und eine Proportionenlehre: ›Hierin sind begriffen vier bücher von menschlicher Proportion‹ (1528), erreichten über lateinische Übersetzungen das internationale Publikum. Dürer kommt auch das Verdienst zu, einer Reihe mathematischer und ästhetischer Begriffe erstmals zu deutschen Wortentsprechungen verholfen zu haben (darunter das Wort »Gesichtspunkt« als Verdeutschung von lateinisch *punctum visus*).

Literaturhinweise

Ausgaben: H. Heger (Hrsg.), SpätMA, Humanismus, Reformation. Texte u. Zeugnisse, 2 Bde., 1978. – Sachs, ›Ständebuch‹: U. Schulze, 2006; H. Blosen u. a., 2 Bde., 2009.– Scheidt, ›Grobianus‹: G. Milchsack, 1966.

– Alberus, Fabeln: W. Braune, 1892. – Waldis, ›Esopus‹: J. Tittmann, 2 Tle., 1882. – Fischart, ›Flöh Hatz, Weiber Tratz‹: A. Haas, 1967 (RUB). – W. Spangenberg, Sämtl. Werke: A. Vizkelety, 6 Bde., 1971–82. – Rollenhagen, ›Froschmeuseler‹: D. Peil, 1989 (Bibliothek der Frühen Neuzeit). – J. Tittmann (Hrsg.), Schauspiele aus dem 16. Jh., 2 Tle., 1868. – D. Wuttke (Hrsg.), Fastnachtspiele des 15. u. 16. Jh.s, [2]1978 (RUB). – J. Bächtold (Hrsg.), Schweizerische Schauspiele des 16. Jh.s., 3 Bde., 1890. – J. Tittmann (Hrsg.), Die Schauspiele der Englischen Komödianten in Deutschland, 1890. – H. Thomke (Hrsg.), Spiele u. Dramen des 15. u. 16. Jh.s, 1996 (Bibliothek der Frühen Neuzeit). – Reuchlin, ›Henno‹: H. C. Schnur, 1970 (RUB). – R. Dammer / B. Jeßing, Der Jedermann im 16. Jh. Die Hecastus-Dramen v. G. Macropedius u. H. Sachs, 2007. – Th. Naogeorg, Dramen: H.-G. Roloff, 4 Bde., 1975–87. – J. Bidermann, ›Cenodoxus‹: R. Tarot, 2006 (RUB). – H. v. Rüte, Dramen: F. Christ-Kutter u. a., 2 Bde., 2000. – S. Birck, Sämtl. Dramen: M. Brauneck, 3 Bde., 1969–80. – Wickram, Sämtl. Werke: H.-G. Roloff, 13 Bde., 1967–2003. – Waldis, ›Der verlorene Sohn‹: G. Milchsack, 1881. – P. Rebhun, Dramen: H. Palm, 1859 (StLV). – Georg Rollenhagen, ›Lazarus‹: J. Bolte, 1929. – Sachs, Werke: A. v. Keller / E. Goetze, 26 Bde., 1870–1908 (StLV). – Ayrer, Dramen: A. v. Keller, 5 Bde., 1865 (StLV). – J. Agricola, Sprichwörtersammlungen: S. L. Gilman, 2 Bde., 1971. – S. Franck, Sprichwörtersammlungen: Sammlung von 1532, hrsg. F. Latendorf, 1876; Sammlung von 1548, 1972 [Faksimile]. – Teufelbücher in Auswahl: R. Stambaugh, 5 Bde., 1970–80. – S. Franck, Kritische Ausgabe: H.-G. Roloff, Bd. 1 ff., 1993 ff.; ›Chronica‹, 1972 [Faksimile]. – Münster, ›Cosmographei‹, 1987 [Faksimile]. – Aventin, ›Bayer. Chronik‹: M. Lexer, 2 Bde., 1982/86. – Tschudi, ›Chronicon Helveticum‹: B. Stettler, 8 Bde., 1968–84. – Fries, ›Bischofschronik‹: U. Wagner / W. Ziegler (Hrsg.), 6 Bde., 1992–2002. – Zimmern, ›Chronik‹: K. A. Barack, 4 Bde., 1881–82. – Berlichingen: H. Ulmschneider, 1981. – Schmidl: V. Langmantel, 1889. – Dürer, Schriften u. Briefe: H. Rupprich, 3 Bde., 1956–69; E. Ullmann, 1982.

Forschungsliteratur: T. I. Bacon, Luther and the Drama, 1976. – D. Brett-Evans, Von Hrotsvit bis Folz u. Gengenbach. Eine Geschichte des mittelalterl. dt. Dramas, 2 Bde., 1975 (GG). – W. Brückner (Hrsg.), Volkserzählung u. Reformation. Ein Handbuch zur Tradierung u. Funktion von Erzählstoffen u. Erzähllit. im Protestantismus, 1974. – H. Brunner [u. a.] (Hrsg.), Hans Sachs u. Nürnberg, 1976. – H. Brunner, Hans Sachs, 2009. – E. Catholy, Fastnachtspiel, 1966 (SM). – Y. Dellsperger, Lebendige Historien u. Erfahrungen. Studien zu S. Francks ›Chronica, Zeitbuoch vnnd Geschichtsbibell‹ (1531/36), 2008. – German. Nationalmuseum Nürnberg (Hrsg.), Albrecht Dürer 1471–1971. Ausstellungskatalog, 1971. – W. Haug / B. Wachinger (Hrsg.), Kleinstformen der Lit., 1994

(Fortuna vitrea). – Th. Heiler, Die Würzburger Bischofschronik des L. Fries, 2001. – O. Herding u. a. (Hrsg.), Albrecht Dürers Umwelt, 1971. – D. Klein, Bildung u. Belehrung. Unters. zum Dramenwerk des Hans Sachs, 1988. – B. Könneker, Hans Sachs, 1971 (SM). – B. Könneker, Die dt. Lit. der Reformationszeit, 1975. – B. Könneker, Satire im 16. Jh., 1991 (Arbeitsbücher). – E. Leibfried, Fabel, [4]1982 (SM). – W. F. Michael, Das dt. Drama der Reformationszeit, 1984. – W. F. Michael, Ein Forschungsbericht: Das dt. Drama der Reformationszeit, 1989. – J.-D. Müller (Hrsg.), Sebastian Franck, 1993. – D. Niefanger, Geschichtsdrama der Frühen Neuzeit 1495–1773, 2005. – L. Röhrich / W. Mieder, Sprichwort, 1977. – E. Simon, Die Anfänge des weltlichen dt. Schauspiels 1370–1630, 2003 (MTU). – H. Ulmschneider, Götz v. Berlichingen, 1974. – W. Washof, Die Bibel auf der Bühne, 2007. – G. Wolf, Von der Chronik zum Weltbuch. Sinn u. Anspruch südwestdt. Hauschroniken am Ausgang des MAs, 2002. – V. Zimmermann (Hrsg.), Paracelsus – Das Werk, die Rezeption, 1995.

Allgemeine Auswahlbibliographie

Wörterbücher

R. Schützeichel, Ahd. Wörterbuch, ^{5}1995.

BMZ G. F. Benecke / W. Müller / F. Zarncke, Mhd. Wörterbuch, 4 Bde., 1854–66, Nachdr. 1990 [Anordnung der Wörter nach Wortstämmen]; dazu: E. Koller / W. Wegstein / N. R. Wolf, Alphabetischer Index, 1990.

M. Lexer, Mhd. Handwörterbuch, 3 Bde., 1869–78, Nachdr. 1992 [›Großer Lexer‹].

M. Lexer, Mhd. Taschenwörterbuch, ^{3}1885, zahlreiche Nachdr. [›Kleiner Lexer‹].

B. Hennig, Kleines Mhd. Wörterbuch, ^{3}1998.

K. Gärtner / Ch. Gerhardt [u. a.], Findebuch zum mhd. Wortschatz, 1992 [Supplement zu BMZ und zum ›Großen Lexer‹].

K. Gärtner / K. Grubmüller / K. Stackmann (Hrsg.), Mhd. Wörterbuch, Bd. 1 ff., 2006 ff.

R. R. Anderson / U. Goebel / O. Reichmann, Frühnhd. Wörterbuch, Bd. 1 ff., 1986 ff.

J. Grimm / W. Grimm, Deutsches Wörterbuch, 16 Bde., 1854–1960, Nachdr. in 33 Bden., 1984 (dtv) [für den frühnhd. Wortschatz nach wie vor unentbehrlich]; Neubearbeitung [nur A–F]; Bd. 1 ff., 1965 ff.

A. Götze, Frühnhd. Glossar, ^{7}1967.

Ch. Baufeld, Kleines frühnhd. Wörterbuch, 1996.

F. Holthausen, Altsächsisches Wörterbuch, 1954.

A. Lübben / Ch. Walther, Mittelniederdeutsches Handwörterbuch, 1888, Nachdr. 1989.

Hingewiesen sei auf die zu zahlreichen Autoren und Werken vorhandenen Spezialwörterbücher und Wortindices.

Grammatiken

W. Braune / H. Eggers, Ahd. Grammatik, ^{14}1987.

J. H. Gallée, Altsächsische Grammatik, ^{3}1993.

H. Paul / S. Grosse / P. Wiehl, Mhd. Grammatik, ^{23}1989.

A. Lasch, Mittelniederdeutsche Grammatik, ^{2}1974.
R. P. Ebert / O. Reichmann / H.-J. Solms / K.-P. Wegera, Frühnhd. Grammatik, 1993.

Sprachgeschichten

H. Eggers, Deutsche Sprachgeschichte, 4 Bde., ^{2}1986 (rororo) [betont Zusammenhänge zwischen sprachlicher und literarischer Entwicklung sowie Entwicklung des Wortschatzes].
W. Schmidt, Geschichte der deutschen Sprache, ^{10}2007.
W. Besch / N. R., Wolf, Geschichte der deutschen Sprache, 2009 (GG).

Nachschlagewerke

K. Goedeke, Grundriß zur Geschichte der deutschen Dichtung, Bd. 1 u. 2, ^{2}1884/86 [für die Frühe Neuzeit als Werkverzeichnis noch immer unentbehrlich].
VL K. Ruh / B. Wachinger [u. a.] (Hrsg.), Die deutsche Literatur des Mittelalters. Verfasserlexikon, 14 Bde., ^{2}1978–2008 [wichtigstes Grundlagenwerk für die deutsche Literaturgeschichte bis etwa 1500].
F. J. Worstbrock (Hrsg.), Deutscher Humanismus 1480–1520. Verfasserlexikon, Bd. 1 ff., 2005 ff.
W. Killy (Hrsg.), Literaturlexikon, 15 Bde., 1988–93 [mit zahlreichen Artikeln zu mittelalterlichen und frühneuzeitlichen Autoren und Werken, teilweise auf neuerem Stand als im VL; in Bd. 13 u. 14 Sachartikel]; 2. Aufl., hrsg. von W. Kühlmann, 2008 ff.
St. Füssel (Hrsg.), Deutsche Dichter der Frühen Neuzeit (1450 bis 1600). Ihr Leben und Werk, 1993 [Kurzmonographien].
G. E. Grimm / F. R. Max (Hrsg.), Deutsche Dichter, Bd. 1: Mittelalter, 1989 (RUB) [Kurzmonographien zu Autoren und anonymen Werken].
W. Jens (Hrsg.), Kindlers Neues Literaturlexikon, 20 Bde., 1988–92 [mit zahlreichen Artikeln zu mittelalterlichen Autoren und Werken]; Neubearbeitung, 18 Bde., 2009.
G. Braungart [u. a.] (Hrsg.), Reallexikon der deutschen Literaturwissenschaft, 3 Bde., 1997–2003 [mit zahlreichen Artikeln zu mediävistischen Begriffen].
J. Hardin / W. Hasty (Hrsg.), German Writers and Works of the

High Middle Ages: 1170–1280, 1994 [Artikel über die bedeutendsten Autoren und Werke].

Lexikon des Mittelalters, 9 Bde., 1980–98 [umfassende Enzyklopädie des Mittelalters, zahlreiche Artikel zu Autoren, Werken, Gattungen, Stoffen usw.].

MGG F. Blume (Hrsg.), Die Musik in Geschichte und Gegenwart. Allgemeine Enzyklopädie der Musik, 17 Bde., 1949–86 [zahlreiche Artikel zu mittelalterlichen Autoren, Handschriften, Gattungen usw., vgl. Register in Bd.17]; 2.Aufl., hrsg. von L.Finscher, 27 Bde., 1994–2008.

P. Dinzelbacher (Hrsg.), Sachwörterbuch der Mediävistik, 1992 [kurze Sachartikel, viele davon einschlägig für die Literaturgeschichte].

H. Brunner / R. Moritz (Hrsg.), Literaturwissenschaftliches Lexikon. Grundbegriffe der Germanistik, ²2007 [Artikel zu Gattungen, Perioden, Begriffen der mittelalterlichen Literatur].

Literaturgeschichten

G. Ehrismann, Geschichte der deutschen Literatur bis zum Ausgang des Mittelalters, 4 Bde., 1918–35 [noch immer grundlegende, materialreiche Darstellung, jedoch teilweise veraltet].

W. Stammler, Von der Mystik zum Barock 1400–1600, ²1950 [noch immer nützliche Darstellung].

H. de Boor / R. Newald (Hrsg.), Geschichte der deutschen Literatur von den Anfängen bis zur Gegenwart, Bd. 1 (H. de Boor, 770 bis 1170), 1949 [u. ö.], Bd.2 (H. de Boor, 1170–1250), 1953 [u.ö.], Bd. 3/1 (H. de Boor, 1250–1350), 1962 [u.ö.], Bd. 3/2 (I. Glier [u. a.], 1350–1370), 1987, Bd. 4/1 (H.Rupprich, 1370–1520), 1970 [u.ö.], Bd. 4/2 (H. Rupprich, 1520–1570), 1973 [u. ö.], Bd. 5 (R. Newald, 1570–1750), 1951 [u. ö.], Bd. 5 (Neufassung; V. Meid), 2009 [ausführliche, großenteils gut lesbare, doch etwas uneinheitliche Darstellung, teilweise veraltet].

M. Wehrli, Geschichte der deutschen Literatur im Mittelalter. Von den Anfängen bis zum Ende des 16. Jh.s, ³1997 [souveräne Gesamtdarstellung].

J. Heinzle (Hrsg.), Geschichte der deutschen Literatur von den Anfängen bis zum Beginn der Neuzeit, derzeit erschienen: Bd. 1/1 (W. Haubrichs, ca. 700–1050/60), ²1995, Bd. 1/2 (G. Vollmann-

Profe, 1050/60–1160/70), ²1994, Bd. 2/1 (P. Johnson, 1160/70 bis 1220/30), 1999, Bd. 2/2 (J. Heinzle, 1220/30–1280/90), ²1994, Bd. 3/1 (J. Janota, 1280/90–1380/90), 2004.

H. A. Glaser (Hrsg.), Deutsche Literatur. Eine Sozialgeschichte, Bd. 1 (750–1320), 1988, Bd. 2 (1320–1572), 1991, Bd. 3 (1572–1740), 1985 (rororo).

J. Bumke / Th. Cramer / D. Kartschoke, Geschichte der deutschen Literatur des Mittelalters, 3 Bde., 1990 [u. ö.] (dtv).

F. P. Knapp, Geschichte der Literatur in Österreich, Bd. 1, 1994, Bd. 2/1, 1999, Bd. 2/2, 2004.

W. Röcke / M. Münkler (Hrsg.), Die Literatur im Übergang vom Mittelalter zur Neuzeit, 2004 (Hansers Sozialgeschichte der deutschen Literatur, Bd. 1).

H. Tervooren, Van der Masen tot op den Rijn. Ein Handbuch zur Geschichte der mittelalterlichen volkssprachlichen Literatur im Raum von Rhein und Maas, 2006.

M. Reinhart (Hrsg.), Early Modern German Literature 1350–1700, 2007 (The Camden House History of German Literature, Bd. 4).

Zeitschriften und Periodika

ABäG Amsterdamer Beiträge zur älteren Germanistik.

AfdA Anzeiger für deutsches Altertum und deutsche Literatur [bis 1989 der ZfdA beigebundenes Rezensionsorgan].

Arbitrium. Zeitschrift für Rezensionen zur germanistischen Literaturwissenschaft [enthält ausschließlich Rezensionen].

Archiv Archiv für das Studium der neueren Sprachen und Literaturen.

Daphnis. Zeitschrift für Mittlere Deutsche Literatur und Kultur der Frühen Neuzeit (1400–1750).

DVjs Deutsche Vierteljahrsschrift für Literaturwissenschaft und Geistesgeschichte.

Euphorion. Zeitschrift für Literaturgeschichte.

GRM Germanisch-Romanische Monatsschrift.

JOWG Jahrbuch der Oswald-von-Wolkenstein-Gesellschaft [erscheint im Zweijahresrhythmus].

PBB (Pauls und Braunes) Beiträge zur Geschichte der deutschen Sprache und Literatur.

Pirckheimer-Jahrbuch [Organ der Willibald-Pirckheimer-Gesellschaft, erscheint alljährlich].
Wolfram-Studien [Organ der Wolfram-von-Eschenbach-Gesellschaft, erscheint im Zweijahresrhythmus].
ZfdA Zeitschrift für deutsches Altertum und deutsche Literatur.
ZfdPh Zeitschrift für deutsche Philologie.

Reihen: Textausgaben

ATB Altdeutsche Textbibliothek.
Ausgaben deutscher Literatur des 15. bis 18. Jh.s.
Bibliothek der gesammten deutschen National-Literatur von der ältesten bis auf die neuere Zeit.
DTM Deutsche Texte des Mittelalters.
StLV Bibliothek des Literarischen Vereins Stuttgart.
TspMA Texte des späten Mittelalters und der frühen Neuzeit.

Bibliothek des Mittelalters / Bibliothek der Frühen Neuzeit (Deutscher Klassiker Verlag) [die Ausgaben mittelalterlicher Texte sind zweisprachig, die frühnhd. Texte sind sprachlich erläutert; ausführliche Kommentare].
KTRMA Klassische Texte des Romanischen Mittelalters in zweisprachigen Ausgaben (Fink) [altfranzösische, italienische und spanische Texte mit deutschen Übersetzungen].

Zahlreiche Textausgaben von Werken der älteren deutschen Literatur mit neuhochdeutschen Übersetzungen bzw. (bei frühnhd. Texten) mit Worterklärungen finden sich in Reclams Universal-Bibliothek (RUB), außerdem im Programm des de Gruyter-Verlages.

Reihen:
Monographien, Sammelbände, Textausgaben

Arbeitsbücher zur Literaturgeschichte (C. H. Beck) [lehrbuchartige Monographien, auch zu mittelalterlichen Autoren und Werken].
Chloe. Beihefte zum Daphnis.
Fortuna vitrea. Arbeiten zur literarischen Tradition zwischen dem 13. und 16. Jh.
Frühe Neuzeit. Studien und Dokumente zur deutschen Literatur und Kultur im europäischen Kontext.

GAG Göppinger Arbeiten zur Germanistik.
GG Grundlagen der Germanistik (E. Schmidt) [lehrbuchartige Monographien].
Hermaea. Germanistische Forschungen [Monographien].
Imagines medii aevi. Interdisziplinäre Beiträge zur Mittelalterforschung.
Litterae. Göppinger Beiträge zur Textgeschichte [Abbildungen von Hss. und alten Drucken, mehr oder weniger ausführlich kommentiert].
MMS Münstersche Mittelalter-Schriften.
MTU Münchener Texte und Untersuchungen zur deutschen Literatur des Mittelalters.
PhStQu Philologische Studien und Quellen.
QuF Quellen und Forschungen zur Sprach- und Kulturgeschichte der germanischen Völker.
SM Sammlung Metzler [lehrbuchartige Monographien].
TTG Texte und Textgeschichte.
WdF Wege der Forschung [Sammelbände mit in der Regel bereits früher anderswo erschienenen Untersuchungen, darunter zahlreiche Bände zu mittelalterlichen Autoren, Werken, Gattungen, Sachproblemen].
WILMA Wissensliteratur im Mittelalter.

Metrik

S. Beyschlag, Altdeutsche Verskunst in Grundzügen, ^{6}1969.
W. Hoffmann, Altdeutsche Metrik, ^{2}1981 (SM).
O. Paul / I. Glier, Deutsche Metrik, ^{6}1966.
H. Tervooren, Mhd. Minimalmetrik, ^{3}1979 (GAG).

Bibliographien

Vgl. hierzu J. Hansel / L. Kaiser, Literaturrecherche für Germanisten, ^{10}2003. Wichtige regelmäßig erscheinende bibliographische Organe sind:

Bibliographical Bulletin of the International Arthurian Society / Bulletin Bibliographique de la Société Internationale Arthurienne

[annotierte, jährlich erscheinende internationale Bibliographie zur Artusliteratur und zum höfischen Roman].
Germanistik. Internationales Referatenorgan mit bibliographischen Hinweisen [erscheint halbjährlich].
Bibliographie der deutschen Sprach- und Literaturwissenschaft [›Eppelsheimer/Köttelwesch‹; erscheint jährlich].

Internet

Vgl. hierzu R. Weichselbaumer, Mittelalter virtuell. Mediävistik im Internet, 2005. Vor allem hingewiesen sei auf das Portal *Mediaevum*: http://www.mediaevum.de

Weitere wichtige Werke

Nur pauschal hingewiesen werden kann auf zahlreiche Sammlungen kleinerer Schriften bekannter Altgermanisten, in denen in der Regel bereits früher veröffentlichte Arbeiten zusammengefaßt sind. Hinzuweisen ist auch auf die laufend erscheinenden Festschriften und Tagungsbände, in denen neue, vielfach wichtige Aufsätze gesammelt sind.

E. Auerbach, Mimesis. Dargestellte Wirklichkeit in der abendländischen Literatur, 1946 [u. ö.].
P. J. Becker, Handschriften und Frühdrucke mhd. Epen, 1977.
H. Birkhan (Hrsg.), Motif-Index of German Secular Narratives from the Beginning to 1400, 6 Bde., 2005–06.
C. Brinker-von der Heyde, Die literarische Welt des Mittelalters, 2007.
H. Brinkmann, Mittelalterliche Hermeneutik, 1980.
H. Brunner / J. Hamm / M. Herweg / S. Kerth / F. Löser / J. Rettelbach, *Dulce bellum inexpertis*. Bilder des Krieges in der deutschen Literatur des 15. und 16. Jh.s, 2002 (Imagines).
H. Brunner (Hrsg.), Würzburg, der Große Löwenhof und die deutsche Literatur des Spätmittelalters, 2004 (Imagines).
H. Brunner / M. Herweg (Hrsg.), Gestalten des Mittelalters. Ein Lexikon historischer und literarischer Personen in Dichtung, Musik und Kunst, 2007.

E. Brüggen, Kleidung und Mode in der höfischen Epik des 12. und 13. Jh.s, 1989.
J. Bumke, Mäzene im Mittelalter. Die Gönner und Auftraggeber der höfischen Literatur in Deutschland 1150–1300, 1979.
– Höfische Kultur und Gesellschaft im Mittelalter, 1986 [u. ö.] (dtv).
E. R. Curtius, Europäische Literatur und lateinisches Mittelalter, 1948 [u. ö.].
A. Eitschberger, Musikinstrumente in höfischen Romanen des deutschen Mittelalters, 1999 (Imagines).
W. Fechter, Das Publikum der mhd. Dichtung, 1935, Nachdr. 1966.
H. Frühmorgen-Voss / N. H. Ott [u. a.] (Hrsg.), Katalog der deutschsprachigen illustrierten Hss. des Mittelalters, Bd. 1 ff., 1991 ff.
S. Glauch, An der Schwelle zur Literatur. Elemente einer Poetik des höfischen Erzählens, 2009.
D. H. Green, Medieval Listening and Reading. The Primary Reception of German Literature 800–1300, 1994.
Gutenberg. *aventur und kunst.* Vom Geheimunternehmen zur ersten Druckrevolution. Hrsg. von der Stadt Mainz, 2000 [Ausstellungskatalog].
W. Haug, Literaturtheorie im deutschen Mittelalter. Von den Anfängen bis zum Ende des 13. Jh.s, ²1992.
– (Hrsg.), Mittelalter und frühe Neuzeit. Übergänge, Umbrüche und Neuansätze, 1999 (Fortuna vitrea).
J. Heinzle (Hrsg.), Das Mittelalter in Daten. Literatur, Kunst, Geschichte. 750–1520, 2002 (RUB).
– [u. a.] (Hrsg.), Neue Wege der Mittelalter-Philologie, in: Wolfram-Studien 15 (1998).
N. Henkel / N. F. Palmer (Hrsg.), Latein und Volkssprache im deutschen Mittelalter 1100–1500, 1992.
V. Honemann / N. F. Palmer (Hrsg.), Deutsche Handschriften 1100 bis 1400, 1988.
G. Hübner, Ältere deutsche Literatur. Eine Einführung, 2006.
Ch. Jakobi-Mirwald, Das mittelalterliche Buch, 2004 (RUB).
M. Kern / A. Ebenbauer (Hrsg.), Lexikon der antiken Gestalten in den deutschen Texten des Mittelalters, 2003.
D. Klein, Mittelalter. Lehrbuch Germanistik, 2006.
Ch. König [u. a.] (Hrsg.), Wissenschaftsgeschichte der Germanistik in Porträts, 2000.
– (Hrsg.), Internationales Germanistenlexikon, 3 Bde., 2003.

H. Kuhn, Entwürfe zu einer Literatursystematik des Spätmittelalters, 1980.
V. Mertens / U. Müller (Hrsg.), Epische Stoffe des Mittelalters, 1984.
J.-D. Müller, Höfische Kompromisse. Acht Kapitel zur höfischen Epik, 2007.
U. Neddermeyer, Von der Handschrift zum gedruckten Buch, 2 Bde., 1998.
A. Nünning (Hrsg.), Metzler Lexikon Literatur- und Kulturtheorie, 1998.
U. Rautenberg (Hrsg.), Reclams Sachlexikon des Buches, 2003.
K. Schneider, Gotische Schriften in deutscher Sprache. I. Vom späten 12. Jh. bis um 1300, 2 Bde., 1987; II. Die oberdeutschen Schriften von 1300 bis 1350, 2 Bde., 2008.
– Paläographie und Handschriftenkunde für Germanisten, 1999.
R. Schnell, Causa amoris. Liebeskonzeption und Liebesdarstellung in der mittelalterlichen Literatur, 1985.
B. Stäblein, Musik und Geschichte im Mittelalter. Gesammelte Aufsätze, 1984 (GAG).
U. Störmer-Caysa, Grundstrukturen mittelalterlicher Erzählungen, 2007.
M. Stolz, Artes-liberales-Zyklen. Formationen des Wissens im Mittelalter, 2 Bde., 2004.
H. Tervooren / H. Wenzel (Hrsg.), Philologie als Textwissenschaft. Alte und neue Horizonte, 1997 (ZfdPh/Sonderheft).
– / J. Haustein (Hrsg.), Regionale Literaturgeschichtsschreibung, 2003 (ZfdPh/Sonderheft).
M. Wehrli, Literatur im deutschen Mittelalter. Eine poetologische Einführung, 1984.
A. Wolf, minne – aventiure – herzenjamer. Begleitende u. ergänzende Beobachtungen u. Überlegungen zur Literaturgeschichte des volkssprachlichen Mittelalters, 2007.
J. Wolf, Buch und Text. Literatur- und kunsthistorische Untersuchungen zur volkssprachigen Schriftlichkeit im 12. und 13. Jh., 2008 (Hermaea).

Register der Autoren und der anonym überlieferten Werke